Vera Knoll

ELTERNARBEIT UND FRANZÖSISCHUNTERRICHT

– eine quantitative Untersuchung zu Elternarbeit und Fremdsprachenunterricht an Gymnasien

ibidem-Verlag
Stuttgart

Bibliografische Information der Deutschen Nationalbibliothek
Die Deutsche Nationalbibliothek verzeichnet diese Publikation in der Deutschen Nationalbibliografie; detaillierte bibliografische Daten sind im Internet über http://dnb.d-nb.de abrufbar.

Bibliographic information published by the Deutsche Nationalbibliothek
Die Deutsche Nationalbibliothek lists this publication in the Deutsche Nationalbibliografie; detailed bibliographic data are available in the Internet at http://dnb.d-nb.de.

Zugleich Dissertation Universität Duisburg-Essen, Fakultät für Geisteswissenschaften (Romanistik mit dem Schwerpunkt Didaktik der romanischen Sprachen und Literaturen) im Zuge des Promotionsverfahrens vorgelegt von Vera Knoll (geb. in Regensburg) zum Erwerb des Grades Dr. phil.

Datum der Disputation: 13. Februar 2017; Erstgutachter: Prof. Dr. Daniel Reimann; Zweitgutachter: Prof. Dr. Christoph Bürgel

∞

Gedruckt auf alterungsbeständigem, säurefreien Papier
Printed on acid-free paper

ISSN 1862-2909

ISBN: 978-3-8382-1129-9

Printed in the EU

Meine Dissertation, mit der für mich ein Lebenstraum in Erfüllung geht,
widme ich meinem größten „Fan“, der dies leider
nicht mehr persönlich erleben darf.

Meiner geliebten Oma *Anna Fuchs*.

„Le meilleur ami de merci est beaucoup."
(Michel Bouthot, Schriftsteller aus Québec)

Merci …

… meinem Doktorvater, Prof. Dr. Daniel Reimann:
Danke, dass Sie mir ermöglicht haben, meinen Traum zu verwirklichen und diese Arbeit unter Ihrer Betreuung und Leitung zu realisieren.

… meinen (Fach-)Kollegen:
Eure reflektierten, kritischen Äußerungen waren mir stets hilfreich.

… meiner Familie, meinen Eltern und meinem Bruder, sowie meinen engsten Vertrauten:

Danke für eure uneingeschränkte, liebevolle und vielseitige Unterstützung, ohne die meine Arbeit so nicht möglich gewesen wäre.

… jenen, die diesem Projekt stets kritisch gegenüberstanden:

Ihr habt mich dadurch gerade in schwierigen Momenten immer neu motiviert, meine Arbeit weiterzuverfolgen.

… beaucoup!

Inhaltsverzeichnis

1. Eltern – eine vernachlässigte Größe im Französischunterricht?

1.1 Einordnung der Studie in den Bereich der Fachdidaktik

Die vorliegende Studie ordnet sich in den Teilbereich der Fachdidaktik ein, dabei liegt ihr ein weit gefasster Unterrichtsbegriff[1] zugrunde.

Zwar stellt Köck den Lehrer in den Fokus der Aufmerksamkeit in seiner Definition der Wissenschaftsdisziplin der Didaktik als „UntSerrichtstheorie", welche „mit ihrer Forschung und mit ihren Handlungsanweisungen auf die Optimierung des unterrichtsbezogenen Handelns des Lehrers ausgerichtet" (Köck/Ott 2002, 135) ist und sich u.a. verpflichtet, „hartnäckig auf unterdrückte oder vernachlässigte Unterrichtsbedingungen hinzuweisen und Verbesserungsvorschläge zu erarbeiten" (Köck/Ott 2002, 136). Auch Fäcke beschreibt die Fachdidaktik als

> „eine wissenschaftliche Disziplin, die Inhalte, Begründungen und Zielsetzungen fachbezogenen Lehrens und Lernens sowie methodische Umsetzungen zum Gegenstand hat und analysiert. Sie befasst sich mit Lehr-/Lernsituationen in schulischen und anderen institutionellen Zusammenhängen" (Fäcke 2010, 2).

Doch Leupold distanziert sich davon und verweist auf die notwendige Erweiterung des (Forschungs-)Feldes der Didaktik, denn „Lehren und Lernen bezieht mehr Akteure als nur die Lehrer und die Schüler ein und reicht über die Grenzen des Klassenzimmers (...) hinaus" (Leupold 2010, 99).

Entsprechend dieses erweiterten Forschungsfeldes der Didaktik beschreibt Leupold in seinem Buch *Französisch unterrichten* – im Zuge einer

---

[1] Der vorliegenden Arbeit liegt eine weite Begriffsdefinition von „Unterricht" zugrunde, welche den häuslichen Teil, die Hausaufgaben, als Teil des schulischen Unterrichts enthält. Diese basiert auf zwei Quellen. Zum einen bezeichnet Pakulla in der Gliederung seines Buches *Hausaufgaben* jene als „Glied des Unterrichtsprozesses" (Pakulla 1967, Inhaltverzeichnis). Auch Nieweler weist Hausaufgaben als „Bestandteil des Unterrichts" (Nieweler 2006, 208) aus. Zum anderen geht diese Begriffsverwendung zurück auf die von Keck aufgelistete Möglichkeit des elterlichen Beteiligungsrechts am Unterricht durch die Hausaufgaben: „Angesichts der Tatsache, daß (sic) die Hausaufgabe die Fortsetzung des Unterrichts mit veränderter Betreuungslage darstellt, müßte (sic) danach getrachtet werden, daß (sic) dem Betreuungspersonal, das am anderen Ende des Unterrichts arbeitet, den Eltern, auch ein geeigneter Informationsstand vom Unterricht gewährt wird. Aus dem Mitwirkungsrecht der Eltern an der Hausaufgabe ergibt sich ein bedingtes Mitwirkungsrecht am Unterricht insofern, als sich das obere Ende, das den Unterricht, aus dem die Hausaufgabe erwächst, verantwortet, in eine transparentere Beziehung zu der Hausaufgabenbetreuung setzt" (Keck 1990, 102).

allgemeinen, fächerübergreifenden Definition der Fachdidaktik – die Intension sämtlicher Forschungen in der Fremdsprachendidaktik:

> „[F]remdsprachendidaktische Forschung verfolgt nicht das Ziel, Unterrichtsrezepte zu entwickeln, sondern sie intendiert, über die Anwendung wissenschaftlicher Methoden Einblicke in Zusammenhänge des Lehr- und Lernvorgangs zu bekommen, aus denen sich unter bestimmten Bedingungen Folgerungen für die Unterrichtspraxis ableiten lassen" (Leupold 2007b, 43).

Er weist zudem in seinem Buch *Französisch unterrichten* darauf hin, dass sich didaktische Forschungen oftmals nur Teilbereichsdidaktiken widmen, „dass didaktische Ausführungen eingegrenzt auf Teilbereiche innerhalb des Faches gemacht werden" (Leupold 2007b, 42), was den umgrenzten Bereich einerseits überschaubar macht, andererseits die Interdependenzen mit angrenzenden Unterrichtsbereichen außen vor lässt (cf. Leupold 2007b, 42). Daher liegt der vorliegenden Arbeit das Bewusstsein zugrunde, dass nur ein kleiner Teilbereich des komplexen Gebildes der Elternarbeit zum Französischunterricht Betrachtung findet und somit nicht der Anspruch auf Vollständigkeit erhoben werden kann.

1.2 Inhaltlicher Aufbau des Forschungsberichts

Die Struktur der vorliegenden Arbeit orientiert sich u.a. an der von Raithel in seinem Praxislehrbuch *Quantitative Forschung. Ein Praxiskurs* vorgeschlagene Gliederung für sozialwissenschaftliche Forschungsarbeiten sowie an dem von Albert und Marx vorgeschlagenen Aufbau von Forschungsberichten (cf. Raithel 2008, 187sq.; cf. Albert/Marx 2014, 167sq.). Letztere weisen darauf hin, dass ein Forschungsbericht mit einer Einleitung und der Beschreibung des theoretischen Rahmens beginnt; „in längeren [Arbeiten] werden hierfür zwei oder mehr Kapitel verwendet" (Albert/Marx 2014, 168). Somit erfolgt in diesem ersten Kapitel nicht nur die Beschreibung der Themenmotivation und Hinführung zur Thematik der Studie, sondern es soll ebenfalls auf deren inhaltlichen Aufbau eingegangen werden.

Albert und Marx erklären zur Bedeutung des ersten Teils eines Forschungsberichts, dass „in diesem Teil die relevante schon unternommene Forschung zum Thema behandelt [wird], was den Zweck hat, die eigene Studie in den breiteren Forschungskontext einzubetten" (Albert/Marx 2014,

168). Die im Hinblick auf die Art der Studie umfassende thematische Literaturgrundlage wird im vorliegenden Forschungsbericht im *2.Kapitel* thematisiert.

Aufgrund fehlender fachspezifischer Untersuchungen zur Elternarbeit im Französischunterricht werden beide Aspekte getrennt aufgeführt. Zunächst werden unterschiedliche Aspekte des Verhältnisses von Elternhaus und Schule beschrieben *(Kapitel 2.1)*. Nach einer allgemeinen Einführung *(Kapitel 2.1.1)* erfolgt die Beschreibung unterschiedlicher Definitionen von Elternarbeit *(Kapitel 2.1.2)*, unterteilt nach der Elternarbeit im erzieherischen *(Kapitel 2.1.2.1)*, schulischen *(Kapitel 2.1.2.2)* sowie außerschulischen *(Kapitel 2.1.2.3)* Kontext.

Daran schließt sich die Betrachtung des Kontaktverhältnisses zwischen Schule und Elternhaus an *(Kapitel 2.1.3)*, wobei hier die Anlässe der Kontaktaufnahme *(Kapitel 2.1.3.2)* sowie die Kontaktbarrieren auf beiden Seiten *(Kapitel 2.1.3.3)* im Fokus der Aufmerksamkeit stehen.

Bevor ein Blick auf die spezifische Situation des Schulfachs Französisch am Gymnasium und die Besonderheit des Fremdsprachenunterrichts generell erfolgt *(Kapitel 2.2)*, werden verschiedene Anforderungen an Elternarbeit im Sinne einer Partnerschaft von Schule und Elternhaus – angelehnt an unterschiedliche Publikationen zu Elternarbeit – dargestellt *(Kapitel 2.1.4)*. Den Abschluss des Kapitels bildet die Beschreibung der Forschungslücke bzw. des Forschungsdesiderats *(Kapitel 2.3)*. Somit folgt die Literaturbesprechung dem von Albert und Marx vorgeschlagenen Prinzip der Progression von einem generellen Überblick bis hin zu einem eng umgrenzten, überschaubaren Forschungsbereich (cf. Albert/Marx 2014, 168).

Im *3.Kapitel* erfolgt zunächst die Beschreibung der Forschungsfrage – mit den drei daraus abgeleiteten Teilfragestellungen –, welche für die Untersuchung zum Thema *Elternarbeit und Französischunterricht* leitend war und eine Antwort geben soll auf die Frage nach der elterlichen Beteiligung an den Französischlernprozessen ihrer Kinder *(Kapitel 3.1)*. Im Anschluss daran werden die zwölf Hypothesen vorgestellt, anhand derer Zusammenhänge und Unterschiede zwischen unterschiedlichen Aspekten der Angaben der Eltern zum Französischunterricht, zum Kontakt mit der Lehrkraft sowie der außerschulischen Lernbeteiligung geprüft werden *(Kapitel 3.2)*.

Das *4.Kapitel* befasst sich mit sämtlichen methodischen Aspekten der vorliegenden Studie. Angelehnt an den Gliederungsvorschlag von Albert und Marx enthält dieses Kapitel „Informationen zu den Versuchsteilnehmenden, den Variablen, dem Untersuchungsmaterial und dem Design“ (Albert/Marx 2014, 169). Diese Bestandteile finden sich im Forschungsbericht an folgenden Stellen wieder: die Art der Befragungsdurchführung und der Erhebungsmethode in *Kapitel 4.2,* der Überblick über den Pretest in *Kapitel 4.3*, die Beschreibung der Stichprobe der Erhebung in *Kapitel 4.4*. Die Darstellung der Operationalisierung[2] der einzelnen Fragebogenitems – die Items wurden gebildet auf der Grundlage sowohl der Forschungsliteratur als auch der eigenen Erfahrung der Verfasserin als Gymnasiallehrkraft – erfolgt in *Kapitel 4.5*. Den Abschluss des Kapitels bildet ein Überblick über die statistischen Verfahren, die im Zuge der Prüfung der Hypothesen zur Anwendung kamen *(Kapitel 4.6)*.

Die Ergebnisse der Auswertungen der Erhebung für vorliegende Studie sind in *Kapitel 5* aufgeführt. Nach einer kurzen Darstellung des Aufbaus des Kapitels *(Kapitel 5.1)* folgt zunächst die Beschreibung der Hauptkomponentenanalysen *(Kapitel 5.2)*. Diese sind zwar zu den – statistisch am komplexesten – multivariaten Verfahren zu zählen, aber für die weiteren Berechnungen grundlegend und deswegen in der Abfolge der Kapitel vorangestellt. Im Anschluss daran werden die univariaten Häufigkeitsverteilungen *(Kapitel 5.3)* sowie die Ergebnisse der Hypothesenprüfungen beschrieben, welche sowohl mit bi- als auch multivariaten Daten bzw. Verfahren arbeiten *(Kapitel 5.4)*. Wichtig ist, dass in diesem Kapitel noch keine interpretatorische Auslegung der Ergebnisse erfolgt (cf. Albert/Marx 2014, 170).

Im *6.Kapitel* erfolgt die Interpretation der Ergebnisse, zunächst die Beschreibung der mittels der Hauptkomponentenanalysen ermittelten Dimensionen *(Kapitel 6.2)*, im Anschluss daran die Komponenten der Elternarbeit zum Französischunterricht *(Kapitel 6.3)*. Den Abschluss des Kapitels bildet die Beantwortung der drei aus der übergeordneten Forschungsfrage abgeleiteten Teilfragen *(Kapitel 6.4)*.

Im *7.Kapitel* erfolgen neben einer Zusammenfassung der wichtigsten Resultate, darin eingeschlossen die Beantwortung der zentralen Fragestellung der Studie, *(Kapitel 7.1)* und der Betrachtung einiger Anknüpfungspunkte für

---

2 Häder expliziert zum Begriff der Operationalisierung: ihr Ziel „besteht also in der Messbarmachung bzw. in der Schaffung der Voraussetzungen für die empirische Erhebung komplexer und/oder latenter Sachverhalte“ (Häder 2006, 51).

Nachfolgestudien *(Kapitel 7.2)* eine kurze Reflexion der eingesetzten Forschungsmethode *(Kapitel 7.3)* sowie Vorschläge zur Praxis der Elternarbeit *(Kapitel 7.4)*.

Nach der Bibliographie *(Kapitel 8)* bildet der Anhang *(Kapitel 9)* den letzten Teil des Forschungsberichts.

1.3 Theoretischer Rahmen und Herleitung der Forschungsfrage

„Lehrer müssen alles können“ (Brenner 2009, 99), resümiert Brenner in seinem Buch *Wie Schule funktioniert* prägnant die Anforderungen an Lehrkräfte und liefert eine knappe Beschreibung der unterschiedlichen Handlungsfelder von Lehrern[3]. Die Ausweitung der Tätigkeiten, die Lehrkräfte zu ihren Aufgaben zählen (müssen), resultiert – laut Brenner – darin: „entsprechend ist das Berufsbild des Lehrers immer unschärfer geworden“ (Brenner 2009, 89). Dies zieht zwei Konsequenzen nach sich:

a) „Weder die Ausbildung der Lehrer noch die Weiterbildung noch die Schulaufsicht noch das Arbeitsfeld Schule haben sich auf diese rasante Neubestimmung des Anforderungsprofils eingestellt“ (Brenner 2009, 89; cf. Brenner 2009, 99sq.).

Das bedeutet, dass die Lehrer von Grund auf keine Chance haben, mit der steten Erweiterung ihrer Aufgabenfelder Schritt zu halten. Als zweite Folge kommt es zu folgender Erscheinung:

b) „Gegenüber der Fülle der neuen Aufgaben von Lehrern tritt das zurück, was einmal den Kern von Schule ausgemacht hat: der Unterricht“ (Brenner 2009, 100).

Resümierend lässt sich somit festhalten: Lehrer sehen sich mit immer neuen, zusätzlichen Aufgaben(-bereichen) konfrontiert, auf die sie nicht oder nur kaum vorbereitet werden und das eigentliche Lehren und Unterrichten rückt

---

3 Aufgrund erleichterter Lesbarkeit und Prägnanz werden in vorliegender Arbeit die Maskulina der Substantive als Kollektivbegriffe für die jeweils männliche und weibliche Form verwendet.

immer weiter in den Hintergrund. Die einzige Orientierungshilfe, die Lehrkräften zur Verfügung steht, um Lehr-Lern-Prozesse zu organisieren und zu strukturieren, ist das didaktische Dreieck. Mit Hilfe dieses Modells werden – vereinfacht – die drei Komponenten bzw. Gestaltungsfaktoren jeglicher Unterrichtssituationen grafisch dargestellt: Lehrer – Schüler – Stoff zusammensetzt.

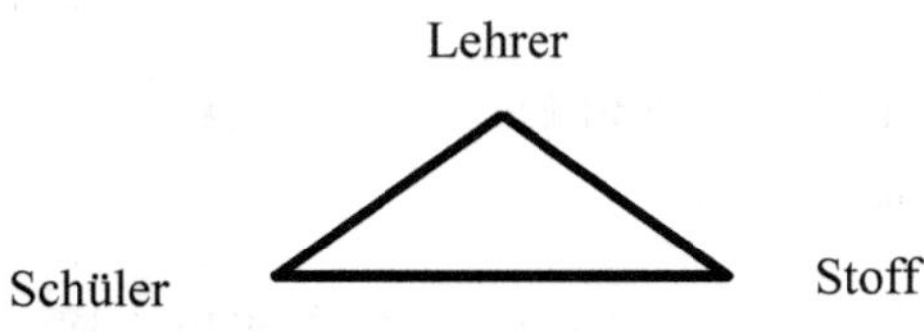

Abb. 1: Didaktisches Dreieck (Wiater 2007, 11).

Wie bereits erwähnt, sollten Lehrer alles können (cf. Brenner 2009, 99), so auch mit Eltern umgehen. Diese weitere Komponente bzw. die Eltern als Akteure innerhalb des Schulalltags fällt ebenfalls in den Zuständigkeitsbereich von Lehrkräften, tritt aber – Brenner zufolge – quasi ausschließlich anlässlich von schulischen Festen oder Veranstaltungen in Erscheinung. Auf der einen Seite spricht sich Brenner zwar deutlich gegen eine zu intensiv betriebene „Feier-Kultur" im Rahmen der Schule aus, die das Feiern zu sehr in den Vordergrund rückt (cf. Brenner 2009, 159). Er sieht aber, auf der anderen Seite, hierin auch das außerordentliche Potenzial dieser Anlässe, besonders der Feierlichkeiten anlässlich der Aufnahme- und Verabschiedungsrituale:

> „Sie sind fast die einzigen Gelegenheiten, bei denen das schulische Verhältnis als ein soziales Dreiecksverhältnis sichtbar wird: Lehrer, Schüler und Eltern werden sichtbar als die sozialen Trägergruppen von ‚Schule'" (Brenner 2009, 159).

Dieses punktuell sichtbare Gefüge aus den drei Akteuren innerhalb des Schulalltags lässt sich – in Anlehnung an das oben erwähnte didaktische Dreieck – folgendermaßen grafisch darstellen:

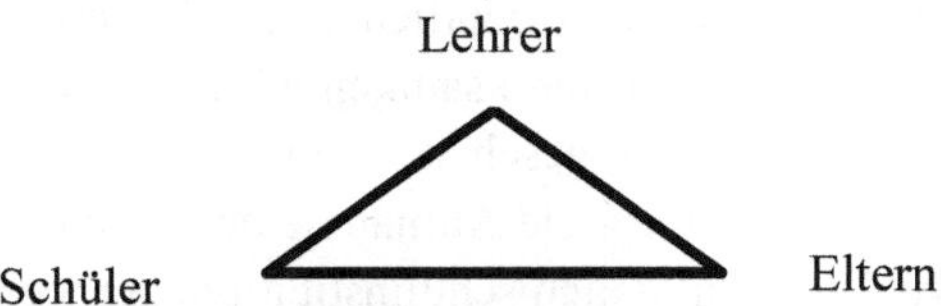

Abb. 2: Schematische Darstellung der drei Akteure innerhalb des Schulalltags.

Zu unterschiedlichen Zeitpunkten der bisherigen Unterrichts- und schulbezogenen Forschung wurde in Publikationen auf die Komponente Eltern im Kontext von Schule und Unterricht verwiesen.

Manzmann gibt bereits zu Anfang der 1980er Jahre in ihrer Einführung zur *Geschichte der Unterrichtsfächer* zu bedenken, dass man üblicherweise „nur das Lehrer-Schüler-Verhältnis" im Kontext der an Unterricht beteiligten Personen fokussiert und untersucht. Sie erachtet allerdings diesen „Bezug als zu eng gefaßt (sic), um die Wirkungsfaktoren fächerspezifischer Interaktion einzuschätzen. Mindestens genauso wichtig sind Eltern" (Manzmann 1983a, 8). Auch Brenner hebt in seinem Buch *Wie Schule funktioniert* den Stellenwert von Eltern hervor. Besonders häufig wird in vielen Studien der „für die Entwicklung schulischer Leistung [hohe] Stellenwert elterlicher Überzeugungen, Erwartungen, Erziehungsstile und Lernhilfen" (Biel 2007, 39sq.) ermittelt bzw. die leistungsförderliche Wirkung des elterlichen Hausaufgabenengagements (cf. Ulich 1989, 206; cf. Hoover-Dempsey/Sandler 1995, 314; cf. Busch/Scholz 2002, 262; cf. Ziegenspeck 1978, 142sq.) im schulischen Kontext:

> „Eltern sind ein erheblicher Wirkungsfaktor im schulischen Geschehen; sie sind mitverantwortlich für Gelingen oder Misslingen von Schullaufbahnen" (Brenner 2009, 157).

Ernüchternd ist auch der Blick in die Inhaltsverzeichnisse verschiedener fachdidaktischer sowie auf den (Fach-)Unterricht bezogener Veröffentlichungen: Eltern als Komponente des und Akteure im Schulalltag werden hier größtenteils vernachlässigt und das Thema Elternarbeit wird nur äußerst rudimentär behandelt. Somit erstaunt nicht, was Brenner hinsichtlich des Status der Eltern innerhalb des Systems Schule einnehmen: Sie führen

> „als Gegenstand der wissenschaftlichen wie der bildungspolitischen Diskussion ein Schattendasein (…). Wenn sie wahrgenommen werden, dann nicht als Teil der Schule, sondern als ihr Widerpart" (Brenner 2009, 158).

So wenig Eltern in fachspezifischen Veröffentlichungen als Komponente des Schulalltags enthalten sind, so viel Aufmerksamkeit wird Lehrern im Gegenzug in der Diskussion um Elternarbeit geschenkt und zahlreiche Materialien bereichern den Markt, welche Lehrern die Aufnahme und bestmögliche Gestaltung des Kontakts zu Eltern anlässlich schulinstitutioneller Veranstaltungen – Elternabend[4], Elternsprechtag oder -sprechstunde – sowie deren Einbezug in das Schulleben zu vermitteln suchen. Doch der Standpunkt der Betroffenen, der Eltern, zur Elternarbeit findet nur selten Beachtung. Zudem werden Eltern seit der PISA-Studie als Einflussfaktor auf das schulische Geschehen ausgeklammert und durch den Terminus „‚soziale Herkunft' ersetzt" (Brenner 2009, 157).

Dass das Elternhaus einen bedeutenden Einflussfaktor im alltäglichen Schulgeschehen darstellt und sich zu einem Großteil v.a. auf die Leistungen und Verhaltensdispositionen, und als Rückwirkung somit auch auf den Unterricht auswirkt, beweisen die breit angelegten Studien der letzten Jahre, u.a. PISA sowie die JAKO-O-Bildungsstudien, sodass die Eltern und insbesondere die Elternarbeit nähere Betrachtung verdienen.

Im Bericht des Deutschen PISA-Konsortiums gehen die Autoren insbesondere auf den Zusammenhang zwischen der sozialen Herkunft und der Bildungsbeteiligung ein und erläutern u.a. den Einfluss der Familie auf die Schulleistungen und Ungleichheiten im Schulsystem (Deutsches PISA-Konsortium 2002, 351).

Die 1.JAKO-O-Bildungsstudie aus dem Jahr 2010 mit dem Titel *Der Blick der Eltern auf das deutsche Schulsystem* hat sowohl die Beurteilung der Bildungspolitik durch die Eltern als auch die Einschätzung der Schul- und Unterrichtsqualität, die Bildungsgerechtigkeit innerhalb Deutschlands als auch die vielfältigen Anforderungen an Eltern zum Thema.

Im Zuge der 2.JAKO-O-Bildungsstudie im Jahr 2012 mit dem Titel *Eltern ziehen Bilanz* wurden u.a. die Chancenungleichheiten des Bildungssystems in Deutschland oder die Zusammenarbeit zwischen Elternhaus und Schule

---

4 Zur Abgrenzung der Begriffe „Elternabend" und „Elternsprechtag" expliziert Carl: „Elternabende lassen sich auch als klassenbezogene Form der Elternarbeit bezeichnen. Sie werden unterschieden von unmittelbar kind- bzw. schülerbezogenen Formen der Zusammenarbeit, wie z.B. Elternsprechtage (...). Während bei diesen Formen spezifische Belange der einzelnen Schülerinnen und Schüler im Zentrum stehen, geht es bei klassenbezogenen Formen, wie Elternabenden (...), eher um Aspekte des Unterrichts und der Erziehung, die sich auf die gesamte Klasse bzw. Lerngruppe beziehen" (Carl 2014, 74).

näher betrachtet, die elterliche Zufriedenheit mit der Schule eruiert und die Arbeit der Lehrer aus Sicht der Eltern beurteilt.

Die 3.JAKO-O-Bildungsstudie aus dem Jahr 2014 trägt den Titel *Eltern zwischen Erwartungen, Kritik und Engagement* und fokussiert, neben Bildungspolitik – und im Zuge derer insbesondere die Bildungsgerechtigkeit –, die veränderten Familienformen und aktuell brisante Themen wie Inklusion oder den Vergleich von öffentlichen Schulen und Privatschulen, die Elternbeteiligung, u.a. im Hinblick auf das Lernen des eigenen Kindes. Auf die einzelnen Befunde der jeweiligen Studien, sofern relevant für vorliegende Studie, wird in den einzelnen Kapiteln verwiesen.

Fäcke bietet in ihrer *Fachdidaktik Französisch* ein Modell aller Einflussfaktoren an, die im Schulalltag zusammen- und ineinanderwirken (cf. Fäcke 2010, 6) und nennt es „Faktorenkomplexion im Französischunterricht" (Fäcke 2010, 6), doch auch hier fehlt der Faktor Eltern. Für den gymnasialen Französischunterricht, der in der vorliegenden Studie näher beleuchtet wird, treffen somit zwei negative Einflüsse aufeinander: die „Vertreibung der Eltern aus der Schule" (Brenner 2009, 238) sowie die Tatsache, dass die Lernerzahlen des Französisch zurückgehen bzw. auf einem – im Vergleich zum Englischen – niedrigen Niveau konstant bleiben.

Insgesamt wird deutlich, dass Eltern nur eine marginale Position im schulischen Alltag einnehmen und somit tatsächlich eine vernachlässigte Größe im Kontext von Schule und damit auch von (Fremdsprachen-)Unterricht sind.

Vor diesem grob skizzierten Hintergrund sollen in vorliegender Untersuchung die Eltern in den Fokus der Aufmerksamkeit gestellt werden und v.a. ihre Beteiligung am gymnasialen Französischunterricht. Dabei erstreckt sich die eigentliche Arbeit der Eltern insbesondere auf den außerschulischen[5] Bereich, denn bereits Dietrichs konstatiert: Eltern stellen die Gruppe „unter der erwachsenen Bevölkerung dar, die am intensivsten außerschulisch mit der Schule konfrontiert ist" (Dietrichs 1989, 43).

Wie Fäcke festhält, sind im Zuge der Didaktik der modernen Fremdsprachen sprachunabhängige Themen und Aspekte von Bedeutung (cf. Fäcke 2010, 2),

---

[5] Im vorliegenden Forschungsbericht werden die Termini „häuslich" und „außerschulisch" synonym gebraucht. Dies stützt sich auf die Begriffsabgrenzung von Kowalczyk, welcher unter „häuslich" alles subsumiert, „was nicht in der Regie des offiziellen Schulbetriebs geschieht" (Kowalczyk 2013, 102).

es gibt allerdings auch „sprachenspezifische Unterschiede“ (Fäcke 2010, 3), insbesondere „die Stellung und Bedeutung des jeweiligen Fachs in der Schule, die Sprachenfolge“ (Fäcke 2010, 3) etc.

Die Ausführungen zur Elternarbeit in vorliegendem Forschungsbericht sind zwar meist generalisierbar und auf viele schulische und unterrichtliche Kontexte übertragbar, doch thematisiert die vorliegende Studie konkret Französisch bzw. den Französischunterricht an bayerischen Gymnasien, wofür u.a. folgende Aspekte ausschlaggebend sind.

„Französisch ist in Deutschland immer noch unbestritten die Fremdsprache, die an den allgemeinbildenden Schulen nach Englisch von den meisten Schülern gelernt wird“ (Leupold 2007a, 7), schreibt Leupold im Vorwort seines Buches *Französischunterricht als Lernort für Sprache und Kultur*. Der hohe Stellenwert des Französischen wird auch dadurch zum Ausdruck gebracht, dass „Französisch die einzige Schulsprache ist, zu deren bestmöglicher Förderung die Bundesrepublik juristisch verpflichtet ist (Deutsch-französischer Vertrag vom 22.1.1963)“ (Raabe 1995, 371). Doch obwohl sich Deutschland mit Unterzeichnung des Élysée-Vertrags 1963 dazu verpflichtet hat, die französische Sprache in den Schulen zu fördern, berichten Erziehungswissenschaftler, Didaktiker sowie Sprach-und Kulturwissenschaftler von einem Rückgang der Französischlernerzahlen.

Das „traditionelle Prestige [des Französischen als] (...) Bildungs- und Kultursprache“ (Reinfried 2008, 151) spielt offensichtlich kaum mehr eine Rolle im Bewusstsein der (potenziellen) Französischlerner, und das Französische leidet, Große zufolge, unter einer „mittlerweile geradezu erdrückenden Vormachtstellung des Englischen“ (Große 2008, 334).

Nicht nur bei Schülern zeigt sich im Hinblick auf das Französische dessen angebliches „Image als schwierige Sprache“ (Nieweler 2006, 10; cf. Reinfried 2008, 150), auch verfügen nicht alle Eltern über (so elaborierte) Französischkenntnisse, dass sie ihren Kindern behilflich sein könnten im Zuge der Lernprozesse, was z.B. im Englischen vergleichsweise gut möglich ist. Das Französische als (Schul-) Fremdsprache leidet – auch aufgrund der großen Bedeutung des Englischen im Alltag – unter einer Popularitätsproblematik:

> „Im Verhältnis zum Englischen ist das Französische (...) dadurch benachteiligt, daß (sic) es im Bereich von Popmusik, Computertechnik und Internet meist nur eine geringe Rolle für deutsche Jugendliche spielt“ (Reinfried 2008, 150).

Vor dem Hintergrund der marginalen Position der Eltern im Schul- (und Unterrichts-)Alltag, aufgrund des diffizilen Status des Französischen als Schulsprache sowie angesichts der allgemeinen Zielvorstellung von Elternarbeit, einer Partnerschaft[6] von Schule und Elternhaus bzw. Lehrern und Eltern (cf. Hülshoff 1979, 26), wird die für die vorliegende Studie leitende These generiert, dass Elternarbeit den Französischunterricht stärken kann bzw. dazu beitragen kann, Französisch und den Französischunterricht (wieder) attraktiv zu machen.

An vielen Stellen der Forschungsliteratur zum Thema Elternarbeit wird eine „vertrauensvolle Zusammenarbeit von Eltern und Lehrkräften" (Brenner 2009, 238) als „Grundlage für eine gute Zusammenarbeit" (Neuenschwander 2005, 187) gefordert. Etwas später beschreibt Altuntaş das Beziehungsgefüge der Akteure im schulischen Kontext als „Dreieck Lehrkraft – Eltern – Kind" (Altuntaş 2011, 29). Auf der Grundlage des o.g. Dreiecks der Akteure im Schulalltag werden die Eltern somit zur Bedingung für eine Stärkung des gymnasialen Französischunterrichts deklariert, wie der nachfolgenden Darstellung zu entnehmen ist. Jene ist eine Kombination aus den beiden bereits erwähnten Dreiecksmodellen und eine Erweiterung des didaktischen Dreiecks *(siehe oben)*.

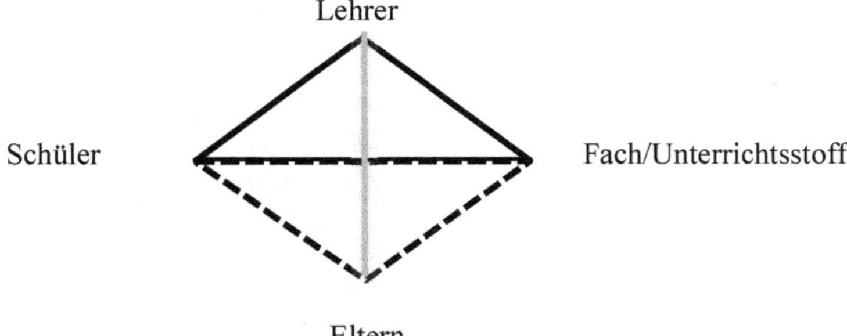

Abb. 3: Vorschlag für die schematische Darstellung der Bedingungen des (Französisch-)Unterrichts.

[6] Dietrichs definiert Partnerschaft in seinem Buch *Partnerschaft in der Schule – Schule als Partner* als „Kooperation aller an Schule im weitesten Sinne Beteiligten im gleichberechtigten Status zueinander" (Dietrichs 1989, 65), wobei er von einem erweiterten Verständnis des Begriffs Partnerschaft ausgeht und u.a. außerschulische Erziehungsberatungsstellen o.ä. in die Definition mit einschließt. In vorliegender Arbeit wird jedoch nur ein Ausschnitt der Partnerschaften im schulischen Kontext von Bedeutung sein: die Partnerschaft zwischen Elternhaus und Schule.

Die Untersuchungen zur Elternarbeit – wie die Quellenlage beweist – haben seit Jahren nur wenig Weiterentwicklung hinsichtlich der Partnerschaft von Elternhaus und Schule herbeigeführt. Dabei beschäftigt sich die Forschung verstärkt mit dem Primarschulwesen, nicht aber mit den weiterführenden Schulen und, im Zuge dessen, mit (schul-)pädagogischen, erziehungswissenschaftlichen oder psychologischen Studien, aber kaum mit fachspezifischen Untersuchungen. Vor diesem Hintergrund wurde die vorliegende Studie initiiert. Ihr Thema gründet sich, neben der Absicht, Eltern als Akteure im Zuge des Französischunterrichts konkret wahrzunehmen, vornehmlich auf Erfahrungen der Verfasserin als Lehrkraft an Gymnasien.

Zum einen wurde es aus der Ausbildungsphase der Verfasserin geboren, in der die Begegnung mit dem Thema „Elternarbeit" im Zuge des Lehramtsstudiums höchst sporadisch erfolgte. Elternarbeit wurde im Rahmen des fachdidaktischen Teils des Französischstudiums in ein bis zwei Sitzungen als Kommunikation mit den Eltern[7] charakterisiert, und dabei insbesondere die Gestaltung von Elternabenden und problemzentrierten Gesprächen besprochen. Mehr Informationen schienen für die spätere Berufspraxis und die zu betreibende Elternarbeit nicht erforderlich. Die Fachdidaktik trat somit nicht als dritte Säule der Lehrerausbildung[8] (cf. Leupold 2007a, 17), sondern als Teilbereich des fachwissenschaftlichen Studiums in Erscheinung. Hierin bestätigte sich die Feststellung Leupolds, dass die Fachdidaktik an Bedeutung verliert (cf. Leupold 2007a, 19).

Zum anderen ernüchterte die bisherige unterrichtliche Praxis der Verfasserin dahingehend, dass die Kontakte mit Eltern zu den wenigen (überhaupt möglichen) Anlässen zwar als äußerst positiv und aufschlussreich empfunden wurden, sich dabei jedoch stets das Gefühl auftat, zu wenig Zeit für einen profunderen Austausch mit den Schülereltern gehabt zu haben. Umgekehrt ist es für Lehrkräfte nicht abzuschätzen, inwiefern Eltern diese (wenigen) Kontakte als positiv oder hilfreich wahrnehmen oder möglicherweise das Be-

---

7 Wicht/Melzer weisen auf die Tatsache hin, dass die Beschreibung des Verhältnisses zwischen Schule und Elternhaus das Problem birgt, dass man von *den* Eltern, *den* Lehrern und *der* Schule spricht, sich aber hinter diesen Begrifflichkeiten keine homogenen, sondern äußerst heterogene Gruppen verbergen (Wicht/Melzer 1983, 4). Demzufolge gilt es, den Grad der Verallgemeinerbarkeit sämtlicher Aussagen diesbezüglich stets zu hinterfragen.

8 In Anlehnung an die Gegenüberstellung der Begriffe „Lehrerbildung" und „Lehrerausbildung" von Brenner wird in vorliegender Arbeit bewusst der Terminus „Lehrerausbildung" verwendet und meint somit die „‚Ausbildung' berufsspezifischer Fertigkeiten" (Brenner 2009, 135).

dürfnis nach intensiveren Kontakten empfinden. Die begrenzten Elternkontakte hinterließen beständig Zweifel, ob der so gestaltete Kontakt zu den Eltern dem Terminus „Elternarbeit“ gerecht wird: man lernt viele Schülereltern ausschließlich punktuell und anlässlich negativ konnotierter Situationen kennen. Ein Kontakt, der über problembasierte Kommunikation hinausgeht, kommt zudem nur mit einer äußerst geringen Anzahl an Eltern zustande, obwohl das Verhältnis zwischen Elternhaus und Schule in Deutschland, in Form entsprechender gesetzlicher Bestimmungen, „Verfassungsrang“ (Busch/Scholz 2002, 264) hat.

Abgesehen von dem persönlichen Wunsch nach Kontakt zum Elternhaus sowie von dem problematischen Status der Fachdidaktik in der Lehrerausbildung, schien eine Erhebung zur Elternarbeit im Zuge des Französischunterrichts darüber hinaus zusätzlich interessant vor dem Hintergrund eines Befundes von Wild aus ihrer Lehrer-Befragung an Gymnasien zur *Einbeziehung des Elternhauses durch Lehrer*. Darin wurde ermittelt, dass sich „vor allem Lehrer, die Deutsch oder Fremdsprachen unterrichten, durch ein positiveres Elternbild und eine intensivere Elternarbeit auszeichneten“ (Wild 2003, 530), was möglicherweise dem „alltagsweltliche[n] Bezug der Unterrichtsinhalte“ (Wild 2003, 530) zu verdanken ist.

2. Überblick über den Forschungsstand

2.1 Verhältnis zwischen Schule und Elternhaus

2.1.1 Grundlegendes

Dauber beschreibt in seinem Buch *Eltern aktiv – Handbuch für eine humane Schule* das Verhältnis zwischen Schule und Elternhaus allgemein als angstbehaftet und von Unsicherheiten geprägt und charakterisiert damit die Beziehung zwischen den beiden genannten Instanzen, die sich in ihrer Wesensart – wie aus den Quellenangaben ersichtlich – seit Mitte der 70er Jahre offenbar nicht verändert hat:

> „Eltern und Lehrer haben es schwer miteinander. Sie leiden unter dem Druck der Schule. Sie befürchten, daß (sic) die Kinder nicht die entsprechenden Leistungen bringen. Sie haben Angst voreinander“ (Dauber/Weber 1976, 227; cf. Wicht/Melzer 1983, 25; cf. Ulich 1989, 62; cf. Killus 2012, 50).

Dieses angstbehaftete Verhältnis zwischen Elternhaus und Schule wird allerdings nur punktuell sichtbar und konkret erfahrbar, wenn Eltern infolge konkreter Anlässe bzw. Probleme in direktem Kontakt zur Lehrkraft stehen (cf. Ulich 1989, 74; cf. Sacher 2008, 50). Etwas allgemeiner konstatiert Schmälzle, dass ein spannungsgeladenes Kontaktverhältnis zwischen Eltern und Lehrkräften oft von vornherein gegeben ist durch „die Form, wie sich vielfach Eltern und Lehrer begegnen“ (Schmälzle 1985, 42). Diese Form der Begegnung, lässt sich durch folgende Charakteristika beschreiben: Die Begegnungen sind defizitorientiert (cf. Altuntaş 2011, 29); der Kontext der Begegnung ist hierarchisch (cf. Sacher 2008, 41) und Lehrer empfinden die Arbeit mit den Eltern – angesichts ihrer hohen Belastungen im schulischen Alltag – oftmals als „erneute Last und Zumutung“ (Dittrich 1984, 23).

Vor diesem Hintergrund soll in diesem ersten Kapitel zunächst auf die unterschiedlichen Auslegungen von Elternarbeit eingegangen werden, vor einer umfassenderen Betrachtung des Kontaktverhältnisses zwischen Schule und Elternhaus und der Kriterien für eine Elternarbeit im Sinne einer Partnerschaft.

Dem Begriff Elternarbeit liegt allerdings keine einheitliche Definition zugrunde. Stange bezieht Stellung zur teilweise aufgrund ihrer Vielgestaltigkeit unübersichtlichen Begriffslandschaft um den Terminus Elternarbeit, der oft als Erziehungs- und Bildungspartnerschaft bezeichnet wird:

> „Erziehungs- und Bildungspartnerschaft wiederum ist schlicht eine besondere Ausprägung von Elternarbeit – nämlich deren positive Ausprägung. Der Begriff Erziehungs- und Bildungspartnerschaft verweist auf die Zieldimension" (Stange 2012, 13). Allerdings „ist der nach wie vor zutreffende Oberbegriff für alle genannten Formen immer noch der Begriff Elternarbeit, da er alle Formen der organisierten Kommunikation und Kooperation zwischen pädagogischen Einrichtungen und den Eltern umfasst" (Stange 2012, 13).

Brenner konstatiert in seinem Buch *Wie Schule funktioniert*, dass der Begriff Elternarbeit „[i]n der erziehungswissenschaftlichen Diskussion (…) das Verhältnis zwischen Lehrern und Eltern" (Brenner 2009, 172) meint, spezifiziert dieses Verhältnis aber nicht näher, sodass diese Auslegung des Terminus Elternarbeit eher neutral-oberflächlich und wenig konkret bleibt. Sacher hingegen beschreibt Elternarbeit explizit als „Partnerschaft zwischen Familie und Schule" (Sacher 2008, 30), welche sich durch dadurch auszeichnet, dass sich „Lehrkräfte und Eltern einander als Partner auf gleicher Augenhöhe" (Sacher 2014, 25; cf. Sacher 2012a, 198; cf. Sacher 2008, 29) gegenübertreten. Bereits einige Jahre zuvor beschäftigt sich Aurin mit dem Begriff der Partnerschaft und präzisiert hierzu:

> „Partnerschaft enthält demokratische Elemente, insbesondere im Sinne der Gleichberechtigung (…). Sie beinhaltet ferner das Zusammenwirken bei einer gemeinsam zu bewältigenden Aufgabe, bei der jeder auf den Beitrag und die Mithilfe des anderen angewiesen ist. Aber ebenso schließt Partnerschaft die Anerkennung der Unterschiedlichkeit des anderen und seiner Eigenständigkeit und damit auch die Fähigkeit zur Distanz ein" (Aurin 1994, 162).

Auch die gesetzlichen Bestimmungen über das elterliche Erziehungsrecht sowie über den staatlichen Bildungs- und Erziehungsauftrag (cf. Doppke/Gisch 2005, 17) bieten den Rahmen für ein Vertrauensverhältnis, eine Partnerschaft, von Elternhaus und Schule. Die Beschreibung von Elternarbeit als Konzept mit der Zielvorstellung einer Partnerschaft zwischen Elternhaus und Schule zeigen den Rahmen auf für nachfolgende Ausführungen.

2.1.2 Elternarbeit

2.1.2.1 Elternarbeit im erzieherischen Kontext

Wie bei Tschöpe-Scheffler – sie nimmt zur vielfältigen Begriffslandschaft um den Terminus der Elternarbeit Stellung und verwendet den Terminus der

Elternarbeit synonym zu jenem der Elternbildung (cf. Tschöpe-Scheffler 2006a, 9) – ist in vielen anderen Publikationen zu Elternarbeit, insbesondere jenen im erzieherischen Kontext, immer wieder auch von Elternbildung die Rede.

In den 70er Jahren verweist u.a. Bäuerle auf die „[m]angelnde Erziehungsfähigkeit der Eltern“ (Bäuerle 1970, II). Man unterstellt somit Eltern bzw. Familien, dass es ihnen gelingt, „gegenwärtig ihren Aufgaben nur unzulänglich und dies auch nur mit Mühe gerecht zu werden“ (Strunk 1976, 9)[9]. Vor diesem Hintergrund wird der Terminus der Elternbildung geprägt: Elternbildung meint – wie u.a. im Zweiten Familienbericht als Zielvorstellung von Elternbildung formuliert ist – die Wissensvermittlung über bzw. die pädagogische Einflussnahme auf „die erzieherischen Einstellungen, Kenntnisse und Verhaltensweisen von Eltern gegenüber ihren Kindern“ (Zweiter Familienbericht 1976, 69; cf. Bäuerle 1970, I). Elternbildung ist demzufolge das Angebot, „zukünftigen Eltern das pädagogische Rüstzeug [zu vermitteln], das sie zu einer guten und möglichst problemfreien Erziehung ihrer Kinder benötigen“ (Bäuerle 1976, 87; cf. Bäuerle 1970, 248).

Hepp greift diesen Gedanken einige Jahre später wieder auf und bezeichnet Elternbildung als Möglichkeit, die „Reflexion über eigenes Erziehungsverhalten, günstigenfalls auch dessen Korrektur“ (Hepp 1990, 66; cf. Bäuerle 1973, 94) herbeizuführen, und charakterisiert Elternbildung als „Beitrag zur Stärkung der Erziehungskraft von Familien“ (Hepp 1990, 66). Als Synonym zum Begriff der Elternbildung gebraucht Dusolt den Terminus Elternarbeit und definiert sie als informative und handlungsanleitende Begleitung der Eltern, damit sie „Unterstützung, Anregung und Information“ (Dusolt 1993, 139) für die Erziehung der Kinder erhalten.

Zu Beginn des 21.Jahrhunderts resümiert Köck die bisherigen Definitionsversuche des Terminus der Elternbildung in seinem *Wörterbuch für Erziehung und Unterricht*: „Elternbildung zielt auf die Befähigung der Eltern

9 Art.6 Abs.2 des Grundgesetzes sowie Art. 126 Abs. 1 der Bayerischen Verfassung bezeichnen die „Pflege und Erziehung der Kinder“ als „natürliches Recht der Eltern und die zuvörderst ihnen obliegende Pflicht“ (Grundgesetz der Bundesrepublik Deutschland. <http://www.gesetze-im-internet.de/bundesrecht/gg/gesamt.pdf>. 24.06.2015; cf. Fehnemann 1990, 26; cf. Wild/Lorenz 2010, 146; cf. Bäuerle 1970, 6; cf. Sacher 2008, 15; cf. Busch/Scholz 2002, 264; cf. Sacher 2014, 100). Ansorge formuliert hierzu: „Der Gesetzgeber geht in der Theorie davon aus, daß (sic) die Eltern einen Erziehungs- und Lebensplan und die optimale Entfaltung ihres Kindes im Auge haben“ (Ansorge 1973, 215).

für die Erziehung ihrer Kinder und auf die Arbeit an sich selbst in der Lebenssituation Familie“ (Köck/Ott 2002, 167).

Nicht nur im Rahmen von Veranstaltungen, wie z.B. Elternschulen, sondern auch in den unterschiedlichsten Medien wurde und wird das Wissen für eine erfolgreiche Kindererziehung zu vermitteln gesucht: Werbung, Printmedien, private und öffentliche Institute, Radio, Fernsehen, Internet (cf. Pöggeler 1976, 153; cf. Zweiter Familienbericht 1976, 80 sq.; cf. Brenner 2009, 168). Ein aktuelles Beispiel für Elternbildungsveranstaltungen wäre z.B. das Nürnberger Elterntraining NETT, das in Form von Seminaren absolviert wird (cf. Sacher 2008, 221).

Elternbildung in ihrem Verständnis als Schaffung von Erziehungskompetenz kommt somit der (häuslichen) Lebensumwelt der Familie zugute. Parallel zu dieser Definition von Elternbildung entwickelt sich jedoch eine zweite Auslegung dieses Terminus, die über die Dimension des häuslichen Lebensumfelds von Familien hinausgeht und vielmehr die bildungspolitischen Aspekte von Elternbildung hervorhebt.

Wie es u.a. der Zweite Familienbericht als Zielvorstellung festhält, sollen Eltern durch eine entsprechende Elternbildung befähigt werden, die schulische – und gleichermaßen die berufliche - Entwicklung ihrer Kinder zu begleiten (cf. Zweiter Familienbericht 1976, 69).

Hülshoff geht einen Schritt weiter und wirft den Gedanken einer Kooperation zwischen Elternhaus und Schule auf, wofür Elternbildung die Grundlage schaffen soll. In seinem Buch *Eltern und Lehrer* stellt er sein Konzept von Elternbildung dar: Er begreift sie zum einen als aktive Teilnahme der Eltern „an besonderen Ereignissen aus dem Schulleben“ (Hülshoff 1979, 49), und zum anderen als Informations- und Diskussionsarbeit, im Zuge derer

> „den Eltern das schulische Geschehen transparent gemacht werden [soll], um dadurch die Voraussetzungen für eine Kooperation zwischen Elternhaus und Schule zu schaffen“ (Hülshoff 1979, 49).

Den Mitwirkungsgedanken generell erachtet Hepp als Zielvorstellung jeglicher Elternbildung. Für ihn schafft eine entsprechende Elternbildung – gestaltet als Informationsarbeit – die Voraussetzung dafür, dass

> „Eltern für die Wahrnehmung ihrer Interessen in der Schule, in der Öffentlichkeit (…) motiviert und mobilisiert werden können. Nur informierte Eltern können die Chancen, die die Schulmitwirkungsgesetze bieten, auch wirksam nutzen“ (Hepp 1990, 66).

Ähnlich beschreibt Göldner die Elternbildungsarbeit als synonym zu Informationsarbeit bzw. Aufklärung für Eltern, im Zuge derer man ihnen aufzeigt,

> „welche Möglichkeiten sie haben, um die Arbeit der Schule kennenzulernen, um ihre Meinungen, Vorstellungen, Wünsche, Anregungen und Kritik wirksam zu artikulieren, ohne dem Lehrer zu nahe zu treten" (Göldner 1978, 285).

Die Auslegung des Terminus der Elternbildung als Befähigung der Eltern zum Engagement im schulischen Kontext greift Hösl-Kulike auf, fasst jedoch den Wirkungsbereich von Elternbildung etwas enger. Sie kritisiert, dass Elternvertreter – wenn überhaupt – nur ungenügend auf ihre Aufgabe vorbereitet werden, und fordert demzufolge Elternbildung in Form einer Aus- und Fortbildung für institutionalisierte Elternvertretungen (cf. Hösl-Kulike 1994, 202).

Unabhängig von der Auslegung des Terminus der Elternbildung konstatiert Tschöpe-Scheffler: Elternbildung ist eine Form der Erwachsenenbildung, „die von der Freiwilligkeit des Besuchs der Teilnehmer/innen ausgeht und von deren Motivation, sich bilden zu wollen'" (Tschöpe-Scheffler 2006b, 333; cf. Bäuerle 1970, 248).

Wie bereits oben erwähnt, wird der Begriff der Elternbildung – verstärkt im erzieherischen Kontext – häufig als Synonym zum Terminus der Elternarbeit gebraucht.

Mitte der 90er Jahre wird Elternarbeit im Bericht des Bayerischen Staatsministeriums für Arbeit und Sozialordnung gleichsetzt mit dem Begriff der Erziehungspartnerschaft[10], bezogen auf eine Kooperation von Familien und institutionellen Einrichtungen, z.B. Kindergärten. Textor, der Autor des Berichts, charakterisiert diese Partnerschaft mit Hilfe ihrer Komponenten „Geduld", „Akzeptanz", „Toleranz", „Vertrauen", „Kontakt", „Dialogbereitschaft", „Offenheit für Ideen" und „Veränderungsbereitschaft" (Textor 1996, 7sq.). Als Bestandteile einer zeitgemäßen Elternarbeit an Kindertageseinrichtungen – die sich im Ermessen der Verfasserin gleichermaßen übertragen lassen auf sämtliche Konzepte der Elternarbeit – nennt er folgende: Abstimmung der privaten und öffentlichen Erziehung, Öffnung/Transparenz, Elternbildung, Mitbestimmung, Vermittlung, Kontakt/Selbsthilfeförderung, Beratung und Mitarbeit (cf. Textor 1996, 9).

---

[10] Ein Urteil des Bundesverfassungsgerichts aus dem Jahr 1972 gebietet, dass „Elternhaus und Schule bei der Erziehung der Persönlichkeit des Kindes sinnvoll zusammenwirken" (Schmälzle 1985, 18; cf. Huppertz 1988, 21).

Zu den beiden Termini der Elternarbeit sowie der Erziehungspartnerschaft stellt Brenner fest:

> „In ihrer vornehmeren Variante tritt die Elternarbeit als ‚Erziehungspartnerschaft' auf. (…) Erziehungspartnerschaft meint, dass Eltern und Schule in irgendeiner Form gemeinsam an der Erziehung der Kinder mitwirken" (Brenner 2009, 173).

Die Kooperation von Elternhaus und Schule im Zuge der Kindererziehung sei zudem häufig gesichert durch einen „Erziehungsvertrag" (Brenner 2009, 173). Die gemeinsame Erziehungsaufgabe von Schule und Elternhaus ist in den Schulgesetzen der Länder verankert. Da die vorliegende Studie den Fokus auf Bayern setzt, sei an dieser Stelle das Bayerische Gesetz über das Erziehungs- und Unterrichtswesen zitiert:

> „Die gemeinsame Erziehungsaufgabe, die Schule und Erziehungsberechtigte zu erfüllen haben, erfordert eine von gegenseitigem Vertrauen getragene Zusammenarbeit" (BayEUG 2016, Art. 74 Abs. 1 Satz 1)[11].

Nachfolgendes Schema resümiert die in diesem Kapitel dargestellte Entwicklung der Begriffe und Aspekte im Zuge der Elternarbeit im erzieherischen Kontext.

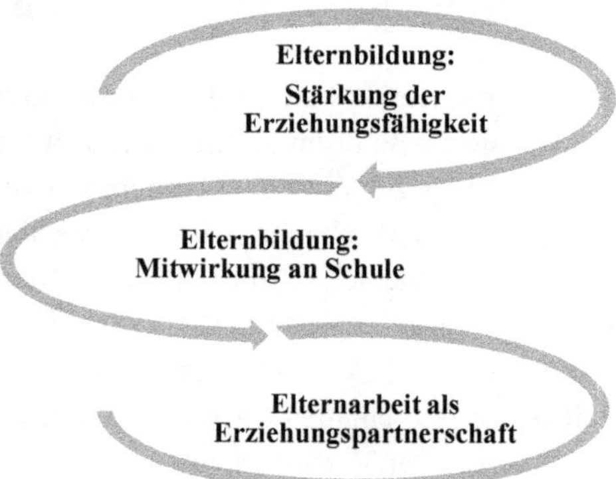

Abb. 4: Elternarbeit im erzieherischen Kontext.

---

[11] BayEUG: http://www.gesetze-bayern.de/jportal/portal/page/bsbayprod.psml; jsessionid=274FF8A64081AEA23F20F83E0314922F.jp29?showdoccase=1&st=null&doc.id=jlr-EUGBY2000rahmen& doc.part=X&doc.origin=bs, 15.02.2016.

2.1.2.2 Elternarbeit im schulischen Kontext

2.1.2.2.1 Überblick

Im schulischen Kontext meint Elternarbeit häufig den Kontakt zwischen Elternhaus und Schule oder die Kooperation beider Instanzen, wodurch eine optimale Förderung des Kindes bzw. Schülers gewährleistet werden soll (cf. Schönfeldt 1973, 13; cf. Pöggeler 1976, 153; cf. Dusolt 1993, 17). Neuenschwander beschreibt Elternarbeit im schulischen Kontext folgendermaßen:

> „Zusammenarbeit zwischen Lehrpersonen und Eltern verstehen wir als Kommunikation zwischen Personen mit gemeinsamen Anliegen, wovon die optimale Förderung der Heranwachsenden sowohl für die Eltern als auch für die Lehrpersonen das vorrangigste ist“ (Neuenschwander 2005, 183).

Dusolt legt bei seiner Definition von Elternarbeit den Fokus insbesondere auf deren informativen Aspekt und beschreibt sie als „einen wechselseitigen Kommunikationsprozeß (sic), in dem es darum geht, Informationen über das Kind und sein jeweiliges Umfeld auszutauschen“ (Dusolt 1993, 17).

Für Engelhardt hat Elternarbeit den gleichen Stellenwert wie die Schülerberatung. Er definiert sie in Anlehnung daran als Kommunikation zwischen Schule und Elternhaus, die von den Lehrkräften ausgehen muss und folgende Aspekte umfasst:

> „Bei diesen Tätigkeiten geht es zum einen um Fragen der Schullaufbahn und um die Mitteilung von Lernleistung und Disziplinschwierigkeiten. Zum anderen geht es um Elternbeschwerden und um Probleme der gerechten Schülerbehandlung“ (Engelhardt 1982, 47).

Aufgrund der vielfältigen Interpretationsmöglichkeiten von Elternarbeit in den verschiedenen Teilbereichen des schulischen Kontextes kann keine Definition für die vorliegende Studie als maßgeblich festgesetzt werden, die sämtliche genannten Aspekte umfasst.

Das Wort Elternarbeit an sich ist ein Kompositum zweier Nomina – Eltern, Arbeit. Die unterschiedlichen Bedeutungsimplikationen des Begriffs Arbeit – „Ausführung eines Auftrags“, „Beschäftigsein mit etwas, mit jemandem“, „Mühe, Anstrengung“[12] (Duden 2016) – deuten darauf hin, dass Elternarbeit

---

12 Duden – Die deutsche Rechtschreibung, 2016. <http://www.duden.de/rechtschreibung/Arbeit>, 23.03.2016.

nicht unbewusst, ungeplant und nebenbei erfolgen kann. Elternarbeit erfordert vielmehr bewusstes Engagement und Bemühungen zugunsten der Bildung und Erziehung von Schülern (cf. Schule und Familie 2014[13], 18). Im schulischen Kontext kann dieses Kompositum auf zwei Arten interpretiert werden:

- Elternarbeit als Arbeit der Schule bzw. der Lehrer mit den Eltern (cf. Sacher 2014, 24; cf. Brenner 2009, 173) – im Sinne des Kontakts, der Information, Kommunikation und Kooperation. Brenner beschreibt Elternarbeit in dieser Auslegung als „die unablässige Aufforderung der Lehrer an die Eltern, an der Gestaltung der Schule mitzuwirken und einen Beitrag zu leisten zum Gelingen von Schule" (Brenner 2009, 173).

Auch Sacher schließt sich dieser Interpretation des Kompositums Elternarbeit an und expliziert dazu:

> „(…) [D]ie schulische Seite ist aktiv, Eltern sind Objekte der Bearbeitung und bleiben passiv. Maßnahmen und Initiativen der Elternarbeit gehen in der Regel von der Schule und von den Lehrkräften aus. Sie informieren Eltern, machen ihnen Angebote und erteilen ihnen Ratschläge, erwarten aber kaum von ihnen, dass sie Initiative ergreifen und Anregungen geben" (Sacher 2014, 24).

- Zum anderen ist Elternarbeit die Arbeit bzw. das Engagement der Eltern für die Schule (cf. Ruschel 1981, 163) und findet sowohl in der Schule als auch außerhalb statt. Susteck gebraucht den Terminus Elternarbeit in seinem Buch *Elternarbeit und Schulleben* mit besonderem Augenmerk auf dem außerunterrichtlichen Aspekt der Elternarbeit und deren Auswirkungen auf das Schulleben folgendermaßen: „Elternarbeit ist die Voraussetzung für ein ideenreiches und fröhliches Schulleben, das seinerseits wiederum den Unterricht belebt" (Susteck 1981a, 6) und betont damit den außerunterrichtlichen Aspekt der Elternarbeit im schulischen Kontext.

Die bisher aufgeführten Definitionen von Elternarbeit im schulischen Kontext konzentrieren sich auf folgende grundlegende Aspekte: den Kontakt zwischen Eltern und Lehrkraft, die (wechselseitige) Kommunikation sowie das schulische Engagement der Eltern im Hinblick auf dessen leistungsförderliche Wirkung. Allerdings kann Elternarbeit – entsprechend der Gleichsetzung

---

[13] Bayerisches Staatsministerium für Unterricht und Kultus. 2014. *Schule und Familie. Verantwortung gemeinsam wahrnehmen – Rechte und Aufgaben der Eltern und Elternvertretung in der Schule (Band 2).* Darmstadt: apm.

der Begriffe Elternarbeit und Elternbildung im Sinne einer Ausbildung für Elternvertreter und Befähigung zur Mitbestimmung *(siehe Kapitel 2.1.2.1)* – auch definiert werden als Mitwirkung der Eltern in institutionalisierten und gewählten Elterngremien an Schulen sowie jener (schulinternen) Gremien, in denen Eltern mitwirken. In Bayern können Eltern von Gymnasiasten im Schulforum, an dessen Sitzungen Elternbeiräte teilnehmen (cf. Dietzke 1973, 130 sq.), sowie – über die Elternbeiratsvertreter – im Landesschulbeirat, der z.B. ein Anhörungsrecht bei Gesetzen, die das Schulwesen betreffen, hat (cf. Fehnemann 1990, 35), ihre Interessen vertreten. In anderen Bundesländern haben Eltern auf mehreren Ebenen, von der Schule bis zur Landesebene, die Möglichkeit, an Schule zu partizipieren *(siehe Kapitel 2.1.2.2.2)*.

2.1.2.2.2 Elternarbeit als rechtlich gesicherte Partizipation

Heckel definiert Partizipation in seinem Buch *Schulrechtskunde* als „institutionalisierte Beteiligung der Lehrer, Schüler und Eltern an den Handlungen und Entscheidungen der Schule“ (Heckel/Avenarius 2000, 115). Diese institutionalisierte Beteiligung stützt sich dabei auf einen gesetzlichen Rahmen, welcher die Elternrechte garantiert.

Das Elternrecht als Erfordernis „der demokratischen Verfasstheit unserer Gesellschaft“ (Sacher 2008, 23) und als „Erfordernis partizipativer Demokratie“ (Sacher 2012b, 235) umfasst Rechtsgarantien in zwei Kernbereichen – Erziehung und Bildung. Wie bereits im Zuge der Elternarbeit im erzieherischen Kontext herausgestellt *(siehe Kapitel 2.1.2.1)*, wird den Eltern ihr Erziehungsrecht gesetzlich zugesichert. Jenes wird allerdings ergänzt durch das gesetzlich fixierte „Wächteramt“ des Staates – legitimiert durch Art. 7 Abs. 1 des Grundgesetzes – über das gesamte Bildungswesen (cf. Grundgesetz[14]; cf. Sacher 2008, 15; cf. Busch/Scholz 2002, 264; cf. Fehnemann 1990, 29; cf. Wild/Lorenz 2010, 146). Obwohl Schleicher in den beiden betreffenden Artikeln des Grundgesetzes „konkurrierende Erziehungsaufträge“ (Schleicher/Fischer 1972, 31) sieht und auch Pekrun hier einen „Konflikt zwischen dem Elternrecht auf Kindeserziehung einerseits und dem Prinzip (…) staatlicher Schulaufsicht andererseits“ (Pekrun 1997, 55) sieht, stellt die Anordnung der beiden Artikel im Grundgesetz keine Rangfolge dar. Dies ist explizit in einem Beschluss des Bundesverfassungsgerichts aus dem Jahre 1972 fest-

---

14 Grundgesetz der Bundesrepublik Deutschland. <http://www.gesetze-im-internet.de/bundesrecht/gg/gesamt.pdf>. 24.06.2015.

gehalten: „Der staatliche Erziehungsauftrag in der Schule ist in seinem Bereich dem elterlichen Erziehungsrecht nicht nach-, sondern gleichgestellt" (Schule und Familie 2014, 7).

Das Elternrecht als Ganzes setzt sich zusammen aus Bestimmungen des Grundgesetzes sowie der Landesverfassungen (cf. Göldner 1978, 8), der Erziehungs- und Unterrichtsgesetze der Länder sowie der Schulordnungen (cf. Büchner 1976, 20).

Weil die „Gesetzgebungs- und Verwaltungskompetenzen für Schulangelegenheiten den Ländern zugewiesen sind" (Heckel/Avenarius 2000, 19; cf. Neuenschwander 2005, 133), unterscheiden sich demzufolge auch die Möglichkeiten der elterlichen Mitwirkung an Schule in den einzelnen Bundesländern (cf. Busch/Scholz 2002, 265) bisweilen grundlegend und stützen sich auf Schulgesetze für die jeweiligen Schularten. Somit ist auch der formelle Rahmen der Elternpartizipation und -vertretung auf jeweils unterschiedliche Art gewährleistet (cf. Brenner 2009, 182). Für bayerische Gymnasien sind die einschlägigen Schulgesetze das Bayerische Gesetz über das Erziehungs- und Unterrichtswesen (BayEUG) sowie die Schulordnung für die Gymnasien in Bayern (GSO), ergänzend zur Schulordnung für schulartübergreifende Regelungen an Schulen in Bayern (BayScho).

In Anlehnung an Sacher kann – im Kontext der Schule – differenziert werden zwischen der kollektiven und der individuellen elterlichen Mitbestimmung (cf. Sacher 2014, 101sq.; cf. Dietzke 1976, 556), wobei letztere die Voraussetzung für eine kollektive Partizipation der Eltern darstellt: Neben dem Recht auf Schulwahl und Information beinhalten die individuellen Mitbestimmungsrechte von Eltern auch das „Recht, Elternvertreterinnen und Elternvertreter zu wählen" (Sacher 2014, 107; cf. Sacher 2012b, 235; cf. Dietzke 1976, 556sq.). Jene sind Teil der kollektiven elterlichen Mitbestimmung und garantieren als „fester Bestandteil des Systems Schule" (Dauber/Weber 1976, 233) die Mitwirkung der Eltern an Schule über entsprechende Elternvertretergremien (cf. Ansorge 1973, 223). Im Zuge rechtlich institutionalisierter Elternvertretergremien sind, Heckel zufolge, folgende vier Partizipationsformen bedeutend: „Mitwirkung", „Mitbestimmung", „stimmberechtigte Teilnahme an Wahlen" sowie „Vermittlung (Schlichtung in Konfliktfällen und bei Ordnungsmaßnahmen" (Heckel/Avenarius 2000, 117 sq.). Fehnemann konstatiert zum Begriff der Mitwirkung:

> „Mitwirkung kommt vor in der Form des Erfahrungs- und Meinungsaustausches, als Recht auf Anhörung und der Hinzuziehung zur Beratung, zur Abgabe einer Stellungnahme zur Herstellung des Benehmens (…), in Form von Vorschlags- und Einspruchsrechten“ (Fehnemann 1990, 34; cf. Sacher 2014, 105).

Die Elternarbeit als institutionalisierte Beteiligung der Eltern an Schule ist in allen Bundesländern in den entsprechenden Schulgesetzen verankert. Diejenigen Bundesländer, in denen die Beteiligung der Eltern an Schule ausschließlich auf diese (rechtlich gesicherte) Partizipation beschränkt bleibt, sind Berlin, Schleswig-Holstein, Thüringen, Baden-Württemberg, Hamburg, Niedersachsen, Sachsen sowie Bayern[15].

Weil sich die vorliegende Erhebung auf Bayern bezieht, soll kurz auf das Gremium des Elternbeirats eingegangen werden, in welchem Eltern von Gymnasiasten die Interessenvertretung der Elternschaft wahrnehmen und dessen Zuständigkeiten im BayEUG sowie in den jeweiligen Schulordnungen fixiert sind (cf. Schule und Familie 2014, 15). Als Organ der Elternvertretung vertritt der Elternbeirat die Interessen aller Eltern einer Schule (cf. Schule und Familie 2014, 15; cf. Sacher 2014, 102) und fungiert somit als Bindeglied für die Kontakte zwischen Eltern und Lehrkräften auf „Schulebene“ (Killus 2012, 51)[16]. Im Zuge der Funktion als Mittler zwischen Schule, ihren Schülern und deren Eltern kommen diesem Gremium der Beschreibung des ISB zufolge u.a. die grundlegende Aufgabe zu, „das Vertrauensverhältnis zwischen den Eltern und den Lehrkräften (…) vertiefen“ (Schule und Familie 2014, 18; cf. Sacher 2014, 101).

Sacher resümiert die Zuständigkeitsbereiche der Elternvertreter im Zuge ihrer Partizipation an Schule folgendermaßen: der Elternbeirat ist mit Aufgaben betraut, welche sich „mehr oder weniger auf Angelegenheiten der Organisation und inneren Verwaltung der Schule“ (Sacher 2014, 105; cf. Hülshoff 1979, 82; cf. Brenner 2009, 181) beziehen. Die Befugnisse der Elternvertreter in Bayern umfassen zudem, „dass bestimmte Beschlüsse im Einvernehmen

[15] Die entsprechenden Schulgesetze werden hier nicht als Quellen aufgeführt. Sie können jeweils online eingesehen werden.

[16] Der Terminologie Fehnemanns folgend ist der Elternbeirat ein repräsentatives Organ der kollektiven elterlichen Mitwirkung (cf. Fehnemann 1990, 33). Heckel expliziert hierzu Folgendes: „Die kollektive Elternmitwirkung geht in der Regel von der Gemeinschaft der Eltern der Klasse aus“ (Heckel/Avenarius 2000, 143), wobei die Situation der kollektiven elterlichen Mitwirkung in Bayern dahingehend eine Ausnahme darstellt, dass der Elternbeirat direkt von der Elternschaft gewählt wird.

mit Elterngremien gefasst werden müssen bzw. ihrer Zustimmung bedürfen“ (Sacher 2014, 105).

Heckel führt eine Besonderheit der Regelungen der Elternvertretung in Bayern auf: es gibt „keine Vertretungsorgane auf Landesebene“ (Heckel/Avenarius 2000, 151) bzw. keine „mehrfach gestufte Repräsentation über die jeweilige Schule, die Lokal-, Kreis- oder Bezirksebene bis zur Landesebene“ (Hepp 1990, 63), wie in anderen Bundesländern (cf. Busch/Scholz 2002, 265). Somit ist die „kollektive Mitbestimmung“ (Sacher 2014, 100; cf. Sacher 2012b, 235) der Eltern im Kontext der Schule bzw. konkret der Gymnasien in Bayern allein durch den Elternbeirat gewährleistet (cf. Dietzke 1973, 130sq.).

In sieben deutschen Bundesländern haben die Eltern bedeutend mehr Rechte, den Schulalltag zu erleben und sich als Komponente einzubringen. So können Eltern beispielsweise in Brandenburg, Bremen, Nordrhein-Westfalen, Rheinland-Pfalz oder Sachsen-Anhalt von ihrem Hospitationsrecht Gebrauch machen. Als Bedingungen für die Unterrichtsbesuche gelten in den meisten Schulgesetzen folgende: die pädagogische Situation der Klasse muss berücksichtigt werden (cf. Brandenburgisches Schulgesetz §46)[17], es dürfen nur Hospitationen in den Klassen der eigenen Kinder stattfinden (cf. Schulgesetz Bremen §61)[18] und der Hospitation müssen Absprachen mit Schulleitung und Klassen- bzw. Fachlehrkraft vorausgehen (cf. Sachsen-Anhalt §59[19]). Im Land Rheinland-Pfalz wird das Hospitationsrecht für Eltern auf die Primar- und Sekundarstufe I beschränkt (cf. Schulgesetz Rheinland-Pfalz §2(5)[20]); in den anderen Schulgesetzen finden sich hierzu keine Präzisierungen.

In Mecklenburg-Vorpommern, Hessen sowie in Bremen fordern die Schulgesetze den Einbezug der Eltern in die Gestaltung und Durchführung

---

17 Gesetz über die Schulen im Land Brandenburg (Brandenburgisches Schulgesetz), in der Fassung der Bekanntmachung vom 2.August 2002, zuletzt geändert durch Artikel 7 des Gesetzes vom 25.Januar 2016, <http://bravors.brandenburg.de/gesetze/bbgschulg_2016>, 26.03.2016.

18 Bremisches Schulgesetz, vom 28.Juni 2005, zuletzt geändert durch das Gesetz vom 17.Juni 2009, <http://www.bildung.bremen.de/sixcms/media.php/13/schulgesetze.pdf>, 26.03.2016.

19 Schulgesetz des Landes Sachsen-Anhalt in der Fassung der Bekanntmachung vom 22.Februar 2013, <http://www.landesrecht.sachsen-anhalt.de/jportal/?quelle=jlink&query=SchulG+ST&psml=bss ahprod.psml&max=true>, 26.03.2016.

20 Schulgesetz des Landes Rheinland-Pfalz vom 30.März 2004, <http://landesrecht.rlp.de/jportal/portal/t/n9a/page/bsrlpprod.psml?doc.hl=1&doc.id=jlr-SchulGRP2004rahmen%3Ajuris-lr00&documentnumber=1&numberofresults=146&showdoccase=1&doc.part=R¶mfrom HL=true>, 26.03.2016.

des Unterrichts sowie des Schullebens. Insbesondere hinsichtlich des Einbezugs der Eltern in den Unterricht beinhaltet der §40 des Schulgesetzes in Mecklenburg-Vorpommern die Bedingung, dass die Personen, welche die Lehrer unterstützen und zugleich unter deren Verantwortung stehen, geeignet sein müssen (cf. Schulgesetz Mecklenburg-Vorpommern[21]). Im Saarland sowie in Sachsen-Anhalt steht Eltern die Möglichkeit offen, bei der Unterrichtsplanung mitzuwirken. Das Schulmitbestimmungsgesetz im Saarland sieht hierfür vor, dass Eltern bei der Auswahl des Lehrstoffs, bei der Schwerpunktsetzung im Lehrstoff sowie bei der Auswahl der Unterrichtsformen ein Mitspracherecht zugesichert wird, mindestens in der Primarstufe, aber auch in der Sekundarstufe I (cf. Schulmitbestimmungsgesetz Saarland[22]).

Weder dem Elternbeirat noch den Eltern selbst werden in insgesamt neun Bundesländern, darunter auch Bayern, u.a. Unterrichtsbesuche gewährt, da v.a. ersterer „kein Aufsichts- oder Überwachungsorgan der Schule und der Lehrerschaft“ (Schule und Familie 2014, 26; cf. Pekrun 1997, 58) darstellt. Das unterstreicht die Feststellungen von Busch und Brenner: die Rechte dieser Elternvertretungen sind eher als „formal-demokratisch“ (Busch/Scholz 2002, 265) zu charakterisieren.

Der Blick in die Schulgesetze der einzelnen deutschen Bundesländer zeigt, was Pekrun bereits Ende der 90er Jahre kritisiert: die Eltern haben wenigstens in allen Ländern Informations- und Mitwirkungsrechte (cf. Schulgesetze der Länder; cf. Pekrun 1997, 57). Angesichts dieser Tatsache kritisiert er, dass die Anwesenheit der Eltern in der Schule – abgesehen von den Anlässen, an denen Informationsarbeit durch die Schule geleistet wird – nicht erwünscht ist (cf. Pekrun 1997, 58), was sich für die Schulgesetzgebung in den meisten deutschen Bundesländern bestätigt.

Durch die beschränkten Partizipationsmöglichkeiten für Eltern an Schule wird die Machtposition der Schule implementiert: „Insgesamt besteht also ein formales Machtungleichgewicht im Verhältnis von Elternhaus und Schule“ (Pekrun 1997, 57; cf. Wicht/Melzer 1983, 13; cf. Saldern 2012, 72; cf. Sacher

21 Schulgesetz für das Land Mecklenburg-Vorpommern in der Fassung der Bekanntmachung vom 10.September 2010, <http://www.landesrecht-mv.de/jportal/portal/page/bsmvprod.psml?showdoccase=1&doc.id=jlr-SchulGMV2010rahmen&doc.part=X&doc.origin=bs>, 26.03.2016.

22 Gesetz über die Mitbestimmung und Mitwirkung im Schulwesen – Schulmitbestimmungsgesetz – vom 27.März 1974 in der Fassung der Bekanntmachung vom 21.August 1996, zuletzt geändert durch das Gesetz vom 11. Dezember 2012, <http://sl.juris.de/cgi-bin/landesrecht.py?d=http://sl.juris.de/sl/gesamt/SchulMG_SL.htm#SchulMG_SL_rahmen>, 04.01.2017.

2008, 68) und die Eltern haben keinen Einfluss auf das Schulgeschehen. Geradezu konträr erscheint in Anbetracht dessen Brenners Aussage zur Rolle der Eltern in der Schule:

> „[N]ach Schulschluss wird von ihnen die Wahrnehmung eines Erziehungs- und Unterrichtsauftrags erwartet, mit dem sie einen erheblichen Einfluss auf den Schulerfolg des Kindes haben“ (Brenner 2009, 160).

2.1.2.2.3 Elternarbeit als Beteiligung am Schulleben

Sacher zufolge wird Elternarbeit in Form von „Elternhilfe (…) hauptsächlich für die Organisation von Veranstaltungen, als Begleitung von Klassenfahrten usw. und als finanzielle Unterstützung erbeten“ (Sacher 2004, 114). Er präzisiert anhand einiger Beispiele, wo Elternarbeit als (unterstützende) Beteiligung am Schulleben evident wird: bei der „Vorbereitung von Schulfesten, Ausstellungen, Sportveranstaltungen“ (Sacher 2004, 64). Behr-Heintzke ergänzt in ihrem Bericht zu *Schulkooperationen* als Tätigkeitsfelder von Eltern im konkreten Schulalltag, worin sie als Akteure in der Schule sichtbar werden: „Schulbibliothek, Kiosk/Mittagstisch, Computerwartung, Fahrdienste, Mediation, Schulhofgestaltung“ (Behr-Heintzke 2005/Lipinski, 20).

Dass dies exakt die Erwartungen hinsichtlich der Ausgestaltung von Elternarbeit auf beiden Seiten bedient, trifft nach Sachers Untersuchungen zu:

> „Insgesamt entsprechen die Hilfsangebote der Eltern ziemlich genau der Hilfe, welche die Schule von ihnen erbittet: Sie konzentrieren sich überwiegend auf Hilfe am Rande des ‚schulischen Kerngeschäftes‘ und auf finanzielle Unterstützung“ (Sacher 2004, 68).

Eltern werden somit als „Handlanger der Lehrkräfte“ (Sacher 2012a, 195) in den peripheren Bereichen des Schulalltags in die Pflicht genommen, und hier von den Lehrkräften bereitwillig akzeptiert und gerne gesehen (cf. Kowalczyk 1988, 19).

Das ISB Bayern hebt als positiven Aspekt der – als Pflicht geltenden – Anteilnahme der Eltern am Schulleben hervor, dass sie über „Schulfeste und Tage der offenen Tür (…) Gelegenheit erhalten, einen möglichst realitätsnahen Einblick in die Arbeit der Schule zu gewinnen“ (Schule und Familie 2014, 18).

Gleichermaßen stellen unterschiedliche Autoren das Potenzial des Schullebens als „Verbindungsstück“ (Susteck 1990, 196) zwischen Elternhaus und Schule heraus: Anlässlich derartiger Veranstaltungen „zelebriert die Schule eine Schulgemeinschaft, die ausnahmsweise auch die Eltern mit einschließt" (Brenner 2009, 159; cf. Aurin 1990, 12). Dieser Gedanke findet sich bereits bei Gaudig: Er bezeichnet es als eine „Verkehrsform" (Gaudig 1920, 42) zwischen Elternhaus und Schule, dass Eltern an Feierlichkeiten der Schule ihrer Kinder teilnehmen (cf. Gaudig 1920, 42). Somit werden im Zuge des Schullebens die drei Akteure Eltern – Lehrer – Schüler *(siehe Kapitel 1.2)* sichtbar und erhalten Gelegenheit, miteinander in Kontakt zu treten (cf. Sacher 2014, 84; cf. Susteck 1990, 110).

Insbesondere an Gymnasien sind, Sacher zufolge, Sonderveranstaltungen zahlreicher und vielgestaltiger als an anderen Schularten (cf. Sacher 2004, 53) und somit ein „Spezifikum des Gymnasiums" (Sacher 2004, 53). Demzufolge stehen für diese Schulart zusätzliche Chancen zur Kontaktaufnahme zwischen Schule und Elternhaus zur Verfügung. Bereits Sennlaub kritisiert allerdings die Bedeutungslosigkeit von Veranstaltungen im Zuge des Schullebens für die Schaffung gewinnbringender Begegnungen zwischen Eltern und Lehrkräften (cf. Sennlaub 1978, 14). Über 35 Jahre später greift Sacher einen ähnlichen Gedanken auf und stellt die Defizite von Sonderveranstaltungen des Schullebens heraus:

> „[Sie] dienen eher der Präsentation der Schule in der Öffentlichkeit und geben Eltern Gelegenheit, die Schule oder Klasse als ganze kennen zu lernen. Weniger aber sind sie geeignet, Einzelkontakte herzustellen. Sie erreichen auch insgesamt nicht den Nutzen von eltern- oder lehrerinitiierten Kontakten" (Sacher 2004, 58).

2.1.2.2.4 Elternarbeit als Beteiligung durch formalisierte[23] Kontakte

Pekrun nimmt Stellung zu den Gelegenheiten des direkten Kontakts zwischen Eltern und Lehrkräften und führt kritisch an, dass

> „[i]m deutschen Staatsschulwesen (…) die direkte Interaktion von Eltern und Lehrern heute in der Regel auf in der Schule stattfindende Elternabende, Elternsprechtage und Elternsprechstunden beschränkt" (Pekrun 1997, 60)

bleibt.

[23] Der Begriff „formalisiert" wird von Brenner gebraucht, um die traditionellen, ritualisierten Möglichkeiten des Kontakts zwischen Eltern und Lehrkräften zu beschreiben, wie z.B. Elternabende oder Elternsprechtage (cf. Brenner 2009, 176) und wird im vorliegenden Forschungsbericht synonym zum Begriff der „traditionellen" Kontakte gebraucht.

Dass diese Kontaktpraxis in der Form weiterhin fortbesteht, zeigt ein Blick in Brenners Buch *Wie Schule funktioniert*. Darin hält er fest, dass Elternarbeit „im wesentlichen Strategien der Formalisierung des Verhältnisses zwischen Eltern und Lehrern“ (Brenner 2009, 175) meint – z.B. Elternabende auf Klassen- oder Jahrgangsstufenebene (cf. Schule und Familie 2014, 9), Elternsprechtage oder wöchentliche Elternsprechstunden der Lehrer – und kreiert damit den Rahmen für Elternarbeit im Sinne der elterlichen Beteiligung an Schule durch die entsprechenden Kontakte. Ähnlich wie Brenner subsumiert Sacher Sprechstunden, Elternsprechtage und Elternabende unter den Terminus „[f]ormelle Kontakte“ (Sacher 2008, 41) und gibt zu bedenken, dass jene „oft ritualisiert und durch hierarchische Verhältnisse geprägt“ (Sacher 2008, 41) sind.

Diese traditionellen Kontakte von Eltern und Lehrkräften können dabei, der Kategorisierung von Killus zufolge, unterteilt werden in die Kontakte, die sich auf „die Situation des einzelnen Kindes (kindbezogene Ebene)“ (Killus 2012, 51) beziehen – darunter Elternsprechtage und -sprechstunden –, sowie in jene, welche

> „zwischen Lehrkräften und der Elternschaft einer Klasse stattfinden (z.B. Elternabend) und die z.B. schulische und unterrichtsbezogene Angelegenheiten zum Gegenstand haben (Klassenebene)“ (Killus 2012, 51).

Als auffällig konstatiert Melzer, dass „Mütter in der Überzahl sind“ (Melzer 1981, 33), wenn es um den Besuch der traditionellen Kontaktgelegenheiten der Elternabende oder Elternsprechtage geht.

Elternabende sind auf der klassenbezogenen Ebene der Elternarbeit im Sinne der Information der Eltern durch die Lehrkräfte anzusiedeln. Textor beschreibt sie als Gelegenheiten für Lehrer, Eltern „effektiv und effizient über schulische Belange [zu] informieren, allgemein interessierende Fragen auf[zu]greifen und familienbildende Themen ab[zu]handeln“ (Textor 2013, 31). Als mögliche Themen für Elternabende an Gymnasien listet er u.a. Schüleraustauschfahrten, Hinweise zur Lernbegleitung der Kinder sowie die Belegung von Wahlpflichtfächern auf (cf. Textor 2013, 33).

Die formalisierten Kontaktmöglichkeiten der Sprechstunde sowie der Elternsprechtage, die „meist zwei Mal pro Schuljahr“ (Melzer 1981, 33) stattfinden, sind – der Kategorisierung von Killus folgend – auf der kindbezogenen Ebene zu verorten. U.a. Brenner erinnert an die Funktion dieser beiden Kontaktanlässe zwischen Elternhaus und Schule: sie dienen vorrangig „der unmittelbaren Information der Eltern über den Leistungsstand ihrer Kinder" (Brenner 2009, 175; cf. Ulich 1989, 85).

Wild fasst die genannten Aspekte dieser Art der Elternarbeit – als elterliche Beteiligung an Schule im Rahmen formalisierter Kontakte – so zusammen:

> „Die gegenwärtige Praxis der Elternarbeit von Lehrern beschränkt sich in der Regel auf punktuelle Gespräche an Elternabenden bzw. Elternsprechtagen, die inhaltlich vorwiegend um den Leistungsstand der Schüler und Erziehungsprobleme kreisen" (Wild 2003, 515).

Die Beschränkung der Informationen auf Schulleistungen, die anlässlich institutionalisierter Kontakte im Vordergrund stehen, ist dabei sicherlich das Resultat vieler Faktoren, wie z.B. fehlender Zeit, um profundere Informationen über das Kind zu geben bzw. sich umfassend mit den Eltern über das Kind auszutauschen. In vielen Ländern der Bundesrepublik Deutschland ist diese punktuelle Elternarbeit auch die Folge der Vorgaben für Schulen und Lehrkräfte, insbesondere der Schulgesetze. Sie fixieren nämlich alle die Informationspflicht der Schulen bzw. Lehrkräfte, insbesondere im Falle absinkender Leistungen. Exemplarisch für diese Pflicht sei das BayEUG zitiert: Auch jenes enthält die Pflicht für Schulen, Eltern

> „möglichst frühzeitig über wesentliche, die Schülerin oder den Schüler betreffende Vorgänge, insbesondere ein auffallendes Absinken des Leistungsstands (…) zu unterrichten" (BayEUG 2016, Art.75 (1) Satz 1)[24].

Jene Verpflichtung wird ebenfalls erwähnt in der Publikation *Schule und Familie – Rechte und Aufgaben der Eltern und Elternvertretung in der Schule* des Staatsinstituts für Schulqualität und Bildungsforschung (ISB) München, wonach die Information und Beratung der Eltern bei sinkenden Leistungen und eine Beratung in Fragen der Schullaufbahn den Eltern rechtlich zugesichert wird (cf. Schule und Familie 2014, 8sq.). Auch Doppke führt die Verpflichtung der Fachlehrkräfte an weiterführenden Schulen an,

> „regelmäßige Sprechzeiten anzubieten, und Eltern auf Wunsch, bei besonderen Entwicklungen auch unaufgefordert z.B. Auskunft über Lern-, Arbeits- und Sozialverhalten und Leistungsentwicklungen zu geben" (Doppke/Gisch 2005, 20).

---

24 BayEUG <http://www.gesetze-bayern.de/Content/Document/BayEUG-75>, 27.02.2017.

Die beschriebene Art der Elternarbeit als Beteiligung der Eltern an Schule über den Weg der formalisierten Kontakte, anlässlich derer die Lehrkräfte ihre Schülereltern informieren, muss demzufolge a priori unbefriedigend sein, was u.a. auch Brenner zu bedenken gibt: „Allzu viele Erträge dürften diese Begegnungen nicht bringen“ (Brenner 2009, 176). Doch liegt die Gestaltung dieser Kontakte als Noten-Informations-Kontakte nicht immer nur an den Lehrkräften oder (rechtlichen) Vorgaben für die Lehrkräfte, sondern auch an den Umständen der jeweiligen, z.T. sehr großen Sekundarschulen, denn

> „zumindest Lehrer an Sekundarschulen [können] wegen der großen Zahl der von ihnen unterrichteten Schüler längst nicht alle gut genug kennen (…), um den Eltern mehr als Noten mitzuteilen“ (Ulich 1989, 89).

Somit ist „die Elternarbeit dieses formalisierten, eigentlich schon bürokratischen Typs eine Folge symbolischer Handlungen“ (Brenner 2009, 176), selbst wenn sie die Möglichkeit bieten, Eltern über den Weg der Informationsvermittlung an Schule teilhaben zu lassen.

Die nachfolgende Darstellung fasst die drei beschriebenen Formen der Elternarbeit im schulischen Bereich schematisch zusammen.

Elternarbeit (als elterliche Beteiligung) im schulischen Kontext			
Teilbereich	Schulleben	Gremien	formalisierte Kontakte
Art der Beteiligung	Hilfstätigkeiten	Repräsentation (verschiedene Ebenen)	Elternabend, Sprechstunden, Sprechtage
Positive Aspekte dieser Art der Beteiligung	Eltern als Akteure in der Schule sichtbar	Mitbestimmungsrechte	direkte Interaktion
Negative Aspekte dieser Art der Beteiligung	oberflächliche Begegnungen	nur Information und Anhörung, formale Mitwirkung	Symbolcharakter, auf Leistung beschränkt

Abb. 5: Elternarbeit im schulischen Kontext.

2.1.2.3 Elternarbeit im außerschulischen Kontext

2.1.2.3.1 Überblick

Der Begriff „außerschulisches Lernen“ meint häufig den „Besuch außerschulischer Lernorte“ (Thaler 2013, 145) durch Klassen und Lehrer, wobei Thaler zu deren Erfassung die „vier Koordinaten ‚innerhalb vs. außerhalb des Unterrichts' und ‚innerhalb vs. außerhalb der Schule'" (Thaler 2013, 145) gebraucht und jeweils unterschiedliche Beispiele für Unterrichtsarrangements in jeder der vier möglichen Konstellationen liefert. In vorliegender Studie wird der Terminus außerschulisch in der Bedeutung gebraucht, dass er durch die beiden Koordinaten „außerhalb des Unterrichts" sowie „außerhalb der Schule" bestimmt wird.

Elternarbeit findet im außerschulischen Bereich in drei Formen und an zwei unterschiedlichen Orten Realisierung und kann als die elterliche Beteiligung an und Unterstützung von Lernprozessen der Kinder charakterisiert werden. Wild verwendet für diese außerschulischen, eltern-unterstützten Lernaktivitäten den Begriff der „‚school-based home instruction'" (Wild/Lorenz 2010, 119) und expliziert zu deren Gestaltung Folgendes:

> „Grundsätzlich können unter dem Begriff des häuslichen Lernens alle in der Familie ablaufenden Lehr-Lern-Situationen gefasst werden, unabhängig davon, ob es sich um die Bearbeitung und Kontrolle der Hausaufgaben handelt, um das Üben von Grundfertigkeiten angesichts einer anstehenden Klassenarbeit oder um Nachhilfe zum Zweck des Ausgleichs von Wissensdefiziten" (Wild/Lorenz 2010, 119).

Die drei Formen außerschulischer Elternarbeit sind nachfolgend aufgelistet, wobei die ersten beiden im häuslichen Umfeld stattfinden:

- Von schulischer Seite wird an die Eltern oft die Aufgabe herangetragen,

> „ein außerschulisches Umfeld [zu] bilden, das die schulische Arbeit leichter macht, ohne dass sich die Eltern in die pädagogischen und administrativen Kernbereiche der Schule einmischen" (Busch/Scholz 2002, 270).

- Lehrer setzen vielfach die Beteiligung der Eltern an den Hausaufgaben als Form der Beteiligung am Unterricht (cf. Keck 1990, 102) voraus – insbesondere in problematischen Situationen und bei Leistungsschwächen der Schüler (cf. Eigler/Krumm 1972, 19; cf. Melzer 1985, 16) – und somit auch indirekt die „Beherrschung des Lehrstoffs" (cf. Sacher 2008, 188; cf. Martin 1978, 15; cf. Sacher 2014, 116; cf. Henry-Huthmacher 2008, 13) sowie die zeitliche Verfügbarkeit der Eltern für diese Aktivitäten (cf. Henry-Huthmacher 2008, 13).

- Die dritte Variante der Elternarbeit im außerschulischen Bereich meint die Bereitstellung von Nachhilfeunterricht durch die Eltern, welche meist aus dem häuslichen Umfeld ausgelagert ist. Saldern beschreibt, dass im Zuge von Nachhilfe das „Lernen außerhalb der Schule, ja sogar außerhalb der Familie stattfindet“ (Saldern 2012, 73; cf. Wild/Lorenz 2010, 211).

Da für vorliegende Arbeit insbesondere die Hausaufgabenbeteiligung der Eltern sowie die Inanspruchnahme von Nachhilfeunterricht von Interesse sind, wird nur am Rande auf die erste Form der außerschulischen Elternarbeit als Gestaltung des Rahmens für die Lernaktivitäten der Kinder eingegangen.

2.1.2.3.2 Elternarbeit als Schaffung von Lernvoraussetzungen

Elternarbeit als Arbeit der Eltern und „hilfreiche Unterstützung“ (Sacher 2014, 119) im außerschulischen, häuslichen Bereich ist häufig so gestaltet, wie u.a. Wild beschreibt: Eltern sehen sich oft

> „in der Situation, dass sie für die materiellen und immateriellen Voraussetzungen für eine erfolgreiche Teilhabe des Kindes am Schulleben sorgen müssen, ohne ihrerseits einen entscheidenden Einfluss auf das schulische Geschehen zu haben“ (Wild/Lorenz 2010, 146sq.; cf. Stiftung Bildungspakt Bayern 2014, 6).

Der Gedanke des Schaffens der materiellen und immateriellen Voraussetzungen für das kindliche Lernen als Arbeit und Zuständigkeit der Eltern wird von unterschiedlichen Erziehungswissenschaftlern und Pädagogen aufgegriffen.

Pöggeler verweist darauf, dass Eltern für „ein günstiges Lern-‚Klima‘ und den geeigneten Lernplatz sorgen“ (Pöggeler 1978, 17; cf. Pöggeler 1978, 17; cf. Pöggeler 1978, 25; cf. Pöggeler 1978, 28) sollen. Über 30 Jahre später bringt die 2.JAKO-O-Bildungsstudie hervor, dass die meisten Eltern – nach eigenen Angaben – als Form der Beteiligung im außerschulischen Kontext „dafür sorgen, dass ihr Kind ungestört seine Schulaufgaben erledigt“ (Nicht 2012, 163). Ähnlich sieht dies auch Brenner: Es ist die Aufgabe der Eltern sicherzustellen, „dass die Kinder die notwendigen Arbeitsmaterialien mit in die Schule bringen und dass sie ihre Hausaufgaben machen“ (Brenner 2009, 161).

Busch beschreibt in seinem Aufsatz „Wandel in den Beziehungen zwischen Familie und Schule“ die Pflicht der Eltern zur Überwachung bzw. Kontrolle der Hausaufgaben: sie sollen garantieren, dass die „schulischen ‚Hausaufgaben‘ so bearbeitet werden, dass der Unterricht darauf konstruktiv aufbauen kann“ (Busch/Scholz 2002, 270) und somit insgesamt einen reibungslosen Unterrichtsablauf ermöglichen (cf. Busch/Scholz 2002, 269).

Insgesamt umfasst Elternarbeit im Sinne der Schaffung der Lernvoraussetzungen für die Kinder die Komponenten der materiellen sowie der immateriellen Verpflichtung, „günstige Arbeitsbedingungen" (Sacher 2014, 119) zu gewährleisten. Diese Form der Elternarbeit ist auch in den Schulgesetzen der Länder der Bundesrepublik Deutschland fixiert. Spezifisch für Bayern ist die Elternarbeit als Schaffung der Lernvoraussetzungen im BayEUG als elterliche Pflicht aufgeführt: Eltern haben sich demnach

> „um die gewissenhafte Erfüllung der schulischen Pflichten und der von der Schule gestellten Anforderungen durch die Schüler zu kümmern; wie z. B. die Erledigung der Hausaufgaben (...); die Erziehungsarbeit der Schule zu unterstützen; die nicht in die Lernmittelfreiheit einbezogenen erforderlichen Lernmittel zu beschaffen" (Schule und Familie 2014, 11; cf. BayEUG Art.51 Abs.4).

2.1.2.3.3 Elternarbeit als Beteiligung an Hausaufgaben[25]

Bedingt durch die „Bildungsexpansion" (Wild/Lorenz 2010, 60) und basierend auf dem Grundgedanken, dass gute Schulleistungen bzw. Schulabschlüsse eine entsprechende Position innerhalb der Gesellschaft zu erreichen und zu sichern helfen (cf. Büchner 1976, 68; cf. Dannhäuser 2003, 30; cf. Busch/Scholz 2002, 253), sind im Laufe der Zeit die „Bildungserwartungen der Eltern an ihre Kinder und damit unmittelbar auch an die Schule" (Nave-Herz 2002, 5; cf. Busch/Scholz 2002, 269) gestiegen. Dies zeigt sich nicht nur darin, dass die Schule zunehmend das Familienleben bestimmt (cf. Holzmüller 1982, 128; cf. Wicht/Melzer 1983, 5; cf. Wicht/Melzer 1983, 12; cf. Wild/Lorenz 2010, 34; cf. Wild/Gerber 2008, 85), sondern wird – Wild zufolge – u.a. auch darin offenbar, dass „immer mehr Eltern die Entwicklung ihrer Kinder aktiv begleiten können und wollen und dies die Unterstützung der schulischen und beruflichen Entwicklung einschließt" (Wild/Lorenz 2010, 61). Dieser Wunsch bzw. diese Tatsache führt dazu, dass den Hausaufgaben im subjektiven Empfinden der Eltern ein sehr hoher Stellenwert beigemessen wird.

---

[25] Der Begriff „Hausaufgaben" wird in vorliegendem Forschungsbericht verwendet im Sinne eines „sehr weiten Verständnis von HA: Sie umfassen alle Aktivitäten, die mit den im Unterricht bearbeiteten oder auch zu bearbeitenden Inhalten in sinnvoller Beziehung stehen, durch sie angeregt werden oder für sie wichtig werden können. HA sind damit nicht nur von Lehrern (...) gestellte Aufgaben, die zu Hause bearbeitet werden, sondern jedes mit der Schule verbundene bewußte (sic) Lernen außerhalb des Unterrichts" (Derschau 1979a, 15 sq.).

Bereits früh stellt Ziegenspeck fest, „daß (sic) sich fast alle Eltern in irgendeiner Form um die Hausaufgaben ihrer Kinder kümmern“ (Ziegenspeck 1978, 144). Eine jüngere Publikation zur elterlichen Hausaufgabenbeteiligung liegt in Form der Studie *Eltern unter Druck* von Henry-Huthmacher vor. Darin wird ebenfalls der hohe Stellenwert der Hausaufgaben sowie die starke elterliche Beteiligung daran hervorgehoben:

> „Damit die Kinder den Anforderungen der Schule gerecht werden können, helfen fast 40% der Eltern häufig bis regelmäßig bei den täglichen Hausaufgaben. Dabei geht es noch nicht um eine gezielte Vorbereitung auf die Klassenarbeiten“ (Henry-Huthmacher 2008, 13).

Die Gründe für die elterliche Beteiligung an den Hausaufgaben variieren, lassen sich allerdings mit Hilfe von drei grundlegenden Bestrebungen resümieren.

- Viele Eltern möchten ihrem Kind zu besseren Schulnoten verhelfen, v.a. bei Leistungsschwächen und -defiziten. Eigler ermittelt für diese Elterngruppe einen Prozentsatz von 25% (cf. Eigler/Krumm 1979, 69) und konstatiert:

> „[D]er überwiegende Teil der Eltern begründet seine Mitarbeit bei den Hausaufgaben mit dem Hinweis auf irgendwelche Leistungsschwächen des Kindes. Oder anders: die Eltern helfen, damit das Kind das Schulziel erreicht“ (Eigler/Krumm 1979, 71; cf. Dauber/Weber 1976, 199).

- Manche Eltern wollen allgemeine Defizite des schulischen Unterrichts, v.a. fehlende Angebote der individuellen Leistungsförderung (cf. Eigler/Krumm 1979, 70) im außerschulischen Bereich durch das gesteigerte „‚unfreiwillig freiwillige‘ Engagement“ (Busch/Scholz 2002, 270) ihrerseits im Zuge der Hausaufgaben kompensieren.

- Viele Eltern suchen über die Hilfe bei den Hausaufgaben ihrer Kinder Selbstbestätigung und Gewissensberuhigung. U.a. Kraus beschreibt jenes Phänomen in seinem Buch *Helikopter-Eltern* folgendermaßen:

> „Manchmal hat man den Eindruck, Eltern wollen sich mit perfekten Hausaufgaben sowie mit optimalen Vorbereitungen auf den Unterricht und auf Prüfungen ihrer Kinder selbst beweisen“ (Kraus 2013, 76; cf. Leuders/Leuders 2012, 162).

Auf lange Sicht wollen sich Eltern später nicht mit dem Vorwurf konfrontiert sehen, sie hätten nicht alles getan, damit die Kinder eine angemessene Position innerhalb der Gesellschaft (cf. Dauber/Weber 1976, 99) sowie eine entsprechend hohe „‚Verwertbarkeit' auf dem Arbeitsmarkt" (Bois-Reymond 1977, 33; cf. Dietrichs 1989, 43) erreichen können. Boßmann fasst dies folgendermaßen zusammen:

> „In der Schule, so heißt es meistens, da können wir nicht helfen, aber wenigstens bei den Hausaufgaben wollen wir helfen so gut wir können, damit man uns hinterher nicht sagen kann, wir hätten nicht alles getan" (Boßmann 1979, 47).

Trotz unterschiedlicher Motive der Eltern, sich im Zuge der Hausaufgaben an den Lernprozessen ihrer Kinder zu beteiligen – und Elternarbeit in dieser Form zu betreiben –, eint offenbar alle das Bewusstsein, dass die ihrem Engagement

> „zugrunde liegende Zielsetzung (…) weniger im Hier und Jetzt angesiedelt [ist] als vielmehr in der jeweils mehr oder minder fernen Zukunft, in der dem Kind eine gesellschaftlich akzeptable Position gesichert werden soll" (Schmidt-Wenzel 2008, 19; cf. Pekrun 1997, 56).

Mit Blick auf die Schüler, die ohne elterliche Hilfe die täglichen Hausaufgaben meistern (müssen), hält Wild fest, dass insgesamt weniger als ein Viertel aller Schüler in höheren Klassenstufen ihre Hausaufgaben stets alleine bewältigen (cf. Wild/Lorenz 2010, 34), und offenbar „bis zum Ende der Sekundarstufe I nur eine Minderheit von Schülern vollständig auf sich gestellt zu sein [scheint]" (Wild/Lorenz 2010, 121), wenn es um die Bearbeitung der Hausaufgaben geht. Dies bestätigt sich angesichts der Ergebnisse der 3.JAKO-O-Bildungsstudie: auch im Vergleich zur 2.JAKO-O-Bildungsstudie aus dem Jahre 2012 ist der Anteil der Eltern, die Hausaufgaben kontrollieren, um vier Prozent gestiegen (auf 73%), und drei Prozent mehr Eltern als noch zwei Jahre zuvor (insgesamt 66%) geben an, sogar den Lernstoff gemeinsam mit ihren Kindern zu erarbeiten (cf. Killus/Paseka 2014, 137).

Verschiedene (Schul-)Pädagogen verweisen auf die Gefahr, die die konstante elterliche Beteiligung an den Hausaufgaben birgt und sprechen u.a. von der „Schule in der Familie" (Pöggeler 1978, 64; cf. Gaudig 1920, 33; cf. Ulich 1989, 205). Daher verwendet u.a. Saldern bewusst den Terminus „Schulaufgaben" – an Stelle von „Hausaufgaben" – und erklärt: „Schulische Anforderungen werden damit in das Elternhaus getragen und müssen dort bewältigt werden" (Saldern 2012, 73; cf. Pakulla 1967, 9).

Dass dieses elterliche Hausaufgabenengagement auf Dauer einen bedenklichen Nebeneffekt nach sich zieht, konstatiert Martin:

> „Schüler, die daran gewöhnt sind, daß (sic) Eltern zuhause wiederkäuen, was der Lehrer in der Schule vorbereitet hat, verlassen sich im Lauf der Zeit immer mehr auf diese Stütze" (Martin 1978, 54).

Kohler konkretisiert in ihrem Buch *Hausaufgaben – Helfen – Aber wie?*, dass dieses Phänomen aufgrund seiner Nachfolgeeffekte in einem Teufelskreis endet: Es

> „besteht die Gefahr, dass ein Kind, dem zuhause regelmäßig geholfen wird, keine Notwendigkeit sieht, sich in der Schule wirklich zu bemühen. Bereitet die Mutter oder der Vater außerdem schon zukünftige Lerninhalte vor (…), wird sich das Kind im Unterricht vermutlich langweilen, unbeteiligt und lustlos dasitzen, kaum aktiv mitmachen und so die entscheidenden Stellen verpassen – was wiederum die elterliche Hilfe am Nachmittag notwendig macht" (Kohler 2002, 97).

Zwar positionieren sich viele Experten klar gegen eine (umfassende) elterliche Hausaufgabenbeteiligung: Sacher z.B. bezeichnet Hausaufgaben, die unter elterlicher Beteiligung angefertigt werden, im Hinblick auf deren eigentliche Funktion, als „kontraproduktiv" (Sacher 2012b, 234) und v.a. die aktive Mithilfe als „[b]esonders ungünstig" (Sacher 2014, 117). Kraus mahnt in seinem Buch *Helikopter-Eltern*: „Eigentlich sollten sich Eltern aus den Hausaufgaben heraushalten" (Kraus 2013, 76; cf. Köck/Ott 2002, 287) und so die eigentliche Funktion der Hausaufgaben berücksichtigen, die Diedrich erklärt: der Schüler „muß (sic) sie lösen und in einer angemessenen Zeit bewältigen können; denn für ihn sind sie bestimmt, nicht für die Eltern oder für hilfsbereite Nachbarn" (Diedrich 1961, 190).

Dennoch bewerten es viele Eltern nicht immer als negativ, wenn sie für Unterstützungsleistungen bei den Hausaufgaben bzw. Lernprozessen auf den Plan gerufen werden, denn für sie bieten Hausaufgaben „Maßstab und Orientierung dafür (…), was in der Schule geleistet wird" (Boßmann 1979, 44). So erhalten sie indirekt „einen Einblick in die Arbeitsweisen der Schule" (Ziegenspeck 1978, 142; cf. Rudolph 2001a, 82), wenn auch nur einen sehr begrenzten.

Dementsprechend werden Hausaufgaben von vielen Pädagogen und Erziehungswissenschaftlern übereinstimmend positiv als „wichtiges Bindeglied zwischen Schule und Elternhaus" (Rudolph 2001a, 82; cf. Susteck 1990, 106;

cf. Keck 1979, 166; cf. Kirk 2012, 380; cf. Neuenschwander 2005, 98) bezeichnet.

Rudolph erklärt die Auswirkung dieser Tatsache, dass die Eltern oft nur über die Hausaufgaben Einblicke in die schulischen Angelegenheiten erhalten: es „legen viele Eltern einen gesteigerten Wert auf die Stellung und Bearbeitung der Hausaufgaben" (Rudolph 2001a, 82).

So wie formalisierte Kontakte überwiegend von Müttern in Anspruch genommen werden *(siehe Kapitel 2.1.2.2.4)*, gestaltet sich auch die elterliche Hausaufgabenbeteiligung. U.a. Martin weist darauf hin: „Das schulische Fortkommen, die gewissenhafte Erledigung der Hausaufgaben rangieren an oberster Stelle in ihrem Katalog der Mutterpflichten" (Martin 1978, 16; cf. Holzmüller 1982, 180; cf. Martin 1978, 24; cf. Ulich 1989, 214; cf. Ulich 1989, 45; cf. Kamm/Müller 1975, 20; cf. Brühl/Knake 1978, 64). Horstkemper zufolge tritt im Zuge der Hausaufgabenbearbeitung im außerschulischen Bereich eine deutliche Konsequenz des lange üblichen Familientypus mit getrennten Zuständigkeitsbereichen für Vater und Mutter zutage: berufliche Tätigkeit und finanzielle Absicherung der Familie durch die Väter versus das Erledigen der häuslichen Arbeit, inklusive der Kinderbetreuung (cf. Horstkemper 2012, 69), darin eingeschlossen die Hausaufgaben und schulischen Lernaktivitäten, durch die Mütter.

Auch wenn viele Eltern bzw. Mütter ihren Kindern bei Hausaufgaben grundsätzlich helfen wollen, gestaltet sich dies mit zunehmendem Alter der Kinder und in höheren Jahrgangsstufen als schwierig (cf. Scott-Jones 1995, 96; cf. Pöggeler 1978, 11; cf. Leuders/Leuders 2012, 148). Diedrich formuliert diese Spirale so:

> „Werden die Anforderungen der Schule größer, fehlt den Eltern die Zeit zur Mithilfe, oder es versagt das eigene Können, und für leistungsschwache Schüler beginnt der Nachhilfeunterricht" (Diedrich 1961, 191).

In diesem Zitat liegt zugleich der Anknüpfungspunkt für die dritte Form der Elternarbeit im außerschulischen Kontext.

2.1.2.3.4 Elternarbeit als Finanzierung von Nachhilfe

Die außerschulische Nachhilfe als Komponente der elterlichen Lernbeteiligung bzw. Unterstützung der Lernprozesse der Kinder verzeichnet seit Jahren einen Bedeutungszuwachs. Dabei ist indifferent, ob sie „in Form von privat erteiltem Einzelunterricht oder durch kommerzielle Nachhilfeinstitute angebotener Gruppenunterricht" (Kirk 2012, 380; cf. Dannhäuser 2003, 31) gestaltet ist oder virtuell bzw. computer- und internetgestützt (cf. Arnold/Pätzold 2002, 180) erfolgt.

Nachhilfe wird in vorliegendem Forschungsbericht unter den Bereich der elterlichen außerschulischen, materiellen (Hausaufgaben-) Unterstützung kategorisiert, was auf den ersten Blick verwundern mag. Diese Kategorisierung stützt sich zum einen auf die eigenen, langjährigen Erfahrungen der Verfasserin – im Zuge von Nachhilfeunterricht suchen Schüler Hilfestellungen bei ihren Hausaufgaben –, zum anderen auf eine breite Quellenbasis: Nachhilfe wird u.a. beschrieben als „eine besondere Form der Hausarbeit" (Derschau 1979b, 39; cf. Derschau 1977, 171) oder als Teil der „Hilfestellungen des Elternhauses" (Gehmacher 1980, 32; cf. Neuenschwander 2005, 186), wobei Diehl zur Nachhilfepraxis generell anmerkt:

> „Anstatt (…) Schüler tatsächlich zu fördern, d.h. ihre Schwächen aufzudecken und beseitigen zu helfen, werden in den meisten Kursen nur die Hausaufgaben abgehakt" (Diehl 1976, 644sq.; cf. Wiedner 1964, 77; cf. Diehl 1976, 645; cf. Korte 2011, 251; cf. Kowalczyk/Ottich 2002, 73).

Wild hält fest: „Schätzungsweise jeder zweite Schüler bekommt zu irgendeinem Zeitpunkt in seiner Schulkarriere Nachhilfeunterricht" (Wild/Lorenz 2010, 34), besonders häufig bzw. „meist in der Sekundarstufe I" (Leuders/Leuders 2012, 162). Kowalczyk weist auf die Problematik der zahlenmäßigen Erfassung sämtlicher Nachhilfeschüler hin: „Absolute Zahlen zum Thema Nachhilfeunterricht sind schwer zu ermitteln, die Dunkelziffer liegt hoch" (Kowalczyk/Ottich 2002, 26).

Die Gründe für die Inanspruchnahme von Nachhilfe sind vielfältig und berücksichtigen den eigentlichen Zweck von Nachhilfeunterricht, die exakte Eingrenzung und zielgerichtete Behebung von vorhandenen Schwierigkeiten (cf. Kohler 2002, 203), in unterschiedlichem Maße. Die Gründe reichen vom Wunsch der Verbesserung der Fachnote (cf. Kowalczyk/Ottich 2002, 20) – v.a. im Falle von Vorrückungsentscheidungen oder wenn es „akut versetzungsgefährdende Leistungsdefizite auszugleichen" gilt (Arnold/Pätzold 2002, 180; cf. Kramer/Werner 1998, 29; cf. Korte 2011, 252; cf. Wiedner 1964, 76) –, über den Ausgleich von Defiziten des schulischen Unterrichts (cf. Kramer/Werner 1998, 29; cf. Kowalczyk/Ottich 2002, 73) bis hin zum Wunsch nach der allgemeinen Verbesserung der schulischen Leistungen, denn: „immer häufiger sollen die Noten auch dann noch verbessert werden, wenn die Versetzung nicht mehr gefährdet ist" (Arnold/Pätzold 2002, 180; cf. Kramer/Werner 1998, 29). Gerade letzterer Aspekt als Grund für die Inanspruchnahme von Nachhilfe ist möglicherweise darauf zurückzuführen, dass

> „Eltern (...) in ihre Kinder mehr als je zuvor [investieren], denn ein höherer Bildungsabschluss scheint einen zukünftigen Arbeitsplatz zu garantieren" (Kowalczyk/Ottich 2002, 28sq.).

Dieses Bestreben wurde bereits im Zuge der elterlichen Motive der Hausaufgabenbeteiligung deutlich *(siehe Kapitel 2.1.2.3.3)*. Die Motive für die Inanspruchnahme von Nachhilfe sind quasi deckungsgleich mit den Gründen, auf die Eltern ihre Beteiligung an den Hausaufgaben ihrer Kinder zurückführen.

Unterschiedliche Autoren verweisen auf vielfältige positive Aspekte von Nachhilfeunterricht.

Insbesondere wenn aufgrund von Unterrichtsversäumnissen Stoff nachgeholt werden muss (cf. Kowalczyk/Ottich 2002, 44; cf. Kohler 2002, 202; cf. Korte 2011, 251; cf. Leuders/Leuders 2012, 163) ermöglicht Nachhilfeunterricht, Wissenslücken zu schließen. Darüber hinaus sei Nachhilfeunterricht – Diedrich beschreibt jenen Anfang der 60er Jahre als Chance zur Arbeit unter Beaufsichtigung durch eine Fachkraft (cf. Diedrich 1961, 192) – bedarfsorientiert (cf. Kowalczyk/Ottich 2002, 22), stelle somit individuelle Förderung sicher (cf. Kowalczyk/Ottich 2002, 91), erhöhe insgesamt die aktive Beteiligung am Lernprozess (cf. Kowalczyk/Ottich 2002, 22) und könne den Schüler, als zusätzliche Lerngelegenheit, bis an den Punkt des „Verstehen[s] des Sachverhalts" führen (cf. Kowalczyk/Ottich 2002, 22).

Die große Beliebtheit der Nachhilfe als zusätzliche Unterstützungsleistung für Schüler, v.a. der Gymnasiasten – Kowalczyk führt an, dass hier „weit über 50 Prozent" (Kowalczyk/Ottich 2002, 29) der Schüler Nachhilfe in Anspruch nehmen – ist aber aufgrund mehrerer Faktoren negativ zu bewerten.

Zunächst birgt die steigende Beliebtheit unterschiedlichster Nachhilfeangebote die „Gefahr eines Nebenschulsystems" (Dauber/Weber 1976, 222), wobei als Synonyme zu diesem Terminus auch „zweites Bildungssystem" (Kowalczyk/Ottich 2002, 84), „Parallelschulsystem" (Wippermann 2013, 72) oder „‚Schule neben der Schule'" (Dannhäuser 2003, 31) genannt werden.

Darüber hinaus werden die Freizeitressourcen der Schüler zusätzlich erschöpft, v.a. bei langfristiger Inanspruchnahme (cf. Kirk 2012, 380) von Nachhilfe.

„Fehlende Absprachen zwischen Schule und NachhilfelehrerIn wirken sich zudem auf den Fördererfolg negativ aus" (Kirk 2012, 380; cf. Wiedner 1964, 76; cf. Korte 2011, 253).

Eine für Lehrkräfte deutlich spürbare Konsequenz der Inanspruchnahme von Nachhilfe durch immer mehr Schüler wird, unterschiedlichen Autoren zufolge u.a. darin evident, dass sich Schüler im Schulunterricht insgesamt stärker zurücknehmen und in Passivität verfallen, da sie um die Nachhilfelehrkraft als zusätzliche Lern- und Lehrkraft wissen (cf. Gießing 2006, 510; cf. Korte 2011, 252; cf. Kowalczyk/Ottich 2002, 45). Dieses Phänomen ist identisch mit dem Effekt der elterlichen Hausaufgabenbeteiligung: auch hier entsteht dieser Teufelskreis *(siehe Kapitel 2.1.2.3.3)*.

Hinsichtlich der unterschiedlichen sozioökonomischen Verhältnisse von Familien ist das immer weiter florierende Geschäft der Nachhilfe ebenfalls mit Vorsicht zu bewerten. Zum einen steht diese zusätzliche Lerngelegenheit nicht allen Familien zur Verfügung; zum anderen rechtfertigen insbesondere Eltern mit soliden finanziellen Verhältnissen (cf. Rudolph 2001a, 82) durch das Bezahlen von teils hohen Summen den Nutzen von Nachhilfe für ihre Kinder (cf. Saldern 2012, 74). Unabhängig davon, ob dabei die „entsprechende Leistung" (Dauber/Weber 1976, 222) von den Anbietern erbracht wird, erkaufen sich Eltern – nach Ansicht von Kraus – hierdurch ein „gutes Gewissen" (Kraus 2013, 30).

Der nachfolgenden tabellarischen Übersicht sind die Einzelaspekte der Elternarbeit im außerschulischen Kontext zu entnehmen.

Elternarbeit (als elterliche Beteiligung) im außerschulischen Kontext		
Ort	häusliches Umfeld	außerhalb des häuslichen Umfelds
Art der Hilfe	(Schaffung der Lernvoraussetzungen;) Mithilfe bei den Hausaufgaben	Finanzierung von Nachhilfe
positiv	Einblick in schulische Abläufe; Bindeglied zwischen Schule und Elternhaus	individuell gestaltetes Lernarrangement
negativ	Kind wird im Unterricht passiv; widerspricht dem Zweck der Hausaufgaben	beanspruchte Freizeit- und finanzielle Ressourcen; steht nicht allen offen

Abb. 6: Elternarbeit im außerschulischen Kontext.

2.1.2.4 Zusammenfassung

Der Begriff Elternarbeit umfasst im weitesten Sinne das Verhältnis zwischen einer Institution, wie z.B. Schule, und dem Elternhaus *(siehe Kapitel 2.1.2)* und schließt darin folgende Interpretationsrichtungen ein: Elternarbeit im erzieherischen Kontext als reine Erziehungspartnerschaft *(siehe Kapitel 2.1.2.1)*, Elternarbeit im Kontext der Schulen als Erziehungs- und Bildungspartnerschaft *(siehe Kapitel 2.1.2.2)* sowie Elternarbeit als elterliche Tätigkeiten im außerschulischen Kontext *(siehe Kapitel 2.1.2.3)*.

Elternarbeit im schulischen Kontext – im Sinne der Beteiligung von Eltern an Schule – wird in folgenden Bereichen realisiert:

a) als Partizipation in (institutionalisierten) Gremien – im Sinne einer kollektiven Elternmitwirkung. An bayerischen Gymnasien geschieht dies in Form des unmittelbar von den Eltern gewählten Elternbeirats. (In anderen Bundesländern erfolgt die Wahl des Elternbeirats über die unterschiedlichen Ebenen der Klassen- und Jahrgangsstufen-Elternvertretung bis hin zur Elternvertretung der gesamten Schule.)
b) als Beteiligung der Eltern am Schulleben. Anlässlich unterschiedlicher Veranstaltungen erhalten Eltern die Gelegenheit, ungezwungen mit Schule und konkret mit Lehrkräften in Kontakt zu treten.
c) als Beteiligung der Eltern im Rahmen formalisierter Kontakte, anlässlich derer insbesondere die Information über den Leistungsstand der Kinder im Vordergrund des Interesses sowohl auf Eltern- als auch auf Lehrerseite steht. Hierbei sind v.a. Mütter tätig.

Elternarbeit im außerschulischen Bereich findet quasi ausschließlich in drei Formen im Zuge der elterlichen Beteiligung an den Lernaktivitäten der Kinder statt. Zunächst sehen sich Eltern in der Verantwortung, günstige Lernvoraussetzungen für ihre Kinder zu schaffen. Darüber hinaus arbeiten Eltern, insbesondere Mütter, häufig an den Hausaufgaben ihrer Kinder mit – und somit indirekt am Unterricht. Insbesondere materiell beteiligen sich die Eltern an außerschulischen Lernprozessen durch die Finanzierung von Nachhilfe.

Trotz der profunden Forschungslage zu den unterschiedlichen Ausgestaltungen von Elternarbeit in den sechs oben genannten Formen *(siehe Kapitel 2.1.2.2; siehe Kapitel 2.1.2.3)* bleibt unklar, inwiefern insbesondere die elterliche Beteiligung an Schule im Zuge formalisierter, traditioneller Kontakte stattfindet oder die elterliche Beteiligung an den außerschulischen Lernprozessen konkret für einzelne Fächer an Sekundarschulen ausgestaltet ist. Dass fachspezifische Untersuchungen zur Elternarbeit von Interesse wären liegt im Fachlehrerprinzip der weiterführenden Schulen begründet (cf. Sacher 2008, 163).

Nachfolgende Darstellung[26] veranschaulicht die einzelnen, soeben erläuterten Bereiche, in denen die Eltern als Komponenten im Schulalltag in Erscheinung treten.

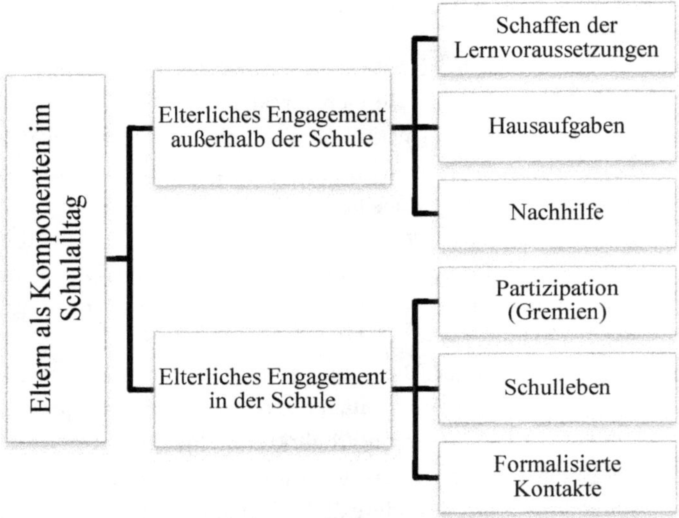

Abb. 7: Übersicht über die Ausgestaltungen von Elternarbeit im außerschulischen und im schulischen Kontext.

2.1.3 Kontakt Schule – Elternhaus

2.1.3.1 Überblick

Hösl-Kulike hält fest, dass Kontakte zwischen Elternhaus und Schule erst dann zustande kommen, „wenn es zu spät ist" (Hösl-Kulike 1994, 198). Während sich das Kontaktverhältnis beider Instanzen nach Pekrun „durch mangelnde gegenseitige Beachtung oder Konkurrenz" (Pekrun 1997, 51) auszeichnet, fordert Sacher gut zehn Jahre später, dass Eltern und Lehrer sich

[26] Die graphische Darstellung orientiert sich an Sachers „Rahmenmodell der Elternarbeit", das einzelne Maßnahmen enthält, die die Elternarbeit an Schulen steuern bzw. aufbauen helfen (cf. Sacher 2008, 45).

„als Partner auf gleicher Augenhöhe“ (Sacher 2008, 74) begegnen und kooperieren sollen.

Wegen dieser Diskrepanz zwischen Realität und Zielvorstellung des Kontakts von Elternhaus und Schule ist eine eingehendere Betrachtung des Kontaktverhältnisses beider Partner von Interesse. Kowalczyk betont das große Potenzial, dass das „partnerschaftliche Zusammenwirken von Lehrkräften und Eltern in allen Fragen, die nicht nur einzelne Schülerinnen und Schüler betreffen“ (Kowalczyk 2013, 54) hat. Im Folgenden werden im Zuge der Betrachtung des Kontaktverhältnisses zwischen Schule und Elternhaus insbesondere die Gründe der Kontaktaufnahme zueinander sowie die möglichen Hindernisse, die eine Kontaktaufnahme – und somit letztlich ein entsprechendes Zusammenwirken – verhindern, herausgestellt.

2.1.3.2 Gründe zur Kontaktaufnahme

Auf Seiten der Lehrer dominieren drei Motive, die Impulswirkung für die Kontaktaufnahme zu den Eltern haben. Zunächst, und dies ist der wohl häufigste Anlass, führt die Information der Eltern über unterschiedliche Angelegenheiten des Schulalltags die Kontaktaufnahme durch die Lehrer in unterschiedlichen Formen herbei, z.B. als Informationsschreiben (Elternbrief) oder als Informationsveranstaltung (Elternabend).

Diese Kontaktaufnahme mit dem Ziel der Information aus schulischer Perspektive resultiert für Lehrkräfte zwangsläufig aus den bereits angedeuteten Informationsrechten bzw. -pflichten *(siehe Kapitel 2.1.2.2.2)* und konkret „aus der Pflicht von Schule, Eltern über a) Unterrichtsmethoden und -inhalte sowie b) Leistungen und Verhaltensweisen des Elternkindes zu informieren“ (Pekrun 1997, 58). Dabei gilt das Informationsmotiv gleichermaßen als Grund für Eltern zur Kontaktaufnahme mit der Schule.

Im Zuge der von Pekrun aufgelisteten Informationspflichten geht es anlässlich der schul- bzw. lehrerinitiierten Kontakte vorrangig um zwei Themenbereiche, die ihrerseits wiederum Anlässe zur Kontaktaufnahme darstellen: die Schullaufbahn der Kinder sowie das Schulleben.

Neuenschwander spricht hinsichtlich der Anlässe zur Kontaktaufnahme von Eltern und Lehrern von einem Phänomen, das beide Seiten, Eltern und Lehrkräfte eint: beide suchen, getrieben von dem „Unterstützungsmotiv“ (Neuenschwander 2005, 43), Kontakt zueinander. Dieses Unterstützungsmotiv ist dabei unterschiedlich ausgestaltet, worauf nachfolgend eingegangen wird, soll aber für beide Seiten – sowohl für Eltern, als auch für Lehrkräfte – Erleichterungen herbeiführen.

Lehrer nehmen Kontakt zu den Eltern ihrer Schüler auf, weil „sie sich von der Elternarbeit Erleichterungen in ihrer Unterrichtsführung erhoffen“ (Neuenschwander 2005, 43), hält Neuenschwander fest. Erleichtert wird die Unterrichtsführung u.a. durch eine entsprechende Hausaufgabenpraxis, die Diedrich als „geistige Brücke zwischen Schule und Haus“ (Diedrich 1961, 190; cf. Köck/Ott 2002, 287; cf. Kohler 2002, 96) bezeichnet, im Zuge derer die Eltern – durch die von den Lehrkräften oft als selbstverständlich vorausgesetzte Beteiligung *(siehe Kapitel 2.1.2.3.3)* – den Lehrern indirekt zuarbeiten.

Unterstützung suchen Lehrer allerdings insbesondere auch im Zuge des außerunterrichtlichen Schullebens. So treten Lehrer oft an die Eltern ihrer Schüler mit dem Anliegen heran, sie als Helfer in verschiedene Veranstaltungen auf unterschiedliche Arten einzubeziehen (cf. Busch/Scholz 2002, 267) *(siehe Kapitel 2.1.2.2.3)*.

Das Unterstützungsmotiv seitens der Eltern, das jene zur Kontaktaufnahme zur Schule veranlasst, basiert auf der Grundlage, dass sich die elterlichen Bemühungen „auf das eigene Kind und dessen Schulerfolg“ (Sacher 2008, 193; cf. Wicht/Melzer 1983, 22; cf. Ziegenspeck 1978, 136; cf. Kob 1963, 69; cf. Sacher 2014, 54) konzentrieren und – wenn überhaupt – nur marginal auf die „Schule als solche“ (Ziegenspeck 1978, 136; cf. Wicht/Melzer 1983, 22). Das Suchen des Kontakts zur jeweiligen (Fach)Lehrkraft liegt somit im Wunsch der Eltern begründet, zu „wissen, was in der Schule geschieht, was ihre Kinder lernen sollen“ und zu „verstehen, was gefordert und angestrebt wird“ (Girgensohn 1981, 43).

In einem engen Zusammenhang mit dem Unterstütztungsmotiv steht die Tatsache, dass Kontakte zwischen der jeweiligen Fachlehrkraft und den Eltern erst bei Problemen relevant werden (cf. Altuntaş 2011, 29; cf. Bauer 2006, 120; cf. Ulich 1989, 74), und demzufolge vornehmlich punktuell gestaltet sind. U.a. Schleicher und Göldner weisen dies als Spezifikum weiterführender Schulen, insbesondere Gymnasien, aus:

> „[i]n manchen Familien (…) Schule überhaupt erst dann zum Gesprächsgegenstand wird, wenn Schulversagen droht oder wenn es aus anderen Gründen (…) Ärger mit Lehrern gibt“ (Göldner 1978, 25; cf. Schleicher/Fischer 1972, 35; cf. Brühl/Knake 1978, 68; cf. Wicht/Melzer 1983, 22).

Gehmacher betrachtet dieses Phänomen aus der entgegengesetzten Perspektive und erklärt, dass Eltern, die beispielsweise nicht an Elternsprechtagen das Gespräch mit den Lehrkräften suchen, als Grund dafür den „guten Lernerfolg des Kindes" anführen, welcher „bei der verbreiteten Auffassung von der Schule als Bildungsvermittlungsanstalt die Aussprache mit den Lehrern erübrigt" (Gehmacher 1980, 48).

Allgemein geht „Beteiligung der Eltern im Laufe der Schulzeit ihrer Kinder im allgemeinen stetig" (Hülshoff 1979, 22; cf. Melzer 1981, 39) zurück, sowohl im Hinblick auf die Frequenz als auch auf die „Intensität der Kontakte" (Melzer 1981, 39), und die Kontaktaufnahme zu den Lehrkräften erfolgt nur sporadisch. Sacher berichtet von Ergebnissen seiner Befragung: Es

> „verändert sich die Häufigkeit der Schule-Eltern-Kontakte mit zunehmendem Alter der Schüler nicht wesentlich, wohl aber der von den Eltern erfahrene Nutzen, und zwar nimmt er sowohl bei den informellen als auch bei den formellen Kontakten signifikant ab" (Sacher 2008, 256).

Somit hat ein steter Kontakt zwischen Elternhaus und Schule, der nicht nur probleminitiiert ist, keineswegs den Rang eines selbstverständlichen Bestandteils der Schullaufbahn von Schülern inne und beide Instanzen zeichnen sich aus durch eine

> „abwartende Haltung sowohl bei Lehrkräften als auch bei Eltern (...), die darin besteht darauf zu vertrauen, dass die jeweils andere Seite Information nachfragt und abholt, die sie benötigt, und dass sie Informationen zur Verfügung stellt und gibt, die für sie bedeutsam hält" (Sacher 2012b, 234).

„Geboten wäre aber ein aktives Aufeinander-Zugehen und Einander-Versorgen mit relevanter Information" (Sacher 2012b, 234), was Sacher im Anschluss an die 2.JAKO-O-Bildungsstudie als „aufsuchende Elternarbeit" (Sacher 2012a, 197) charakterisiert.

2.1.3.3 Kontakthindernisse

Kampmüller führt Mitte der 60er Jahre das oft von Missverständnissen belastete Verhältnis zwischen Elternhaus und Schule darauf zurück, dass „beide ihre Aufgabe zu sehr von ihrem eigenen subjektiven Standpunkt sehen und dabei zu sehr ihr ‚Ich' herausstreichen" (Kampmüller 1964, 59).

Etwas später unterstreicht Dauber diese Fokussierung der beiden Instanzen – Schule und Elternhaus – auf sich selbst und konstatiert: beide schieben sich „gegenseitig die Schuld an der Not der Kinder zu" (Dauber/Weber 1976,

227; cf. Diedrich 1961, 53; cf. Wicht/Melzer 1983, 4; cf. Kowalczyk 1988, 33; cf. Korte 2011, 292).

Nur wenige Jahre später knüpft Dietrichs an den Gedanken der Ich-Bezogenheit von Elternhaus und Schule an und gibt die Richtung vor für eine Weiterentwicklung des Kontaktverhältnisses zwischen den beiden Instanzen, indem er an den eigentlichen Sinn der Partnerschaft im schulischen Kontext erinnert: „Partnerschaft in der Schule führt weg von ich-zentriertem Denken und Handeln zu einem Wir-Gefühl" (Dietrichs 1989, 74).

Welche Hindernisse die Weiterentwicklung des Kontaktverhältnisses zwischen Elternhaus und Schule erschweren oder gar verhindern, soll nachfolgend dargestellt werden.

2.1.3.3.1 Kontakthindernisse auf Seiten der Lehrer

Bois-Reymond führt zu möglichen Kontakthindernissen auf Seiten der Lehrer an:

> „In der Schule löst das Wort ‚Eltern' bei Lehrern eher negative Assoziationen aus – Unannehmlichkeiten, Zusatzarbeit – als die Vorstellung vom täglichen Umgang mit Leuten, die zur schulischen Arbeit dazugehören" (Bois-Reymond 1977, 8).

Dass dies keineswegs der gewünschten Idealsituation entspricht lässt sich auch auf eine Feststellung Brenners hinsichtlich der Pflichten von Lehrkräften zurückführend:

> „Elternarbeit gehörte schon immer zu den Aufgaben der Lehrer. Dafür werden sie in ihrer Ausbildung geschult und dazu gibt es bestimmte formale Richtlinien und praktische Verfahrensweisen" (Brenner 2009, 173).

Im starken Gegensatz zu dieser Feststellung steht das Zitat einer Lehrkraft, was bei Ulich zu finden ist und die Auffassung von Elternarbeit als zusätzlicher Belastung unterstreicht: „Elternarbeit ist zusätzliche Pflicht und gehört nicht zu den primären Pflichten des Lehrers" (Ulich 1989, 68sq.). Diese Aussage ist zwar prägnant formuliert, birgt aber die Grundlage für weiterführende Überlegungen, warum Lehrer die Arbeit mit Eltern nicht in den Katalog ihrer Aufgaben und Pflichten einordnen.

Viele Autoren betrachten diesen Aspekt des Lehrerberufs, den Kontakt zu den Eltern der Schüler-„Klientel", aus einer anderen Perspektive und begründen fehlende Elternkontakte bzw. -arbeit damit, dass Lehrer „immer mehr unter Zeitnot“ (Altuntaş 2011, 31; cf. Wild 2003, 527) leiden und sich deswegen keine unbezahlte Mehrarbeit (Frohn 1974, 20; cf. Wild/Gerber 2008, 84; cf. Wicht/Melzer 1983, 22; cf. Sacher 2008, 67) aufbürden wollen. Demzufolge wird nicht explizit Kontakt zu den Schülereltern gesucht, Elternarbeit zur Nebensache deklariert, und die Kontaktaufnahme zu den Eltern „beschränkt sich (…) auf die Fälle, bei denen es wirklich brennt“ (Altuntaş 2011, 31).

Hier lässt sich die Brücke schlagen zu den Gründen der Kontaktaufnahme von Eltern und Lehrkräften *(siehe Kapitel 2.1.3.2)*. Insgesamt kann in Bezug auf das Kontaktverhältnis zwischen Schule und Elternhaus nicht von einem weiten Kooperationsverständnis, welches z.B. Bemühungen um die Schule als Ganzes einschließt, gesprochen werden (cf. Hösl-Kulike 1993, 96sq.; cf. Sacher 2014, 113).

Pekrun erwähnt in seinem Beitrag „Kooperation zwischen Elternhaus und Schule“ Ergebnisse einer Lehrerbefragung, im Zuge derer die Lehrkräfte angeben, „nur 6% ihrer Arbeitszeit der Elternarbeit zu widmen, hingegen 81% der unterrichtsbezogenen Arbeit und 12% der Verwaltungsarbeit“ (Pekrun 1997, 60). Auch Engelhardt äußert sich zur Diskrepanz der aufgewendeten Zeit für Elternkontakte und deren Nutzen: laut ihm nehmen

> „Schülerberatung und Elternarbeit (…) den geringsten quantitativen Umfang innerhalb des pädagogischen Arbeitsbereichs ein [:] (…) Die geringe Zeit, die Lehrer für diese Kontakte aufwenden können, steht in einem krassen Mißverhältnis (sic) zu deren Bedeutung für Schüler und Eltern“ (Engelhardt 1982, 50).

U.a. Bonn berücksichtigt diesen Aspekt des Nutzens einer derartigen Elternarbeit und stellt fest, dass

> „die Schulen – und das bedeutet vor allem die Lehrer – wegen ihrer eigentlichen Aufgaben und Belastungen nur selten in der Lage [sind], diese Elternarbeit zu leisten, obwohl sie von vielen bereits als eine dringliche Aufgabe erkannt worden ist“ (Bonn/Below 1973, 53; cf. Wicht/Melzer 1983, 18).

Darüber hinaus scheuen Lehrer bisweilen die Kontaktaufnahme zu den Eltern ihrer Schüler, weil sie die „laienhafte Einmischung in Fachangelegenheiten“ (Lemberg 1970, 148; cf. Ulich 1989, 59; cf. Wild/Gerber 2008, 84; cf. Doppke/Gisch 2005, 19; cf. Bauer 2006, 107) befürchten und folgende Ansicht vertreten, die Dauber überaus deutlich definiert: „Eltern stören die Schule“ (Dauber/Weber 1976, 234). Ein möglicher Erklärungsversuch für dieses Gefühl des Störens lässt sich in Girgensohns Beitrag „Elternbeteiligung – eine Chance für die Schule" finden: „Lehrer fühlen sich durch die Eltern kontrolliert" (Girgensohn 1981, 50; cf. Ruschel 1981, 145; cf. Wicht/Melzer 1983, 25). Vor diesem Hintergrund und in Anbetracht der Elternrechte z.B. in Bayern *(siehe Kapitel 2.1.2.2.2)* dürfte dabei vielen Lehrkräften entgegenkommen, dass es z.B. in Bayern kein Hospitationsrecht für Eltern gibt.

Eltern sind im „Alltagsgeschäft" der Lehrer als zusätzliche Quelle von Arbeitsbelastung nicht gern gesehen und nur selten erwünscht, v.a. auch deswegen, weil sie eine sehr heterogene Gruppe bilden, die sich auszeichnet durch die Vielgestaltigkeit „höchst unterschiedlicher oder geradezu gegensätzlicher Erwartungen" (Kohler 2002, 243; cf. Sacher 2008, 67).

Zusätzlich sehen sich Lehrer nicht nur mit diesen vielgestaltigen elterlichen, sondern auch mit weiteren Erwartungen konfrontiert, die u.a. „seitens der Schüler, Kollegen, Vorgesetzten (…) an sie herangetragen werden" (Frohn 1976, 99; cf. Wicht/Melzer 1983, 14; cf. Kohler 2002, 243) und bisweilen deutliche Diskrepanzen aufweisen. Viele Lehrer lösen diesen Zwiespalt – jener ist deswegen äußerst arbeitsintensiv, weil unterschiedliche Positionen eruiert und berücksichtigt werden müssen, was aber nur selten für alle zufriedenstellend gelingen kann – nicht selten dadurch, dass sie den Baustein der Elternarbeit auf ein Minimum reduzieren.

Ein weiterer Grund für Lehrer, Elternkontakte zu meiden, ist die Tatsache, dass viele Lehrer „gegenüber Eltern oft ängstlich und unsicher" (Ulich 1989, 63; cf. Wicht/Melzer 1983, 15; cf. Melzer 1981, 37) sind. Dies gilt insbesondere für Berufsanfänger, die Begegnungen mit den Eltern ihrer Schüler „als stark belastend erleben" (Wild/Lorenz 2010, 146; cf. Doppke/Gisch 2005, 25; cf. Frohn 1976, 98; cf. Neuenschwander 2005, 12; cf. Melzer 1985, 17). Ulich macht jedoch hierfür nicht die Lehrkräfte selbst verantwortlich, sondern gesteht ihnen zu, dass ihre Angst und Unsicherheit gegenüber den Schülereltern begründet ist in

> „einer weitestgehend fehlenden Qualifizierung in der Kooperation mit Eltern, da die Vermittlung entsprechender Qualifikationen in den Studiengängen der Hochschule kaum Berücksichtigung findet" (Marz/Zubke 1981, 8; cf. Frohn 1976, 98).

So haben es die meisten Lehrer während ihres Studiums – und im Gegensatz zu ihrer „fachwissenschaftliche[n] Überqualifikation" (Ulich 1989, 274) –

„einfach nicht gelernt, mit Eltern umzugehen, auszukommen, sich zu verständigen" (Ulich 1989, 66; cf. Creamer 1981, 30; cf. Huppertz 1988, 143) – darin eingeschlossen auch die Fähigkeit, „angemessen mit Kritik und mit Beschwerden umzugehen" (Sacher 2008, 67) – und „sind dann in ihrer Berufsrolle verunsichert" (Dittrich 1984, 23; cf. Frohn 1976, 98). Dass die Ausbildung von Lehrkräften hinsichtlich der Elternarbeit bzw. des Kontakts zu Eltern immer noch defizitär gestaltet ist, führt Saldern an. Er schließt die Angst und Unsicherheit der Lehrkräfte als Komponente in seine Beschreibung der Kontakte zwischen Elternhaus und Schule ein und charakterisiert die Kontakte als

> „stark verbesserungsbedürftig. Lehrkräfte haben oft nicht die Zeit dazu, wegen der hohen Unterrichtsbelastung und der großen Klassen. Auch wird richtige Elternarbeit in Studium und Praxis selten genügend geschult" (Saldern 2012, 71).

2.1.3.3.2 Kontakthindernisse auf Seiten der Eltern

Bois-Reymond verweist im Rahmen ihrer Betrachtung der *Verkehrsformen*[27] *zwischen Schule und Elternhaus* darauf, dass sich die Mehrheit der Eltern davor scheut, „mit Lehrern oder mit anderen Repräsentanten der Schule in Kontakt zu treten" (Bois-Reymond 1977, 7). Gut 20 Jahre später hat sich diesbezüglich offenbar nichts verändert, wie Sachers Feststellung belegt: „Der Kontakt mit den Lehrkräften ist für die Eltern angstbesetzt" (Sacher 2008, 66).

Sacher prägt in diesem Kontext den Begriff der Schwererreichbarkeit von Eltern. Seinem Ergebnisbericht zur 2.JAKO-O-Bildungsstudie zufolge zeigt sich die Schwererreichbarkeit von Eltern in zwei Formen:

> „als manifeste ‚Schwererreichbarkeit', wenn kein Kontakt zwischen Eltern und Lehrkräften zustande kommt, als latente ‚Schwererreichbarkeit', wenn solche Kontakte zwar bestehen, Eltern und Familien aber keinen wirklichen Nutzen daraus ziehen, sondern die Kontakte nur unterhalten, um nicht als desinteressiert zu gelten" (Sacher 2012a, 203; cf. Sacher 2014, 148).

Den Terminus der Schwererreichbarkeit erklärt der Autor dahingehend, dass oft „die Kontaktaufnahme gerade mit jenen Eltern und Familien am wenigsten gelingt, mit denen die Kooperation am dringendsten erforderlich ist" (Sacher 2014, 146).

---

27 Bois-Reymond definiert „Verkehrsformen" als „Gesamtheit des Austausches zwischen Elternhaus und Schule, also sowohl den formal-institutionalisierten Austausch (…) wie auch die (…) informellen Kommunikationsformen" (Bois-Reymond 1977, 31).

Dabei gilt es zu bedenken, dass bisweilen nicht die Eltern selbst Schuld tragen bzw. vielfach nicht sie schwer erreichbar sind, „sondern die Schule erschwert ihnen den Kontakt und ist für sie schwer erreichbar“ (Sacher 2008, 225). Darüber hinaus sei die Schwererreichbarkeit von Eltern – in ihren beiden Bedeutungsnuancen – u.a. auch darauf zurückzuführen, „dass Eltern Kontakte mit Lehrkräften nicht als hilfreich und nützlich empfinden“ (Sacher 2014, 151).

Ist von der Schwererreichbarkeit der Eltern die Rede, muss bedacht werden, dass die Eltern „keine homogene Gruppe“ darstellen und „ganz unterschiedliche Barrieren den Kontakt zu Lehrkräften erschweren oder verunmöglichen“ (Sacher 2012a, 205). Als Beleg für die Verschiedenartigkeit der Kontakthindernisse für Eltern bzw. der Gründe für ihre Schwererreichbarkeit kann erneut Sacher zitiert werden. Er listet exemplarisch für schwer erreichbare Eltern u.a. „Unterschichteltern und Eltern mit Migrationshintergrund“ (Sacher 2008, 225) auf, relativiert dies jedoch einige Jahre später und konstatiert, dass auch „Eltern mit höherer Bildung“ (Sacher 2014, 147) schwer erreichbar sein können, sodass hierbei jeweils unterschiedliche Kontakthindernisse zum Tragen kommen.

Mit welchen Hemmnissen Eltern kämpfen, bevor sie explizit den Kontakt zur Schule bzw. zu Lehrkräften suchen, beschreiben verschiedene Pädagogen (cf. Wicht/Melzer 1983, 10; cf. Frohn 1974, 19). Die nachfolgende Auflistung der Kontaktbarrieren der Eltern orientiert sich an Sacher (cf. Sacher 2012a, 204), wird aber zugleich durch weitere Autoren ergänzt, die ähnliche Kontakthindernisse für Eltern aufzeigen. Sacher beruft sich im Zuge der Beschreibung der Kontakthindernisse auf eine Studie von Harris und Goodall aus dem Jahr 2007 zum Thema „Engaging Parents in Raising Achievement“. Darin werden mögliche Gründe für die Schwererreichbarkeit mancher Eltern bzw. für die Hindernisse, die sie von einer (intensiven) Kontaktpflege und Kooperation mit der Schule bzw. einzelnen Lehrkräften abhalten, thematisiert.

1) Negative Schulerfahrungen: Eltern fühlen sich in Kontaktsituationen mit Lehrern häufig an ihre eigene Schulzeit erinnert (cf. Kampmüller 1964, 22; cf. Dittrich 1984, 23) oder empfinden sogar eine „Abneigung gegen die Schule“ (Dittrich 1984, 23). Creamer führt mit Hilfe des konkreten Beispiels der Elternabende an, dass

Eltern hier „noch belastet durch ihre eigenen negativen Schulerfahrungen“ (Creamer 1981, 30) in die Schule kommen. Ähnliche Einschätzungen finden sich auch bei anderen Autoren:

> „Nicht wenige Eltern fühlen sich im Kontakt mit der Schule und den Lehrerinnen und Lehrern wieder wie kleine Schüler und erleben nochmals Ängste und Beklemmungen, die sie schon längst für vergessen hielten“ (Kohler 2002, 242; cf. Sacher 2008, 91).

2) Kontakthindernisse des Alltags: Vielfach haben Sprechzeiten an Elternsprechtagen, teils auch Elternabende, am häufigsten jedoch die wöchentlichen Sprechstunden den Nachteil, dass sie „meist in der Arbeitszeit Berufstätiger liegen und überdies fast immer voraussetzen, daß (sic) man wegen eines einzelnen Lehrers zur Schule kommt“ (Gehmacher 1980, 48; cf. Sacher 2012a, 195). Nicht nur der generelle Zeitmangel aufgrund der Berufstätigkeit der Eltern stellt eine Kontaktbarriere für Eltern dar. Als Kontakthindernisse des Alltags gelten gleichermaßen unvorhergesehene Situationen und Geschehnisse, die das Wahrnehmen der von der Schule angebotenen Gesprächsgelegenheiten mit den Lehrkräften verhindern (cf. Sacher 2008, 91), darunter z.B. „fehlende Fahrmöglichkeiten“ (Sacher 2012a, 204), oder es gibt konkurrierende Freizeitangebote (cf. Hülshoff 1979, 35), die Eltern und Familien vorziehen.

3) Minderwertigkeits- und Unterlegenheitsgefühle der Eltern: Eltern empfinden Lehrkräfte oft als überlegen (cf. Reck-Hog 1990, 175) und haben Angst, sich möglicherweise „aufgrund mangelnder Kenntnisse zu blamieren“ (Kohler 2002, 242; cf. Sacher 2008, 91; cf. Wicht/Melzer 1983, 10), wobei z.B. anlässlich von Elternabenden insbesondere die sprachliche Unterlegenheit seitens der Eltern befürchtet wird (cf. Reck-Hog 1990, 167; cf. Wicht/Melzer 1983, 11; cf. Bauer 2006, 121). Korte konstatiert: „Wenn Eltern gegenüber der Schule ein Gefühl der Ohnmacht verspüren, sind sie frustriert und fühlen sich ihr ausgeliefert“ (Korte 2011, 292sq.). Die Haltung, dass sich „viele Eltern ebenso wie ihre Kinder als von den Lehrern Abhängige [begreifen]“ (Frohn 1976, 100), resultiert möglicherweise auch aus ihrer „instrumentellen Sicht der Schule“ (Gehmacher

1980, 16) als „Zuweisungsstelle von Berufsrollen und Lebenschancen“ (Gehmacher 1980, 16)[28]. Ähnlich charakterisiert Bois-Reymond das (Kontakt-)Verhältnis zwischen Elternhaus und Schule, geht aber noch etwas weiter und knüpft an die bereits beschriebenen Elternrechte *(siehe Kapitel 2.1.2.2.2)* sowie die Kontakthindernisse auf Seiten der Lehrer *(siehe Kapitel 2.1.3.3.1)* an:

> „Die Beziehungen zwischen Eltern und Lehrern sind vielmehr wesentlich bestimmt durch die Sanktionsgewalt, die der Lehrer in seiner Eigenschaft als ‚Verteiler von Sozialchancen‘ ihnen gegenüber hat. Dieser Sanktionsgewalt haben die Eltern außer sehr geringen Mitbestimmungsmöglichkeiten im Bereich der Schule nichts entgegenzusetzen. D.h.: das Ohnmachts- und Fremdheitsgefühl der Eltern hat eine reale und von ihnen nicht ‚durch guten Willen‘ zu verändernde Basis“ (Bois-Reymond 1977, 24; cf. Busch/Scholz 2002, 257).

4) Schulorganisatorische Aspekte: Ein „unzureichender Informationsaustausch oder in der Kernarbeitszeit der Eltern liegende Besuchs- und Sprechzeiten“ (Sacher 2012a, 204) etc. machen für viele Eltern die Schule schwer erreichbar. Unter diesen Oberpunkt ist zweifelsohne auch die Erfahrung vieler Eltern zu kategorisieren, dass ihr Engagement in der Schule oft weniger als gern gesehen ist und dass sie selbst tatsächlich nur über einen „geringen Gestaltungsspielraum“ (Kohler 2002, 242) hinsichtlich des Schulalltags oder der Schule generell verfügen *(siehe Kapitel 2.1.2.2)*. Martin formuliert dies so: „Viele Eltern stehen auf dem Standpunkt, sie könnten letztlich in der Schule doch nicht viel ausrichten“ (Martin 1978, 80) und haben, nach Sacher, sogar oft „das Gefühl, in der Schule nicht willkommen zu sein“ (Sacher 2008, 91), wonach ein Engagement für die betreffende Schule sowie der Kontakt gänzlich unterlassen wird.

5) Das Verhalten der Lehrkraft (z.B. dominantes oder distanziertes Auftreten, Schuldzuweisungen): Wicht stellt fest, dass Eltern „die Abwehrhaltung des Lehrers, der Schule“ (Wicht/Melzer 1983, 26)

---

[28] Gehmacher äußert dies im Hinblick auf die erzieherische Dimension von Schule; nach Ansicht der Verfasserin ist dies auch übertragbar auf die Bildungsdimension von Schule.

erleben. Sacher expliziert hierzu, dass Lehrer oftmals Eltern durch ihr Verhalten „Desinteresse an ihrer Gesamtsituation signalisieren“ (Sacher 2012a, 204). Auch Kohler äußert sich hinsichtlich des Verhaltens einiger Lehrkräfte dahingehend negativ-abwertend bzw. kritisch: es gibt viele, die

„an einer Zusammenarbeit wenig interessiert sind, die das Interesse der Eltern als zusätzliche Kontrolle missverstehen, sich hinter Vorschriften oder Fachbegriffen verstecken oder die Eltern nur als billige Arbeitskräfte und Nachhilfelehrer akzeptieren“ (Kohler 2002, 242; cf. Ulich 1989, 90; cf. Wicht/Melzer 1983, 11).

Dieses Verhalten von Lehrkräften bewirkt dabei in einer Art Rückkopplungseffekt die Vermeidung des Kontakts zur Lehrkraft. Doch nicht nur das Desinteresse seitens der Lehrer wirkt kontakthemmend auf die Eltern. Viele Eltern befürchten auch, dass „ihre Kinder darunter leiden müssen, wenn sie offen am Lehrer Kritik üben“ (Frohn 1976, 101; cf. Kowalczyk 1988, 183; cf. Reck-Hog 1990, 169), und unterlassen somit nicht nur kritische Anmerkungen über schulische oder unterrichtliche Belange – obwohl andere Eltern möglicherweise ähnlich empfinden (cf. Martin 1978, 85) –, sondern letztlich auch jeglichen Kontakt. Dass diese Phänomene im Zuge der Kontakte zu Lehrkräften keineswegs utopische Befürchtungen darstellen, zeigen u.a. Untersuchungen im Primarbereich von Kowalczyk, wonach die Eltern aus Angst vor „negativen Reaktionen des Lehrers ihnen oder ihrem Kind gegenüber“ (Kowalczyk 1988, 135; cf. Busch/Scholz 2002, 258; cf. Marz/Zubke 1981, 8; cf. Susteck 1981b, 21; cf. Aurin 1994, 134) nur bedingt Vorschläge machen oder sich kritisch äußern (cf. Kowalczyk 1988, 135; cf. Martin 1978, 83). Diese Haltung lässt sich allerdings zweifelsohne auf den Sekundarbereich übertragen.

6) Elterliches Desinteresse (cf. Engelhardt 1982, 47; cf. Frohn 1974, 19): Dieses Kontakthindernis ermittelt Huppertz in einer Lehrerbefragung an allgemeinbildenden Schulen: „Gemeinhin wird (…) den Eltern ein ziemliches Desinteresse unterstellt“ (Huppertz 1988, 136). Barbara Schönfeldt erwähnt in ihrem Buch *Eltern als Hilfslehrer?* Folgendes:

> „Nicht wenige Mütter und Väter haben einfach keine Lust, sich um die Schule zu kümmern und Zeit dafür zu opfern. Sie sind froh, wenn ihr Kind möglichst lange von zu Hause fort ist und möglichst wenig Probleme mit nach Hause bringt – immer ein einigermaßen gutes Zeugnis, und die Schule Schule sein lassen“ (Schönfeldt 1973, 36).

Ähnlich äußert sich Altuntaş, zwar mit konkretem Bezug auf Förderschulen, allerdings ist die Problematik übertragbar auf sämtliche andere Schularten: manche Eltern

> „sind froh, wenn sie mit der Schule nichts zu tun haben, weichen bei jeder Gelegenheit aus und sind dann für die Lehrerin oder den Lehrer ‚schwer zu greifen‘“ (Altuntaş 2011, 31).

Schleicher äußert sich ebenfalls zum begrenzten Interesse der Eltern an (intensiveren) Kontakten mit Lehrkräften ihrer Kinder. Er führt jenes u.a. darauf zurück, dass „viele Eltern die Kooperation nicht als besonders wichtig an[sehen] und es fehlt ihnen an Erfahrung bzw. an Anregungen, wie sie sich konkret beteiligen können“ (Schleicher/Fischer 1972, 39).

2.1.3.4 Zusammenfassung

Die Kontakte zwischen Schule und Elternhaus zeichnen sich dadurch aus, dass fast ausschließlich Probleme – insbesondere negative Veränderungen des Leistungsstandes der Schüler – die Kontaktaufnahme zur jeweils anderen Instanz auf der individuellen, schülerbezogenen Ebene motivieren. Das vielfach geforderte Kontakt- bzw. Kooperationsverhältnis zwischen Elternhaus und Schule im Sinne einer Partnerschaft – *(siehe Kapitel 1)* – entspricht nur selten der Realität, und unterschiedliche Aspekte erschweren nicht nur die Kontaktaufnahme der Lehrer zu den Eltern ihrer Schüler, sondern insbesondere die Kontaktaufnahme der Eltern zu den Lehrern ihrer Kinder *(siehe Kapitel 2.1.3.3)*.

Ungeklärt bleibt im Zuge der Beschreibungen des Kontaktverhältnisses zwischen Elternhaus und Schule, inwieweit sich möglicherweise fachspezifische Unterschiede hinsichtlich der Art oder der Gestaltung der Kontakte zwischen Lehrkraft und Eltern ergeben. Nachfolgendes Schema resümiert die Ausführungen zum Kontaktverhältnis zwischen Elternhaus und Schule.

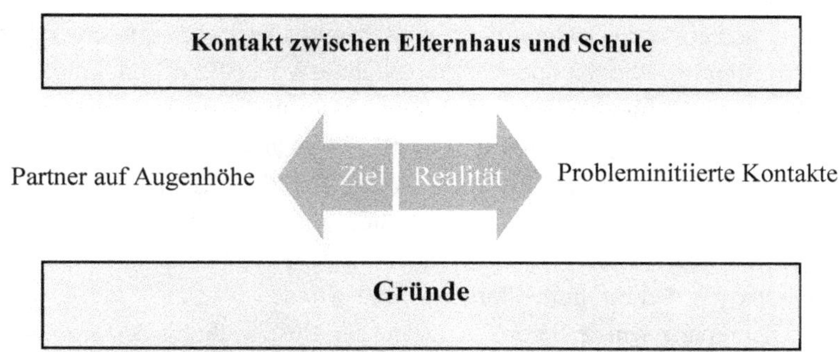

Lehrer

- Überlastung (Berufsalltag)
- Angst vor Einmischung
- Unsicherheit im Umgang mit Eltern
- Desinteresse

Eltern

- persönliche negative Erfahrungen
- schul- und alltagsorganisatorische Gegebenheiten
- Unterlegenheitsgefühle
- Verhalten der Lehrkräfte
- Desinteresse

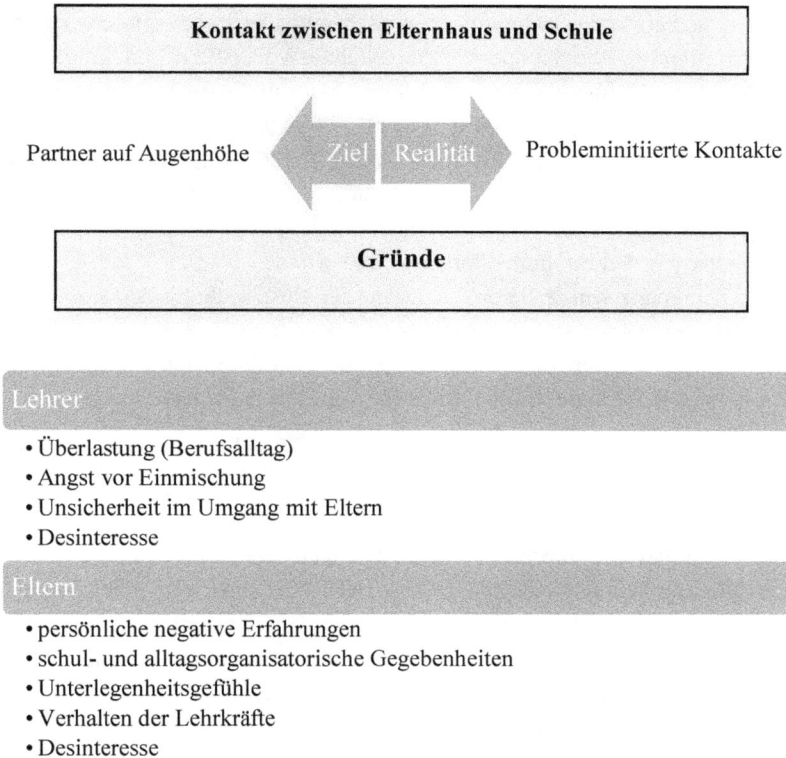

Abb. 8: Kontaktverhältnis zwischen Schule und Elternhaus: Ziel- und Ist-Zustand sowie Kontakthindernisse.

2.1.4 Forderungen für eine Elternarbeit als Partnerschaft

2.1.4.1 Grundlegendes

Mitte der 80er Jahre formuliert Schmälzle: „Eltern und Lehrer haben den Kontakt zueinander verloren“ (Schmälzle 1985, 16). Der Blick auf die Kontaktpraxis von Eltern und Lehrkräften *(siehe Kapitel 2.1.3)* zeigt, dass beide Instanzen nur punktuell Kontakt zueinander aufnehmen. Dies kann, angesichts der gemeinsamen „Sachaufgabe“ (Becker 1970, 120; cf. Hülshoff 1979, 31), die die „umfassende Förderung und das Wohl der Kinder“ (Kohler 2002, 241sq.) verwirklichen möchte, nicht als zufriedenstellend bewertet werden.

Die gemeinsame Sachaufgabe ist nicht nur Ursprung, sondern zugleich Rechtfertigung jeder Kooperationsmaßnahme von Eltern und Lehrkräften. Als Leitgedanke für jede Form der Elternarbeit (im Sinne einer Partnerschaft) kann somit Sachers Zielformulierung für Elternarbeit dienen: „Elternarbeit muss letztlich der Erziehung und Bildung der Schüler/innen zugute (sic) kommen" (Sacher 2012a, 193). Um diesen Grundgedanken umzusetzen, muss allerdings zunächst die Diskrepanz zwischen Ziel und Realität des Verhältnisses von Schule und Elternhaus überwunden werden. Eine vergleichbare Diskrepanz wurde bereits im Zuge der Beschreibung des Kontaktverhältnisses von Schule und Elternhaus *(siehe Kapitel 2.1.3.4)* evident.

Kowalczyk liefert den Anknüpfungspunkt an die bisherigen Ausführungen in seinem Resümee zum Verhältnis von Elternhaus und Schule:

> „Dieser Umgang [=zwischen Elternhaus und Schule] miteinander kann als Problem aufgefaßt (sic) werden, weil viele Eltern und Lehrer den gegenwärtigen Zustand für nicht wünschenswert halten" (Kowalczyk 1988, 9).

Damit Elternarbeit im Sinne einer Partnerschaft und damit auch Beteiligung der Eltern an Schule nicht mehr nur „in der Regel zu Beginn eines Schuljahres" (Neuenschwander 2005, 43) stattfindet, sondern eine dauerhafte Konstante im Schulalltag wird, müssen verschiedene Forderungen erfüllt werden, welche in unterschiedlichen Publikationen zu finden sind und immer wieder erneuert werden. Killus beschreibt in ihrem Ergebnisbericht zur „Zusammenarbeit zwischen Elternhaus und Schule" im Anschluss an die 2.JAKO-O-Bildungsstudie zum Stellenwert dieser Bedingungen:

> „Synergien von Eltern und Schule entwickeln sich nicht zwangsläufig. Sie setzen vielmehr wechselseitige Information, Vertrauen, Respekt, sowie gemeinsame oder aufeinander bezogene Maßnahmen voraus" (Killus 2012, 50).

Einzelne Bausteine zur Schaffung von Synergien von Elternhaus und Schule, die auch die von Killus erwähnten Komponenten miteinschließen, werden nachfolgend aufgeführt.

2.1.4.2 Veränderte Kommunikation

Wie bereits im Zuge der Beschreibung der Kontakthindernisse zwischen Schule und Elternhaus herausgestellt wurde, besteht die Kommunikation zwischen beiden oftmals aus Schuldzuweisungen *(siehe Kapitel 2.1.3.3)*. Dies geschieht, Schmälzle zufolge, dann, wenn „Eltern und Lehrer sich aus den Augen verlieren" (Schmälzle 1985, 16). Exemplarisch für Vorurteile und

Schuldzuweisungen zwischen Schule und Elternhaus sei zunächst Auer zitiert:

> „Aus der Sicht des Lehrers reagieren Eltern beim Auftreten von Erziehungsschwierigkeiten oder Schulproblemen mit einer Schuldzuweisung an den Lehrer. (…) Schulprobleme werden auf die persönliche Unfähigkeit des Lehrers zurückgeführt“ (Auer 1981, 13).

Ähnliche Beispiele führen Wild und Dannhäuser an: Kontakte zu Eltern gestalten sich z.B. im Falle schlechter bzw. unterhalb der Erwartung liegender Zensuren für Lehrkräfte als schwierig, weil die Eltern sogleich die „Unterrichtsqualität oder didaktischen Kompetenzen“ (Wild/Lorenz 2010, 146) der Lehrkräfte kritisieren, und sich Lehrer dabei „regelmäßig öffentlichkeitswirksam an den Pranger gestellt“ (Dannhäuser 2003, 47) sehen.

Eine weitere kommunikative Hürde zwischen Elternhaus und Schule sind Missverständnisse (cf. Wild/Lorenz 2010, 155; cf. Frohn 1974, 20; cf. Wicht/Melzer 1983, 13) *(siehe Kapitel 2.1.3.3)*, welche bereits seit Gaudig als Ursache eines eher schwierigen Verhältnisses zwischen beiden Instanzen gelten (cf. Gaudig 1920, 13). Um dies zu verbessern, verweist bereits Gaudig auf die Notwendigkeit von Kommunikation zwischen Eltern und Lehrkräften (cf. Gaudig 1920, 13). Gut 90 Jahre später ist es Korte, der erneut Stellung bezieht zum Verhältnis bzw. zur Kommunikationspraxis zwischen Elternhaus und Schule:

> „Gegenseitige Vorwürfe bringen die Bildung um keinen Zentimeter voran. (…) Denn Eltern sollen im besten Fall Partner werden – ehrliche, respektvolle und einsatzbereite Partner. Dies kann nur gelingen, wenn wir mehr Transparenz schaffen, wenn Eltern mehr über das Innere der Schulen erfahren (…) und Lehrer die Eltern besser einbinden“ (Korte 2011, 290).

Damit eine Annäherung von Eltern und Lehrern auf dem Wege der Kommunikation gelingen kann, fordert Girgensohn, dass sich die Eltern von Seiten der Schule „ernst genommen und gefordert“ (Girgensohn 1991, 44) fühlen müssen. Diese Forderung beschreibt Wild als Grundlage von Elternarbeit: in ihren Augen ist eine „stärkere Elternarbeit nur dann zielführend, wenn Eltern gleichberechtigt behandelt werden und sich in der Kommunikation nicht unterlegen fühlen“ (Wild/Lorenz 2010, 164).

Die vorurteilsfreie Kommunikation auf Augenhöhe bildet dabei den Ausgangspunkt für die Realisierung der Zielvorstellung, dass „Lehrer und Eltern

(...) gleichberechtigte Partner“ (Schmälzle 1985, 42) sind und als solche unter- und miteinander umgehen und kooperieren. Verständnis und Information bilden hierfür die zwei grundlegenden Säulen.

Ulich bezeichnet das wechselseitige Verständnis von Eltern und Lehrkräften für den jeweils anderen als „zentrale Bedingung besserer Beziehungen“ (Ulich 1989, 265) zu- und untereinander. Altuntaş weist auf das Praxisbeispiel eines „Elterncafés“ an einer Wiesbadener Hauptschule hin, welches aus zwei Gründen ins Leben gerufen wurde: zum einen zur „Vertrauensbildung zwischen Eltern, deren Kindern und den Lehrkräften“ (Altuntaş 2011, 12); zum anderen, um „möglichst viele Eltern für die schulischen Belange zu interessieren und zum Mittun zu gewinnen“ (Altuntaş 2011, 12). Die Besonderheit dieser Einrichtung besteht darin, dass sie es vermag, Eltern und Lehrer in informeller Atmosphäre miteinander ins Gespräch zu bringen (cf. Altuntaş 2011, 12) und die „Asymmetrie der Beziehungen“ (Bauer 2006, 121) zu überwinden. In zahlreichen Lehrerfortbildungen, die im Zuge der Aktualisierung des BayEUG angeboten werden, verweisen die Dozenten beständig auf den Leitsatz: „Erst Beziehung, dann Bildung“, welcher den erwähnten Gedanken der Kontaktaufnahme zunächst auf informeller Ebene prägnant zum Ausdruck bringt.

Dass gerade Gespräche auf informeller Ebene das Potenzial bergen, eine veränderte Kommunikation zwischen Eltern und Lehrkräften herbeizuführen, hält auch Sacher fest: jene „sind häufiger solche auf gleicher Augenhöhe und weniger festgefahren“ (Sacher 2008, 41) als Gespräche anlässlich formalisierter Kontakte *(siehe Kapitel 2.1.2.2.4)*. Diese Zusammentreffen müssen, ähnlich wie die in den USA vorgebrachte Idee des „Coffee with the Dean“, dabei den Prinzipien der „Regelmäßigkeit und Ernsthaftigkeit“ (Altuntaş 2011, 13) unterliegen, weil nur so eine Kommunikation auf Augenhöhe erreicht werden kann. Creamer spricht in seinem Artikel „Eltern im Unterricht“ hinsichtlich dieses Aspekts ein Lob an die reformpädagogischen Schulen aus, welche als Beispiel „intensiver Kommunikation zwischen Lehrern und Eltern“ (Creamer 1981, 32) gelten können.

Auf die zweite Säule, Information, wird nachfolgend *(siehe Kapitel 2.1.4.3)* näher eingegangen.

2.1.4.3 Informationsfluss/-austausch

Bargsten nennt die „wechselseitige Öffnung“ (Bargsten 2012, 391) den zu realisierenden Schritt hin zu einer veränderten Kommunikation zwischen

Schule und Elternhaus. Wild fordert, damit eine Partnerschaft auf Augenhöhe gelingen kann, eine „Steigerung des Informationsflusses zwischen Eltern und Lehrern“ (Wild/Lorenz 2010, 158), welche über die bloßen Gespräche, die „in der Regel einer Information der Eltern durch die Lehrer, weniger hingegen einer Information der Lehrer durch die Eltern“ (Pekrun 1997, 60) dienen, hinausgehen.

Der Tatsache, dass der Informationsfluss zwischen Schule und Elternhaus primär einseitig gestaltet ist, setzt Sacher die Feststellung entgegen, dass „die schulische Seite durchaus an allgemeineren Informationen über die Kinder und an Information über die Erziehung im Elternhaus interessiert ist“ (Sacher 2004, 18). Dies ist insbesondere vor dem Hintergrund nachvollziehbar, dass sowohl Eltern als auch Lehrer „Kinder und Jugendliche in unterschiedlichen Lebenswelten, in die sie wechselseitig kaum Einblick haben“ (Reck-Hog 1990, 173; cf. Susteck 1981b, 12) erleben. Somit drängt sich die Forderung nach einem wechselseitigen Informationsfluss bzw. einem „Informationsaustausch“ (cf. Sacher 1008, 161) geradezu auf. Durch die gegenseitige Information – und, damit einhergehend, ein umfassenderes Bild von der jeweiligen Schülerpersönlichkeit – kann eine bessere Förderung der Kinder (cf. Sacher 2014, 53) gewährleistet werden.

Doppke und Korte führen als Beispiel für den (üblicherweise) einseitig gestalteten Informationsfluss „von der Schule zum Elternhaus“ (Sacher 2012b, 234) Eltern-Buttons im Navigationsmenü auf Schulhomepages an (cf. Doppke/Gisch 2005, 46; cf. Korte 2004, 45). Diese Möglichkeit der visuellen Integration von Eltern in den Kontext einer spezifischen Schule definiert sie als Komponente und integrierten Teil des Gesamtkontextes einer Schule, was Doppke zufolge bedeutend ist:

> „Auf der Internetseite einer Schule sollten die Eltern auch mit einem eigenen Bereich vertreten sein. Es ist für sie eine Möglichkeit, das eigene Engagement darzustellen und zeigt nach außen die Identifikation der Eltern mit der Schule“ (Doppke/Gisch 2005, 41).

Die (meist) einseitige Gestaltung des Informationsflusses – von der Schule zum Elternhaus – ist möglicherweise auch auf die rechtlich fixierte Informationspflicht der Lehrer zurückzuführen *(siehe Kapitel 2.1.2.2.2)* sowie darauf, dass Eltern vorrangig an Informationen zu den Leistungen ihrer Kinder interessiert sind *(siehe Kapitel 2.1.2.2.4)*. Dabei gilt es allerdings Folgendes zu bedenken und im Hinblick auf eine wechselseitige Gestaltung des Informationsaustauschs neu zu gestalten: der Austausch von Informationen bzw. – aus Sicht der Lehrer – das „Einholen von Elternfeedback zeigt auch, dass Lehrkräfte Eltern als Partner auf gleicher Augenhöhe sehen, an deren Meinung ihnen liegt" (Sacher 2014, 43), und dass dadurch letztlich die gemeinsame Sachaufgabe *(siehe Kapitel 2.1.4.1)* erfüllt werden kann.

Für die Erweiterung des einseitigen Informationsflusses zu einem wechselseitigen Informationsaustausch können die üblichen Formen der Kontaktaufnahme der Schule zu den Eltern, z.B. Elternbriefe oder Gespräche, welche für das Schulgeschehen relevante Angelegenheiten thematisieren, als Ausgangsbasis beibehalten werden. Jene Basis muss allerdings ergänzt werden, wofür von unterschiedlichen Autoren Vorschläge angeboten werden. Früh hebt Huppertz die Effektivität des „Verkehrsheft[s]" (Huppertz 1988, 73) zwischen Lehrkräften und den Eltern hervor, in dem beide Seiten „Botschaften" aneinander übermitteln, Fragen klären oder Hinweise hinsichtlich konkreter Aufgabenstellungen, unterrichtlicher Fragen und Anliegen geben können. Auch Doppke sieht einige Jahre später darin eine Möglichkeit, einen wechselseitigen Informationsaustausch zwischen Schule und Elternhaus zu etablieren (cf. Doppke/Gisch 2005, 46).

Angesichts des Fachlehrerprinzips an Gymnasien, der hohen Schülerzahlen sowie der geographischen Streuung der Schüler-Familien bieten vermutlich die oben genannten Elternbuttons, hinter denen sich idealerweise Austauschplattformen verbergen, das Potenzial, nicht nur den Informationsfluss beider Seiten zu stärken, sondern einen Informationsaustausch zu ermöglichen.

Darüber hinaus bedeutet ein regelmäßiger Informationsaustausch im Zuge der Kontakte zwischen Schule und Elternhaus eine Chance zur Verringerung von gegenseitigen Vorwürfen und Schuldzuweisungen *(siehe Kapitel 2.1.4.1)* und somit einer neuen Kommunikationskultur (cf. Kohler 2002, 243).

Grundsätzlich ist ein Informationsaustausch für Eltern nicht nur im Hinblick auf ihre Kinder und deren schulisches Vorankommen relevant, sondern auch für sie selbst, als Akteure innerhalb des Schulalltags: „Nur bei einem regelmäßigen Kontakt und Austausch ist es den Eltern möglich, das Geschehen in der Schule einzuordnen und zu begreifen" (Kohler 2002, 243). Denn so wird Schule für sie transparent (cf. Bargsten 2012, 391).

Gerade vor dem Hintergrund der (Ver-)Mittler-Rolle der Schüler kommt der wechselseitigen Information bzw. des Informationsaustauschs zwischen Schule und Elternhaus eine große Bedeutung zu, welche Kohler herausstellt:

> „Bei einem regelmäßigen Kontakt wird das 'Informationsmonopol' der Kinder aufgebrochen, die sonst darüber bestimmen können, über welche Kenntnisse die eine Seite von der jeweils anderen verfügt" (Kohler 2002, 243).

2.1.4.4 Öffnung der Schule

U.a. Korte und Sacher fixieren als Zielvorstellung von Elternarbeit: sie soll gestaltet sein als „aktivierende, dynamische Elternarbeit (...), [die] bemüht [ist], Eltern in die Schule zu holen", die sich „auf Eltern zu [bewegt] und (...) Eltern entgegen[kommt]" (Korte 2004, 12; cf. Sacher 2012a, 198) und somit die Schule für die Eltern öffnet und zugänglich macht. Dabei definiert Busch die Öffnung der Schule für die bzw. hin zu den Eltern als eine

> „pädagogische Öffnung der Schule für die Eltern, die sich nicht wie bisher auf bloße Dienstleistungs- und Hilfefunktionen beschränken darf, sondern die breite Palette der schulischen Arbeit umfassen muss" (Busch/Scholz 2002, 271).

Wiater spricht von einer „Intensivierung der pädagogischen und didaktischen Kooperation zwischen Elternhaus und Schule" (Wiater 1979b, 157) und fordert vor dem Hintergrund einer so aufzubauenden Schulgemeinde eine klare „Zielorientierung und Differenzierung" (Wiater 1979b, 157):

> „Unter Zielorientierung soll verstanden werden, daß (sic) alle Kontakte und Begegnungen zwischen Elternhaus und Schule Teilziele auf dem Weg zu einer ‚Schulgemeinde' erreichen sollen. (...) Differenzierung meint, daß (sic) der Lehrer nicht mit allen Eltern in der gleichen Weise Kontaktmöglichkeiten nutzen kann, da die Probleme und Interessen der Eltern ebenso unterschiedlich sind wie ihre Artikulationsfähigkeit, ihr Vertrauen gegenüber Schule und Lehrer, ihre Ansprechbarkeit für schulische Belange, und der Beitrag, den sie bei einer Kooperation und für eine ‚Schulgemeinde' leisten können" (Wiater 1979b, 157).

Für die Öffnung der Schule bzw. des konkreten Unterrichts für die Eltern finden sich insbesondere im Primarbereich ein Ansatzpunkt in Form des „Hospitationsrecht[s] der Eltern am Unterricht" (Keck 1990, 96), das den Eltern in manchen Bundesländern per Gesetz zugesichert wird *(siehe Kapitel 2.1.2.2.2)*. Diese Form der Öffnung der Schule hin zu den Eltern weist, Pöggeler zufolge, den Vorteil auf,

> „daß (sic) die Eltern einen realistischen Einblick in den Unterricht erhalten und daß (sic) die Schüler das Interesse von Müttern und Vätern am Unterricht erfahren“ (Pöggeler 1990, 136).

Eine andere Möglichkeit zur Öffnung des konkreten Unterrichts für Eltern sehen verschiedene (Schul-)Pädagogen darin, dass Eltern als Experten „für bestimmte Inhalte des Unterrichts in den Lernprozeß (sic) eingeschaltet werden“ (Wiater 1979b, 164). Aufgrund von „Beruf, Hobby, ehrenamtlichen Funktionen und mit ihren besonderen individuellen Schicksalen“ (Ruschel 1981, 144; cf. Doppke/Gisch 2005, 38) sind viele Eltern in manchen Themenbereichen oftmals kompetenter als Lehrer und können Informationen lebensnäher an Schüler weitergeben (cf. Sacher 2012a, 198; cf. Wiater 1979b, 164; cf. Ruschel 1981, 144).

Ende der 70er Jahre wirft u.a. Wiater den Gedanken auf, Eltern am Unterricht zu beteiligen (cf. Wiater 1979b, 163) und die Öffnung der Schule auch diesen Aspekt umfassen soll bzw. kann (cf. Wicht/Melzer 1983, 27; cf. Wiater 1979b, 164). Wicht schlägt hierzu die EMU – Eltern-Mitarbeit im Unterricht – vor und berichtet von einem Hamburger Modellversuch: nach einer Zeit der Hospitation besprechen Eltern und Lehrkraft ein Modell für die EMU (cf. Wicht/Melzer 1983, 30), wobei sich als „Mindestmaß der Elternmitarbeit“ eine Wochenstunde mit maximal zwei Eltern als positiv erweist (cf. Wicht/Melzer 1983, 31). Auch u.a. Bartnitzky schlägt EMU für Grundschulen vor und gibt handlungsanleitende Informationen für die Planung des Einbezugs der Eltern in den Unterricht selbst (cf. Bartnitzky 1983, 40sq.; cf. Ruschel 1981, 144; cf. Auer 1981, 15).

Bevor EMU konkret an Schulen umgesetzt werden kann, müssen Schulleitungen, Lehrkräfte, Eltern und Schüler diesem Unterfangen zustimmen (cf. Sacher 2008, 182) sowie ein „gestaffeltes Mitarbeitsangebot“ (Sacher 2008, 182) erstellt werden, um den unterschiedlichen Interessen und Möglichkeiten zur Beteiligung der Eltern Rechnung zu tragen. Problematisch ist, in konkretem Bezug auf das Bundesland Bayern allerdings, was Dietrichs zu bedenken gibt: die „direkte Elternmithilfe in der Schule [verstößt] zumindest in Bayern gegen rechtliche Bestimmungen“ (Dietrichs 1989, 44). Ebenfalls Sacher erwähnt – abgesehen von dem an Hamburger Grundschulen durchgeführten Modellversuch EMU – einige Bundesländer, in denen Elternmitarbeit im Unterricht praktizierbar ist, und bemängelt, dass in den übrigen, darunter auch Bayern, die Elternmitarbeit im Unterricht nicht im Schulrecht verankert ist (cf. Sacher 2008, 179) *(siehe Kapitel 2.1.2.2.2)*.

2.1.4.5 Schüler als Zentrum von Elternarbeit

Jede Form der Elternarbeit – im Sinne einer Beteiligung der Eltern an Schule zur Verwirklichung einer partnerschaftlichen Kooperation von Eltern und Lehrern –, verfolgt dasselbe Ziel, welches zugleich die Legitimation jeglicher Form von Elternarbeit darstellt (cf. Stange 2012, 36): „Bei allen Überlegungen zur Elternarbeit muss das Kind im Zentrum der Bemühungen stehen" (Doppke/Gisch 2005, 27) bzw. dessen bestmögliche Förderung (cf. Dauber/Weber 1976, 21; cf. Martin 1978, 30; cf. Hoover-Dempsey/Sandler 1995, 325; cf. Doppke/Gisch 2005, 30; cf. Neuenschwander 2005, 42; cf. Henry-Huthmacher/Hoffmann 2013, XIII).

Damit Schüler von Elternarbeit profitieren können sind allerdings nicht nur Bemühungen von Eltern und Lehrern im Hinblick auf deren förderliche Dimension von Bedeutung, sondern auch der Einbezug der Schüler selbst, wie Sacher konstatiert: „Elternarbeit, welche die Schüler übergeht, [läuft] Gefahr, an der geringen Akzeptanz der Schüler zu scheitern" (Sacher 2008, 260). Jene nimmt mit zunehmendem Alter kontinuierlich ab, während das Misstrauen „gegenüber dem schulischen Engagement ihrer Eltern" (Sacher 2008, 262) wächst.

Ulich weist in seinem Buch *Schule als Familienproblem* darauf hin, dass – von Seiten der Schüler – „Gespräche zwischen Eltern und Lehrern als belastend, ja oft als bedrohlich erlebt werden" (Ulich 1989, 107). Etwa 25 Jahre später beschreibt Sacher die Ursache hierfür: Schüler misstrauen der Kooperation ihrer Eltern mit ihren Lehrkräften dadurch,

> „dass ihre Eltern und Lehrkräfte hauptsächlich dann Kontakt aufnehmen und kooperieren, wenn es Probleme gibt, und (…) dass sie bei der gewöhnlich praktizierten Elternarbeit von den Erwachsenen mehr oder weniger übergangen werden" (Sacher 2014, 134; cf. Sacher 2014, 178) *(siehe Kapitel 2.1.2.2.4)*.

Somit erscheint nachvollziehbar, dass Schülern oft viel daran gelegen ist, die „Trennung der Lebenswelten Schule und Familie aufrechtzuerhalten und Kontakte zwischen Eltern und Lehrern zu beschränken" (Ulich 1989, 107) *(siehe Kapitel 2.1.4.3)* und sie diejenigen mit der vermittelnden Funktion sind.

Um dem vorzubeugen, dass Elternarbeit an der Ablehnung der Schüler scheitert, muss, nach Sacher, die „Kooperation zwischen Schule und Elternhaus

(…) immer wieder auch einmal im Unterricht thematisiert und mit den Schülern reflektiert werden" (Sacher 2008, 269). Zusätzlich dazu ist die Akzeptanz der (schulischen) Beteiligung ihrer Eltern auf Seiten der Schüler von diesem Bedingungsgefüge abhängig:

> „Schüler akzeptieren Elternarbeit dann stärker, wenn ihre Eltern häufig durch Lehrkräfte informiert werden, dem Informationsaustausch mit der Schule große Bedeutung beimessen, mit der Schule und den Lehrkräften kooperieren, die Atmosphäre zwischen Schule und Elternhaus positiv wahrnehmen und starken Zusammenhalt der Schulelternschaft erleben" (Sacher 2008, 265).

Wird der gerade beschriebene Zusammenhalt der Schulgemeinschaft – Eltern, Lehrer, Schüler – für die Schüler deutlich und persönlich erlebbar, bewirkt dies letztendlich die Selbstverständlichkeit der Akteure „Eltern" im Rahmen des Schulalltags und die Möglichkeit der Schüler, von einer intensiven Kooperation zwischen Familie und Schule zu profitieren. Als Grundregel hierfür formuliert Sacher: „Je älter die Schüler werden, umso mehr muss aus der Mitentscheidung der Eltern eine Mitbestimmung der Schüler werden" (Sacher 2014, 112).

Dass Schüler – neben der Schule im Allgemeinen – den Dreh- und Angelpunkt für Elternarbeit bilden, hebt Hoover-Dempsey hervor: Sie formuliert als Aspekt, der die elterliche Bereitschaft zur Elternarbeit beeinflusst bzw. entstehen lässt, „the child's general attitude toward the parent's involvement" (Hoover-Dempsey/Sandler 1995, 318).

2.1.4.6 Veränderte Lehrerausbildung

Die Grundlage für eine veränderte Elternarbeit sehen sowohl Pädagogen als auch Schulpsychologen in einer neu gestalteten Lehrerausbildung, denn nach Ansicht u.a. von Becker und Huppertz haben „viele Lehrer nicht gelernt, auf Eltern zu hören" (Becker 1970, 117; cf. Huppertz 1988, 121). Ähnlich äußert sich Kowalczyk in seiner Untersuchung zum *Umgang zwischen Elternhaus und Schule* und beruft sich dabei auf eine frühere Untersuchung Sennlaubs zur Ausbildung von Lehrern: Er kritisiert, dass „an den pädagogischen Hochschulen schon der zwischenmenschliche Kontakt zwischen Lehrern und Schülern zu kurz und einseitig abgehandelt" (Kowalczyk 1988, 190) wird – und dass der „Lehrerstudent vom Umgang mit den Eltern [noch weniger erfährt]" als vom „zwischenmenschliche[n] Kontakt zwischen Lehrern und Schülern" (Kowalczyk 1988, 190 sq.).

Ulich fordert, dass sich zukünftige Lehrer im Zuge ihres Studiums bewusstwerden sollen, dass „die Kommunikation mit Eltern und die Beratung von Eltern grundsätzlich zu den beruflichen Aufgaben gehören" (Ulich 1989, 275) *(siehe Kapitel 2.1.3.3.1)*. Dieses Defizit des Studiums scheint sich im späteren Berufsleben insbesondere unter Gymnasiallehrern als problematisch zu erweisen und offenbart sich, zieht man die Befunde von Becker in Betracht, in deren Passivität in Bezug auf Eltern. Die Autorin verweist auf die „gesellschaftliche Isolierung des Lehrers" (Becker 1970, 117), welche den Schulalltag prägt und sich darin äußert, dass „die Selbstverständlichkeit des gesellschaftlichen Kontaktes zwischen Eltern und Lehrer (…) in Deutschland nicht gegeben [ist]" (Becker 1970, 117).

Bereits einige Jahre zuvor schlägt Dauber hinsichtlich dieses Aspekts die Aufnahme des Themenkomplexes „‚Zusammenarbeit Elternhaus/Schule'" in die Lehrerausbildung vor (Dauber/Weber 1976, 242). Dieser Vorschlag erscheint umso plausibler und die Einführung dieses Themenbereichs umso notwendiger vor dem Hintergrund der Feststellung von Ansorge, welcher die schulische Seite als Impulsgeber und Initiator einer gelingenden Elternarbeit sieht: „Eltern müssen immer wieder aufgefordert werden, mitzudenken, mitzureden, mitzuhandeln und mitzuverantworten" (Ansorge 1973, 214). Auch Sacher und Dietrichs teilen diese Ansicht:

> „Die Organisation und Pflege des Kontaktes zwischen Schule und Elternhaus ist eine ‚Bringschuld' der Schule und nicht etwa eine ‚Holschuld' der Eltern" (Sacher 2008, 44; cf. Dietrichs 1989, 92).

Ein Aspekt der schulischen Bringschuld ist die Beratung der Schülereltern. Helmke fasst jene in seiner Beschreibung der „Standards des Lehrerhandelns" (Helmke 2012, 156) unter den Oberbegriff der Diagnostik: „Die Absolventinnen und Absolventen [des Lehramtsstudiums](…) kennen Prinzipien und Ansätze der Beratung von Schülerinnen/Schülern und Eltern" (Helmke 2012, 159). Bereits die Formulierung dieser Anforderung an Lehramtsstudenten lässt Rückschlüsse auf den Stellenwert zu, der diesem Aspekt im Rahmen der Tätigkeiten von Lehrkräften beigemessen wird.

Da sich die vorliegende Studie ausschließlich mit dem Status quo der Elternarbeit in Bayern beschäftigt, erfolgt ein kurzer Blick auf die Struktur des Lehramtsstudiums in Bayern.

Die Lehrerausbildung umfasst einen erziehungswissenschaftlichen Teil des Lehramtsstudiums sowie fachwissenschaftliche Teile, wovon für vorliegende Studie ausschließlich der fachdidaktische Teilbereich im Vordergrund steht. Zum Bestehen der Prüfung im Bereich der Erziehungswissenschaften müssen Lehramtsstudenten u.a. Kenntnisse in der Allgemeinen Pädagogik, Schulpädagogik und Schulpsychologie nachweisen können, wobei die Prüfungsbereiche und thematischen Aspekte nicht ausschließlich den Unterricht selbst in den Interessenfokus stellen, sondern ebenfalls die Kontexte des Lernens außerhalb der Schule beleuchten, wozu als Rahmenbedingung auch die Eltern gehören. Im fachdidaktischen Teil des Lehramtsstudiums hingegen sind folgende vier Aspekte zentrale Prüfungsgegenstände:

> „Theoriegeleitete fachdidaktische Reflexion", „Fachbezogenes Unterrichten", „Fachbezogenes Diagnostizieren und Beurteilen" sowie „Fachbezogene Kommunikation" (Bayerische Staatskanzlei 2016, *LPO I*)[29].

Ein Blick in die LPO I zeigt, dass im – für das Fach Französisch relevanten – §65, der die erforderlichen fachdidaktischen Kenntnisse in diesem Studienfach vorschreibt, keinerlei Baustein enthalten ist, welcher sich auf den Umgang mit den Erziehungsberechtigten der Schüler bezieht. Gleichermaßen findet sich in der LPO II (in der Fassung vom 28.Oktober 2004), welche sich auf den zweiten Teil der Lehramtsausbildung bezieht und Anforderungen im Hinblick auf die zweite Staatsprüfung enthält, keine Anmerkung zum Verhältnis der Lehrkraft zu den Schülereltern.

Die Beratung der und Zusammenarbeit mit Eltern wird zum ersten Mal als Teil der Beratungs- und Förderkompetenz angehender Lehrer in §17 der Zulassungs- und Ausbildungsordnung für das Lehramt an Gymnasien (ZALG), als Teil der allgemeinen Ausbildung an Seminarschulen, erwähnt. Das Verhältnis der Lehrkraft zu den Eltern ihrer Schüler stellt somit keinen spezifischen und eigenen Bestandteil der universitären Lehrerausbildung dar und wird erst in der Vorbereitungsphase der zweiten Staatsprüfung – während des Referendariats – in der entsprechenden Prüfungsordnung ausschließlich in Form der Beratungstätigkeit gefordert.

In den *Standards für die Lehrerbildung: Bildungswissenschaften der Kultusministerkonferenz (Beschluss vom 16.12.2004)* beinhaltet die Beschreibung

[29] *Ordnung der Ersten Prüfung für ein Lehramt an öffentlichen Schulen (Lehramtsprüfungsordnung I – LPO I) vom 13. März 2008*, <http://www.gesetze-bayern.de/Content/Document/BayLPO_I>, 01.02.2016.

des Berufsbilds des Lehrers u.a. folgende Komponente als einzigen Hinweis auf den Akteur Eltern innerhalb des Schulalltags:

> „Lehrerinnen und Lehrer sind sich bewusst, dass die Erziehungsaufgabe in der Schule eng mit dem Unterricht und dem Schulleben verknüpft ist. Dies gelingt umso besser, je enger die Zusammenarbeit mit den Eltern gestaltet wird. Beide Seiten müssen sich verständigen und gemeinsam bereit sein, konstruktive Lösungen zu finden, wenn es zu Erziehungsproblemen kommt oder Lernprozesse misslingen“ (KMK, 2004[30]).

Auf der Grundlage des Wissens um die Ausgestaltung der gegenwärtigen Gymnasiallehrerausbildung in Bayern erscheint die Forderung Brenners umso eindringlicher: „Die Universitäten sollen dem schulischen Alltag sehr viel stärker entgegenkommen als sie es bisher getan haben“ (Brenner 2009, 126).

2.1.4.7 Planung

Hösl-Kulike verweist darauf, dass für die Initiierung von Elternarbeit als Partnerschaft zwischen Elternhaus und Schule zunächst auf beiden Seiten das Bewusstsein, dass die Arbeit mit Eltern „zeitintensiv“ (Hösl-Kulike 1994, 200) ist, unabdingbar ist: „Kooperation mit den Eltern ist eine wichtige Aufgabe der Schule, sie kann nicht nur ‚nebenbei geleistet und darf schon gar nicht als verlorene Zeit angesehen werden“ (Hösl-Kulike 1994, 200).

Auch Aurin stützt diese Aussage von Hösl-Kulike und führt an: „Kooperation innerhalb der Schule ist ein für ihr Geschehen und Gelingen entscheidender Bereich. Sie ist keine den Unterricht nur ergänzende Aufgabe“ (Aurin 1994, 142). Demzufolge bedarf sie einer zielführenden Organisation und Planung (cf. Textor 1996, 14).

Martin Textor beurteilt die Vorteile einer Elternarbeitsplanung an Kindertageseinrichtungen, die Grundpfeiler seiner Gedanken sind – im Ermessen der Verfasserin – allerdings problemlos auf den gymnasialen Schulkontext übertragbar:

> „Durch gezielte Planung kann ein Zuviel oder Zuwenig an Elternarbeit verhindert werden. Planung macht die Elternarbeit für alle überschaubar und Grenzen sichtbar. Durch Planung können Veranstaltungen, die am eigentlichen Ziel vorbeigehen, vermieden werden. Planung schützt Eltern und Erzieherinnen vor Überforderung und Frustration“ (Textor 1996, 14).

---

30 KMK 2014, *Standards für die Lehrerbildung: Bildungswissenschaften,* <http://www.kmk.org/fileadmin/Dateien/veroeffentlichungen_beschluesse/2004/2004_12_16-Standards-Lehrerbildung. pdf>, 31.01.2016.

Im Zuge des Modellversuchs AKZENT Elternarbeit wird die „‚differenzierende Elternarbeit'" als förderliche Methode für jegliches Konzept von Elternarbeit herausgestellt:

> „Diese ermöglicht jeder Schule, ein auf ihre Gegebenheiten und örtlichen Bedürfnisse abgestimmtes Konzept für die Bildungs- und Erziehungspartnerschaft zu erstellen, regelmäßig zu überprüfen und weiterzuentwickeln" (Stiftung Bildungspakt Bayern 2014, 6; cf. BayEUG Art. 74).

Dafür muss der Erarbeitung eines Konzepts zur Elternarbeit eine „Analyse der Situation und des Bedarfs vor Ort (…), wie sie auch für die Entwicklung und Fortschreibung einer Konzeption notwendig ist" (Textor 1996, 14), vorangehen, um nicht nur möglichst schnell die Lücke eines fehlenden Einbezugs der Eltern in konkreten Schul- und Unterrichtsangelegenheiten zu schließen, sondern zielgerichtet vorgehen zu können.

Ein derartiges Konzept muss beide Partner, Schule und Elternhaus, in angemessenem Umfang berücksichtigen und kann sich dabei an folgenden Leitfragen orientieren, die Textor für die Planung der Elternarbeit an Kindertageseinrichtungen veranschlagt. Jene sind – im Ermessen der Verfasserin – allerdings problemlos auf den schulischen Kontext übertragbar:

> „Wo stehen wir?", „Wo wollen wir hin?", „Welche Wege gibt es?", „Welche Formen und Methoden wählen wir aus?", „Wann und wie setzen wir die ausgewählten Formen um?" sowie „Sind wir auf dem richtigen Weg?" (Textor 1996, 14sq.).

Für einen konkreten nächsten Schritt im Zuge der Erarbeitung eines Konzepts für Elternarbeit schlägt Altuntaş eine „Ressourcenjagd" vor: hierbei werden sämtliche Aspekte, welche Eltern in die Partnerschaft einbringen könn(t)en, mit Hilfe von Plakaten visualisiert. Diese Aspekte umfassen u.a. das Zeitbudget, welches für die Mitarbeit an der Schule aufgebracht werden kann, oder auch, über welche Fähigkeiten die Eltern verfügen (cf. Altuntaş 2011, 21). Auch bei Doppke findet sich dieser Vorschlag wieder: Schulen bzw. Lehrkräfte können sich durch eine Ressourcenjagd einen Überblick über immaterielle und ideelle Ressourcen auf Seiten der Eltern ihrer Schüler verschaffen sowie darüber, „wie diese [= die Eltern] die Schule in ihrer Arbeit unterstützen können und wollen" (Doppke/Gisch 2005, 43).

Vonnöten zur Gestaltung von Elternarbeit als Chance, Eltern und Lehrer als Partner auf Augenhöhe zu begreifen, ist ein klares Konzept, das individuell auf Fach und Jahrgangsstufe, die Ressourcen der Eltern – immateriell und materiell – sowie auf die spezifischen Schul- und Unterrichtsgegebenheiten abgestimmt ist. Bei sämtlichen Planungsvorhaben muss dabei das Gebot der Passung *(siehe Kapitel 2.1.4.4)* beachtet werden, welches gleichermaßen für sämtliche Maßnahmen der Elternbildung *(siehe Kapitel 2.1.2.1)* zu berücksichtigen ist. Dies trägt der Tatsache Rechnung, dass nicht alle Eltern(teile) in gleichem Maße unterstützend tätig werden können – weil die jeweils zur Verfügung stehenden (im)materiellen Ressourcen auf Elternseite unterschiedlich stark ausgeprägt sind – oder wollen.

Für die Planung von Elternarbeit gilt es zu bedenken, dass sich die Familienformen und -konstellationen grundlegend geändert haben und man nicht mehr von der klassischen Kernfamilie[31] als Grundtypus ausgehen kann (cf. Stiftung Bildungspakt Bayern 2014, 20). Auch Horstkemper gibt im Zuge der Darstellung der Ergebnisse der 2.JAKO-O-Bildungsstudie zu bedenken, dass der lange als erstrebenswert erachtete „Normalfall“ in Familien immer mehr von neuen Familienformen abgelöst wird: „das Modell einer vollständigen Familie mit klarer geschlechtsspezifischer Arbeitsteilung“ (Horstkemper 2012, 69) ist somit nicht mehr als Grundtypus der Familie wirksam.

2.1.4.8 Zusammenfassung

Um Elternarbeit als Partnerschaft von Elternhaus und Schule realisieren zu können und das stark problemhaftete Verhältnis von Elternhaus und Schule, das in der einschlägigen Literatur vielfach thematisiert wird, zu verbessern und umzugestalten, werden seit Jahren unterschiedliche Ansätze vorgeschlagen. Die betrachteten Forderungen für eine Elternarbeit, im Rahmen derer Lehrer und Eltern Partner sein können, seien hier stichpunktartig resümiert:

- Die Kommunikation zwischen Lehrer und Eltern soll nicht mehr von Missverständnissen geprägt sein, sondern als echte, vorbehaltslose Kommunikation gestaltet werden.

- Ein erweiterter Informationsfluss bzw. Informationsaustausch zwischen Schule und Elternhaus soll Transparenz schaffen und ein Vertrauensverhältnis entstehen lassen und – auf Basis einer umfassenden Informationsgrundlage – zugleich eine bessere individuelle Förderung der Schüler ermöglichen.

- Schule bzw. Unterricht sollen für Eltern geöffnet, zugänglich und somit erlebbar gemacht werden.

---

31 Köck und Ott definieren die „Kernfamilie“ in ihrem *Wörterbuch für Erziehung und Unterricht* so: die Kernfamilie ist eine „Zwei-Generationen-Familie (…), die aus den Eltern und deren Kindern besteht“ (Köck/Ott 2002, 357).

- Eine Reform der Lehrerausbildung ist dahingehend erforderlich, dass Lehrer auf den Umgang mit Eltern vorbereitet werden müssen. Dies ist umso dringlicher, als – wie oben beschrieben – Elternarbeit zwar in der Schulpädagogik und der Schulpsychologie verankert ist, jedoch noch keinen Einzug gehalten hat in die Fachdidaktiken der Fächer.

- Schüler dürfen bei jeglicher Planung und Durchführung von Elternarbeit nicht übergangen werden.

- Ohne passgenaue Planung kann keine erfolgversprechende Elternarbeit initiiert werden.

Es fehlen Untersuchungen, die (direkt oder indirekt) belegen, inwieweit diese einzelnen Bausteine von Elternarbeit als Partnerschaft von Elternhaus und Schule fachspezifisch umgesetzt werden. Vor diesem Hintergrund sind die Kontaktverhältnisse sowie die Praxis der Informationsarbeit der Schule, welche anlässlich der Kontakte zum Elternhaus betrieben wird, von großem Interesse.

Nachfolgender Darstellungen sind die in der Forschungsliteratur bisher genannten, grundlegenden Forderungen für die Gestaltung von Elternarbeit als Partnerschaft von Elternhaus und Schule zu entnehmen.

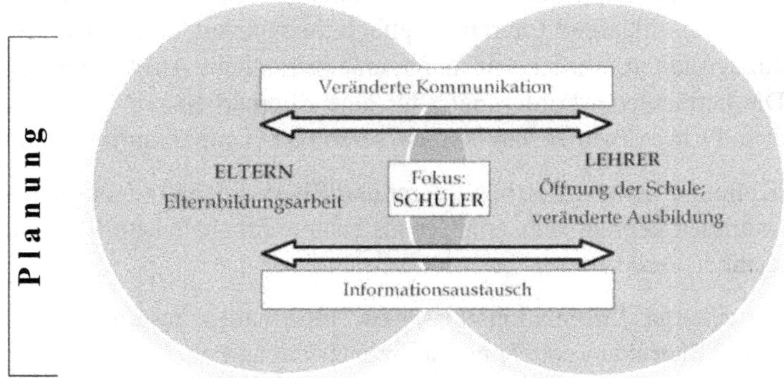

Abb. 9: Forderungen für eine Elternarbeit als Partnerschaft auf

2.2 Französisch als (Schul-)Fremdsprache

Da bisher keinerlei fachspezifische Studien zur Elternarbeit im Zuge des Französischunterrichts durchgeführt wurden, kann an dieser Stelle nur allgemein auf das Französische als Schulsprache eingegangen werden.

In ihrem Buch *Fachdidaktik Französisch* definiert Fäcke als Interesse der französischen Fachdidaktik die Auseinandersetzung mit „Inhalte[n] (…) und Zielsetzungen des Lehrens und Lernens von Französisch" (Fäcke 2010, 4). Dementsprechend besteht das vorliegende Kapitel aus der Beschreibung der grundlegenden Zielsetzungen des schulischen Französischunterrichts sowie der besonderen Komplexität des Fremdsprachenunterrichts generell und des Französischunterrichts konkret. Zudem wird auf die Situation des Französischunterrichts an Gymnasien eingegangen.

2.2.1 Lernziele[32] des Französischunterrichts und GeR

Christ stellt die große Bedeutung der Nachkriegszeit für den Französischunterricht heraus, denn hier seien „nach dem Vorbild der Englischdidaktik pragmatische Erwägungen in den Vordergrund des Interesses getreten" (Christ 1983, 108), sodass die „Eigentätigkeit des Schülers" (Christ 1983, 108) im Zuge der Kommunikation und Interaktion in der Fremdsprache im Fokus steht (cf. Manzmann 1983b, 33).

Dieser Gedanke basiert zum einen auf Gouin, welcher den Fokus legt auf die Verbindung von sprachlichem Handeln mit konkretem physischem Handeln (cf. Christ 1983, 106). Zum anderen plädiert Viëtor wenige Jahre später als erster dafür, dass die Eigentätigkeit des Schülers im Vordergrund der Unterrichtsbemühungen zu stehen habe und weniger das korrekte Beherrschen grammatikalischer Strukturen (cf. Christ 1983, 107), sodass ab diesem Zeitpunkt eine verstärkte „Hinwendung zur gesprochenen Sprache im Unterricht (…) [ab] Ende des 19.Jahrhunderts" (Leupold 2007b, 79) erfolgt.

In ihrem Beitrag „Das sprachlich-literarische-künstlerische Aufgabenfeld als Möglichkeit, Ausdruckskompetenz zu gewinnen" erklärt Manzmann das Ziel des Fremdsprachenlernens: über die Aneignung der Sprachstrukturen (cf. Manzmann 1983b, 25) soll die Zielvorstellung der fremdsprachlichen Ausdruckskompetenz erreicht werden:

> „Ausdruckskompetenz heißt alle Kommunikationsmöglichkeiten durch Zeichengebung sprachlicher und nichtsprachlicher Art zu nutzen, um Ansprechpartner auf möglichst breiter Basis zu werden" (Manzmann 1983b, 33; cf. Lackschewitz 1979, 105sq.).

---

32 Ziener erläutert in seinem Buch *Herausforderung Vielfalt* zur Differenzierung der Termini „Lernziele" und „Kompetenzen", dass beide dahingehend synonym verwendbar sind, als dass beide dieselbe Funktion zukommt, denn sie „sollen beschreiben und benennen, worauf das Lernen zielen soll" (Ziener 2016, 50).

Leupold erinnert daran, dass erst nach der Grammatik-Übersetzungsmethode in der Geschichte des Französischunterrichts die „Hinwendung zur gesprochenen Sprache im Unterricht der modernen Fremdsprachen" (Leupold 2007b, 79) zum Leitprinzip des Fremdsprachenunterrichts wurde.

Da schulische Angelegenheiten in die landesspezifischen Zuständigkeitsbereiche innerhalb der Bundesrepublik fallen *(siehe Kapitel 2.1.2.2.2)*, „regulieren die Bundesländer den Französischunterricht durch (...) Lehrpläne, Curricula oder Rahmenrichtlinien" (Fäcke 2010, 77). Gemeinsam ist allen Bundesländern, dass Französisch jeweils „zum regulären Fremdsprachenangebot" (Christ 2015, 38) zählt und als erste, zweite, dritte oder spätbeginnende Fremdsprache belegt werden kann (cf. Christ 2015, 38).

Als zusätzliche Orientierung – sowie Vergleichsgrundlage – mit landesübergreifenden Vorgaben zum Fremdsprachen- bzw. Französischunterricht steht Fremdsprachenlehrkräften der Gemeinsame europäische Referenzrahmen (GeR) zur Verfügung (cf. Fäcke 2010, 73; cf. Quetz 2013, 45). Er gibt die zu erreichenden Lehr- und Lernziele in Form von drei großen Kompetenzniveaus – jene gliedern sich in jeweils zwei untergeordnete Niveaus – vor und ordnet jeder Kompetenzstufe entsprechende kommunikative Funktionen und Kenntnisse zu, die jeweils aktiv beherrscht werden müssen. Caspari weist auf die Zielsetzung des Gemeinsamen europäischen Referenzrahmens hin:

> „Der Grundgedanke des GeR ist die Einbettung der sprachlichen Kompetenzen in ein umfassendes individuelles Kompetenzmodell, das aus vier großen Kompetenzbereichen besteht" (Caspari 2008, 29; cf. Leupold 2007b, 80; cf. Fäcke 2010, 74; cf. Fäcke 2010, 181sq.).

Diese vier allgemeinen Kompetenzbereiche – *savoir*, *savoir-apprendre*, *savoir-être*, *savoir-faire* (cf. Trim 2013, 22sq.; cf. Caspari 2008, 29) – sind dabei nicht explizit auf den Prozess des Spracherwerbs und Sprachgebrauchs beschränkt, sondern gelten unter den Oberbegriff „Allgemeine Kompetenzen" (Trim 2013, 22) als Prinzipien der Handlungsorientierung, die u.a. auch bei Sprachhandlungen von Bedeutung sind (cf. Trim 2013, 21): *Savoir* als Summe aus Welt- bzw. Erfahrungswissen und theoretischem bzw. erlerntem Wissen, *savoir-faire* als prozedurales oder Fertigkeitswissen, *savoir-être* als persönlichkeitsbezogene Kompetenz sowie *savoir-apprendre* als Lernfähigkeit, die die drei anderen Kompetenzbereiche mit einschließt (cf. Trim 2013, 22sq.).

Caspari fordert vor dem Hintergrund dieser Kompetenzbereiche konkret für den Fremdsprachenunterricht:

> „Moderner Fremdsprachenunterricht kann sich (…) nicht auf die Vermittlung von sprachlichem Wissen und die Einübung von kommunikativem Können im engeren Sinne beschränken, sondern muss zu allen vier Bereichen seinen originären Beitrag leisten" (Caspari 2008, 29; cf. Leupold 2007b, 80; cf. Fäcke 2010, 74; cf. Fäcke 2010, 181sq.).

Die Einordnung des individuellen Kompetenzniveaus[33] der Schüler auf Grundlage des GeR erfolgt mit Hilfe der sechs großen Referenzniveaus (A1, A2, B1, B2, C1, C2) sowie der drei Zwischenstufen (A2+, B1+, B2+) (cf. Quetz 2013, 46; cf. Trim 2013, 35sq.). Jene helfen, das Sprachenlernen zu organisieren, Sprachkenntnisse zu beschreiben und letztlich „den Vergleich zwischen verschiedenen Qualifikationssystemen erleichtern" (Trim 2013, 32).

Christ bezeichnet die „Bildungsstandards der Kultusministerkonferenz" (Christ 2013, 20) als konkrete Umsetzung des GeR und somit Basis für den fremdsprachlichen Unterricht in Deutschland, wobei einzelne Standards vorliegen für den Primarbereich, den Hauptschulabschluss, den mittleren Schulabschluss sowie für die Allgemeine Hochschulreife – darunter die für die vorliegende Studie interessanten Standards für die fortgeführten Fremdsprachen Englisch und Französisch (cf. KMK 2012[34]). In der Einleitung der *Bildungsstandards für die fortgeführte Fremdsprache* werden drei Zielsetzungen der Bildungsstandards genannt: „Transparenz schulischer Anforderungen", die „Entwicklung eines kompetenzorientierten Unterrichts zu fördern" und die Schaffung einer „Grundlage zur Überprüfung der Ergebnisse" (KMK 2012, 5). Dies ist das zentrale Anliegen des GeR, wie Leupold erläutert:

> „Dem Dokument wird (…) nur gerecht, wer es in seiner bildungspolitischen Absicht wertet, die darin besteht, einen Beitrag zu Transparenz und Vergleichbarkeit zwischen den unterschiedlichen Unterrichtsbedigungen im Sprachunterricht in den verschiedenen Ländern zu leisten" (Leupold 2010, 53).

---

33 Zydatiß erklärt zur Kompetenzorientierung im Zuge des Fremdsprachenlernens, dass einzelne Schulfächer dadurch „ihre übergeordneten Bildungsziele (…) reflektieren und zum anderen über ihre verbindlichen Basisqualifikationen [nachdenken]" (Zydatiß 2013, 59). Letztlich dienen die Kompetenzstufen zur Vergleichbarkeit der Leistungen und sollen „einen Beitrag zur Qualitätsentwicklung im Bildungswesen (…) leisten" (Zydatiß 2013, 59).

34 KMK 2012, *Bildungsstandards für die fortgeführte Fremdsprache (Englisch/Französisch) für die Allgemeine Hochschulreife*. <https://www.kmk.org/fileadmin/Dateien/veroeffentlichungen_beschluesse/2012/2012_10_18-Bildungsstandards-Fortgef-FS-Abi.pdf>. 27.02.2016.

Diese angestrebte Vergleichbarkeit basiert auf der „Outputorientierung“ (Leupold 2010, 53) des Gemeinsamen europäischen Referenzrahmens, die abzugrenzen ist von der Inputorientierung der früheren Lehrpläne: Letztere gaben den Lehrkräften konkrete inhaltliche Aspekte vor, die es im schulischen Fremdsprachenunterricht umzusetzen und zu thematisieren galt. Im Zuge der Orientierung am GeR sowie an den Bildungsstandards der KMK weichen jene inhaltlichen Vorgaben Zielbeschreibungen, d.h. Lehrkräfte müssen sich daran orientieren, was ihre Schüler nach einer bestimmten Zeit des Fremdsprachenunterrichts auf einer bestimmten Kompetenzstufe rezeptiv und produktiv können müssen (cf. Nieweler 2006, 81sq.). Der Vergleich von Schülerleistungen in einzelnen Fächern erfolgt dabei in unterschiedlichen Vergleichsarbeiten und dient insgesamt dem Ziel des „Bildungsmonitoring“ (Kniffka ^{6}2016, 404). So werden bei den landesweiten Schulleistungsstudien

> „in Deutschland alle drei Jahre am Ende der Jahrgangsstufe 9 Daten zum Kompetenzerwerb in der ersten Fremdsprache, optional auch in der zweiten Fremdsprache (Englisch und/oder Französisch) erhoben (…) aus den Fertigkeitsbereichen Leseverstehen und Hörverstehen“ (Kniffka ^{6}2016, 404).

Darüber hinaus dienen Vergleichsarbeiten (VERA) als „Form der Lernstandserhebung“ (Kniffka ^{6}2016, 404) der Überprüfung der Kenntnisse in „Deutsch, Mathematik und in der ersten Fremdsprache“ (Kniffka ^{6}2016, 404).

Als übergeordnetes Ziel des Fremdsprachenunterrichts, der zur Allgemeinen Hochschulreife führt, wird die Diskursfähigkeit in der Fremdsprache fixiert, welche den Gedanken der oben erwähnten Ausdruckskompetenz von Manzmann aufgreift:

> „Diese Diskursfähigkeit wird verstanden als eine Verstehens- und Mitteilungsfähigkeit, die inhaltlich zielführend, sprachlich sensibel und differenziert, adressatengerecht und pragmatisch angemessen ist. Sie umfasst wichtige interkulturelle Kompetenzen, die im Unterricht zusammen mit den sprachlichen Kompetenzen, im Rahmen einer Auseinandersetzung mit Themen, Texten und Medien integriert erworben werden“ (KMK 2012, 11).

Diese Definition der Diskursfähigkeit eröffnet die fünf Kompetenzbereiche, die Lerner von Fremdsprachen im Zuge ihres Lernprozesses entwickeln müssen: „funktionale kommunikative Kompetenz", „interkulturelle kommunikative Kompetenz", „Text- und Medienkompetenz", „Sprachbewusstheit" sowie „Sprachlernkompetenz" (KMK 2012, 12).

Während die Text- und Medienkompetenz auf die Schulung rezeptiver Fähigkeiten abzielt (cf. KMK 2012, 20) meint die Sprachbewusstheit die Fähigkeit zur Reflexion des Sprachhandelns und -gebrauchs – und im Zuge dessen auch die bewusste Sprachverwendung (cf. KMK 2012, 21). Letztere stellt bereits Ehlich als bedeutend heraus, indem er das Lernen einer Fremdsprache gleichsetzt damit, „sich Handlungsmöglichkeiten zu erarbeiten und die eigenen Handlungsspielräume erfolgreich auszutesten und auszubauen" (Ehlich 2012, 1).

Die Sprachlernkompetenz bezieht sich auf die Fähigkeit der Schüler, ihren Sprachlernprozess selbstständig zu gestalten, auf der Grundlage ihrer bisherigen Sprachlernerfahrung und ihrer eigenen Mehrsprachigkeit (cf. KMK 2012, 22). Das Konzept der Mehrsprachigkeit meint dabei die Erweiterung der Spracherfahrung in den kulturellen Kontexten, in der sich der Sprecher bewegt, zur Schaffung einer übergeordneten kommunikativen Kompetenz (cf. Trim 2013, 17). Nieweler expliziert bereits zu einem früheren Zeitpunkt, dass der Französischunterricht das Ziel der „Vorbereitung der Schüler auf eine mehrsprachige und multikulturelle Wirklichkeit" (Nieweler 2006, 11) verfolgt. Mit konkretem Bezug auf das Französische und vor dem Hintergrund der Möglichkeiten, die die Sprachlernkompetenz hinsichtlich der Mehrsprachigkeit der Französischlerner beinhaltet, nennt Leupold diese Kompetenz die „persönlichkeitsbildende Dimension des Faches Französisch" (Leupold 2010, 473).

Im Zuge der funktionalen kommunikativen Kompetenz im Rahmen des Sprachlernprozesses steht im Vordergrund, rezeptive und produktive Fähigkeiten in der Fremdsprache zu entwickeln (cf. KMK 2012, 14sq.). Gerade letztere bauen auf dem Beherrschen von „lexikalischen und grammatischen Strukturen mit dem Ziel der Verständigung" (Leupold 2007b, 103), was Leupold als Spezifikum des Fremdsprachenunterrichts an sich ausweist (cf. Leupold 2007a, 33).

Bereits Leupold hält fest, dass der Spracherwerb des Französischen den Lernern einen Einblick in frankophone Länder ermöglicht (cf. Leupold 2007a, 26), weil die Fremdsprache nicht nur Kommunikationsmittel an sich, sondern zugleich „Mittler kultureller Informationen" (Leupold 2007a, 27) ist. Weil den Lernern des Französischen infolge der Einblicke in die frankophonen Länder und Kulturen – auf der Grundlage von unterschiedlichen Medien (cf. KMK 2012, 19) – ermöglicht wird, durch den „Vergleich mit den Gegebenheiten des eigenen Landes ein interkulturelles Lernen zu vollziehen“ (Leupold 2007a, 27), entwickelt sich die interkulturelle kommunikative Kompetenz. Reimann stellt das Modell der transkulturellen kommunikativen Kompetenz vor, das zu einer „Überwindung kommunikativer Grenzen oder Barrieren zwischen zwei oder mehreren konkreten Sprach- und Kulturräumen, mithin zur Verständigung, führt“ (Reimann 2014, 66) sowie dem Aspekt der „permanenten Verflechtung verschiedenster Kulturen in einer globalisierten Welt“ (Reimann 2014, 66) Rechnung trägt. Das Modell zeigt, dass „Landeskunde, inter- und transkulturelles Lernen einander ergänzende, nicht unabhängig voneinander zu denkende Lern- und Lehrbereiche des Fremdsprachenunterrichts sind“ (Reimann 2014, 68): mit zunehmendem Alter und Fortschritt bzw. zunehmender Dauer des Fremdsprachenlernens gelangen die Schüler von der Landeskunde über die interkulturelle kommunikative Kompetenz bis hin zur Stufe der transkulturellen kommunikativen Kompetenz (cf. Reimann 2014, 65 sq.). Dabei muss der Ansatz der Transkulturalität bzw. des transkulturellen Lernens in genannter Bedeutung klar abgegrenzt werden von dem der Interkulturalität nach Welsch, welcher auf das gegenseitige Verstehen unterschiedlicher Kulturen abzielt und so die Differenzierung der Kulturen in den Vordergrund stellt (cf. Reimann 2014, 29).

Insgesamt befindet sich der Fremdsprachenunterricht – seit der oben erwähnten Hinwendung zur gesprochenen Sprache und der Betonung der kommunikativen Kompetenz bzw. Diskursfähigkeit als oberstes Ziel – auf dem Weg hin zu einem neokommunikativen Fremdsprachenunterricht. U.a. Reinfried fasst die Prinzipien für diesen Fremdsprachenunterricht in einem Modell zusammen, im Zuge dessen die vier großen Bausteine „Handlungsorientierung“, „Fächerübergreifendes Lernen“, „Ganzheitliche Spracherfahrung“ sowie die „Lernerorientierung“ als grundlegende Säulen zur Realisierung des neokommunikativen Fremdsprachenunterrichts ausgewiesen sind (cf. Reinfried 2001, 10).

Gefährlich ist, basierend auf oben erwähnter Outputorientierung als Folge der Standardisierung von Leistungen, allerdings das Phänomen des „teaching to the test“, worauf u.a. Reimann hinweist, und das konträr ist zur Lernerorientierung als Grundprinzip des neokommunikativen Fremdsprachenunterrichts (Reimann 2014, 23).

2.2.2 Komplexität des Fremdsprachen-/Französischunterrichts

Dass der Fremdsprachenunterricht – im Vergleich zu anderen Unterrichtsfächern – besondere Komplexität aufweist, ist auf die Tatsache zurückzuführen, dass

> „die Unterrichtssprache Kommunikationsmedium und gleichzeitig Lerngegenstand ist, daß (sic) aber dabei die einfachsten Voraussetzungen für Kommunikationsfähigkeit bzw. kommunikative Kompetenz zu entwickeln und auszubauen sind“ (Lackschewitz 1979, 113; cf. Leupold 2007b, 81).

Eine weitere Schwierigkeit im Hinblick auf die Komplexität des Fremdsprachenunterrichts erwähnt Kafourou – zwar in Bezug auf das Erlernen der deutschen Sprache als L2, allerdings übertragbar auf sämtliche Sprachlernprozesse: diese Lernprozesse beinhalten „viel mehr als einfache Lernkompetenz oder ein besonderes Regelsystem mit einer neuen Grammatikstruktur“ (Kafourou 2005, 16). So erinnert Ehlich an die hohe Komplexität des Sprachlernprozesses im heutigen Kontext der globalisierten Gesellschaften:

> „Sprachliche Qualifizierung (…) verlangt (…) die Fähigkeit, unterschiedliche kommunikative Situationen zu meistern und sich schnell in neue kommunikative Anforderungen einzuarbeiten. Sprachgebrauch und Sprachenaneignung gehen so Hand in Hand (Ehlich 2012, 5).

In dieser Feststellung ist ein weiterer Aspekt enthalten, welcher jedes Fremdsprachenlernen komplex erscheinen lässt: die situative Sprachverwendung, welche auch bei Leupold als Spezifikum von Fremdsprachen und als explizit zu erlernen ausgewiesen wird (cf. Leupold 2007a, 33). Die genannten Aspekte sind im Zuge des erwähnten Kompetenzmodells *(siehe Kapitel 2.2.1)* zu schulen.

Ein dritter Aspekt, welcher jedem schulischen Fremdsprachenunterricht Komplexität verleiht, ist schulorganisatorisch begründet bzw. auf die Zeitverhältnisse im Unterricht zurückzuführen. Der insgesamt – aufgrund der Anzahl der Unterrichtsstunden – oft hohe Zeitdruck wird insbesondere durch ein Phänomen erhöht, auf das Ulich in seinem Buch *Schule als Familienproblem* hinweist:

> „Tatsächlich beanspruchen die Hausaufgaben zumindest in den (…) Fremdsprachen einen ganz beträchtlichen Teil des Unterrichts, der für neuen Stoff, aber auch für Übungen, Wiederholungen usw. verlorengeht“ (Ulich 1989, 197).

Mit konkretem Bezug auf das Fach Französisch äußert sich Christ zum Zeitdruck beim Erwerb dieser Sprache und vor allem hinsichtlich der knapp bemessenen Übungszeit im Unterricht und konstatiert, dass

> „für das Französische angesichts der begrenzten Stundenzahl, der Mindestregelungen für die Laufzeit und der Abwahlmöglichkeiten für zweite und dritte Fremdsprachen häufig eine vergleichsweise geringe Übungszeit zur Verfügung steht" (Christ 2015, 37).

Auch Rudolph gibt zu bedenken:

> „Das Üben und daraus folgernd das Fördern hat einen zu geringen Stellenwert in der Schulpraxis. Üben und Wiederholen wird in die Hausaufgaben verlagert und damit in die Hand von Eltern und Schülern gelegt" (Rudolph 2001b, 97).

Da sich vorliegende Studie mit dem Status quo der Elternarbeit und dem Französischunterricht in Bayern beschäftigt, sei auf die Bayerische Schulordnung in der Fassung vom 01.Juli 2016 verwiesen, die seit 01.08.2016 in Kraft ist und in §28 Folgendes als Leitgedanke für das Stellen von Hausaufgaben vorsieht:

> „Um den Lehrstoff einzuüben und die Schülerinnen und Schüler zu eigener Tätigkeit anzuregen, werden Hausaufgaben gestellt, die bei durchschnittlichem Leistungsvermögen in angemessener Zeit unter Berücksichtigung der Anforderungen des Nachmittagsunterrichts bearbeitet werden können" (BaySchO 2016[35]).

Demzufolge werden oft jene Bestandteile des Lernprozesses „abgetrennt und aus der Schule in das Elternhaus verlagert" (Eigler/Krumm 1979, 10), sodass der Unterricht partiell entzerrt werden kann (cf. Derschau 1979a, 13; cf. Boßmann 1979, 13; cf. Pöggeler 1978, 11) *(siehe Kapitel 2.1.2.3.3)*. Besonders in Bezug auf den Fremdsprachenerwerb ist dies allerdings problematisch, denn

> „Sprachaneignung ist ein Geschehen, das vom aktiven Einsatz wie vom kommunikativem Erfolg bei der Verwendung bereits angeeigneter sprachlicher Mittel geprägt ist und dadurch gesteuert wird" (Ehlich 2012, 5).

Diese Erfolge sind im außerschulischen Umfeld nur schwer festzustellen und können dementsprechend von der Lehrkraft (im unterrichtlichen Kontext)

---

35 Schulordnung für schulartübergreifende Regelungen an Schulen in Bayern – Bayerische Schulordnung (BaySchO) 2016, <http://www.gesetze-bayern.de/Content/Document/BaySchO2016>. 27.02.2016.

kaum gewürdigt werden. Deswegen fordert bereits Derschau: „Wiederholen, Üben, Vertiefen und Erweitern sollte weitgehend im Unterricht verbleiben, wo schnellere Kontrolle und Rückmeldung möglich ist“ (Derschau 1979b, 43), auch wenn dies den Zeitdruck in den einzelnen Unterrichtsstunden erhöht und, einhergehend damit, die Komplexität im Fremdsprachen- bzw. Französischunterricht. Der Zeitdruck in den Unterrichtsstunden (und eine daraus resultierende und dementsprechend gestaltete Hausaufgabenpraxis) ziehen, Christ zufolge, weitere Konsequenzen nach sich und haben v.a. in Bezug auf das Fach Französisch, das mit einer gewissen Popularitätsproblematik zu kämpfen hat *(siehe Kapitel 2.2.3)* motivationale Konsequenzen.

Da, wie oben erwähnt, oft zu wenig Übungszeit im Französischunterricht zur Verfügung steht, kommt es zu folgender Erscheinung:

> „Eine daraus resultierende gefühlte oder auch objektive Unsicherheit in der zweiten und dritten Fremdsprache Französisch wirkt sich (...) auf die Motivation für das Lernen und Weiterlernen aus“ (Christ 2015, 37).

Konkret für das Fach Französisch liegen verschiedene Studien vor, die teilweise alarmierende Ergebnisse aufzeigen und darin die besondere Komplexität des Französischen implizit herausstellen. Darüber hinaus enthalten sie zusätzlich dazu Kritik an der gegenwärtigen unterrichtlichen Praxis der Französischlehrer und verweisen, wie im Falle der nachfolgend aufgeführten Studien von Bürgel/Siepmann zugleich auf die Kompetenzlücken der Französischlehrer selbst.

Bei Christ finden wir Ergebnisse einer französischspezifischen Schülerbefragung, im Zuge derer

> „Schüler der Klassen 5 und 9, die nach ihren Sprachlernergebnissen befragt wurden, (...) Französisch als schwierig [bezeichnen]; sie haben den Eindruck, kaum Lernfortschritte zu machen“ (Christ 2015, 37).

Rezente Studien zur Leseverstehenskompetenz von Gymnasiasten sowie zur Wortschatz- und Hörverstehenskompetenz von Französischlernern und -lehrern in Niedersachsen belegen, dass erhebliche Defizite in diesen drei Fertigkeitsbereichen seitens der Schüler vorliegen, sodass bisweilen nicht einmal die für die Jahrgangsstufe bzw. Zeit des Fremdsprachenlehrgangs entsprechende Kompetenzstufe des GeR erreicht wird.

So hat beispielsweise in der Pilotstudie zur Leseverstehenskompetenz am Ende der 9.Jahrgangsstufe „die große Mehrheit der gestesteten Lerner den vom niedersächsischen Kerncurriculum erwarteten Regelstandard, zunehmend komplexe authentische Texte zufriedenstellend zu verstehen, nicht erreicht“ (Bürgel 2014, 178).

In einer weiteren Pilotstudie, an der Gymnasiasten nach der 10.Klasse sowie Französischlehrer teilnahmen, wurde – in Bezug auf letztere – ermittelt, dass

> „die rezeptiven Wortschatzkenntnisse deutscher gymnasialer Französischlehrer zu gering sind, um französische Zeitungs- und Romantexte ohne umfangreiche Konsultation von Wörterbüchern zu erschließen“ (Bürgel/Siepmann 2010, 201).

Was die Schüler und ihre Wortschatzkenntnisse anbelangt, so zeigte sich – trotz eines einheitlichen Lehrwerks – eine breite Leistungsstreuung (cf. Bürgel/Siepmann 2010, 199). Hinsichtlich der Hörverstehenskompetenz der Schüler zeigte sich, dass

> „die Hörverstehenskompetenz der Französischlerner am Ende des 10. Jahrgangs zu gering ist, um authentische Hördokumente mit gemäßigter Sprechgeschwindigkeit zu verstehen – kurz: Das vom Kerncurriculum erwartete Kompetenzniveau B1 wird (…) selten erreicht“ (Bürgel/Siepmannn 2010, 208).

Gleichermaßen ernüchternd ist das Resultat der Auswertung der Lehrertests: auch bei der

> „Mehrheit der (…) getesteten Französischlehrer [ist die Hörverstehenskompetenz] zu gering ausgeprägt, als dass sie ein breites Spektrum an französischsprachigen Tonaufnahmen und Radiosendungen im Detail verstehen können“ (Bürgel/Siepmann 2010, 210).

Neben den drei bereits erwähnten Aspekten – der Zeitdruck, die situativ korrekte Sprachverwendung sowie die Tatsache, dass die Fremdsprache zugleich Lerngegenstand und Kommunikationsmedium ist –, welche im Fremdsprachen- und insbesondere im Französischunterricht Schwierigkeiten darstellen, liegt möglicherweise in der fehlenden Qualifizierung der Französischlehrer eine weitere Quelle von Komplexität im Fremdsprachen- und Französischunterricht.

2.2.3 Stellenwert des Französischen und Situation des schulischen Französischunterrichts

Christ resümiert die Situation des Französischen an deutschen Schulen folgendermaßen: „Englisch ist unumschränkt zentrale Fremdsprache im deutschen Bildungswesen. Alle anderen Sprachen sind in Deutschland nachrangig“ (Christ 2015, 49).

Die „Krisensituation“ (Leupold 2007b, 18; cf. Caspari 2008, 22) des Französischen in der Schule, wie u.a. Leupold bezeichnet, resultiert aus der Vormachtstellung des Englischen (cf. Fäcke 2010, 3), die sich bereits im Primarbereich deutlich zeigt (cf. Leupold 2007b, 18): In den wenigsten Bundesländern, v.a. aber in denjenigen, die an Frankreich grenzen – Baden-Württemberg, Rheinland-Pfalz, Saarland – erhalten Grundschüler Französisch- an Stelle von Englischunterricht (cf. Fäcke 2010, 107sq.; cf. Christ 2015, 39). Gleichermaßen zeigt sich das Primat des Englischen beim Übergang in die Sekundarstufe: „Englisch wird im Regelfall als erste Fremdsprache gelernt, Französisch häufig als zweite Fremdsprache“ (Fäcke 2010, 3; cf. Leupold 2007b, 18). Darüber hinaus muss sich das Französische ebenfalls als zweite Fremdsprache gegenüber alternativen Schulfremdsprachen oder anderen Wahlpflichtfächern behaupten (cf. Christ 2015, 40).

„Für die Wahl des Faches Französisch sprechen viele Faktoren“ (Christ 2015, 33), so eröffnet Christ ihren Überblick „Zur heutigen Situation des Französischunterrichts in Deutschland“. Und obwohl es im europäischen Kontext „an zweiter Stelle der meistgelernten Schulsprachen“ (Christ 2015, 33) steht, hat das Französische im schulischen – und dabei insbesondere im gymnasialen Kontext – Probleme, weil es „nicht zu den beliebteren Fächern gehört“ (Nieweler 2006, 52). Dabei sind „mehr als 50 Länder“ (Christ 2015, 33) und „220 Millionen Menschen“ (Christ 2015, 33) Bestandteil der Frankophonie. Das Französische ist somit eine bedeutende internationale Sprache (cf. Raabe 1995, 370), deren Sprachgemeinschaft sich „international auf dem 9.Platz“ (Französische Botschaft 2016[36]; cf. Christ 2015, 33) befindet.

Darüber hinaus kann Französisch die Basis für eine individuelle Mehrsprachigkeit der Lernenden bilden und den Zugang „insbesondere zu anderen romanischen Sprachen öffnen“ (Christ 2015, 34). Leupold konstatiert in die-

[36] Frankreich in Deutschland, 2016, *Frankophonie*, <http://www.ambafrance-de.org/Franko phonie>, 05.02.2016.

sem Kontext zur Bedeutung des Französischunterrichts: „Der Französischunterricht versteht sich als ein Beitrag zu dem europäischen Konzept von Mehrsprachigkeit“ (Leupold 2010, 187).

Gerade angesichts einer möglichen europäischen und insbesondere romanischen Mehrsprachigkeit kann das Französische als Brückensprache dienen, wie das Beispiel des Projekts EuroComRom beweist. Im Buch *Die sieben Siebe* legen die Autoren dar, wie beispielsweise über Internationalismen, verwandte syntaktische Strukturen, Lautähnlichkeiten oder Ähnlichkeiten im Wortschatz rezeptiv andere romanische Sprachen auf der Grundlage des Französischen erschlossen werden können (cf. Klein/Stegmann ^{3}2000, 11sq.).

Zusätzlich kommt dem Französischen insbesondere auf internationaler Ebene ein hoher Stellenwert als Verkehrssprache zu und es ist, der Beschreibung Raabes zufolge, „eine wichtige Delegationssprache (...) in der UNO, beim internationalen Schiedsgerichthof, in der UNESCO“ (Raabe 1994, 370) sowie als „Arbeitssprache innerhalb der Gremien der EU und des Europarats von Bedeutung“ (Raabe 1995, 370; cf. Christ 2015, 33; cf. Caspari 2008, 18; cf. Fachprofil Französisch 2015[37]). Dabei können Schüler im Zuge des Französischunterrichts (und außerhalb), bedingt durch die deutsch-französische Freundschaft und gemeinsame „Handlungsfelder“ viele kulturelle Bereicherungen (cf. Christ 2015, 33) erfahren und die Kultur des Nachbarlands auf vielfältige Art und Weise erleben, z.B. im Zuge von Städte- oder Schulpartnerschaften, universitären Kooperationsprojekten etc. (cf. Caspari 2008, 18). Der Élyséevertrag vom 22.Januar 1963 bildet für sämtliche Begegnungen zwischen Deutschen und Franzosen die Grundlage (cf. Christ 2015, 33).

Caspari erwähnt die genannten Einzelaspekte, die die Bedeutung des Französischen veranschaulichen, ebenfalls in ihrer Auflistung der Gründe, warum man Französisch lernen sollte und bezeichnet jene als „Überlegungen zum Verkehrswert des Französischen“ (Caspari 2008, 18). Zwar ist Englisch

> „*lingua franca*, d.h. eine weltweite Verkehrssprache, die nicht nur von *native speakers*, sondern von zahlreichen Menschen als Zweit- oder Fremdsprache gesprochen wird“ (Fäcke 2010, 3).

---

[37] Fachprofil Französisch. Lehrplan Gymnasium. Staatsinstitut für Schulqualität und Bildungsforschung. <http://www.isb-gym8-lehrplan.de/contentserv/3.1.neu/g8.de/index.php?StoryID=26370&PHPSESSID=5c8e57fa7d6bdabf88acca71771e189b>. 08.07.2015.

Doch die genannten Aspekte stellen die Bedeutung der französischen Sprache weltweit klar heraus. Weil aber, wie Fäcke herausstellt, „Französisch (…) in Deutschland weit seltener als wesentliche Weltsprache angesehen" (Fäcke 2010, 3) wird, ergeben sich aus dieser Tatsache schulpolitische Konsequenzen. Auch Christ weist auf diesen Aspekt hin und hält fest, dass „[d]ie Selbstverständlichkeit des Umgangs mit der französischen Sprache (…) nicht im gleichen Maße gegeben [ist wie im Vergleich zum Englischen]" (Christ 2015, 37).

Demzufolge ist nicht verwunderlich, dass die Zahlen der Französischlerner deutlich geringer sind als jene der Lerner des Englischen.

Leupold konstatiert im Zuge seiner „Bestandsaufnahme" zum Französischunterricht:

> „Französisch als schulisches Unterrichtsfach ist zu Beginn des neuen Jahrtausends in der Bundesrepublik in einer schwierigen Situation. Nicht allein der Blick hinter die Klassentür, sondern gerade auch die Entwicklung der Schülerzahlen zeigt, dass das Fach insgesamt (…) Probleme hat, Schüler für das Erlernen der französischen Sprache zu interessieren" (Leupold 2007b, 17).

Im 8.Bericht der Kultusministerkonferenz wurde – trotz des Rückgangs der Gesamtschülerzahlen – ein positiver Trend der Französischlernerzahlen festgestellt (cf. KMK 2013[38], 15) und insbesondere für das Französische am Gymnasium eine positive Entwicklung verzeichnet: hier wurde Französisch verstärkt als zweite Fremdsprache gewählt; allerdings geht die Zahl derjenigen Schüler, die Französisch in der Oberstufe belegen, zurück (cf. KMK 2013, 15; cf. Christ 2015, 34sq.).

2.2.4 Zusammenfassung

Trotz eines leichten Anstiegs der Schülerzahlen in der Sekundarstufe I und insbesondere auch wegen stagnierender bzw. rückläufiger Zahlen der Französischlerner in der Sekundarstufe II ist das Französische weiterhin von untergeordneter Bedeutung im Kanon der Schulsprachen, woraus Christ eine klare Forderung für Französischlehrkräfte zieht:

[38] Sekretariat der Ständigen Konferenz der Kultusminister der Länder in der Bundesrepublik Deutschland. 2013. *Zur Situation des Französischunterrichts an den allgemeinbildenden Schulen in der Bundesrepublik Deutschland. 8. aktualisierter Bericht.* <http://www.kmk.org/fileadmin/Dateien/veroeffentlichungen_beschluesse/2000/2000_03_20_Situation_Franzoesischunterricht.pdf>. 26.02.2017.

> „Unerlässlich ist, dass Französischlehrkräfte Schüler und Eltern kompetent über die Bedeutung des Sprachenlernens und der Mehrsprachigkeit informieren und durch einen anregenden Französischunterricht überzeugend wirken" (Christ 2015, 49).

Die Forschungslage zum Französischunterricht im Bereich der Didaktik sowie im Bereich der Unterrichtsforschung ist verhältnismäßig überschaubar. Problematisch im Hinblick auf die Lernerzahlen ist der schwierige Status, den das Französische als Schulfach – insbesondere im Vergleich und in Konkurrenz zum Englischen – innehat. Angst, Französisch zu erlernen, macht vielen dabei ein Charakteristikum sämtlichen Fremdsprachenunterrichts: die zu erlernende Sprache ist Kommunikationsmedium, und dies – soweit möglich – von Anfang an, der Unterricht soll also auf Französisch erfolgen (cf. Leupold 2010, 172). Im Zuge des Fremdsprachenunterrichts soll neben der kommunikativen Kompetenz v.a. auch die interkulturelle Kompetenz erworben werden, die die Schüler zu kompetenten Sprechern und Mitgliedern der Frankophonie[39] werden lässt.

Die nachfolgende Darstellung resümiert die vorangegangenen Ausführungen zum Stellenwert des Französischen sowie zur Situation des Französischunterrichts.

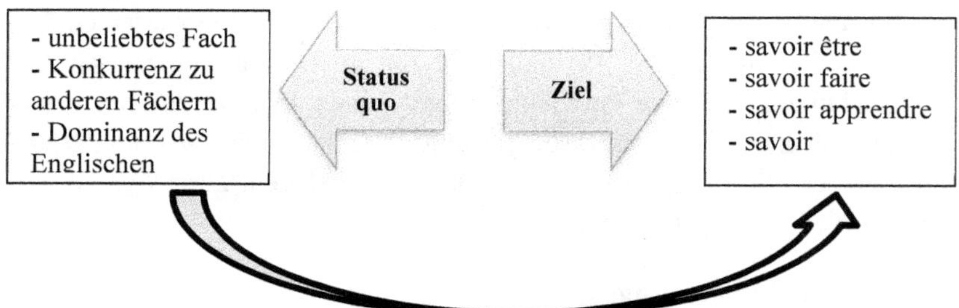

Abb. 10: Situation des Französischunterrichts: Status quo, zu bewältigende Aspekte, Ziele des Französischunterrichts.

---

39 „Frankophonie" wird in vorliegender Arbeit in ihrer linguistischen Dimension nach Kolboom verstanden: „francophonie ist die Gemeinschaft der frankophonen Sprecher in der Welt, das heißt die Gemeinschaft jener, die des Französischen mächtig sind, sich in und mit dieser Sprache sicher verständigen zu können" (Kolboom 2003, 462).

Überschaubar sind auch die Untersuchungen zur Rolle der Eltern im Zuge der Lernprozesse des Französischunterrichts – es gibt keine, sodass sich hier ein klares Forschungsdesiderat auftut. Dass der Cornelsen-Verlag seit 2013 ein Elternheft zum Lehrwerk *À plus 1 – Nouvelle Édition* anbietet (cf. Théry 2013), beweist, dass Eltern als Komponente und Akteuren innerhalb des Französischunterrichts nicht nur Beachtung geschenkt wird, sondern dass versucht wird, sie aktiv in die Lernprozesse für ein Fach zu integrieren, für das sie sich nicht kompetent fühlen *(siehe Kapitel 2.3)*.

2.3 Forschungslücke – Desiderat

Die bisherigen Ausführungen zeigen den großen Stellenwert, der der Elternarbeit im schulischen Kontext zukommt. Dass Elternarbeit an sich ein Anliegen ist, das heute an Bedeutung gewinnt, zeigt die Veröffentlichung zahlreicher Handreichungen unterschiedlicher Verlage mit praktischen Anregungen zur Gestaltung von Elternarbeit für Lehrer. Diese Handreichungen beziehen sich dabei insbesondere auf die Kontaktaufnahme bzw. Intensivierung der Kontakte und bieten Kopiervorlagen bzw. Gestaltungshinweise für Elternbriefe, Einladungen zu Gesprächen oder Veranstaltungen o.ä.

Zusätzlich beweist die Tatsache, dass die Zahl der Handreichungen für Eltern, welche die elterliche Integration in die Lernprozesse ihrer Kinder erleichtern bzw. ermöglichen sollen, zunimmt, dass die Elternarbeit im Sinne der Beteiligung der Eltern an den Lernprozessen der Kinder bzw. die elterliche Lernbegleitung für Kinder von wachsender Bedeutung ist. Als Beispiel für eine konkrete Elternhandreichung, die im Hinblick auf die vorliegende Studie und vor dem Hintergrund fehlender Untersuchungen zur Elternarbeit zum Französischunterricht an Gymnasien von besonderem Interesse ist, ist das oben erwähnte Elternheft zum neuen *À plus 1 – Nouvelle Édition* des Cornelsen-Verlags *(siehe Kapitel 2.2.4)*. Jenes richtet sich an sämtliche Eltern – auch solche ohne Französischkenntnisse –, die ihre Kinder beim Französischlernen, und verstärkt bei der Vorbereitung von Leistungsnachweisen unterstützen möchten (cf. Théry 2013, 3).

Ulich stellt fest: „Eltern und Lehrer haben viel miteinander zu tun, obwohl sie häufig nichts miteinander tun" (Ulich 1989, 255) und fasst hiermit zusammen, was in den vorangegangenen Ausführungen in allgemeiner Form – ohne fächerspezifischen Bezug – expliziert wurde *(siehe Kapitel 2.1.3)*. Inwieweit

Eltern und Lehrer im Rahmen des gymnasialen Französischunterrichts miteinander zu tun haben und/oder etwas miteinander tun, soll vorliegende Studie klären, wobei nicht der Anspruch erhoben wird, sämtliche Aspekte dieses Verhältnisses zu beschreiben. Thematisiert werden u.a. die Beschreibung des Kontakts zur Französischlehrkraft, die Art der elterlichen Beteiligung am gymnasialen Französischunterricht im außerschulischen Bereich, Gründe für ihre Enthaltung aus den Französischlernprozessen ihrer Kinder sowie Hilfestellungen, die sich Eltern für eine – stärkere oder generelle – Integration in die Französischlernprozesse bzw. den Französischunterricht ihrer Kinder wünschen.

Dass es wichtig ist, sich konkret mit der Elternarbeit bzw. der Rolle der Eltern im Zuge des schulischen Französischunterrichts auseinanderzusetzen, - insbesondere weil das Französische als Schulfremdsprache einen schwierigen Status innehat *(siehe Kapitel 2.2.3)* – zeigt Leupold. Er verweist auf eine Umfrage von polis/Usuma aus dem Jahre 2006, welche ermittelt, „dass Französisch in den Augen der Eltern ein Fach ist, für das sie sich nicht kompetent fühlen“ (Leupold 2007a, 14), und resümiert: „Mit Französisch fühlen sich die meisten Eltern überfordert“ (Leupold 2007a, 15). Es gibt keinerlei Vorarbeiten, die die Rolle der Eltern im Französischunterricht konkret thematisieren und sich kritisch damit auseinandersetzen, sodass die Ergebnisse der vorliegenden Analysen einen ersten Zugang zu dieser Thematik ermöglichen sollen. Gerade dass sich Eltern offenbar in Französisch nicht kompetent fühlen, wirft die Frage nach der Gestaltung der Elternarbeit bzw. der Beteiligung der Eltern im Zuge der (außerschulischen) Lernprozesse in diesem Fach auf.

Der Blick in die gegenwärtige Forschungslage zeigt, dass der Kontakt zwischen Schule und Elternhaus keineswegs umfassend und von vielen Eltern regelmäßig gepflegt wird und somit meist auf punktuelle Anlässe und Themenbereiche beschränkt bleibt, wobei häufig (Leistungs-) Probleme als Kontaktauslöser dienen. Dabei erfordert die Kontaktaufnahme zwischen Eltern und Lehrern oftmals das Überwinden unterschiedlicher Kontakthindernisse *(siehe Kapitel 2.1.3.3)*. Mit konkretem Bezug auf das Fach Französisch wird in vorliegender Untersuchung der Kontakt zwischen der Fachlehrkraft und den Eltern – aus Sicht der Eltern – thematisiert.

Die im Zuge des Überblicks über den Forschungsstand aufgeführten Anforderungen an eine neue Elternarbeit belegen, dass der gegenwärtige Zustand der Elternarbeit bzw. der Beteiligung der Eltern oder der Kooperation zwischen Elternhaus und Schule als unbefriedigend empfunden wird, was die gegenwärtige Praxis kennzeichnet *(siehe Kapitel 2.1.4)*. Die Forderungen im Hinblick auf eine mögliche Verbesserung der Elternarbeit sollen dazu führen, dass die erwünschte Elternarbeit als partnerschaftliche Kooperation zwischen Elternhaus und Schule *(siehe Kapitel 2.1; siehe Kapitel 2.1.3.2; siehe Kapitel 2.1.4.2)* Wirklichkeit wird.

Ungeklärt bleibt nach dem Überblick über die unterschiedlichen Bedeutungen, Kontexte sowie Anforderungen an eine Elternarbeit als Partnerschaft, wie die Elternarbeit im Zuge des gymnasialen Französischunterrichts in Bayern gestaltet ist. Somit wirft der Stand der Forschung zur Elternarbeit generell, die Absenz fachspezifischer Untersuchungen zur Elternarbeit sowie der Status des Französischen als Schulfremdsprache *(siehe Kapitel 2.2)* ein klares Forschungsdesiderat auf. Die Ergebnisse der vorliegenden Studie sollen herausstellen, ob und inwieweit Eltern eine Komponente des gymnasialen Französischunterrichts in Bayern bilden.

3. Forschungsfrage

3.1 Fragestellungen

Brenner hält in seinem Buch *Wie Schule funktioniert* ein Schlüsselphänomen jeglichen schulischen Alltags fest:

> „Die Eltern gehören zur Schule, aber man sieht sie nicht. Ihr Verhältnis zur Schule lässt sich als eine anwesende Abwesenheit bezeichnen, denn auch wenn sie in der Schule nie anwesend sind, so liegt ihr Schatten doch über der schulischen Wirklichkeit" (Brenner 2009, 158).

Dieses Zitat offenbart bereits die Situation, dass Schule und Elternhaus relativ wenig miteinander in Kontakt treten und beide „Partner " jeweils in ihrem Bereich wirken. Und doch gilt vielfach, was Nicht in seinem Ergebnisbericht zur 2.JAKO-O-Bildungsstudie festhält: „Dass Elternhaus und Schule kooperieren, wird meist als selbstverständlich vorausgesetzt" (Nicht 2012, 160).

Sacher unterscheidet zwischen einem engeren sowie einem weiteren Kooperationsverständnis und beruft sich dabei auf die Befunde der Untersuchung *Schule aus Elternsicht* von Hösl-Kulike: es gibt somit

> „ein an konkreten Erziehungs- und Unterrichtsproblemen orientiertes engeres Kooperationsverständnis, nach dem Kooperation darauf abzielt, konkrete Schüler- und Unterrichtsprobleme zu lösen" sowie „ein (...) auf Erziehungspartnerschaft und Mitgestaltung von Schule ausgerichtetes weiteres Kooperationsverständnis, nach dem Kooperation (...) auch eine umfassende Partnerschaft zwischen Schule und Elternhaus anstrebt" (Sacher 2008, 192; cf. Hösl-Kulike 96sq.).

Diese Kooperation ist allerdings äußerst punktuell und überschaubar gestaltet und wird oft auch relativ einseitig dahingehend interpretiert, dass insbesondere die Eltern der Schule in Form von unterschiedlichen Tätigkeiten treue Dienste erweisen: Im schulischen Kontext werden z.B. Helferdienste erbracht *(siehe Kapitel 2.1.2.2.3)* und im häuslichen Bereich engagieren sich Eltern v.a. im Zuge der Bearbeitung von Hausaufgaben oder bei der Vorbereitung auf Leistungsnachweise *(siehe Kapitel 2.1.2.3.3)*. Somit werden die Eltern zu Hilfsarbeitern, die insbesondere im Schatten des außerschulischen Bereichs Unterstützungsleistungen erbringen.

Inwiefern Eltern im Zuge des gymnasialen Französischunterrichts (im häuslichen oder schulischen Kontext) ein Schattendasein führen, ob sie konkret im Französischunterricht eine vernachlässigte Größe darstellen oder ob sie im Sinne einer (echten) Kooperation *(siehe Kapitel 3.1)* Komponenten des Schulalltags sind, soll mit Hilfe der vorliegenden Studie aufgezeigt werden.

Die übergeordnete Forschungsfrage, welche vorliegende Untersuchung zu beantworten sucht, lautet:

> *Können sich Eltern in schulische Französischlernprozesse einbringen?*

Zur Beantwortung dieser thematisch offenen Fragestellung sind nachfolgend aufgeführte Teilfragen leitend, welche die Forschungsfrage fassbar machen und die Forderung Raithels umsetzen, dass jene „auf eine konkrete Ebene transformiert werden" (Raithel 2008, 188) muss. Die drei, der zentralen Fragestellung dieser Studie untergeordneten Teilfragen orientieren sich an den vier großen Fragebogen-Abschnitten *(siehe Anhang 9.2)*.

Die erste Gelegenheit, die sich für Eltern für ihre Beteiligung im Hinblick auf das Schulfach Französisch bietet, ist der Entscheidungsprozess für die Wahl dieser Sprache in der Schule. Dass die Gründe, die letztlich diese Entscheidung herbeiführen bzw. in den Familien der Stichprobe herbeigeführt haben, vielfältiger Natur sein können, ist selbstverständlich. Ein weiterer Teilbereich, den die Eltern indirekt als Beteiligte wahrnehmen im Hinblick auf die Französischlernprozesse ihrer Kinder, ist der Französischunterricht selbst. Diesen Aspekt sieht auch Kowalczyk im Schulalltag realisiert: er konstatiert, dass Eltern nur sekundär an Schule beteiligt werden, da sie „ihre Informationen (…) weitgehend aus zweiter Hand beziehen, nämlich aus den Berichten ihrer Kinder und anderer Eltern" (Kowalczyk 1988, 141). Vor dem Hintergrund dieser Informationsrichtung (über den gymnasialen Französischunterricht) soll zunächst eruiert werden, wie die Eltern den Französischunterricht ihrer Kinder – und zusätzlich den Kontakt zur Lehrkraft ihrer Kinder – beschreiben.

Somit lautet die erste, aus der allgemeinen Forschungsfrage abgeleitete Teilfrage:

> *1. Welche Motive sind ausschlaggebend für die Wahl des Französischen als Schulfach und wie charakterisieren Eltern den gymnasialen Französischunterricht sowie den Kontakt zur Französischlehrkraft?*

Silke Hertel nennt in ihrem Aufsatz zur „Leseförderung im Elternhaus" beispielsweise „das Helfen bei den Hausaufgaben oder Gespräche mit dem Kind über die Schule" (Hertel 2010, 258) als eine mögliche Form des Engagements der Eltern im Schulalltag ihrer Kinder, wobei dies nur zwei Beispiele einer möglichen elterlichen Beteiligung am Schul- bzw. Unterrichtsgeschehens darstellen *(siehe Kapitel 2.1.2.3.3)*.

Um einen konkreten Überblick über die unterschiedlichen Arten der elterlichen Beteiligung an den Französischlernprozessen ihrer Kinder zu erhalten, lautet die zweite, aus der übergeordneten Forschungsfrage abgeleitete Teilfrage:

2. Sind die Eltern an Französischlernprozessen beteiligt?

Vor dem Hintergrund der Äußerung von Schleicher – dass Eltern unterschiedliche Auffassungen davon haben, „wie sie ihren Kindern helfen können" und „dennoch um eine traditionelle Lernsicherung [bemüht sind]" (Schleicher/Fischer 1972, 37) – und, in Anbetracht der Tatsache, dass nicht davon ausgegangen werden kann, dass sich prinzipiell alle Eltern an den Lernprozessen ihrer Kinder beteiligen (können), selbst wenn sie dies möglicherweise sogar wollten, ergibt sich eine weitere Teilfrage, die zur Beantwortung der übergeordneten Forschungsfrage beiträgt:

3. Woran scheitert die Elternbeteiligung und wie könnte sie gefördert werden?

Wie bereits am Anfang dieses Kapitels erwähnt, ist die Abfolge der drei Teilfragen – entsprechend ihrer Nennung im Erhebungsinstrument – und im Anschluss auch die zugehörigen statistischen Berechnungen sowie die Interpretation durch den Aufbau des Fragebogens vorgegeben. Nachfolgende schematische Darstellung soll dies verdeutlichen.

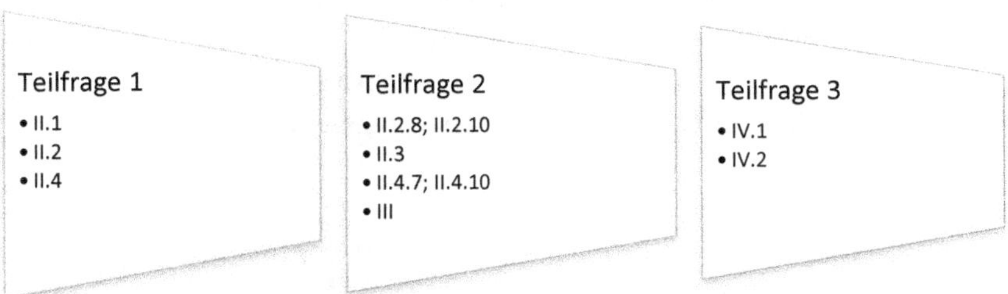

Abb. 11: Zuordnung der Fragenkomplexe aus dem Erhebungsinstrument zu den drei der zentralen Fragestellung untergeordneten Teilfragen.

3.2 Hypothesen

Zur Beantwortung oben genannter Fragen dienen nachfolgend aufgeführte Hypothesen, die größtenteils Zusammenhangshypothesen sind.

Caspari beschreibt den Unterschied im Hinblick auf den schulischen Fremdsprachenunterricht in Englisch und Französisch folgendermaßen: „Anders als für die Pflichtfremdsprache Englisch müssen sich die Schülerinnen und Schüler und ihre Eltern aktiv für Französisch entscheiden" (Caspari 2010, 13). Dabei scheint die Vermutung naheliegend, dass ein Zusammenhang besteht zwischen den Gründen, Französisch als Schulfremdsprache zu belegen, und den Französischkenntnissen in der jeweiligen Familie. Dies soll die erste Hypothese prüfen.

Hypothese 1:
Es gibt einen Zusammenhang zwischen den Französischkenntnissen in der Familie und den Motiven für die Wahl des Französischen in der Schule.

Brenner spricht – vor dem Hintergrund der Anwesenheit der Eltern anlässlich schulischer „Eingangs- und Abschiedsrituale" (Brenner 2009, 159) – von einem „asymmetrischen Rhythmus von weitgehender Ausschließung und sporadischer Einbeziehung der Eltern" (Brenner 2009, 159). Abgesehen davon treten Eltern, wenn sie sich, im Zuge der Kontaktaufnahme zur entsprechenden Fachlehrkraft ihrer Kinder, am Schulgeschehen beteiligen, „am auffälligsten als Beschwerdeführer bei Unzulänglichkeiten der Lehrer oder der Schule" (Brenner 2009, 180) in Erscheinung. Deswegen wird vermutet, dass das Kontaktverhältnis zur Fachlehrkraft abhängt von der Charakterisierung des Französischunterrichts, was folgende Hypothese prüfen soll:

Hypothese 2:
Die Charakterisierung des Französischunterrichts durch die Eltern beeinflusst den Kontakt zur Französischlehrkraft.

Neben der indirekten „Beteiligung" der Eltern am gymnasialen Französischunterricht ihrer Kinder im Zuge der Fächerbelegung, der Informationsvermittlung durch ihre Kinder sowie die Kontakte zur Französischlehrkraft, ist die unmittelbare Beteiligung der Eltern an den Französischlernprozessen ihrer Kinder im Rahmen vorliegender Untersuchung von Interesse.

Dauber beschreibt die Tätigkeit der Eltern im außerschulischen Rahmen bzw. ihre Beteiligung an den Lernprozessen ihrer Kinder in seinem Handbuch *Eltern aktiv* folgendermaßen: „sie verbringen Nachmittage und Abende als Hilfslehrer der Nation“ (Dauber/Weber 1976, 199; cf. Leuders/Leuders 2012, 149; cf. Martin 1978, 9). Entweder die Eltern beschaffen notwendige Arbeitsmaterialien für die Schüler (cf. Diedrich 1961, 14; cf. Dittrich 1961, 25) *(siehe Kapitel 2.1.2.3.2)* oder sie engagieren sich aktiv bei den Hausaufgaben als einer „Form des außerschulischen Lernens“ (Rudolph 2008, 82) *(siehe Kapitel 2.1.2.3.3)*, wie Rudolph jene definiert. Weil nicht alle Eltern in gleichem Umfang helfen können – z.B. auch aufgrund äußerer Umstände, wie beispielsweise der Berufstätigkeit eines Elternteils oder beider Eltern –, wird vermutet, dass die Art der elterlichen Lernbeteiligung sowie die Häufigkeit der gemeinsamen Lernaktivitäten für das Fach Französisch von der Berufstätigkeit der Eltern abhängig sind. Diese Vermutungen sollen durch die Prüfung der nachfolgenden zwei Hypothesen verifiziert werden:

Hypothese 3:
Die Berufstätigkeit beeinflusst die Art der elterlichen Lernbeteiligung.

Hypothese 4:
Die Berufstätigkeit beeinflusst die Lernhäufigkeit.

Darüber hinaus liegt die Vermutung nahe, dass ein Zusammenhang besteht zwischen den Lernpartnern der Kinder und den in der Familie vorhandenen Französischkenntnissen. Dies soll mit Hilfe der fünften Hypothese geklärt werden:

Hypothese 5:
Es besteht ein Zusammenhang zwischen den Französischkenntnissen in der Familie und den Lernpartnern der Kinder.

Die im oben angeführten Zitat bewusste Wortwahl und Definition der Eltern als Hilfskraft von Dauber lässt bereits eine negative Implikation dieser elterlichen Unterstützungsleistungen der Kinder erahnen, sodass ein Zusammenhang zwischen der negativen Charakterisierung des schulischen Unterrichts und der Selbstverständlichkeit des elterlichen Engagements vermutet wird. Die sechste Hypothese soll klären, inwieweit hier ein Zusammenhang vorliegt:

Hypothese 6:
Je negativer die Eltern den schulischen Französischunterricht charakterisieren, desto selbstverständlicher ist für sie die Hilfe beim Französischlernen.

Im Umkehrschluss wird vermutet, dass sich das elterliche Engagement auf die Charakterisierung des schulischen Französischunterrichts auswirkt. Vor diesem Hintergrund wurde die siebte Hypothese generiert, welche überprüfen soll, ob der vermutete Zusammenhang in der Grundgesamtheit vorliegt bzw. ob sich Eltern, die am Lernen teilnehmen, von denjenigen Eltern unterscheiden, die nicht mit ihren Kindern lernen, wenn es um die Charakterisierung des Französischunterrichts geht.

Hypothese 7:
Eltern, die sich am Französischlernen beteiligen, unterscheiden sich hinsichtlich der Charakterisierung des Französischunterrichts von denjenigen, die das nicht tun.

Viele Eltern beteiligen sich indirekt – durch die Finanzierung von Nachhilfe – an den Lernprozessen ihrer Kinder, v.a. wenn sie sich selbst außer Stande sehen zu helfen *(siehe Kapitel 2.1.2.3.4)*. Nachhilfe gilt oft als Kompensationsmechanismus für Defizite im Zuge des schulischen Unterrichts, z.B. „zu wenig Übungs- und Wiederholungsphasen in der Schule“, „mangelnde Individualbetreuung“, oder individuelle Defizite der Schüler – „Wissenslücken“ (Rudolph 2001b, 93), krankheitsbedingte Unterrichtsversäumnisse (cf. Kowalczyk/Ottich 2002, 44; cf. Kohler 2002, 202; cf. Korte 2011, 251; cf. Leuders/Leuders 2012, 163) *(siehe Kapitel 2.1.2.3.4)*. Köcks Definition von Nachhilfeunterricht definiert diesen als diskontinuierlichen Privatunterricht: „Er bezieht sich auf ein eng umgrenztes Sachgebiet und dauert nur solange, bis die akuten Lernmängel behoben sind“ (Köck/Ott 2002, 496). Köck lässt dabei offen, ob die Lernmängel aus dem Unterricht resultieren oder individuell seitens der Schüler zu suchen sind. Es wird demnach vermutet, was die achte Hypothese inhaltlich zum Ausdruck bringt und für die Grundgesamtheit der vorliegenden Studie zu überprüfen sucht:

Hypothese 8:
Eltern, deren Kinder Nachhilfe in Französisch in Anspruch nehmen, charakterisieren den schulischen Französischunterricht im Mittel negativer als Eltern, deren Kinder keine Französischnachhilfe in Anspruch nehmen.

Die „Angst der Eltern um das Fortkommen ihrer Kinder" (Boßmann 1979, 110) bedingt vielfach das Engagement der Eltern für die Lernprozesse ihrer Kinder. Im Zuge der direkten Kommunikation mit den Lehrkräften bleibt somit die thematische Vielfalt meist „auf den Aspekt des Lernerfolgs und der Schulkarriere beschränkt" (Engelhardt 1982, 47) *(siehe Kapitel 2.1.2.2.4)*, wobei sich viele Eltern in Gesprächen mit Lehrkräften Tipps zur Unterstützung ihrer Kinder erhoffen. Ob sich Eltern, die Tipps von der Lehrkraft erhalten, hinsichtlich ihres Wunsches nach Kontakt zur Französischlehrkraft von denen unterscheiden, die keine Tipps erhalten, soll die neunte Hypothese prüfen:

Hypothese 9:
Eltern, die zur Unterstützung ihrer Kinder im Fach Französisch Tipps von der Lehrkraft erhalten, unterscheiden sich von solchen Eltern, die keine Tipps erhalten, hinsichtlich ihres Wunsches nach Kontakt zur Fachlehrkraft.

Holzmüller charakterisiert Hausaufgaben im Kontext familiärer Konflikte:

> „Ein wesentlicher Berührungspunkt zwischen Schule und Elternhaus und somit Kristallisationskern von Konflikten in der Familie sind die Hausaufgaben. Hier konzentrieren sich die schulischen Erwartungen auf Unterstützung und Mithilfe unterschiedlichster Art durch die Eltern" (Holzmüller 1982, 128 sq.).

Gerade weil, wie bereits deutlich wurde, Lehrkräfte von Eltern erwarten, dass sie sich am schulischen Lernen und insbesondere im Zuge der Hausaufgaben am Französischlernen beteiligen, und weil Eltern durch ihr Engagement Defizite des schulischen Unterrichts kompensieren wollen *(siehe Kapitel 2.1.2.3.3)*, liegt der Schluss nahe, dass das Nicht-Engagement der Eltern mit einer entsprechenden Beschreibung des schulischen Unterrichts zusammenhängt. Auf dieser Grundlage wurde die nachfolgende Hypothese generiert.

Hypothese 10:
Bei Eltern, die sich nicht am Französischlernen ihrer Kinder beteiligen, beeinflusst die Charakterisierung des Französischunterrichts die Gründe für ihre Nichtbeteiligung an den Französischlernprozessen ihrer Kinder.

Den Eltern liegt die Bildung ihrer Kinder am Herzen, jedoch können sich zweifelsohne nicht alle Eltern am Französischlernen ihrer Kinder beteiligen – was in einzelnen Fällen möglicherweise der Komplexität der Lerninhalte geschuldet ist (cf. Nicht 2012, 163) *(siehe Kapitel 2.1.2.3.3; siehe Kapitel 2.2.2)* und suchen deshalb Hilfe in Form von Lernberatung bei der Fachlehrkraft. Es wird vermutet, dass ein Zusammenhang vorliegt zwischen den Gründen für die Nichtbeteiligung am Französischlernen und dem Wunsch nach Kontakt zur Französischlehrkraft für diejenigen Eltern, die sich nicht am Lernen beteiligen. Ob dies auf die Grundgesamtheit für die vorliegende Studie zutrifft, soll die nachfolgende Hypothese klären:

Hypothese 11:
Bei den Eltern, die sich nicht am Französischlernen ihrer Kinder beteiligen, beeinflussen die Gründe für ihre Enthaltung aus den Französischlernprozessen den Wunsch nach Kontakt zur Lehrkraft.

Alle Eltern sind, Neuenschwander zufolge, generell an Kontakten zur bzw. an einer Zusammenarbeit mit der Schule interessiert, „soweit es dabei um ihre eigenen Kinder geht“ (Neuenschwander 2005, 173) und demzufolge auch nach entsprechenden Angeboten suchen, insbesondere wenn von der schulischen Seite keine erfolgen. Es wird vermutet, dass ein Zusammenhang vorliegt zwischen dem elterlichen Wunsch nach Angeboten für eine bessere Integration in den Lernprozess der Kinder und der Tatsache, dass Eltern (keine) Tipps erhalten zur Unterstützung der Französischlernprozesse ihrer Kinder. Ob sich dies für den gymnasialen Französischunterricht bestätigt, soll die zwölfte Hypothese klären.

Hypothese 12:
Wenn Eltern keine Tipps zur Unterstützung ihrer Kinder erhalten, wünschen sie sich häufiger Angebote zur Unterstützung ihrer Kinder als Eltern, die Tipps erhalten (z.B. vom Französisch-Lehrer, dem Klassenleiter).

Diese zwölf Hypothesen helfen, die drei – aus der übergeordneten Forschungsfrage abgeleiteten – Fragestellungen *(siehe Kapitel 3.1)* zu beantworten. Die Zuordnung der Hypothesen zu den drei Teilfragen ist nachfolgender Übersicht zu entnehmen.

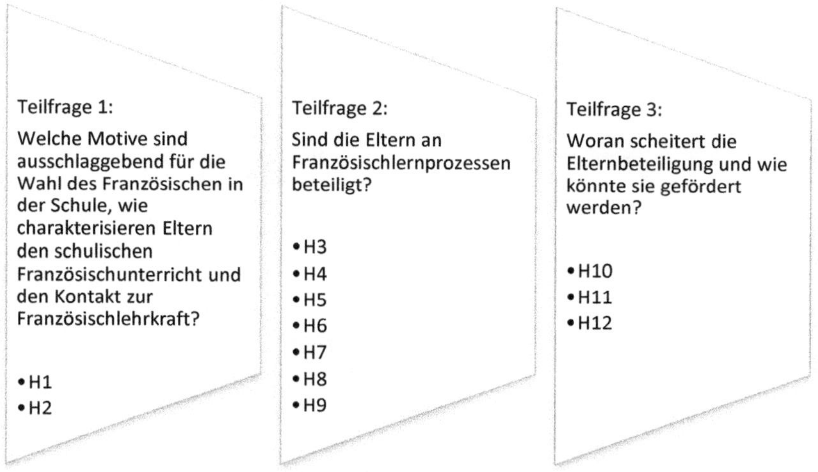

Teilfrage 1:
Welche Motive sind ausschlaggebend für die Wahl des Französischen in der Schule, wie charakterisieren Eltern den schulischen Französischunterricht und den Kontakt zur Französischlehrkraft?
• H1
• H2
Teilfrage 2:
Sind die Eltern an Französischlernprozessen beteiligt?
• H3
• H4
• H5
• H6
• H7
• H8
• H9
Teilfrage 3:
Woran scheitert die Elternbeteiligung und wie könnte sie gefördert werden?
• H10
• H11
• H12

Abb. 12: Zuordnung de zwölf Hypothesen zu den drei aus der übergeordneten Forschungsfrage abgeleiteten Teilfragen.

4. Methode

4.1 Grundlegendes

Den Ausgangspunkt der vorliegenden Studie bildete der Berufsalltag der Verfasserin, im Zuge dessen die Eltern als marginale – obwohl doch so zentrale – Größe in Erscheinung treten *(siehe Kapitel 1.2)*. Nach Sichtung umfassender forschungsmethodologischer und (fach-) wissenschaftlicher Literatur, welche eine bedauerliche „Entwicklung" der Elternarbeit anzeigt dahingehend, dass dieselben Forderungen beständig erneuert werden, stellte sich die Frage, ob und wie die Komponente „Eltern" dazu beitragen könnte, den Französischunterricht zu stärken.

Zur Erhebung des Status quo der Elternarbeit zum Französischunterricht wurde das in nachfolgendem Schema dargestellte Forschungsdesign gewählt – in Anlehnung an Settinieris, Raithels und Zydatiß' Darstellung der Phasen eines (quantitativ orientierten) Forschungsprozesses (cf. Settinieri 2014, 59; cf. Raithel 2008, 27sq.; cf. Zydatiß 2012, 119sq.).

Auswahl des Forschungsproblems
Eltern als vernachlässigte Größe in Untersuchungen zum schulischen Unterricht; Französisch als Fach mit schwierigem Status

Untersuchungsziel
Bestandsaufnahme zu Elternarbeit und Französischunterricht an bayerischen Gymnasien

Vorbereitung der Studie

1. Literaturrecherche und -analyse
2. Klären der Forschungslage
3. Festlegung der Modalitäten der Erhebungsdurchführung

Erarbeitung des Forschungsdesigns

1. Formulierung der Forschungsfrage(n)
2. Aufstellen der Hypothesen
3. Entwicklung des Fragebogens – Operationalisierung der Items

4. Pilotierung bzw. Pretest (und anschließend Modifikation des Fragebogens)

Vorbereitung der Erhebung
Übermittlung der Fragebogen-URL an die Landeselternvereinigung der bayerischen Gymnasien (LEV) e.V. mit der Bitte um Weiterleitung

Datenerhebungsphase (23.06.2014 - 18.08.2014)

Bearbeitung des elektronischen Fragebogens durch Eltern;
Sicherung eines angemessenen Rücklaufs
(zweifache Benachrichtung der Elternbeiräte durch die LEV)

Datenaufbereitung

1. Erstellen der Datenmatrix (mit den codierten Items)
2. Erfassung der Daten
3. Bereinigung der Daten

Datenanalyse

(uni-, bi- sowie multivariate Analyseverfahren)

Darstellung der Ergebnisse

Publikation

Abb. 13: Phasen der vorliegenden Studie zu Elternarbeit und Französischunterricht.

Für die Beschreibung des Status quo der Elternarbeit zum gymnasialen Französischunterricht in Bayern wurde eine quantitative Form der Datenerfassung gewählt, und somit stehen „Tatsachenbeschreibung und Messung“ (Köck/Ott 2002, 579) im Vordergrund. Settinieri listet in ihrem Grundlagenbeitrag „Statistische Verfahren“ Charakteristika für ein quantitatives ebenso wie für ein qualitatives Forschungsdesign auf (cf. Settinieri 2012, 250sq.). So differenziert die beiden Ansätze auch dargestellt werden, gilt es Folgendes zu bedenken:

> „Grundsätzlich kann empirische Forschung eher quantitativ oder eher qualitativ ausgerichtet sein, wobei beide Orientierungen die Extrempole eines Kontinuums darstellen, zwischen denen es zahlreiche Mischformen gibt. (…) Das einzige exklusive Merkmal, das beide Ansätze unterscheidet, ist die Datenform: Während quantitative Forschungsergebnisse immer in Zahlen ausgedrückt werden, werden qualitative in Worten dargestellt" (Settinieri 2012, 250).

Häder expliziert als Kriterium quantitativer Forschungsansätze: „Zur Informationsgewinnung werden Stichprobenuntersuchungen genutzt" (Häder 2006, 69), wie auch für die vorliegende Studie. Schmelter weist als eindeutiges Kriterium quantitativer, hypothesenprüfender Studien aus, dass jene „ihre Daten häufig in einem gezielt geschaffenen Untersuchungsfeld" [gewinnen]" (Schmelter 2014, 37).

Einige Kriterien quantitativer Forschungsansätze nach Settinieri, welche auch in vorliegender Studie zum Tragen kommen, seien nachfolgend erwähnt:

> „Ergebnisse in Zahlen → statistische Auswertung", „hypothesentestend", „klare Vorannahmen", „kontrollierte Untersuchung", „Fokus auf gemeinsamen Eigenschaften (Variablen)", „analytische Betrachtungsweise", „externe Perspektive", „große Probandenanzahl" (Settinieri 2012, 250).

Auch auf Stärken und Schwächen quantitativer Forschungsparadigmen geht Settinieri ein und listet als Vorzüge dieser Forschungsansätze folgende auf: „objektiv" und „generalisierbare Ergebnisse" (Settinieri 2012, 251; cf. Schmelter 2014, 38). Auch Häder verweist auf letztgenannten Aspekt und konstatiert, dass das „Prinzip des Messens und der Operationalisierung" in quantitativ angelegten Untersuchungen das Ziel verfolgt, „Aussagen über (…) statistische Zusammenhänge" (Häder 2006, 69) zu machen.

Settinieri präzisiert hierzu: „Inferenzstatistische Verfahren haben (…) zum Ziel, generalisierbare Aussagen über Populationen zu machen" (Settinieri 2012, 260; cf. Häder 2006, 69).

Nachteile quantitativer Studien sind, Settinieri zufolge, dass sie oft zwingende logische Schlussfolgerungen hervorbrächten und sich auf „dekontextualisierte, manipulierte Daten" (Settinieri 2012, 251) stützen. Zudem seien sie in der Vorbereitung aufwändig, allerdings bei der Analyse schnell sowie insgesamt rigide angelegt (cf. Settinieri 2012, 251).

Als zentralen Aspekt in der Vorbereitungsphase einer quantitativen Untersuchung beschreibt Settinieri die Formulierung von Hypothesen (cf. Settinieri 2012, 260). Gleichermaßen äußert sich Schmelter zum Hauptcharakteristikum quantitativer Forschungsansätze in der Fremdsprachenforschung, welches insbesondere für vorliegende Studie bedeutend ist: jenes ist die

> „Überführung von beobachteter Wirklichkeit in Zahlen, auf deren Basis (…) Verallgemeinerungen von Zusammenhängen und Unterschieden über Untersuchungsstichproben hinaus ermöglicht werden sollen. Empirische Studien im Rahmen quantitativer Forschungsansätze basieren auf beobachteten bzw. theoretisch identifizierten Problemen. Diese sollen durch theoretisch hergeleitete Hypothesen versuchsweise erklärt werden“ (Schmelter 2014, 37).

Bei vorliegender Studie handelt es sich zudem um eine Querschnittstudie, denn die Untersuchung fand „während einer relativ kurzen Zeitspanne statt, das heißt, sie ist als einmalige, den aktuellen Zustand festhaltende quasi fotografische Erhebung angelegt“ (Häder 2006, 124) und fokussiert den Französischunterricht an bayerischen Gymnasien im Schuljahr 2013/2014. Nach persönlicher Mitteilung in einer elektronischen Nachricht von Sabine Schinzel – sie leitet das Referat „GYM-4 Moderne Fremdsprachen (Abteilung Gymnasium)“ am Staatsinstitut für Schulqualität und Bildungsforschung (ISB) Bayern – an die Verfasserin, betrug die Gesamtzahl der Französischlerner an den bayerischen Gymnasien im betreffenden Schuljahr 123822. Von diesen Schülern belegten 1953 Französisch als erste Fremdsprache und 97420 als zweite Fremdsprache. Somit haben 24449 Schüler Französisch als dritte oder spätbeginnende Fremdsprache am Gymnasium belegt (Schinzel, Sabine: Elektronische Nachricht an die Verfasserin: *Schülerzahlen Französisch Schuljahr 2013/2014*, 26.01.2016).

4.2 Befragungsdurchführung und Erhebungsmethode

4.2.1 Onlinebefragung

Die vorliegende Erhebung wurde mit Hilfe eines Fragebogens durchgeführt, den die Befragungsteilnehmer elektronisch bearbeiten mussten, was in Anbetracht der erwünschten Stichprobengröße von mindestens 300 Teilnehmern[40] und des Umfangs des Fragebogens als geeignetste Erhebungsmethode erschien.

Zum Vorteil des „survey research design", d.h. „Studien, die auf Befragungen basieren" (Zydatiß 2012, 116), allgemein erklärt Zydatiß:

> „Fragebogenstudien erlauben (…) dem/r Forscher/in, differenzierte Datensätze in einem größeren Umfang auf relativ effiziente Weise zu erheben (large-scale data gathering); und zwar zum einen zu objektiven Gegebenheiten (v.a. zu biografischen Angaben der Probanden und zu organisatorischen Bedingungen des jeweiligen Umfelds) und zum anderen zu nicht direkt beobachtbaren Phänomenen (z.B. was die Wertvorstellungen, Interessen, Erwartungen, Urteile oder Selbsteinschätzungen der Befragten betrifft)" (Zydatiß 2012, 116).

Bandilla stellt in seinem Beitrag „Web Surveys – An Appropriate Mode of Data Collection for the Social Sciences?" die größten Vorteile der elektronischen Form der Datenerhebung heraus:

> „the financial expenditure of surveys on the Internet is smaller, and surveys can be conducted within short periods with an extremely high number of cases" (Bandilla 2002, 1).

Auch Tuten verweist auf den großen Vorteil von Interneterhebungen: „the Internet provides ready access across geographic boundaries and time zones" (Tuten 2002, 7). Die Online-Befragung als Methode der Datenerhebung stellt zwar eine „relativ kostengünstige und leicht praktikable Untersuchungsvariante" (Raab-Steiner/Benesch 2012, 47; cf. Häder 2006, 236) dar, impliziert allerdings auch, dass eine „schwer zu kontrollierende Erhebungssituation" (Raab-Steiner/Benesch 2012, 47) miteinkalkuliert werden muss.

Die Entscheidung für diese Form der Befragung basierte auf zwei Aspekten.

Zum einen auf der großen Bedeutung der „modernen Kommunikationsmedien [, die] neue Möglichkeiten für die Gestaltung von Befragungen, konkret für den Zugang zu den Zielpersonen" (Häder 2006, 189) bieten. Insbesondere die steigende Computernutzung – Häder hält fest, dass die „Ausweitung des Kreises von Personen, welche das Internet nutzen, (…) mit großer Geschwindigkeit [erfolgt]" (Häder 2006, 285) – führte dazu, dass hinsichtlich der Durchführung der für die vorliegende Studie notwendigen Erhebung impliziert wurde, dass die meisten Eltern Zugang zu einem Computer mit Internetanschluss haben.

---

[40] Zur Besonderheit der Stichprobengewinnung bzw. zur Grundgesamtheit für die vorliegende Studie siehe Kapitel 4.2.2.

Zum anderen gewinnen, Häder zufolge, „verschiedene Formen der Online-Befragung an Bedeutung“ (Häder 2006, 281) auf dem Feld der wissenschaftlichen Befragungen. Auch Hughes nennt, neben dem „face-to-face interview“, den Fragebogen ein geeignetes Mittel, um elterliche Meinungen einzuholen (cf. Hughes 1994, 213).

Wenn auch „Interneterhebungen für Studien zur Allgemeinbevölkerung“ (Häder 2006, 165) im Ermessen Häders nicht geeignet sind, hält er im Gegensatz dazu „Internetbefragungen für ausgewählte Subgruppen der Bevölkerung“ (Häder 2006, 166) durchaus für angebracht.

Die Erhebung für die vorliegende Untersuchung wurde innerhalb eines Zeitraums von acht Wochen (vom 23.06.2014 bis zum 18.08.2014) durchgeführt, mit Unterstützung der Landeselternvereinigung der Gymnasien in Bayern e.V. (LEV)[41]. Die LEV gehört – der Terminologie Hepps folgend – der Kategorie der „privatrechtlich organisierten freien Elternvereinigungen“ (Hepp 1990, 63) an, welche für jede Schulart existieren und überregional angelegt sind (cf. Göldner 1978, 241).

Die LEV[42] Bayern als „Dachverband für die Eltern der Gymnasien in Bayern, sowie deren korporativ angeschlossenen kirchlichen Gymnasien“ umfasst „ca. 85% der bayerischen Gymnasien“ und vertritt etwa eine halbe Million Eltern von Gymnasiasten. Die LEV „hat die Aufgabe, die Mitverantwortung der Eltern bei der schulischen Erziehung im Bereich der Gymnasien zu verwirklichen“, fungiert also als zusätzliches Organ zur Realisierung eines größeren Einflusses der Eltern auf Schule.

Zu den Aufgaben der Vereinigung zählen beispielsweise die Elternberatung anlässlich schulischer Probleme oder das Vorbringen elterlicher Anliegen vor dem Kultusministerium bzw. der Staatsregierung. Ein entscheidender

---

41 Diese Vorgehensweise wurde gewählt nach der Ablehnung jeglicher Unterstützung des Projekts durch das Kultusministerium. Ulich verweist bereits 1989 auf die Schwierigkeit der „Zugänglichkeit des empirischen Feldes, also darum, überhaupt an Eltern (…) heranzukommen. (…) Der Grund hierfür: Wissenschaftliche Untersuchungen an Schulen und allen Beteiligten müssen von den Kultusministerien (…) genehmigt werden. Von daher ist es naheliegend, daß (sic) die Erforschung der (möglicherweise negativen!) Elternmeinungen über Schule entweder nicht gestattet (…) oder aber gar nicht erst beantragt wird“ (Ulich 1989, 40sq.).

42 Landes-Eltern-Vereinigung der Gymnasien in Bayern e.V., (http://www.lev-gym-bayern.de/, 25.02.2016). Die Quelle sämtlicher hier aufgeführter Informationen über die Landeselternvereinigung Bayern ist die verbandseigene Homepage und wird im Folgenden als einziger „Urheber“ nicht mehr explizit im Anschluss an die wörtlichen Zitate genannt.

inhaltlicher Punkt des Grundsatzprogramms der LEV stellt die Erinnerung an und zugleich Aufforderung zu „mehr Gespräche[n] auf gleicher Augenhöhe unter stärkerer Beteiligung der Schüler“ dar. Diese Gespräche können helfen bei der Erfüllung des gemeinsamen Erziehungsauftrags und beinhalten das, was Doppke in seinem Buch *Elternarbeit*, welches v.a. an Schulleiter gerichtet ist, festhält: „Ohne eine vertrauensvolle Zusammenarbeit zwischen Elternhaus und Schule kann Schule nicht zufrieden stellend (sic) gelingen“ (Doppke/Gisch 2005, 7).

Die Mitglieder der LEV Bayern umfassen nicht nur die Elternbeiräte bzw. Elternbeiratsvorsitzenden oder deren Stellvertreter (die „Elternschaftsvertreter der Gymnasien“), sondern darüber hinaus sowohl „fördernde Mitgliedern“, die den Verein auf finanzielle Art und Weise unterstützen, als auch die „Elternmitglieder“: dies sind alle Erziehungsberechtigten, „deren Kinder ein Gymnasium in Bayern besuchen, das nicht kooperativ dem Verein angeschlossen ist“.

Für die vorliegende Studie zur Elternarbeit zum gymnasialen Französischunterricht war vor allem der Kontakt zur Geschäftsführerin der Landeselternvereinigung der Gymnasien in Bayern, Annette Batora, bedeutend, welche die Verbreitung der URL zum Fragebogen innerhalb ihrer verbandsinternen Mitgliederliste vorgenommen hat.

Diese Vorgehensweise der Erhebungsdurchführung, welche eine Zufallsstichprobe generierte, ähnelt dem Schneeballverfahren nach Häder dahingehend, dass die LEV, sowie – im nächsten Schritt – die einzelnen Elternbeiratsvorsitzenden zu „Helfern des Untersuchungsleiters“ (Häder 2006, 173) durch die Weitergabe des Links zur Befragung wurden. Als „Ersthelfer“ der Untersuchungsleiterin fungierte die LEV bzw. konkret die Geschäftsführerin Annette Batora.

Bereits an dieser Stelle sei das methodische Problem dieser indirekten Kontaktaufnahme zu den Eltern über die LEV angeführt. Hierbei ergaben sich drei Hürden bzw. kritische Stellen, die a priori zur Reduktion der Stichprobe führten.

- Die Bekanntgabe und Aufforderung zur Beteiligung an der Befragung erfolgte über die Elternbeiratsvorsitzenden der Mitgliedsgymnasien dieses Verbands. Somit wurde die Zahl an möglichen Eltern bereits durch das Kriterium „Mitgliedsgymnasium“ in der LEV reduziert.

- Die LEV leitete das Anschreiben an die Vorsitzenden der Elternbeiräte der bayerischen Mitgliedsgymnasien weiter – nach eigenen Angaben des Verbandes waren dies 292 bayerische Gymnasien im Schuljahr 2013/2014 – mit der Bitte, die Eltern ihrer Schule von dieser Befragung und der dazugehörigen Internetadresse in Kenntnis zu setzen und um Unterstützung zu bitten. Hier reduzierte sich die mögliche Zahl der Umfrageteilnehmer erneut, da miteinkalkuliert werden musste, dass nicht alle Elternbeiratsvorsitzenden der Bitte um Bekanntmachung der Befragung und um Werbung von Teilnehmern nachkommen würden, sei es aus (schul)organisatorischen Gründen oder aus persönlichen Motiven. Darüber hinaus war von Seiten der Verfasserin die Form der Bekanntmachung der Internetadresse nicht zu bestimmen. Es wurde zwar ein Anschreiben an die Eltern als Anhang an die LEV weitergeleitet *(siehe Anhang 9.1)*, jedoch gab es keinerlei Kontrollmechanismus, um zu prüfen, ob die Verteilung dieses Schreibens tatsächlich so stattgefunden hat, ob es die entsprechenden Elternbeiräte auf eine mündliche Form der Bekanntmachung reduzierten oder etwaige andere Informationskanäle bedienten.

- Eine weitere Reduktion der Zahl der möglichen Teilnehmer an der Erhebung fand schließlich auf der Ebene des individuellen Schülers statt. Die Schüler mussten – unabhängig davon, ob die Elternbeiräte mündlich oder schriftlich über die durchzuführende Befragung an den Schulen informierten – die Information über die Erhebung zur Elternarbeit vermutlich in den meisten Fällen persönlich an ihre Eltern weitergeben. Denn sicherlich wird nicht an jeder Schule vom Elternbeirat ein derartiges Kontaktnetzwerk zur und mit der Schulelternschaft unterhalten, dass sämtliche Eltern via Email, Internetplattformen auf Schulhomepages[43] o.ä. erreicht werden können.

Die Zielgruppe (und somit theoretische Grundgesamtheit) der elektronischen Befragung zur vorliegenden Studie bildeten ausschließlich Eltern, deren Kinder am Gymnasium Französischunterricht erhalten, wobei der Fragebogen online bearbeitet werden musste und über die URL www.vera-knoll.de ohne Zugangsbeschränkung zu erreichen war. Die Eltern wurden auf der Startseite der Homepage der Verfasserin über die Zielsetzung des Forschungsvorhabens, die Dauer der Bearbeitung sowie über die Dauer der Speicherung ihrer Daten informiert. Darüber hinaus wurden sie auf die Freiwilligkeit der Teilnahme sowie die Anonymität ihrer Angaben hingewiesen *(siehe Anhang 9.1)*.

---

[43] Z.B. das Gymnasium Ehrenbürg in Forchheim verwies explizit auf das Forschungsvorhaben mit der Bitte um Bearbeitung auf seiner Schulhomepage.

Häder verweist auf die große Bedeutung der Anonymität in der Empirischen Sozialforschung, welche allerdings auch für vorliegende Studie von Bedeutung ist, und argumentiert, dass hier

> „der Datenschutz im Allgemeinen, die Anonymität der Zielperson und die Zusicherung der Vertraulichkeit gegenüber den Betroffenen im Besonderen eine Rolle" (Häder 2006, 132)

spielen. U.a. auch Settinieri weist die „Anonymisierung bzw. Pseudonymisierung der Daten" (Settinieri 2014, 61) als essentielles ethisches Kriterium sämtlicher Forschungsarbeiten aus.

4.2.2 Population, Aufbau des Erhebungsinstruments und Rücklauf

Die Grundgesamtheit bzw. Population für vorliegende Studie – Settinieri definiert jene als „alle potenziell untersuchbaren Einheiten oder ‚Elemente', die ein gemeinsames Merkmal (…) aufweisen" (Settinieri 2012, 284; cf. Gültekin-Karakoç/Feldmeier 2014, 186) – bilden alle Eltern in Bayern, deren Kinder das Gymnasium besuchen und dort Französisch lernen. Bereits an dieser Stelle sei darauf hingewiesen, dass die Population für die realisierte Studie nicht in konkreten Zahlen ausgedrückt werden kann, was sich u.a. auch aus der Art der Datenerhebung ergibt. Die nicht zu überblickende Population für eine Erhebung weist Bandilla als methodologischen Nachteil von Online-Befragungen aus, „i.e., surveys in which anyone with Internet access can participate, and where a sample selection cannot be compiled according to a well-defined design" (Bandilla 2012, 1). Allerdings, so fügt jener hinzu, ist es möglich, diesem methodologischen Problem dadurch entgegenzuwirken, dass die Erhebung nur durchgeführt wird „in areas where the respective populations are clearly defined, and either total censuses or random samples are possible" (Bandilla 2012, 1).

Somit legte die Verfasserin – vor dem Hintergrund der nicht in ihrem Umfang fassbaren Grundgesamtheit und im Hinblick auf die Aussagekraft der Ergebnisse – Stichprobengröße[44] von 300-350 Fragebögen bzw. Erhebungsteilnehmern fest. Ausschlaggebend hierfür war u.a. das zentrale Grenzwerttheorem, das beispielsweise Bortz erklärt:

---

[44] In Berufung auf Häder werden die Termini „Grundgesamtheit" und „Stichprobe" folgendermaßen gebraucht: eine Grundgesamtheit bezeichnet „eine Anzahl an Elementen, welche aufgrund einer bestimmten Eigenschaft für den Forscher von Interesse sind" (Häder 2006, 141), während „es sich bei jeder Auswahl von Elementen aus einer Grundgesamtheit auch um eine Stichprobe handelt" (Häder 2006, 141 sq.).

> „Die Verteilung von Mittelwerten aus Stichproben des Umfanges n, die sämtlich derselben Grundgesamtheit entnommen wurden, geht mit wachsendem Stichprobenumfang in eine Normalverteilung über“ (Bortz, [4]1993, 91) *(siehe Kapitel 4.6.3).*

Diese Festlegung folgte dabei dem von Gültekin-Karakoç erwähnten „Forschungsdilemma“: personelle sowie finanzielle Gegebenheiten erlauben meist nur Erhebungen mit „bewältigbare[n] Stichprobe[n]“ (Gültekin-Karakoç/Feldmeier 2014, 186).

Gleichermaßen erwähnt Rasch ein Dilemma sämtlicher empirischer, auf Stichproben basierender Forschungen und erklärt zum Terminus der Stichprobe: „Stichproben sind Teilmengen von Populationen und dienen dazu, möglichst exakte Schätzungen über Letztere zu gewinnen“ (Rasch 2014, 16).

Der Kategorisierung von Zydatiß folgend enthält der Fragebogen zur Studie *Elternarbeit und Französischunterricht* diese Fragenformate: eingeschränkte Fragen mit *closed responses* als Alternativform, *quantitative answers* mit Fragen nach Mengenangaben und Fragen nach Häufigkeiten sowie Fragen mit Ratingskalen in Form von Likertskalen (cf. Zydatiß 2012, 124).

Der zu bearbeitende Fragebogen besteht aus 4 thematischen Einheiten mit insgesamt 14 Fragenkomplexen unterschiedlicher Art und ist vollstandardisiert angelegt, d.h. die Beantwortung der geschlossenen Fragen unterlag einer festen Abfolge und war somit „nicht [gestaltbar]“ (Raab-Steiner/Benesch 2012, 47). Die Fragenkomplexe, welche unterschiedliche Aspekte des gymnasialen Französischunterrichts und der (Nicht-)Beteiligung der Eltern abfragen, wurden thematisch gegliedert (cf. Daase 2014, 108).

Bis auf zwei (Teil)Fragen beinhaltete die elektronische Version des Fragebogens nur Pflichtfragen, sodass deren vollständige Beantwortung Bedingung war für die weitere Bearbeitung des Fragebogens. Die Teilfrage zur Quelle der Französischkenntnisse der Familienmitglieder (I.4) sowie die Angaben zur Häufigkeit und zum Zeitpunkt der Beteiligung am Französischlernen der Kinder (III.2) wurden als Wahlfragen markiert, weil beide von der Beantwortung der jeweils vorangehenden Frage abhängig waren: Gab ein Befragungsteilnehmer an, dass „niemand“ Französischkenntnisse hat (I.4), so war die Frage nach der Herkunft der Kenntnisse hinfällig; lernt zuhause „niemand“ mit dem Kind, macht die Präzisierung der Häufigkeit sowie des Zeitpunkts der Beteiligung am Französischlernen des Kindes keinen Sinn.

Die Fragen I.1, I.2, I.4, II.3, III.1, III.3 und III.4 sind oben genannter Kategorisierung nach Zydatiß zufolge als *closed responses* mit Alternativform einzustufen. Eine Frage nach Mengenangaben – dem Untertypus der *quantitative answers*-Fragen bei *restricted responses* (cf. Zydatiß 2012, 123) – ist der Fragebogenteil I.2. Eine Frage nach Häufigkeiten, welche demselben Typus zuzuordnen ist, ist die Frage III.2.a.

Die Fragestellungen II.1, II.2, II.4, IV.1 sind als Ratingskalen nach Likert mit einer ungeraden Anzahl an Abstufungen (cf. Zydatiß 2012, 124) als „Forced-Choice"-Form (Raab-Steiner/Benesch 2012, 57) mit fünf Wahlmöglichkeiten konzipiert; verbale Bezeichnungen der Skalenstufen innerhalb der Likertskala repräsentieren jeweils einen Grad der Zustimmung zum betreffenden Item. Die ungerade Zahl an Antwortoptionen bzw. die fünfstufig konzipierten Skalen weisen, der Terminologie Daases folgend, einen Mittelpunkt auf (cf. Daase 2014, 106): „Wenn es inhaltlich eine mittlere Kategorie gibt, sollte diese auch ankreuzbar sein, um Antwortverweigerung oder willkürliches Ankreuzen zu vermeiden" (Daase 2014, 106). Um hinsichtlich des Antwortverhaltens zwischen einer „tatsächlich mittleren Haltung und Meinungslosigkeit zu differenzieren" (Daase 2014, 106) und, wie Prüfer es formuliert, „den Probanden zu[zu]gestehen, sich nicht für oder gegen eine Aussage entscheiden zu müssen" (Prüfer 2012, 139), schlägt u.a. Daase die zusätzliche Antwortoption „weiß nicht" vor, welche so in das Erhebungsinstrument für die vorliegende Studie aufgenommen wurde.

Kuckartz verweist darauf, dass

> „[d]ie Grundannahme des Likert-Skalierungsverfahrens ist, dass es prinzipiell ein (fast) unendliches Reservoir an geeigneten Indikatoren für die zu messende Eigenschaft gibt (…) [, die] prinzipiell untereinander gleichwertig" (Kuckartz 2013, 244)

sind.

Albert und Marx verweisen auf das Skalenniveau der Daten, die mit Hilfe von Likert-Skalen, üblicherweise in Befragungen, erhoben werden: „Daten, die mit Likert-Skalen erhoben werden, [sind] ordinalskaliert und nicht – wie häufig fälschlich angenommen – intervallskaliert" (Albert/Marx 2014, 110sq.). Sie verweist zusätzlich auf die Tatsache, dass Likert-Skalen trotz Ordinalskalenniveaus wie Intervallskalen behandelt werden:

> „Da nicht sicher ist, dass die Abstände zwischen den einzelnen Antwortmöglichkeiten von den Befragten als gleich groß empfunden werden, ist auch bei solchen Skalen das Berechnen von Mittelwerten und andere Verfahren, die

> Intervallskalenniveau verlangen, nicht ganz korrekt, wenn auch gebräuchlich“ (Albert/Marx 2014, 111).

Die im vorliegenden Erhebungsinstrument vorgegebenen Antwortmöglichkeiten der Fragen mit Likert-Skalierung umfassen folgende fünf Abstufungen, die das „Ausmaß der Übereinstimmung oder Nichtübereinstimmung“ (Kuckartz 2013, 244) der Befragten repräsentieren: „stimme völlig zu“, „stimme eher zu“, „stimme teilweise zu“, „stimme eher nicht zu“ und „stimme überhaupt nicht zu“ (Albert/Marx 2014, 111; cf. Häder 2006, 102; cf. Prüfer 2012, 139; cf. Kuckartz 2013, 249). Dabei werden den einzelnen Antwortmöglichkeiten „Zahlenwerte zugeordnet (…), z.B. von 1 bis 5“ (Albert/Marx 2014, 111).

Einzelne offene Bausteine ergänzen die geschlossenen Antwortformate, sodass die Befragungsteilnehmer die Möglichkeit haben, zu unterschiedlichen Fragen eigene Anmerkungen zu ergänzen. Bei einzelnen Teilfragen sind Mehrfachnennungen möglich. Bei welchen Fragen diese Option nicht gestattet wurde, wird in Kapitel 4.5, im Rahmen der Beschreibung der einzelnen Fragebogenteile, jeweils explizit erwähnt.

Zur Datenauswertung wurden die Daten in das Statistikprogramm SPSS 22.0 importiert und die Variablen für die weitere Bearbeitung entsprechend ihrer inhaltlichen Aussage benannt, durchnummeriert sowie codiert. Die Codierungen der einzelnen Items des Fragebogens sind dem Codeplan *(siehe Anhang 9.3)* zu entnehmen.

Insgesamt 540 Eltern nahmen an der anonymen und freiwilligen Erhebung teil. Dies stellt eine erfreuliche Rücklaufquote angesichts der Tatsache dar, dass weder von der Verfasserin noch von der LEV oder den Elternbeiräten sichergestellt werden konnte, dass sämtliche Eltern von Kindern, die am Gymnasium Französischunterricht erhalten, erreicht und über die Befragung zur vorliegenden Studie in Kenntnis gesetzt wurden *(siehe Kapitel 4.2.1)*.

94 Fragebögen wurden nicht vollständig bearbeitet, sodass diese 17,41% des Rücklaufs nicht für die statistischen Berechnungen zur Beantwortung der Forschungsfrage berücksichtigt wurden. 446 Fragebögen wurden vollständig bearbeitet. Diese 82,59% der gesamten Rücklaufmenge bilden die Stichprobe für alle, im Zuge der Auswertung vorliegender Studie notwendigen Berechnungen. Nachfolgende Tabelle zeigt die Anzahl der vollständigen sowie der unvollständigen Fragebögen auf.

Teilnehmer gesamt	Vollständige Fragebögen	Unvollständige Fragebögen
540	446	94
	82,59 %	17,41 %

Abb. 14: Fragebogen-Rücklauf aus der Erhebung vom 23.06.-18.08.2014.

Die unvollständigen Fragebögen lassen sich möglicherweise mittels des Neugier-Motivs erklären, da die meisten unvollständigen Bögen nur Angaben zu den ersten zwei bis fünf Fragen enthielten. Bosnjak und Batinic eruierten mit Hilfe eines qualitativen Untersuchungsdesigns unterschiedliche Motive, welche Menschen dazu bewegen, sich an Online-Befragungen zu beteiligen. Dabei steht „curiosity“ (Bosnjak/Batinic 2002, 84) an erster Stelle und ist wichtiger als z.B. „material incentives“ (Bosnjak/Batinic 2002, 90).

Einige wenige Bögen wurden – trotz der Visualisierung des Bearbeitungsfortschritts mittels eines farbigen Balkens – etwa nach der Hälfte der Fragen oder kurz vor Beendigung des Fragebogens abgebrochen, was sich möglicherweise aufgrund situativer Faktoren erklären lässt, wie beispielsweise technische Probleme, Telefonanrufe, unangekündigte Besuche oder unvorhergesehene Störungen oder Ereignisse anderer Art. Daase gibt in ihrer Beschreibung der Forschungsmethode der Befragung als zu berücksichtigenden Aspekt bei der Erstellung einer Befragung vor, „dass die Anordnung [der Fragen] nicht logisch, sondern psychologisch gut durchdacht sein sollte“ (Daase 2014, 108):

> „[g]egen Ende ist Platz für heikle Fragen (…), welche prinzipiell einen Abbruch auslösen könnten (…), da kurz vor Schluss nur die wenigsten Probanden noch aus der Befragung aussteigen“ (Daase 2014, 108).

Den letzten Teil des vorliegenden Erhebungsinstruments leitete die Frage nach den Gründen ein, warum sich Eltern nicht am Französischlernen ihrer Kinder beteiligen. Möglicherweise sahen sich manche Eltern hier mit einer unbeabsichtigten Unterstellung konfrontiert und brachen die Bearbeitung des Fragebogens ab.

Um die Zahl der abgebrochenen und unvollständigen Fragebögen möglichst niedrig zu halten, wurde bei der Programmierung des Erhebungsinstruments mittels des Online-Dienstes *www.umfrageonline.com* die Option freigeschaltet, dass die Bearbeitung des Fragebogens – sollte ein unvorhergesehener Zwischenfall zu deren Unterbrechung geführt haben – exakt an der Stelle des Abbruchs wieder aufgenommen werden konnte.

Ein Blick auf die Dauer, welche die Eltern zur Bearbeitung des Fragebogens benötigten, ergab folgende Durchschnittswerte: 67% der Befragungsteilnehmer (*N*=297) bearbeiteten den Fragebogen innerhalb eines Zeitintervalls von bis zu 15 Minuten; 17% der Stichprobe (*N*=75) gaben an, zwischen 15 und 20 Minuten zum Ausfüllen des Fragebogens benötigt zu haben. 6% der Eltern (*N*=27) benötigten hierfür zwischen 20 und 25 Minuten. Diese Ergebnisse sind konform zu Daases Empfehlung, dass ein Fragebogen „eine Bearbeitungsdauer von 30 Minuten nicht überschreiten" (Daase 2014, 108) sollte. 10% der Eltern (*N*=47) haben sich für die Online-Befragung mehr als 25 Minuten Zeit genommen, wobei hierin auch jene enthalten sind, die die Bearbeitung des Fragebogens nach einer Unterbrechung zu einem späteren Zeitpunkt wieder fortgesetzt hatten. Die Bearbeitungsdauer ist in nachfolgendem Diagramm dargestellt.

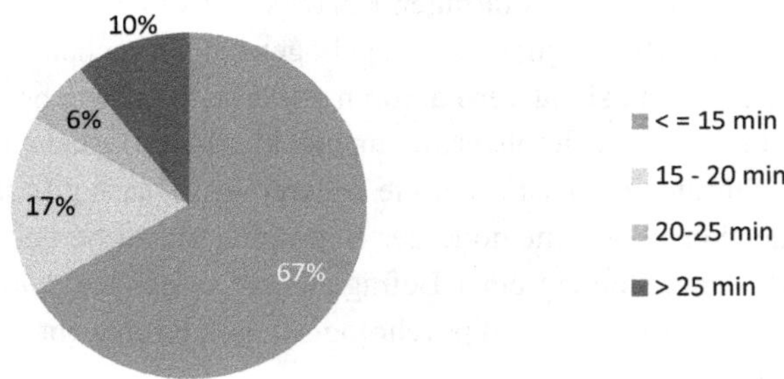

Abb. 15: Zeitdauer der Bearbeitung des elektronischen Fragebogens (in Minuten).

4.3 Pretest

Prüfer expliziert in ihrem Beitrag „Fragebogenentwicklung und -pilotierung im Rahmen des Dissertationsprojekts ‚Bilinguale Module im Mathematikunterricht'": „Nachdem ein Fragebogen theoretisch fundiert (…) entwickelt wurde, sollte er einer Pilotierung unterzogen werden" (Prüfer 2012, 241). Diese Pilotierung bzw. der sogenannte Pretest wird u.a. von Raab-Steiner als „[unerlässlich] zur Überprüfung der Bearbeitungsdauer und der Verständlichkeit des Inhalts" (Raab-Steiner/Benesch 2012, 61; cf. Häder 2006, 385; cf. Prüfer 2012, 141) bezeichnet. Zusätzlich dazu gibt jener, wie Raithel anmerkt, Aufschluss über die „Anwendbarkeit, Vollständigkeit" (Raithel 2008, 63) des Erhebungsinstruments und ermittelt etwaige „[fehlende] Vorgaben"

(Häder 2006, 285), sowohl innerhalb der Instruktionen der verschiedenen Fragenkomplexe als auch innerhalb der einzelnen Fragen. Zudem dient er insgesamt der Beurteilung des Erhebungsinstruments hinsichtlich seiner Qualität (cf. Raithel 2008, 64; cf. Raab-Steiner/Benesch 2012, 61) *(siehe Kapitel 4.1)*.

4.3.1 Design des Pretests

Raithel veranschlagt eine Mindeststichprobengröße von 30 Personen für Pretests (cf. Raithel 2008, 63) und beruft sich dabei auf eine Angabe von Bortz für den Umfang kleiner Stichproben (cf. Bortz 1993, 99). Dementsprechend wurden Ende Februar 2014 insgesamt 30 Fragebögen an Gymnasiasten unterschiedlicher Jahrgangsstufen – und somit unterschiedlicher Anzahl an Lernjahren des Französischen – an der Schule, an der die Verfasserin zu diesem Zeitpunkt beruflich tätig war, mit der Bitte um Weiterleitung an deren Eltern ausgeteilt. Auf diese Art und Weise wurde durch das Zufallsprinzip eine Stichprobe für den Pretest generiert.

Den befragten Eltern, die im Zeitraum vom 24.02.2014 - 14.03.2014 (vom 03.03.2014 - 07.03.2014 waren die sogenannten „Winterferien") den Fragebogen bearbeiteten, wurde selbstverständlich Anonymität, konform zu den Forderungen der Forschungsethik von Settinieri (cf. Settinieri 2014, 57), zugesichert. Ein einleitendes Anschreiben setzte die Befragungsteilnehmer in Kenntnis über die inhaltliche Zielsetzung des Forschungsvorhabens, über die ungefähre Bearbeitungsdauer sowie über den Zweck dieser Vor-Umfrage *(siehe Anhang 9.4)*.

Zusätzlich zu dem Fragebogen wurden die Eltern gebeten, ein beigefügtes Evaluationsblatt auszufüllen *(siehe Anhang 9.5)*, welches auf Basis der Anregung Raithels entwickelt wurde. Jener empfiehlt:

> „Neben dem ‚normalen' Beantworten des Erhebungsinstruments könnten die befragten Personen darüber hinaus gebeten werden, (…) mehrdeutige oder schlecht verständliche Fragen zu markieren und zu kommentieren. Sie können gegebenenfalls auch weitere Fragen oder Merkmalsausprägungen anfügen" (Raithel 2008, 63).

Das Evaluationsblatt im Zuge der Pilotierungsphase für die vorliegende Studie enthielt zum einen geschlossene Fragestellungen und bot zum anderen die Möglichkeit, eigene Anregungen und Anmerkungen in Bezug auf den Fragebogen frei formulieren zu können.

- Der erste Oberpunkt wurde in Anlehnung an Raab-Steiner/Benesch formuliert und trug die Überschrift „Verständlichkeit der Fragen" (Raab-Steiner/Benesch 2012, 61). Jener forderte die Pretest-Teilnehmer auf, etwaige „Unklarheiten in Begriffen oder Fragestellungen" (Raab-Steiner/Benesch 2012, 61) schriftlich zu formulieren oder im Fragebogen selbst anzumerken, damit in einem späteren Arbeitsschritt mögliche vorhandene sprachliche Hürden bereinigt werden konnten.

- Des Weiteren, und ebenfalls in Anlehnung an die nach Raab-Steiner und Benesch in einem Pretest zu klärenden Fragen, sollten die Befragungsteilnehmer unter dem zweiten Oberpunkt („Dauer der Bearbeitung") – mit Hilfe vorgegebener Zeitintervalle – angeben, wie lange das Ausfüllen des Fragebogens gedauert hat und ob sie den Fragebogen insgesamt als zu umfassend empfanden. Insbesondere die Ergebnisse der Frage nach der Bearbeitungsdauer dienten u.a. der Modifizierung des Einleitungstexts bzw. Anschreibens an die Eltern, in welchem ursprünglich ein Richtwert von 15 Minuten als notwendige Bearbeitungszeit veranschlagt wurde.

- Den dritten Punkt des Feedbackbogens bildeten „Weitere Anmerkungen zum Fragebogen", wobei die befragten Eltern hier jegliche Art von Rückmeldung, beispielsweise zu Schwierigkeiten mit Fragestellungen während der Bearbeitung, geben konnten.

Dieser offene Baustein des Evaluationsblatts sollte die von Raab-Steiner und Benesch empfohlene Methode des lauten Denkens – bei Häder „Think Aloud Methode" (Häder 2006, 391) genannt – ersetzen. Jene Methode impliziert, „dass die Zielpersonen zu lautem Denken aufgefordert" (Häder 2006, 391) werden und so das Erhebungsinstrument evaluieren, insbesondere im Hinblick auf eventuelle Schwierigkeiten bzw. Ungereimtheiten.

U.a. Daase gibt hinsichtlich der Methode des lauten Denkens Folgendes zu berücksichtigen:

> „Problematisch ist vor allem, wenn zwischen Fragenden und Befragten eine Form von Abhängigkeitsverhältnis besteht, wie z.B. zwischen Lehrenden und Lernenden. Auch ist der Befragte in der Regel kooperativ um eine Antwort bemüht, was dazu führen kann, dass trotz zugrunde liegender Meinungslosigkeit vom Befragten spontan ein realiter gar nicht vorhandener Standpunkt konstruiert wird" (Daase 2014, 109).

Zwischen der Verfasserin und den Befragten bestand zwar kein direktes Abhängigkeitsverhältnis, da zum einen nicht die Eltern unterrichtet werden und zum anderen die Kinder der befragten Eltern keine Schüler der Verfasserin waren. Allerdings hätte wohl das von Daase beschriebene Kooperationsbemühen der Eltern verzerrte Antworten nach sich gezogen. Somit wurde auf das laute Denken als hilfreichen Ansatz zur Verifizierung des Erhebungsinstruments (cf. Raab-Steiner/Benesch 2012, 61; cf. Daase 2014, 109) verzichtet. Darüber hinaus war diese Entscheidung durch Gründe der Praktikabilität sowie der Sensibilität motiviert, denn die Verfasserin befürchtete, dass das Bearbeiten des Fragebogens durch die Schüler-Eltern in ihrer Anwesenheit möglicherweise u.U. Angst vor Stigmatisierung auslösen könnte oder die Eltern wegen des Gefühls des „Beobachtetseins“ durch die Lehrkraft ihren Gedanken nicht freien Lauf lassen würden.

Das Feedbackblatt zum Fragebogen enthielt keinerlei Fragen zum Layout des Erhebungsinstruments oder zur „Übersichtlichkeit des Fragebogens“ (Häder 2006, 385), da jenes in der eigentlichen, elektronischen Befragung online ohnehin anders gestaltet sein würde.

4.3.2 Rücklauf und Modifikation des Erhebungsinstruments

Neun der 30 Pretest-Fragebögen wurden nicht wieder zurückgegeben, sodass für die Prüfung und ggf. Modifizierung und Optimierung des Erhebungsinstruments insgesamt 21 Fragebögen (und 21 Feedbackbögen) berücksichtigt werden konnten, was einer Rücklaufquote von 70% entspricht.

Innerhalb des Fragebogens war nur eine Verzweigung (cf. Raab-Steiner/Benesch 2012, 61) enthalten, die sich im ersten Fragebogenteil („Familiärer Hintergrund“) befand. Hier mussten die Teilnehmer eine Detailfrage zur Quelle ihrer Französischkenntnisse beantworten bzw. sie konnten diese Frage überspringen im Falle, dass niemand in der Familie Französisch spricht.

Diese Verzweigung stellte für die Testpersonen im Zuge des Probelaufs offenbar keine Hürde dar und wurde daher auch für die Haupterhebung beibehalten. Die elektronische Bearbeitungsform erleichterte die Bearbeitung dieser inhaltlichen Verzweigung dahingehend, dass im Falle des Ankreuzens von „niemand“ bei der Frage nach den innerfamiliären Französischkenntnisse (I.4) die nachfolgende Frage („Ich kann/Wir können selbst (ein bisschen) Französisch, weil …“) ausgeblendet wurde.

Die Antwortoptionen des ersten Fragenkomplexes zur Familienstruktur (I.1) wurden wie im Pretest beibehalten. Die Frage nach der Anzahl der Kinder einer Familie (I.2) – mit der Spezifizierung der Lernjahre der Kinder – wurde bezüglich des Formats folgendermaßen abgeändert: die Eltern mussten im Zuge der eigentlichen Erhebung nur mehr die Zahl der Lernjahre der Kinder angeben, die schulischen Französischunterricht erhalten. Die Beschränkung auf drei Söhne bzw. drei Töchter erfolgte deswegen, weil in den Fragebögen des Bayerischen Landesamts für Statistik ebenfalls drei Abstufungen zur Erfassung der Strukturdaten zu Familien und Familienmitgliedern vorgenommen werden (cf. Bayerisches Landesamt für Statistik[45], 2016).

Die Angaben zu den Schulabschlüssen der Eltern (I.3) wurden in der eigentlichen Erhebung genauso beibehalten wie im Pretest. Ebenso entsprach die Auflistung der Familienmitglieder mit Französischkenntnissen (I.4) in der Haupterhebung der im Pretest enthaltenen Frage.

Im Hinblick auf den Ursprung der elterlichen Französischkenntnisse wurden die im Pretest angebotenen Möglichkeiten beibehalten und durch das Item „weil ein Selbstlernkurs absolviert wurde“ für die eigentliche Erhebung ergänzt. Jenes stützt sich auf Belege aus der Forschungsliteratur *(siehe Kapitel 4.5.1)*. Die Ergänzung eines Befragungsteilnehmers, dass Französisch ein Jahr als Wahlfach belegt worden war, führte nicht zur Generierung eines neuen Items für den Fragenkomplex I.4 der Haupterhebung, da sich jene Anmerkung im Item „weil der Französischunterricht in der Schule besucht wurde“ wiederfindet.

Die möglichen Antwortitems auf die Frage „Warum erhält/erhalten Ihr(e) Kind(er) in der Schule Französisch-Unterricht?“ (II.1) wurden für die Haupterhebung genauso beibehalten wie im Pretest. Die Reihenfolge der Items entsprach allerdings nicht mehr derjenigen des Probelaufs, um einseitige Antworttendenzen zu vermeiden. Die Anmerkung eines Pretest-Teilnehmers, dass sich die Kinder selbst für Französisch vorbereiten und nur bei Fragen oder Lücken Hilfestellung erhalten sollen, wurde für diesen Fragebogenteil nicht berücksichtigt, weil jene Anmerkungen an anderen Stellen des Fragebogens abgefragt wurden (z.B. unter dem späteren Themenfeld III.3.1 oder auch unter III.1).

Die verschiedenen Antwortitems zur Aufforderung „Charakterisieren Sie bitte den schulischen Französischunterricht“ (II.2) wurden infolge des Pre-

[45] Bayerisches Landesamt für Statistik, 2016, *Strukturdaten über Familien und Familienmitglieder in Bayern 2014*, <https://www.statistik.bayern.de/medien/statistik/geb ietbevoelkerung/ph_tab2-2014.pdf>, 01.03.2016.

tests leicht abgeändert. Das ursprüngliche Item II.2.3 („Die Französischlehrkraft beantwortet jederzeit geduldig Fragen der Schüler/innen und geht auf deren Probleme ein") wurde dahingehend abgeändert bzw. umformuliert, dass das neue Item 6 in der eigentlichen Erhebung folgendermaßen lautete: „Die Schüler/innen werden im Fach Französisch individuell gefördert". Das Item II.2.5 („Die Schüler/innen sprechen im Unterricht mehr Französisch als Deutsch") – dies ist angelehnt an das Kennzeichen jedes Fremdsprachenunterrichts, dass jener in der Zielsprache erfolgt (cf. Leupold 2010, 163) *(siehe Kapitel 2.2.2)* – wurde in der Haupterhebung nicht mehr abgefragt, da die Eltern zumeist keinen oder nur begrenzt Einblick in die konkrete Unterrichtssituation haben und diesen Aspekt somit – wenn überhaupt – nur schwer zu beurteilen vermögen. Dies wurde auch in einem Pretest-Fragebogen angemerkt und findet sich ebenfalls im Buch *Mathe können* von Leuders wieder. Jener betont, dass Eltern „in der Regel an den Entdeckungen im Unterricht nicht beteiligt" (Leuders/Leuders 2012, 136) sind.

Ebenso verhält es sich mit dem ursprünglichen Item II.2.6 („Die Schüler/innen lernen auch, schwierigere Aufgaben zu bearbeiten mit Hilfe ihres Grundwissens an Wortschatz und Grammatik"), denn Eltern fehlt meist die Fähigkeit objektiv zu beurteilen, was vor dem Hintergrund des Kenntnisstandes ihrer Kinder als „schwierig" zu kategorisieren ist. Dies führte auch ein Pretest-Teilnehmer an.

Im Hinblick auf eine genauere Einschätzung der Unterrichtssituation, welche die Eltern besonders außerhalb des konkreten Unterrichts in Form von zusätzlicher Hilfe betrifft, komplettierten die nachfolgenden Items die möglichen Antworten für die Onlineerhebung: „Für das Vor-/Nachbereiten des Französischunterrichts wird zuhause zu viel (Frei)Zeit in Anspruch genommen" (Item II.2.7) und „Das/Die Kind(er) kann/können den Stoff nicht alleine bewältigen und benötigt/benötigen außerhalb der Schule Hilfe" (Item II.2.9) sowie das Item „Ich/Wir könnte(n) mir/uns vorstellen, (mehr) in den schulischen Französischunterricht integriert zu werden" (Item II.2.10). Das Pretest-Item II.2.8 („Tempo des Voranschreitens") wurde für die eigentliche Befragung beibehalten, trotz der Anmerkung eines Pretest-Teilnehmers, dass hierfür nicht die Lehrkräfte, sondern der Lehrplan tonangebend ist.

Keine Änderungen im Hinblick auf die Haupterhebung wurden beim Fragebogenteil II.3 („Wer aus dem schulischen Kontext gibt Ihnen Tipps, wie Sie Ihr(e) Kind(er) beim Französischlernen unterstützen können?") vorgenommen. Die Anmerkung eines Pretest-Teilnehmers, dass bisher keine Probleme auftraten, wurde nicht berücksichtigt im Hinblick auf eine eventuelle Modifizierung dieses Bestandteils des Erhebungsinstruments.

Im Fragenkomplex „Charakterisieren Sie bitten den Kontakt zur Französischlehrkraft“ (II.4) wurden die Items II.4.5 (Briefkontakt) und II.4.8 (Hausbesuche), welche im Pretest von allen Eltern mit „stimme überhaupt nicht zu“ beantwortet wurden, u.a. auch aus diesem Grund für die spätere Erhebung gelöscht. Zusätzlich stellt Melzer bereits 1981 fest, dass Hausbesuche vor allem am Gymnasium keine typische Form der Kontaktpflege darstellen (cf. Melzer 1981, 33). Denselben Gedanken greift Dietrichs wenige Jahre später wieder auf und fügt hinzu, dass gleichermaßen Telefonanrufe eher eine Form der Kontaktaufnahme vor allem des Primarbereichs sind (cf. Dietrichs 1989, 268) und sich als Formen der (regelmäßigen) Kontaktaufnahme zwischen Gymnasialeltern und Lehrkräften als impraktikabel und nicht zeitgemäß erweisen. Den Beleg hierfür liefert Sacher im Rahmen seiner Untersuchung zur *Elternarbeit in den bayerischen Schulen*: „Eltern von Gymnasiasten rufen seltener bei Lehrkräften an als Eltern von Kindern in den übrigen Schularten“ (Sacher 2004, 28). Für die Haupterhebung wurden allerdings weitere sechs Items zum Fragenkomplex II.4 ergänzt: „Es ist selbstverständlich, dass ich/wir das/die Kind(er) zuhause unterstützen“ (Item II.4.7), „Ich/Wir würde(n) gerne (mehr) mit der Französischlehrkraft zusammenarbeiten“ (Item II.4.8) oder, falls eine engere Form der Kooperation bereits existiert, „Die Französischlehrkraft bezieht uns Eltern(teile) mit in Entscheidungen des Unterrichts ein“ (Item II.4.10) sowie „Die Französischlehrkraft ist außerhalb des Unterrichts gut erreichbar“ (Item II.4.11). Darüber hinaus sollten die Eltern in der späteren Onlinebefragung angeben, ob sie sich „gut informiert über die Angelegenheiten des Französischunterrichts“ (Item II.4.9) fühlen und ob die Lehrkraft sie „verständlich über Prüfungs- und Leistungsanforderungen im Fach Französisch“ (Item II.4.12) informiert.

Das Antwortformat der Frage nach den Personen, die bei der Vor- und Nachbereitung des Französischunterrichts Hilfestellung leisten (III.1) wurde nach dem Pretest abgeändert, da sich jenes als nicht sinnvoll erwies. Zudem brachte die Auswertung der Evaluationsbögen hervor, dass im Zuge der Bearbeitung offensichtlich Verständnisprobleme zutage getreten waren, auch in Kombination mit der nachfolgenden Frage nach dem Zeitpunkt und der Häufigkeit des Lernens (III.2): hier ergänzten die Eltern die vorgegebenen Antworten durch „überhaupt nicht“, was angesichts des Items „niemand lernt mit dem Kind“ innerhalb der vorangegangenen Frage redundant war. Somit wurde das Antwortformat der Ratingskala durch eine Form des gebundenen Antwortformats (cf. Raab-Steiner/Benesch 2012, 55) ersetzt, wobei die Eltern eine Auswahl treffen sollten.

Bei den Angaben zur Häufigkeit des Französischlernens (III.2a) wurde das Item „nur vor Leistungserhebungen“ ergänzt. Die Anmerkung eines Teilnehmers des Pretests, ein tägliches gemeinsames Lernen erfolgte nur im 1.Lernjahr, wurde im Hinblick auf eine etwaige Modifizierung der Fragebogenitems nicht berücksichtigt, da sich die Erhebung – im Sinne einer Querschnittstudie – auf den momentanen Stand der Dinge konzentriert und somit keine Rückblenden beinhaltet. Ebenso ergänzt wurde bei den Angaben zum Zeitpunkt des Lernens (III.2b) das Item „Am Morgen vor der Schule“. Jenes wurde generiert in Anlehnung an die Praxiserfahrung der Verfasserin, insbesondere unter Berufung auf häufige Bemerkungen von Schülern, welche sich angeblich zu diesem Zeitpunkt auf die Schule vorbereiteten. Nachdem nicht alle Eltern ihren Kindern beim Französischlernen Hilfestellung leisten oder dies nach Angaben vieler Teilnehmer der Probebefragung nur äußerst selten und sporadisch erfolgt, wurde die Frage III.2 nach dem Zeitpunkt und der Häufigkeit des gemeinsamen Lernens in der eigentlichen Onlineerhebung zur Wahlfrage deklariert.

Der Fragebogenabschnitt III.3 („Wie erfolgt das Französischlernen?“) wurde für die Haupterhebung um den Unterbereich III.3.1 („Allgemeine Unterstützung“) mit seinen insgesamt sechs Items, die sich auf allgemeine Formen der Beteiligung an Schule bzw. am Französischunterricht beziehen, erweitert. Dieser Teilbereich beruht sowohl auf der Erfahrung der Verfasserin als auch auf einer Anmerkung eines Teilnehmers der Probebefragung – jener hatte dies unter II.2 angeführt –, dass in Familien allgemein über den Unterricht gesprochen wird und das Kind abgesehen davon eigenständig arbeitet. Für die vier Unterkategorien (III.3.1, III.3.2, III.3.3, III.3.4) wurde jeweils die Antwortoption „Keine der genannten Möglichkeiten“ hinzugefügt, welche manche Teilnehmer der Probebefragung eigenständig anführten, da deren Kinder selbstständig und ohne Hilfe lernen. Das Item „Wir stellen notwendige Zusatzmaterialien bereit“ unter III.3.4 („Arbeit mit Zusatzmaterialien“) findet sich – im Gegensatz zum Pretest – in der Haupterhebung und beinhaltet u.a. auch die finanzielle Unterstützung durch die Eltern.

Für die Onlinebefragung wurde die Frage III.4 des Pretests („Hilfsmittel für das häusliche Französischlernen“) aus dem Fragebogen entfernt. Sowohl die äußerst wenigen Antworten der Pretestteilnehmer als auch deren Beschränkung auf das Item „Zweisprachiges Wörterbuch“ sowie die Tatsache, dass die Untersuchung keine Zwecke der Marktforschung verfolgt, motivierten diese Entscheidung.

Im Fragenkomplex IV.1 („Warum erfolgt keine Unterstützung Ihres/Ihrer Kindes/Kinder beim Französischlernen?“) wurden die beiden Items IV.1.11 („Das Kind/Die Kinder würde/n Hilfe grundsätzlich ablehnen“) sowie IV.1.12 („Das Kind/Die Kinder braucht/brauchen keine Hilfe mehr, denn es/sie lernt/lernen selbstständig“) für die eigentliche Erhebung ergänzt. Diese Entscheidung beruht auf Anmerkungen der Teilnehmer des Pretests, nach denen die Kinder generell keine Hilfe wollen bzw. benötigen und daher eigenverantwortlich und selbstständig lernen. Die Items IV.1.1 sowie IV.1.2 aus dem Pretest-Fragebogen wurden für die eigentliche Erhebung zusammengefasst, um Redundanzen zu vermeiden. Das Item „Ich/Wir haben kein Geld, um Zusatzhefte etc. zum Üben zu kaufen“ wurde ergänzt in Anlehnung eines Pretest-Teilnehmers. Die Reihenfolge der Items aus dem Pretest wurde für die eigentliche Erhebung nicht beibehalten, um einseitigen Antworttendenzen vorzubeugen.

Ebenfalls nicht mehr in der Haupterhebung abgefragt wurde die Pretest-Frage IV.2 („Welche Lösungsmöglichkeiten wären für Sie denkbar, um die oben genannten Schwierigkeiten zu beheben?“), da Eltern zum einen über zu wenig Überblick über die Thematik verfügen bzw. die Frage zu komplex ist, und daher keinerlei Anmerkungen gemacht wurden. Darüber hinaus wünschten sich die Teilnehmer des Pretests oftmals nur Lösungen zu den Übungen in den Lehrbüchern, damit dem Kind keine Fehler beigebracht werden oder es schneller und alleine mit den Lösungen arbeiten kann, und verwiesen zudem auf Nachhilfe als Lösungsmöglichkeit. Hier ergaben sich, vor allem im Hinblick auf das Pretest-Item IV.1.4 („Ich habe/Wir haben zu den Übungen im Buch/Arbeitsheft keine Lösungen und können diese daher nicht korrigieren“) Redundanzen, welche für die Haupterhebung durch Löschung der Pretest-Frage IV.2 beseitigt wurden. Keine Berücksichtigung fanden die Anmerkungen von Pretest-Teilnehmern z.B. zu Nachhilfe oder Förderunterricht als Lösungsmöglichkeiten, da jene bereits in anderen Skalen aufgeführt sind.

Die Frage IV.3 („Wären folgende Angebote für Sie eine Lösungsmöglichkeit, um Ihr(e) Kind(er) beim Lernen unterstützen zu können?") wurde zunächst umformuliert, da sie im Pretest einer Ja-Nein-Frage ähnelte und wenig konkret und ohne Aufforderungscharakter gestaltet war. So lautete die betreffende Frage später in der Haupterhebung „Welche der folgenden Angebote wären für Sie interessant, um mehr in den Französischunterricht integriert zu werden und Ihr(e) Kind(er) beim Lernen unterstützen zu können?" Als Auswahloptionen wurden für die Haupterhebung weitere Items hinzugefügt: „Veranstaltung(en), wo Eltern lernen, wie sie ihr(e) Kind(er) beim Französischlernen unterstützen können?", „Hinweise zur Hausaufgabenkontrolle durch die Schule bzw. die Lehrkraft", „Hinweise zu verschiedenen Lerntechniken", „Hinweise zur optimalen Prüfungsvorbereitung durch die Schule bzw. die Lehrkraft", „Hinweise zur optimalen Zeitnutzung bei Hausaufgaben und beim Lernen", „Treffen mit anderen Eltern" sowie „Regelmäßige Treffen mit der Lehrkraft". Diese Items wurden auch in Anlehnung an eine Anmerkung eines Pretest-Teilnehmers ergänzt, welcher sich mehr Hinweise für die Unterstützung der Kinder von Seiten der Schule wünschte. Das Item „Hinweise zur Hausaufgabenkontrolle" stützt sich auf die Tatsache, dass Eltern oftmals die Hausaufgaben der Kinder kontrollieren (möchten), weil – wie Pöggeler anmerkt – „die Kontrolle der Hausaufgaben in der Schule wegen des vielen neuen Stoffs zu kurz kommt" (Pöggeler 1978, 42).

Die Frage nach der Höhe des monatlichen Betrags, den die Eltern bereit wären für – auf sie zugeschnittene – Hilfsangebote zu bezahlen, damit sie ihre Kinder besser unterstützen könnten (IV.4), wurde für die eigentliche Erhebung gelöscht, unter anderem auch auf Grund der Tatsache, dass die vorliegende Arbeit keinerlei Marktforschungszwecke verfolgt und den sozioökonomischen[46] Status der Befragungsteilnehmer nicht berücksichtigt. Innerhalb des Fragebogenkomplexes IV.1 wurde allerdings der finanzielle Aspekt als Hinderungsgrund für Hilfe beim Lernen beibehalten, und die Stichprobenbeschreibung enthält Angaben zum Schulabschluss der Eltern. Zudem hatten viele Eltern hier keine Angaben gemacht oder angemerkt, dass sie nicht bereit

46 Hattie expliziert zum Terminus des sozioökonomischen Status: er „bezieht sich auf die relative Position einer Person (oder einer Familie oder eines Haushalts) in der sozialen Hierarchie und somit direkt auf die Ressourcen im Haushalt. Unter diesen Ressourcen sind das Einkommen der Eltern, die Bildung der Eltern und der Beruf der Eltern als die drei wichtigsten Indikatoren des SoS zu verstehen" (Hattie 2013, 74).

wären, zusätzlich Geld zu investieren. Sie verwiesen stattdessen auf die Alternative eines Schulwechsels an Real- oder Mittelschule – hier wären die Kinder angeblich auch weniger überfordert – oder die Idee einer E-Learning-Plattform mit kostenlosen Materialien rund um das Fach Französisch, welche zeitunabhängig genutzt werden könnte und Bildungsgerechtigkeit garantieren würde.

Im Anschluss an den Pretest bzw. die Auswertung der Evaluationsbögen wurde die im Anschreiben an die Eltern veranschlagte Bearbeitungszeit des Fragebogens von 15 Minuten auf „ca. 25 Minuten" erhöht *(siehe Anhang 9.1)* in Anbetracht der Durchschnittswerte der Bearbeitungsdauer während des Pretests, welche in nachfolgendem Diagramm grafisch veranschaulicht ist.

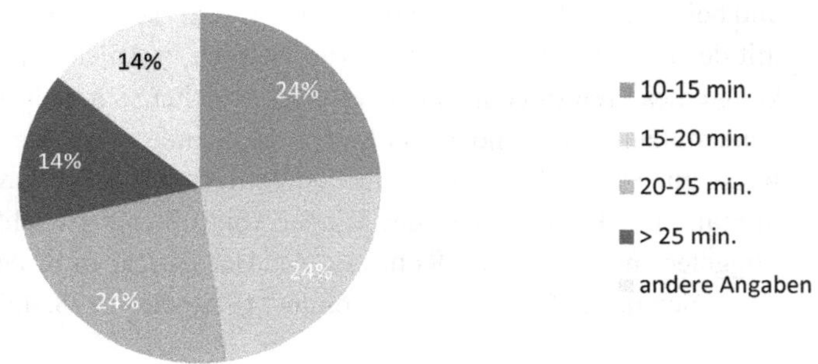

Abb. 16: Zeitdauer der Bearbeitung des Pretest-Bogens in Minuten.

Die Mehrheit der Pretest-Teilnehmer beurteilte die Länge des Fragebogens insgesamt als angemessen, was nachfolgender Grafik entnommen werden kann, sodass – außer den genannten – keine weiteren Modifizierungen des Fragebogens vorgenommen wurden.

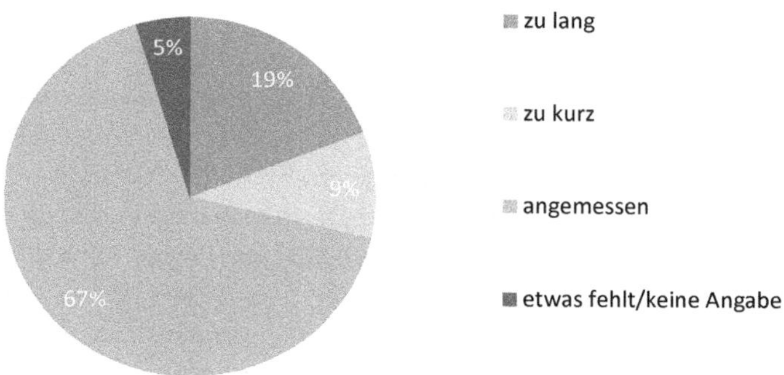

Abb. 17: Beurteilung der Länge des Pretest-Fragebogens durch die Pretest-Teilnehmer.

Im Hinblick auf etwaige Verständnisprobleme oder Unklarheiten innerhalb des Fragebogens gaben die Pretest-Teilnehmer an, keine Probleme gehabt zu haben. Die Anmerkung eines Teilnehmers, dass der Punkt III.1 kompliziert sei, wurde im Zuge der Umgestaltung dieser Frage, wie bereits weiter oben erläutert, berücksichtigt. Weitere Bemerkungen, die im Rahmen der Evaluation des Fragebogens gemacht wurden, fanden Umsetzung in der Löschung entsprechender Items (z.B. II.2.5, II.2.6, III.4, IV.2) oder in der Umgestaltung des Frage- bzw. Antwortformats (z.B. I.2). Nicht berücksichtigt wurde der Kommentar eines Pretest-Teilnehmers, welcher seine Skepsis gegenüber der vorliegenden Studie zum Ausdruck brachte.

4.4 Beschreibung der Stichprobe

Eine Stichprobenziehung wurde aus Gründen der Praktikabilität und der Anlage der Erhebungsmethode im Vorfeld nicht durchgeführt: zum einen, weil die Zahl der Befragungsteilnehmer nicht bestimmt werden konnte, zum anderen weil jene nur indirekt über die Instanz der LEV kontaktiert wurden und die Befragung zudem an das Gebot der Freiwilligkeit geknüpft war *(siehe Kapitel 4.2.2)*. Jenes fällt – neben der Wahrung der Privatsphäre sowie der Anonymität der Teilnehmer (cf. Raab-Steiner/Benesch 2012, 42sq.) – unter die von Raab-Steiner und Benesch aufgelisteten „ethischen Richtlinien“

(Raab-Steiner/Benesch 2012, 42), die es bei der Durchführung von Befragungen zu respektieren gilt *(siehe Kapitel 4.2.1)*.

Angaben zum Alter und zum Geschlecht der Befragungsteilnehmer wurden im Fragebogen ausgeklammert und nicht explizit abgefragt, nachdem jene als nicht ausschlaggebend für die Analyse der Items erachtet worden waren und aufgrund der hohen Sensibilität der Daten (v.a. im schulischen Kontext) nicht mit erhoben wurden *(siehe Kapitel 4.3.1)*. Stattdessen sollte der Fokus auf die Familienstruktur (I.1) und die Schulabschlüsse der Eltern (I.3) gelegt werden. Die Frage nach ersterer beinhaltete sowohl den Aspekt der Berufstätigkeit der Eltern als auch die Art der Familie. Hier wurden allerdings die Auswahlmöglichkeiten auf Familienformen begrenzt, welche nicht der klassischen Kernfamilie nach Köck und Ott – leiblicher Vater, leibliche Mutter, Kind – (cf. Köck/Ott 2002, 357) *(siehe Kapitel 2.1.4.7)* entsprechen, sondern sich durch die Abwesenheit eines Elternteils auszeichnen oder möglicherweise eine Familien-Neu-Bildung im Sinne einer Patchwork-Familie beinhalten.

Die Angaben zur Berufstätigkeit der Eltern sowie zur Familienform (Frage I.1) sind nachfolgend aufgelistet. Dabei werden jeweils die absoluten sowie die prozentualen Werte für die einzelnen Items angegeben.

	N („ja“) absolut	**N („ja“) in %**
1: Beide Eltern sind berufstätig.	329	73.8
5: Nur der Vater ist berufstätig.	86	19.3
2: Nur die Mutter ist berufstätig.	8	1.8
6: Kein Elternteil ist berufstätig.	2	0.4
3: Ich bin alleinerziehende Mutter.	29	6.5
4: Wir sind eine Patchwork-Familie.	19	4.3
7: Ich bin alleinerziehender Vater.	5	1.1

Abb. 18: Angaben zur Familienstruktur der Stichprobe absolut (*N*) und prozentual (%).

Im Hinblick auf die Struktur der einzelnen Familien ergibt sich folgendes Bild: 6,5% (*N*=29) der Stichprobe sind alleinerziehende Mütter, 1,1% (*N*=5) alleinerziehende Väter und 4,3% (*N*=19) geben hier an, in einer Patchwork-Familie zu leben. Als Grundlage für einen Vergleich hinsichtlich der Familienstruktur kann die Angabe des Statistischen Bundesamts dienen, wonach im

Jahr 2014 der Anteil der Alleinerziehenden unter den 8,1 Millionen Familien 20,3% betrug (cf. Statistisches Bundesamt 2016)[47].

Die Familien der Befragungsteilnehmer zeichnen sich im Hinblick auf die Berufstätigkeit dadurch aus, dass überwiegend beide Elternteile berufstätig sind (73,8%; *N*=329). In nur 1,8% (*N*=8) der Familien geht ausschließlich die Mutter einer Erwerbstätigkeit nach, wohingegen in 19,3% (*N*=86) der Familien der Vater die alleinige Erwerbsrolle innehat. Nur 0,4% (*N*=2) der Stichprobe geben an, dass weder Vater noch Mutter berufstätig sind. Die Ergebnisse bestätigen somit die Befunde der 2.JAKO-O-Bildungsstudie für die vorliegende Studie: „Berufstätige Väter und Mütter sind (…) zum Regelfall geworden“ (Horstkemper 2012, 85).

Den Bildungshintergrund der Eltern, deren Beteiligung an den Französischlernprozessen den Untersuchungsgegenstand bildet, klärt eine Häufigkeitsverteilung der unterschiedlichen Schulabschlüsse. Die Mehrheit der Väter (43,3%; *N*=193) und Mütter (40,1%; *N*=179) haben einen Hochschulabschluss. Der zweithäufigste Schulabschluss in der vorliegenden Stichprobe ist bei den Vätern mit 18,6% (*N*=83) das Abitur; knapp dahinter, an dritter Stelle, die Mittlere Reife (16,1%; *N*=72). Bei den Müttern ist mit 24% (*N*=107) der zweithäufigste Schulabschluss die Mittlere Reife und an dritter Stelle mit 20,9% (N=93) das Abitur. Insgesamt 9,2% (*N*=41) der Väter haben das Fachabitur; bei den Müttern sind es mit 7% (*N*=31) nur knapp weniger. Den Qualifizierenden Hauptschulabschluss haben 11,7% (*N*=52) der Väter und 6,7% (*N*=30) der Mütter als Bildungsabschluss angegeben. Keinen Schulabschluss haben nach Angaben der Befragungsteilnehmer 0,4% (*N*=2) der Väter sowie 0,7% (*N*=3) der Mütter. Diese Ergebnisse sind in nachfolgendem Diagramm veranschaulicht.

---

47 Statistisches Bundesamt, Pressemitteilung/Zahl der Woche vom 23.02.2016, <https://www.destatis.de/DE/PresseService/Presse/Pressemitteilungen/zdw/2016/PD16_08_p002.html;jsessionid=5476EF1B8B62412FE76DBFD8A9DB1213.cae2,> 30.03.2016.

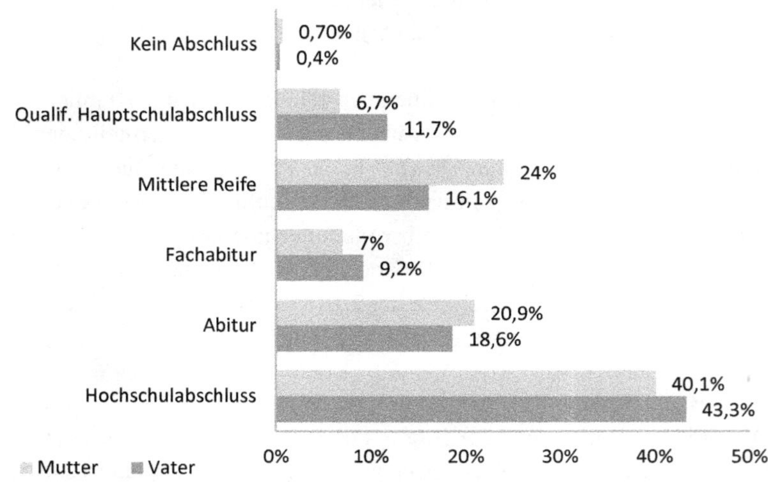

Abb. 19: Häufigkeit der Schulabschlüsse der befragten Eltern, differenziert nach Geschlecht.

Aus den Häufigkeitsverteilungen wird die Struktur der Stichprobe deutlich: die Mehrheit der Befragungsteilnehmer lebt weder in einer Patchworkfamilie noch als Alleinerziehende(r), wobei beide Elternteile berufstätig sind, und ungefähr 40% der Eltern, welche sich an der Erhebung beteiligten, haben eine universitäre Ausbildung genossen.

Die Frage nach den Französischkenntnissen innerhalb der Familie (I.4) sowie nach dem Ursprung dieser Kenntnisse (Teilfrage zu I.4) dienten in vorliegender Erhebung dazu, den Sprachstand innerhalb der jeweiligen Familien zu erfassen. Jener wird im Zuge der Beschreibung des Profils der Französischeltern *(siehe Kapitel 5.3.1)* näher betrachtet.

4.5 Operationalisierung der einzelnen Fragebogenitems

Im vorliegenden Kapitel werden sämtliche Items des Fragebogens thematisiert, deren Ableitungsbasis zwei Quellen bilden: die Forschungsliteratur zur betreffenden Thematik sowie die eigene Erfahrung der Verfasserin. Der Aufbau dieses Kapitels orientiert sich an der Struktur des Fragebogens und folgt der Reihenfolge der Teilfragen in den vier großen thematischen Feldern des Erhebungsinstruments.

Das erste Themenfeld konzentriert sich auf die Beschreibung der Familien und der Französischkenntnisse innerhalb der Familie, die – über die Eltern – in der Stichprobe vertreten sind. Dem Französischen selbst sowie dem schulischen Französischunterricht konkret ist der zweite Block des Fragebogens gewidmet. Der dritte Abschnitt des Erhebungsinstruments thematisiert die häusliche Lernsituation der Kinder derjenigen Eltern, die sich an der Erhebung beteiligt hatten. Im letzten Baustein des Fragebogens werden Gründe für die und mögliche Wege aus der fehlenden häuslichen Unterstützung durch die Eltern im Rahmen der Französischlernprozesse ihrer Kinder betrachtet. Das Erhebungsinstrument ist im Anhang 9.2 einzusehen.

4.5.1 Familiärer Hintergrund (Erster Fragebogenteil)

Die erste Frage des Bausteins „Familiärer Hintergrund“ ermittelt Angaben zur Familienstruktur. Unter dem Titel „Unsere Familie weist folgende Struktur auf“ sind sieben – von der Verfasserin gewählte – Items angeordnet, welche zum einen die Berufstätigkeit der Eltern („Nur die Mutter ist berufstätig“, „Nur der Vater ist berufstätig“, „Beide Elternteile sind berufstätig“) und zum anderen deren Lebensumstände (unterteilt nach „alleinerziehender Vater“, „alleinerziehende Mutter“, „Patchwork-Familie“) näher beschreiben.

Hier sei angemerkt, dass bewusst auf ein mögliches Item „Wir sind eine vollständige Familie“ in dem Sinne, dass Vater und Mutter in einer Partnerschaft leben, aus Gründen der Sensibilität verzichtet wurde, um eventuell Angehörige anderer Familienformen nicht zu stigmatisieren.

Horstkemper spricht von einer Pluralisierung der Familienformen, sodass nicht mehr nur die klassische Kernfamilie *(siehe Kapitel 2.1.4.7)*, sondern insbesondere „Alleinerziehende und Patchworkfamilien“ (Horstkemper 2012, 70) das Lebensumfeld der Schüler bilden[48]. Somit impliziert eine fehlende Markierung der Items „Ich bin alleinerziehende Mutter“, „Ich bin alleinerziehender Vater“ sowie „Wir sind eine Patchwork-Familie“ den Fall, dass keine dieser beiden häufigsten Arten der unvollständigen Familie vorliegt.

Mit Hilfe der zweiten Frage (I.2) wurden Angaben zur Anzahl der Lernjahre des Französischen der Kinder erhoben. Dies ist v.a. im Hinblick auf die

---

48 Weitere Differenzierungen der Familienformen, wie z.B. bei Alexandra Schmidt-Wenzel – jene integriert u.a. auch Zwei-Eltern-Familien als Oberbegriff für gleichgeschlechtliche Elternpaare oder Adoptiveltern sowie transkulturelle Familien (cf. Schmidt-Wenzel 2008, 11sq.) in ihre Übersicht der Familienformen – wurden nicht vorgenommen, da die Angaben zur Frage I.1 nur zur groben Beschreibung der Stichprobe dienen.

elterliche Unterstützung der Kinder im Rahmen des außerschulischen Französischlernens von Interesse, sowie um die Stichprobe klarer umgrenzen zu können. Die Befragten mussten die Frage „Wie viele Kinder erhalten Französischunterricht und wie lange schon?“ durch die Angabe von Zahlenwerten beantworten. Dabei konnten nur Ziffern von 0 bis 9 eingefügt werden, um sinnwidrige Angaben möglichst auszuschließen und weil 9 – vor dem Hintergrund der Höchstausbildungsdauer von 10 Jahren am Gymnasium (cf. GSO 2016[49]) – der maximal möglichen Anzahl an Jahren entspricht, die Französisch am Gymnasium belegt werden kann. Dies beruht außerdem auf der Tatsache, dass das Französische am häufigsten als zweite Fremdsprache gewählt wird und in diesem Status „fest verankert ist“ (Christ 2015, 34), was u.a. Caspari festhält (cf. Caspari 2014, 12; cf. Caspari 2008, 21; cf. Christ 2015, 39; cf. Nieweler 2006, 89).
Die Schulabschlüsse der Eltern werden unter I.3 eruiert und sind besonders im Zuge der Stichprobenbeschreibung *(siehe Kapitel 4.4)* relevant. Die Aussage „Ich/Wir habe(n) folgenden Schulabschluss“ musste dabei durch Ankreuzen der zutreffenden Items vervollständigt werden, wobei für Vater und Mutter jeweils sechs zur Verfügung standen: „Qualifizierender Hauptschulabschluss“, „Mittlere Reife“, „Fachabitur“, „Abitur“, „Hochschulabschluss“, „Kein Abschluss“. Mehrfachantworten wurden bei der elektronischen Programmierung des Fragebogens hierfür ausgeschlossen, da davon ausgegangen wurde, dass die Teilnehmer, im Falle des Vorhandenseins mehrerer Bildungsabschlüsse, den höchsten erworbenen angeben würden.

Die Angaben zu den Französischkenntnissen innerhalb der Familie (I.4) umfassen zwei Teilfragen. Die Eltern konnten mit Hilfe von sechs Items Angaben zu den Personen innerhalb der Familie, die über Französischkenntnisse verfügen, machen: „Vater“, „Mutter“, „Beide Elternteile“, „Lebenspartner“, „Andere Verwandte“ oder „Niemand“. Weitere Differenzierungen der Familienmitglieder wurden nicht vorgenommen, weil die Eltern im Fokus der vorliegenden Studie stehen.

Im Anschluss daran sollten die Teilnehmer an der Erhebung präzisieren, auf welchem Weg bzw. wo diese Sprachkenntnisse erworben wurden. Die

---

[49] *Bayerische Staatsregierung, Schulordnung für die Gymnasien in Bayern vom 23.Januar 2007, Art.41* <http://www.gesetze-bayern.de/jportal/portal/page/bsbayprod.psml?showdoccase=1&st=null&doc.id=jlr-GymSchulOBY2007rahmen&doc.part=X&doc.origin=bs>; 05.02.2016.

acht verschiedenen Items, welche hier als Auswahlmöglichkeiten zur Verfügung standen, entstammen größtenteils der persönlichen Erfahrung der Verfasserin und sind teilweise durch Fachliteratur gestützt. So erwähnt z.B. Leupold die Option eines Selbstlernkurses zum Erwerb der französischen Sprache (cf. Leupold 2007a, 13). Auch Raasch führt in seinem Aufsatz „Fremdsprachen in der Erwachsenenbildung" als gängige Lernform des Fremdsprachenerwerbs im Erwachsenenalter das „Lernen im Selbststudium" (Raasch 1995, 124) an. Somit findet sich diese Möglichkeit des Fremdspracherwerbs auch als mögliches Antwortitem für diese Fragestellung wieder: „(weil) ein Selbstlernkurs absolviert wurde". Das Item „französische Zeitungen/Büchern" stützt sich z.T. auf die Tatsache, dass französischsprachige Bücher für alle Sprachniveaus den Markt der Printmedien bereichern und für alle zugänglich sind, sowie darauf, dass vielfach Sprachlernzeitschriften, wie z.B. *Écoute*, konsumiert werden, um Französischkenntnisse zu erwerben. Der deutsch-französische Fernsehkanal *ARTE* ermöglicht es zudem den Zuschauern, über entsprechend gestaltete Sendungen Einblicke in die französische Sprache zu erhalten. In Bezug darauf wurde das Item „französische Filme/Sendungen" generiert. Andere Möglichkeiten zum Erwerb von Französischkenntnissen, die im Rahmen des Erhebungsinstruments als Auswahloption zur Verfügung standen, waren: „der schulische Französischunterricht", „französische Musik", das „Mit-Lernen mit den eigenen Kindern" oder „private Kontakte zu französischen Muttersprachlern". Mit Hilfe dieser Items konnte der Satz „Ich/Wir kann/können selbst (ein bisschen) Französisch, weil …" von den Befragungsteilnehmern vervollständigt werden.

Darüber hinaus hatten die Erhebungsteilnehmer in Form eines offen angelegten neunten Items („Andere Gründe") die Möglichkeit, etwaige alternative Quellen ihrer Französischkenntnisse zu ergänzen. Innerhalb dieser Auflistung der Antwortitems waren Mehrfachnennungen möglich.

4.5.2 Die französische Sprache und der Französischunterricht (Zweiter Fragebogenteil)

Die in diesem Kapitel erwähnten Fragebogenteile sind für die Beantwortung der ersten beiden, aus der übergeordneten Forschungsfrage abgeleiteten Teilfragen, von Bedeutung. Bevor ein Blick auf den schulischen Französischunterricht erfolgt, wurde mit Hilfe des Erhebungsinstruments zunächst geklärt, welche Motive für die Eltern grundsätzlich von Bedeutung waren im Hinblick auf die Entscheidung für das Wahlpflichtfach Französisch in der Schule bzw. ob sie überhaupt in diese Entscheidung einbezogen wurden.

4.5.2.1 Gründe für die Wahl des Französischen

Bei dieser Frage wurde von der Verfasserin implizit vorausgesetzt, dass die Eltern die Wahl des Französischen als Unterrichtsfach mitbestimmen (cf. Fäcke 2010, 109), da jene Entscheidung bzw. Wahlpflichtfachbelegung zu einem relativ frühen Zeitpunkt in der gymnasialen Schullaufbahn erfolgt. Beiläufig geht auch Leupold darauf ein, dass die Eltern die Entscheidung, in der Schule Französisch zu erlernen, mittragen (cf. Leupold 2007b, 23) und listet Argumente auf, mit deren Hilfe „Eltern sowie Schülerinnen und Schülern (…) die Bedeutung des Französischen" (Leupold 2010, 22) nähergebracht werden soll.

Unter der Frage „Warum erhält/erhalten Ihr/e Kind/er in der Schule Französischunterricht?" mussten neun Items mittels einer fünfstufigen Ratingskala bestätigt oder verneint werden. Die zusätzliche Option „weiß nicht" bot den Befragungsteilnehmern die Gelegenheit, sich bei Unklarheiten oder möglicherweise fehlendem Urteilsvermögen hinsichtlich der einzelnen Aspekte, welche für die Meinungsbildung relevant waren, zu enthalten. Zusätzlich zu den angebotenen Gründen für die Wahl des Französischen als Schulfach hatten die Befragungsteilnehmer die Möglichkeit, eigene Anmerkungen im Rahmen des offenen Bausteins am Ende der Auflistung der Antwortitems zu ergänzen.

Die neun Items, die als Antwortoptionen für diese Frage zur Verfügung stehen, sind unterschiedlichen Ebenen bzw. Bereichen der Lernmotive zuzuordnen – von der Ebene der individuellen Begabung über jene der Aspekte der beruflichen Zukunftsorientierung, von der politischen als auch der Freizeitebene, über die Ebene der Sprachästhetik bis hin zu jener der organisatorischen Gegebenheiten an der jeweiligen Schule sowie der innerfamiliären Sprachkenntnisse. Jene Items lassen einen Rückschluss auf den Stellenwert Frankreichs bzw. des Französischen im Ermessen der Eltern zu.

Die verschiedenen Aspekte aus unterschiedlichen Lebensbereichen, welche als Gründe für die Wahl des Französischen in der Schule vorgegeben wurden, basieren auf der Auflistung von Kriterien der Sprachenwahl von Fäcke. Sie nennt drei Gruppen von Einflüssen, die für die Entscheidung zur Belegung bzw. zum Erlernen einer Sprache bedeutend sind:

> „individuelle Kriterien (persönliche Motivation, Kontakte zu Sprechern einer Sprache, familiäre Einflüsse z.B. Wunsch der Eltern, …)", „gesellschaftliche, historische Kriterien (Bildungstraditionen, Sprachenangebot, Sprachenpolitik

der Bundesländer, Schulsystem, Schulformen,...)" sowie „sprachenspezifische Kriterien (Sprachenprestige, Schwierigkeitsgrad einer Sprache, Einflüsse der Kultur der Zielsprache z.B. durch Musik, Kino, ...)" (Fäcke 2010, 109sq.).

Kafourou unterteilt in ihrer Masterarbeit „Der Faktor Motivation im Fremdsprachenunterricht" die Motive, eine L2 zu erlernen, in „kurzfristige bzw. langfristige, von außen induzierte bzw. eigene Motive" (Kafourou 2005, 23). Somit können die in der vorliegenden Erhebung angebotenen Wahlmotive für Französisch größtenteils als eigene, langfristige Motive kategorisiert werden.

Die einzelnen Antwortitems zu dieser Frage entstanden größtenteils aus der Unterrichtserfahrung der Verfasserin und konkreten Gesprächen mit Eltern, wobei einzelne Aspekte mit Hilfe von Literaturbelegen gestützt werden.

Im Rahmen von Gesprächen über die Wahl des Französischen in der Schule verweisen viele Eltern häufig auf die Sprachbegabung ihrer Kinder, was die Grundlage für das Item II.1.1 („Mein(e)/Unser(e) Kind(er) ist/sind sprachbegabt") bot.

Das Item II.1.2 („Französisch ist im späteren Berufsleben oft wichtig") beruht nicht nur auf dem Fachprofil Französisch innerhalb des gymnasialen Lehrplans, welches an die mögliche Bedeutung von Französischkenntnissen für das spätere Berufsleben der Schüler erinnert (cf. Fachprofil Französisch 2015), sondern ebenfalls auf einer breiten forschungsliterarischen Basis, welche das nützlichkeitsorientierte bzw. instrumentelle Motiv, insbesondere für die berufliche Laufbahn, als Einflussfaktor auf die Entscheidung zum Erlernen einer Fremdsprache enthält (cf. Abendroth-Timmer 2002, 203; cf. Biel 2007, 81; cf. Kafourou 2005, 21). In der Schülerbefragung von Weis spielen die Berufsaussichten für viele Schüler eine Rolle, wenn es um die Belegung des Faches Französisch in der Schule geht (cf. Weis 2009, 111; cf. Weis 2009, 115). Im Hinblick auf die beruflichen Perspektiven der Schüler und vor dem Hintergrund des schulischen Französischunterrichts verweist Nieweler auf den Fremdsprachenbedarf von deutschen Unternehmen: „Hier liegt die französische Sprache ebenfalls an zweiter Stelle hinter dem Englischen" (Nieweler 2006, 33). Gleichermaßen hebt Leupold dieses Nützlichkeitsmotiv als eines der Schlüsselargumente des Französischunterrichts – und somit der Entscheidung für das Französische als Wahlpflichtfach – hervor und betont, dass diese Sprache die Chance bietet, „auf einem weltweiten Arbeitsmarkt" in vielfältigen Einsatzmöglichkeiten interagieren (Leupold 2010, 22) zu können. Dieser Tatsache eingedenk hält Raabe fest, dass

> „der Erwerb differenzierter Französisch- und Frankreichkenntnisse für die internationale Kommunikation, (…) für Handels- und Wissenschaftsbelange (…) bis hin zu intellektuellen Interessen von Bedeutung“ (Raabe 1995, 370),

und der Bedarf an Französischkenntnissen in vielen verschiedenen Berufen gegeben ist.

Einer Empfehlung des Europarats zufolge ist es ratsam, „eine weitverbreitete Fremdsprache sowie die Nachbarsprache zu lernen“ (Raabe 1995, 370). Darauf, dass der Wunsch des Erlernens einer Fremdsprache bisweilen an den Faktor der geographischen Nähe zu einem Land gekoppelt ist, in dem die Zielsprache Französisch Mutter-, Amts- oder Verkehrssprache ist, verweist aber auch Weis (cf. Weis 2009, 65) in ihrer Dissertation *Stereotyp – et alors?*. In ihrer Schüler-Befragung zu den Motiven ihrer Entscheidung für das Erlernen des Französischen in der Schule führen einige Befragungsteilnehmer den Grund an, dass Frankreich sowohl ein Nachbarland Deutschlands als auch EU-Mitglied sei (cf. Weis 2009, 115) und dies die Entscheidung zum Erlernen des Französischen herbeigeführt habe. Zwar ist die französische Sprache, Nieweler zufolge, ein „zentrales Kommunikationsmittel in den 52 Ländern (…), die sich zur ‚Francophonie‘ zusammengeschlossen haben“ (Nieweler 2006, 33) und garantiert somit „die gesellschaftliche Teilhabe in vielen Teilen der Welt“ (Leupold 2010, 23) *(siehe Kapitel 2.2.3)*.

Allerdings kommt dem Nachbarland Frankreich spezifisch aus deutscher Perspektive ein hoher Stellenwert zu. Dies beinhaltet das Item II.1.3 („Ich/Wir halte/n Französisch für bedeutend, weil Frankreich unser Nachbarland ist“). Frankreich wird hier als französischsprachiges Nachbarland, aufgrund unterschiedlicher, nachfolgend kurz dargestellter Aspekte in den Mittelpunkt gerückt. Leupold ist nur einer, der die besondere wirtschaftliche Beziehung zwischen Deutschland und Frankreich erwähnt: Frankreich ist

> „seit Jahrzehnten der wichtigste Außenhandelspartner Deutschlands – wie auch umgekehrt Deutschland der mit Abstand wichtigste Handelspartner Frankreichs ist“ (Leupold 2010, 15; cf. Nieweler 2006, 33; cf. Reinfried 2008, 151; cf. Fachprofil Französisch 2015; cf. Raabe 1995, 370; cf. Caspari 2008, 18).

Das (grundlegende) Fundament der deutsch-französischen Kooperation in unterschiedlichen Bereichen der Gesellschaft bildet der Élyséevertrag (cf.

Christ 2015, 33) *(siehe Kapitel 2.2.3)*, der zudem die herausragende sprachenpolitische Bedeutung Frankreichs für Deutschland (und umgekehrt) regelt und hierzu eine Klausel enthält:

> „Die beiden Regierungen erkennen die wesentliche Bedeutung an, die der Kenntnis der Sprache des anderen in jedem der beiden Länder für die deutsch-französische Zusammenarbeit zukommt. Zu diesem Zweck werden sie sich bemühen, konkrete Maßnahmen zu ergreifen, um die Zahl der deutschen Schüler, die Französisch lernen, und die der französischen Schüler, die Deutsch lernen, zu erhöhen" (Élysée-Vertrag 1963; www.documentArchiv.de/brd/elysee1963.html; 31.12.2015).

Beide genannten Aspekte, die berufliche und wirtschaftliche Dimension, sowie die geographische Nähe Deutschlands zu Frankreich fasst Christ unter dem Gedanken der Mobilität zusammen: das Erlernen der französischen Sprache „ermöglicht berufliche und private Mobilität" (Christ 2015, 34).

Im Fachprofil Moderne Fremdsprachen wird auf die „Akzeptanz anderer Lebensweisen und Kulturen" als eines der „übergeordneten Lernziele in den modernen Fremdsprachen" (Fachprofil Moderne Fremdsprachen 2015[50]) aufmerksam gemacht. Akzeptanz kann über die Aspekte der „Fremdwahrnehmung und Fremddarstellung" (Weis 2009, 5) erreicht werden, welche Weis als Teilbereiche des interkulturellen Lernens *(siehe Kapitel 4.5.2.2)* im Rahmen des Französischunterrichts anführt.

Nieweler geht über das Konzept der Akzeptanz hinaus und konstatiert: „Der Französischunterricht stellt eine kulturelle Bereicherung dar, oft und gerade auch im Sinne einer erlebten anderen Alltagskultur" (Nieweler 2006, 33). Im Zuge dieses Erlebens gilt es, sich Vorurteile bewusst zu machen, sie zu verstehen zu versuchen und dadurch letztlich bestehende Voreingenommenheiten zu vermindern oder abzubauen, um eine „vorurteilsfreie Interaktion" (Raabe 1995, 370) zwischen frankophonen Sprechern (verschiedener Kulturen) zu gewährleisten. Byram führt den Begriff der „attitude" als Teil der interkulturellen kommunikativen Kompetenz ein:

> „We are concerned here only with attitudes towards people who are perceived as different in terms of the cultural meanings, beliefs and behaviours they exhibit (…). Such attitudes are (…) often but not always negative, creating unsuccessful interaction"(Byram 1997, 34).

---

50 Fachprofil Moderne Fremdsprachen. Lehrplan Gymnasium. Staatsinstitut für Schulqualität und Bildungsforschung. <http://www.isb-gym8-lehrplan.de/ contentserv/3.1.neu/g8.de /in dex.php?StoryID=26366>. 08.07.2015.

Ob die Akzeptanz bzw. vorurteilsfreie Interaktion für die Befragten als Motiv für die Wahl des Französischen als Schulfach bedeutend war, sollte das Item II.1.4 („Ich/Wir halte(n) es für wichtig, durch das Lernen von Fremdsprachen Vorurteile zu vermindern bzw. abzubauen“) ermitteln.

Laut Nieweler verbringen jährlich 14 Millionen Deutsche ihren Urlaub in Frankreich (cf. Nieweler 2006, 33). Um zu eruieren, inwieweit dies ein Grund für die Befragungsteilnehmer war, der die Entscheidung für das Wahlpflichtfach Französisch am Gymnasium beeinflusste, wurde das Item II.1.5 („Ich/Wir mache(n) gerne Urlaub in Frankreich und anderen französischsprachigen Ländern, daher sollte man ein bisschen die Sprache verstehen“) in die Liste der unterschiedlichen Antwortoptionen aufgenommen. Dabei wird das Freizeit- und Urlaubsmotiv bzw. der Spracherwerb des Französischen wegen „touristische[r] (…) Interessen“ (Raabe 1995, 370; cf. Reinfried 2008, 150) von unterschiedlichen Autoren als ausschlaggebend für das Interesse an und das Erlernen der Sprache veranschlagt. Der Kategorisierung der vier besonders relevanten Motive für das Erlernen eine L2 nach Biel folgend, sind beim Urlaubs- bzw. Reisemotiv und v.a. in der Freizeit zwei Motive verschränkt: das „Kommunikationsmotiv“ sowie das „Erlebnismotiv“ (Biel 2007, 81). Ersteres bezeichnet den Wunsch, „‚sich in der Fremdsprache verständigen und unterhalten zu können‘“ (Kafourou 2005, 24; cf. Biel 2007, 81; cf. Abendroth-Timmer 2002, 203), letzteres „drückt ein Streben nach emotionalen Erlebnissen aus und ist primär affektiv bedingt“ (Biel 2007, 81). Diese Motive sind umso stärker, je häufiger die Befragten zum Beispiel in Frankreich oder anderen frankophonen Ländern Urlaub machen. In der Schülerbefragung von Weis zu den Motiven, in der Schule Französisch zu erlernen, nennen einzelne Schüler „Reisen in frankophone Länder“ (Weis 2009, 111) als ausschlaggebendes Motiv. Im Fachprofil Französisch wird ebenfalls der Nutzen von Französischkenntnissen für Reisen angedeutet (cf. Fachprofil Französisch 2015). Auch im Bericht „Conceptualizing Motivation in Foreign-Language Learning (FLL[51])“ von Dörnyei über eine Studie unter erwachsenen Englisch-Lernern an einer ungarischen Sprachschule wird deutlich, dass touristische Interessen – in seinem Falle „desire to spend some time abroad“ (Dörnyei 1990, 59) – als Teil u.a. des „Instrumental Language Use“ (Dörnyei 1990, 59) den Erwerb der Fremdsprache Englisch bedingt.

---

[51] Dörnyei definiert „foreign-language learning (FLL)” folgendermaßen: „learning the target language in institutional/academic settings without regularly interacting with the target language community“ (Dörnyei 1990, 45).

Sehr häufig ist bisweilen auch die besondere Sprachästhetik des Französischen als eine von „Anmut und Musikalität“ (Leupold 2007a, 14) gekennzeichnete Sprache für die Eltern ein entscheidendes Charakteristikum des Französischen und hat damit Bedeutung für dessen Belegung als Wahlpflichtfach. Weis zeigt mit Hilfe einer Schüler-Befragung, dass die Sprachästhetik des Französischen das dominante Motiv für die Schüler der höheren Jahrgangsstufen ist, warum sie sich einst dazu entschieden hatten, Französisch zu lernen (cf. Weis 2009, 114; cf. Weis 2009, 131). Auf diese Basis gründet sich in vorliegender Erhebung das Item II.1.6 (Ich/Wir finde/n, dass Französisch eine schöne Sprache ist“), womit die Eltern ihre Begründung für die Wahl des Französischen durch sprachästhetische Aspekte zum Ausdruck bringen konnten.

Die Wahl des Französischen in der Schule könnte u.U. auch durch schulorganisatorisch begrenzte Angebote an Wahlpflichtfächern motiviert sein. In der Schülerbefragung von Weis, die die Beweggründe für das Erlernen des Französischen in der Schule ermitteln sollte, nannten einige Befragten den Grund, dass es keine andere Wahlmöglichkeit an der Schule gab (Weis 2009, 111; cf. Weis 2009, 115). Dieser Gedanke wurde in Form des Items II.1.7 („Es gab an der Schule keine andere Wahlmöglichkeit“) als mögliches Motiv für das Erlernen des Französischen am Gymnasium in die Liste der möglichen Antworten aufgenommen. Dieses Item stellt das einzige von außen bedingte Motiv – orientiert man sich an der bereits erwähnten Terminologie von Kafourou – zum Erlernen des Französischen am Gymnasium dar.

Oftmals ist die Tatsache, dass Kinder am Gymnasium Französisch lernen, auf die eigenen sprachlichen Fähigkeiten der Eltern zurückzuführen. Jene wollen ihren Kindern dadurch vermeintlich bessere Lernchancen verschaffen, weil sie ihnen Unterstützung beim Lernen anbieten können. Weis führt ebenfalls die Tatsache, dass Familienmitglieder Französisch sprechen, als Grund dafür an, dass Schüler das Französische erlernen (cf. Weis 2009, 116). Biel und Abendroth-Timmer verweisen ebenfalls auf das „Elternmotiv“ (Biel 2007, 81; cf. Abendroth-Timmer 2002, 203), das zum Erlernen einer L2 führt. Dieses Motiv verbirgt sich in vorliegender Untersuchung hinter dem Item II.1.8 („Ich kann/Wir können selbst Französisch und daher bei Schulaufgaben etc. helfen“).

In vielen Fällen erfolgt die Fächerbelegung allerdings auch eigenständig durch die Kinder und ohne die Beteiligung der Eltern – oftmals, weil bei jenen eine zu defizitäre Informationslage vorliegt. Inwieweit dies auf die bayerischen Eltern bzw. Familien von Gymnasialkindern zutrifft, sollte das Item II.1.9 („Mein(e)/Unser(e) Kind(er) hat/haben sich selbst dazu entschieden, Französisch zu belegen") klären.

4.5.2.2 Charakterisierung des Französischunterrichts

Die Anweisung „Charakterisieren Sie bitte den schulischen Französischunterricht" bildet mit den zehn zur Verfügung stehenden Antwortitems den zweiten Teil dieses zweiten Fragebogenabschnitts, wobei hier ebenfalls eine fünfstufige Ratingskala mit unterschiedlichen Graden der Zustimmung als Antwortformat mit der Zusatzkategorie „weiß nicht" vorgegeben wurde. Am Ende konnten die Eltern in einem offenen Baustein etwaige eigene Anmerkungen ergänzen. Helmke zufolge hat es durchaus seine Berechtigung, Eltern den schulischen Französischunterricht ihrer Kinder beurteilen zu lassen, obwohl sie nicht aktiv daran teilnehmen, denn sie sind als „Akteure" (Helmke 2007, 155) innerhalb des schulischen Unterrichts von Bedeutung und insbesondere im Zuge des außerschulischen, häuslichen Teils des Französischunterrichts *(siehe Kapitel 1.2)* indirekt davon betroffen.

Helmke charakterisiert die „Einstellung der Lehrkraft zum unterrichteten Fach und zum Unterrichten (…) [als] eine entscheidende Bedingung des Unterrichtserfolges" (Helmke 2007, 50). Biel präzisiert, dass diese Lehrerhaltung insbesondere motivationale Konsequenzen hat und bezeichnet es demzufolge als Aufgabe von Lehrkräften, dass jeder „Freude und Begeisterung ausstrahlen [muss] (…), um auch bei seinen Schülern Freude an der Sprache und Begeisterung für sie auszulösen" (Biel 2007, 71). Kafourou betrachtet dieses aus der entgegengesetzten Perspektive und listet in ihrer Masterarbeit demotivierende Faktoren auf den Lernprozess einer Sprache auf, worunter in Bezug auf die Lehrer selbst u.a. eine „[u]nangenehme Persönlichkeit der Lehrkraft" oder auch „Es macht ihnen keinen Spass (sic), die Fremdsprache beizubringen" (Kafourou 2005, 44) fallen.

Die jüngste Publikation, die genannte Aspekte ebenfalls thematisiert, ist die Hattie-Studie. Sie brachte hervor, „dass Lehrkräfte Begeisterung für ihr Fach zeigen und vermitteln sowie Motivation und Interesse bei den Schülern wecken müssen" (Krechel 2015, 102). Aus der Meta-Analyse (im Zuge der

Hattie-Studie) zu den Faktoren, die Lehrende zum Lernen allgemein beitragen, wird Folgendes deutlich:

> „Qualitativ gute Lehrpersonen sind – gemäß der Bewertung durch die Studierenden – solche, die herausfordern, die hohe Erwartungen haben, die zum Studium ihres Fachs ermuntern und die sowohl der (sic) Oberfläche als auch tiefer liegende Aspekte ihres Fachs wertschätzen“ (Hattie 2013, 138).

Hattie verallgemeinert diesen Befund und hält fest: „Die Wirkfähigkeit der positiven Lehrer-Schüler-Beziehung ist entscheidend dafür, dass Lernen stattfinden kann“ (Hattie 2013, 152). So stellt er – wie auch Krechel das „Lernen in gutem Klima“ (Krechel 2015, 101) – die Bedeutung der Unterrichtsatmosphäre als Charakteristikum guten Unterrichts deutlich heraus. Dies impliziert für Hattie auch, dass Lehrkräfte die Schüler für ihr Fach begeistern möchten und müssen (cf. Hattie 2013, 153) und so jegliches Lernen sichtbar wird: „Lehren und Lernen sind in der Leidenschaft sichtbar, die Lehrpersonen und Lernende zeigen, wenn erfolgreiches Lehren und Lernen stattfindet“ (Hattie 2013, 31).

Als einen Bestandteil bzw. Aspekt von Enthusiasmus und Engagement der Lehrkraft nennt u.a. Helmke den Humor (cf. Helmke 2007, 51; cf. Helmke 2012, 114). Jener ist auch, den Ausführungen von Kafourou zufolge, als „Mittel zur Auflockerung der Unterrichtsatmosphäre“ (Kafourou 2005, 57) von Bedeutung. Ottes Untersuchung zu möglichen Wegen, wie man als Russischlehrer seine Schüler motivieren kann, spezifiziert, im Hinblick auf die von Biel in einem allgemeinen Kontext genannte, generelle Freude und Begeisterung:

> „Diese Freude und Begeisterung sollten sich nicht nur auf die russische Sprache selbst, sondern vor allem auch auf die russische Kultur – also Geschichte, Literatur, Musik, Architektur, Geistesgeschichte usw. – wie ebenso auf das Land und seine Menschen beziehen“ (Otte 1992, 256).

Gleichermaßen hält Biel fest, dass nur ein motivierter und ein für sämtliche Aspekte der fremden Sprache und Kultur begeisterter Lehrer seine Schüler begeistern kann (cf. Biel 2007, 72). Auf Grundlage dieser breiten Literaturbasis zur Rolle der Lehrkräfte beim Fremdsprachenerwerb wurde das Item II.2.1 („Die Französischlehrkraft begeistert die Kinder für die Sprache/Kultur Frankreichs und französischsprachiger Länder mit Enthusiasmus und Humor“) generiert.

Das Erlernen einer Fremdsprache schließt, neben dem Spracherwerb selbst, stets das Erwerben von „interkultureller Kompetenz“[52] (Weis 2009, 1) mit ein, wobei Kafourou es explizit als Aufgabe der Lehrer deklariert, „das interkulturelle Bewusstsein der Lernenden entwickeln“ (Kafourou 2005, 60) zu helfen. Fäcke verweist auf die „Stuttgarter Thesen zur Landeskunde im Französischunterricht“ (Fäcke 2010, 171), welche das Hauptaugenmerk auf das „Lernziel einer transnationalen Kommunikationsfähigkeit“ (Fäcke 2010, 171) legen und somit die Weiterentwicklung des Konzepts der Landeskunde[53] darstellen. Dabei ist dem Fremdsprachenunterricht generell dieser Aspekt eigen:

> „Der Fremdsprachenunterricht wird infolge seines Gegenstands, d.h. die fremde Sprache und Kultur, als grundsätzlich interkulturell eingestuft, worin sich die zentrale Stellung interkulturellen Lernens in der Fremdsprachendidaktik begründet“ (Fäcke 2010, 172).

Im Zuge der interkulturellen Dimension jedes Fremdsprachenunterrichts sowie explizit bei der Schulung der interkulturellen Kompetenz wird u.a. auch die Stereotypenproblematik thematisiert und ebenso „durch den Lehrplan (…) verlangt“ (Weis 2009, 5). Im Zuge der Beschäftigung mit landesspezifischen Vorurteilen sollen – durch den „Vergleich von Kulturstandards“ (Fäcke 2010, 175) und die „historische Bedingtheit und Entstehungsgeschichte dieser Klischees“ (Fäcke 2010, 176) – stereotypische Denk- und Verhaltensweisen überwunden und – in einem nächsten Schritt – erfolgreiche, interkulturelle Kommunikation ermöglicht werden (können). Jene ist dann erfolgreich, wenn ein „umfangreiches Wissen über die andere Kultur [vorhanden ist], um Vorstellungen und Erwartungen der Angehörigen der anderen Kultur“ (Fäcke 2010, 174) verstehen und respektieren zu können.

Vor allem die französische Sprache und Nation seien, Weis zufolge, stark mit Stereotypen behaftet (cf. Weis 2009, 5): man verbindet mit Frankreich selbst den großen Stellenwert kulinarischer Genüsse (cf. Weis 2009, 51sq.); die Franzosen zeichnen sich angeblich aus durch die „sehr große Liebe zu

---

52 Nieweler definiert „Interkulturelle Kompetenz“ wie folgt: sie „umfasst (…) Neugier und Offenheit für andere Kulturen, die Bereitschaft, auf Fremdes zuzugehen, die Fähigkeit, fremdes sprachliches und nicht-sprachliches Verhalten wahrzunehmen, die Fähigkeit, Fremdes und Eigenes tolerant und kritisch in Beziehung zu setzen (Perspektivenwechsel), dabei Fremdes zu akzeptieren oder zu tolerieren und die Bereitschaft, die eigene Position neu zu überdenken“ (Nieweler 2006, 317).

53 Nach Fäcke beschäftigt sich die Landeskunde mit der Kultur eines fremden Landes: „Die Kenntnis gesellschaftlicher, historischer, geografischer oder politischer Zusammenhänge gilt dabei als wesentlich für das Verständnis des jeweiligen Landes“ (Fäcke 2010, 170).

ihrer Nation", sie seien zudem „arrogant und drittens unhöflich" (Weis 2009, 56). Die französische Sprache, welche für vorliegende Erhebung bedeutend ist, stellt zudem den besonderen Stolz des französischen Volkes dar, was u.a. durch den „besonderen Schutz und die Pflege derselben" (Weis 2009, 55) v.a. durch die Institution der *Académie française* zum Ausdruck gebracht wird.

Einen Ansatzpunkt für einen ersten Schritt zur Überwindung der Stereotypenproblematik (cf. Leupold 2007a, 15) findet man bei Kafourou. Jene verweist auf die motivationale Wirkung, die „Themen wie Freizeitbeschäftigung der Menschen, alltägliches Leben, Tier- und Umweltschutz, Städte und Sehenswürdigkeiten" (Kafourou 2005, 28) im Bewusstsein der Schüler zukommt. Durch an den Alltagsinteressen orientierte Unterrichtsthemen erhalten die Schüler Einblicke in die unterschiedlichen französischsprachigen Länder und deren Kulturen und können, auf der Grundlage eines Kulturvergleichs *(siehe Kapitel 2.2.1)*, ihre interkulturelle Kompetenz erweitern. Byram liefert in seinem Buch *Teaching and Assessing Intercultural Communicative Competence* eine Auflistung von Zielvorstellungen, die im Lehr-Lern-Kontext zur Erlangung interkultureller Kompetenz führen. Unter der Kategorie „knowledge" sind derartige Vorstellungen u.a. „the national memory of one's interlocutor's country" (Byram 1995, 59) oder „social distinctions and their physical markers, in one's own country and one's interlocutor's" (Byram 1997, 60).

Durch diesen Vergleich und die bewusste Wahrnehmung insbesondere der landesspezifischen Unterschiede können die Schüler (möglicherweise bestehende) Vorurteile revidieren und abbauen bzw. Vorurteilen und Fehleinschätzungen des Anderen vorbeugen.

Ob im Rahmen des gymnasialen Französischunterrichts diesem Aspekt im Ermessen der Eltern Rechnung getragen wird sollte das, aus der beschriebenen Forschungsliteratur abgeleitete, Item II.2.2 („Die Schüler erhalten Einblicke in französischsprachige Länder und Kulturen und können so Vorurteile vermeiden bzw. abbauen") klären.

Damit die Schüler im Zuge des schulischen Französischunterrichts auf authentische Kommunikationssituationen mit frankophonen Muttersprachlern vorbereitet werden – und somit die pragmatische Wirksamkeit ihres Spracherwerbs und -handelns (cf. Kafourou 2005, 45) erfahren können –, sollen die Französischlehrkräfte zur Schulung dieses Teilaspekts des Spracherwerbs (pseudo-)authentische Kommunikationssituationen kreieren, in denen die

Schüler zugleich ihr interkulturelles Wissen einbringen und aktiv anwenden bzw. üben. Hierfür sind u.a. – wie bereits für das vorangegangene Item – der

> „Vergleich zwischen den jeweiligen assoziierten Bedeutungen und Kulturstandards, die Betonung von Unterschieden sowie die Vermeidung von möglichen interkulturellen Missverständnissen" (Fäcke 2010, 175)

bedeutend. Die von der Lehrkraft kreierten, pseudo-authentischen Gesprächssituationen helfen den Schülern, Verhaltens- bzw. Gesprächsmuster zu prüfen und einzuüben, welche sie in der realen Lebensumwelt im Falle der Kommunikation mit Sprechern des Französischen anwenden können. Das Fachprofil Moderne Fremdsprachen schreibt hierfür im Lernbereich Sprache vor, was für die Entwicklung kommunikativer Fertigkeiten zentral ist: dass „[d]ie sprachlichen Mittel (…) in immer neuen Anwendungssituationen gefestigt und wiederholt werden" (Fachprofil Moderne Fremdsprachen 2015).

Im Unterrichtskontext werden diese Kontaktsituationen häufig durch Rollenspiele simuliert (cf. Byram 1997, 68) oder – sofern diese Möglichkeit besteht – konkret und authentisch erfahrbar im Rahmen echter Begegnungen mit französischen Muttersprachlern, z.B. im Zuge von „bilingual programmes" (Byram 1997, 68) oder bei Anwesenheit von Sprachassistenten.

Byram formuliert folgende zwei Kategorien zum Erlangen interkultureller kommunikativer Kompetenz in einem Unterrichtskontext: „skills of interpreting and relating" sowie „skills of discovery and interaction" (Byram 1997, 61). Der ersten Kategorie ordnet er z.B. die Zielvorstellung zu, Missverständnisse auf Basis von Erklärungen der verschiedenen Kultursysteme (cf. Byram 1997, 61) auszuräumen; unter die zweite Kategorie fasst er folgende Tätigkeit: „identify similar and dissimilar processes of interaction, verbal and non-verbal, and negotiate an appropriate use of them in specific circumstances" (Byram 1997, 62).

Nieweler betont die Bedeutung von Rollenspielen im Hinblick auf die Sprachkompetenz: den Schülern müssen „Redemittel entsprechend der vorgegebenen Situation zur Verfügung" (Nieweler 2006, 72) gestellt werden, sodass die sowohl situationsbezogene als auch adressatengerechte Kommunikationsfähigkeit geschult wird.

Byram gesteht zwar den klassischen Lehr-Lern-Kontexten in Klassenzimmern zu (cf. Byram 1997, 66sq.), dass (interkulturelle) Verhaltenskodizes erlernt werden können, verweist aber zugleich auf einen großen Nachteil dieser pseudo-authentischen Kommunikationssettings: „What the classroom cannot usually offer is the opportunity to develop the skills of interaction in real time“ (Byram 1997, 68).

Im Hinblick auf diesen Unterrichtsaspekt wurde das Item II.2.3 („Die Schüler lernen in der Schule auch, wie sie sich in verschiedenen Lebenssituationen im Umgang mit französischsprachigen Muttersprachlern verhalten können, z.B. durch Rollenspiele“) generiert und als Item zur Charakterisierung des gymnasialen Französischunterrichts durch die Eltern ergänzt.

Das Item II.2.4 („Die Schüler erweitern stets ihre Kenntnisse der Fremdsprache, wiederholen aber auch regelmäßig“) rückt einen wichtigen Bestandteil des Sprachlernprozesses in den Mittelpunkt und gründet sich auf die von Helmke geforderte, beständige „Konsolidierung und Sicherung“ (Helmke 2012, 201) des Erlernten im Unterricht. Beide Unterrichtsprinzipien lassen die erlernten Vokabeln, idiomatischen Wendungen oder grammatikalischen Phänomene für die Lerner allmählich zu Automatismen werden, sodass sich die Schüler immer selbstbewusster und eigenständiger in der Fremdsprache ausdrücken können. Dies ist nur im Rahmen von Übungs- und Wiederholungsphasen im Fremdsprachenunterricht zu erreichen, welche – auf lange Sicht und basierend auf den beiden Bausteinen des Neuerwerbs sowie der Rekapitulation von Kenntnissen – eine stete Erweiterung und Vertiefung der Sprachkenntnisse nach sich zieht.

Kowalczyk ermittelt mittels eines Fragebogens, der an der Universität Bamberg entwickelt wurde, Stärken und Schwächen von Schulen, und integriert u.a. folgendes Item in den Elternfragebogen: „Von den Schülerinnen und Schülern wird im Unterricht oft zu viel verlangt“ (Kowalczyk 2013, 67). Hinter dieser von den Eltern zu kommentierenden Behauptung steckt u.a. ein indirekter Hinweis auf das Progressionstempo (der Lehrkraft) im Unterricht. Konkret äußert sich selbiger Autor hierzu an einer anderen Stelle und hebt das Progressionstempo als kritisches Moment des Unterrichts hervor:

> „Lehrer richten sich im Tempo des Voranschreitens nach dem Durchschnitt oder nach den eifrigen Vielmeldern. Es gelingt ihnen häufig nicht, Kinder oder Jugendliche je nach deren persönlichen Voraussetzungen auf unterschiedliche Weise anzusprechen und ihnen mal mehr, mal weniger Arbeit zuzuweisen“ (Kowalczyk/Ottich 2002, 9).

Auch in der Erhebung von Gehmacher findet sich der Aspekt der Geschwindigkeit des Voranschreitens der Lehrkraft im Stoff (cf. Gehmacher 1980, 23) wieder. Von dieser Grundlage wurde das Item II.2.5 der vorliegenden Erhebung („Ich/Wir empfinde(n) das Tempo, mit welchem die Lehrkraft im Stoff voranschreitet, zu schnell") abgeleitet.

Aufgrund des gestiegenen Progressionstempos – was in Bayern u.a. sicherlich eine Konsequenz des achtjährigen Gymnasiums mit der begrenzten Stundenzahl an Sprachunterricht ist – und im Hinblick auf die Folge des oft straffen Voranschreitens im Stoff, erwähnt Wippermann in ihrem Untersuchungsbericht *Eltern – Lehrer – Schulerfolg*:

> „Eltern klagen, dass es heute an Gymnasien gar nicht mehr das Ziel sei, den Stoff so lange zu erklären, bis ihn jeder Schüler und jede Schülerin verstanden hat. Diese Zeit gibt es nicht mehr. Deshalb muss Lernstoff systematisch zu Hause nachbereitet werden" (Wippermann 2013, 97).

Mit dieser Aussage Wippermanns lässt sich die Brücke schlagen zu zwei weiteren Aspekten des schulischen Französischunterrichts. Der erste wurde und wird bereits vielfach als grundlegender Bestandteil des schulischen Fremdsprachenunterrichts gefordert: Individualisierung. Schon allein aufgrund der hohen Komplexität des Französischen *(siehe Kapitel 2.2.2)* wäre es für einen optimalen Sprachlernprozess der Schüler und bedingt durch die Heterogenität der Schulklassen (cf. Helmke 2012, 248) vonnöten, im Rahmen des Unterrichts auf individuelle Lernbedürfnisse und v.a. Lern- und Wissensdefizite einzugehen. Krechel weist den Aspekt der individuellen Förderung als ein durch viele Forschungen gesichertes Charakteristikum guten Unterrichts aus (cf. Krechel 2015, 101). Thaler konstatiert zur Individualisierung im Unterricht – zwar im Kontext des Englischunterrichts, allerdings übertragbar auf sämtliche (fremd-) sprachlichen Unterrichtskontexte – Folgendes:

> „Lernen ist ein individueller Prozess: (…) Wer diese Verschiedenartigkeit akzeptiert und jedes Individuum in der Klasse optimal auf seinem Lernweg begleiten will, muss sich von dem Modell eines Einheitsunterrichts mit seinen 7Gs verabschieden, bei dem die *gleiche* Lehrkraft alle *gleichaltrigen* Schüler mit dem *gleichen* Material im *gleichen* Raum mit dem *gleichen* Ziel und den *gleichen* Methoden im *gleichen* Tempo unterrichtet" (Thaler 2012, 129).

Caspari ordnet den Terminus der „Lernerorientierung" als den „Prinzipien eines modernen Französischunterrichts" (Caspari 2008, 25) und meint damit die individuelle Abstimmung unterrichtlichen Handelns auf die jeweiligen Bedürfnisse der einzelnen Schüler. Aus dieser Forderung heraus wurde das

Item II.2.6 („Die Schüler werden im Fach Französisch im Unterricht individuell gefördert") geschaffen, welches klären sollte, ob und inwieweit im gymnasialen Französischunterricht individualisiert bzw. das Prinzip der Lernerorientierung realisiert wird.

Das o.g. Zitat von Wippermann ermöglicht aber noch einen weiteren Brückenschlag zum Aspekt der elterlichen Rolle in Lernprozessen. Aufgrund mehrerer Faktoren, insbesondere des Progressionstempos und der heterogenen Klassen, kann im Rahmen des „normalen" Unterrichtsalltags kaum auf individuelle Bedürfnisse der Schüler in ausreichendem Maße eingegangen werden. Helmke nennt hierfür als ursächlich die geringe aktive Lernzeit[54] innerhalb der nutzbaren Unterrichtszeit (cf. Helmke 2007, 105). Krechel berichtet von dem übereinstimmenden, empirischen Befund, dass die „Nutzung effektiver Lernzeit" (Krechel 2015, 101) ein Charakteristikum guten Unterrichts darstellt. Weil allerdings, wie Wippermann kritisiert, der Lernstoff häufig im häuslichen Bereich bewältigt werden muss, um vollständig erfasst zu werden (cf. Wippermann 2014, 97), kommt es zu folgender Erscheinung: „[i]ndividuelle Förderung ist damit faktisch den Eltern überlassen" (Wippermann 2013, 38), worin ein Anknüpfungspunkt für das nachfolgende Item besteht.

Wippermann gibt im Hinblick auf die Bewältigung schulischer Aufgaben im außerschulischen, häuslichen Kontext zu bedenken: „In der Mehrheit der Familien mit Kindern zwischen 10 und 17 Jahren bestimmt die Schule das Alltagsleben am Nachmittag und Wochenende" (Wippermann 2013, 39). Viele Eltern klagen zudem, ihre Kinder bräuchten zu viel Zeit für die Erledigung der Hausaufgaben (cf. Kamm/Müller 1975, 20). Von diesen Feststellungen, dass zu viel außerschulische Zeit für das Vor- und Nachbereiten des Unterrichts aufgewendet werden muss, wurde das Item II.2.7 („Für das Vor-/Nachbereiten des Französischunterrichts wird zuhause zu viel (Frei)Zeit in Anspruch genommen") abgeleitet.

Dass Eltern generell ein großes Interesse daran haben, ihrem Kind den Erwerb einer Fremdsprache so leicht wie möglich zu machen, erfährt man als Lehrkraft vor allem im Rahmen von Sprechstunden oder anderen Kontakten zu den Schülereltern, im Zuge derer sich jene Hinweise für das (gemeinsame)

54 Die aktive Lernzeit ist, laut Helmke, Teil der Unterrichtsquantität und somit ausschlaggebend für die Unterrichtsqualität (cf. Helmke 2007, 43).

Lernen erhoffen *(siehe Kapitel 2.1.3.2)*. Auch Wild konstatiert zur Bereitwilligkeit der Eltern, sich für die Schule bzw. das Lernen ihrer Kinder zu engagieren Ähnliches:

> „Viele Eltern wollen aktiv beteiligt sein und einbezogen werden, ohne dadurch aber in die Rolle von ‚Hilfslehrern der Nation' zu geraten und damit überfordert zu werden" (Wild/Lorenz 2010, 144).

Inwieweit diese elterliche Bereitschaft zu einem Engagement für die Schule bzw. im Zuge der Lernprozesse auf Seiten der Lehrkräfte wahrgenommen bzw. genutzt wird, und die Eltern in den Französischunterricht integriert werden, eruiert das Item II.2.8 („Ich/Wir als Eltern(teil) fühle mich/fühlen uns in das Französischlernen des/r Kindes/r von Seiten der Schule integriert").

Kamm verweist in seinem Buch *Hausaufgaben – sinnvoll gestellt* auf einzelne Tatsachen zur Hausaufgabenpraxis, welche Lehrer oft von Eltern in Einzelgesprächen erfahren: u.a. wird bemängelt, „daß (sic) Kinder unangemessen viel Zeit zur Hausaufgabenerledigung benötigten, daß (sic) der Schwierigkeitsgrad der Aufgaben nicht selten unangemessen sei" (Kamm/Müller 1975, 20). Dies resultiert darin, dass oftmals Hilfe beim Bewältigen des Unterrichtsstoffs vonnöten wird, obgleich Leuders fordert, „dass alle Schüler ohne zusätzliche Unterstützung die wesentlichen Inhalte lernen können" (Leuders/Leuders 2012, 163) sollen. Ob dies auf den gymnasialen Französischunterricht zutrifft, soll das Item II.2.9 („Das Kind/Die Kinder kann/können den Stoff nicht alleine bewältigen und benötigen außerhalb der Schule Hilfe") klären.

Neuenschwander stellt im Rahmen seines Projekts zur Beziehung zwischen Familie und Schule fest: „Eine ansehnliche Anzahl Eltern ist offensichtlich bereit, in der Schule nicht nur mitzureden, sondern auch mitzuarbeiten" (Neuenschwander 2005, 205). Viel früher schlägt Bonn bereits in seinem Artikel „Elternmitbestimmung – aber wie?" als Möglichkeit der Elternarbeit an Schulen deren Teilnahme am Unterricht der Kinder vor (cf. Bonn/Below 1973, 55). Basierend auf dieser Feststellung wurde das Item II.2.10 („Ich/Wir könnte/n mir/uns vorstellen, (mehr) in den schulischen Französischunterricht integriert zu werden, z.B. Hausaufgaben prüfen, gemeinsames Lesen") generiert, um zu klären, ob sich Eltern bereit erklären, einen aktive(re)n Part im schulischen Französischunterricht zu übernehmen.

4.5.2.3 Hinweise zum Lernen aus dem schulischen Kontext

Scott-Jones konstatiert in Bezug auf das elterliche Bedürfnis nach Anregungen für die außerschulische Lernbeteiligung: „The majority of parents want to know how to help their children at home“ (Scott-Jones 1995, 96). Bereits deutlich wurde dieser elterliche Wunsch im Zuge der Beschreibung der Gründe für die Kontaktaufnahme zu den Lehrkräften *(siehe Kapitel 2.1.3.2)*. Dies bot die Grundlage für die Frage II.3. Die sechs Items „Französischlehrkraft“, „Schulleiter“, „Beratungslehrer“, „Klassenleiter“, „Lerntutoren“, „Niemand“ repräsentieren die verschiedenen Personen aus unterschiedlichen Ebenen des schulischen Kontextes, die den Eltern hilfreiche Tipps im Hinblick auf die Unterstützung ihrer Kinder geben können und dienen als Antwortoptionen auf die Frage „Wer aus dem schulischen Kontext gibt Ihnen Tipps, wie Sie Ihre Kinder beim Französischlernen unterstützen können?“.

Wild führt hinsichtlich der Unsicherheit der Eltern in puncto Hausaufgabenhilfe an:

> „Viele Eltern sind unsicher (sic) wie sie ihre Kinder bei der Hausaufgabenbearbeitung unterstützen sollen und wünschen sich deshalb eine gezielte Beratung durch den Lehrer“ (Wild 2003, 514)

– für die einzelnen Fächer entsprechend durch die Fachlehrkraft. Dies findet sich in dem Item „Französischlehrkraft“ wieder.

Die weiteren Antwortmöglichkeiten entstammen der eigenen Unterrichtserfahrung der Verfasserin.

Das Item „Schulleiter“ ist abgeleitet aus der Tatsache, dass manche Schulleiter eine Fakultas für Französisch besitzen, wenn auch nicht selbst aktiv in diesem Fach unterrichten, und den Schülern dann mit konkreten Tipps zur Seite stehen könn(t)en.

Das Item „Lerntutoren“ wurde vor dem Hintergrund ergänzt, dass an vielen Schulen schulinterne Nachhilfe- und Unterstützungsprogramme existieren, im Zuge derer Französischlerner Tipps für das Lernen erhalten. Als weitere mögliche Personen, die den Eltern Hinweise für eine außerschulische Unterstützung der Französischlernprozesse ihrer Kinder geben können, wurden die Items „Beratungslehrer“ sowie „Klassenleiter“ ergänzt. Letztere sind insbesondere in der Sekundarstufe von Bedeutung: sie „sind die primären Ansprechpartner sowohl für die Eltern als auch für die in der Klasse unterrichtenden Fachlehrkräfte“ (Sacher 2014, 135). Darüber hinaus sind sie insbesondere auch die Schnittstelle für sämtliche Informationen, über die Lehrkräfte (auf der einen Seite) und Eltern (auf der anderen Seite) verfügen wollen und/oder müssen.

Darüber hinaus fand ebenfalls das Item „Niemand“ Berücksichtigung als mögliche Antwortoption. Den Befragungsteilnehmern stand in Form des Zusatzitems „Sonstige“ die Möglichkeit offen, andere Personen aus dem schulischen Umfeld zu ergänzen, welche ihnen Hinweise oder Unterstützungsanleitungen für die Beteiligung an den Französischlernprozessen ihrer Kinder geben. Bei dieser Frage konnten Mehrfachnennungen vorgenommen werden.

4.5.2.4 Kontakt zur Französischlehrkraft

Der Instruktion „Charakterisieren Sie bitte den Kontakt zur Französischlehrkraft“ folgen zwölf Items. Die einzelnen Items beinhalten als fünfstufige Ratingskalen – mit der Zusatzoption und Ausweichgröße „weiß nicht“ – Aussagen über den Kontakt zur Lehrkraft, denen die Eltern zustimmen oder welche sie verneinen können. Zusätzlich konnten die Befragungsteilnehmer ergänzende Anmerkungen machen, was den offenen Baustein innerhalb dieses Fragenkomplexes darstellt.

Kowalczyk konstatiert, dass sich das Interesse der Eltern an Schule – jener bezog dies explizit auf die Grundschule; diese Dimension scheint aber für den gymnasialen Kontext und demnach vorliegende Erhebung ebenso bedeutend – oft auf formelle Kontakte beschränkt (cf. Kowalczyk 1988, 30), wobei Sprechstunden die wohl häufigste Kontaktform zwischen Lehrkraft und Elternschaft darstellen. Brenner kritisiert im Hinblick auf die symbolische Funktion der üblichen Gelegenheiten zur Kontaktaufnahme, die er als „formalisiert“ (Brenner 2009, 175) bezeichnet: die

> „einschlägigen Fragestellungen in den Elternfragebögen fragen nach Art und Angebot der ‚Elternarbeit‘, aber sie fragen zur Vorsicht nicht danach, in welchem Umfang das Lehrergespräch von den Eltern tatsächlich gesucht wird“ (Brenner 2009, 176).

Entgegen dieser Kritik, und weil die vorliegende Arbeit die Beteiligung der Eltern an den Französischlernprozessen ihrer Kinder in den Fokus stellt, wurden zwei Items zur Regelmäßigkeit des Sprechstundenbesuchs der Eltern kreiert, welche sich beide in Kohlers Erklärung zur ambivalenten Funktion von Sprechstunden wiederfinden:

> „Die Elternsprechstunde dient zum einen der regelmäßigen Kontaktpflege zwischen Eltern und Lehrerinnen und Lehrern und zum andern der Lösung gerade anstehender Probleme, die zu speziell sind, um auf einem Elternabend angesprochen zu werden" (Kohler 2002, 249).

Hinsichtlich der Sprechstunden als Form der „Schule-Familie-Kommunikation" (Neuenschwander 2005, 38), wie es Neuenschwander – in Berufung auf einige Beispiele aus den USA – formuliert, mangelt es oft an der Regelmäßigkeit des Aufsuchens der Lehrer zu den spezifischen Zeiten. Um zu ermitteln, inwieweit die Kontaktaufnahme zur Französischlehrkraft im Zuge der Sprechstunden auf regelmäßiger Basis stattfindet, wurde das Item II.4.1 („Ich/Wir besuche/n regelmäßig die Sprechstunde der Lehrkraft, um über Probleme/die Schullaufbahn zu sprechen") generiert.

Göldner äußert sich im Hinblick auf den Kontakt zwischen Elternhaus und Schule ähnlich wie Kohler dahingehend,

> „daß (sic) der Kontakt zwischen Elternhaus und Schule häufig nicht in wünschenswerter Weise besteht. Meist kommt er überhaupt erst zustande, wenn sich Schulschwierigkeiten zeigen oder wenn sonst ein besonderer Anlaß (sic) eine Begegnung herbeiführt" (Göldner 1978, 10) *(siehe Kapitel 2.1.3.2)*.

Gleichermaßen verweist Neuenschwander auf unterschiedliche Studien, die Zusammenhänge zwischen der Kooperation von Eltern und Lehrer und Schülerleistungen ermitteln: „Schwache Schulleistungen bilden offenbar den Anlass zu intensiver Eltern-Lehrperson-Zusammenarbeit (kompensatorische Funktion)" (Neuenschwander 2005, 40). Vor dem Hintergrund dieser vielfach kritisierten, defizitorientierten Kontakte seitens der Eltern zu den Lehrkräften ihrer Kinder *(siehe Kapitel 2.1.3.2)* wurde das Item II.4.2 („Ich/Wir besuche/n die Sprechstunde der Lehrkraft nur wenn ein konkreter Anlass dazu besteht") generiert.

Eine weitere Kontaktmöglichkeit zur Schule bzw. zu Lehrkräften konkret besteht für Eltern anlässlich von Elternabenden, wobei – der Erfahrung der Verfasserin zufolge – die Besucherzahlen themenabhängig z.T. großen Schwankungen unterliegen. Kowalczyk mahnt, zu bedenken, dass alleine der Besuch dieser Veranstaltungen von vielen Eltern oft als Interessenbekundung an den Lehrern und an der Schule interpretiert wird (cf. Kowalczyk 1988, 30) *(siehe Kapitel 2.1.2.2.4)*. Sennlaub geht sogar noch etwas weiter und bezeichnet Elternabende, so gut sie auch gemacht sind, als „Flucht vor wirklicher Zusammenarbeit" (Sennlaub 1978, 13). Auf diesen Feststellungen ist das Item II.4.3

(Ich/Wir besuche/n regelmäßig Elternabende“) begründet, das implizit den Stellenwert dieser Kontaktform zur Französischlehrkraft aus Sicht der Eltern thematisiert.

Gehmacher nennt die Elternsprechtage, anlässlich derer den Eltern die Gelegenheit eröffnet wird, sämtliche Lehrer ihrer Kinder aufzusuchen und mit ihnen ins Gespräch zu treten, die „traditionelle Gelegenheit zur Aussprache mit den Lehrern“, bemängelt aber zugleich, dass sie „in ihrer zeitlichen Begrenztheit allgemein als nicht ausreichend erkannt werden“ (Gehmacher 1980, 48). Ebenfalls Kowalczyk führt an, dass Gespräche zwischen Eltern und Lehrern insbesondere an Elternsprechtagen gehäuft stattfinden (cf. Kowalczyk 1988, 31). Dementsprechend sollte das Item II.4.4 („Ich/Wir gehe/n zu den Elternsprechtagen und suche/n dort das Gespräch mit der Fachlehrkraft“) ermitteln, inwieweit die Eltern Elternsprechtage nutzen, um mit der Französischlehrkraft ihrer Kinder in Kontakt zu treten.

Anlässlich der Elternsprechtage, aber auch sämtlicher anderer Kontakte zu den Lehrkräften dominiert die „Schulleistung ihrer Kinder“ (Kowalczyk 1988, 31) als Gesprächsthema und steht für die Eltern im Vordergrund – sie wollen ihr Bedürfnis nach Informationen über das Lern- und Leistungsverhalten des Kindes befriedigt wissen *(siehe Kapitel 2.1.3.2 und 2.2.2.4)*. Heckel äußert sich diesbezüglich zu Pflichten des Lehrers gegenüber den Eltern seiner Schüler: „Er soll Verbindung zu den Eltern halten, sie beraten und über die Schüler erschöpfend und wahrheitsgemäß informieren“ (Heckel/Avenarius 2000, 375). Melzer konstatiert in seinem Artikel „Die Angst des Lehrers vor den Eltern“ im Hinblick auf die typischen Kontakte zwischen Lehrkräften und Eltern bei Elternabenden oder Elternsprechtagen: „Das mit Abstand häufigste Thema ist der Leistungsstand des jeweiligen Schülers“ (Melzer 1981, 33). Inwieweit sich Eltern ausreichend über diesen Aspekt des Französischunterrichts informiert fühlen, klärt das aus dieser Befundlage abgeleitete Item II.4.5 („Die Französischlehrkraft informiert mich/uns ausreichend über das Lern- und Leistungsverhalten des/r Kindes/r“).

Die große Bedeutung der Schulleistungen im Bewusstsein der Eltern äußert sich nicht selten darin, dass die Eltern ihr Kind zuhause unterstützen, und vor allem bei probleminitiierten Kontakten zu den Fachlehrkräften erhoffen sich viele Eltern Tipps für die Unterstützung ihrer Kinder im häuslichen Umfeld *(siehe Kapitel 2.1.3.2, 2.1.2.3.3 und 2.1.2.3.4)*. Wild kritisiert:

> „Selbst bei den Hausaufgaben stehen Eltern vor der Aufgabe, ihrem Kind helfen und mit ihm üben zu wollen/müssen, ohne dabei auf didaktische Tipps und Hilfestellungen von Lehrern zurückgreifen zu können" (Wild/Gerber 2008, 83sq.).

Somit soll das Item II.4.6 („Ich/Wir wünsche/n mir/uns mehr Tipps von der Lehrkraft in Bezug auf die Unterstützung des/der Kindes/r zuhause") darüber Aufschluss geben, ob im Zuge des Kontakts zur Französischlehrkraft konkrete Tipps an die Eltern weitergegeben werden.

Wippermann erwähnt eine Assoziation, die Eltern mit der Schule heutzutage verbinden: „Die Fokussierung (…) auf Leistungsmessung und Leistungsvergleiche" (Wippermann 2013, 70), welche die Lehrkräfte im Unterrichtsalltag praktizieren (müssen), und welche sich auf die Schüler und damit auf die Eltern überträgt. Bereits 1978 äußert sich u.a. Martin hierzu:

> „Dadurch, daß (sic) die Eltern von der Schule als deren Hilfskräfte eingespannt werden, fühlen sich viele Mütter und Väter veranlaßt (sic), den Leistungsdruck (…) zuhause unerbittlich fortzusetzen" (Martin 1978, 9; cf. Holzmüller 1982, 128; cf. Schmidt-Wenzel 2008, 19).

Folglich wird die häusliche Hilfe der Eltern zugunsten ihrer Kinder vielfach zum Gemeinplatz, und ist oftmals durch die Einstellung der Lehrer bedingt. Wild hebt in ihren Ausführungen zur Zusammenarbeit von Eltern und Lehrern hervor, dass Lehrer häufig „eine Mitwirkung der Eltern als selbstverständlich" (Wild/Lorenz 2010, 145) erachten. Inwieweit dies umgekehrt auf die Eltern zutrifft und sie ihre Unterstützungsleistungen für das Französisch als Selbstverständlichkeit erachten – was einen indirekten, über die Unterstützung der Lernprozesse vermittelten Kontakt zur Lehrkraft darstellt –, eruiert das von den genannten Feststellungen abgeleitete Item II.4.7 („Es ist selbstverständlich, dass ich/wir das/die Kind(er) zuhause unterstützen").

Kob thematisiert in seinem Buch *Erziehung in Elternhaus und Schule* ebenfalls die Kooperation von Eltern und Lehrkräften und konstatiert hierzu, „daß (sic) tatsächlich ein ganz starkes Bedürfnis der Eltern an Kooperation bzw. Kontakten mit den Lehrern vorhanden ist" (Kob 1963, 69). Vor diesem Hintergrund des elterlichen Interesses am Vorankommen des eigenen Kindes und der Bereitschaft zur Kooperation mit den Lehrern, um dieses zu sichern, wurde das Item II.4.8 („Ich/Wir würde/n gerne (mehr) mit der Französischlehrkraft zusammenarbeiten") generiert. Jenes soll eruieren, wie ausgeprägt der Wunsch der Eltern ist, mit der Französischlehrkraft ihrer Kinder zusammenzuarbeiten, um letztendlich das Kind im Fach Französisch bestmöglich zu fördern, und impliziert letztlich die Feststellung u.a. Sachers, dass Eltern „an einer engeren Zusammenarbeit mit der Schule letztlich nur dann interessiert sind, wenn es um das eigene Kind und dessen Schulerfolg geht“ (Sacher 2008, 193; cf. Kob 1963, 69).

Das Item II.4.9 („Ich/Wir fühle/n mich/uns gut informiert über alle Angelegenheiten des Französischunterrichts“), welches das Gefühl der Informiertheit durch die Französischlehrkraft ermittelt, wurde u.a. in Anlehnung an das grundlegende Bedürfnis aller Schülereltern kreiert, welches Neuenschwander anführt: weil die Eltern „ihre Kinder der Schule anvertrauen (…) wollen sie wissen, was in der Schule geschieht“ (Neuenschwander 2005, 194). Daraus lässt sich die von Kampmüller aufgestellte Forderung und rechtlich fixierte Pflicht der Lehrer ableiten *(siehe Kapitel 2.1.2.2.2)*, einem essentiellen Bedürfnis der Eltern im Schulalltag, jenem nach Information über das Unterrichtsgeschehen, nachzukommen: dementsprechend haben

> „die Lehrer (…) dafür Sorge zu tragen, daß (sic) die Eltern unabhängig von den Berichten der Kinder ständig darüber informiert werden, was eigentlich in der Schule geschieht“ (Kampmüller 1964, 27).

Auch Kowalczyk integriert in seinen Elternfragebogen ein Item zur Informiertheit der Eltern über schulische Angelegenheiten, allerdings bezogen auf die Schule als Ganzes (cf. Kowalczyk 2013, 68), während in vorliegender Studie die Spezifizierung auf die Information über die Angelegenheiten des Französischunterrichts erfolgt.

Im Zuge seiner Erhebung unter Schülern, Eltern und Lehrern zur Beurteilung der Zusammenarbeit zwischen den Eltern und Lehrkräften im Kanton Bern, fragt Neuenschwander u.a. auch die Bereitschaft der Eltern zur Mitarbeit in der Schule ab und führt an,

> „dass die Bereitschaft der Eltern zur Mitarbeit in der Schule in einigen Bereichen (…) tendenziell größer ist als die Häufigkeit der Anfragen, was auf ein vorhandenes, jedoch nicht genutztes Potenzial der Unterstützung im Unterricht hindeutet“ (Neuenschwander 2005, 197).

Neuenschwander bezieht dieses Fazit v.a. auf Aktivitäten im Zuge des Schullebens. Für vorliegende Studie soll allerdings eruiert werden, inwiefern von der Lehrkraft Anfragen an die Eltern erfolgen, die den Unterricht an sich betreffen. Dieser Gedanke trug zur Generierung des Items II.4.10 („Die Französischlehrkraft bezieht uns Eltern(teile) mit in Entscheidungen des Unterrichts ein, z.B. Lektüreauswahl") bei. Das Beispiel der Lektüreauswahl stützt sich auf das gleichnamige Item in der Erhebung von Aurin, wonach die Eltern und Lehrer „die verantwortliche Mitsprache bei wichtigen Fragen, die die Gestaltung des Schulalltags betreffen, für notwendig" halten, als Teil eines weiteren Verständnisses von Kooperation (Aurin 1994, 94).

Die Grundlage für das vorletzte Item innerhalb dieses Fragebogenteils liefert Kowalczyk mit seinem an der Bamberger Universität entwickelten Elternfragebogen zur Beurteilung der Qualität von Schule. Darin findet sich auch die Frage, ob die Lehrkraft außerhalb des normalen Unterrichts für die Elternschaft gut erreichbar ist: „Lehrerinnen und Lehrer sind für die (...) Eltern auch außerhalb des Unterrichts gut erreichbar und gesprächsbereit" (Kowalczyk 2013, 69). Auch Wild untersucht dieses Item in ihrer Analyse der Elternpartizipation an Gymnasien (cf. Wild 2003, 522). Für die vorliegende Erhebung soll die Erreichbarkeit der Lehrkraft konkret bezogen auf die Französischlehrkraft, mittels des Items II.4.11 („Die Französischlehrkraft ist außerhalb des Unterrichts gut erreichbar – persönlich, telefonisch, schriftlich") ersichtlich werden.

Die Auflistung der Items zur Beschreibung des Kontakts zur Französischlehrkraft enthält darüber hinaus das Item II.4.12 („Die Französischlehrkraft informiert verständlich über Prüfungs- und Leistungsanforderungen"). Jenes basiert auf einer Untersuchung von Sacher. Jener konstatiert, dass es wichtig ist,

> „dass Eltern die Prüfungspraxis und Leistungsanforderungen der Lehrkräfte verstehen. Selbst wenn die Leistungsbeurteilungen im Allgemeinen verstanden werden, so ist es doch noch einmal etwas Anderes, auch mitvollziehen zu können, wie die Leistungen der Kinder zustande kommen und erhoben werden" (Sacher 2008, 168).

Gleichermaßen ist Transparenz im Schulalltag bedeutend, nicht damit Eltern im Schulalltag Partner von Lehrkräften werden können *(siehe Kapitel 2.1.4.2)*, sondern damit Kriterien der Leistungs- und Prüfungsanforderungen für Eltern nachvollziehbar werden. Doppke konstatiert zu diesem Aspekt des schulischen Alltags:

> „Die Kriterien für Leistungsbeurteilungen werden Schülerinnen und Schülern und Eltern noch zu selten transparent gemacht. Es ist unklar, welche Leistungen in die Bewertung einbezogen und wie diese gewichtet werden“ (Doppke/Gisch 2005, 24).

4.5.3 Häusliche Lernsituation (Dritter Fragebogenteil)

Sacher gibt zu bedenken: „Die Unterstützung des häuslichen Lernens durch Eltern nimmt häufig die Form der Hausaufgabenhilfe an“ (Sacher 2008, 187). Weil in vorliegender Arbeit die Beteiligung der Eltern an den Französischlernprozessen ihrer Kinder im Mittelpunkt steht, hat die Betrachtung der Hausaufgabensituation ihre Berechtigung vor dem Hintergrund dieser Äußerung Sachers. Ebenso beschreibt Derschau Hausaufgaben als essentielle Komponente von Unterrichtsstunden:

> „HA (sic) sind integrierter Bestandteil des Lernprozesses. Überlegungen zu ihrer sinnvollen Gestaltung können nicht losgelöst werden von Überlegungen über die Ziele des Unterrichts sowie dessen inhaltliche und methodische Gestaltung“ (Derschau 1979b, 48).

Die Begriffe „zu Hause“ bzw. „häuslich“ umfassen dabei den gesamten außerschulischen Bereich und wurden als Formulierung aus Gründen des oft genannten Gegensatzpaares „Lernen in der Schule“ – „Lernen zu Hause“ explizit so gewählt. Die drei Teilfragen dieses Fragebogenteils eruieren, wie sich das außerschulische Engagement der Eltern im Zuge der Lernprozesse für das Fach Französisch gestaltet und stützen sich auf die Grundlage, dass viele Eltern tagtäglich ihre Kinder beim Lernen unterstützen (cf. Kohler 2002, 9) bzw., wie Diehl es formuliert, „die tagtäglichen Tragödien (…) bei den Hausaufgaben bewältigen“ (Diehl 1976, 642) helfen.

4.5.3.1 Lernpartner

Weil, Wild zufolge, bisher nur selten in Untersuchungen zu ermitteln gesucht wurde, welche Personen im außerschulischen Umfeld mit den Kindern lernen (cf. Wild/Lorenz 2010, 121), stellt die erste Teilfrage (III.1) die Personen in den Mittelpunkt, die außerhalb der Schule mit dem Kind Französisch lernen. Die Auflistung der Antwortmöglichkeiten umfasst insgesamt neun Items – wobei hier Mehrfachnennungen möglich waren. Mit Hilfe dieser Items konnten die Befragten den Satz „Mein(e)/Unser(e) Kind(er) lernt/lernen zu Hause Französisch mit…“ vervollständigen. Viele der Items finden sich in der Fachliteratur wieder; für einige Lernhelfer werden dabei oft plausible Gründe angeführt, warum Schüler bei wem konkret Hilfe suchen.

Wild verweist auf das einheitliche Ergebnis verschiedener Studien, „dass Unterstützungsleistungen – sofern sie nicht durch die Eltern selbst erfolgen – in erster Linie durch das private Umfeld der Familien geleistet werden" (Wild/Lorenz 2010, 121), wozu sie „Gleichaltrige, vor allem Geschwister und Mitschüler, (…) aber auch (…) erwachsene Bezugspersonen, insbesondere Verwandte" (Wild/Lorenz 2010, 121) zählt. Dieses Resümee enthält die Grundlage für viele Items der vorliegenden Fragebogenfrage.

Als primäre Helfer in Lernprozessen fungieren die Eltern, woraufhin die beiden Items „Mutter" und „Vater" generiert wurden. Darüber hinaus helfen insbesondere gleichaltrige bzw. ältere Geschwister beim Lernen. Dies führt auch Kohler an:

> „Viele Kinder ziehen die Hilfe älterer Geschwister vor, da diese zumeist das Lehrbuch kennen, die besonderen Lernwege und Fachausdrücke beherrschen, vielleicht dieselben Schwierigkeiten durchzustehen hatten und somit oftmals gezielter und schneller helfen können als ihre Eltern" (Kohler 2002, 103).

Hieraus wurde das Item „Geschwister" abgeleitet. Die Items „Andere Verwandte" und „Klassenkameraden" sowie „Freunde/Bekannte" stützen sich ebenfalls auf Wilds oben genannte Auflistung möglicher familieninterner Lernpartner. Darüber hinaus wurde das Item „Lebenspartner" ergänzt, um dem Familientypus der unvollständigen Familien Rechnung zu tragen.

Den Recherchen von Gießing zufolge ist Nachhilfe

> „für Fremdsprachenlehrer von besonderer Bedeutung, da alle bislang durchgeführten Untersuchungen übereinstimmend ergaben (…), dass in den Fremdsprachen insgesamt mehr Nachhilfestunden gegeben werden als in der Mathematik und allen Naturwissenschaften zusammen" (Gießing 2006, 508).

Bereits 1998 ermittelt Kramer in einer Erhebung zur Nachhilfe in Nordrhein-Westfalen, dass „Latein und Französisch (…) am häufigsten bei Gymnasiasten gefragt [sind]" (Kramer/Werner 1998, 27). Diese Befunde resultierten in der Generierung des Items „Nachhilfelehrer". Es wurde in vorliegender Untersuchung allerdings außen vor gelassen, ob die Nachhilfe auf Initiative der Eltern oder aus eigener Entscheidung des Schülers in Anspruch genommen wird.

Da viele Kinder beim Lernen auf sich allein gestellt sind, wurde darüber hinaus das Item „Niemand" ergänzt. Zusätzlich konnten die Befragungsteilnehmer eigenständig Personen(gruppen), die nicht bereits aufgelistet waren, bei dem zusätzlichen Item „Sonstige“ ergänzen, was den offenen Baustein innerhalb dieses Fragenkomplexes darstellt.

4.5.3.2 Häufigkeit und Zeitpunkt des Lernens

Aufschluss über die Verteilung der Lernaktivitäten über den Tages- und Wochenablauf und Antwort auf die Frage „Wie oft beteiligen Sie sich am häuslichen Französischlernen Ihrer Kinder?“ geben die unterschiedlichen Antwortitems des Fragebogenteils III.2. Jener gliedert sich in zwei Teilfragen und enthält jeweils die Option zu Mehrfachnennungen. Beide Teilfragen wurden im Zuge der elektronischen Programmierung des Online-Fragebogens zu Wahlfragen deklariert, aufgrund der Tatsache, dass sich die Beantwortung bzw. Bearbeitung von III.2 erübrigt, sofern Befragungsteilnehmer in der vorhergehenden Teilfrage (III.1) „Niemand“ angekreuzt hatten.

Zur Beschreibung der Lernmomente im Hinblick auf die Häufigkeit der gemeinsamen Lernaktivitäten standen den Eltern folgende Items zur Wahl: „Einmal pro Woche“, „Täglich“, „Täglich mehrmals“, „Nur am Wochenende“ sowie „Nur vor Leistungserhebungen“. Das Item „Täglich mehrmals“ wurde deshalb in die Antwortoptionen aufgenommen, da Schüler angaben, vor allem in Phasen der Prüfungsvorbereitung mehrmals mit ihren Eltern Wortschatz zu wiederholen. Das Item „Nur vor Leistungserhebungen“ wurde dabei aus den folgenden Quellen generiert: Sacher nennt, exemplarisch für die aktive Unterstützung der Lernarbeit der Kinder im häuslichen Bereich, die „Beaufsichtigung der langfristigen, gründlichen und angemessenen Vorbereitung auf Prüfungen“ (Sacher 2008, 193). Gleichermaßen hebt Leuders hervor: „Vor einer anstehenden Klassenarbeit bekommt das heimische Üben einen besonders brisanten Charakter“ (Leuders/Leuders 2012, 160).

Hinsichtlich des Zeitpunkts des Lernens im Tagesverlauf konnten die Teilnehmer der Befragung aus vier Items auswählen: „Gleich nach der Schule“, „Im Anschluss an die Erledigung der Hausaufgaben“, „Am Abend“ und „Am Morgen vor der Schule“. Das Item „Am Morgen vor der Schule“ wurde generiert in Anlehnung an die Praxiserfahrung der Verfasserin: Schüler berichteten des Öfteren, am Morgen vor der Schule – verstärkt vor Leistungserhebungen – noch einmal mit ihren Eltern schwierige Vokabeln zu wiederholen oder Übungen, welche am Tag zuvor Schwierigkeiten bereitet hatten, erneut zu bearbeiten.

Zusätzlich zu den Antwortvorschlägen in Form der unterschiedlichen Items stand den Befragungsteilnehmern die Möglichkeit offen, eigene Anmerkungen hinsichtlich des Zeitpunkts sowie der Häufigkeit der Aktivitäten des gemeinsamen Französischlernens zu machen.

4.5.3.3 Arten der Unterstützung

„Wie unterstützen Sie Ihr/e Kind/er außerhalb der Schule und auch in Bezug auf das Fach Französisch?“ lautet die Frage zur Beantwortung der dritten Teilfrage innerhalb dieses Fragebogenabschnitts und stellt das konkrete Lernbeteiligungs- und Unterstützungsverhalten der Eltern bzw. die Lernhilfen[55], die sie ihrem Kind bieten, in den Fokus (III.3). Für die einzelnen Themenfelder waren jeweils Mehrfachnennungen der Items möglich. Die unterschiedlichen Items wurden nach Themenbereichen gegliedert und ermitteln Informationen zu vier verschiedenen Aspekten der Art und Weise, wie die Eltern konkret ihre Kinder beim Französischlernen unterstützen. Innerhalb jedes Themenbereichs stand jeweils die Option „Keine der genannten Möglichkeiten“ als Antwortmöglichkeit zur Verfügung. Zusätzlich konnten die Befragungsteilnehmer eigene Anmerkungen ergänzen.

Das erste Themenfeld sollte mit Hilfe von sechs Items eruieren, inwieweit elterliche Hilfe allgemeiner Natur bei den außerschulischen Französischlernprozessen erfolgt (III.3.1).

Ziegenspeck konstatiert zu Gesprächen über Schule und deren Bedeutung im Hinblick auf das elterliche Interesse an Schule Folgendes: „Das Interesse an Schule von Seiten der Eltern zeigt sich außerdem in ihren Gesprächen mit ihren Kindern über die Schule“ (Ziegenspeck 1978, 146). Neuenschwander verweist in seinem Projekt *Schule und Familie* auf einige Beispiele aus den USA, welche verschiedene Arten der Verbindungen zwischen Familie und Schule illustrieren, darunter auch die „Eltern-Kind-Kommunikation über die Schule“ (Neuenschwander 2005, 38; cf. Pöggeler 1978, 57).

Die von Neuenschwander aufgeführte Form der Verbindung des Elternhauses mit der Schule bzw. die elterliche Interessensbekundung an Schule durch Gespräche wurde für die vorliegende Erhebung konkret auf das Fach

---

[55] Köck und Ott beschreiben in ihrem *Wörterbuch für Erziehung und Unterricht* Lernhilfen als u.a. von Eltern zur Verfügung gestellte Formen von „psychischer Unterstützung, Ermunterung, Ermutigung, direkter Aufgabenhilfe durch sachliche Hinweise, Medien aller Art und durch Lehr- und Lernprogramme“ (Köck/Ott 2002, 438).

Französisch bezogen und diente als Basis für das Item „Wir sprechen über das Fach Französisch und den Unterricht".

Sacher integriert in seine Auflistung der elterlichen Möglichkeiten, das häusliche Lernen der Kinder zu begleiten, u. a. auch „konstruktive Eltern-Kind-Kommunikation über die Schule, über die Lehrkräfte und über schulische Probleme" (Sacher 2008, 194). Dies bildete die Grundlage für das allgemein gehaltene Item „Wir besprechen Probleme, die im Zuge des Französischunterrichts hervortreten".

Dass sich Eltern und Kinder in gemeinsamen Gesprächen neben den Schulproblemen auch über „Schullaufbahnentscheidungen" (Neuenschwander 2005, 38) austauschen, wurde in Anlehnung an diese Bemerkung Neuenschwanders, und, erweitert um die Komponente der beruflichen Zukunft der Kinder, in Form des folgenden Items in diesen ersten Bereich aufgenommen: „Wir sprechen über die Schullaufbahn/berufliche Zukunft des Kindes". Zusätzlich wurden folgende zwei Items als mögliche allgemeine Formen der elterlichen Lernbeteiligung ergänzt: „Wir lassen uns einzelne Dinge aus dem Lehrstoff erklären", „Wir besprechen Fähigkeiten und Interessen des Kindes".

Wie die Beteiligung der Eltern an den Französischhausaufgaben der Kinder gestaltet ist, wurde mit Hilfe des zweiten Themenfeldes (III.3.2), mit Hilfe von vier Items beleuchtet.

Sacher verweist – mit Bezug auf den Terminus der Elternarbeit – darauf, dass besonders jene Konzepte der Elternarbeit erfolgreich sind, „welche sich auf die direkte elterliche Unterstützung der häuslichen Lernprozesse der Kinder konzentrieren" (Sacher 2008, 280). Darüber hinaus wurde bereits aus dem Einblick in die Empirie deutlich, dass „nur relativ wenige Eltern nicht in irgendeiner Form bei der Erledigung der HA ihrer Kinder", allerdings in Abhängigkeit von „der Schulart und der Klassenstufe" (Derschau 1979, 32; cf. Wittmann 1972, 64) helfen *(siehe Kapitel 2.1.2.3.3)*, wobei in vorliegender Studie von einem erweiterten Hausaufgabenbegriff ausgegangen wird *(siehe Kapitel 2.1.2.3.3)*.

Neuenschwander beruft sich in seiner Auflistung von „Formen von Familien-Schule-Verbindung" auf Beispiele aus den USA und nennt darunter u.a. auch die „Unterstützung bei den Hausaufgaben durch die Eltern" (Neuenschwander 2005, 38), was die Basis für diesen Themenbereich bildet. Derschau listet verschiedene Befunde zur generellen Hausaufgabenbeteiligung von Eltern auf, darunter auch den folgenden, welcher sich auf eine Erhebung von Eigler und Krumm stützt:

> „Insgesamt helfen nur relativ wenige Eltern nicht in irgendeiner Form bei der Erledigung der HA ihrer Kinder. (…) Die Unterstützung (…) beschränkt sich bei einem Teil der Eltern auf Überwachung und Kontrolle (meist unter dem Gesichtspunkt, ob die Aufgaben richtig und sauber erledigt werden), während sehr viele Eltern (…) auch häufig den Stoff oder den Lösungsweg erläutern, zusätzlich üben und/oder die Lösung vorgeben" (Derschau 1979b, 32; cf. Eigler/Krumm 1979, 64sq.).

Nicht nur Helmke – jener berichtet beispielsweise von Fragen, die im Zuge der Erhebung zum sozialen und sprachlichen Hintergrund in Familien den Schülern gestellt wurden und eruieren sollen, ob und inwiefern elterliche Hausaufgabenbeteiligung stattfindet (cf. Helmke 2002, 90) –, sondern u.a. auch Sacher konstatieren, dass sich Eltern oft in Form einer „Kontrolle der rechtzeitigen, vollständigen und gewissenhaften Erledigung von Hausaufgaben" (Sacher 2008, 193; cf. Helmke 2002, 90; cf. Keck 1979, 178; cf. Holzmüller 1982, 142; cf. Ziegenspeck 1978, 145) mit den Aufgaben ihrer Kinder beschäftigen. Gleichermaßen führt Scott-Jones den Aspekt des „checking that homework is completed" (Scott-Jones 1995, 87) als eine Möglichkeit für Eltern an, auf die Schulleistung ihrer Kinder positiv einzuwirken. Auf dieser Grundlage wurde das Item „Wir kontrollieren ob der schriftliche Teil der Hausaufgabe erledigt wurde" generiert.

Neben der Kontrolle auf Vollständigkeit führt u.a. Pöggeler eine weitere Möglichkeit der elterlichen Beteiligung an den Hausaufgaben im Rahmen der Lernprozesse der Kinder an: die Überprüfung bzw. Kontrolle der „Arbeitsergebnisse (…), soweit dies möglich ist" (Pöggeler 1978, 17). Leuders gibt diesbezüglich Folgendes zu bedenken:

> „Aufgabe der Eltern ist es nicht, dafür zu sorgen, dass die Hausaufgaben immer richtig sind, sondern dass die Schüler sich bemühen und sich eine ausreichend lange Zeit damit auseinandersetzen" (Leuders/Leuders 2012, 153).

Ob dennoch die von ihm als nicht zu praktizierende Art der Unterstützung bei den Französischhausaufgaben von den Eltern konkret für das Fach Französisch betrieben wird, wurde durch das Item „Wir kontrollieren die Hausaufgaben auf Korrektheit" abgefragt, wobei hier insbesondere die schriftlichen Hausaufgaben gemeint sind. Denn, wie Derschau anmerkt: „der überwiegende Teil der schriftlichen Arbeiten [entfällt u.a.] auf (…) Fremdsprachen" (Derschau 1979b, 21).

Ein weiteres Item, „Wir helfen bei den schriftlichen Hausaufgaben mit", sollte klären, ob Eltern diese Form der auf die Französischhausaufgaben bezogenen, aktiven eigenen Mithilfe betreiben.

Im dritten Themenfeld (III.3.3) repräsentieren sieben Items unterschiedliche Formen der elterlichen Beteiligung an den Französischlernprozessen der Kinder. Die einzelnen Items beleuchteten dabei verschiedene Teilaspekte des Fremdsprachenlernens. Jene stützen sich auf das an der Schule verwendete Lehrbuch, welches u.a. Fäcke zufolge „[u]nter den im Französischunterricht verwendeten Unterrichtsmaterialien (...) eine zentrale Stellung" (Fäcke 2010, 208) innehat. Der Begriff Lehrwerk muss von dem des Lehrbuchs[56] abgegrenzt werden, den Unterschied erklärt u.a. Thaler:

> „Das Lehrbuch ist das für die Hand der Lernenden entwickelte Einzelbuch mit üblicherweise in Units gegliederten Texten, Aufgaben (und Wortschatz-/Grammatikanhang)" (Thaler 2012, 80; cf. Fäcke 2010, 208).

Die Wortschatzabfrage und Übertragungsfähigkeit in die jeweils andere Sprache wurden mittels der Items „Wir fragen den Wortschatz ab, dabei sagen wir das Wort und fordern die französische Übersetzung" und „Wir lassen Texte aus dem Lehrbuch ins Deutsche übersetzen" ermittelt. Die Mithilfe der Eltern bei der Schulung der Aussprache und der Lesefähigkeit wurde im Rahmen zweier Items erhoben: „Wir lassen uns die neuen Wörter laut vorsprechen und verbessern Aussprachefehler" sowie „Wir lassen uns Texte aus dem Lehrbuch laut vorlesen und verbessern Aussprachefehler".

Die Items „Wir fragen die neuen Grammatikregeln ab" und „Wir wiederholen gemeinsam bereits Besprochenes/alten Wortschatz" vervollständigen dieses Themenfeld, welches das Lehrbuch als „Leitmedium (...) im Fremdsprachenunterricht" (Fäcke 2010, 208) in den Mittelpunkt stellt.

Inwieweit für die elterliche Beteiligung an den Französischlernprozessen der Kinder Zusatzmaterialien verwendet werden, sollen die fünf Items des letzten Themenfeldes (III.3.4) Auskunft geben.

Drei Items konzentrieren sich dabei auf zusätzliche, von den Kindern (mit oder ohne) ihre Eltern zu bearbeitende Übungen, die aus verschiedenen Quellen stammen: „Wir machen zusätzliche Übungen aus dem Lehrbuch zusam-

[56] Synonym zum Terminus Lehrbuch wird häufig der Begriff „Schülerbuch" (Thaler 2012, 80) gebraucht.

men“, „Wir machen zusätzliche Übungen aus Büchern/Heften anderer Verlage zusammen“ und „Wir überlegen uns selbst Übungen“. Erstgenanntes Item basiert u.a. auf der Aufzählung von Fäcke: jene listet unterschiedliche Begleitmaterialien auf, die – zusammen mit dem Schülerbuch – das Lehrwerk bilden:

> „ein Grammatikheft, ein Vokabelheft, ein Arbeitsheft (cahier d'exercices, cahier d'activités), (…) und seit entsprechenden technischen Neuerungen auch CDs und DVDs. Neben diesen zentral für den Unterricht konzipierten und aufeinander abgestimmten Bestandteilen gibt es weitere, die als Ergänzung zum Unterricht angeboten werden, z.B. Selbstlernmaterialien, Tandembögen, CD-Roms zur Selbstarbeit am Computer“ (Fäcke 2010, 208).

Dass diese Materialien auch von anderen Verlagen – als dem des eigentlichen Schulbuchs – angeboten werden, ist im zweitgenannten Item enthalten. Das drittgenannte Item stützt sich auf eine Aussage Boßmanns zum elterlichen Hausaufgabenengagement, wonach es nicht wenige „zur Regel werden lassen, dem Kind einige Male in der Woche oder gar täglich ein paar zusätzliche Trimm-Aufgaben aus eigener Initiative aufzuerlegen“ (Boßmann 1979, 97).

Das Item „Wir stellen notwendige Zusatzmaterialien bereit“, welches in Anlehnung an die Anmerkung eines Pretest-Teilnehmers diesbezüglich generiert worden war, komplettiert dieses Themenfeld und repräsentiert die Elternarbeit in Form der Schaffung notwendiger Lernvoraussetzungen *(siehe Kapitel 2.1.2.3.2)*.

4.5.4 Fehlende häusliche Unterstützung (Vierter Fragebogenteil)

Im vierten und letzten Teil des Erhebungsinstruments soll – mit Hilfe von zwei Fragen – ermittelt werden, warum sich einerseits die Eltern nicht am Französischlernen ihrer Kinder beteiligen. Darüber hinaus soll geklärt werden, welche Angebote sie andererseits als wünschenswert erachten, um sich verstärkt einbringen zu können in die Lernprozesse, und vielleicht auch in den Französischunterricht, im Sinne des erweiterten Unterrichtsbegriffs (cf. Pakulla 1967, Inhaltsverzeichnis) *(siehe Kapitel 1.1)*.

4.5.4.1 Gründe für die Enthaltung aus Französischlernprozessen

Zur Beantwortung der Frage „Warum erfolgt keine Unterstützung Ihres/Ihrer Kindes/Kinder beim Französischlernen?“ stehen im ersten Fragenkomplex des letzten Fragebogenteils zwölf Items zur Verfügung. Diese möglichen

Gründe der Enthaltung sind jeweils als fünfstufige Ratingskalen angelegt, außerdem steht die Zusatzoption „weiß nicht“ für jedes Item zur Verfügung. Die Befragungsteilnehmer hatten zusätzlich die Möglichkeit, eigene andere, nicht aufgeführte Motive für den Verzicht auf die Beteiligung an den Französischlernprozessen anzugeben.

Die angeführten möglichen Hinderungsgründe für die Eltern, ihr Kind nicht außerhalb der Schule beim Französischlernen zu unterstützen, ergaben sich aus dem unmittelbaren Situationen innerhalb des Schulalltags der Verfasserin oder Kollegen und stützen sich ebenfalls auf Forschungsliteratur zum Thema.

Viele Eltern haben selbst nie Französisch gelernt und können ihre Kinder deswegen nicht bei Französischlernprozessen unterstützen. Martin Korte führt in seinem Buch *Wie Kinder heute lernen* als einen Hinderungsgrund der elterlichen Beteiligung an, dass die eigenen Kompetenzen nicht ausreichen (cf. Korte 2011, 291). Dies führte zur Generierung des Items IV.1.1 („Ich kann/Wir können selbst kein bzw. zu wenig Französisch, um helfen zu können“).

Möglicherweise sind fehlende zusätzliche Übungsmaterialien ein Grund für Eltern, ihren Kindern keine Hilfestellung beim Französischlernen geben zu können. Dieses Motiv wurde mittels des Items IV.1.2 („Ich habe/Wir haben keine zusätzlichen Übungsmaterialien zuhause“) abgefragt.

Das Item IV.1.3 („Ich habe/Wir haben kein Interesse zu helfen“) basiert auf der Tatsache, dass manche Eltern, wie Martin erwähnt, schlichtweg „keine Lust“ (Martin 1978, 82) haben, sich an den Lernprozessen ihrer Kinder zu beteiligen.

Oft enthalten sich Eltern aus den Französischlernprozessen ihrer Kinder, weil sie keine Lösungen haben, um etwaige Aufgaben auf Korrektheit zu überprüfen. Vor diesem Hintergrund wurde das Item IV.1.4 („Ich habe/Wir haben zu den Übungen im Buch/Arbeitsheft keine Lösungen und können diese daher nicht korrigieren“) generiert.

Sacher verweist darauf, dass viele Eltern das

> „Gefühl [haben], nichts zur Schulbildung der Kinder beitragen und sie nicht unterstützen zu können, [jene leiden unter der] Unwissenheit, wie man sich in der Schule und für das Lernen der Kinder engagieren könnte“ (Sacher 2008, 91).

Diese Unwissenheit wird in vorliegender Studie mit Hilfe des Items IV.1.5 („Ich weiß nicht/Wir wissen nicht wie man beim Französischlernen helfen könnte") abgefragt.

Viele Eltern helfen ihren Kindern aber auch deswegen nicht beim Französischlernen, weil sie selbst keine Geduld dazu aufbringen können. Dieser mögliche Hinderungsgrund für die Beteiligung an den Französischlernprozessen der Kinder wird mit Hilfe des Items IV.1.6 („Ich habe/Wir haben keine Geduld, um beim Französischlernen zu helfen und etwas mehrmals zu erklären") erhoben.

Sacher konstatiert, dass fehlende Zeit eine stärkere Kooperation auf Seiten der Eltern und somit die Lernbeteiligung der Eltern oftmals verhindert (cf. Sacher 2008, 91). Auch Schönfeldt führt die fehlende Zeit als Hinderungsgrund für die elterliche Beteiligung an den Lernprozessen der Kinder an und macht insbesondere für „berufstätige Eltern und alleinstehende Mütter" (Schönfeldt 1973, 29) knappe Zeitressourcen aus. Auf Basis dieser Grundlage wurde das Item IV.1.7 („Ich habe/Wir haben keine Zeit, um beim Französischlernen zu helfen") gebildet.

Sowohl das Item IV.1.8 („Das Kind/Die Kinder besucht/besuchen die Ganztagsschule. Dort werden alle Hausaufgaben erledigt und gelernt") – u.a. nennt Kohler Ganztagsschulen[57] als „beste Lösung des Hausaufgabenproblems" (Kohler 2002, 231) – als auch das Item IV.1.10 („Das Kind/Die Kinder besucht/besuchen den Französisch-Förderunterricht an der Schule") sollen in vorliegender Studie verdeutlichen, ob möglicherweise Angebote des jeweiligen Gymnasiums, sofern sie von den Kindern der befragten Eltern in Anspruch genommen werden, Gründe für Eltern sind, sich aus den Französischlernprozessen ihrer Kinder zu enthalten. Generiert wurden die beiden Items vor dem Hintergrund der Äußerung Kirks zum Zweck schulischer Förderangebote: „Eltern fordern schulinterne Fördermaßnahmen vielfach aufgrund ‚schlechter' Noten oder Problemen bei der Hausaufgabenbearbeitung ein" (Kirk 2012, 381).

---

57 Gemäß der Definition von Ganztagsschule des Bayerischen Staatsministeriums für Unterricht und Kultus sind mit Ganztagsschulen Schulen gemeint, „bei denen über den vormittäglichen Unterricht hinaus an mindestens vier Tagen in der Woche ein ganztägiges Angebot für die Schülerinnen und Schüler bereitgestellt wird, das täglich mehr als sieben Zeitstunden umfasst", wobei zusätzlich zwischen einer offenen und einer gebundenen Ganztagsform unterschieden wird (Bayerisches Staatsministerium für Bildung und Kultus, Wissenschaft und Kunst. „Ganztagsschulen in Bayern". <http://www.km.bayern.de/eltern/schule-und-familie/ganztagsschule.html>. 13.07.2015.

Zwar impliziert das Item IV.1.9 („Ich habe/Wir haben kein Geld, um Zusatzhefte etc. zum Üben zu kaufen“) eine Aussage zum sozioökonomischen Hintergrund der Familien – entgegen der in Absicht der vorliegenden Studie, sozioökonomische Gegebenheiten der befragten Familien auszuklammern *(siehe Kapitel 4.3.2)* –, jenes wurde allerdings dennoch in den Fragenkomplex IV.1 aufgenommen, weil es im Hinblick auf einen möglichst vollständigen Überblick über die Gründe der Enthaltung aus Lernprozessen als sinnvoll erachtet wurde. Auch im Zuge des Pretests wurde von einem Befragungsteilnehmer angemerkt, er hätte kein Geld für die Finanzierung zusätzlicher Hilfsmittel übrig, würde allerdings seinem Kind gerne mehr zur Verfügung stellen.

Die letzten beiden Antwortitems wurden auf Basis der Feststellung generiert, dass einerseits die Kinder selbst bisweilen die elterliche Hilfe beim Französischlernen ablehnen (IV.1.11: „Das Kind/Die Kinder würde/n Hilfe grundsätzlich ablehnen“) sowie dass viele Kinder bereits selbstständig lernen und die Hilfe ihrer Eltern nicht mehr in Anspruch nehmen (müssen): „Das Kind/Die Kinder braucht/brauchen keine Hilfe mehr, denn es/sie lernt/lernen selbstständig“ (Item IV.1.12).

4.5.4.2 Wünsche der Eltern für eine stärkere Beteiligung an Lernprozessen

Die letzte Frage innerhalb des Fragebogens beruht auf dem von Leuders erwähnten Wunsch vieler Eltern, „ein bisschen sattelfester (…) zu sein“ (Leuders/Leuders 2012, 8) hinsichtlich der in der Schule behandelten Themen und Arbeitstechniken. Jener führt als Zielvorstellung seines Buches *Mathe können* aus der Perspektive der Eltern an:

> „Wir müssen und wir wollen daheim sinnvoll das schulische Lernen begleiten. Wir müssen und wollen mit den Profis an der Schule über die Chancen und Schwierigkeiten unserer Kinder sprechen können“ (Leuders/Leuders 2012, 11).

Somit werden unter dieser Frage (IV.2) eine Reihe von Vorschlägen aufgeführt, die möglicherweise für die Eltern im Hinblick auf eine (verstärkte) Integration in den Französischunterricht und in die Französischlernprozesse ihrer Kinder von Interesse sind.

Zur Beantwortung der Frage „Welche der folgenden Angebote wären für Sie interessant, um mehr in den Französischunterricht integriert zu werden und Ihr(e) Kind(er) beim Lernen unterstützen zu können?“ standen den Befragungsteilnehmern 14 Antwortitems zur Verfügung – mit der Option der

Mehrfachnennungen – sowie das zusätzliche Item „weitere Ideen“ als offener Baustein: hier konnten sie eventuelle Anregungen ihrerseits artikulieren.

Die ersten beiden Items („Sprachkurs an der Schule“; „Sprachkurs an einer Volkshochschule“) wurden auf der Grundlage zweier Quellen generiert. Beide stellen den Spracherwerb der Eltern in den Mittelpunkt der Aufmerksamkeit. An der Volkshochschule im Landkreis Cham beispielsweise können Eltern in Französischkursen mit dem Schul-Lehrbuch ihrer Kinder Französisch lernen und so exakt der Progression der Schule folgen. Darüber hinaus verweist Raasch in seinem Aufsatz „Fremdsprachen in der Erwachsenenbildung“ auf zwei nützlichkeitsorientierte Motive der Erwachsenen, Fremdsprachen zu erlernen: die Eltern können, sofern sie Kenntnisse in der entsprechenden Fremdsprache erwerben, „Hilfen zur Schularbeitbeaufsichtigung der eigenen Kinder“ leisten oder auch „‚Nachhilfe‘ für Schüler“ (Raasch 1995, 125). Auch Pöggeler führt diese Möglichkeit für Eltern an, um sich an Hausaufgaben in Fremdsprachen beteiligen zu können, ist jedoch nicht von deren Effektivität und Zielsetzung überzeugt: „Das ginge zu weit“ (Pöggeler 1978, 22).

Ebenso angelehnt an denselben Aufsatz von Raasch ist das Item „Spezielle Literatur zum Erwerb von Grundkenntnissen in Französisch“, wobei „spezielle Literatur“ autodidaktisch ausgerichtete Materialien meint, denn jener erwähnt die Möglichkeit des Selbststudiums zum Spracherwerb (cf. Raasch 1995, 124).

Manche Eltern beklagen, dass es keine Informationsblätter gäbe zu besonders zu beachtenden Aspekten der französischen Sprache; dies bildete die Grundlage für das Item „Arbeitsblätter zu besonders wichtigen Aspekten der französischen Sprache, die von der Schule angeboten werden“. Als besonders wichtige Aspekte des Französischen werden hierbei die sprachinhärenten Eigenheiten und grammatischen Besonderheiten des Französischen zusammengefasst, die für Lerner dieser Fremdsprache teilweise große Hürden darstellen, und welche Raabe in seinem Aufsatz „Französisch“ auflistet:

> „die liaison“, „Genus- und Numerusmarkierungen beim Adjektiv und Substantiv mit Kongruenzerfordernissen“, das „Endungssystem beim Verb“, die „Vergangenheitstempora“, der „subjonctif“ sowie weitere grammatikalische Probleme sowie jene der idiomatisch korrekten Sprachverwendung (Raabe 1995, 372).

Unterschiedliche Optionen der außerschulischen Unterstützung, die eventuell für Eltern von Interesse sein könnten, finden sich in folgenden Items wieder:

„(Lehrwerksunabhängiges) Geheft mit Angaben zu Aspekten, die es bei der Vor-/Nachbereitung des Französischunterrichts zu beachten gilt", „Hinweise zu verschiedenen Lerntechniken", „Hinweise zur optimalen Zeitnutzung bei Hausaufgaben und beim Lernen".

Neuenschwander führt u.a. den Wunsch der Eltern nach mehr „lernstoffbezogene[n] Informationen" (Neuenschwander 2005, 173) als Ursache einer engeren Kooperation mit den Lehrkräften der Kinder an. Basierend auf dieser Feststellung sowie auf der Tatsache, dass im Cornelsen-Verlag zum Lehrwerk *À plus* (Band 1) bereits ein Elternheft erschienen ist, das dem Aufbau des Schülerbuches folgt und den Eltern in jeder Lektion, zu jeder Themeneinheit sowohl Möglichkeiten zur Hilfestellung für ihre Kinder als auch einen Überblick über das zu Erlernende bietet (cf. Théry 2013, 3), wurde das Item „Geheft zum Lehrwerk, das den Eltern mitteilt, was ihre Kinder in den einzelnen Lektionen lernen und beachten sollen" generiert.

Bezogen auf die schulische Seite als Impulsgeber von Angeboten für Eltern, die deren Einbezug in die Französischlernprozesse erleichtern könnten, wurden folgende Items als mögliche Antwortoptionen in den Fragenkomplex aufgenommen: „Hinweise zur Hausaufgabenkontrolle durch die Lehrkraft" und „Hinweise zur optimalen Prüfungsvorbereitung durch die Lehrkraft".

Als Angebote mit Veranstaltungscharakter sind u.a. auch folgende Items angegeben: „Veranstaltungen, wo Eltern lernen, wie sie ihre Kinder in Französisch unterstützen können" oder „Regelmäßige Treffen mit der Lehrkraft zur Besprechung schulischer Belange". Ersteres wurde auf Basis der Idee von Pöggeler kreiert: jener fordert Elterntrainings, insbesondere hinsichtlich des Fremdsprachenunterrichts, im Zuge derer die Eltern die aktuellen Lern-Methoden kennenlernen und erlernen bzw. nachvollziehen können, um z.B. die Hausaufgaben ihrer Kinder betreuen zu können (cf. Pöggeler 1978, 22).

Kowalczyk integriert in seinen Elternfragebogen folgendes Item: „Wenn ich Schwierigkeiten habe, die mit der Schule zu tun haben, kann ich mir bei anderen Eltern Unterstützung holen" (Kowalczyk 2013, 69). Auch Girgensohn misst Eltern-Eltern-Kontakten insbesondere in problematischen Situationen große Bedeutung bei:

> „Hier läßt (sic) ich die anfängliche Befangenheit schnell abbauen und ein Klima der Offenheit erreichen, in dem schulische und erzieherische Probleme zwanglos (…) erörtert werden können. Hier werden Eltern erfahren, daß (sic) sie mit ihren Problemen nicht allein stehen" (Girgensohn 1981, 48).

Beide Quellen dienten als Basis für die Entwicklung eines weiteren Antwortitems für die betreffende Frage: „Treffen mit anderen Eltern zur Besprechung von Ideen/Problemen“.

Das Item „Nachhilfe für Schüler und Eltern zusammen“, abgeleitet aus der Erfahrung der Verfasserin im Zuge der Tätigkeit an einer offenen Ganztagsschule, wo Eltern und Schüler oftmals zusammen den Erläuterungen der Lehrkräfte beiwohnten, komplettiert diese Auflistung.

4.6 Überblick über verwendete statistische Verfahren

4.6.1 Grundlegendes

Wie Gültekin-Karakoç in ihrem Beitrag „Analyse quantitativer Daten“ einleitend konstatiert, fällt bei der „Entscheidung für ein quantitatives Forschungsdesign (...) gleichzeitig die Entscheidung für die computergestützte statistische Auswertung der Daten“ (Gültekin-Karakoç/Feldmeier 2014, 183).

Zur Prüfung der für die vorliegende Studie relevanten Hypothesen wurden statistische Verfahren unterschiedlicher Komplexität angewandt, welche sowohl der deskriptiven als auch der Inferenzstatistik zuzuordnen sind.

Die deskriptive Statistik dient – im Gegensatz zur Inferenzstatistik – der Charakterisierung von Stichproben, ohne Rückschlüsse auf die Grundgesamtheit zu ermöglichen (cf. Gültekin-Karakoç/Feldmeier 2014, 187). Das geschieht auf der Grundlage, dass im Zuge deskriptiver statistischer Verfahren „die erhobenen Daten mithilfe von (mathematischen) Kennwerten“ (Gültekin-Karakoç/Feldmeier 2014, 187) beschrieben werden.

Rasch präzisiert, dass die deskriptive Statistik durch entsprechende Arten der Organisation und der grafischen Darstellung von Daten jene „übersichtlich und für den Betrachter leicht fassbar“ (Rasch 2014, 1) gemacht werden. Im Zuge deskriptiver statistischer Verfahren erstellt man zunächst eine Datenmatrix. Die erhobenen Daten werden kodiert – d.h. es gilt, „den unterschiedlichen Ausprägungen der Variablen Zahlen zuzuordnen“ (Rasch 2014, 3) –, fehlende Werte berücksichtigt und Daten somit für weitere Berechnungen aufbereitet (cf. Rasch 2014, 2sq.). Zur Darstellung der erhobenen Daten schlägt Rasch Histogramme und Kreisdiagramme vor (cf. Rasch 2014, 5).

Im Zuge der deskriptiven Statistik sind sogenannte statistische Kennwerte entscheidend, deren Aufgabe Rasch so definiert: sie „geben über bestimmte Eigenschaften eines Datenkollektivs oder einer Verteilung zusammenfassend Auskunft" (Rasch 2014, 10), was mit Hilfe von Lagemaßen (cf. Gültekin-Karakoç/Feldmeier 2014, 188) geschieht. Jene wollen „einen Wert angeben (…), der die gesamte Messwerteverteilung am besten beschreibt" (Gültekin-Karakoç/Feldmeier 2014, 188).

Als das häufigste Maß der zentralen Tendenz gilt das Arithmetische Mittel bzw. der Mittelwert: „Er gibt den Durchschnitt aller Werte wieder" (Rasch 2014, 11). Gültekin-Karakoç ergänzt, dass mit Hilfe des Lagemaßes des arithmetischen Mittels „die Lage einer Werteverteilung angegeben werden" (Gültekin-Karakoç/Feldmeier 2014, 188) kann. Der Mittelwert „setzt sich zusammen aus der Summe aller gemessenen Werte, geteilt durch die Gesamtzahl der Werte" (Gültekin-Karakoç/Feldmeier 2014, 188).

Darüber hinaus gibt es den Median-Wert. Kuckartz erklärt hierzu: Der Median „teilt die Datenmenge genau in der Mitte, so dass 50% der Werte über dem Median und 50% der Werte unter dem Median liegen" (Kuckartz 2013, 64).

Zusätzlich zu den Maßen der zentralen Tendenz geben die sogenannten Dispersionsmaße Auskunft darüber, „wie stark die einzelnen Werte voneinander abweichen" (Rasch 2014, 13). Gültekin-Karakoç expliziert zur Bedeutung von Dispersions- bzw. Streuungsmaßen: jene geben Auskunft

> „über die Form der Verteilung [von Werten]. Genauer gesagt erfahren wir, wie die einzelnen Werte um einen Wert der zentralen Tendenz streuen, d.h. wie gut beispielsweise der Mittelwert die Verteilung beschreibt" (Gültekin-Karakoç/Feldmeier 2014, 190).

Die Standardabweichung (SD) als Streuungsmaß informiert „darüber, wie weit die Werte einer Verteilung vom arithmetischen Mittel entfernt liegen" (Kuckartz 2013, 71). Sie zeigt also die „Breite einer Normalverteilung" (Rasch 2014, 15) an und ist, Rasch zufolge, mit Hilfe einer grafischen Darstellung leicht zu interpretieren.

Während das Streuungsmaß der Varianz zwar ebenfalls angibt, „wie die Werte durchschnittlich um das arithmetische Mittel streuen" (Gültekin-Karakoç/Feldmeier 2014, 190), jedoch eine „Quadrierung der Maßeinheit" impliziert und somit interpretatorische Schwierigkeiten aufwerfen könnte, ist die SD die „Wurzel der Varianz" (Gültekin-Karakoç/Feldmeier 2014, 190) und deswegen leichter zu interpretieren, weil sie „die Maßeinheit, die eine Variable hat [, respektiert]“ (Gültekin-Karakoç/Feldmeier 2014, 191). In vorliegender Untersuchung ist die Standardabweichung v.a. bei den als Ratingskalen angelegten Fragenkomplexen bedeutend und wird entsprechend angegeben *(siehe Kapitel 4.6.1)*.

In Abgrenzung zur deskriptiven Statistik ermöglicht die Inferenzstatistik einen „Schluss von den erhobenen Daten einer Stichprobe auf Werte in der Population“ (Rasch 2014, 21; cf. Gültekin-Karakoç/Feldmeier 2014, 192), also „generalisierbare Aussagen über Populationen“ (Settinieri 2012, 260). Gültekin-Karakoç ergänzt:

> „Wir machen, im Unterschied zur deskriptiven Statistik, Aussagen über Daten, die uns zwar nicht vorliegen, die aber durch die Anwendung statistischer Testverfahren mit einer gewissen Wahrscheinlichkeit (…) geschätzt werden können“ (Gültekin-Karakoç 2014, 192).

Sämtliche inferenzstatistische Verfahren arbeiten mit Hypothesen und sind, auf dieser Grundlage, in unterschieds- und zusammenhangshypothesenprüfende Verfahren kategorisierbar (cf. Gültekin-Karakoç/Feldmeier 2014, 193). Beide Arten von Hypothesen, die entsprechende statistische Berechnungsverfahren erfordern, sind zur Begriffsklärung in nachfolgender Übersicht kurz dargestellt (cf. Gültekin-Karakoç/Feldmeier 2014, 200).

Unterschieds-Hypothesen	2 Stichproben unterscheiden sich hinsichtlich 1 Variable bzw. „zwei oder mehrere Gruppen [werden] hinsichtlich einer oder mehrerer Variablen verglichen“ (Settinieri 2012, 262)
Zusammenhangs-Hypothesen	Es werden 2 Variablen einer Stichprobe erhoben. → Man untersucht, ob zwischen beiden ein Zusammenhang besteht bzw. „eine Gruppe [wird] hinsichtlich des Zusammenhangs mehrerer Variablen untersucht“ (Settinieri 2012, 262).

Abb. 20: Beschreibung der zwei grundlegenden Arten von Hypothesen.

Sämtliche Hypothesen leiten sich aus „den bisherigen theoretischen und empirischen Erkenntnissen des jeweiligen Forschungsbereichs“ (Gültekin-Karakoç 2014, 193) ab und werden in der Statistik als Hypothesenpaar formuliert. Jenes setzt sich zusammen „aus einer Nullhypothese (H_0) und Alternativhypothese (H_1)“ (Gültekin-Karakoç 2014, 193). Raithel expliziert hierzu:

> „Die formulierte Hypothese, die in der Untersuchung getestet werden soll, wird als Alternativ- oder Gegenhypothese (H_1) bezeichnet. (…) Der wissenschaftliche Status quo wird hingegen an Hand (sic) der Nullhypothese (H_0) repräsentiert" (Raithel 2008, 34sq.).

Zusätzlich wird zwischen gerichteten bzw. einseitigen und ungerichteten bzw. zweiseitigen Hypothesen unterschieden: erstere beinhalten eine „Aussage über die Richtung eines zu messenden Unterschieds" (Settinieri 2012, 261), während letztere nur das Vorhandensein eines Gruppenunterschieds bestätigen (cf. Settinieri 2012, 261).

Nachfolgend werden sämtliche, für vorliegende Untersuchung notwendige Verfahren – geordnet nach aufsteigender Komplexität der Daten – kurz beschrieben.

4.6.2 Univariate Verfahren: Häufigkeitsverteilungen

Als univariate Daten sind Häufigkeitsverteilungen jene statistischen Daten mit der geringsten Komplexität, weil ihre Struktur eindimensional gestaltet ist, und fallen in den Bereich der deskriptiven Statistik.

Die Häufigkeiten für die einzelnen Items der entsprechenden Skalen des Fragebogens werden mit Hilfe von Balkendiagrammen visualisiert. Die Reihenfolge der Darstellung der einzelnen Häufigkeitsanalysen folgt der Abfolge der einzelnen Fragen im Erhebungsinstrument. Die Häufigkeiten für die Antwortkategorie „weiß nicht" der als Ratingskalen konzipierten Fragenkomplexen werden jeweils nur erwähnt, wenn sie auffällig sind (entweder äußerst niedrig oder wenn sie die Anzahl von 25 übersteigen).

Bei den Informationen bzw. Items, die mit Hilfe von Likert-Skalen abgefragt wurden, folgt die Beschreibung der Ergebnisse der Häufigkeitsanalyse jeweils folgender Struktur: nach der Betrachtung der Mittelwerte (*M*) und Standardabweichungen (*SD*) pro Item werden die Häufigkeiten, mit welchen die einzelnen Antwortoptionen der fünfstufigen Ratingskala der einzelnen Items gewählt wurden, betrachtet. Am Ende jeder Beschreibung sind die Häufigkeiten für diese fünf Stufen in einem Balkendiagramm dargestellt. Aus Gründen der Übersichtlichkeit werden in den Beschreibungen sämtlicher Häufigkeitsanalysen die beiden positiven Abstufungen der jeweiligen Ratingskala sowie die beiden negativen Abstufungen zusammengefasst: unter „Zustimmung" bzw. „Bestätigung" verstanden, dass die Befragungsteilnehmer einem Item entweder „größtenteils" oder „vollkommen" zustimmen; analog bedeutet „Ablehnung" oder „Zurückweisung" eines Items, dass die

Befragungsteilnehmer dem Item „größtenteils nicht“ oder „überhaupt nicht“ zustimmen.

4.6.3 Bivariate Verfahren

Die drei bivariaten statistischen Verfahren, die in vorliegender Studie zur Anwendung kommen, sind Korrelationen, t-Tests und Chi-Quadrat-Tests.

- Korrelationen

Korrelationsberechnungen dienen der Prüfung von Zusammenhanghypothesen und können den Ausgangspunkt weiterer statistischer Verfahren, wie z.B. Regressionen, bilden (cf. Rasch 2014, 97).

In ihrem Grundlagenbeitrag zu verschiedenen statistischen Verfahren expliziert Settinieri zur Bedeutung von Korrelationen: „Eine Korrelation (…) prüft, ob zwei Variablen systematisch miteinander oder voneinander unabhängig variieren“ (Settinieri 2012, 265). Es müssen allerdings verschiedene Voraussetzungen für das Vorhandensein einer Korrelation erfüllt sein: es ist erforderlich,

> „dass die Messwerte zweier metrisch skalierter Variablen unabhängig voneinander gemessen wurden und dass sie normalverteilt sind sowie dass ein linearer Zusammenhang der Variablen angenommen werden kann“ (Settinieri 2012, 265).

Zusätzlich dazu ist ein Charakteristikum von Korrelationsberechnungen, dass „die beiden Merkmale gewissermaßen gleichberechtigt nebeneinander stehen und allein der Zusammenhang von Interesse ist“ (Rasch 2014, 98).

Rasch hält zur Bedeutung von Korrelationen fest:

> „Die Produkt-Moment-Korrelation nach Pearson ist das gebräuchlichste Maß für die Stärke des Zusammenhangs zweier Variablen. Sie drückt sich aus im Korrelationskoeffizienten *r*“ (Rasch 2014, 85).

Streudiagramme stellen den linearen Zusammenhang zwischen zwei Variablen dar (cf. Kuckartz 2013, 209). Aus jenen Diagrammen ist auch ablesbar, wie der Zusammenhang zwischen zwei Variablen gestaltet ist, d.h. ob er positiv oder negativ linear, nicht linear ist oder ob möglicherweise überhaupt kein Zusammenhang besteht (cf. Kuckartz 2013, 209). Eine Korrelation bzw. der Korrelationskoeffizient *r* zeigt zwar „die Stärke und Richtung des Zusammenhangs zweier Variablen an“ (Gültekin-Karakoç 2014, 201), ermöglicht aber keine Aussage über einen etwaigen Kausalzusammenhang (cf. Settinieri

2012, 266; cf. Rasch 2014, 86), weil mittels Korrelationen ungerichtete Zusammenhänge ermittelt werden.

Aufschluss darüber, ob der Zusammenhang zwischen den beiden vermeintlich korrelierenden Variablen zufälliger Natur ist oder sich auf die Grundgesamtheit übertragen lässt, gibt der *p*-Wert. Abhängig davon, ob jener kleiner oder größer als das Signifikanzniveau ist, unterteilt man Korrelationen in statistisch signifikante und statistisch nicht signifikante. Zur Bestimmung des Signifikanzniveaus bzw. zur Abgrenzung der einzelnen Werte schlägt Settinieri, unter Berufung auf die übliche Praxis in der Fremdsprachenforschung, folgende Orientierungswerte vor: „$p > 0.05$ (nicht signifikant)“, „$p \leq 0.05$* (signifikant)“, „$p \leq 0.01$** (sehr signifikant“) sowie „$p \leq 0.001$*** (hoch signifikant“ (Settinieri 2012, 260sq.). Rasch präzisiert zum Signifikanztest für Korrelationen:

> „Die Nullhypothese des Signifikanztests für Korrelationen besagt, dass eine empirisch ermittelte Korrelation *r* zweier Variablen aus einer Grundgesamtheit stammt, in der eine Korrelation (…) von null besteht. Die Alternativhypothese behauptet, dass die tatsächliche Korrelation der Population von null verschieden ist“ (Rasch 2014, 88).

Der Korrelationskoeffizient (Pearson's *r*) „arbeitet (…) mit den positiven und negativen Differenzen der Werte von den Mittelwerten beider Variablen“ (Settinieri 2012, 266) und weist einen Wert zwischen „-1 für einen perfekt negativen bis +1 für einen perfekt positiven Zusammenhang auf. Eine Nullkorrelation liegt bei r=0 vor“ (Rasch 2014, 110 cf. Häder 2006, 420; cf. Settinieri 2012, 266; cf. Gültekin-Karakoç/Feldmeier 2014, 201). Mittels jener durch Pearson's *r* ausgedrückten Zusammenhänge – die Höhe des Koeffizienten drückt dabei die Stärke des Zusammenhangs aus – soll verdeutlicht werden, inwieweit jene von 0 („kein Zusammenhang“) verschieden sind (cf. Rasch 2014, 86). Den Hinweisen zur Deutung von Korrelationskoeffizienten von Gültekin-Karakoç folgend gilt es, zu beachten, „dass hohe Werte auf der einen Variablen mit hohen Werten auf der anderen Variablen einhergehen“ (Gültekin-Karakoç/Feldmeier 2014, 201). In der vorliegenden Studie ergeben sich z.T. sehr niedrige Werte für den Korrelationskoeffizienten; aufgrund der Größe der Stichprobe werden allerdings auch jene schwachen Zusammenhänge signifikant.

Zur Interpretation der Werte des Korrelationskoeffizienten schlagen Albert und Marx folgende Abstufungen vor, die der tabellarischen Darstellung zu entnehmen sind:

Wert	Interpretation
0,90-1	sehr hohe Korrelation, sehr starke Beziehung
0,70-0,89	hohe Korrelation, ausgeprägte Beziehung
0,40-0,69	mittlere Korrelation, substantielle Beziehung
0,20-0,39	schwache Korrelation, definitive, aber geringe Beziehung
0-0,19	keine bis leichte Korrelation

Abb. 21: Richtwerte zur Einordnung der Höhe von Korrelationskoeffizienten (cf. Albert/Marx 2014, 130).

- t-Tests

Settinieri präzisiert zur Funktion von t-Tests in ihrem Grundlagenbeitrag zu statistischen Verfahren:

> „Der ‚t-Test' prüft die Frage, ob zwei zu vergleichende Stichproben signifikant unterschiedliche Messwerte zeigen oder ob sie vielmehr hinsichtlich des untersuchten Merkmals derselben Population zuzurechnen sind" (Settinieri 2012, 263; cf. Rasch 2014, 33; cf. Kuckartz 2013, 159).

T-Tests prüfen demzufolge Unterschiedshypothesen. Zur Berechnung von t-Tests erklärt Settinieri weiter:

> „Berechnet wird, ob der Mittelwert der einen Gruppe innerhalb des Bereiches liegt, in den mit der in *p* angegebenen Wahrscheinlichkeit der ‚wahre' Mittelwert, d.h. der Populationsmittelwert, der anderen Gruppe fällt (…), oder ob der Mittelwert signifikant höher oder niedriger liegt" (Settinieri 2012, 263).

Somit wird mit t-Tests eruiert, ob und welche Unterschiede zwischen zwei Gruppen sich mit dem Zufall erklären lassen und welche statistisch signifikant sind und demnach mit hoher Wahrscheinlichkeit auch so in der Grundgesamtheit, und nicht nur innerhalb der Stichprobe, auftreten (cf. Kuckartz 2013, 159).

In vorliegender Untersuchung wurden t-Tests für unabhängige Stichproben durchgeführt, welcher dann zur Anwendung kommt, „wenn die Personen der zwei Stichproben in keiner sich beeinflussenden Beziehung zueinander stehen" (Kuckartz 2013, 160). Als Voraussetzung für die Durchführung eines t-Tests gilt, dass „die untersuchte Variable mindestens Intervallskalenniveau" (Kuckartz 2013, 168; cf. Rasch 2014, 34) hat und in den beiden Grundgesamtheiten im Hinblick auf das zu untersuchende Merkmal eine Normalverteilung vorliegt (cf. Kuckartz 2013, 168).

Bei dem vorliegenden Stichprobenumfang von über 400 (*N*=446) spielt allerdings ein Verstoß gegen die Normalverteilungsannahme nach dem zentralen Grenzwertsatz keine Rolle für die Zuverlässigkeit der Ergebnisse, sodass auf die Überprüfung dieser Annahme im Rahmen des Kolmogorov-Smirnov-Tests für die einzelnen Items im Folgenden jeweils verzichtet wird (cf. Field 2014, 170sq.).

„Für die Überprüfung der Varianzhomogenität steht ein eigener Hypothesentest zur Verfügung, der sogenannte Levene-Test" (Kuckartz 2013, 161). Dabei meint der Begriff der Varianzhomogenität, „dass sich die Varianzen der einzelnen Faktorstufen nicht signifikant voneinander unterscheiden dürfen" (Kuckartz 2013, 198). Der Levene-Test soll für die vorliegenden Berechnungen die Nullhypothese testen,

> „dass die Varianzen gleich sind. Ergibt der Levene-Test ein signifikantes Ergebnis, weil $p < 0.05$ ist, bedeutet dies also, dass man sich für die Alternativhypothese entscheiden müsste, nach der sich mindestens zwei Variablen signifikant unterscheiden" (Kuckartz 2013, 198).

Darüber hinaus führt Field zum Verstoß gegen die Varianzhomogenität an: „Bei Vorliegen von Varianzheterogenität können alternativ die Ergebnisse eines modifizierten t-Tests verwendet werden" (Field 2014, 374). Jener wird als Welch-Test bezeichnet.

Zusätzlich zu den t-Werten wird – im Falle signifikanter Mittelwertsunterschiede – für die einzelnen Zusammenhänge jeweils die Effektstärke berechnet (Cohen's *d*) und angegeben. Jener Wert ermöglicht es, zu beurteilen „ob eine gefundene signifikante Mittelwertdifferenz als groß oder als klein zu interpretieren ist" (Kuckartz 2013, 167). Kuckartz verweist im Hinblick auf das Maß „Cohen's *d*" auf folgende empfohlenen Abstufungen von Effektstärken: $d= 0{,}2$: niedrig, $d= 0{,}5$ mittel, $d= 0{,}8$ hoch (cf. Kuckartz 2013, 168; cf. Rasch 2014, 49). Die Effektstärke bzw. Effektgröße

> „setzt die Unterschiede zwischen den beiden Gruppenmittelwerten ins Verhältnis zur Standardabweichung der Population, d.h. es findet eine Art Normierung statt, welche die Vergleichbarkeit von Resultaten ermöglicht" (Kuckartz 2013, 154).

Cohen's *d* wird positiv angegeben, wenn der Mittelwert der „ja"-Gruppe höher ist als derjenige der „nein"-Gruppe, und entsprechend negativ angegeben, wenn der Mittelwert der „nein"-Gruppe höher ist als derjenige der „ja"-Gruppe.

- Chi-Quadrat-Test (Pearson)

Der Chi-Quadrat-Test zählt zu den zusammenhangshypothesenprüfenden Verfahren und „nimmt einen Vergleich zwischen der beobachteten Verteilung und einer theoretischen Verteilung vor" (Häder 2006, 423).

In seinem Buch *Statistik* expliziert Kuckartz zur Logik des Chi-Quadrat-Tests: jene besteht darin, „empirisch beobachtete und erwartete Häufigkeiten miteinander zu vergleichen" (Kuckartz 2013, 92). Chi-Quadrat-Tests arbeiten mit Kreuztabellen (cf. Raithel 2008, 139). Dabei muss die Voraussetzung erfüllt sein, dass maximal zwei Zellen eine erwartete Häufigkeit von weniger als 5 aufweisen dürfen. Ist dies nicht der Fall, kommt der exakte Test nach Fisher zur Anwendung (cf. Raab-Steiner/Benesch 2012, 134). Dies expliziert Raithel folgendermaßen: Der Chi-Quadrat-Test

> „überprüft die Unabhängigkeit der beiden Variablen der Kreuztabelle und damit indirekt den Zusammenhang der beiden Merkmale (Signifikanztest). Zwei Variablen einer Kreuztabelle gelten dann als voneinander unabhängig, wenn die beobachteten Häufigkeiten der einzelnen Zeilen mit den erwarteten Häufigkeiten übereinstimmen" (Raithel 2008, 143; cf. Gültekin-Karakoç/Feldmeier 2014, 199).

Es wird also mit Hilfe eines Chi-Quadrat-Tests die Signifikanz des Zusammenhangs zweier Merkmale überprüft (cf. Raithel 2008, 139), sodass das Ergebnis eines Chi-Quadrat-Tests klärt, ob ein „in der Stichprobe ermittelte[r] Unterschied auf einen Unterschied in der Grundgesamtheit hindeutet" (Häder 2006, 423; cf. Raithel 2008, 139). Was ein Chi-Quadrat-Test nicht leisten bzw. bieten kann ist die „Information über die Stärke des Zusammenhangs" (Kuckartz 2013, 97), wofür dann weitere „Maßzahlen (z.B. Cramer's V (…))" (Raithel 2008, 139) erforderlich sind. Der Zusammenhangskoeffizient *Cramer's V* hat, Kuckartz zufolge, folgenden Vorteil: er „ist für Tabellen beliebiger Größe geeignet und schöpft immer den vollen Wertebereich aus, d.h. er kann bei allen Tabellengrößen den Wert 1 erreichen" (Kuckartz 2013, 100).

Der Chi-Quadrat-Test ist an die Voraussetzung gebunden, dass alle erwarteten Häufigkeiten größer als 1 und nicht mehr als 20% kleiner als 5 sein dürfen. Ansonsten ist ein dramatischer Verlust an Teststärke die Folge. Der exakte Test von Fisher bietet in einer solchen Situation eine Lösung und ist für kleine Zellbesetzungen geeignet (cf. Field 2014, 735).

4.6.4 Multivariate Verfahren

Die zwei, für die vorliegende Studie relevanten, multivariaten statistischen Analyseverfahren werden nachfolgend kurz dargestellt.

- Hauptkomponentenanalyse

Das multivariate Verfahren der Hauptkomponentenanalyse testet nicht, wie die restlichen, für die vorliegende quantitative Studie erforderlichen Verfahren, Hypothesen und ist damit „strukturprüfend" (Raithel 2008, 119). Dieses Verfahren ist vielmehr explorativer Natur und somit „strukturentdeckend" (Raithel 2008, 119).

Fromm formuliert als Ziel der Hauptkomponentenanalyse (oder: Principal Component Analysis, kurz PCA) bzw. Faktorenanalyse Folgendes: Sie soll ermitteln, „ob mehrere latente Dimensionen vorliegen und wie diese inhaltlich bestimmt werden können" (Fromm 2012, 59). Settinieri formuliert als Ziel der Faktorenanalyse, dass jene „Variablen zu ihnen zugrunde liegenden latenten Faktoren [bündelt]" (Settinieri 2012, 266). Ähnlich beschreibt Fromm, dass

> „das Ziel der Faktorenanalyse auch eine Datenreduktion sein [kann], da eine Vielzahl korrelierender Variablen durch wenige Faktoren ersetzt wird (Vorteile: Interpretation, Handhabung)" (Fromm 2012, 60).

Grum expliziert in ihrem „Anwendungsbeitrag: Anwendungsbeispiele statistischer Verfahren zur Analyse von Lernersprachdaten" zur Hauptkomponenten- bzw. „explorativen Faktorenanalyse":

> „Mithilfe von Faktorenanalysen (…) lassen sich eine große Anzahl von Variablen kategorisieren und reduzieren, indem die Variablen mit den höchsten Korrelationen (Faktorladungen) zu einer Kategorie (Faktor) zusammengefasst werden, so dass diese Faktoren anschließend inhaltlich interpretiert werden können. Die über die Faktorenanalyse gewonnenen Faktorwerte können in weiterführenden Analysen verwendet (…) werden" (Grum 2012, 281).

Nachfolgend wird die Vorgehensweise im Zuge einer Hauptkomponentenanalyse nach Fromm beschrieben (cf. Fromm 2012, 63sq.).

Die Grundlage jeder PCA bilden die Korrelationen zwischen allen Items, die in die Analyse aufgenommen werden. Da in der Regel eine große Zahl von Items verwendet wird, ist die Struktur der Korrelationen und die dahinter liegenden Dimensionen (bzw. Hauptkomponenten oder Faktoren) meist nicht bereits aus der Inter-Korrelationsmatrix ersichtlich. Wenn alle Korrelationen gegen Null gehen, deutet das darauf hin, dass die Daten keine dimensionale Struktur haben. Der Bartlett-Test prüft die Hypothese, dass in der Grundgesamtheit alle Korrelationskoeffizienten den Wert Null haben und damit eine Hauptkomponentenanalyse nicht sinnvoll erscheint. Ist das Ergebnis dieses Tests signifikant, kann diese Hypothese verworfen werden und der Schluss ist erlaubt, dass in der Grundgesamtheit zumindest zwischen einigen Variablen relevante Korrelationen bestehen.

Der Kaiser-Meyer-Olkin-Test (KMO-Test) basiert auf den partiellen Korrelationen zwischen den Itempaaren. Diese werden berechnet, indem die Einflüsse der anderen Items eliminiert werden. Wird die gemeinsame Streuung der Variablen durch einen Faktor bestimmt, müssten die partiellen Korrelationen deshalb klein sein. Das Kaiser-Meyer-Olkin-Maß KMO nimmt Werte zwischen Null und Eins an, wobei der Wert umso größer ist und die Daten sich umso besser für eine Hauptkomponentenanalyse eignen, je kleiner die partiellen Korrelationen sind. Orientierungswerte für das KMO-Maß sind der nachfolgenden Tabelle zu entnehmen.

KMO-Koeffizient	Eignung der Daten
> 0.90	**sehr gut**
0.80-0.90	**gut**
0.70-0.79	**mittel**
0.60-0.69	**mäßig**
0.50-0.59	**schlecht**
< 0.50	**inkompatibel mit der Berechnung**

Abb. 22: Werte für den KMO-Koeffizienten und Eignung der Daten (Klopp 2010, 4).

Das weitere Vorgehen der Hauptkomponentenanalyse, das Zusammenfassen hochdimensionaler Daten in eine überschaubare Anzahl an Dimensionen, wird in Anlehnung an Schendera (cf. Schendera 2010, 218) beschrieben.

Zunächst werden n Eigenwerte und die dazugehörigen Eigenvektoren aus der Korrelationsmatrix eines gegebenen Datensatzes mit n Variablen ermittelt.

> „Die Eigenvektoren werden auf eine gemeinsame Einheit standardisiert. Die Hauptkomponenten (principal components) sind Linearkombinationen der n Variablen. Die ermittelten Eigenvektoren sind die Koeffizienten der Linearkombinationen" (Schendera 2010, 218).

Man nennt diese Koeffizienten (Faktor-)Ladungen.

Die größtmögliche Varianz wird durch die Linearkombination der ersten Hauptkomponente aufgeklärt. Sämtliche weitere Hauptkomponenten sind Linearkombinationen von n Variablen, die nicht zu den bereits ermittelten Hauptkomponenten korreliert sind. Sie klären jeweils die Varianz auf, welche von der jeweils vorausgehenden Hauptkomponente nicht erfasst wird (cf. Schendera 2010, 218).

> „Die erste Hauptkomponente besitzt die größtmögliche Varianz auf der Basis einer Linearkombination der beobachteten Variablen; die letzte Hauptkomponente besitzt dagegen die geringste Varianz irgendeiner Linearkombination der beobachteten Variablen" (Schendera 2010, 218).

Die Kommunalitäten für die Variablen geben an, „welcher Betrag der Streuung eines Items durch alle Faktoren gemeinsam erklärt wird" (Fromm 2012, 68). Items mit niedriger Kommunalität werden durch die Faktorlösung schlecht erfasst (cf. Fromm 2012, 68). Berechnet werden die Kommunalitäten als Summe der quadrierten Ladungen. Sind so viele Faktoren wie Variablen extrahiert, sind die Kommunalitäten aller Variablen gleich eins. Bortz erklärt zu zur Kommunalität von Variablen: jener Wert zeigt an, „in welchem Ausmaß diese Variable durch die Faktoren aufgeklärt bzw. erfaßt (sic) wird" (Bortz 1993, 480).

Als Kriterien dafür, nach wie vielen Faktoren die Extraktion abgebrochen wird und wie viele Indizes extrahiert werden, kann – neben dem Scree-Test *(siehe Anhang 9.6.1)* – das Eigenwertkriterium (Kaiser-Kriterium) dienen. Jenes ermittelt die Anzahl der Dimensionen bzw. Indizes, die aus einer Vielzahl von Items gebildet werden. Fromm erklärt:

> „Eigenwerte beziehen sich auf die Faktoren und geben an, welcher Betrag der Gesamtstreuung aller Variablen durch einen Faktor erklärt wird. (…) Der Eigenwert bringt die Bedeutung eines Faktors zum Ausdruck und gibt einen Hinweis darauf, wie viele Faktoren in einem gegebenen Datensatz sinnvollerweise extrahiert werden können" (Fromm 2012, 70; cf. Bortz 1993, 481).

Dabei gilt als Orientierung der Eigenwert 1: es werden so viele Faktoren extrahiert, wie es Eigenwerte größer als 1 gibt (cf. Bortz 1993, 503).

Wie Bortz beschreibt, werden in einer PCA Faktoren „nach einem mathematischen Kriterium [ermittelt], das nur selten gewährleistet, daß (sic) die resultierenden Faktoren auch inhaltlich sinnvoll interpretiert werden können" (Bortz 1993, 506). Um die Interpretation zu erleichtern, kann eine Rotation der Faktoren – im Zuge derer die Ladungen der einzelnen Faktoren besser aufgeteilt werden – helfen, wobei insbesondere die Varimax-Rotation geeignet ist. Sie ermöglicht es, „eine möglichst gute Einfachstruktur (…) für die (…) bedeutsamen Faktoren" (Bortz 1993, 507) herzustellen durch die Maximierung der Varianz der Ladungen aller Variablen auf die Hauptkomponenten (cf. Bortz 1993, 507).

Eine PCA dient der Dimensionsreduktion bzw. der Indexbildung für sämtliche weitere statistische Berechnungen (cf. Köck/Ott 2002, 212), die die durch die Indizes zusammengefassten, entsprechenden inhaltlichen Aspekte miteinschließen. Kuckartz definiert einen Index wie folgt:

> „Er ist (…) ein aus den Werten verschiedener Indikatorvariablen zusammengesetzter Wert für ein komplexes Merkmal (…) [und wird] zur Messung mehrdimensionaler Konstrukte verwendet" (Kuckartz 2013, 242).

Dabei müssen, um einen Index zu bilden, „alle relevanten Indikatoren [ausgewählt werden]" (Kuckartz 2013, 242). Als Vorgehensweise für „[fehlende Werte] einzelner Items, d.h. wenn Personen das betreffende Statement nicht beantwortet haben" (Kuckartz 2013, 250) erfolgte „die Bestimmung des Werts der Gesamtskala einer Person (…) nur auf der Grundlage der Items mit gültigen Werten" (Kuckartz 2013, 250).

Für jeden Index muss anschließend eine Reliabilitätsanalyse durchgeführt werden, „um zu überprüfen, wie gut eine Skala geeignet ist, eine Disposition zu messen" (Fromm 2012, 54). Als „Maß für die Homogenität der gesamten Skala" (Fromm 2012, 57) und nennt Fromm Cronbach's Alpha. Zydatiß fordert bei Ratingskalen generell, deren Reliabilität zu messen, „um zu sehen, ob die Fragen inhaltlich ‚in die gleiche Richtung gehen'" (Zydatiß 2012, 133) und verweist ebenfalls auf Cronbach's Alpha, welches er beschreibt als „ein Korrelationsmaß zwischen allen Items einer Skala" (Zydatiß 2012, 133).

Fromm führt hinsichtlich des Werts von Cronbach's Alpha an: „Je höher der Wert von Alpha ist, desto besser erfassen die Items die Dimension" (Fromm 2012, 57). Dabei gilt: „Als wünschenswert wird in der Literatur meist ein Alpha-Wert von mindestens 0,8 genannt (…), was aber in der Praxis häufig nicht erreicht wird" (Fromm 2012, 58; cf. Häder 2006, 105). Kuckartz expliziert zur Höhe des Alpha-Koeffizienten, dass u.a. „Skalen mit Alphawerten zwischen 0,7 und 0,8 als durchaus brauchbar" (Kuckartz 2013, 247) zu beschreiben sind.

Ein weiterer wichtiger Wert im Zuge einer PCA ist die Trennschärfe. Häder charakterisiert sie als „ein Maß für den Beitrag und die Eignung der einzelnen Items für die Gesamtskala“ (Häder 2006, 105). Nach Kuckartz sind „Trennschärfe-Werte über 0,50 (…) als hoch einzustufen“ (Kuckartz 2013, 246).

- Regressionsanalyse

Bei der einfachen linearen Regression arbeitet man mit einem Prädiktor – bzw. unabhängigen Variable – und einem Kriterium bzw. abhängiger Variable (cf. Rasch 2014, 98), sodass das Kriterium auf Basis des Prädiktors vorhergesagt werden kann (cf. Rasch 2014, 97). Linear in diesem Kontext bedeutet, „dass sich beide Variablen im gleichen Verhältnis entwickeln“ (Raithel 2008, 159). Settinieri beschreibt die lineare Regression als multivariates Analyseverfahren mit Hilfe deren Zielsetzung: sie „versucht eine abhängige Variable durch eine oder mehrere unabhängige Variablen zu erklären“ (Settinieri 2012, 266).

Im Zuge der Berechnung einer multiplen Regression soll mit der Information aus mehreren Prädiktoren bzw. unabhängigen Variablen (cf. Rasch 2014, 168) deren „Ausprägung auf einem Kriterium“ (Rasch 2014, 98; cf. Kuckartz 2013, 266) vorhergesagt werden. Nach Raithel fällt das statistische Verfahren der multiplen Regressionsanalyse in den Bereich der multivariaten Verfahren und analysiert „Kausalbeziehungen“ (Raithel 2008, 168). Kuckartz expliziert, dass eine multiple Regression davon ausgeht, dass sich ein Kriterium als Summe der gewichteten Prädiktoren ergibt (cf. Kuckartz 2013, 266; cf. Raithel 2008, 170).

Bei jeder Regressionsberechnung müssen darüber hinaus die jeweiligen Voraussetzungen für diese Berechnung gegeben sein. Jene sind, der Auflistung von Kuckartz folgend:

- es muss „ein linearer Zusammenhang vorliegen“,
- es muss eine Normalverteilung vorliegen: „Die Residuen, also die Fehler bei der Vorhersage, sollen (…) einer Normalverteilung folgen,
- die Voraussetzung der Homoskedastizität muss erfüllt sein: „Grafisch veranschaulicht heißt dies, dass die Streuung der Punkte um eine Regressionsgerade homogen ist“,
- „Es dürfen keine Ausreißer vorliegen“,
- „Es darf keine bzw. nur eine geringe Multikollinearität vorliegen“ (Kuckartz 2013, 272).

5. Ergebnisse

5.1 Grundlegendes

In diesem Kapitel erfolgt zunächst die Beschreibung der Hauptkomponentenanalysen zur Bildung von Indizes, welche für sämtliche nachfolgenden (inferenzstatistischen) Berechnungen notwendig sind. Nach der Beschreibung der Häufigkeitsverteilungen für die einzelnen Fragebogenfragen – geordnet nach den vier Bestandteilen des Fragebogens – bildet die Darstellung der Ergebnisse der Hypothesentests einen zentralen Punkt des Kapitels. Die Reihenfolge dieses Ergebnisberichts ist vorgegeben durch die drei Forschungsfragen *(siehe Kapitel 3.1)*.

5.2 Hauptkomponentenanalysen

5.2.1 Charakterisierung des Französischunterrichts

Zur Messbarmachung des Fragenkomplexes „Charakterisierung des Französischunterrichts“ und zur Reduktion der Datenmenge wird eine Hauptkomponentenanalyse mit anschließender Varimax-Rotation durchgeführt, in deren Rahmen zwei Dimensionen ermittelt werden: „positiver Französischunterricht“ (kurz: FU positiv) und „negativer Französischunterricht“ (kurz: FU negativ).

Die Grundlage dafür bilden die Korrelationen der zehn Items *(siehe Anhang 9.6.1)*, wobei die Behandlung fehlender Werte mittels *pairwise deletion* erfolgt.

Auffallend ist nämlich bei der Betrachtung der Antworthäufigkeiten sämtlicher Items, dass einige Items von sehr vielen Personen mit „weiß nicht“ beantwortet wurden – so sahen sich beispielsweise 70 Personen außer Stande, zu beurteilen, inwieweit auf ihr Kind im Unterricht individuell eingegangen wird. Bei Behandlung dieser fehlenden Antworten mit *listwise deletion* (d.h. nur Personen, die alle zehn Items vollständig beantwortet haben, bilden die Basis der Auswertung) würde sich die Datenbasis für die Hauptkomponentenanalyse um etwa ein Viertel auf 307 Personen reduzieren. Um einen solch großen Ausfall an Daten zu umgehen, wird zur Berechnung der Korrelationsmatrix die sogenannte *pairwise deletion* im Hinblick auf fehlende Werte verwendet (d.h. die Korrelation zwischen zwei Variablen wird berechnet für die Personen, die Werte für diese beiden Variablen aufweisen).

Der Bartlett-Test liefert ein hochsignifikantes Ergebnis und verweist auf substantielle Korrelationen der Items. Das KMO-Maß wird zu .83 berechnet, was einer guten Eignung der Daten für eine Hauptkomponentenanalyse entspricht. Nach dem Eigenwert-Kriterium[58] werden zwei Hauptkomponenten extrahiert, deren Eigenwerte größer als 1 sind. Die zehn Antwortitems lassen sich somit auf zwei Dimensionen reduzieren, welche insgesamt 56% der Varianz im Modell aufklären.

	Rotierte Ladungen		
Item	**Faktor 1**	**Faktor 2**	**Kommunalität**
1: Die Französischlehrkraft begeistert die Kinder für die Sprache/Kultur Frankreichs und frz.sprachiger Länder mit Enthusiasmus und Humor.	.72		.60
2: Die Schüler erhalten Einblicke in frz.sprachige Länder und Kulturen und können so Vorurteile vermeiden bzw. abbauen.	.74		.58
3: Die Schüler lernen in der Schule auch, wie sie sich in verschiedenen Lebenssituationen im Umgang mit frz. Muttersprachlern verhalten können (z.B. durch Rollenspiele).	.77		.59
4: Die Schüler erweitern stets ihre Kenntnisse der Fremdsprache, wiederholen aber auch regelmäßig.	.72		.57
6: Die Schüler werden im Fach Frz. im Unterricht individuell gefördert.	.74		.60

58 Fromm erklärt: „Eigenwerte beziehen sich auf die Faktoren und geben an, welcher Betrag der Gesamtstreuung aller Variablen durch einen Faktor erklärt wird. (…) Der Eigenwert bringt die Bedeutung eines Faktors zum Ausdruck und gibt einen Hinweis darauf, wie viele Faktoren in einem gegebenen Datensatz sinnvollerweise extrahiert werden können“ (Fromm 2012, 70).

8: Ich/Wir als Eltern(teil) fühle mich/fühlen uns in das Frz.-Lernen der/s Kinder/s von Seiten der Schule integriert.	.66		.45
5: Ich/Wir empfinde/n das Tempo, mit welchem die Lehrkraft im Stoff voranschreitet, zu schnell.		.79	.68
7: Für das Vor-/Nachbereiten des Frz.-Unterrichts wird zuhause zu viel (Frei)Zeit in Anspruch genommen.		.87	.76
9: Das/Die Kind(er) können den Stoff nicht alleine bewältigen und benötigen außerhalb der Schule Hilfe.		.80	.67
Aufgeklärte Varianz	36%	25%	

Anmerkung: Ladungen kleiner als .40 werden nicht notiert.

Abb. 23: Ladungen der einzelnen Items auf die beiden Faktoren „FU positiv" und „FU negativ".

Die Kommunalitäten[59] liegen mit Werten zwischen .46 und .71 in einem guten und akzeptablen Bereich *(siehe Anhang 9.6.1)*. Nur ein Item macht eine Ausnahme: das Item 10 („Ich/Wir könnte(n) mir/uns vorstellen, (mehr) in den schulischen Frz.-Unterricht integriert zu werden (z.B. Hausaufgaben prüfen, gemeinsam Lesen"). Für dieses Item errechnet sich für die Kommunalität ein sehr geringer Wert von .18 und auf keinem Faktor lädt dieses Item höher als .42. Fromm gibt zu bedenken:

> „In der Regel sind nicht alle Items, die ursprünglich zur Konstruktion einer Skala[60] verwendet wurden, geeignet, die interessierende Disposition zu messen. Für jedes Item muss entschieden werden, ob es Bestandteil der Skala bleiben soll oder nicht" (Fromm 2012, 58).

Im Falle des Items 10 drängt sich die Entscheidung auf, jenes für die weiteren Berechnungen auszuklammern; es wird daher in der weiteren Hauptkomponentenanalyse nicht mehr berücksichtigt. Von einem inhaltlichen Standpunkt

---

59 Dies „sind Messgrößen, die sich auf die einzelnen Items beziehen. Sie geben an, welcher Betrag der Streuung eines Items durch alle Faktoren gemeinsam erklärt wird" (Fromm 2012, 68).

60 Kuckartz erklärt den Begriff der Skala (mit sozialwissenschaftlichem Bezug) als „Messinstrument zur Messung eines bestimmten Merkmals. Es handelt sich aber in der Regel um Merkmale bzw. Konzepte, die nicht auf direkte Weise erfasst werden können (…) und so besteht eine sozialwissenschaftliche Skala normalerweise aus einer bestimmten Anzahl von Items (Indikatoren)" (Kuckartz 2013, 241).

aus bezieht sich die Aussage des Items 10 zwar auf den Französischunterricht als solchen, allerdings beinhaltet es keine Beschreibung des gegenwärtigen gymnasialen Französischunterrichts der Kinder, sodass der Ausschluss des Items aus weiteren Berechnungen auch inhaltlich zu rechtfertigen ist.

Die Ergebnisse dieser PCA sind der Tabelle im Anhang 9.6.2 zu entnehmen. Insgesamt können – ohne das Item 10 – bei der Extraktion von zwei Faktoren nach dem Eigenwertkriterium 61% an Varianz aufgeklärt werden, wobei auf die erste Komponente 36% und auf die zweite Komponente 25% entfallen. Es treten keine Kreuzladungen auf, so dass eine Einfachstruktur erreicht werden konnte.

Die erste Komponente („FU positiv") kann interpretiert werden als „positive Charakterisierung des FU" und wird bestimmt durch folgende Items: „Die Französischlehrkraft begeistert die Kinder für die Sprache/Kultur Frankreichs und frz.sprachiger Länder mit Enthusiasmus und Humor" (Item 1), „Die Schüler(innen) erhalten Einblicke in frz.sprachige Länder und Kulturen und können so Vorurteile vermeiden bzw. abbauen" (Item 2), „Die Schüler/innen lernen in der Schule auch, wie sie sich in verschiedenen Lebenssituationen im Umgang mit frz. Muttersprachlern verhalten können (z.B. durch Rollenspiele)" (Item 3), „Die Schüler/innen erweitern stets ihre Kenntnisse der Fremdsprache, wiederholen aber auch regelmäßig" (Item 4), „Die Schüler/innen werden im Fach Frz. im Unterricht individuell gefördert" (Item 6) sowie „Ich/Wir als Eltern(teil) fühle mich/fühlen uns in das Frz.-Lernen der/s Kinder/s von Seiten der Schule integriert" (Item 8). Hohe Werte auf diesem Faktor sprechen für eine positive Sicht des Französischunterrichts, da die Lehrkraft den Unterricht u.a. engagiert gestaltet, die Schüler individuell gefördert werden und die Eltern sich in das Französisch-Lernen von der Schule integriert fühlen.

Die zweite Komponente („FU negativ") beinhaltet eine negative Wahrnehmung des Französischunterrichts, welche folgende Faktoren (Items) bedingen: „Ich/Wir empfinde/n das Tempo, mit welchem die Lehrkraft im Stoff voranschreitet, zu schnell" (Item 5), „Für das Vor-/Nachbereiten des Frz.-Unterrichts wird zuhause zu viel (Frei)Zeit in Anspruch genommen" (Item 7) sowie „Das/Die Kind(er) können den Stoff nicht alleine bewältigen und benötigen außerhalb der Schule Hilfe" (Item 9).

Im nächsten Schritt werden aus den Items, die auf der jeweiligen Dimension, der sie zugeordnet sind, hoch laden, Indizes gebildet. Hierbei wird der Mittelwert aus den entsprechenden Items berechnet.

Um die Reliabilität der beiden Dimensionen – „FU positiv" und „FU negativ" – zu prüfen, erfolgte jeweils eine Reliabilitätsanalyse, im Zuge derer der Alpha-Koeffizient nach Cronbach als Maß für die Reliabilität ermittelt wurde.

Für die Dimension „FU positiv" beträgt der Alpha-Wert .84 und kann damit als gut bewertet werden. Dieser Wert würde in keinem Fall substantiell steigen, wenn man ein bestimmtes Item aus der Indexbildung ausschließen würde. Dies wird zusätzlich durch die Trennschärfekoeffizienten[61] untermauert, die alle über .45 liegen.

Für die Dimension „FU negativ" wurde ebenfalls eine Reliabilitätsanalyse durchgeführt. Cronbach's Alpha mit einem Wert von .79 verweist auf eine akzeptable bis gute Reliabilität. Fromm führt hinsichtlich des Werts von Cronbach's Alpha an: „Je höher der Wert von Alpha ist, desto besser erfassen die Items die Dimension" (Fromm 2012, 57). Dabei gilt: „Als wünschenswert wird in der Literatur meist ein Alpha-Wert von mindestens 0,8 genannt (…), was aber in der Praxis häufig nicht erreicht wird" (Fromm 2012, 58; cf. Häder 2006, 105). Kuckartz expliziert zur Höhe des Alpha-Koeffizienten, dass u.a. „Skalen mit Alphawerten zwischen 0,7 und 0,8 als durchaus brauchbar" (Kuckartz 2013, 247) zu beschreiben sind.

Die Trennschärfekoeffizienten mit Werten über .60 für die Dimension „negativer Französischunterricht" sind, der genannten Abstufung von Kuckartz zufolge, hoch und liegen in einem guten Bereich. Somit ist die Charakterisierung des schulischen Französischunterrichts durch die Eltern mit Hilfe der beiden Dimensionen „FU positiv" und „FU negativ" messbar.

5.2.2 Kontakt zur Französischlehrkraft

Zur Reduktion der Datenmenge der zwölf Items, die den Kontakt zur Französischlehrkraft beschreiben sollen, wurde ebenfalls eine Hauptkomponentenanalyse mit Varimax-Rotation durchgeführt, deren Basis die Korrelationen der zwölf Items bilden *(siehe Anhang 9.7)*. Somit wurden Items faktorenanalytisch zu reliablen Indizes zusammengefasst.

---

61 Häder expliziert zur Trennschärfe: sie ist „ein Maß für den Betrag und die Eignung der einzelnen Items für die Gesamtskala" (Häder 2006, 105). Kuckartz erklärt zum Begriff der Trennschärfe: „sie ist ein Indikator dafür, wie gut das betreffende Item die Skala repräsentiert. Trennschärfe-Werte über 0,50 sind als hoch einzustufen" (Kuckartz 2013, 246).

Aufgrund der hohen Anzahl der „weiß nicht“- Antworten würde sich die Datenmenge bei einer *listwise deletion* – jene umfasst nur diejenigen Personen, welche alle zwölf Items vollständig beantwortet haben *(siehe Kapitel 5.2.1)* – auf 288 (von insgesamt 446 auszuwertenden Fragebögen) reduzieren. Demnach wurde, wie ebenfalls bei der Auswertung des Fragenkomplexes „Charakterisierung des Französischunterrichts“, *pairwise deletion* bezüglich der fehlenden Werte angewandt, d.h. die Berechnung der Korrelationen zwischen zwei Variablen wird ermöglicht bei den Personen, für die Werte für die beiden Variablen zur Verfügung stehen *(siehe Kapitel 5.2.1).*

Das Ergebnis des Bartlett-Tests ist von hoher Signifikanz. Eine gute Eignung der Daten für eine Principal Component Analysis wird durch das KMO-Maß mit einem Wert von .72 angezeigt. Das Eigenwertkriterium spricht für die Extraktion von vier Hauptkomponenten. Da aber der vierte Eigenwert nicht bedeutend über 1 liegt und sich eine dreifaktorielle Lösung anbietet – jene erscheint auch im Hinblick auf die inhaltliche Interpretation der Daten als sinnvoller –, werden nur drei Faktoren extrahiert. Dementsprechend wurde die Anzahl der mittels der Principal Component Analysis zu extrahierenden Faktoren auf drei begrenzt, wodurch die zwölf Items auf drei Dimensionen reduziert werden konnten.

	Rotierte Ladungen			
Item	**Faktor 1**	**Faktor 2**	**Faktor 3**	**Kommunalität**
1: Ich/Wir besuche/n regelmäßig die Sprechstunde der Lehrkraft, um über Probleme/ Schullaufbahn zu sprechen.		.73		.57
2: Ich/Wir besuche/n die Sprechstunde der Lehrkraft nur wenn ein konkreter Anlass dazu besteht.		-.64		.43
3: Ich/Wir besuche/n regelmäßig Elternabende.		.56		.35
4: Ich/Wir gehe/n zu den Elternsprechtagen. und suche/n dort das Gespräch mit der Fachlehrkraft.		.74		.60

5: Die Frz.-Lehrkraft informiert mich/uns ausreichend über das Lern- und Leistungsverhalten des/r Kindes/r.	.60	.54		.67
6: Ich/Wir wünschen uns mehr Tipps und von der Lehrkraft in Bezug auf die Unterstützung des/r Kindes/r zuhause.			.73	.70
7: Es ist selbstverständlich, dass ich/wir das/die Kind(er) zuhause unterstützen.			.59	.48
8: Ich/Wir würde(n) gerne (mehr) mit der Frz.-Lehrkraft zusammenarbeiten.			.83	.73
9: Ich/Wir fühle/n mich/uns gut informiert über alle Angelegenheiten des Frz.-Unterrichts.	.82			.70
10: Die Frz.-Lehrkraft bezieht uns Eltern(teile) mit in Entscheidungen des Unterrichts ein (z.B. Lektürenauswahl).	.60			.41
11: Die Frz.-Lehrkraft ist außerhalb des Unterrichts gut erreichbar (persönlich, telefonisch, schriftlich).	.71			.51
12: Die Frz.-Lehrkraft informiert verständlich über Prüfungs- und Leistungsanforderungen im Fach Frz.	.80			.67
Aufgeklärte Varianz	24%	18%	14%	

Anmerkung: Ladungen kleiner als .40 werden nicht notiert.

Abb. 24: Ladungen der einzelnen Items auf die drei Faktoren „Kontakt gut“, „Kontakt traditionell“ und „Kontaktwunsch“.

Die Kommunalitäten weisen Werte zwischen .35 und .73 auf *(siehe Anhang 9.7.2)*. Die drei Komponenten klären insgesamt knapp 57% der Varianz auf, wobei 24% auf die erste, 18% auf die zweite und 14% auf die dritte Dimension entfallen. Die Ergebnisse dieser Analyse sind in der Tabelle unten zu sehen. Für das Item 5 („Die Frz.-Lehrkraft informiert mich/uns ausreichend über das Lern- und Leistungsverhalten des/r Kindes/r“) liegt eine Kreuzladung vor: in der rotierten Komponentenmatrix weist dieses Item unter der 1.Dimension eine Ladung von .59 auf, unter der 2.Dimension eine Ladung von .54. Aus inhaltlichen Gründen wurde dieses Item der 2.Dimension zugeordnet, da jene die üblichen Kontaktformen zwischen Lehrkraft und Eltern beschreibt.

Die erste Dimension („Kontaktgut“) kann gedeutet werden als „positive Beurteilung des Kontakts zwischen Lehrkraft und Eltern“ durch letztere und wird gebildet aus folgenden Items: „Ich/Wir fühle/n mich/uns gut informiert über alle Angelegenheiten des Frz.-Unterrichts“ (Item 9), „Die Frz.-Lehrkraft bezieht uns Eltern(teile) mit in Entscheidungen des Unterrichts ein (z.B. Lektürenauswahl)“ (Item 10), „Die Frz.-Lehrkraft ist außerhalb des Unterrichts gut erreichbar (persönlich, telefonisch, schriftlich)“ (Item 11) sowie „Die Frz.-Lehrkraft informiert verständlich über Prüfungs- und Leistungsanforderungen im Fach Frz.“ (Item 12).

Hohe bis sehr hohe Werte auf diesem Faktor zeigen somit, dass die Eltern den Kontakt als positiv wahrnehmen, weil die Lehrkraft beispielsweise außerhalb des Unterrichts gut erreichbar ist, die Eltern über Prüfungs- und Leistungsanforderungen informiert und die Eltern generell ein hohes Gefühl der Informiertheit haben.

Die zweite Dimension („Kontakttraditionell“) beinhaltet die Items 1 bis 4, die übliche Kontaktformen zwischen Elternhaus und Schule beschreiben: „Ich/Wir besuche/n regelmäßig die Sprechstunde der Lehrkraft, um über Probleme/Schullaufbahn zu sprechen“ (Item 1), „Ich/Wir besuche/n die Sprechstunde der Lehrkraft nur wenn ein konkreter Anlass dazu besteht“ (Item 2), „Ich/Wir besuche/n regelmäßig Elternabende“ (Item 3) sowie „Ich/Wir gehe/n zu den Elternsprechtagen und suche/n dort das Gespräch mit der Fachlehrkraft“ (Item 4). Inhaltlich kann der Faktor interpretiert werden als traditioneller Kontakt zur Lehrkraft, wobei hohe Werte für eine Person auf diesem Faktor bedeuten, dass Eltern diese üblichen Kontaktangebote wahrnehmen.

Das Item 2 („Ich/Wir besuche/n die Sprechstunde der Lehrkraft nur wenn ein konkreter Anlass dazu besteht“) lädt negativ auf diesen Faktor. Deshalb wurde es für die weiteren Berechnungen bzw. insbesondere für die Indexbildung rekodiert bzw. umgepolt. Fromm erklärt die Notwendigkeit dieses Vorgangs:

> „Häufig sind aber einzelne Items einer Skala so formuliert, dass ihre Ablehnung eine stärkere Ausprägung der Dimension zum Ausdruck bringt. (…) Aus diesem Grund müssen derartige Items für die Dimensionsanalyse so rekodiert werden, dass die Reihenfolge der Ausprägungen genau umgekehrt wird. Jemand der auf einer fünfstufigen Antwortskala den Wert 5 hatte, erhält nun den Wert 1, jemand der 4 hatte, erhält den Wert 2 usw. Diese Operation ist notwendig, damit die Summe der Antworten in konsistenter Weise interpretiert werden kann“ (Fromm 2012, 59).

Der dritte Faktor („Kontaktwunsch“) ist zu interpretieren als der Wunsch der Eltern nach mehr und intensiverem Kontakt zur Französischlehrkraft und umfasst folgende Items: „Ich/Wir wünschen uns mehr Tipps und von der Lehrkraft in Bezug auf die Unterstützung des/r Kindes/r zuhause“ (Item 6), „Es ist selbstverständlich, dass ich/wir das/die Kind(er) zuhause unterstützen“ (Item 7) sowie „Ich/Wir würde(n) gerne (mehr) mit der Frz.-Lehrkraft zusammenarbeiten“ (Item 8). Aus den Items, die auf der jeweiligen Dimension hoch laden, wurden mit Hilfe des Mittelwerts aus den entsprechenden Items Indizes gebildet.

Die Reliabilität der drei Dimensionen – „Kontaktgut“, „Kontakttraditionell“ sowie „Kontaktwunsch“ – prüfte jeweils eine Reliabilitätsanalyse, im Zuge derer der Alpha-Koeffizient nach Cronbach als Maß für die Reliabilität ermittelt wurde. Für die Dimension „Kontaktgut“ beträgt der Alpha-Wert .77 und kann somit als gut bezeichnet werden. Die Trennschärfekoeffizienten bekräftigen die gute Reliabilität und weisen alle Werte über .46 auf.

Die Indexbildung für die Dimension „Kontakttraditionell“ ergibt eine gute Reliabiliät mit einem Wert von .69 für Cronbach's Alpha. Die Trennschärfekoeffizienten bewegen sich hier in einem niedrigeren Bereich, zwischen .31 und .57, gelten allerdings noch als akzeptabel.

Die dritte Dimension („Kontaktwunsch“) weist mit einem Cronbach's Alpha von .60 ein geringes Maß an Reliabilität auf. Jener Wert würde auf .74 ansteigen im Falle des Entfernens des Items 7 („Es ist selbstverständlich, dass ich/wir das/die Kind(er) zuhause unterstützen“). Das Entfernen dieses Items aus der Reliabilitätsberechnung für den dritten Faktor und somit für die weiteren Berechnungen lässt sich zudem von einem inhaltlichen Standpunkt aus rechtfertigen. Die Selbstverständlichkeit der Auffassung vieler Eltern, ihren Kindern Unterstützung zu bieten, ist zwar ein Randbereich des Kontakts mit der Lehrkraft *(siehe Kapitel 2.1.2.3.3)* – die häusliche Unterstützung durch die Eltern listet Hughes in einer Befragung von Eltern in England und Wales in der Phase einiger Schulreformen unter dem Oberbegriff des „Parents‘

contact with the school“ (Hughes 1994, 161) auf –, jedoch ist dieser Randbereich nicht gleichbedeutend mit dem Wunsch nach intensivem Kontakt zur Lehrkraft. Die Trennschärfekoeffizienten mit einem Wert von jeweils .58 für die beiden übrigen Items dieser Dimension untermauern die Indexbildung ohne das Item 7.

Der Kontakt der Eltern zur Französischlehrkraft ihrer Kinder wird somit in vorliegender Studie über die drei Indizes „Kontaktgut“, „Kontakttraditionell“ sowie „Kontaktwunsch“ messbar gemacht.

5.2.3 Gründe für die Enthaltung aus Französischlernprozessen

Der Fragebogenteil „Gründe für die Nichtbeteiligung““ (IV.2) umfasst insgesamt zwölf Items. Da eruiert werden soll, welche Gründe Eltern für ihre Enthaltung aus den Französischlernprozessen ihrer Kinder anführen, wurde der Datensatz gefiltert. Der Filter sortierte dabei diejenigen Fragebögen aus, im Zuge derer angegeben wurde, dass die Kinder mit dem Vater oder mit der Mutter Französisch lernen.

Bezüglich der fehlenden Werte wurde *pairwise deletion* angewandt, d.h. die Berechnung der Korrelationen zwischen zwei Variablen wird ermöglicht bei den Personen, für die Werte für die beiden Variablen zur Verfügung stehen.

Als erster Schritt wurde eine Hauptkomponentenanalyse (PCA) zur Reduzierung der Datenmenge durchgeführt mit Varimax-Rotation, deren Basis die Korrelationen der zwölf Items bilden *(siehe Anhang 9.8)*.

Das Ergebnis des Bartlett-Tests ist von hoher Signifikanz. Eine gute Eignung der Daten für eine Principal Component Analysis wird durch das KMO-Maß mit einem Wert von .73 angezeigt. Das Kriterium des Eigenwerts schlägt die Extraktion von vier Hauptkomponenten vor. Da allerdings der vierte Eigenwert nur geringfügig über 1 liegt und hinsichtlich der Interpretation der Daten eine dreifaktorielle Lösung einfacher durchzuführen wäre, werden nur drei Faktoren extrahiert und somit, im Zuge der PCA, die zwölf Items auf drei Dimensionen reduziert.

Item	Rotierte Ladungen Faktor 1	Faktor 2	Faktor 3	Kommunalität
1: Ich kann/Wir können selbst kein bzw. zu wenig Frz., um helfen zu können.	.78			.66
2: Ich habe/Wir haben keine zusätzlichen Übungsmaterialien zuhause.	.60			.37
3: Ich habe/Wir haben kein Interesse, beim Französischlernen zu helfen.	.51	.47		.53
4: Ich habe/Wir haben zu den Übungen im Buch/Arbeitsheft keine Lösungen und können diese daher nicht korrigieren.	.62			.54
5: Ich weiß nicht/Wir wissen nicht wie man beim Französischlernen helfen könnte.	.80			.69
6: Ich habe/Wir haben keine Geduld, um beim Französischlernen zu helfen und etwas mehrmals zu erklären.		.75		.63
7: Ich habe/Wir haben keine Zeit, um beim Französischlernen zu helfen.		.61		.44
8: Das Kind/die Kinder besucht/besuchen die Ganztagsschule. Dort werden alle Hausaufgaben erledigt und gelernt.			.66	.44
9: Ich habe/Wir haben kein Geld, um Zusatzhefte usw. zum Üben zu kaufen.		.63		.46
10: Das Kind/die Kinder besucht/besuchen Französisch-Förderunterricht an der Schule.			.71	.51
11: Das Kind/Die Kinder würde/n Hilfe grundsätzlich ablehnen.		.52		.39
12: Das Kind/Die Kinder braucht/brauchen keine Hilfe mehr, denn es/sie lernt/lernen selbstständig.			-.50	.31
Aufgeklärte Varianz	21%	17%	12%	

Anmerkung: Ladungen kleiner als .40 werden nicht notiert.

Abb. 25: Ladungen der einzelnen Items auf die drei Faktoren „Fehlende fachliche Ressourcen", „Fehlende Rahmenbedingungen" und „Keine Notwendigkeit elterlicher Unterstützung".

Die Kommunalitäten weisen Werte von .31 bis .69 auf. Insgesamt können knapp 50% an Varianz aufgeklärt werden, wenn drei Faktoren mit Hilfe des Eigenwertkriteriums extrahiert werden; 21% entfallen dabei auf die erste, 17% auf die zweite und 12% auf die dritte Dimension.

Beim 3.Item („Ich habe/Wir haben kein Interesse, beim Französischlernen zu helfen“) tritt eine Kreuzladung auf: in der rotierten Komponentenmatrix weist dieses Item unter der 1.Dimension eine Ladung von .51 auf, unter der 2.Dimension eine Ladung von .47. Aus inhaltlichen Gründen – und trotz der höheren Ladung auf der 1.Dimension – wurde dieses Item der 2.Dimension zugeordnet, da jene die fehlenden Rahmenbedingungen als ursächlich für die Enthaltung aus den Französischlernprozessen der Kinder beschreiben.

Die erste Dimension („Fehlende fachliche Ressourcen“) kann gedeutet werden als „Fehlende Französischressourcen zur Unterstützung der Französischlernprozesse“ durch die Eltern und wird gebildet aus den Items 1 („Ich kann/Wir können selbst kein bzw. zu wenig Frz., um helfen zu können“), 2 („Ich habe/Wir haben keine zusätzlichen Übungsmaterialien zuhause“), 4 („Ich habe/Wir haben zu den Übungen im Buch/Arbeitsheft keine Lösungen und können diese daher nicht korrigieren“) und 5 („Ich weiß nicht/Wir wissen nicht wie man beim Französischlernen helfen könnte“). Hohe bis sehr hohe Werte auf diesem Faktor zeigen, dass die Eltern fehlende Französischressourcen als Gründe für ihre Enthaltung aus dem Französischlernen der Kinder anführen – seien es fehlende eigene Sprachkenntnisse oder das Fehlen von Übungsmaterialien, Lösungen oder das Wissen um Unterstützungsstrategien.

Die zweite Komponente („Fehlende Rahmenbedingungen“) beinhaltet die Items 3 („Ich habe/Wir haben kein Interesse, beim Französischlernen zu helfen“), 6 („Ich habe/Wir haben keine Geduld, um beim Französischlernen zu helfen und etwas mehrmals zu erklären“), 7 („Ich habe/Wir haben keine Zeit, um beim Französischlernen zu helfen“), 9 („Ich habe/Wir haben kein Geld, um Zusatzhefte usw. zum Üben zu kaufen“) und 11 („Das Kind/Die Kinder würde/n Hilfe grundsätzlich ablehnen“). Jene beziehen sich auf Rahmenbedingungen bzw. Bedingungen der Eltern, die die Enthaltung aus den Prozessen des kindlichen Französischlernens bedingen. Mäßig hohe bis hohe Werte auf diesem Faktor bedeuten, dass von den Eltern z.B. fehlende Geduld, Zeit oder mangelndes Interesse für die Unterstützung der Französischlernprozesse ihrer Kinder ausschlaggebend ist für sie, sich aus dem Französischlernen zu enthalten.

Der dritte Faktor („Keine Notwendigkeit elterlicher Unterstützung“) kann derart interpretiert werden, dass die elterliche Hilfe beim Französischlernen der Kinder unterbleibt, weil jene nicht vonnöten ist. Unter diese Dimension fallen die Items 8 („Das Kind/die Kinder besucht/besuchen die Ganztagsschule. Dort werden alle Hausaufgaben erledigt und gelernt“), 10 („Das Kind/die Kinder besucht/besuchen Französisch-Förderunterricht an der Schule“) und 12 („Das Kind/Die Kinder braucht/brauchen keine Hilfe mehr, denn es/sie lernt/lernen selbstständig“). Für das Item 12 ergibt sich ein negativer Wert, sodass eine Umkodierung erforderlich wird für die anschließende Reliabilitätsberechnung für diese Dimension.

Im nächsten Schritt werden aus den Items, die auf der jeweiligen Dimension hoch laden, Indizes gebildet, indem der Mittelwert aus den entsprechenden Items berechnet wird.

Die Reliabilität der drei Dimensionen – „Fehlende fachliche Ressourcen“, „Fehlende Rahmenbedingungen“ sowie „keine Notwendigkeit der Beteiligung“ – prüfte jeweils eine Reliabilitätsanalyse, im Zuge derer der Alpha-Koeffizient nach Cronbach als Maß für die Reliabilität ermittelt wurde.

Für die erste Dimension weist der Alpha-Koeffizient nach Cronbach einen hohen Wert von .73 auf und wird somit als gut bezeichnet. Die Trennschärfekoeffizienten für die einzelnen Items liegen alle über .38 und bekräftigen die gute Reliabilität dieser ersten Dimension.

Der Alpha-Wert für die zweite Dimension („Fehlende Rahmenbedingungen“) liegt bei .58 und ist mäßig hoch. Jener würde auf einen Wert von .67 steigen, wenn das Item 11 aus der Reliabilitätsanalyse entfernt wird. Demzufolge wird das Item 11 nicht mehr weiter im Zuge dieser Indexbildung berücksichtigt, zumal dies auch von einem inhaltlichen Standpunkt aus zu rechtfertigen ist: die Interpretation des Faktors „Fehlende Rahmenbedingungen“ der Eltern als Grund für ihre Enthaltung aus den Französischlernprozessen der Kinder ist sinnvoller ohne den Einbezug der Komponente, die sich auf die Haltung des Kindes – und somit nur indirekt auf elterliche Gründe der Enthaltung – bezieht. Die Trennschärfekoeffizienten für die einzelnen Items dieses zweiten Faktors liegen zwischen .38 und .57 und damit in einem (mäßig) hohen Bereich, sodass die gute Reliabilität dieser Dimension bestätigt wird.

Für den dritten Faktor „keine Notwendigkeit elterlicher Beteiligung“ liegt ein äußerst niedriger Wert von .29 für Cronbach's Alpha vor, sodass die Daten dieser Dimension nicht für eine Analyse geeignet sind und keine dritte Skala gebildet wird. Somit wird in vorliegender Studie die fehlende elterliche

Beteiligung an den Französischlernprozessen ihrer Kinder mit Hilfe von zwei Indizes beschrieben und in weiteren Berechnungen verwendet.

5.3 Häufigkeitsverteilungen

5.3.1 Profil der Französischeltern

Wie viele Jahre die Söhne und Töchter der Befragungsteilnehmer bereits Französischunterricht in der Schule erhalten, klärt eine Häufigkeitsanalyse für die Frage I.2. Jene thematisiert die Lernjahre der Kinder, ist aber hier unter dem Gliederungspunkt „Profil der Französischeltern" aufgeführt, da die Resultate dieser Analyse im Hinblick auf die Interpretation z.B. elterlicher Hilfestellungen beim Lernen bedeutend sind. Die nachfolgende Tabelle zeigt zunächst für die einzelnen Items jeweils die Anzahl der Antworten (*N)* sowie die einzelnen Mittelwerte (*M*) und Standardabweichungen (*SD*).

	N	*M*	*SD*
Lernjahre 1.Tochter	266	3.29	1.790
Lernjahre 2.Tochter	79	3.10	1.714
Lernjahre 3.Tochter	16	2.94	1.569
Lernjahre 1.Sohn	208	2.97	1.712
Lernjahre 2.Sohn	55	3.35	1.808
Lernjahre 3.Sohn	10	2.90	1.663

Abb. 26: Anzahl der Lernjahre der Söhne/Töchter.

Aus dieser ersten Übersicht lässt sich ablesen, dass sich mehr Eltern von Mädchen als Eltern von Jungen in der Stichprobe befinden ($N = 361$ vs. $N = 273$). Die absoluten (*N*) sowie prozentualen Häufigkeiten für die Anzahl der Lernjahre (LJ) der Töchter und Söhne sind in nachfolgender Tabelle aufgeführt.

	1.Tochter	2.Tochter	3.Tochter	1.Sohn	2.Sohn	3.Sohn
1.LJ	21,8% (*N*=58)	16,5% (*N*=13)	31,3% (*N*=5)	25,5% (*N*=53)	25,5% (*N*=14)	30,0% (*N*=3)
2.LJ	15,8% (*N*=42)	29,1% (*N*=23)	6,3% (N=1)	21,2% (*N*=44)	10,9% (*N*=6)	10,0% (*N*=1)
3.LJ	18,4% (*N*=49)	20,3% (*N*=16)	18,8% (*N*=3)	17,3% (*N*=36)	12,7% (*N*=7)	20,0% (*N*=2)
4.LJ	16,9% (*N*=45)	12,7% (*N*=10)	25,0% (*N*=4)	15,4% (*N*=32)	18,2% (*N*=10)	30,0% (*N*=3)
5.LJ	13,9% (*N*=37)	11,4% (*N*=9)	18,8% (*N*=3)	13,0% (*N*=27)	23,6% (*N*=13)	10,0% (*N*=1)
6.LJ	9,4% (*N*=25)	5,1% (*N*=4)	--	4,3% (*N*=9)	5,5% (*N*=3)	--
7.LJ	3,4% (*N*=9)	3,8% (*N*=3)	--	2,4% (*N*=5)	3,6% (*N*=2)	--
8.LJ	--	1,3% (*N*=1)	--	1,0% (*N*=2)	--	--
9.LJ	0,4% (*N*=1)	--	--	--	--	--

Abb. 27: Lernjahre der Töchter/Söhne der Befragungsteilnehmer (LJ), absolut (*N*) und prozentual (%).

Die Aufgliederung nach den unterschiedlichen Lernjahren der Kinder der Befragungsteilnehmer ist den entsprechenden Diagrammen zu entnehmen.

Die graphische Darstellung der Angaben der Eltern, deren Töchter Französisch in der Schule lernen, zeigt deutlich, dass am häufigsten Eltern, deren Töchter zwischen einem und fünf Jahren die französische Sprache im Rahmen des Schulunterrichts erlernen, diesen Fragebogen bearbeitet haben. Nur vereinzelt enthält die Stichprobe demnach Eltern, deren Töchter schon länger als sechs Jahre den schulischen Französischunterricht besuchen.

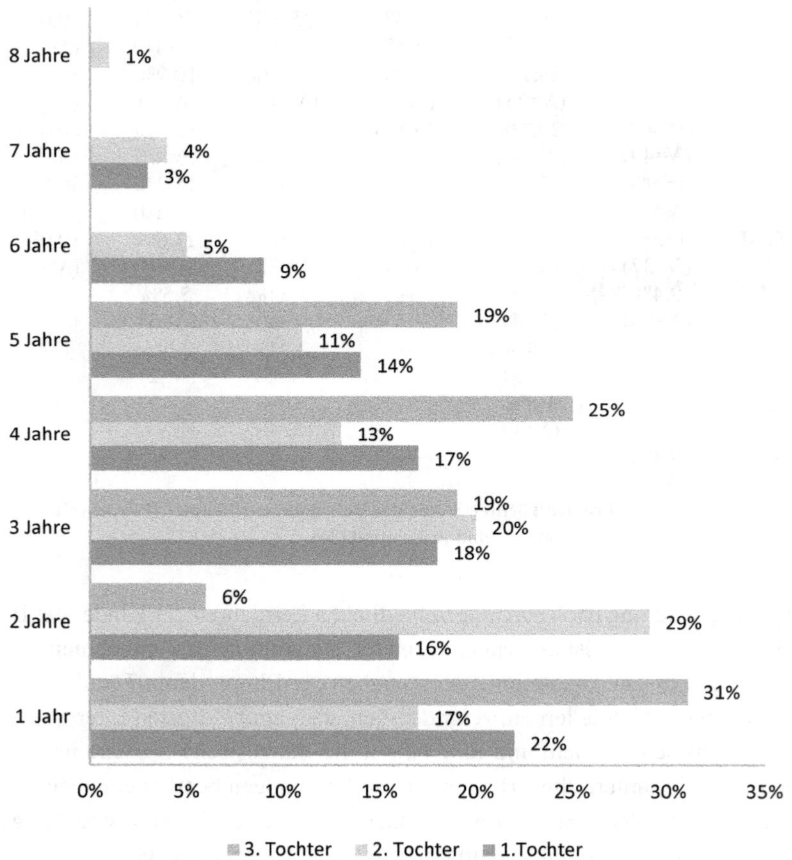

Abb. 28: Anzahl der Lernjahre der Töchter der Befragungsteilnehmer, gegliedert nach den Angaben zur 1., 2. und 3.Tochter.

Ein Blick auf die graphische Darstellung der Angaben der Befragungsteilnehmer über die Lernjahre ihrer Söhne ergibt ein ähnliches Bild. Die Söhne der meisten Eltern, die den Fragebogen bearbeitet haben, befinden sich zwischen dem ersten und dem fünften Lernjahr. Nur vereinzelt sind in der Stichprobe Eltern enthalten, deren Söhne im sechsten Lernjahr oder noch länger Französisch lernen.

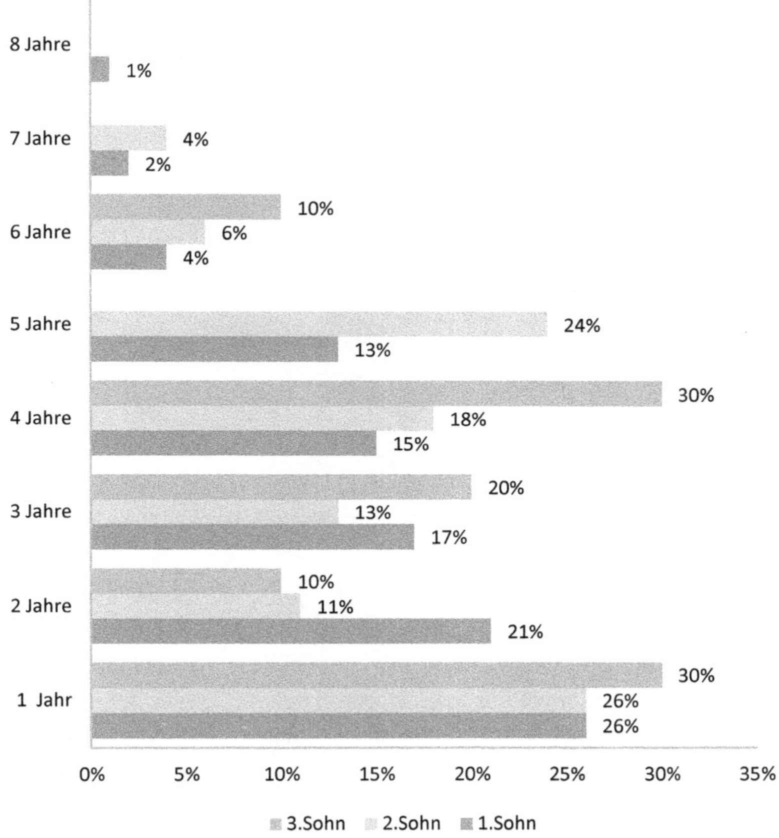

Abb. 29: Anzahl der Lernjahre der Söhne der Befragungsteilnehmer, gegliedert nach den Angaben zum 1.Sohn, 2.Sohn und 3.Sohn.

Eine weitere Häufigkeitsanalyse klärt die Französischkenntnisse innerhalb der Familie der Befragungsteilnehmer (I.4). Die Anzahl der Familien der Stichprobe für die Analyse dieser Frage (*N*) beträgt 446. Insgesamt sprechen nur wenige Familienmitglieder Französisch: 38,8% (*N*=173) der Mütter, die Französischkenntnisse haben, stehen 21,1% (*N*=94) der Väter, welche den Angaben der Befragungsteilnehmer zufolge über Französischkenntnisse verfügen, gegenüber. Beide Elternteile einer Familie sprechen in 15,9% (*N*=71) der Fälle Französisch, dicht gefolgt von „andere Verwandte" (14,1%; *N*=63).

Am wenigsten sprechen die Lebenspartner der Befragungsteilnehmer Französisch (1,3%; *N*=6). Hinsichtlich der Antworten für die Option „Niemand" geben nur 29,6% (*N*=132) der Befragungsteilnehmer an, dass diese Aussage zutrifft.

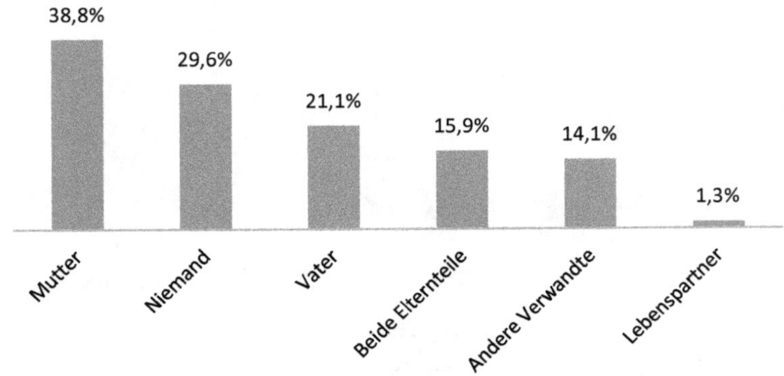

Abb. 30: Französischkenntnisse in den Familien der Stichprobe.

Der mit Abstand am häufigsten genannte Ursprung der elterlichen Französischkenntnisse ist deren eigener Französischunterricht in der Schule (80,9%; *N*=263), welcher u.U. bereits viele Jahre zurückliegt. Sprachkurse (23,8%; *N*=78) oder das Mitlernen mit den eigenen Kindern (23,4%; *N*=79) als Ursprung der Sprachkenntnisse in Französisch geben fast identisch viele Befragungsteilnehmer an. Die wenigsten Eltern (2,8%; *N*=9) haben nach eigenen Angaben ihre Französischkenntnisse mittels eines Selbstlernkurses autodidaktisch erworben. Gleichermaßen sind originalsprachliche Filme oder Sendungen (4,8%; *N*=15) sowie Zeitschriften oder Bücher (6,1%; *N*=19) nur für wenige Eltern die Quelle ihrer Sprachkenntnisse, wobei noch eher französischsprachige Musik für die Eltern als Herkunft ihrer Französischkenntnisse Bedeutung zukommt (11,1%; *N*=35). 16% der Befragten (*N*=51) haben nach eigenen Angaben durch den Kontakt mit französischsprachigen Muttersprachlern ihre Sprachkenntnisse erworben.

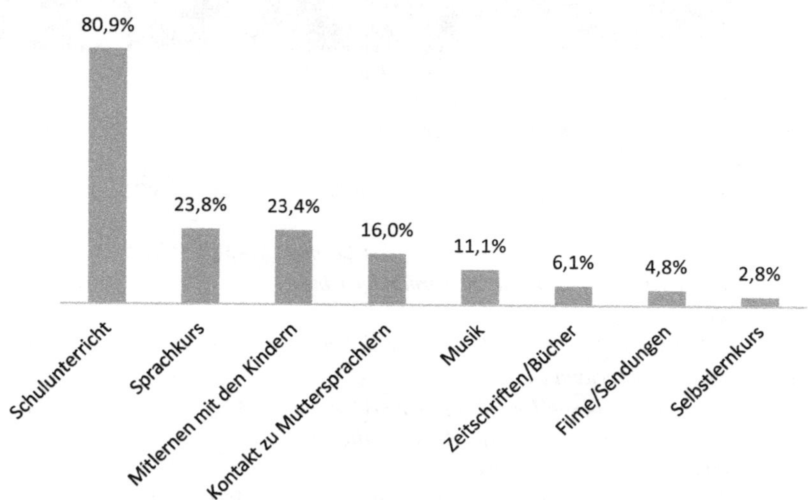

Abb. 31: Ursprünge der elterlichen Französischkenntnisse.

Zusätzlich dazu gaben Eltern an, ihre Kenntnisse im Zuge von Urlaubs- bzw. beruflich bedingten Aufenthalten im französischsprachigen Ausland erworben zu haben. Einige der Befragungsteilnehmer sind, nach eigenen Angaben, Gastfamilien für französische Austauschschüler und lernen so Französisch.

5.3.2 Profil des Französischunterrichts

5.3.2.1 Gründe für die Wahl des Französischen

In der nachfolgenden Tabelle werden – entsprechend der Höhe der Mittelwerte – die Gründe für die Wahl des Französischen in absteigender Reihenfolge, aufgelistet. Dabei werden die Anzahl der abgegebenen Antworten (*N*) – exklusive jener, die auf die Ausweichkategorie „weiß nicht“ entfielen –, der jeweilige Mittelwert (*M*), sowie die jeweilige Standardabweichung (*SD*) pro Item angegeben.

	N	*M*	*SD*
9: Mein/e//Unser/e Kind/er hat/haben sich selbst dazu entschieden, Französisch zu belegen.	441	4.39	0.989
6: Ich/Wir finde/n, dass Französisch eine schöne Sprache ist.	437	4.03	1.033
1: Mein/e//Unser/e Kind/er ist/sind sprachbegabt.	435	3.71	1.056
4: Ich/Wir halte/n es für wichtig, durch das Lernen von Fremdsprachen Vorurteile zu vermindern bzw. abzubauen.	438	3.65	1.182
3: Ich/Wir halte/n Frz. für bedeutend, weil Frankreich unser Nachbarland ist.	436	3.27	1.118
5: Ich/wir mache/n gerne Urlaub in Frankreich und anderen frz.sprachigen Ländern, daher sollte man ein bisschen die Sprache verstehen.	438	3.22	1.378
2: Frz. ist im späteren Berufsleben oft wichtig.	440	2.98	0.964
8: Ich kann/Wir können selbst Französisch und daher bei Schulaufgaben etc. helfen.	438	2.60	1.498
7: Es gab an der Schule keine andere Wahlmöglichkeit.	436	1.87	1.406

Abb. 32: Gründe für die Wahl des Französischen – Anzahl der Antworten (*N*), Mittelwerte (*M*), Standardabweichungen (*SD*).

Die Wahl von Französisch als Fremdsprache fällt in den Verantwortungsbereich der Kinder. Mit einem äußerst hohen Mittelwert von *M*= 4.39 liegt der Grund „Mein(e)/Unser(e) Kind(er) hat/haben sich selbst dazu entschieden, Französisch zu belegen“ (Item 9) an erster Stelle.

Ein ebenfalls sehr hoher Mittelwert von *M*= 4.03 errechnet sich für das Item 6 („Ich/Wir finde(n), dass Französisch eine schöne Sprache ist“). Eine deutliche Mehrheit der befragten Eltern stellt also sprachästhetische Überlegungen als Motiv für die Wahl des Französischen in den Vordergrund.

Relativ hohe Mittelwerte weisen darüber hinaus mit *M*= 3.71 das Item 1 („Mein(e)/Unser(e) Kind(er) ist/sind sprachbegabt“), sowie mit einem Wert von *M*= 3.65 das Item 4 („Ich/Wir halte/n es für wichtig, durch das Lernen von Fremdsprachen Vorurteile zu vermindern bzw. abzubauen“) auf.

Mäßig hohe Mittelwerte liegen vor für nachfolgende Items: das Item 3 („Ich/Wir halte/n Französisch für bedeutend, weil Frankreich unser Nachbarland ist“) hat einen Mittelwert von *M*= 3.27, das Item 5 („Ich/Wir mache/n gerne Urlaub in Frankreich und anderen französischsprachigen Ländern, daher sollte man ein bisschen die Sprache verstehen") von *M*= 3.22.

Ebenso mäßig hohe Mittelwerte liegen für das Item 2 („Französisch ist im späteren Berufsleben oft wichtig") mit *M*= 2.98 sowie für das Item 8 („Eltern können selbst Französisch und daher bei Schulaufgaben etc. helfen") mit *M*= 2.60 vor.

Mit Abstand hat das Item 7 („Es gab an der Schule keine andere Wahlmöglichkeit") mit *M*= 1.87 den niedrigsten Mittelwert. Die hohen Standardabweichungen der Mittelwerte der einzelnen Items zeigen deutlich, dass eine breite Streuung der Werte bzw. der Antworten der Befragungsteilnehmer vorliegt.

Im Folgenden wird auf die einzelnen Items genauer eingegangen und die Häufigkeit der Antworten, die auf die einzelnen Antwortstufen der Ratingskala entfallen, aufgeführt.

Das Item 9 („Mein(e)/Unser(e) Kind(er) hat/haben sich selbst dazu entschieden, Französisch zu belegen") zeigt die eindeutigste Antworttendenz dahingehend, dass eine überaus deutliche Mehrheit der Eltern der inhaltlichen Aussage des Items zustimmt (84,2%; *N*=371). Dies wird bereits in dem sehr hohen Mittelwert von *M*= 4.39 ersichtlich. 10,4% (*N*=46) der Eltern, die sich an der Erhebung beteiligt hatten, geben an, dass sie nur zum Teil bestätigen können, dass ihre Kinder aus eigenem Wunsch heraus Französisch als Schulfach gewählt haben. Nur 5,4% (*N*=24) der Befragungsteilnehmer verneinen, dass die Wahl für Französisch alleine von den Kindern getätigt wurde und somit andere Personen – mutmaßlich insbesondere die Eltern – diese Entscheidung mit-getroffen haben. Für dieses Item liegt die geringste Anzahl an Enthaltungen bzw. „weiß nicht"-Antworten unter allen Antwortitems dieser Frage vor, und auch die relativ geringe Standardabweichung belegt das eindeutige Meinungsbild der Befragungsteilnehmer hinsichtlich dieses Items.

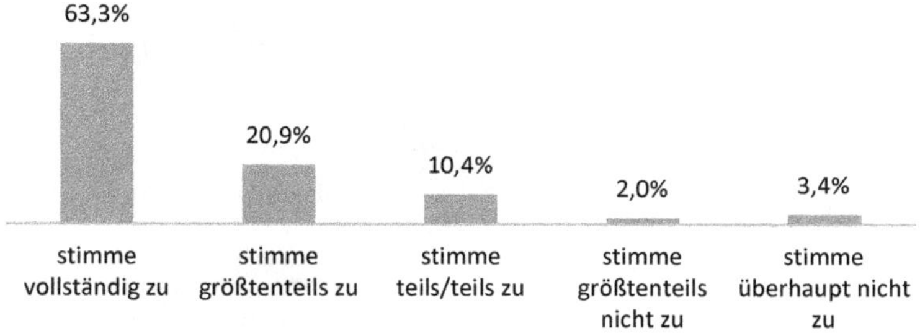

Abb. 33: Mein(e)/Unser(e) Kind(er) hat/haben sich selbst dazu entschieden, Französisch zu belegen (Item II.1.9).

Ein sehr hoher Mittelwert von *M*= 4.03 für das Item 6 („Ich/Wir finde(n), dass Französisch eine schöne Sprache ist") deutet darauf hin, dass für eine deutliche Mehrheit der befragten Eltern (72,1%; *N*=315) sprachästhetische Überlegungen als Motiv für die Wahl des Französischen gelten. Knapp mehr als ein Fünftel der Stichprobe (20,4%; *N*=89) äußert nur teilweise Zustimmung dazu, dass das Kind in der Schule Französisch lernt, weil jenes als schöne Sprache empfunden wird. Für weniger als ein Zehntel der Eltern (7,6%; *N*=33) ist die besondere Sprachästhetik des Französischen nicht der ausschlaggebende Grund, warum ihre Kinder in der Schule Französischunterricht haben.

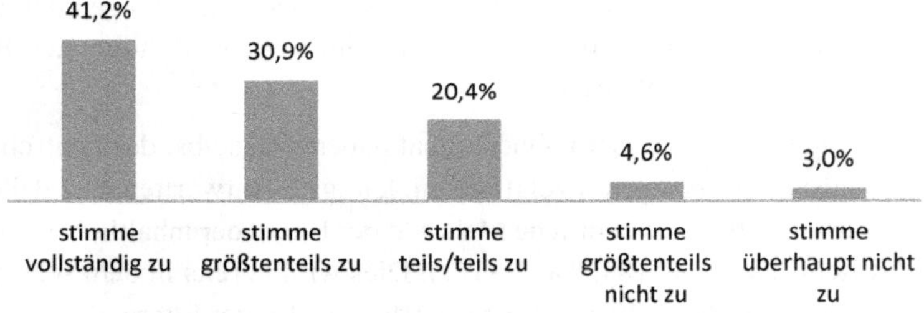

Abb. 34: Ich/Wir finde/n, dass Französisch eine schöne Sprache ist (Item II.1.6).

Die Mehrheit der Befragungsteilnehmer (60,3%; *N*=262) bestätigt, was bereits am relativ hohen Mittelwert von *M*= 3.71 ablesbar ist: die Sprachbegabung ihrer Kinder (Item 1) motivierte die Wahl des Französischen als Schulfach. Weitere 27,8% (*N*=121) pflichten der inhaltlichen Aussage dieses Items „teils/teils" bei; nur 12% (*N*=52) der Stichprobe lehnen das Item ab. Für dieses Item liegen die meisten Enthaltungen innerhalb der zu betrachtenden Antwortitems vor.

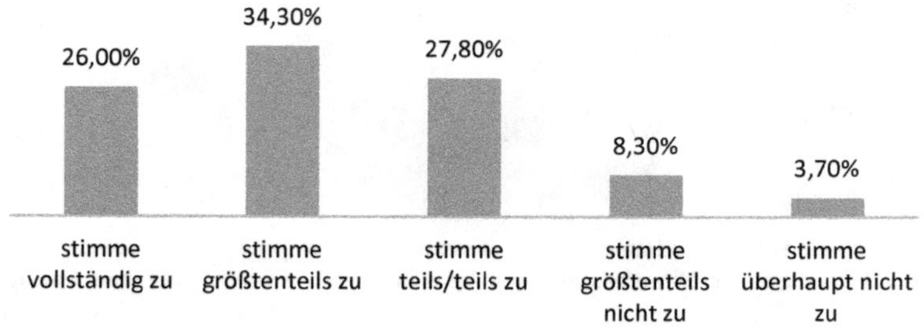

Abb. 35: Mein/e// Unser/e Kind/er ist/sind sprachbegabt (Item II.1.1)

In Bezug auf die inhaltliche Aussage des Items 4 bekräftigt die Mehrheit (59,6%; *N*=261) der Stichprobe, dass sie es als wichtig erachten, über das Lernen von Fremdsprachen Vorurteile zu verhindern bzw. abzubauen und diese Meinung die Wahl des Französischen als Schulfach beeinflusste. Einem Prozentsatz von 16% (*N*=70) derjenigen Befragungsteilnehmer, die den Abbau von Vorurteilen durch das Erlernen von Fremdsprachen – und im konkreten Fall das Französische – nicht als Grund für die Wahl des Französischen als Schulfach angeben, stehen 24,4% (*N*=107) der Eltern gegenüber, welche dem betreffenden Item teilweise zustimmen.

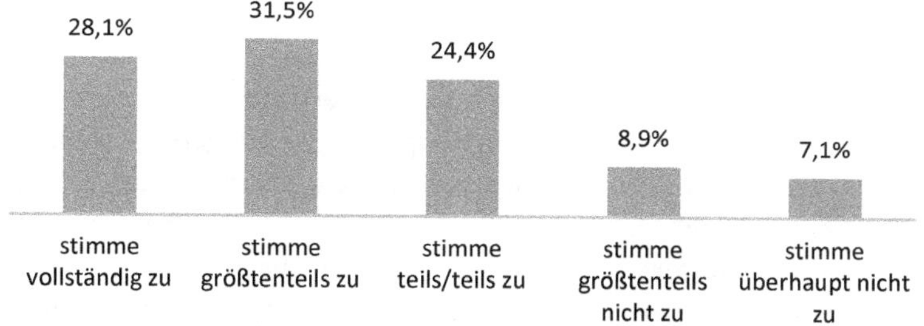

Abb. 36: Ich/Wir halte/n es für wichtig, durch das Lernen von Fremdsprachen Vorurteile zu vermindern bzw. abzubauen (Item II.1.4).

Etwas weniger häufig innerhalb der Gründe für die Wahl des Französischen als Schulfach wird die geographische Nähe zu Deutschland (Item 3) genannt. 43,6% (*N*=190) der befragten Eltern stimmen zu, dass die Tatsache, dass Frankreich ein deutsches Nachbarland ist, die Wahl des Französischen in der Schule bedingte. Weitere 35,6% (*N*=155) stimmen der Aussage „Ich/Wir halte(n) Französisch für bedeutend, weil Frankreich unser Nachbarland ist" nur teilweise zu, während etwas mehr als ein Fünftel der Befragungsteilnehmer (20,9%; *N*=91) jene von sich weist und sich somit ein relativ breit gestreutes Meinungsbild ergibt.

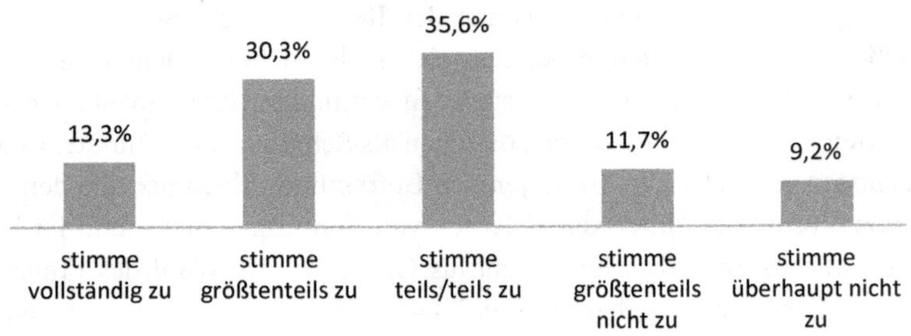

Abb. 37: Ich/Wir halte/n Französisch für bedeutend, weil Frankreich unser Nachbarland ist (Item II.1.3).

45,4% (*N*=199) der befragten Eltern stimmen der inhaltlichen Aussage des Items 5 zu, dass Urlaube in französischsprachigen Ländern die Wahl des Französischen als Schulfach bedingten, was dem mäßig hohen Mittelwert von *M*= 3.22 zu entnehmen ist. 24,9% (*N*=109) der Stichprobe geben dieses Urlaubsmotiv wenigstens teilweise als ausschlaggebend dafür an, während 29,7% (*N*=130) der Eltern etwaige Urlaube in frankophonen Ländern nicht als Grund dafür sehen, dass ihre Kinder in der Schule Französisch lernen.

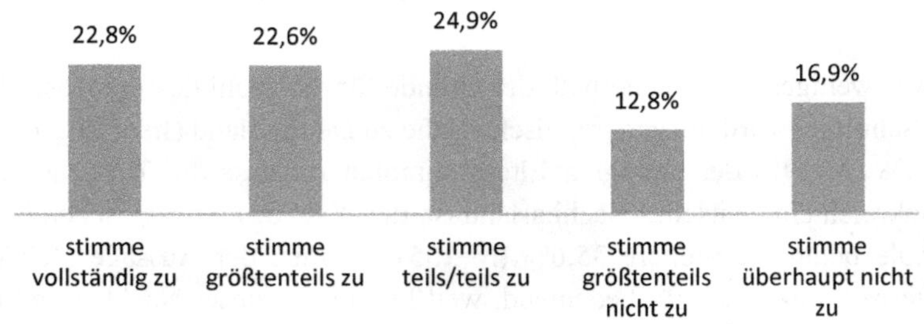

Abb. 38: Ich/Wir mache/n gerne Urlaub in Frankreich und anderen frz.sprachigen Ländern, daher sollte man ein bisschen die Sprache verstehen (Item II.1.9).

48,2% (*N*=212) der Stichprobe begründen die Wahl des Französischen in der Schule teilweise damit, dass das Französische möglicherweise für das spätere Berufsleben der Kinder von Bedeutung ist. Auch der mäßig hohe Mittelwert für dieses Item weist in Richtung der Bestätigung der inhaltlichen Aussage des Items (*M*= 2.98). Der Anteil derjenigen Eltern, die dem zustimmen, dass die mögliche Bedeutung des Französischen für das spätere Berufsleben ihrer Kinder die Wahl des Französischen als Schulfach motivierte, beläuft sich auf

23,8% (*N*=105). Auf der anderen Seite sind es 27,9% (*N*=123) der Eltern, welche die Bedeutung des Französischen im späteren Berufsleben der Kinder nicht als Motiv für das Erlernen dieser Fremdsprache in der Schule erachten. Dieses Item hat die geringste Standardabweichung innerhalb der gesamten Antwortoptionen, d.h. die Antwortwerte der Befragungsteilnehmer sind eng(er) um den Mittelwert gestreut.

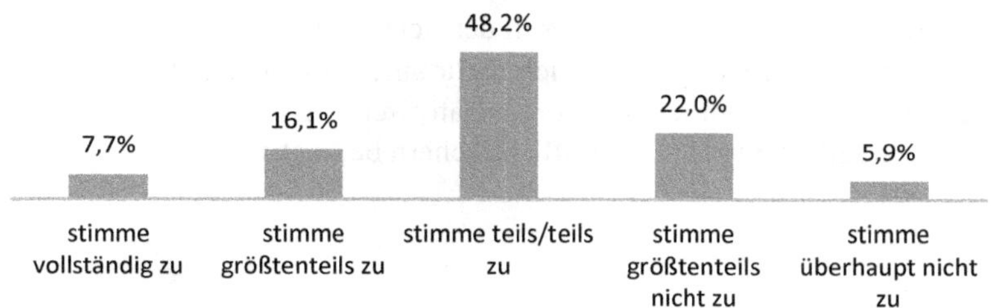

Abb. 39: Frz. ist im späteren Berufsleben oft wichtig (Item II.1.2).

Im Hinblick auf das Item 8 („Ich kann/Wir können Französisch und daher bei Schulaufgaben etc. helfen“) geben 50,2% (*N*=220) der Eltern an, dass ihre Kinder keineswegs deshalb Französisch in der Schule lernen, weil sie ihnen dank ihrer eigenen Sprachkenntnisse Hilfestellung geben könnten. Während ein Fünftel der Stichprobe (20,3%; *N*=89) teilweise bestätigt, dass ihre Kinder in der Schule Französisch lernen, weil sie ihnen helfen können, geben 29,4% (*N*=129) der Befragungsteilnehmer an, dass dies bei ihnen durchaus der Fall ist und diese Tatsache die Wahl des Französischen beeinflusste. Dieses Item weist die höchste Standardabweichung innerhalb des Fragebogenteils auf, die Werte sind also sehr breit um den Mittelwert gestreut.

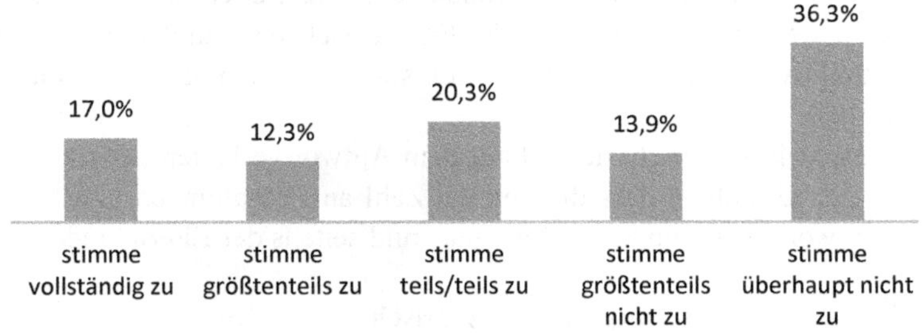

Abb. 40: Ich kann/Wir können Frz. und daher bei Schulaufgaben etc. helfen (Item II.1.8).

Mit dem niedrigen Mittelwert von M= 1.87 für das Item 7 („Es gab an der Schule keine andere Wahlmöglichkeit“) geht die Ablehnung der Aussage dieses Items durch die Mehrheit der Stichprobe einher, sodass im Hinblick auf die Wahl des Französischen als Schulfach schulorganisatorische Zwänge für den Großteil der Eltern (74%; N=323) nicht ausschlaggebend waren für die Entscheidung für das Französische in der Schule. 9,6% (N=42) der Eltern erachten den Mangel an alternativen Angeboten in der Schule teilweise als verantwortlich dafür, dass ihre Kinder in der Schule Französisch lernen. 16,3% (N=71) der Stichprobe sprechen sich dafür aus, dass die Wahl des Französischen als Schulfach durch schulorganisatorische Aspekte der mangelnden Auswahlmöglichkeiten an Wahlpflichtfächern bedingt war.

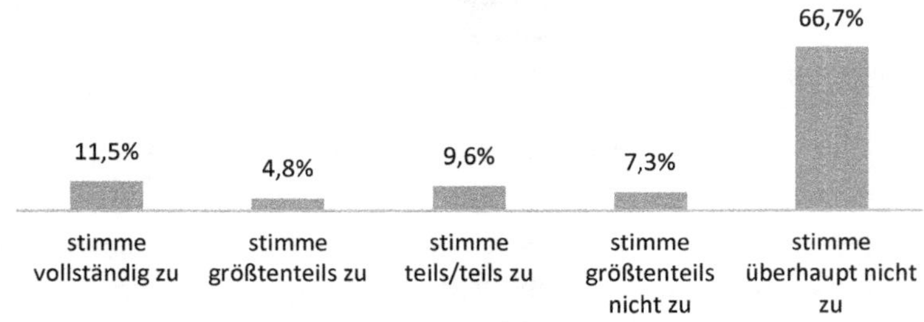

Abb. 41: Es gab an der Schule keine andere Wahlmöglichkeit (Item II.1.7).

Die Auswertung der eigenen Anmerkungen der Befragungsteilnehmer im Rahmen des offenen Bausteins dieser Frage ergab: Latein soll umgangen werden, sei es weil ältere Geschwister schlechte Erfahrungen mit dem Lateinischen gemacht hatten oder weil die Eltern Wert darauf legen, dass keine „tote Sprache“ gelernt wird. Diese Ergänzungen sind eigentlich implizit in dem Item „schulorganisatorische Gründe“ enthalten, doch das Ergebnis der Angaben der Eltern, dass die Wahl des Französischen allein durch den Mangel an attraktiveren Optionen bedingt sei, sollte noch einmal klar herausgestellt werden.

Insgesamt lässt sich, basierend auf dem Antwortverhalten der Eltern für diese Frage, festhalten, dass die geringe Zahl an Enthaltungen bzw. „weiß nicht“-Antworten auf ein klares Meinungsbild seitens der Eltern hindeutet.

5.3.2.2 Charakterisierung des Französischunterrichts

Wie die Eltern den schulischen Französischunterricht ihrer Kinder charakterisieren, ermittelt der Fragenkomplex II.2. Der folgenden Tabelle sind die Ergebnisse der Häufigkeitsanalyse zu entnehmen, die für jedes Item die Anzahl der abgegebenen Antworten (*N*) – ohne jene der Ausweichkategorie „weiß nicht" – sowie die jeweiligen Mittelwerte (*M*) und Standardabweichungen (*SD*) zeigt. Die Anordnung orientiert sich dabei an der Höhe der Mittelwerte in absteigender Reihenfolge. Auffällig hinsichtlich der Antworten für die gesamten Items dieser Frage ist die geringe Anzahl der „weiß nicht"-Antworten bzw. Enthaltungen, sodass sich die Eltern offenbar größtenteils im Stande sehen, die einzelnen Aspekte zu beurteilen.

	N	*M*	*SD*
2: Die Schüler(innen) erhalten Einblicke in frz.sprachige Länder und Kulturen und können so Vorurteile vermeiden bzw. abbauen.	419	3.47	0.981
4: Die Schüler/innen erweitern stets ihre Kenntnisse der Fremdsprache, wiederholen aber auch regelmäßig.	404	3.30	1.017
3: Die Schüler/innen lernen in der Schule auch, wie sie sich in verschiedenen Lebenssituationen im Umgang mit frz. Muttersprachlern verhalten können (z.B. durch Rollenspiele).	383	3.19	1.110
1: Die Französischlehrkraft begeistert die Kinder für die Sprache/Kultur Frankreichs und frz.sprachiger Länder mit Enthusiasmus und Humor.	416	3.10	1.152
5: Ich/Wir empfinde/n das Tempo, mit welchem die Lehrkraft im Stoff voranschreitet, zu schnell.	405	2.81	1.286
7: Für das Vor-/Nachbereiten des Frz.-Unterrichts wird zuhause zu viel (Frei)Zeit in Anspruch genommen.	429	2.58	1.161
10: Ich/Wir könnte(n) mir/uns vorstellen, (mehr) in den schulischen Frz.-Unterricht integriert zu werden (z.B. Hausaufhaben prüfen, gemeinsam lesen). .	431	2.58	1.358
9: Das/Die Kind(er) können den Stoff nicht alleine bewältigen und benötigen außerhalb der Schule Hilfe.	438	2.41	1.432
6: Die Schüler/innen werden im Fach Frz. im Unterricht individuell gefördert.	374	2.22	1.046
8: Ich/Wir als Eltern(teil) fühle mich/fühlen uns in das Frz.-Lernen der/s Kinder/s von Seiten der Schule integriert.	423	1.85	1.049

Abb. 42: Charakterisierung des Französischunterrichts – Anzahl der Antworten (*N*), Mittelwerte (*M*), Standardabweichungen (*SD*).

Die höchste Zustimmung durch die Eltern erhält das Item 2 („Die Schüler/innen erhalten Einblicke in französischsprachige Länder und Kulturen und können so Vorurteile vermeiden bzw. abbauen"), für das sich ein relativ hoher Mittelwert von *M*= 3.47 ergibt.

Hohe Mittelwerte erzielten ebenfalls das Item 4 („Die Schüler/innen erweitern stets ihre Kenntnisse der Fremdsprache, wiederholen aber auch regelmäßig") mit *M*= 3.30, das Item 3 („Die Schüler/innen lernen in der Schule auch, wie sie sich in verschiedenen Lebenssituationen im Umgang mit französischen Muttersprachlern verhalten können (z.B. durch Rollenspiele)") mit *M*= 3.19 sowie das Item 1 („Die Französischlehrkraft begeistert die Kinder für die Sprache/Kultur Frankreichs und französischsprachiger Länder mit Enthusiasmus und Humor") mit *M*= 3.10.

Niedrigere Mittelwerte errechnen sich mit *M*= 2.22 für das Item 6 („Die Schüler/innen werden im Fach Französisch im Unterricht individuell gefördert") bis hin zu *M*= 2.81 für das Item 5 („Ich/Wir empfinde/n das Tempo, mit welchem die Lehrkraft im Stoff voranschreitet, zu schnell").

Einen identischen Mittelwert von *M*= 2.58 erreichen die Items 7 („Für das Vor-/Nachbereiten des Französischunterrichts wird zuhause zu viel (Frei-)Zeit in Anspruch genommen") und 10 („Ich/Wir könnten uns vorstellen, (mehr) in den schulischen Französischunterricht integriert zu werden (z.B. Hausaufgaben prüfen, gemeinsam Lesen").

Mit *M*= 1.58 liegt für das Item 8 („Ich/Wir als Eltern(teil) fühle mich/fühlen uns in das Französischlernen der/s Kinder/s von Seiten der Schule integriert") der niedrigste Mittelwert vor.

Auffällig bei der deskriptiven Analyse dieser Frage sind zwei Dinge. Zum einen sind die Standardabweichungen für die einzelnen Items insgesamt hoch bis sehr hoch, worin sich eine breite bis sehr breite Streuung der Werte bzw. der Antworten der Befragungsteilnehmer widerspiegelt. Zum anderen wurde die Mittelkategorie „stimme teils/teils zu" am meisten gewählt, und so die Kategorien der vollständigen Zustimmung sowie der vollständigen Ablehnung eines Items von den Befragungsteilnehmern größtenteils vermieden. Welche Antwortkategorien für die einzelnen Items jeweils mit welcher Häufigkeit gewählt wurden, ist nachfolgenden Ausführungen zu entnehmen.

Darüber, ob der Einblick in die fremden Kulturen im Rahmen des Französischunterrichts Vorurteile vermeidet bzw. dieser Aspekt im schulischen Französischunterricht verankert ist, gibt das Item 2 Aufschluss. 25 Personen wählten bei der Beantwortung dieses Items die Option „weiß nicht". Von den verbleibenden 419 Personen überwiegt der Anteil derjenigen Eltern, die der Meinung sind, dass ihre Kinder mit Hilfe der angebotenen landeskundlichen Einblicke im Rahmen des Französischunterrichts Vorurteile vermindern oder ganz abbauen können (50,4%; *N*=211). Am häufigsten wurde für das betreffende Item die Kategorie „teils/teils" gewählt (35,1%; *N*=147). Nur 14,6% (*N*=61) der Stichprobe lehnen die inhaltliche Aussage des Items ab und geben somit an, dass der Einblick in die fremde Kultur zum Abbau von Vorurteilen nicht im Rahmen des Französischunterrichts Realisierung findet. Für dieses Item liegt die geringste Standardabweichung innerhalb der gesamten vor, sodass die Antwortwerte nahe um den Mittelwert gestreut sind.

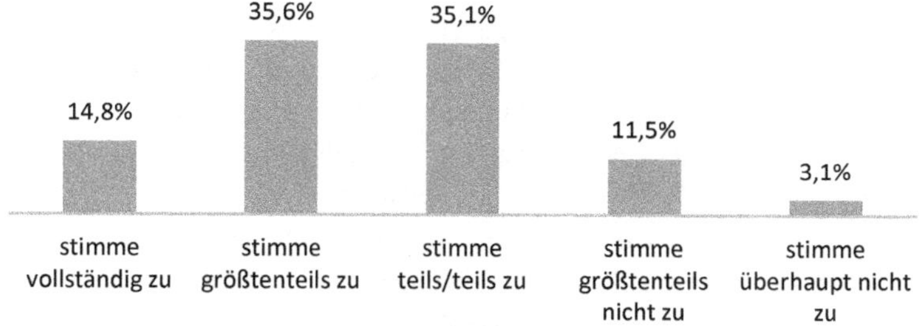

Abb. 43: Die Schüler(innen) erhalten Einblicke in frz.sprachige Länder und Kulturen und können so Vorurteile vermeiden bzw. abbauen (Item II.2.2).

Das Item 4 gibt Aufschluss darüber, ob die Eltern der Ansicht sind, dass ihre Kinder im Rahmen des Französischunterrichts ihre Kenntnisse der Fremdsprache erweitern, aber auch regelmäßig wiederholen. Für dieses Item liegen ähnliche Häufigkeitsverteilungen wie für das oben beschriebene Item 2 vor. Der hohe Prozentsatz der Eltern, die diesem Item teilweise zustimmen (33,9%; *N*=137) und die mittlere Skalenstufe gewählt haben, zeigt eine deutliche Antworttendenz an. Eine identische Anzahl an Befragungsteilnehmern hat sich für die Antwortkategorie „stimme größtenteils zu" entschieden. Allerdings ist der Anteil der Befragungsteilnehmer, die der Ansicht sind, ihre Kinder würden sowohl ihre Kenntnisse im Französischen erweitern als auch regelmäßig wiederholen, mit 44,8% (*N*=181) elterlicher Zustimmung etwas höher. Nur etwas mehr als ein Fünftel (21,3%; *N*=86) aller Befragten lehnt die inhaltliche Aussage des Items ab. Darüber hinaus haben 40 Eltern „weiß nicht" angegeben. Jene sehen sich außer Stande, diesen Aspekt des Französischunterrichts zu beurteilen.

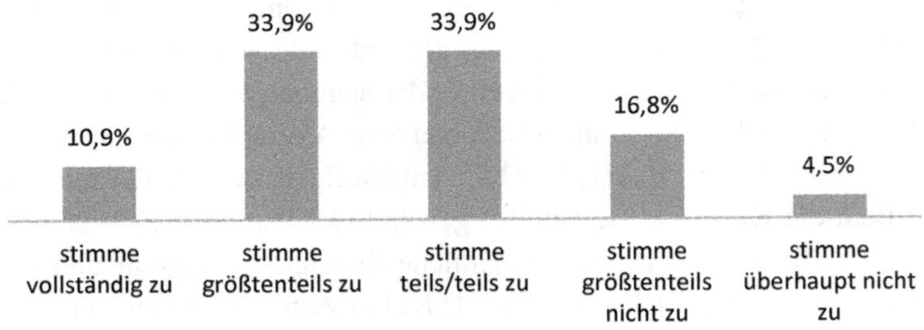

Abb. 44: Die Schüler/innen erweitern stets ihre Kenntnisse der Fremdsprache, wiederholen aber auch regelmäßig (Item II.2.4).

Ob die Schüler im Rahmen des schulischen Französischunterrichts auch lernen, wie sie sich in verschiedenen Lebenssituationen im Umgang mit Muttersprachlern verhalten (Item 3), konnten 61 Eltern nicht beantworten und entschieden sich für die Ausweichkategorie „weiß nicht". Fast ein Drittel der befragten Eltern (32,1%; *N*=123) ist nur teilweise davon überzeugt, dass ihre Kinder im Rahmen des schulischen Französischunterrichts den Umgang mit frankophonen Muttersprachlern in verschiedenen Lebenssituationen erlernen. Die Prozentwerte sowohl für die Zustimmung als auch für die Ablehnung des Items durch die Eltern zeigen, dass die Mehrheit (41%; *N*=157) der Überzeugung ist, dass der Französischunterricht ihrer Kinder auch diesen Aspekt des Lernens miteinschließt. 26,9% (*N*=103) hingegen sehen dies keineswegs verwirklicht. Der hohe Mittelwert von *M*= 3.19 spiegelt ebenfalls die Tatsache wider, dass dem Item eher zugestimmt wird.

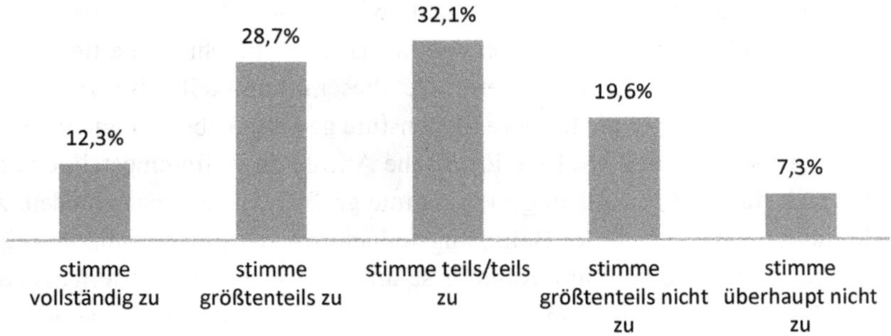

Abb. 45: Die Schüler/innen lernen in der Schule auch, wie sie sich in verschiedenen Lebenssituationen im Umgang mit frz.sprachigen Muttersprachlern verhalten können (z.B. durch Rollenspiele) (Item II.2.3).

Gut ein Drittel der Befragungsteilnehmer (34,4%; *N*=143) ist teilweise der Ansicht, dass die Französischlehrkraft ihrer Kinder die Schüler teilweise mit Enthusiasmus und Humor für die Sprache/Kultur Frankreichs und französischsprachiger Länder begeistert (Item 1). Die meisten Eltern (37,7%; *N*=157) stimmen der inhaltlichen Aussage des Items zu, wohingegen 27,9% (*N*=116) der Stichprobe jene verneinen. Der mäßig hohe Mittelwert von *M*=3.10 verdeutlicht das Antwortverhalten der Eltern hinsichtlich dieses Items. Auffällig ist hierbei, dass die Zahl der Eltern, die der Lehrkraft keinerlei Begeisterungsfähigkeit mittels Humor und Enthusiasmus attestieren (11,3%; *N*=47), genauso hoch ist wie die Zahl derjenigen, die durch ihre Antwort exakt die entgegengesetzte Position vertreten (11,3%; *N*=47). 28 Personen haben für dieses Item „weiß nicht" geantwortet und sich damit einer klaren Meinungsäußerung enthalten.

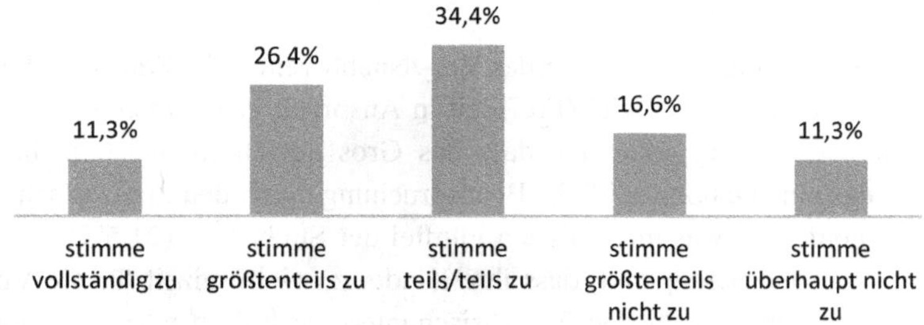

Abb. 46: Die Französischlehrkraft begeistert die Kinder für die Sprache/Kultur Frankreichs und frz.sprachiger Länder mit Enthusiasmus und Humor (Item II.2.1).

Die prozentualen Antworthäufigkeiten für das Item 5 („Ich/Wir empfinden das Tempo, mit welchem die Lehrkraft im Stoff voranschreitet, zu schnell") sowie der Mittelwert von *M*= 2.81 weisen darauf hin, dass hier weder eine klare Zustimmung noch eine klare Ablehnung der inhaltlichen Aussage dieses Items vorliegt. Die Anzahl derjenigen Eltern, welche dem Item widersprechen und somit indirekt angeben, dass das Tempo der Lehrkraft nicht zu hoch ist (44,7%; *N*=181), überwiegt jedoch.

In der vorliegenden Erhebung ist nicht einmal ein Drittel der befragten Eltern (30,6%; *N*=124) der Meinung, dass die Lehrkraft ein zu hohes Progressionstempo an den Tag legt, wobei etwa ein Viertel aller Befragungsteilnehmer (24,7%; *N*=100) die mittlere Stufe der Ratingskala („stimme teils/teils zu") gewählt hat und somit zum Teil der Ansicht ist, dass das Voranschreiten im Stoff durch die Lehrkraft zu schnell erfolgt. 39 Eltern konnten dieses Item nicht beurteilen und antworteten mit „weiß nicht".

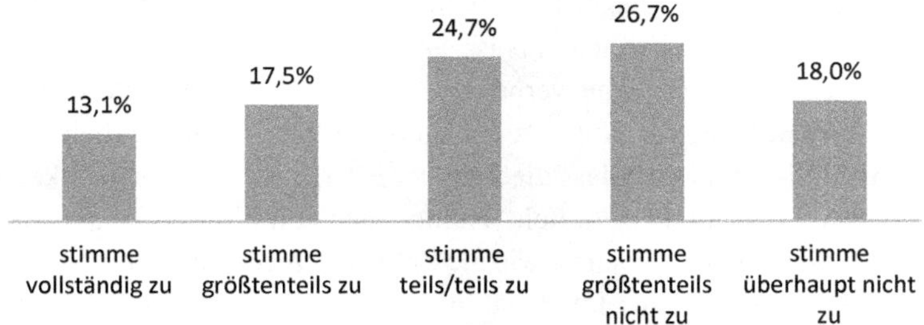

Abb. 47: Ich/Wir empfinde/n das Tempo, mit welchem die Lehrkraft im Stoff voranschreitet, zu schnell (Item II.2.5).

Im Hinblick auf das Item 7 („Für das Vor-/Nachbereiten des Französischunterrichts wird zuhause zu viel (Frei)Zeit in Anspruch genommen") lässt die Häufigkeitsverteilung erkennen, dass das Gros der Befragungsteilnehmer keineswegs eine zu hohe zeitliche Beanspruchung durch den Französischunterricht moniert. Etwas mehr als ein Fünftel der Stichprobe (21,5%; *N*=92) vertritt zwar den Standpunkt, dass ihre Kinder zu viel Freizeit für die Vor- und Nachbereitungen für den Französischunterricht opfern müssen; jedoch weist die Hälfte aller befragten Eltern (50,1%; *N*=215) diese Behauptung zurück, was sich gleichermaßen auf den Mittelwert auswirkt, welcher eher niedrig ist (*M*=2.58) und somit die Ablehnung des Items andeutet. Etwas mehr als ein Viertel der Eltern, die sich an der Erhebung beteiligt hatten, (28,4%; *N*=122), hat sich bei diesem Item für die mittlere Stufe der Ratingskala („stimme teils/teils zu") entschieden.

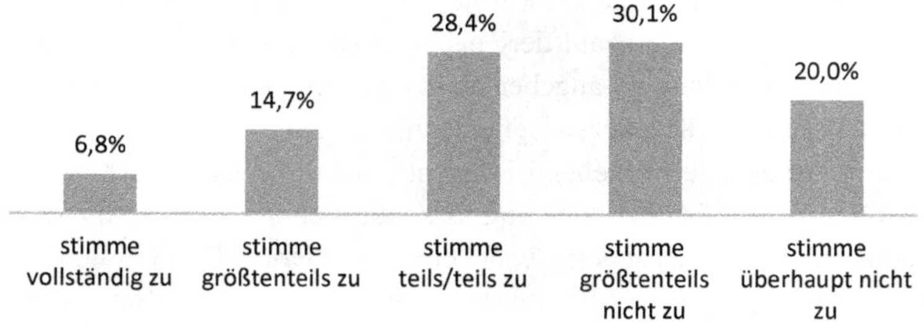

Abb. 48: Für das Vor-/Nachbereiten des Französischunterrichts wird zuhause zu viel (Frei)Zeit in Anspruch genommen (Item II.2.7).

Die Häufigkeitsanalyse für das Item 10 zeigt, inwieweit die Befragungsteilnehmer sich vorstellen könnten, (mehr) in den Französischunterricht integriert zu werden. Knapp die Hälfte der Befragten (49,6%; *N*=214) erachtet es nicht als erstrebenswert, (stärker) in den schulischen Französischunterricht einbezogen zu werden. Etwas weniger als ein Viertel der Befragten (23%; *N*=99) hat bei diesem Item die mittlere Stufe der Ratingskala, „stimme teils/teils zu", gewählt und kann sich somit teilweise mit dieser Vorstellung anfreunden. Der Anteil der Befragungsteilnehmer, welche nicht abgeneigt wären, sich (mehr) in den Französischunterricht zu integrieren und sich diesbezüglich positiv gestimmt zeigen, umfasst mehr als ein Viertel der Befragungsteilnehmer (27,4%; *N*=118).

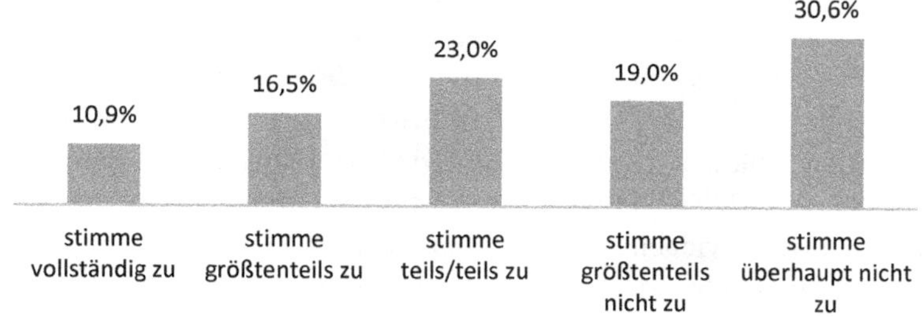

Abb. 49: Ich/Wir könnte(n) mir/uns vorstellen, (mehr) in den schulischen Frz.-Unterricht integriert zu werden (z.B. Hausaufgaben prüfen, gemeinsam Lesen) (Item II.2.10).

Der relativ niedrige Mittelwert von *M*=2.41 für das Item 9 („Das/Die Kind(er) kann/können den Stoff nicht alleine bewältigen und benötigen außerhalb der Schule Hilfe") zeigt, dass die Mehrheit der Befragungsteilnehmer (58,7%; *N*=257) das Item ablehnt und der Meinung ist, dass ihre Kinder den Stoff durchaus alleine bewältigen können und keine zusätzliche Hilfe benötigen.

15,5% (*N*=68) der Eltern, die sich an der Erhebung zur vorliegenden Studie beteiligt hatten, stimmen diesem Item teilweise zu. Gut ein Viertel der Stichprobe (25,8%; *N*=113) ist allerdings durchaus der Meinung, dass ihre Kinder nicht ohne zusätzliche Hilfe auskommen in Anbetracht des Stoffumfangs. Die höchste Standardabweichung bzw. Streubreite für dieses Item innerhalb der möglichen Antwortoptionen ist dadurch zu erklären, dass für vier der fünf Antwortkategorien vergleichbar hohe Werte vorliegen.

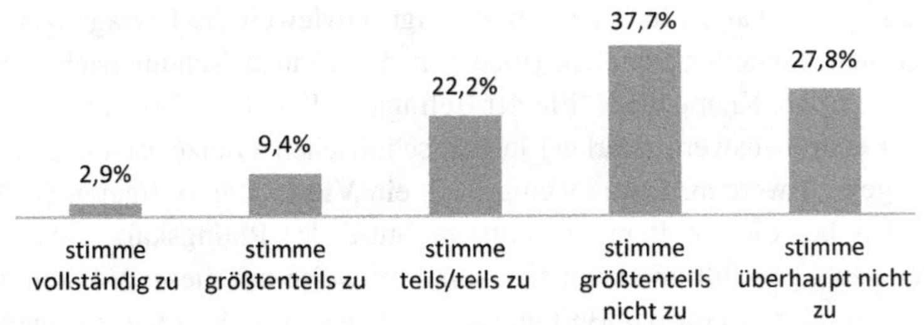

Abb. 50: Das/Die Kind(er) kann/können den Stoff nicht alleine bewältigen und benötigen außerhalb der Schule Hilfe (Item II.2.9).

Innerhalb der gesamten Stichprobe sind 65,5% (*N*=245) der Eltern nicht der Ansicht, dass ihre Kinder im Zuge des Französischunterrichts individuelle Förderung erhalten; somit weisen knapp zwei Drittel der Befragten die inhaltliche Aussage des Items 6 zurück. Neben etwa einem Fünftel der abgegebenen Stimmen für die Stufe „stimme teils/teils zu" innerhalb der Ratingskala für dieses Item (22,2%; *N*=83) beläuft sich der prozentuale Wert derjenigen Eltern, die eine individuelle Förderung im Französischunterricht ihrer Kinder durchaus verwirklicht sehen, auf 12,3% (*N*=46). Die Zahl der „weiß nicht"-Antworten ist für dieses Item am höchsten innerhalb der gesamten Items und liegt bei 70 Personen. Dies lässt sich möglicherweise darauf zurückführen, dass diese sich außer Stande sehen, diesen Aspekt des Französischunterrichts zu beurteilen. Der niedrige Mittelwert von *M*= 2.22 bestätigt die oben dargestellte Tendenz der Teilnehmer an der Erhebung, den Französischunterricht ihrer Kinder nicht als auf die individuellen Bedürfnisse zugeschnitten zu charakterisieren.

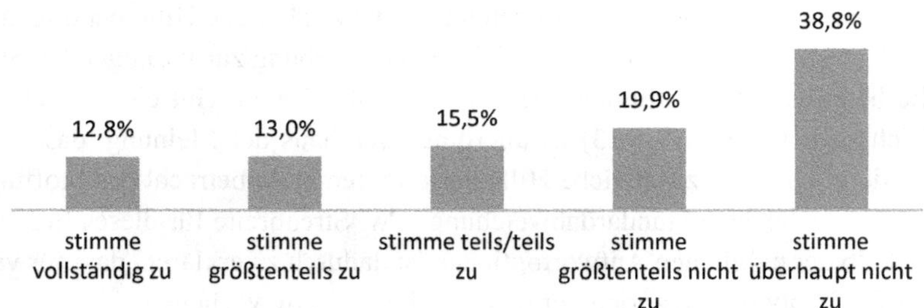

Abb. 51: Die Schüler/innen werden im Fach Frz. im Unterricht individuell gefördert (Item II.2.6).

Die Häufigkeitsverteilung für das Item 8 zeigt an, inwieweit sich die Eltern in die schulischen Französischlernprozesse von Seiten der Schule einbezogen fühlen und hat das eindeutigste Ergebnis innerhalb der Fragen zur „Charakterisierung des Französischunterrichts“. Insgesamt 79,4% (*N*=336), und somit mehr als drei Viertel, aller Eltern, die sich an der Erhebung beteiligt hatten, haben nicht das Gefühl, die Schule bzw. die Französischlehrkraft integriere sie in das Französischlernen ihrer Kinder, was bereits der sehr niedrige Mittelwert von *M*= 1.58 andeutet. Bedeutend kleiner ist der Anteil derjenigen Eltern, die sich von Seiten der Schule als Beteiligte im Zuge des Französischlernens ihres Kindes erachten, und beläuft sich auf 9,7% (*N*=41). 10,9% (*N*=46) der Befragten hatten bei diesem Item die mittlere Stufe der Ratingskala („stimme teils/teils zu“) gewählt.

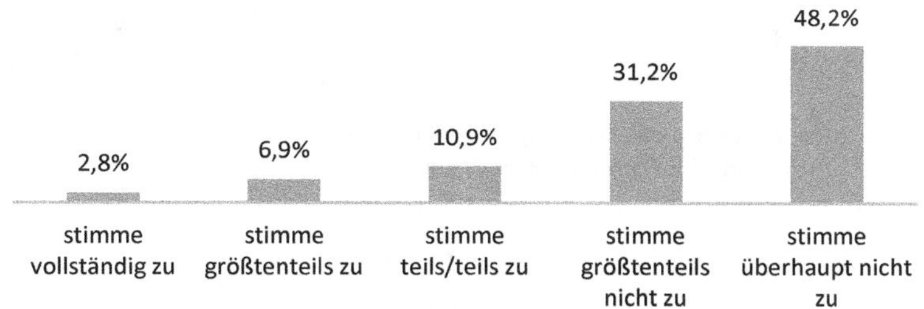

Abb. 52: Ich/Wir als Eltern(teil) fühle mich/fühlen uns in das Frz.lernen der/s Kinder/s von Seiten der Schule integriert (Item II.2.8).

5.3.2.3 Hinweise zum Lernen aus dem schulischen Kontext

Um zu erfahren, welche Personen aus dem schulischen Kontext den Eltern Tipps geben im Hinblick auf die Begleitung der Französischlernprozesse ihrer Kinder zuhause, wurde eine Häufigkeitsanalyse für die Teilfrage II.3 durchgeführt. Die Anzahl der abgegebenen Antworten (*N*) entspricht dabei 446. Insgesamt ergibt die Betrachtung der Antworthäufigkeiten ein eindeutiges Bild.

Weder die Beratungslehrkraft (2,2%; *N*=10) noch der Klassenleiter (1,8%; *N*=8), Lerntutoren (1,1%; *N*=5) oder, am wenigsten, der Schulleiter (0,9%; *N*=4) geben den Eltern Anregungen mit auf den Weg, wie sie ihre Kinder im außerschulischen, häuslichen Bereich beim Französischlernen unterstützen können. Die meisten Hinweise für die außerschulische Unterstützung beim Lernen für das Fach Französisch aus dem schulischen Umfeld erhalten die Eltern, wenn überhaupt, von der Französischlehrkraft ihrer Kinder

(44,2%; *N*=197). Zahlenmäßig deutlich überlegen sind diejenigen Eltern, die angeben, dass sie von keinem Angehörigen der Schulfamilie bzw. der Schule Tipps für eine Beteiligung an und Unterstützung von Lernprozessen für das Schulfach Französisch (54,7%; *N*=244) erhalten.

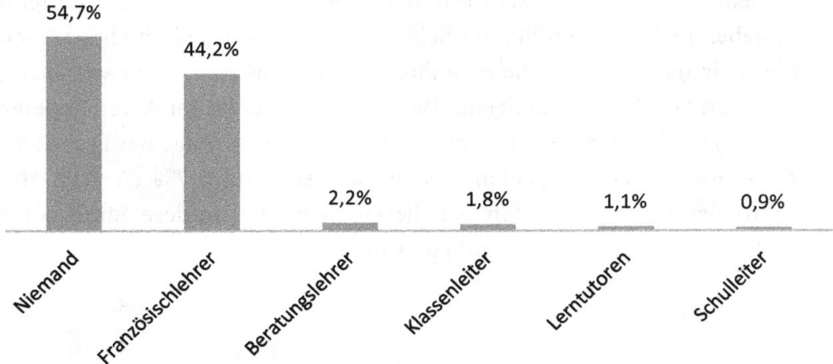

Abb. 53: Wer aus dem schulischen Kontext gibt Ihnen Tipps, wie Sie Ihr(e) Kind(er) beim Frz.-Lernen unterstützen können? (Frage II.3).

5.3.2.4 Kontakt zur Französischlehrkraft

Wie sich der Kontakt zur Französischlehrkraft gestaltet, zeigt die Häufigkeitsanalyse für den Fragenkomplex II.4. Die Anzahl der abgegebenen Antworten (*N*) – exklusive jener, die auf die Antwortkategorie „weiß nicht“ entfielen –, die Mittelwerte (*M*) sowie die Standardabweichungen (*SD*) für jedes Item des Fragenkomplexes sind der nachfolgenden Übersicht zu entnehmen, wobei die Anordnung der Items die Höhe ihrer Mittelwerte in absteigender Reihenfolge widerspiegelt.

	N	*M*	*SD*
3: Ich/Wir besuche/n regelmäßig Elternabende.	439	4.22	1.141
7: Es ist selbstverständlich, dass ich/wir das/die Kind(er) zuhause unterstützen.	439	4.05	1.178
2: Ich/Wir besuche/n die Sprechstunde der Lehrkraft nur wenn ein konkreter Anlass dazu besteht.	440	3.56	1.479
4: Ich/Wir gehe/n zu den Elternsprechtagen. und suche/n dort das Gespräch mit der Fachlehrkraft.	439	3.54	1.433

5: Die Frz.-Lehrkraft informiert mich/uns ausreichend über das Lern- und Leistungsverhalten des/r Kindes/r.	426	3.03	1.394
6. Ich/Wir wünschen uns mehr Tipps und von der Lehrkraft in Bezug auf die Unterstützung des/r Kindes/r zuhause.	432	3.00	1.349
12: Die Frz.-Lehrkraft informiert verständlich über Prüfungs- und Leistungsanforderungen im Fach Frz.	407	2.84	1.342
8: Ich/Wir würde(n) gerne (mehr) mit der Frz.-Lehrkraft zusammenarbeiten.	425	2.82	1.287
11: Die Frz.-Lehrkraft ist außerhalb des Unterrichts gut erreichbar (persönlich, telefonisch, schriftlich).	317	2.66	1.407
9: Ich/Wir fühle/n mich/uns gut informiert über alle Angelegenheiten des Frz.-Unterrichts.	423	2.54	1.225
1: Ich/Wir besuche/n regelmäßig die Sprechstunde der Lehrkraft, um über Probleme/Schullaufbahn zu sprechen.	437	2.33	1.399
10: Die Frz.-Lehrkraft bezieht uns Eltern(teile) mit in Entscheidungen des Unterrichts ein (z.B. Lektüreauswahl).	428	1.29	0.665

Abb. 54: Kontakt zur Französischlehrkraft – Anzahl der Antworten (*N*), Mittelwerte (*M*), Standardabweichungen (*SD*).

Der äußerst hohe Mittelwert von *M*= 4.22 für das Item 3 („Ich/Wir besuche/n regelmäßig Elternabende“) zeigt, dass Eltern dieses Angebot sehr häufig in Anspruch nehmen. Ebenfalls sehr hoch ist der Mittelwert (*M*= 4.05) für das Item 7 („Es ist selbstverständlich, dass ich/wir das/die Kind/er zuhause unterstützen“), sodass Eltern die Selbstverständlichkeit der Unterstützung zuhause bestätigen.

Relativ hohe Mittelwerte erzielen die Items 2 („Ich/Wir besuche/n die Sprechstunde der Lehrkraft nur wenn ein konkreter Anlass dazu besteht“) mit *M*= 3.56, das Item 4 („Ich/Wir gehe/n zu den Elternsprechtagen und suche/n dort das Gespräch mit der Fachlehrkraft“) mit *M*= 3.54, das Item 5 („Die Französischlehrkraft informiert mich/uns ausreichend über das Lern- und Leistungsverhalten des/r Kindes/r“) mit *M*= 3.03 sowie das Item 6 („Ich/Wir wünschen uns mehr Tipps von der Lehrkraft in Bezug auf die Unterstützung des/r Kindes/r zuhause“) mit *M*= 3.00. Die Mittelwerte des Items 12 („Lehrkraft informiert über Prüfungs- und Leistungsanforderungen“) mit *M*= 2.84, des Items 8 („Wir würden gerne (mehr) mit der Lehrkraft zusammenarbeiten“) mit *M*= 2.82, des Items 11 („Die Lehrkraft ist außerhalb des Unterrichts gut erreichbar“) mit *M*= 2.66 sowie des Items 9 („Wir fühlen uns gut informiert über alle Angelegenheiten des Französischunterrichts“) mit *M*= 2.54 sind mäßig hoch. Einen geringen Mittelwert von *M*= 2.33 hat das Item 1 („Wir besuchen regelmäßig die Sprechstunde“). Den niedrigsten Mittelwert von *M*= 1.29 hat das Item 10 („Die Französischlehrkraft bezieht uns mit in Entscheidungen des Unterrichts ein“).

Im Hinblick auf das Item 11 („Die Lehrkraft ist außerhalb des Unterrichts gut erreichbar“) ist auffällig, dass hier vergleichsweise wenig Antworten vorliegen, die für die weiteren Berechnungen zur Verfügung stehen, weil viele Befragungsteilnehmer hier „weiß nicht“ angekreuzt hatten. Die Standardabweichungen sind für fast alle Antwortitems zu dieser Frage hoch bis sehr hoch, was eine breite bis sehr breite Streuung der Werte bzw. der Antworten der Befragungsteilnehmer bedeutet und auf ein uneinheitliches Bild des Kontakts zu den Französischlehrkräften hindeutet. Die jeweiligen Häufigkeiten für die einzelnen Antwortkategorien sämtlicher Items sind nachfolgend aufgeführt.

Das Item 3 („Ich/Wir besuche/n regelmäßig Elternabende“) hat den höchsten Mittelwert (*M*= 4.22) aller Items für den Fragenkomplex „Kontakt zur Französischlehrkraft“, welcher anzeigt, dass die meisten Eltern (79,3%; *N*=348) bestätigen, auf regelmäßiger Basis an Elternabenden der Schule teilzunehmen. 11,4% (*N*=50) der Befragungsteilnehmer haben die mittlere Stufe der Ratingskala („stimme teils/teils zu“) gewählt. Knapp ein Zehntel aller Teilnehmer an der Befragung (9,3%; *N*=41) lehnt dieses Item ab und gibt damit an, Elternabende nicht mit einer gewissen Regelmäßigkeit zu besuchen.

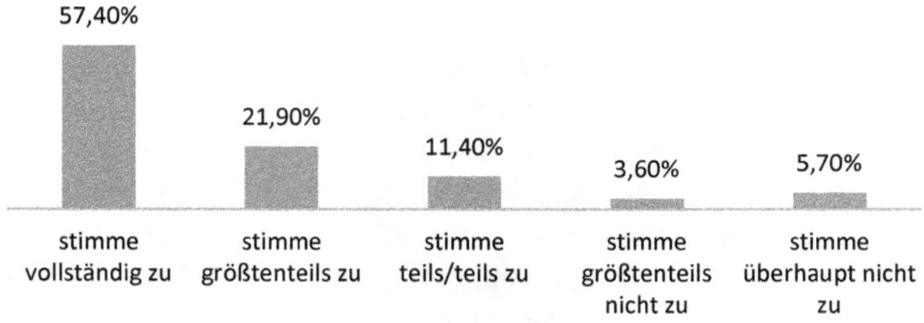

Abb. 55: Ich/Wir besuche/n regelmäßig Elternabende (Item II.4.3).

Ein sehr hoher Mittelwert von M= 4.05 für das Item 7 („Es ist selbstverständlich, dass ich/wir das/die Kind(er) zuhause unterstützen") zeigt auch hier bereits die Tendenz an, dass die Mehrheit der befragten Eltern (72,4%; N=318) die Unterstützung ihrer Kinder zuhause als eine Selbstverständlichkeit erachtet. Während nur gut ein Zehntel der Stichprobe (10,7%; N=47) die Aussage, dass die häusliche Unterstützung als selbstverständlich gelten kann, ablehnt, beläuft sich der Prozentsatz derjenigen, die diesem Item teilweise zustimmen, auf 16,9% (N=74).

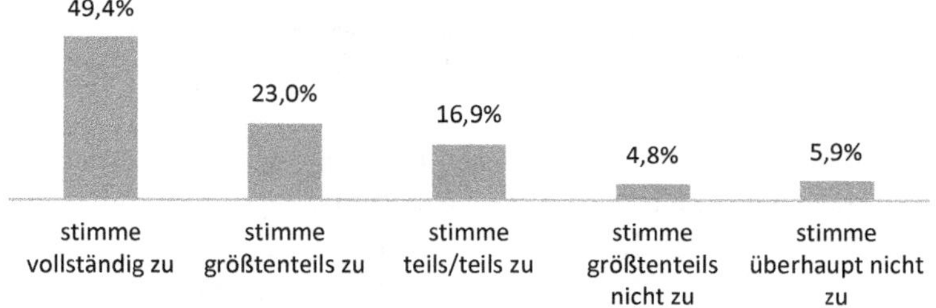

Abb. 56: Es ist selbstverständlich, dass ich/wir das/die Kind(er) zuhause unterstützen (Item II.4.7).

Im Hinblick auf das Item 2 geben 62,1% (N=273) an, die Sprechstunde der Lehrkraft nur dann zu besuchen, wenn ein konkreter Anlass dazu besteht. Dies spiegelt sich in dem relativ hohen Mittelwert von M= 3.56 wider. 12,3% (N=54) der befragten Eltern stimmen der inhaltlichen Aussage des Items teilweise zu. Etwas mehr als ein Viertel der Stichprobe (25,7%; N=113) gibt an, dass sie diese Kontaktart in der Form nicht betreiben. Dieses Item weist die höchste Standardabweichung innerhalb der gesamten Antwortoptionen zur betreffenden Frage auf, d.h. dass die Antwortwerte der Befragungsteilnehmer breit um den Mittelwert gestreut sind. Zugleich liegen für dieses Item die wenigsten Enthaltungen (in Form der „weiß nicht"-Antworten) vor, sodass die Ergebnisse der Häufigkeitsanalyse ein eindeutiges Meinungsbild wiedergeben.

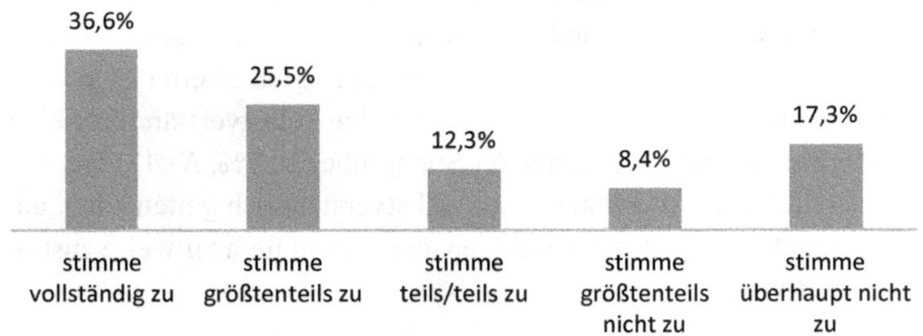

Abb. 57: Ich/Wir besuche/n die Sprechstunde der Lehrkraft nur wenn ein konkreter Anlass besteht (Item II.4.2).

Für das Item 4 („Ich/Wir gehe/n zu den Elternsprechtagen und suche/n dort das Gespräch mit der Fachlehrkraft") liegt ein fast identischer Mittelwert wie für das Item 2 vor (*M*= 3.54), welcher auch hier die Tendenz der Mehrheit von 58,6% (*N*=258) der Stichprobe verdeutlicht, Elternsprechtage als Möglichkeiten des Gesprächskontaktes mit der entsprechenden Fachlehrkraft zu nutzen. 17,3% (*N*=76) der Eltern, die an der vorliegenden Erhebung teilgenommen hatten, wählten für dieses Item die mittlere Stufe der Ratingskala, „stimme teils/teils zu". Knapp ein Viertel der Eltern (24,2%; *N*=106) gibt an, den Elternsprechtag nicht als Form der Kontaktaufnahme zur Französischlehrkraft wahrzunehmen.

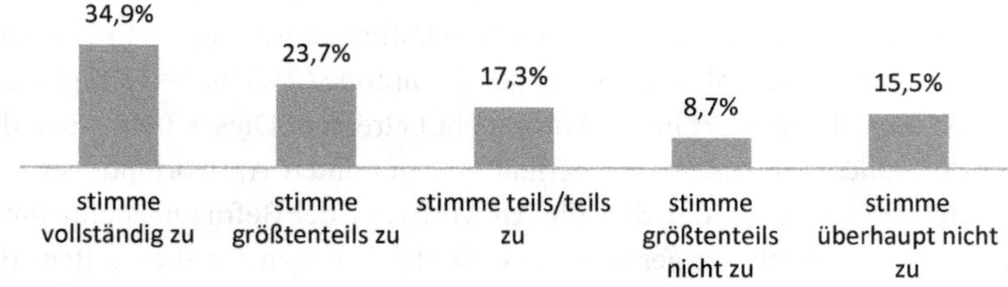

Abb. 58: Ich/Wir gehe/n zu den Elternsprechtagen und suche/n dort das Gespräch mit der Fachlehrkraft (Item II.4.4).

Dass die Lehrkraft die Eltern ausreichend über das Lern- und Leistungsverhalten des Kindes/der Kinder informiert (Item 5) bestätigen 41,8% (*N*=178) der Befragungsteilnehmer. Nur unbedeutend weniger als ein Viertel der Stichprobe (24,4%; *N*=104) erachtet dies in Bezug auf ihre Kinder nur teilweise als zutreffend. Der Mittelwert von *M*= 3.03 für dieses Item verdeutlicht die Tendenz der Antworten hin zur Bestätigung der inhaltlichen Aussage dieses Items. Jedoch gibt ein Drittel (33,8%; *N*=144) der Eltern, die an der Erhebung teilgenommen hatten, durch die Ablehnung der inhaltlichen Aussage des Items an, dass sie sich nicht ausreichend informiert fühlen über das Lern- und Leistungsverhalten ihrer Kinder.

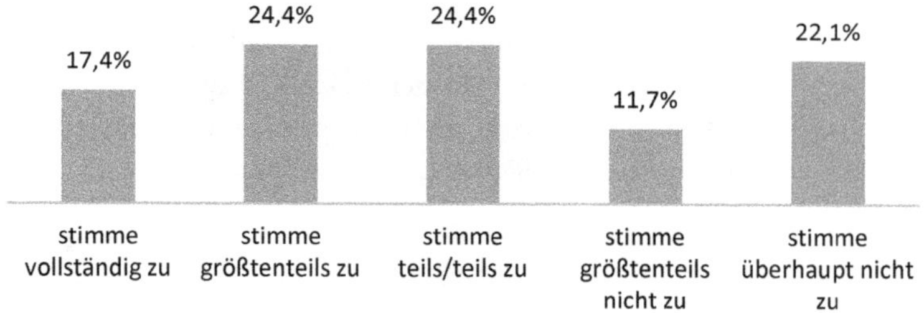

Abb. 59: Die Frz.-Lehrkraft informiert mich/uns ausreichend über das Lern- und Leistungsverhalten des/r Kindes/r (Item II.4.5).

Der Mittelwert für das Item 6 („Ich/Wir wünsche/n mir/uns mehr Tipps von der Lehrkraft in Bezug auf die Unterstützung der/s Kinder/s zuhause") ist fast identisch mit dem des eben betrachteten Items. 38% (*N*=164) der Befragungsteilnehmer wünschen sich mehr Hinweise in Bezug auf die häusliche Hilfe, die sie ihren Kindern geben können, 26,2% (*N*=113) nur zum Teil. Über ein Drittel aller Eltern, die sich an der Erhebung beteiligt hatten (35,9%; *N*=155), lehnt die inhaltliche Aussage des Items ab und spricht sich gegen den Wunsch aus, mehr Tipps von der Lehrkraft für die Unterstützung ihrer Kinder zuhause zu erhalten. Das nachfolgende Diagramm verdeutlicht, dass die Antworthäufigkeiten der Befragungsteilnehmer vergleichbar hoch sind und so eine eindeutige Aussage bzgl. des elterlichen Wunsches nach mehr Tipps von der Lehrkraft erschwert wird.

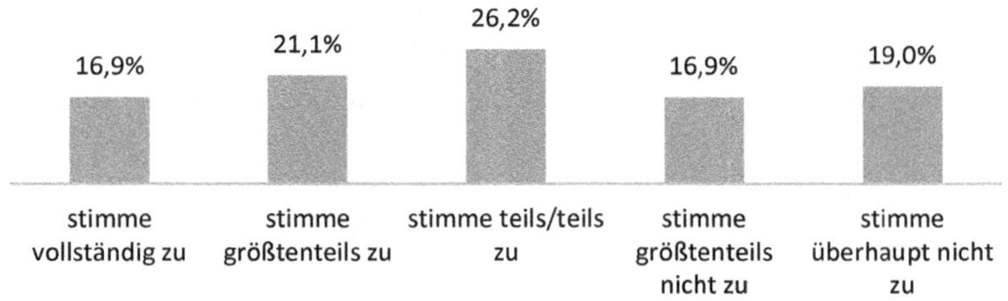

Abb. 60: Ich/Wir wünsche/n mir/uns mehr Tipps von der Lehrkraft in Bezug auf die Unterstützung der/s Kinder/s zuhause (Item II.4.6).

Für das Item 12 („Die Französischlehrkraft informiert verständlich über Prüfungs- und Leistungsanforderungen") liegt ebenfalls keine eindeutige Antworttendenz vor. Etwas mehr als ein Drittel (34,1%; *N*=139) der Erhebungsteilnehmer ist der Ansicht, dass die Französischlehrkraft ihrer Kinder über die Prüfungs- und Leistungsanforderungen auf eine verständliche Art und Weise Auskunft gibt; 26,8% (*N*=109) der Eltern teilen diese Einschätzung nur zum Teil. Während 37 Eltern bei diesem Item „weiß nicht" antworteten, sind 39% (*N*=159) der Stichprobe nicht der Ansicht, dass die Französischlehrkraft ihrer Kinder verständliche Informationen zu Anforderungen in Prüfungen und in Bezug auf zu erbringende Leistungen gibt.

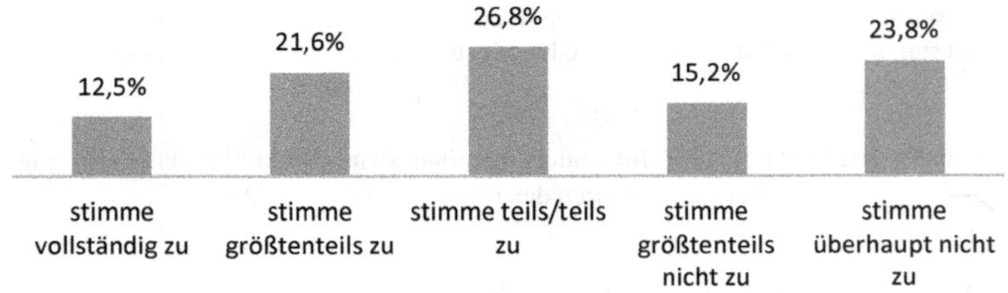

Abb. 61: Die Französischlehrkraft informiert verständlich über Prüfungs- und Leistungsanforderungen (Item II.4.12).

Ebenfalls für das Item 8 („Ich/Wir würde(n) gerne (mehr) mit der Französischlehrkraft zusammenarbeiten") liegt eine ähnliche, breit gestreute Verteilung der Antworten vor, was am Mittelwert von *M*= 2.82 abzulesen ist. Während 30,6% (*N*=130) derjenigen Eltern, die an der Erhebung teilgenommen hatten, durchaus den Wunsch haben, stärker bzw. generell mit der Französischlehrkraft zusammenarbeiten, empfinden diesen Wunsch 29,9% (*N*=127) der Stichprobe nur teilweise. 39,5% (*N*=168) der Befragungsteilnehmer sprechen sich gegen eine (intensive(re)) Kooperation mit der Französischlehrkraft ihrer Kinder aus. Somit sind die Ansichten der Eltern bezüglich des Wunsches nach (mehr) Zusammenarbeit mit der Französischlehrkraft äußerst unterschiedlich ausgeprägt, was eine eindeutige Interpretation erschwert.

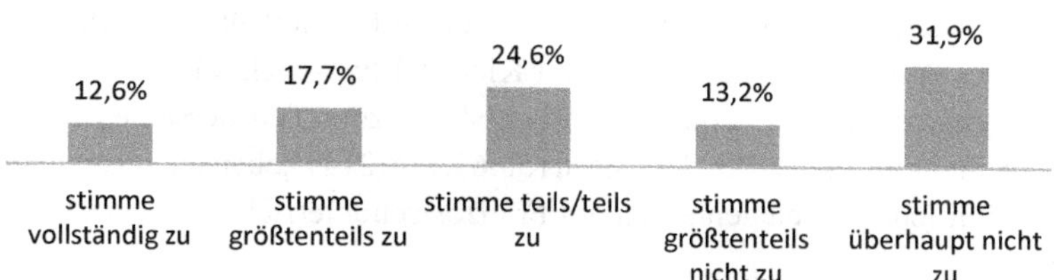

Abb. 62: Ich/Wir würde(n) gerne (mehr) mit der Französischlehrkraft zusammenarbeiten (Item II.4.8).

Ähnliche, ebenso nicht eindeutig zu interpretierende Antwortverteilungen ergeben sich für die beiden nachfolgend aufgeführten Items. 30,3% (*N*=96) der im Zuge der vorliegenden Erhebung befragten Eltern bestätigen, dass die Französischlehrkraft ihrer Kinder außerhalb des Unterrichts gut erreichbar ist (Item 11). Knapp ein Viertel der Eltern (24,7%; *N*=78) charakterisiert die Erreichbarkeit der Französischlehrkraft ihrer Kinder außerhalb des Unterrichts teilweise als gut. Die Mehrheit der befragten Eltern (45,1%; *N*=143) gibt an, dass die Französischlehrkraft ihrer Kinder außerhalb des Unterrichts keineswegs gut erreichbar ist. Auffällig bei diesem Item ist die hohe Zahl von 127 Befragungsteilnehmern, die „weiß nicht" angaben – dies ist die höchste Anzahl an Enthaltungen innerhalb der betrachteten Frage. Letztere hatten offenbar Schwierigkeiten, diesen Aspekt des Kontakts zur Lehrkraft ihrer Kinder zu beurteilen.

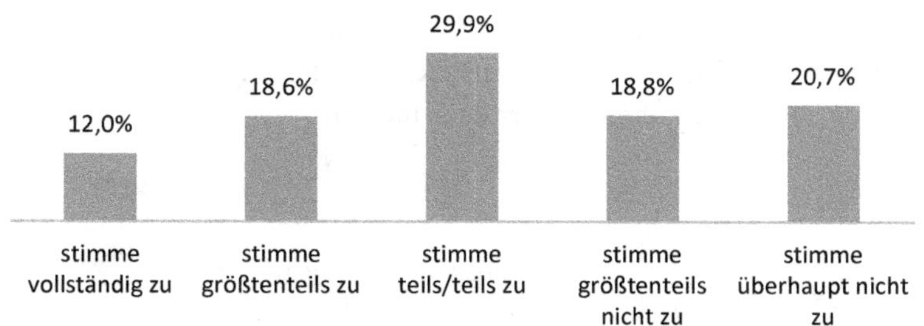

Abb. 63: Die Frz.-Lehrkraft ist außerhalb des Unterrichts gut erreichbar (persönlich, telefonisch, schriftlich) (Item II.4.11).

Die Verteilung der Antworten zum Item 9 („Ich/Wir fühle/n mich/uns gut informiert über alle Angelegenheiten des Französischunterrichts") zeigt, dass diese inhaltliche Aussage eher verneint wird. Weniger als ein Viertel der befragten Eltern (23,2%; *N*=98) fühlt sich gut informiert über sämtliche Aspekte des Französischunterrichts ihrer Kinder. Etwas mehr als ein Viertel der Befragungsteilnehmer (26,2%; *N*=111) ist nur zum Teil derselben Ansicht. Knapp mehr als die Hälfte der Eltern (50,6%; *N*=214) geben an, dass sie nicht über sämtliche Angelegenheiten des Französischunterrichts auf dem Laufenden sind.

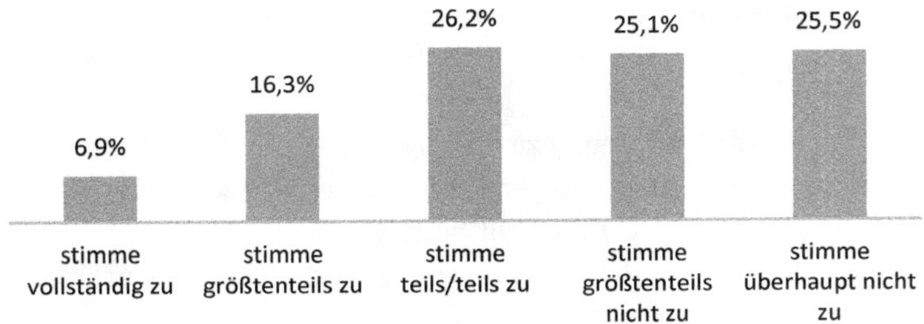

Abb. 64: Ich/Wir fühle/n mich/uns gut informiert über alle Angelegenheiten des Französischunterrichts (Item II.4.9).

Hinsichtlich des Items 1 gibt nur etwas mehr als ein Fünftel der Eltern, die sich an der Erhebung beteiligt hatten (21,5%; *N*=94), an, regelmäßig die Sprechstunde der Französischlehrkraft zu besuchen, um über Probleme oder die Schullaufbahn ihrer Kinder zu sprechen; 19% (*N*=83) der Stichprobe tun dies nur teilweise. Eine deutliche Mehrheit der Eltern lehnt die inhaltliche Aussage dieses Items ab, d.h. 59,5% (*N*=260) der Stichprobe besuchen die Sprechstunde der Französischlehrkraft nicht regelmäßig, um über Probleme oder die Schullaufbahn ihrer Kinder zu sprechen.

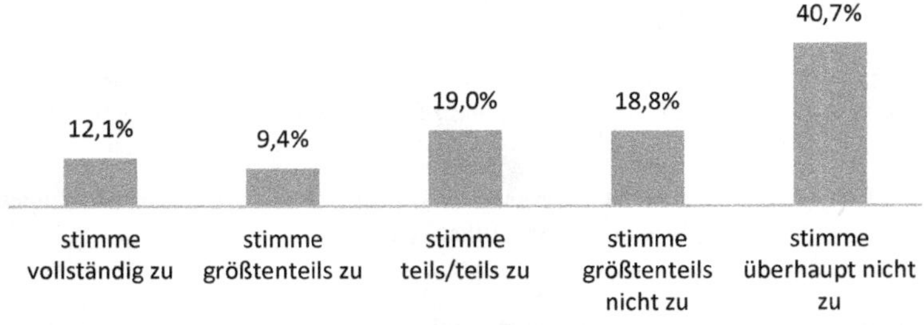

Abb. 65: Ich/Wir besuche/n regelmäßig die Sprechstunde der Lehrkraft, um über Probleme/die Schullaufbahn zu sprechen (Item II.4.1).

Die deutlichste Tendenz innerhalb der Antworten der Befragungsteilnehmer liegt für das Item 10 („Die Französischlehrkraft bezieht uns Eltern(teile) mit in Entscheidungen des Unterrichts ein“) vor, und lässt sich bereits am äußerst niedrigen Mittelwert von *M*= 1.29 erahnen. Während nur 1,4% (*N*=6) der Eltern, die sich an der Erhebung beteiligt hatten, der Ansicht sind, dass sie von der Französischlehrkraft durchaus in Entscheidungen des Unterrichts miteinbezogen werden und diese Meinung von 6,1% (*N*=26) zumindest partiell geteilt wird, weisen aussagekräftige 92,5% (*N*=396) der Befragten die inhaltliche Aussage des Items zurück. Die Standardabweichung für dieses Item ist die geringste innerhalb der Antwortoptionen für diese Frage – die Antwortwerte liegen somit nahe um den Mittelwert –, was eine eindeutige Interpretierbarkeit des Antwortverhaltens ermöglicht.

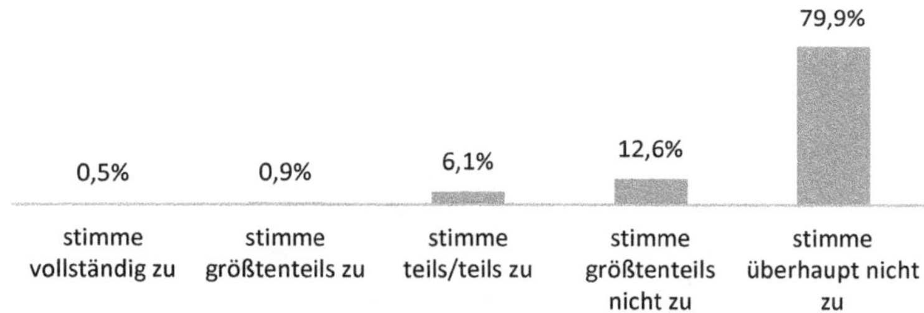

Abb. 66: Die Französischlehrkraft bezieht uns Eltern(teile) mit in Entscheidungen des Unterrichts ein (Item II.4.10).

5.3.3 Gestaltung des häuslichen Lernens

5.3.3.1 Lernpartner

Eine Häufigkeitsanalyse gibt zunächst Aufschluss darüber, mit wem die Kinder zuhause Französisch lernen. Die Befragungsteilnehmer bildeten für die Analyse dieses Fragenkomplexes eine Stichprobe im Umfang von 446 Personen. Anhand des untenstehenden Diagramms mit den prozentualen Häufigkeitsverteilungen wird deutlich, dass die beliebtesten Helfer im häuslichen Umfeld Mütter sind (54%; *N*=241) im Zuge der Französischlernprozesse, und sich nur 13,2% (*N*=59) der Väter an diesen Lernaktivitäten beteiligen.

In der vorliegenden Studie sind Geschwister (11,7%; *N*=52) sowie die Klassenkameraden (10,1%; *N*=45) als Helfer bei Französischlernprozessen der Kinder fast gleichbedeutend. Weniger wichtig als diese beiden Gruppen sind die Nachhilfelehrkräfte, wenn es um Lernprozesse für das Fach Französisch geht (8,5%; *N*=38), gefolgt von Freunden oder Bekannten als Lernpartner (4,7%; *N*=21).

Nur marginal von Bedeutung für die Beteiligung an den Französischlernprozessen der Schüler sind andere Verwandte (2,9%; *N*=13). Am wenigsten lernen die Lebenspartner eines Elternteils mit den Kindern Französisch (0,9%; *N*=4), sodass jene als Lernpartner im Rahmen der vorliegenden Untersuchung vernachlässigbar sind. Mehr als ein Drittel aller Befragungsteilnehmer (36,3%; *N*=162) gibt an, dass das Kind mit niemandem Französisch lernt, also selbstständig und ohne Beteiligung von anderen Personen aus dem (außer)schulischen Umfeld Französischlernprozesse (als Teil der Hausaufgaben) erfolgen.

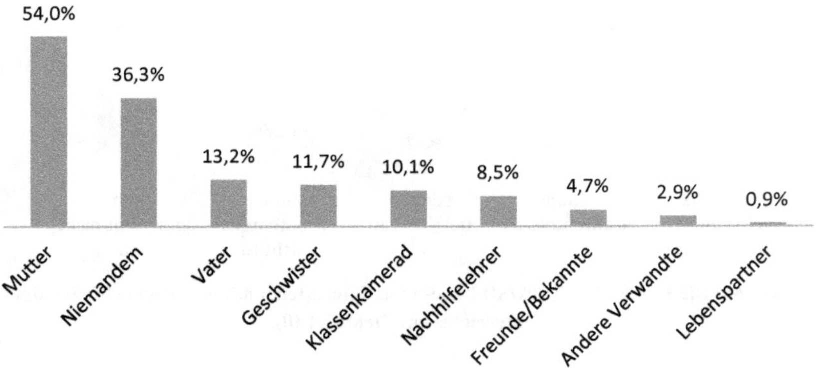

Abb. 67: Mein(e)/Unser(e) Kind(er) lernt/lernen zu Hause Frz. mit ... (Frage III.1).

5.3.3.2 Zeitpunkt und Häufigkeit

Um einen Überblick über die Häufigkeit sowie den Zeitpunkt der gemeinsamen Lernaktivitäten von Eltern und Kindern für das Fach Französisch zu erhalten, wurde eine Häufigkeitsanalyse durchgeführt.

Die prozentuale Verteilung der Antworten zeigt deutlich, dass die meisten Eltern mit ihren Kindern nur vor Leistungserhebungen Französisch lernen (59,4%; *N*=218).

Etwas weniger als ein Drittel der im Zuge der vorliegenden Studie befragten Eltern gibt an, sich einmal pro Woche am Französischlernprozess ihrer Kinder zu beteiligen (30,4%; *N*=89). Ungefähr gleich viele Eltern lernen entweder täglich (14,6%; *N*=42) oder ausschließlich am Wochenende (13,2%; *N*=38) mit ihren Kindern Französisch. Ein einziger Befragungsteilnehmer gab an, sich täglich mehrmals am Französischlernen zu beteiligen (0,4%; *N*=1). Dieses letzte Ergebnis wirft Zweifel an seiner Glaubwürdigkeit auf und wird für die Interpretation außer Acht gelassen.

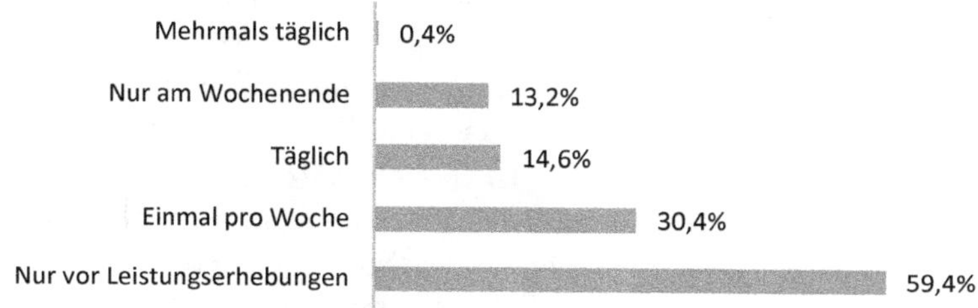

Abb. 68: Wie oft beteiligen Sie sich am häuslichen Französischlernen Ihres Kindes/Ihrer Kinder? - Häufigkeit (III.2a).

Eine weitere Häufigkeitsanalyse ermittelte, zu welchem Zeitpunkt die Eltern mit ihren Kindern Französisch lernen.

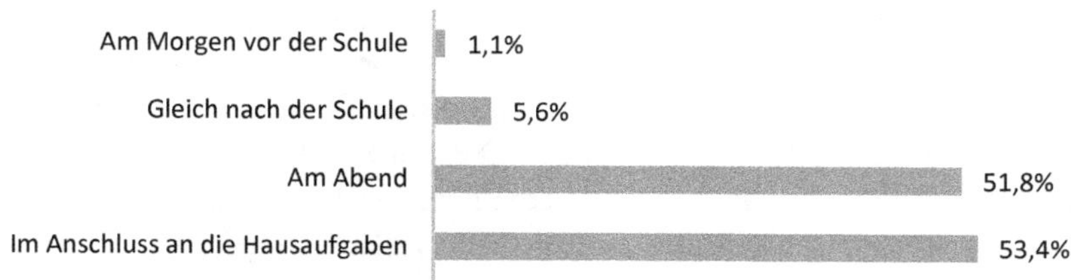

Abb. 69: Wie oft beteiligen Sie sich am häuslichen Französischlernen Ihres Kindes/Ihrer Kinder? – Zeitpunkt (III.2b).

Die meisten Eltern lernen mit ihren Kindern entweder nach Abschluss der Hausaufgaben Französisch (53,4%; *N*=171); ein fast ebenso hoher Anteil an Eltern beteiligt sich an den Lernaktivitäten für das Fach Französisch am Abend (51,8%; *N*=174). Nur in sehr wenigen Fällen (5,6%; *N*=16) finden gemeinsame Lernaktivitäten von Eltern und Kindern für den Französischunterricht gleich im Anschluss an die Schule statt. Nur drei Befragungsteilnehmer (1,1%) gaben an, mit ihren Kindern am Morgen vor der Schule Französisch zu lernen.

5.3.3.3 Art der Unterstützung

Um zu eruieren, auf welche Art und Weise die Eltern ihre Kinder im Zuge ihrer Französischlernprozesse unterstützen, wurden Häufigkeitsanalysen für die einzelnen Themenfelder des Fragenkomplexes III.3 durchgeführt. Nachfolgend werden in den jeweiligen Tabellen für die untergeordneten Fragenbereiche bzw. Themenfelder zur Frage „Wie unterstützen Sie Ihr(e) Kind(er) außerhalb der Schule und auch in Bezug auf das Fach Französisch?" – jene repräsentieren unterschiedliche Arten der Unterstützung – die einzelnen Items aufgelistet mit den entsprechenden Werten, die sich aus der Häufigkeitsanalyse ergeben. Die Stichprobe (*N*) beträgt für die gesamten Berechnungen zu den Teilfragen (III.3.1 – III.3.4) insgesamt 446.

Das erste Diagramm enthält die Angaben zur „Allgemeinen Unterstützung" der Eltern für ihren Nachwuchs (III.3.1). 64,6% (*N*=288) der Befragungsteilnehmer geben an, dass sie mit ihren Kindern über das Fach sowie den Französischunterricht sprechen. In vorliegender Studie lassen sich, nach eigenen Angaben, 40,6% (*N*=181) der Eltern Details aus dem Lehrstoff von ihren Kindern erklären.

Im Rahmen der vorliegenden Erhebung geben 60,1% (*N*=268) der Eltern an, mit ihren Kindern Probleme zu besprechen, die im Zuge des Französischunterrichts hervortreten. Vergleichbar häufig bekräftigten die Befragungsteilnehmer, in Gesprächen mit ihren Kindern deren Schullaufbahn oder berufliche Zukunft (43,4%; *N*=193) oder deren Fähigkeiten und Interessen zu thematisieren (42,2%; *N*=188). Nur 8,7% (*N*=39) aller Befragungsteilnehmer in vorliegender Befragung geben an, „keine der genannten Möglichkeiten" als Formen der allgemeinen Unterstützung ihrer Kinder zu praktizieren. Das nachfolgende Diagramm veranschaulicht die Verteilung der Antworten für die Angaben zur allgemeinen elterlichen Beteiligung an den Französischlernprozessen ihrer Kinder.

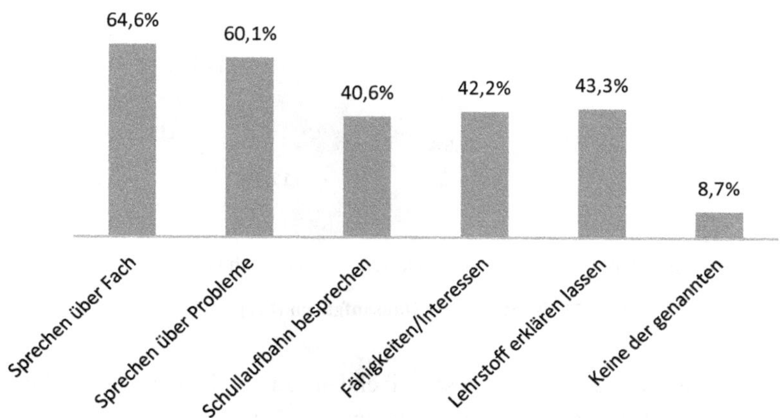

Abb. 70: Allgemeine Unterstützung (Frage III.3.1).

Wie der elterliche Umgang mit den Hausaufgaben als eine Form der Hilfe beim Französischlernen der Kinder gestaltet ist, ob die Eltern die Hausaufgaben ihrer Kinder nur kontrollieren oder sogar selbst aktiv mithelfen (III.3.2) zeigen die Häufigkeitsanalysen für diese Items.

Gut zwei Drittel der Eltern (66,4%; *N*=296) führen an, keine der aufgelisteten Möglichkeiten der Mithilfe bei den Französischhausaufgaben zu praktizieren. Weniger als ein Viertel der Befragungsteilnehmer (23,5%; *N*=105) kontrolliert, ob der schriftliche Teil der Hausaufgaben ihrer Kinder erledigt wurde.

In der vorliegenden Erhebung antwortete nur etwas mehr als ein Zehntel der Eltern, die Hausaufgaben ihrer Kinder auf Korrektheit zu überprüfen (11,9%; *N*=53) oder sogar beim schriftlichen Teil selbst mitzuhelfen (10,5%; *N*=47). Zur Veranschaulichung sind die Antworthäufigkeiten für die Hausaufgaben-basierte Unterstützung der Lernprozesse im nachfolgenden Diagramm aufgeführt.

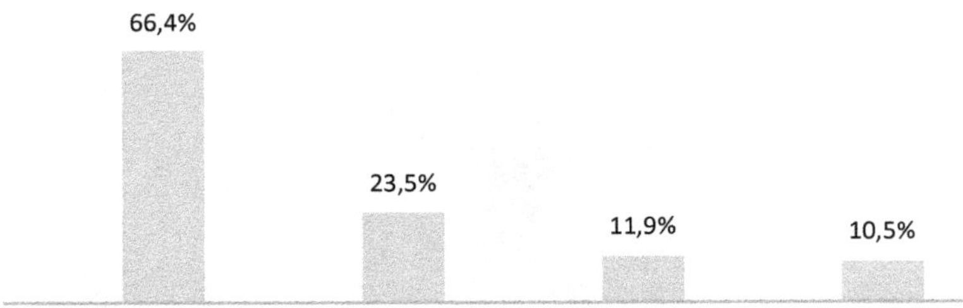

Abb. 71: Kontrolle der Hausaufgaben (Frage III.3.2).

Die nächste Teilfrage des zu beschreibenden Teilbereichs präzisiert, inwiefern Eltern mit dem an der Schule verwendeten Lehrwerk arbeiten, wenn sie ihre Kinder beim Französischlernen unterstützen (III.3.3).

63,2% (*N*=282) der Eltern bestätigen, dass sie ihr Kind Vokabeln abfragen in der Form, dass sie das deutsche Wort nennen und die französische Entsprechung erwarten. Deutlich weniger praktizierte Formen dieser lehrwerksbasierten, elterlichen Unterstützung beim Französischlernen, welche vorliegende Studie hervorbrachte, umfassen u.a. das Abfragen der neuen Grammatikregeln (35%; *N*=156). Darüber hinaus lässt sich etwas mehr als ein Viertel der Befragungsteilnehmer Lektionstexte aus dem Lehrbuch laut vorlesen, um gegebenenfalls Aussprachefehler zu verbessern (27,8%; *N*=124) oder wiederholt gemeinsam mit ihren Kindern bereits besprochene Themeneinheiten (27,6%; *N*=123). Eine ähnlich beliebte Form der elterlichen Hausaufgabenunterstützung ist, sich die neuen Wörter vorsprechen zu lassen, um etwaige Ausspracheschwächen zu beheben (23,5%; *N*=105). Die wenigsten Eltern lassen die Lektionstexte von ihren Kindern aus dem Französischen ins Deutsche übersetzen (14,6%; *N*=65). Hervorzuheben in diesem Themenfeld gilt es, dass 27,4% (*N*=122) der Stichprobe keine der genannten Formen der lehrwerksbezogenen Unterstützung betreiben. Das nachfolgende Diagramm bietet eine Übersicht über die Antworthäufigkeiten zum Themenbereich der lehrwerksbasierten Unterstützung der Französischlernprozesse.

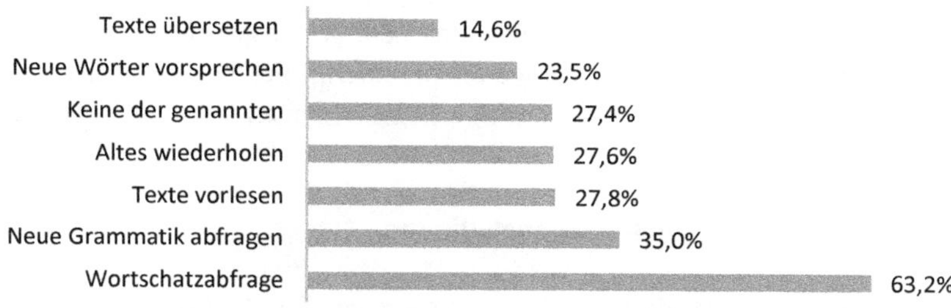

Abb. 72: Arbeit mit dem an der Schule verwendeten Lehrwerk (Frage III.3.3).

Ob die Eltern versuchen, ihre Kinder beim Französischlernen mit Hilfe von Zusatzmaterialien (III.3.4) zu unterstützen, klärt das letzte Themenfeld dieses Fragenkomplexes.

Insgesamt stellen 41% (*N*=183) der Befragungsteilnehmer für ihre Kinder Zusatzmaterialien bereit, um sie so indirekt beim Französischlernen zu unterstützen. 18,6% (*N*=83) der befragten Personen geben an, sie würden mit ihren Kindern zusätzliche Übungen aus dem Lehrbuch oder Arbeitsheft bearbeiten. Übungen aus Büchern oder Heften anderer Verlage (als der des an der Schule verwendeten Lehrwerks) werden von 16,4% (*N*=73) der Befragungsteilnehmer als Form der Unterstützung ihrer Kinder beim Französischlernen angegeben. Dass sich die Eltern selbst Übungen überlegen, trifft nur für 12,3% (*N*=55) der Befragten zu. 36,3% (*N*=162) der Stichprobe antworteten in diesem Themenfeld mit „Keine der genannten Möglichkeiten“, sodass die lehrwerksbasierte Form der Beteiligung an den Französischlernprozessen der Kinder für sie als weniger bedeutsam erscheint. Die Häufigkeitsverteilungen finden sich in nachfolgendem Diagramm graphisch veranschaulicht.

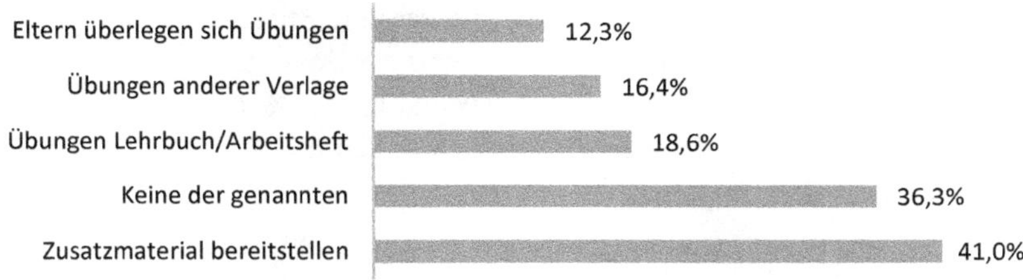

Abb. 73: Arbeit mit Zusatzmaterialien (III.3.4)

Ergänzt wurde von manchen Befragungsteilnehmern als Formen der Unterstützung darüber hinaus die Konversation in der Fremdsprache im häuslichen Bereich sowie mit befreundeten Muttersprachlern; dies wird allerdings aufgrund der zu geringen Anzahl derartiger Anmerkungen in weiteren Berechnungen nicht berücksichtigt.

5.3.4 Fehlende häusliche Lernbeteiligung

5.3.4.1 Gründe für die Enthaltung aus Französischlernprozessen

Welche Gründe Mütter oder Väter davon abhalten, sich an den Französischlernprozessen ihrer Kinder zu beteiligen (Frage IV.1), zeigt die nachfolgende Tabelle, in welcher die einzelnen Items entsprechend der Höhe ihrer Mittelwerte in absteigender Reihenfolge aufgelistet sind. Dabei werden die Anzahl der abgegebenen Antworten (*N*) – exklusive jener, die auf die Ausweichkategorie „weiß nicht“ entfallen –, der jeweilige Mittelwert (*M*) sowie die jeweilige Standardabweichung (*SD*) pro Item angegeben.

Bevor die Häufigkeiten analysiert werden konnten, wurden die Antworten auf die Frage III.1 („Mein Kind lernt zuhause mit…“) derart gefiltert, dass für die Häufigkeitsanalyse als Teilstichprobe nur diejenigen Befragungsteilnehmer berücksichtigt wurden, welche weder „Mutter“ noch „Vater“ als Lernpartner angegeben hatten, denn die zu betrachtende Frage möchte ja eruieren, welche Beweggründe die Eltern davon abhalten, sich am Französischlernen ihrer Kinder zu beteiligen.

Bei der Berechnung der Häufigkeiten inklusive des Items „Lebenspartner“ (III.1) im Filter zur Generierung der Teilstichprobe ergaben sich keine unterschiedlichen Werte, sodass jenes Item nicht mit im Filter berücksichtigt werden musste. Insgesamt verringerte sich die Stichprobe für die Analyse dieser Frage von *N*=446 (für die gesamte Stichprobe) auf die Teilstichprobe von *N*=185. Diese große Differenz zur Gesamtstichprobe resultiert daraus, dass in 54% der Fälle die Mütter und in 13,2% die Väter *(siehe Kapitel 5.3.3)* mit ihren Kindern Französisch lernen und dies hier ausgeklammert wurde.

Die Standardabweichungen für die einzelnen Items dieser Skala sind gering bis mäßig hoch, was bedeutet, dass die Antworten der Befragungsteilnehmer bzw. die entsprechenden Werte nahe bis sehr nahe um den jeweiligen Mittelwert der Items angesiedelt sind und sich demzufolge klare Meinungsbilder ergeben. Äußerst auffällig ist bei der zu betrachtenden Skala, dass eine sehr hohe Anzahl an „weiß nicht"-Antworten für die einzelnen Items vorliegt.

	N	*M*	*SD*
12: Das Kind/Die Kinder braucht/brauchen keine Hilfe mehr, denn es/sie lernt/lernen selbstständig.	184	4.05	1.234
1: Ich kann/Wir können selbst kein bzw. zu wenig Frz., um helfen zu können.	184	3.71	1.529
4: Ich habe/Wir haben zu den Übungen im Buch/Arbeitsheft keine Lösungen und können diese daher nicht korrigieren.	160	2.62	1.585
2: Ich habe/Wir haben keine zusätzlichen Übungsmaterialien zuhause.	183	2.40	1.530
11: Das Kind/Die Kinder würde/n Hilfe grundsätzlich ablehnen.	180	2.39	1.435
5: Ich weiß nicht/Wir wissen nicht wie man beim Französischlernen helfen könnte.	178	2.35	1.466
7: Ich habe/Wir haben keine Zeit, um beim Französischlernen zu helfen.	181	2.11	1.402
3: Ich habe/Wir haben kein Interesse, beim Französischlernen zu helfen.	181	1.92	1.209
6: Ich habe/Wir haben keine Geduld, um beim Französischlernen zu helfen und etwas mehrmals zu erklären.	174	1.63	1.039
10: Das Kind/die Kinder besucht/besuchen Französisch-Förderunterricht an der Schule.	183	1.38	1.036
9: Ich habe/Wir haben kein Geld, um Zusatzhefte usw. zum Üben zu kaufen.	183	1.37	0.945
8: Das Kind/die Kinder besucht/besuchen die Ganztagsschule. Dort werden alle Hausaufgaben erledigt und gelernt.	181	1.15	0.679

Abb. 74: Gründe für die Nichtbeteiligung – Anzahl der Antworten (*N*), Mittelwerte (*M*), Standardabweichungen (*SD*).

Das Item 12 („Das Kind/Die Kinder braucht/brauchen keine Hilfe mehr, denn es/sie lernt/lernen selbstständig") erreicht mit *M*= 4.05 den höchsten Mittelwert innerhalb der Frage und somit die höchste Zustimmung durch die Befragungsteilnehmer. Ein ebenfalls relativ hoher Mittelwert von *M*= 3.71 errechnet sich für das Item 1 („Ich kann/Wir können selbst kein bzw. zu wenig Frz., um helfen zu können").

Mäßig hohe Mittelwerte liegen sowohl für das Item 4 („Ich habe/Wir haben zu den Übungen im Buch/Arbeitsheft keine Lösungen und können diese daher nicht korrigieren“) mit *M*= 2.62, als auch für das Item 2 („Ich habe/Wir haben keine zusätzlichen Übungsmaterialien zuhause“) mit *M*= 2.40 und das Item 11 („Das Kind/Die Kinder würde/n Hilfe grundsätzlich ablehnen“) mit *M*= 2.39 vor. Für das Item 5 („Ich weiß nicht/Wir wissen nicht, wie man beim Französischlernen helfen könnte“) mit *M*= 2.35 und das Item 7 („Ich habe/Wir haben keine Zeit, um beim Französischlernen zu helfen“) mit *M*= 2.11 ergeben sich eher niedrige Mittelwerte.

Nur niedrige bis sehr niedrige Mittelwerte entfallen auf die Items, die das Interesse der Eltern (Item 3; *M*= 1.92), die elterliche Geduld (Item 6; *M*= 1.63), die finanziellen Ressourcen der Eltern (Item 9; *M*= 1.37) oder die Angebote der Schule (Item 10 mit *M*= 1.38 und Item 8 mit *M*= 1.15) repräsentieren und dadurch zu erklären versuchen, warum zu Hause die Eltern nicht beim Lernen helfen. Den niedrigsten Mittelwert von *M*= 1.15 hat das Item 8 („Das Kind/die Kinder besucht/besuchen die Ganztagsschule. Dort werden alle Hausaufgaben erledigt und gelernt“). Nachfolgend werden die Häufigkeiten für die einzelnen Antwortkategorien pro Item beschrieben.

Nur etwas mehr als ein Zehntel (11,9%; *N*=22) der hier betrachteten Teilstichprobe gibt an, dass ihre Kinder (noch) nicht selbstständig lernen und Hilfe benötigen. 14,7% (*N*=27) der Eltern hingegen stimmen teilweise zu, dass ihr Kind selbstständig lernt und keine Unterstützung benötigt. 73,4% (*N*=135) der Teilstichprobe stimmen der inhaltlichen Aussage dieses Items zu und sagen damit aus, dass ihre Kinder keine Hilfe mehr brauchen und selbstständig lernen. Diese überwiegende Mehrheit spiegelt sich auch in dem sehr hohen Mittelwert von *M*= 4.05 wider. Für dieses und das nachfolgend beschriebene Item liegen die geringste Zahl an Enthaltungen bzw. „weiß nicht“-Antworten vor, sodass sich hier ein eindeutiges Meinungsbild ergibt.

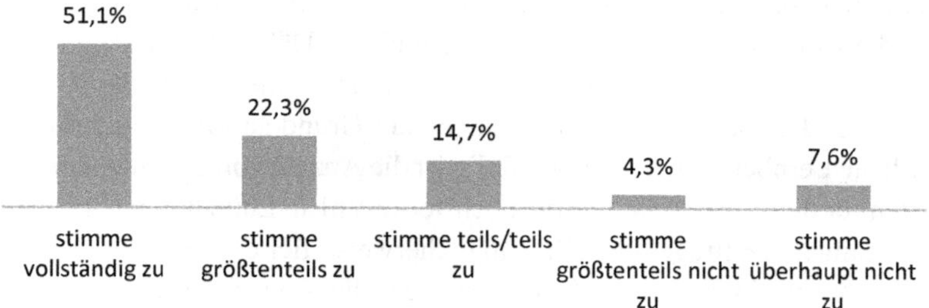

Abb. 75: Das Kind/Die Kinder braucht/brauchen keine Hilfe mehr, denn es/sie lernt/lernen selbstständig (Item IV.1.12).

Dass sich die Eltern wegen fehlender bzw. zu geringer Französischkenntnisse nicht am Lernen ihrer Kinder beteiligen (können), beweist der hohe Prozentsatz von 61,5% (*N*=122) derjenigen Befragungsteilnehmer, die diesem Item zustimmen. Während 15,8% (*N*=29) teilweise angeben, dass sie kein oder zu wenig Französisch können, und deswegen keine Beteiligung am Französischlernen erfolgt, lehnen 22,8% (*N*=42) die inhaltliche Aussage dieses Items ab, sodass fehlende Französischkenntnisse für diese Eltern nicht ausschlaggebend sind für ihre fehlende Beteiligung am Französischlernen ihrer Kinder. Das Ergebnis der vorliegenden Studie lässt sich auch an dem mäßig hohen Mittelwert *M*= 3.71 ablesen.

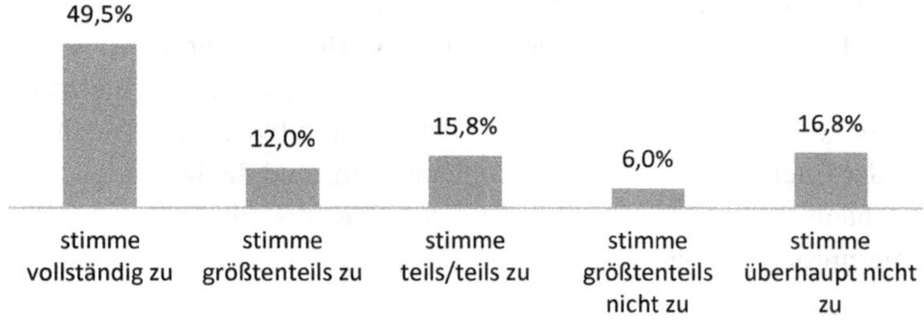

Abb. 76: Ich kann/Wir können selbst kein bzw. zu wenig Frz., um helfen zu können (Item IV.1.1).

Das Item 4 gibt Aufschluss, inwieweit für die Eltern nicht vorhandene Lösungen zu Übungen ein Hinderungsgrund sind, sich nicht am Französischlernen der Kinder zu beteiligen. 34,4% (*N*= 55) der vorliegenden Teilstichprobe geben an, dass dies ein Grund für ihre fehlende Unterstützung bei Französischlernprozessen ist; weitere 14,4% (*N*=23) stimmen der inhaltlichen Aussage dieses Items teilweise zu. Etwas mehr als die Hälfte der Befragungsteilnehmer dieser Teilstichprobe (51,3%; *N*=82) lehnt die inhaltliche Aussage des Items, dass das Fehlen von Lösungen der Grund ist für die unterlassene elterliche Lernbeteiligung, ab. Auffällig ist die Anzahl von 25 fehlenden Antworten für dieses Item, welche die höchste Anzahl an Enthaltungen innerhalb der gesamten Teilfrage darstellt. Möglicherweise fiel es den Eltern schwer, einzuschätzen, inwieweit fehlende Lösungen ihr Engagement im Zuge der Lernprozesse verhindern.

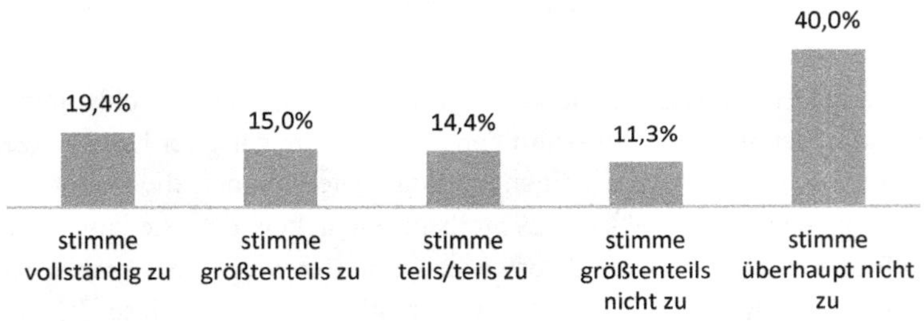

Abb. 77: Ich habe/Wir haben keine Lösungen zu den Übungen im Buch/Arbeitsheft und können diese daher nicht korrigieren (Item IV.1.4).

Aufschluss darüber, ob fehlende zusätzliche Übungsmaterialien der Grund für die fehlende elterliche Unterstützung ist, gibt das Item 2. Während weit über die Hälfte der Teilstichprobe (57,4%; *N*=105) verneint, dass dies der Grund für die fehlende Unterstützung hinsichtlich des Französischlernens ihrer Kinder sei, stimmen 15,3% (*N*=28) dem Item teilweise zu. Nur für 27% (*N*=50) der Eltern, die ihr Kind nicht unterstützen, sind die fehlenden zusätzlichen Übungsmaterialien der Grund für ihre Nichtbeteiligung an den Französischlernprozessen des Kindes.

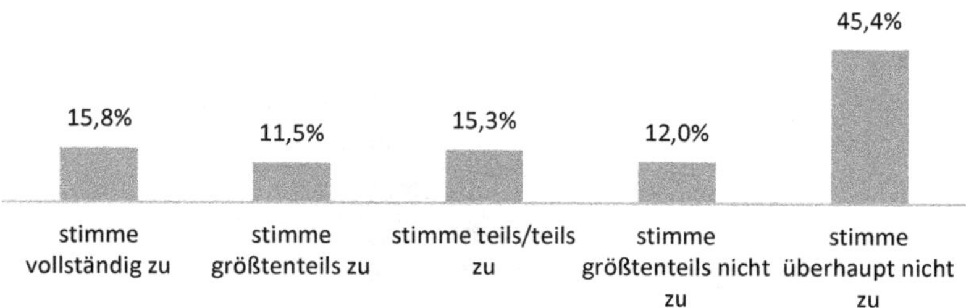

Abb. 78: Ich habe/Wir haben keine zusätzlichen Übungsmaterialien zuhause (Item IV.1.2).

Insgesamt 55% (*N*=99) der Teilstichprobe weisen die inhaltliche Aussage des Items 11 zurück, sodass das grundsätzliche Ablehnen der elterlichen Hilfe durch die Kinder nicht ausschlaggebend ist für die Nichtbeteiligung der Eltern am Lernprozess der Kinder. Dem gegenüber stehen 27,2% (*N*=49) dieser Teilstichprobe, die der inhaltlichen Aussage des Items zustimmen und dadurch zum Ausdruck bringen, dass ihre Hilfe von Seiten der Kinder nicht erwünscht ist und somit die Enthaltung aus den Französischlernprozessen der Kinder nach sich zieht. Weitere 17,8% (*N*=32) der Eltern geben teilweise Zustimmung dazu an, dass ihr Kind grundsätzlich Hilfe beim Französischlernen ablehnen würde und sie sich deswegen nicht an den Lernaktivitäten beteiligen.

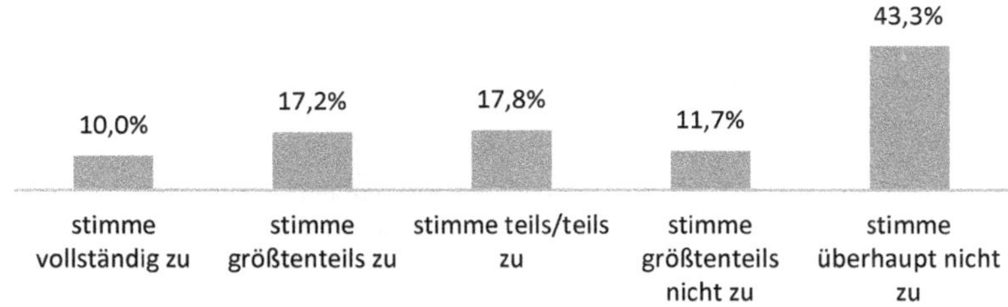

Abb. 79: Das Kind/Die Kinder würde/n Hilfe grundsätzlich ablehnen (Item IV.1.11).

21,3% (*N*=28) der für die Berechnungen dieser Teilfrage erzeugten Teilstichprobe geben an, dass sie nicht wissen, wie sie ihrem Kind beim Französischlernen helfen könnten und dies demnach der Grund ist, warum sie sich nicht an den Französischlernprozessen beteiligen (Item 5). Bei weiteren 24,2% (*N*=43) der Befragungsteilnehmer ist dies zum Teil der Fall. Eine deutliche

Mehrheit von 54,5% (*N*=97) lehnt die inhaltliche Aussage des Items allerdings ab, d.h. dass für mehr als die Hälfte der Eltern das Unwissen um mögliche Arten der Unterstützung beim Französischlernen keineswegs der Grund ist, sich nicht am Lernen der Kinder zu beteiligen.

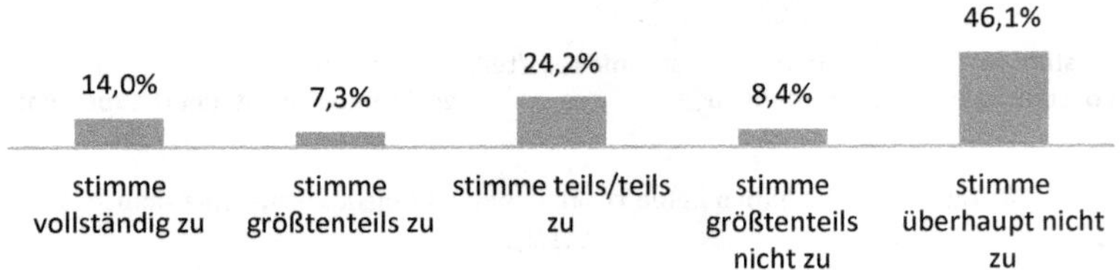

Abb. 80: Ich weiß nicht/Wir wissen nicht, wie man beim Französischlernen helfen könnte (Item IV.1.5).

Knapp ein Fünftel der hierfür relevanten Teilstichprobe (19,5%; *N*=36) gibt an, dass fehlende Zeit der Grund ist, auf eine Beteiligung an den Französischlernprozessen ihrer Kinder zu verzichten (Item 7). 14,4% (*N*=26) der Teilstichprobe stimmen der inhaltlichen Aussage des Items partiell zu. Eine überaus deutliche Mehrheit von 65,7% (*N*=119) der Teilstichprobe lehnt die inhaltliche Aussage des Items ab, d.h. in diesen Fällen scheitert die Unterstützung der Kinder nicht an den fehlenden Zeitressourcen der Eltern.

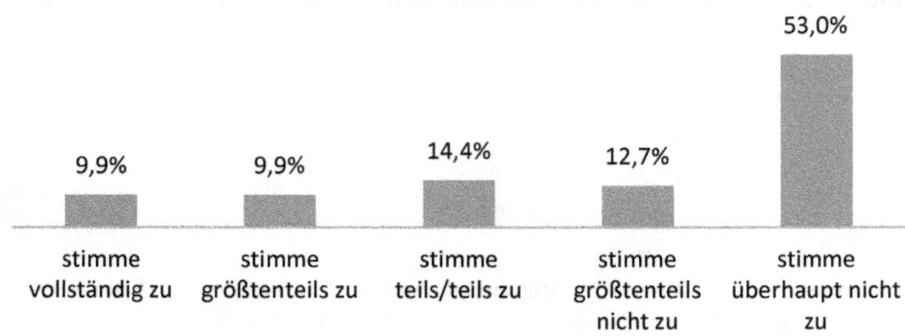

Abb. 81: Ich habe/Wir haben keine Zeit, um beim Französischlernen zu helfen (Item IV.1.7).

70,7% (*N*=128) der Teilstichprobe lehnen die inhaltliche Aussage des Items 3, d.h. diese Eltern begründen ihre Nichtbeteiligung an den Lernaktivitäten ihrer Kinder nicht mit mangelndem Interesse. 16% (*N*=29) der befragten Eltern bekunden teilweise Zustimmung zu diesem Item, und nur 13,2% (*N*=24) geben an, dass sie ihr Kind beim Französischlernen nicht unterstützen, weil sie kein Interesse dafür aufbringen. Der Mittelwert für dieses Item ist aufgrund der hohen Zahl an Eltern, die die inhaltliche Aussage des Items verneinen, niedrig (*M*= 1.92).

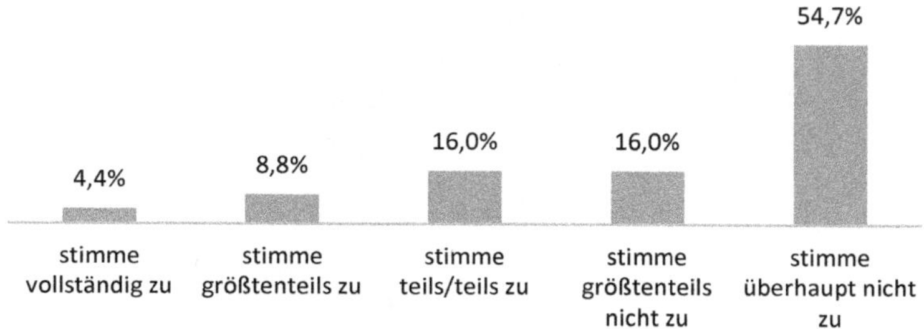

Abb. 82: Ich habe/Wir haben kein Interesse, beim Französischlernen zu helfen (Item IV.1.3).

Ob möglicherweise mangelnde Geduld der Eltern ein Hinderungsgrund für sie ist, sich nicht am Französischlernprozess ihrer Kinder zu beteiligen, ermittelt das Item 6. Während 6,9% (*N*=12) der Eltern der inhaltlichen Aussage des Items zustimmen und somit angeben, dass fehlende Geduld der Grund dafür ist, dass sie sich nicht an Französischlernprozessen ihrer Kinder beteiligen, drücken weitere 9,2% (*N*=16) der Teilstichprobe zumindest teilweise Zustimmung aus. Eine äußerst deutliche Mehrheit (83,9%; *N*=146) der Teilstichprobe gibt an, dass dies keinesfalls der Grund ist für ihre Enthaltung aus den Französischlernprozessen der Kinder. Diese Ergebnisse zeigen sich ebenfalls in dem niedrigen Mittelwert von *M*= 1.63.

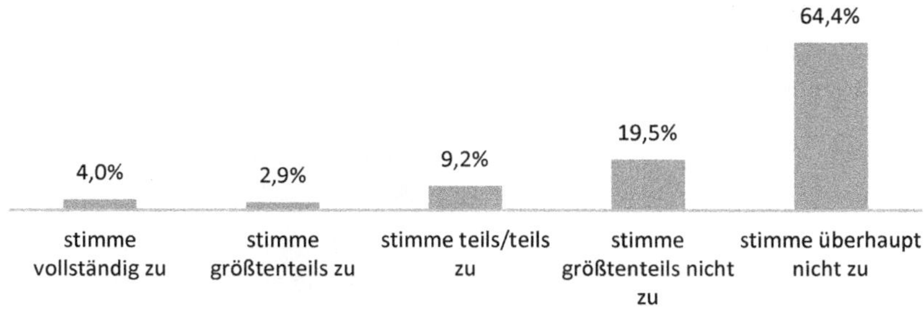

Abb. 83: Ich habe/Wir haben keine Geduld, um beim Französischlernen zu helfen und etwas mehrmals zu erklären (Item IV.1.6).

Im Hinblick auf das Item 10 geben 6,6% (*N*=12) der Teilstichprobe an, dass ihr Kind den Französisch-Förderunterricht der Schule besucht und die Eltern sich deshalb nicht an den Lernprozessen für dieses Fach beteiligen. 5,5% (*N*=10) der Teilstichprobe stimmen der inhaltlichen Aussage dieses Items teilweise zu. 88% (*N*=161) der für diese Analyse relevanten Befragungsteilnehmer lehnen die inhaltliche Aussage dieses Items allerdings ab, d.h. das Wahrnehmen des schulischen Förderangebots für das Fach Französisch ist nicht der Grund für die fehlende elterliche Unterstützung. Der Mittelwert für dieses Item ist sehr niedrig (*M*= 1.38) und belegt die Ergebnisse dieser Häufigkeitsanalyse.

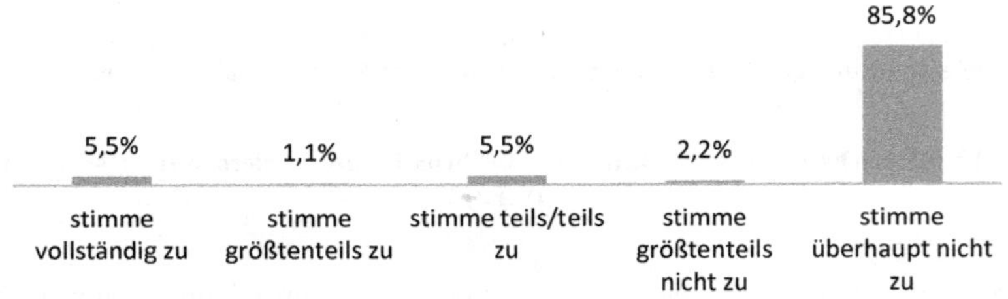

Abb. 84: Das Kind/Die Kinder besucht/besuchen den Französisch-Förderunterricht an der Schule (Item IV.1.10).

Nur ein äußerst geringer Teil der hier relevanten Teilstichprobe (6,6%; *N*=12) gibt an, dass beschränkte finanzielle Ressourcen ausschlaggebend sind für das Unterlassen der elterlichen Hilfeleistungen im Französischlernprozess der Kinder (Item 9). Weitere 3,3% (*N*=6) stimmen der inhaltlichen Aussage des Items teilweise zu. 90,2% (*N*=165) der Befragungsteilnehmer lehnen jene ab, was sich bereits am sehr niedrigen Mittelwert (*M*= 1.37) ablesen lässt. Somit gibt der größte Teil der Teilstichprobe an, dass ihre mangelnde Unterstützung im Zuge des Französischlernprozesses ihrer Kinder nicht auf beschränkte finanzielle Ressourcen zurückzuführen ist.

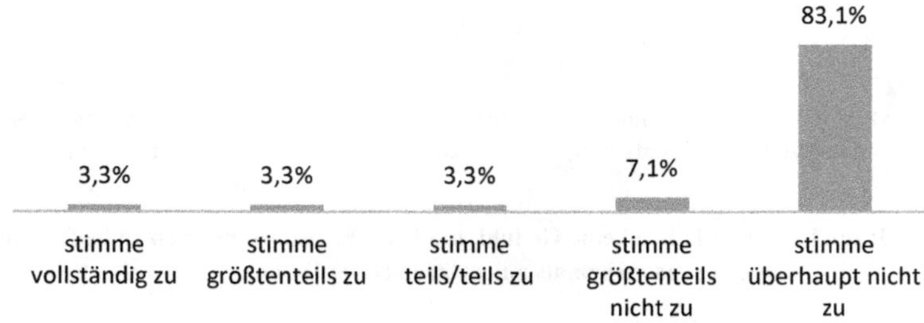

Abb. 85: Ich habe/Wir haben kein Geld, um Zusatzhefte usw. zum Üben zu kaufen (Item IV.1.9).

Das Item 8 soll klären, ob der Besuch einer Ganztagsschule ausschlaggebend dafür ist, dass die Eltern sich nicht an den Französischlernprozess ihrer Kinder beteiligen. Nur 2,8% (*N*=5) der Teilstichprobe stimmt der inhaltlichen Aussage dieses Items zu, d.h. diese Eltern beteiligen sich nicht an den Französischlernprozessen ihrer Kinder, weil jene die Ganztagsschule besuchen und die Eltern davon ausgehen, dass dort sämtliche Lernaufgaben bewältigt werden. Weitere 1,7% (*N*=3) der Eltern führen dies teilweise als Grund für ihre Nichtbeteiligung am Französischlernen der Kinder an. 95,6% (*N*=173) der Befragungsteilnehmer geben jedoch an, dass der Besuch der Ganztagsschule keineswegs ausschlaggebend dafür ist, dass jene sich nicht an den Lernaktivitäten ihrer Kinder für das Fach Französisch beteiligen. Dementsprechend ist der Mittelwert äußerst niedrig (*M*= 1.15).

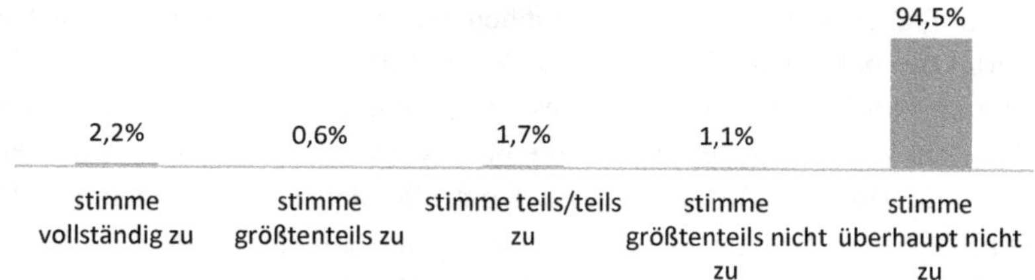

Abb. 86: Das Kind/Die Kinder besucht/besuchen die Ganztagsschule. Dort werden alle Hausaufgaben erledigt und gelernt (Item IV.1.8).

5.3.4.2 Wünsche für eine stärkere Beteiligung an den Französischlernprozessen

Aufschluss darüber, welche Hilfsmittel und -angebote sich die 446 befragten Eltern vorstellen könnten, um stärker integriert werden zu können in die Französischlernprozesse ihrer Kinder, und damit in den Französischunterricht, liefert eine Häufigkeitsanalyse für diesen Fragebogenteil. Die einzelnen prozentualen Werte bzw. Analyseergebnisse für den zu betrachtenden Fragenkomplex werden in der absteigenden Reihenfolge ihrer Beliebtheit nachfolgend betrachtet.

Über die Hälfte der Eltern (54,9%; *N*=245) wünscht sich Hinweise zur optimalen Prüfungsvorbereitung von Seiten der Schule bzw. der Französischlehrkraft. Ein weiteres Angebot, das vielen Eltern (45,3%; *N*=202) als wünschenswert erscheint, sind Arbeitsblätter von der Schule/der Lehrkraft zu besonders wichtigen Aspekten der französischen Sprache, wie z.B. der Aussprache.

Ebenfalls ein lehrwerksbegleitendes Geheft, das den Eltern mitteilt, was ihre Kinder in den einzelnen Lektionen lernen und zugleich besonders beachten sollen (42,4%; *N*=189), wird von vielen Eltern als wünschenswertes Hilfsmittel erachtet. Mehr als ein Drittel der Befragungsteilnehmer (36,5%; *N*=163) möchte informiert werden über unterschiedliche Lerntechniken, damit die Eltern ihre Kinder beim Französischlernen besser unterstützen können.

Ein Drittel der Eltern (33,4%; *N*=149) hält ein allgemein gehaltenes Geheft, das ihnen Hilfestellung bietet im Hinblick auf zu beachtende Aspekte der außerschulischen Vor- und Nachbereitung, für ein wünschenswertes Angebot, das eine bessere Integration in das Französischlernen ihrer Kinder ermöglichen könnte. Hinweise zur optimalen Zeitnutzung im Rahmen der Hausaufgaben sowie der Lernaktivitäten für das Fach Französisch hält ein Viertel der befragten Eltern (25,3%; *N*=113) für eine Möglichkeit, ihre Beteiligung am kindlichen Lernprozess zu erhöhen. Fast ebenso viele Eltern wünschen sich von Seiten der Schule bzw. konkret von der Französischlehrkraft Hinweise in Bezug auf die Kontrolle der Hausaufgaben (24,4%; *N*=109). Nur unbedeutend weniger Befragungsteilnehmer (23,5%; *N*=105) würden gerne Veranstaltungen besuchen, im Rahmen welcher sie lernen können, wie man die Kinder beim Französischlernen unterstützt, damit das Lernen möglichst effektiv ist.

Ein Fünftel der Eltern (20,4%; *N*=91) wäre bereit, einen Sprachkurs an der Schule ihrer Kinder zu absolvieren, um sich (stärker) in das Französischlernen und den Unterricht einbringen zu können. Weniger als ein Fünftel der Befragungsteilnehmer erachtet regelmäßige Treffen mit der Französischlehrkraft zur Besprechung schulischer Belange als eine geeignete Möglichkeit, ihr Engagement für die Französischlernprozesse ihrer Kinder und den schulischen Französischunterricht steigern zu können (18,2%; *N*=81). Nur etwas mehr als ein Zehntel aller befragten Eltern (12,6%; *N*=56) glaubt, dass entsprechende Literatur, mit der sie Grundkenntnisse der französischen Sprache erwerben könnten, eine Lösung wäre, um eine verstärkte Elternbeteiligung im Französischunterricht zu erzielen.

Wenige Eltern würden, um sich (verstärkt) in das Französischlernen ihrer Kinder einbringen zu können, einen Sprachkurs, z.B. an einer Volkshochschule absolvieren (7,4%; *N*=33) oder Nachhilfe für Eltern und Schüler zusammen (6,5%; *N*=29) besuchen. Das Angebot, das der Häufigkeitsanalyse zufolge, für die Eltern am wenigsten attraktiv erscheint als Möglichkeit, um stärker in die Französischlernprozesse und den -unterricht einbezogen zu werden, sind Treffen mit anderen Eltern, um sich gemeinsam über Ideen und Probleme auszutauschen (3,8%; N=17).

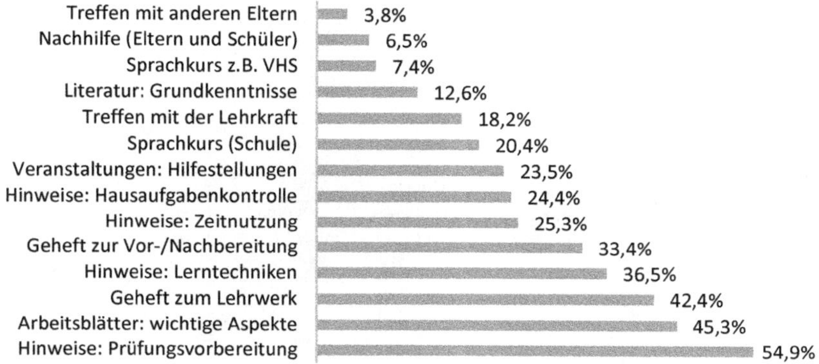

Abb. 87: Angebote zur besseren Unterstützung der Kinder (Frage IV.2).

Den eigenen Angaben einiger Befragungsteilnehmer zufolge wären mehr Lösungshefte wünschenswert sowie Anlässe, wo französische Kultur bzw. französisches Leben gemeinsam „erlebt" werden kann, z.B. in Form von Kinobesuchen oder Veranstaltungen mit Muttersprachlern.

5.4 Ergebnisse der Hypothesenprüfung

Nachfolgend werden die Ergebnisse der Prüfung der 12 Hypothesen beschrieben. Die Reihenfolge der Darstellungen folgt dabei der Abfolge der drei Forschungsfragen *(siehe Kapitel 3.2)*.

5.4.1 Hypothesen zur ersten Forschungsfrage

5.4.1.1 Hypothese 1

Zur Prüfung der ersten Hypothese *(H1= Es gibt einen Zusammenhang zwischen den Französischkenntnissen in der Familie und den Motiven für die Wahl des Französischen in der Schule.)* wurden zunächst die einzelnen Variablen, die die neun Items dieses Fragenkomplexes bilden, derart recodiert, dass die fünf Antwortkategorien zusammengefasst wurden zu drei: „stimme zu" (ursprüngliche Kategorien „stimme größtenteils zu" und „stimme vollständig zu"), „stimme teils/teils zu" (ursprüngliche Kategorie: „stimme teils/teils zu"), „stimme nicht zu" (ursprüngliche Kategorien „stimme eher nicht zu" und „stimme überhaupt nicht zu") (siehe Anhang 9.3). Im Anschluss wurden Chi-Quadrat-Tests nach Pearson gerechnet.

In der nachfolgenden Tabelle sind – aus Gründen der Übersichtlichkeit – nur die jeweiligen Prozentzahlen für „stimme zu" angegeben. Eine detailliertere Übersicht über die Antworten ist im Anhang einzusehen *(siehe Anhang 9.9)*.

	Französischkenntnisse									
	weder Vater noch Mutter (N=132)		*nur Vater (N=94)*		*nur Mutter (N=173)*		*Vater und Mutter (N=71)*		*andere Verwandte (N=63)*	
	%	N	%	N	%	N	%	N	%	N
Gründe für Französisch										
Kind ist sprachbegabt	60.6	94	48.1	25	55.8	72	72.9	51	69.0	20
Frz. für späteren Beruf wichtig	25.3	39	15.4	8	24.4	32	28.2	20	18.8	6
Frankreich ist Nachbarland	35.3	54	48.0	24	44.3	58	62.9	44	31.3	10
Einblicke in Kultur; Abbau von Vorurteilen	58.6	92	49.0	25	60.9	78	69.0	49	54.8	17
Urlaube in frankophonen Ländern	32.5	50	44.0	22	47.3	62	69.0	49	50.0	16
Sprachästhetik des Frz.	58.8	90	73.1	38	80.6	104	84.5	60	71.9	23
Schulorgan. Zwänge	20.8	32	11.5	6	13.2	17	17.1	12	12.9	4
Kenntnisse der Eltern, können helfen	8.6	13	25.0	13	47.3	62	47.9	34	21.9	7
Kind hat sich selbst entschieden	81.5	128	80.8	42	88.4	114	84.5	60	84.4	27

Abb. 88: Häufigkeiten (absolut: N; prozentual: %) für die Gründe der Wahl des Französischen in Abhängigkeit von den Französischkenntnissen der Eltern.

Die Sprachbegabung der Kinder wird in Familien, in denen Vater und Mutter Französischkenntnisse angeben, mit 73% am häufigsten genannt. Fast ebenso häufig mit 69% wird dieser Grund in Familien angeführt, in denen weder Vater noch Mutter Französischkenntnisse haben, dafür aber andere Verwandte. Wenn nur der Vater Französischkenntnisse vorweisen kann, dann spielt dieser Grund im Vergleich dazu mit 48% eine geringere Rolle. Der χ^2-Test liefert ein signifikantes Ergebnis ($\chi^2(8)$ = 20.80, p= .008, Cramer V = .16), so dass die Unterschiede in den Prozentzahlen als signifikant zu werten sind.

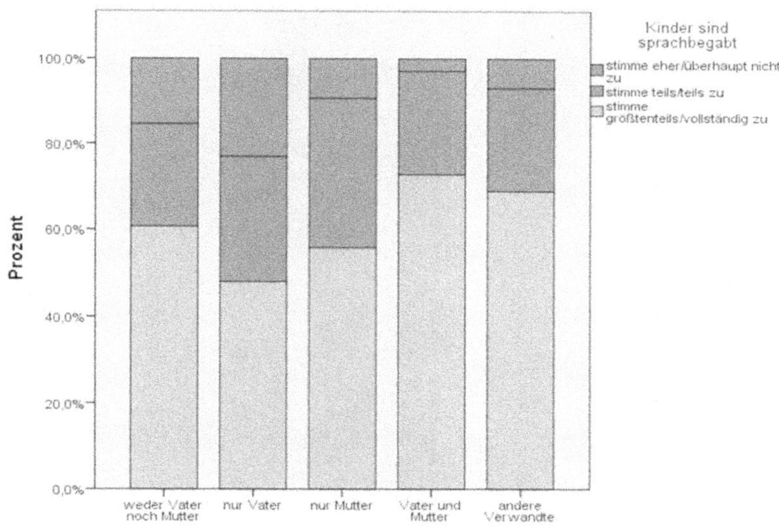

Französisch wird in der Schule dann am häufigsten gewählt, weil Frankreich Nachbarland ist, wenn beide Elternteile in einer Familie Französisch sprechen (63%). Sprechen beide Elternteile kein Französisch bzw. nur andere Verwandte außer den Eltern beträgt dieser Prozentsatz nur 35% bzw. 31%. Dieses Ergebnis ist ebenfalls signifikant, wie der χ^2-Test belegt: $\chi^2(8) = 18.92$, $p = .015$, Cramer $V = .15$.

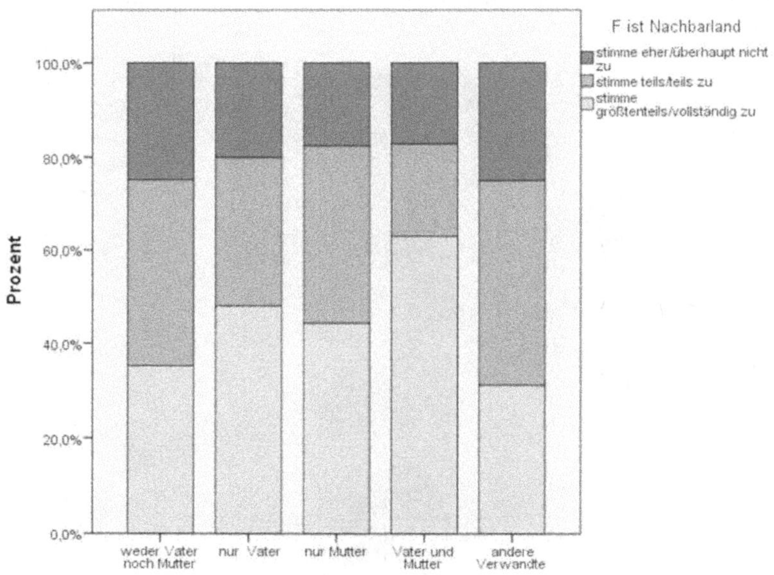

Ebenfalls wenn beide Elternteile über Französischkenntnisse verfügen, ist die Tatsache, dass die Familie Urlaube in Frankreich und anderen frankophonen Ländern macht, am häufigsten ausschlaggebend für die Wahl des Französischen in der Schule (69%). Immerhin 50% der Eltern geben an, dass dieses Urlaubsmotiv für sie bedeutend war angesichts dieser Fächerwahl, obwohl sie selbst nicht, dafür aber andere Verwandte Französisch sprechen. Der Der χ^2-Test liefert ein signifikantes Ergebnis ($\chi^2(8) = 40.07$, $p < .001$, Cramer $V = .21$).

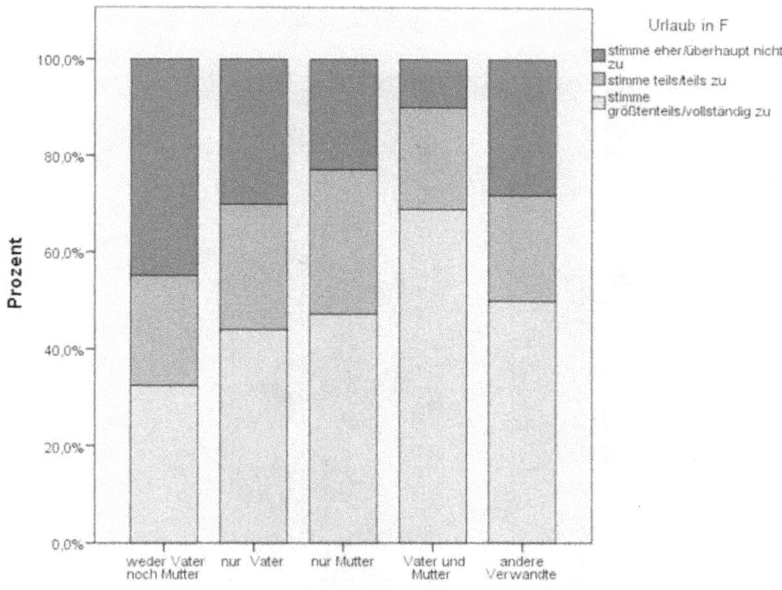

Die Sprachästhetik des Französischen wird in Familien, in denen beide Elternteile Französischkenntnisse haben, mit 85% am häufigsten angegeben. Ähnlich häufig ist dieser Grund für die Familien bedeutend, in denen nur die Mutter Französisch spricht (81%). Doch auch in Familien, in denen kein Elternteil Französisch spricht, wird die Sprachästhetik noch vergleichsweise häufig als Grund für die Belegung des Französischen genannt (59%). Der χ^2-Test liefert auch hier ein signifikantes Ergebnis ($\chi^2(8) = 25.55$, $p = .001$, Cramer $V = .17$).

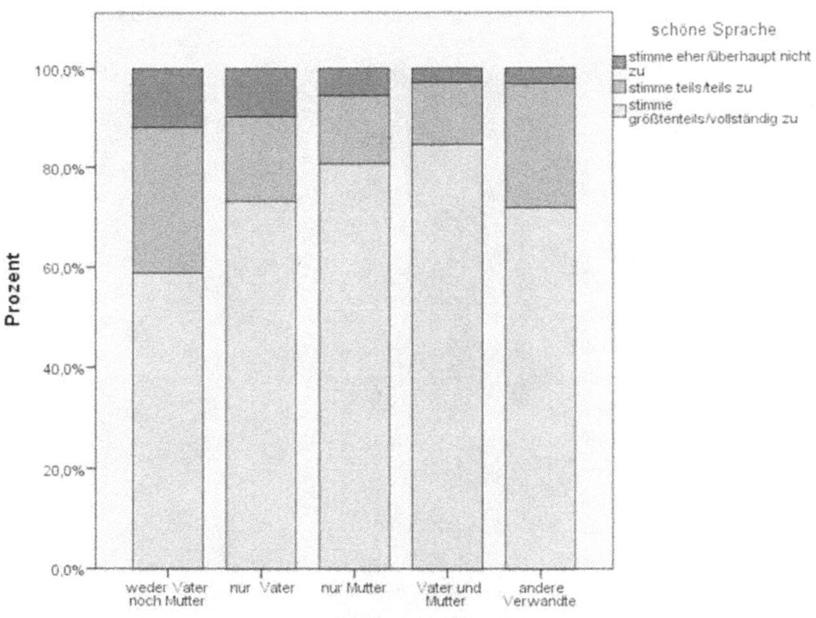

In Familien, in denen entweder beide Elternteile oder nur die Mutter Französischkenntnisse haben, werden die eigenen Sprachkenntnisse – und die dadurch mögliche Unterstützung der Kinder – am häufigsten als Grund genannt, warum Französisch in der Schule belegt wurde (48% bzw. 47%). Dieser Grund wird von Familien, in denen die Eltern keine Französischkenntnisse haben, erwartungsgemäß nur selten (9%) aufgeführt. Dieses Ergebnis ist signifikant ($\chi^2(8) = 145.02$, $p< .001$, Cramer $V = .41$).

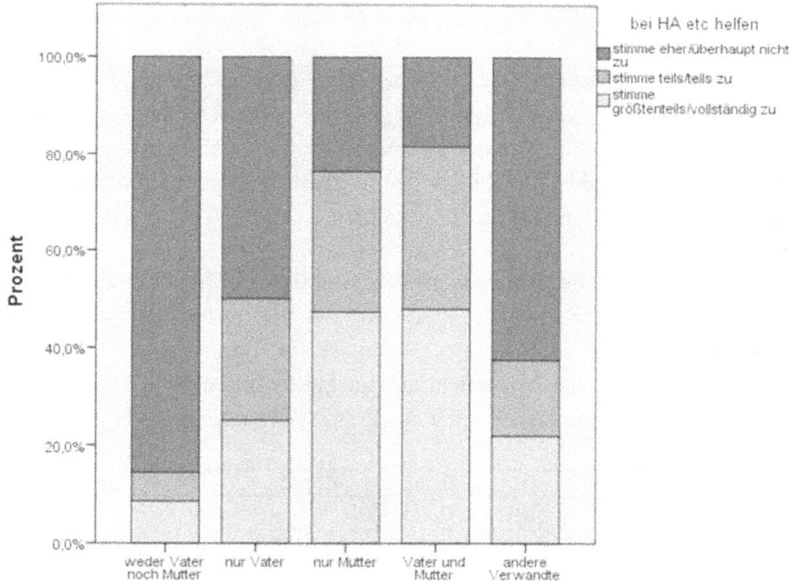

Es kann also gezeigt werden, dass ein Zusammenhang vorliegt zwischen den Französischkenntnissen der Eltern und der Wahl des Französischen in der Schule im Hinblick auf die folgenden Aspekte: die Sprachbegabung der Kinder, die geographische Nähe zu Frankreich, Urlaube in französischsprachigen Ländern, die Sprachästhetik des Französischen sowie eigene Sprachkenntnisse der Eltern, die für eventuelle Unterstützungsleistungen vonnöten sein können.

Für die folgenden Gründe lässt sich kein Zusammenhang mit den Französischkenntnissen der Familien nachweisen:

- Französisch ist im späteren Berufsleben oft wichtig ($\chi^2(8) = 4.50, p = .810$, Cramer $V = .07$).
- Abbau von Vorurteilen ($\chi^2(8) = 13.94, p = .083$, Cramer $V = .13$)
- Es gab keine andere Wahlmöglichkeit ($\chi^2(8) = 8.51, p = .385$, Cramer $V = .10$).
- Eigene Entscheidung des Kindes ($\chi^2(8) = 9.64, p = .291$, Cramer $V = .11$).

5.4.1.2 Hypothese 2

Zur Prüfung der zweiten Hypothese *(H2 = Die Charakterisierung des Französischunterrichts beeinflusst den Kontakt zur Französischlehrkraft)* werden die beiden Skalen „FU positiv" sowie „FU negativ" als unabhängige Variablen definiert; die drei Skalen „Kontaktgut", „Kontakttraditionell" sowie „Kontaktwunsch" sind die abhängigen Variablen. Es müssen demnach drei multiple Regressionen durchgeführt werden.

Nachfolgende Tabelle zeigt zunächst deskriptiv die Mittelwerte (*M*), Standardabweichungen (*SD*) sowie – mit Hilfe des Wertes für Cronbach's Alpha – die Reliabilität für die jeweilige Dimension (in Klammern) und die Korrelationen zwischen den Variablen für die Faktorenkomplexe „Kontakt zur Lehrkraft" und „Charakterisierung des Französischunterrichts".

	M	*SD*	(1)	(2)	(3)	(4)	(5)
(1) Kontakt gut	2.28	0.91	(.77)				
(2) Kontakt traditionell	3.11	0.92	.36***	(.70)			
(3) Kontaktwunsch	2.91	1.19	-.21***	.14**	(.60)		
(4) FU positiv	2.85	0.82	.55***	.25***	-.19***	(.84)	
(5) FU negativ	2.58	1.09	-.18***	.04	.39***	-.34***	(.79)

*$p < .05$; **$p < .01$; ***$p < .001$

Abb. 89: Mittelwert (*M*), Standardabweichung (*SD*), Reliabilität (Wert für Cronbach's Alpha) und Korrelationen zwischen den Variablen des Kontakts zur Lehrkraft und der Charakterisierung des Französischunterrichts ($439 \leq N \leq 441$).

Hinsichtlich der Skala „Kontaktgut" kann über eine multiple Regressionsanalyse gezeigt werden, dass 30% an Varianz durch das Modell erklärt werden können ($R^2 = .30$). Die Hypothese, dass überhaupt kein Prädiktor einen relevanten Einfluss hat, ist abzulehnen; das Modell erreicht statistische Signifikanz ($F(2{,}436) = 92.52, p < .001$).

Der Regressionskoeffizient für „positive Charakterisierung des FU" wird signifikant geschätzt und ist größer als Null ($B = 0.61, \beta = 0.55, t = 12.81, p$

< .001). Eine positive Charakterisierung des FU wirkt sich demnach positiv auf einen guten Kontakt zur Lehrkraft aus, d.h. je positiver der FU wahrgenommen wird, desto positiver ist der Kontakt zur Lehrkraft. Für die „negative Charakterisierung des FU" kann (bei gegebenen Werten für die negative Charakterisierung des FU) kein signifikanter Einfluss auf die abhängige Variable ($B = 0.00$, $\beta = 0.00$, $t = 0.06$, $p= .953$) nachgewiesen werden.

Hinsichtlich der Skala „Kontakttraditionell" kann über eine multiple Regressionsanalyse gezeigt werden, dass 8% an Varianz durch das Modell erklärt werden können ($R^2 = .08$). Die Hypothese, dass überhaupt kein Prädiktor einen relevanten Einfluss hat, ist abzulehnen; das Modell erreicht statistische Signifikanz ($F(2,437) = 19.95$, $p < .001$). Der Regressionskoeffizient für „positive Charakterisierung des FU" wird signifikant geschätzt und ist größer als Null ($B = 0.34$, $\beta = 0.31$, $t = 6.25$, $p < .001$). Eine positive Charakterisierung des FU wirkt sich demnach positiv aus auf das Wahrnehmen der traditionellen Kontaktformen mit der Französischlehrkraft, d.h. je positiver der FU wahrgenommen wird, umso eher werden traditionelle Kontaktformen mit der Französischlehrkraft gepflegt. Für die „negative Charakterisierung des FU" ist der Regressionskoeffizient ebenfalls größer als Null und signifikant und wird somit positiv geschätzt ($B= 0.13$, $\beta = 0.15$, $t= 3.04$, $p < .01$). Eine negative Charakterisierung bedingt somit einen positiven Einfluss auf die traditionellen Kontaktformen zur Französischlehrkraft, d.h. je negativer der Französischunterricht von den Eltern charakterisiert wird, umso eher nehmen sie über traditionelle Formen Kontakt zur entsprechenden Fachlehrkraft ihrer Kinder auf.

Im Zuge einer multiplen Regressionsanalyse für die Skala „Kontaktwunsch" wird gezeigt, dass das Modell 16% der Varianz klären kann ($R^2 = .16$). Die Hypothese, dass kein Prädiktor einen relevanten Einfluss hat, muss zurückgewiesen werden, das Modell ist demnach statistisch signifikant ($F(2, 436) = 48.35$; $p < .001$).

Für die „positive Charakterisierung des FU" kann kein signifikanter Einfluss auf die abhängige Variable ($B = -0.09$, $\beta = -0.06$, $t = -1.35$, $p=.179$) nachgewiesen werden. Der Regressionskoeffizient für die „negative Charakterisierung des FU" wird allerdings signifikant geschätzt und ist größer als Null ($B = 0.40$, $\beta = 0.37$, $t = 7.96$, $p < .001$). Eine negative Charakterisierung des FU wirkt sich demnach positiv aus auf den Wunsch nach Kontakt zur Französischlehrkraft der Kinder, d.h. je negativer der Französischunterricht wahrgenommen wird, desto mehr hegen die Eltern den Wunsch nach Kontakt zur Französischlehrkraft ihrer Kinder.

Zu den Voraussetzungen der Regressionsanalysen:
Die Prädiktoren korrelieren zwar, aber nur in einem mittleren Ausmaß ($r = -0.34$), so dass im Rahmen der Regressionsschätzung keine Schwierigkeiten im Hinblick auf Multikollinearität zu erwarten sind. Die Histogramme und die P-P-Diagramme *(siehe Anhang 9.10)* der standardisierten Residuen geben keinen Hinweis auf problematische Ausreißer oder gravierende Verstöße gegen die Normalverteilungsannahme. In den partiellen Regressionsdiagrammen sind keine Anhaltspunkte für nichtlineare Zusammenhänge erkennbar *(siehe Anhang 9.10)*. Mit Werten nahe 2 für die Durbin-Watson-Statistik kann von Unkorreliertheit der Residuen ausgegangen werden. Die Voraussetzung der Homoskedastizität scheint allerdings nicht ganz unproblematisch zu sein. Im Streudiagramm der standardisierten geschätzten Werte gegen die standardisierten Residuen beispielsweise für die Regression für die Skala „Kontakt gut“ könnte ein trichterförmiges Muster vorliegen.

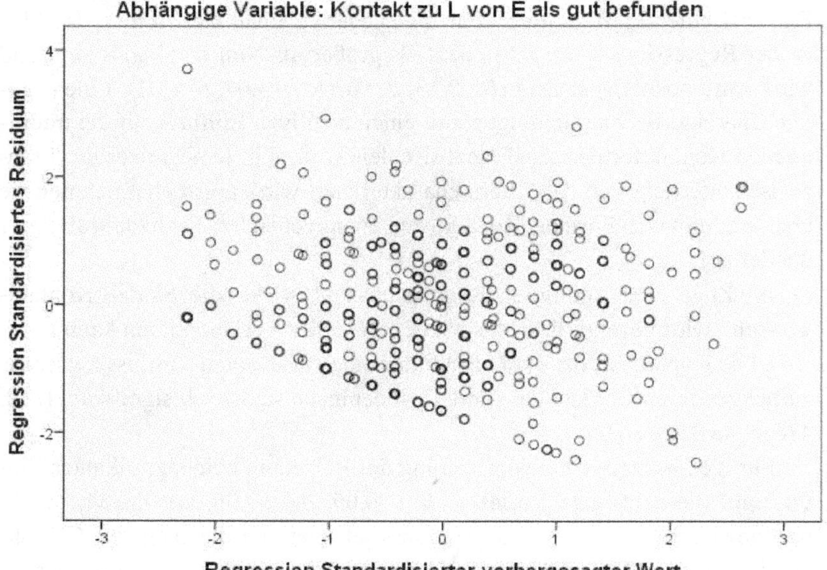

Abb. 90: Streudiagramm für die Regression zur Skala „Kontaktgut“.

Unter Umständen liegt also ein Verstoß gegen die Homoskedastizität vor, so dass, wenngleich die Regressionskoeffizienten korrekt berechnet werden, die Konfidenzintervalle und die *p*-Werte unzuverlässig sein können.

Deshalb werden für alle drei Regressionen Bootstrap-Konfidenzintervalle (auf der Basis von 1000 Stichproben) berechnet. Das Ergebnis sind Bootstrap-Konfidenzintervalle, die im Unterschied zu den „normalen" Konfidenzintervallen etwas größer sind. Die Standardfehler der Regressionskoeffizienten werden also geringfügig unterschätzt. Die Bootstrap-Konfidenzintervalle bestätigen aber im Hinblick auf die Signifikanz die Ergebnisse der vorangegangenen Analysen: Überdeckt das Konfidenzintervall ohne Bootstrap die Null, so gilt dies auch für das entsprechende Bootstrap-Intervall. Ebenso: Enthält das Konfidenzintervall ohne Bootstrap die Null nicht, so gilt dies auch für das entsprechende Bootstrap-Intervall.

		Ohne Bootstrap		**Mit Bootstrap**	
		Untere Grenze	Obere Grenze	Untere Grenze	Obere Grenze
Kontakt gut	FU positiv	0.52	0.70	0.50	0.72
	FU negativ	-0.07	0.07	-0.08	0.08
Kontakt traditionell	FU positiv	0.24	0.45	0.23	0.45
	FU negativ	0.04	0.21	0.04	0.21
Kontaktwunsch	FU positiv	-0.22	0.04	-0.24	0.05
	FU negativ	0.30	0.50	0.29	0.50

Abb. 91: 95%-Konfidenzintervalle für Regressionskoeffizienten (*B*).

5.4.2 Hypothesen zur zweiten Forschungsfrage

5.4.2.1 Hypothese 3

Zur Prüfung der dritten Hypothese *(H3 = Die Berufstätigkeit beeinflusst die Art der elterlichen Lernbeteiligung)* wurden zwei Unterhypothesen gebildet:

1. Unterhypothese (H3.1): *Die Art der Berufstätigkeit hat einen Einfluss auf die Anzahl der genannten Maßnahmen in den Teilbereichen „allgemeine Unterstützung", „Kontrolle der Hausaufgaben", „Arbeit mit schulischem Lehrwerk" und „Arbeit mit Zusatzmaterialien".*

2. Unterhypothese (H3.2): *Die Art der Berufstätigkeit hat einen Einfluss auf die Nutzung einzelner Maßnahmen der elterlichen Lernbeteiligung.*

Die Berufstätigkeit der Eltern ist in nachfolgendem Tortendiagramm dargestellt.

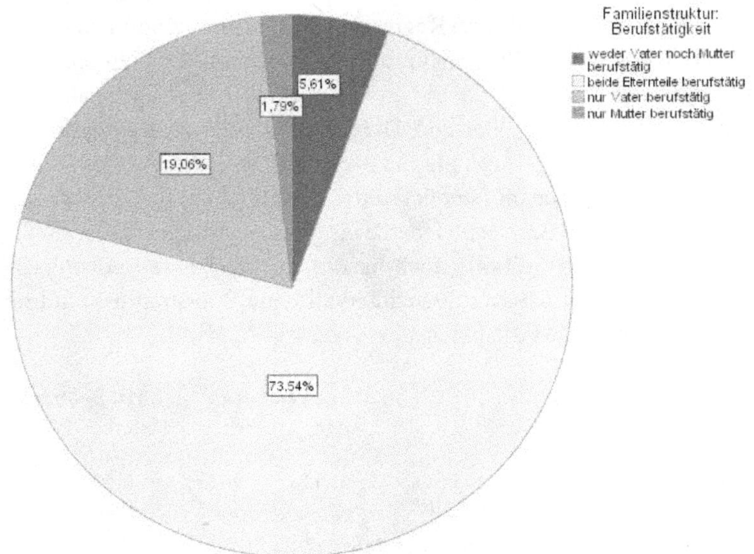

Abb. 92: Häufigkeitsverteilung der elterlichen Berufstätigkeit.

Zur 1. Unterhypothese (H3.1):
Je nach Art der Berufstätigkeit der Eltern gibt es Unterschiede hinsichtlich der elterlichen Lernbeteiligung für die vier Teilbereiche. In der folgenden Tabelle sind deskriptive Statistiken angegeben für die Anzahl der genannten Maßnahmen in den vier Teilbereichen nach Berufstätigkeit der Eltern. Neben der Anzahl der Antworten für das jeweilige Item (*N*) sind der Mittelwert (*M*) sowie die Standardabweichung (*SD*) pro Item angegeben. Darüber hinaus ist der Median-Wert angegeben.

	M	*SD*	*Median*	*Minimum*	*Maximum*	*N*
Allgemeine Unterstützung						
Weder Vater noch Mutter berufstätig	3.08	1.41	3.00	1	5	25
Beide Elternteile berufstätig	2.53	1.47	2.00	0	5	328
Nur Vater berufstätig	2.31	1.48	2.00	0	5	85
Nur Mutter berufstätig	1.75	1.16	2.00	0	4	8
Kontrolle der Hausaufgaben						
Weder Vater noch Mutter berufstätig	0.40	0.76	0.00	0	3	25
Beide Elternteile berufstätig	0.48	0.75	0.00	0	3	328
Nur Vater berufstätig	0.44	0.70	0.00	0	3	85
Nur Mutter berufstätig	0.00	--	0.00	0	0	8
Arbeit mit schulischem Lehrwerk						
Weder Vater noch Mutter berufstätig	2.28	1.99	3.00	0	6	25
Beide Elternteile berufstätig	1.99	1.73	2.00	0	6	328
Nur Vater berufstätig	1.60	1.59	1.00	0	5	85
Nur Mutter berufstätig	1.13	0.99	1.50	0	2	8
Arbeit mit Zusatzmaterialien						
Weder Vater noch Mutter berufstätig	1.00	0.87	1.00	0	3	25
Beide Elternteile berufstätig	0.89	0.98	1.00	0	4	328
Nur Vater berufstätig	0.84	0.96	1.00	0	4	85
Nur Mutter berufstätig	0.63	1.06	0.00	0	3	8

Abb. 93: Mittelwerte (*M*), Standardabweichungen (*SD*), Mediane, Minimum, Maximum sowie Zahl der Antworten (*N*) für die einzelnen Teilbereiche der elterlichen Unterstützung, aufgegliedert nach Berufstätigkeit der Eltern.

Die nachfolgenden Grafiken veranschaulichen die Mittelwerte für die einzelnen Teilbereiche der elterlichen Unterstützung, entsprechend der Berufstätigkeit der Eltern.

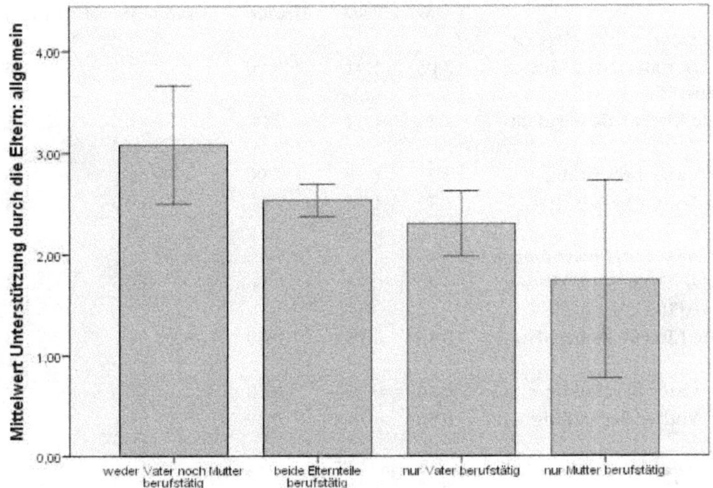
Mittelwert Unterstützung durch die Eltern: allgemein
4,00
3,00
2,00
1,00
0,00
weder Vater noch Mutter berufstätig
beide Elternteile berufstätig
nur Vater berufstätig
nur Mutter berufstätig
Familienstruktur: Berufstätigkeit
Fehlerbalken: 95% CI

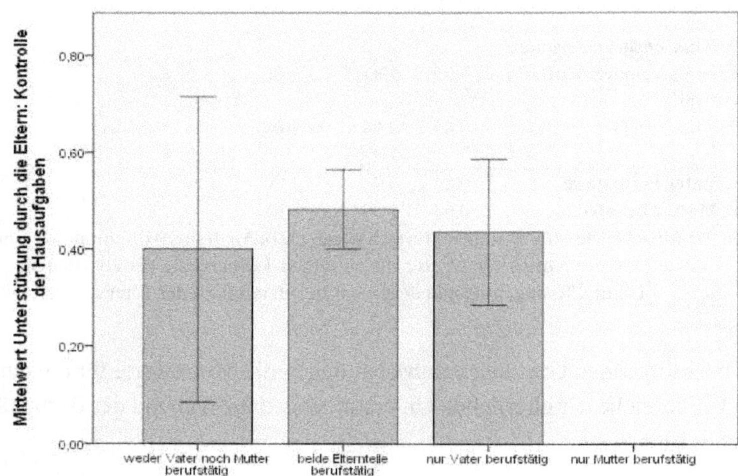
Mittelwert Unterstützung durch die Eltern: Kontrolle der Hausaufgaben
0,80
0,60
0,40
0,20
0,00
weder Vater noch Mutter berufstätig
beide Elternteile berufstätig
nur Vater berufstätig
nur Mutter berufstätig
Familienstruktur: Berufstätigkeit
Fehlerbalken: 95% CI

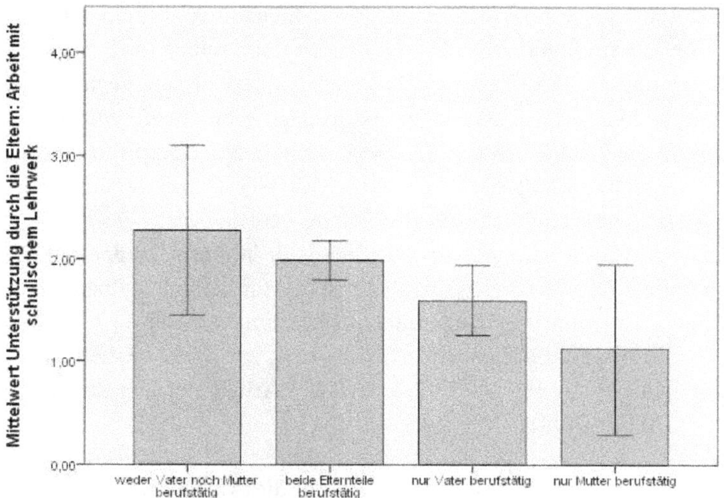

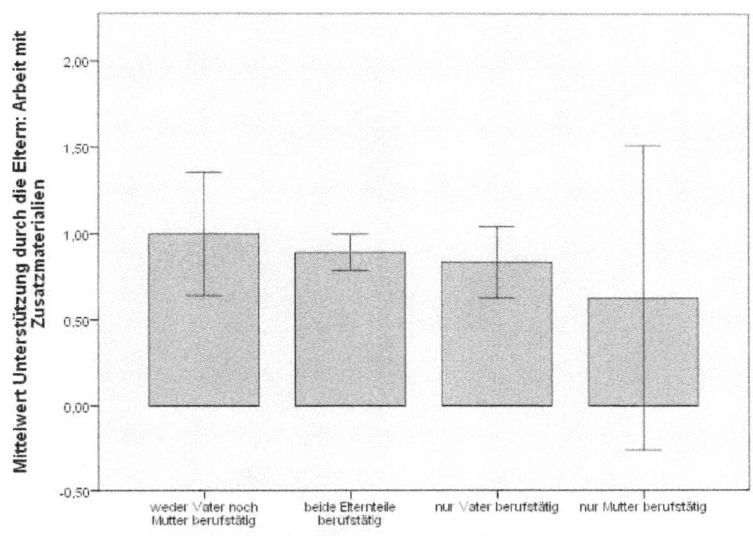

Abb. 94: Mittelwerte (*M*) der einzelnen Teilbereiche der Unterstützung, entsprechend der elterlichen Berufstätigkeit.

Die Verteilung der Anzahl der genannten Maßnahmen folgt in der Regel keiner Normalverteilung und ist überwiegend sehr schief (siehe beispielhafte Grafiken unten). Dies lässt sich für jeden Teilbereich und auch für jede Berufstätigkeit feststellen. Da zudem die Gruppen in einem erheblichen Ausmaß unterschiedlich stark besetzt sind, wird deshalb zur Überprüfung der Hypothese der nicht-parametrische Kruskal-Wallis-Test[62] verwendet. Eine große Teststärke ist im Hinblick auf die Gruppe von Familien, bei denen nur die Mutter berufstätig ist, nicht zu erwarten, weil in diese Gruppe nur acht Befragte fallen. Der Kruskal-Wallis-Test liefert für keinen Teilbereich ein signifikantes Ergebnis („allgemeine Unterstützung“: $H(3) = 7.39$, $p= .061$, „Kontrolle der Hausaufgaben“: $H(3) = 4.64$, $p= .200$, „Arbeit mit schulischem Lehrwerk“: $H(3) = 5.48$, $p= .140$, „Arbeit mit Zusatzmaterialien“: $H(3) = 2.38$, $p= .498$).

Ein Einfluss der Art der Berufstätigkeit auf die Anzahl der genannten Maßnahmen in den Teilbereichen „allgemeine Unterstützung“, „Kontrolle der Hausaufgaben“, „Arbeit mit schulischem Lehrwerk“ und „Arbeit mit Zusatzmaterialien“ lässt sich demnach nicht belegen.

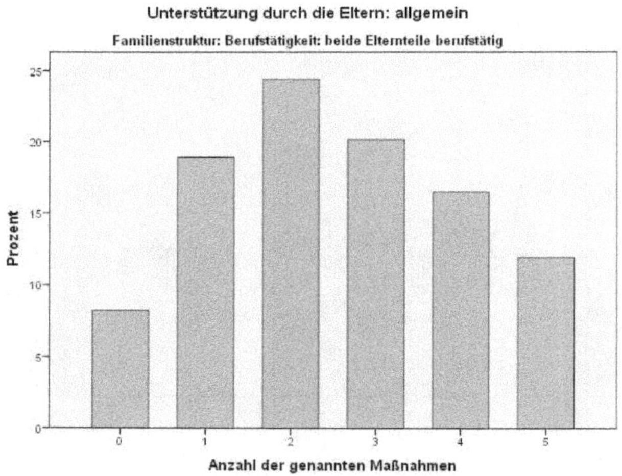

[62] Bortz erklärt zu diesem Verfahren: „Besteht bei kleinen (…) und ungleichgroßen (sic) Stichproben der Verdacht, daß (sic) eine oder mehrere Voraussetzungen [der Varianzanalyse] verletzt sein können, sollte statt der Varianzanalyse ein verteilungsfreies Verfahren wie z.B. der Kruskal-Wallis-Test (…) eingesetzt werden“ (Bortz 1993, 263).

Unterstützung durch die Eltern: allgemein

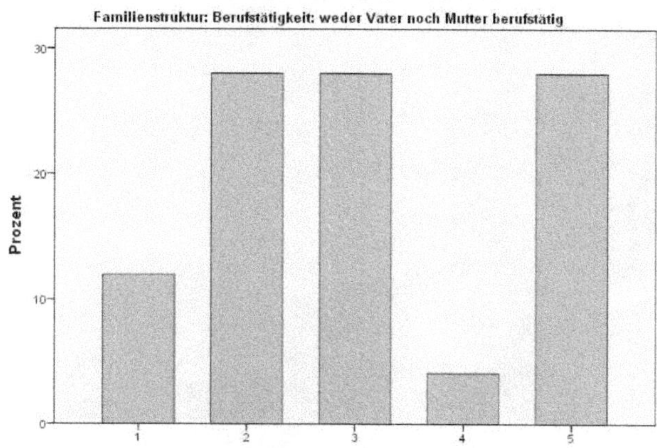
Familienstruktur: Berufstätigkeit: weder Vater noch Mutter berufstätig
Prozent
0
10
20
30
1
2
3
4
5
Anzahl der genannten Maßnahmen

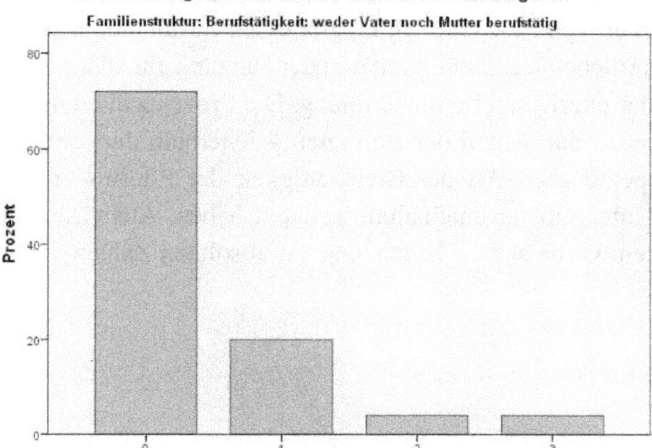
Unterstützung durch die Eltern: Kontrolle der Hausaufgaben
Familienstruktur: Berufstätigkeit: weder Vater noch Mutter berufstätig
Prozent
0
20
40
60
80
0
1
2
3
Anzahl der genannten Maßnahmen

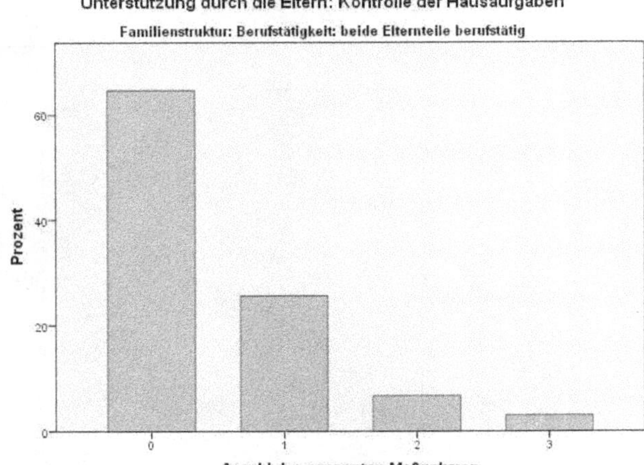

Abb. 95: Verteilung der Anzahl der genannten Maßnahmen am Beispiel der Bereiche „allgemeinen Unterstützung" und „Kontrolle der Hausaufgaben" für den Fall, dass weder Vater noch Mutter berufstätig sind und für den Fall, dass beide Elternteile berufstätig sind.

Zu r 2. Unterhypothese (H 3.2): Es gibt einen Zusammenhang zwischen der Art der elterlichen Berufstätigkeit und der Nutzung einzelner Maßnahmen im Rahmen der elterlichen Lernbeteiligung. Die Prozentzahlen in der folgenden Tabelle geben den Anteil der Befragten – innerhalb der jeweiligen Gruppe mit der spezifischen Art der Berufstätigkeit der Eltern – an, die eine bestimmte Unterstützungsmaßnahme genannt haben. Aus Gründen der Übersichtlichkeit wurde auf die Ergänzung der absoluten Zahlen verzichtet.

Anteil Befragter, die diese Maßnahme genannt haben (in %)	*Weder Vater noch Mutter berufstätig (N=25)*	*Beide Elternteile berufs-tätig (N=328)*	*Nur Vater berufstätig (N=85)*	*Nur Mutter berufstätig (N=8)*	*Exakter Test nach Fisher*	*Cramer V*
Allgemeine Unterstützung						
Sprechen über das Fach	76	65	61	63	p=.608	.07
Sprechen über das Fach	76	65	61	63	p=.608	.07
Besprechen von Problemen im Fach F	76	60	55	50	p=.274	.09
Eltern lassen sich Stoff erklären	44	42	39	13	p=.420	.08
Eltern besprechen Fähigkeiten/Interessen des Kindes	56	43	35	25	p=.196	.10
Sprechen über Schullaufbahn	56	44	40	25	p=.406	.08
Keine der genannten Möglichkeiten	--	9	11	25	p=.111	.11
Kontrolle der Hausaufgaben						
Kontrolle schriftl. Teil	20	25	21	0	p=.420	.09
Kontrolle auf Korrektheit	16	12	12	0	p=.773	.06
Hilfe bei schriftlichen HA	4	11	11	0	p=.729	.07
Keine der genannten Möglichkeiten	72	65	67	100	p=.185	.10
Arbeit mit schulischem Lehrwerk						
Abfrage Wortschatz	60	66	54	50	p=.166	.11
Wörter laut vorsprechen lassen	36	24	18	25	p=.252	.09
E. lassen Texte ins Deutsche übersetzen	24	15	11	2	p=.231	.09
E. lassen sich Texte vorlesen	40	29	22	0	p=.088	.12
Wiederholung	28	28	27	0	p=.389	.08
Abfragen neuer Grammatikregeln	40	37	28	13	p=.249	.10
Keiner der genannten Möglichkeiten	32	26	32	38	p=.499	.07
Arbeit mit Zusatzmaterialien						
Zusätzliche Übungen aus Lehrbuch/Arbeitsheft	24	20	12	13	p=.255	.09
Zusätzliche Übungen aus Büchern and. Verlage	16	18	12	13	p=.625	.06
E. überlegen sich selbst Übungen	24	11	15	13	p=.155	.10
E. stellen notwendige Zusatzmaterialien bereit	36	41	45	25	p=.694	.06
Keine der genannten Möglichkeiten	24	36	38	63	p=.255	.10

Abb. 96: Häufigkeiten (prozentual) für die unterschiedlichen Arten der Unterstützung beim Französischlernen in Abhängigkeit von der Berufstätigkeit der Eltern.

Bei einer ersten Inspektion der Daten scheint es eine Tendenz dahingehend zu geben, dass Befragte, die angeben, dass weder Mutter noch Vater berufstätig sind, am häufigsten Maßnahmen zur Unterstützung der Kinder nutzen oder ergreifen. In Familien dagegen, bei denen nur die Mutter berufstätig ist, kommen Maßnahmen der elterlichen Lernbeteiligung scheinbar am wenigsten häufig zum Einsatz. Die Unterschiede in den Prozentzahlen, die dies nahelegen, sind allerdings in keinem einzigen Fall signifikant (exakter Test von Fisher: alle $p > .05$), so dass kein Zusammenhang zwischen der Art der elterlichen Berufstätigkeit und der Nutzung einzelner Maßnahmen im Rahmen der elterlichen Lernbeteiligung nachgewiesen werden kann. Die 3.Hypothese kann also nicht belegt werden.

5.4.2.2 Hypothese 4

Um die vierte Hypothese *(H4 = Die Berufstätigkeit beeinflusst die Lernhäufigkeit)* zu prüfen, wurde ein Chi-Quadrat-Test gerechnet. Aus dieser Analyse wurden alle Eltern ausgeschlossen, die angeben, dass niemand mit dem Kind lernt (Fragenblock III.2.a). Die Stichprobe besteht damit aus $N = 258$ Eltern.

	Berufstätigkeit							
	weder Vater noch Mutter ($N = 15$)		beide Eltern ($N = 190$)		nur Vater ($N = 49$)		nur Mutter ($N = 4$)	
	%	N	%	N	%	N	%	N
Nur vor Leistungserhebungen	26.7	4	40.0	76	59.2	29	25.0	1
Nur am Wochenende / 1x pro Woche	53.3	8	43.7	83	28.6	14	75.0	3
Täglich/mehrmals täglich	20.0	3	16.3	31	12.2	6	--	--

Abb. 97: Häufigkeiten (absolut: N; prozentual: %) für die Zeitpunkte des gemeinsamen Französischlernens in Abhängigkeit von der Berufstätigkeit der Eltern.

Betrachtet man die Lernhäufigkeit je nach Art der Berufstätigkeit der Eltern, zeigt sich, dass täglich oder mehrmals täglich mit den Kindern am ehesten gelernt wird, wenn weder Vater noch Mutter berufstätig sind. Der Prozentsatz an Eltern, die mit den Kindern nur vor Leistungserhebungen lernen, ist dann am höchsten, wenn nur der Vater berufstätig ist.

Das nachfolgende Diagramm veranschaulicht die ermittelten Werte grafisch.

Allerdings beruhen diese Ergebnisse nicht auf einem statistisch signifikanten Zusammenhang. Die Unterschiede in der Lernhäufigkeit je nach Berufstätigkeit der Eltern sind nur zufällig (exakter Test nach Fisher: $p= .139$). Es kann also nicht gezeigt werden, dass die Berufstätigkeit der Eltern einen Einfluss auf die Lernhäufigkeit hat. Demzufolge kann diese Hypothese nicht belegt werden.

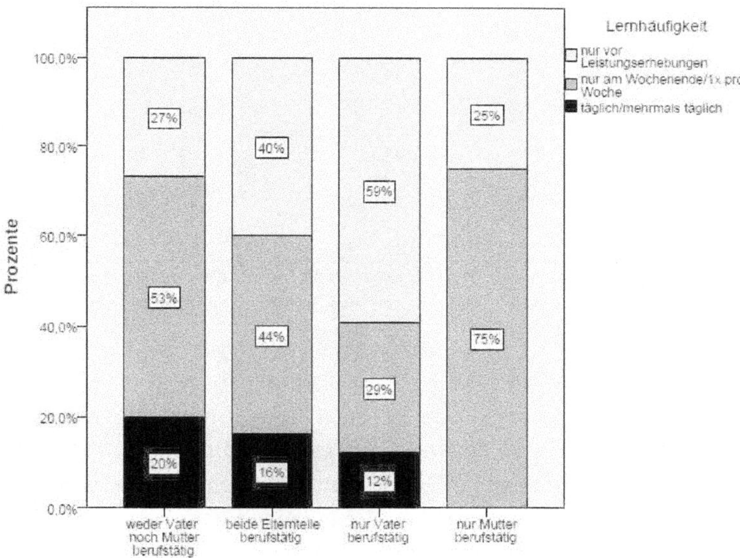

5.4.2.3 Hypothese 5

Zur Prüfung der fünften Hypothese *(H5 = Es besteht ein Zusammenhang zwischen den Französischkenntnissen in der Familie und den Lernpartnern der Kinder)* wurden neun Chi-Quadrat-Tests gerechnet.

	Französischkenntnisse									
	weder Vater noch Mutter (N=160)		*nur Vater (N=52)*		*nur Mutter (N=131)*		*Vater und Mutter (N=71)*		*andere Verwandte (N=32)*	
	%	N	%	N	%	N	%	N	%	N
Lernpartner										
Mutter	40.6	65	26.9	14	74.8	98	73.2	52	37.5	12
Vater	9.4	15	44.2	23	-	-	25.4	18	9.4	3
Lebenspartner	0.6	1	-	-	-	-	-	-	9.4	3
Geschwister	11.9	19	11.5	6	8.4	11	14.1	10	18.8	6
andere Verwandte	0.6	1	1.9	1	3.8	5	4.2	3	9.4	3
Freunde/ Bekannte	5.0	8	3.8	2	6.1	8	2.8	2	3.1	1
Klassenkameraden	12.5	20	7.7	4	7.6	10	11.3	8	9.4	3
Nachhilfelehrer	13.8	22	19.2	10	2.3	3	1.4	1	6.3	2
niemand	44.4	71	38.5	20	29.0	38	23.9	17	50.0	16

Abb. 98: Häufigkeiten (absolut: *N*; prozentual: %) für die Lernpartner beim Französischlernen in Abhängigkeit von den Französischkenntnissen der Eltern.

Überproportional häufig wird die Mutter als Lernpartner genannt, wenn nur die Mutter Französischkenntnisse hat oder beide Elternteile über Französischkenntnisse verfügen (75% bzw. 73%), während nur bei etwas mehr als einem Viertel der Befragten (27%) die Mutter mit dem Kind lernt, wenn nur der Vater Französischkenntnisse hat. Wenn beide Eltern nicht über Französischkenntnisse verfügen, lernt in immerhin noch 41% der Fälle die Mutter dennoch mit dem Kind. Dieser Zusammenhang zwischen den Französischkenntnissen und der Nennung der Mutter als Lernpartner ist signifikant ($X^2(4) = 63.80$, $p < .001$, $V = .38$).

Der Vater ist am häufigsten der Lernpartner der Kinder, wenn nur er über Französischkenntnisse verfügt (44%). Bei einem Viertel der Befragten (25%) lernt der Vater mit dem Kind, wenn beide Elternteile Französischkenntnisse haben. Der Zusammenhang zwischen der Nennung des Vaters als Lernpartner und den Französischkenntnissen ist signifikant ($X^2(4) = 75.09$, $p < .001$, $V = .41$).

Am häufigsten werden Nachhilfelehrer als Lernpartner der Kinder in Französischlernprozessen genannt, wenn nur der Vater Französischkenntnisse hat (19%). In 14% der Fälle lernen die Kinder ebenfalls mit einer Nachhilfelehrkraft Französisch, wenn kein Elternteil über Französischkenntnisse verfügt. Der Zusammenhang zwischen den Französischkenntnissen und dem

Lernpartner „Nachhilfelehrer“ ist signifikant ($X^2(4) = 24.61$, $p < .001$, $V = .24$).

Die Kinder lernen am häufigsten ohne Lernbegleitung Französisch, wenn andere Verwandte - abgesehen von Eltern oder Geschwistern – Französischkenntnisse haben (50%). Haben weder Vater noch Mutter Französischkenntnisse, lernen 44% der Kinder eigenständig Französisch. Auch wenn nur der Vater Französischkenntnisse hat, lernen viele Kinder alleine Französisch (39%). Auch wenn die Mutter Französischkenntnisse hat, lernt über ein Viertel der Kinder, nach Angaben der Eltern, ohne Lernpartner Französisch (29%). Die Zusammenhänge mit dem Lernpartner „niemand“ sind signifikant ($X^2(4) = 14.91$, $p = .005$, $V = .18$).

Für die Lernpartner „Geschwister“, „Freunde/Bekannte“ sowie „Klassenkameraden“ lassen sich keine signifikanten Ergebnisse nachweisen. Die Lernpartner „Lebenspartner“ sowie „andere Verwandte“ werden nur von sehr wenigen Befragten als Begleiter in Französischlernprozessen der Kinder genannt.

5.4.2.4 Hypothese 6

Zur Prüfung der sechsten Hypothese *(H6 = Je negativer die Eltern den schulischen Französischunterricht charakterisieren, desto selbstverständlicher ist für sie die Hilfe beim Französischlernen)* diente eine Korrelationsberechnung. Jene ergab für den Zusammenhang zwischen der Dimension „negative Charakterisierung des Französischunterrichts“ und dem Item „selbstverständliche Hilfe der Eltern“ (Item II.4.7) Folgendes:

Der Korrelationskoeffizient ist äußerst niedrig ($r = .029$); darüber hinaus ist er nicht signifikant ($p > .05$). Somit besteht kein Zusammenhang zwischen der negativen Charakterisierung des Französischunterrichts durch die Eltern und deren selbstverständlicher Hilfe im Zuge der Französischlernprozesse. Somit kann die Hypothese 6 in der vorliegenden Studie nicht belegt werden.

5.4.2.5 Hypothese 7

Zur Prüfung der siebten Hypothese *(H7 = Eltern, die sich am Französischlernen beteiligen, unterscheiden sich hinsichtlich der Charakterisierung des Französischunterrichts von denjenigen, die das nicht tun)* werden zwei Aspekte der elterlichen Unterstützung unterschieden. Nämlich zum einen die spezifische Art der Hilfe (ob also das Kind eine bestimmte Art der Unterstützung erhält) und die Intensität der Unterstützung in einem der vier Bereiche elterlicher Unterstützung (allgemein, Kontrolle der HA, Nutzung des Lehrwerks, Einsatz von Zusatzmaterialien), die operationalisiert wurde als Anzahl der genannten Maßnahmen im jeweiligen Bereich. Die unabhängigen Variablen bilden dabei die Arten der Hilfe; die abhängigen Variablen sind jene zur Charakterisierung des Französischunterrichts.

Deshalb wurden zwei Unterhypothesen gebildet, welche zwei unterschiedliche statistische Verfahren der Hypothesenprüfung erforderten. Die beiden Unter-Hypothesen lauten:

1. Unterhypothese (H 7.1): *Eltern, die ihre Kinder beim Französischlernen in einer bestimmten Art und Weise (Besprechen von Problemen, Lehrstoff erklären usw.) unterstützen, unterscheiden sich im Mittel von denjenigen Eltern, die dies nicht tun, hinsichtlich der Charakterisierung des Französischunterrichts.*

2. Unterhypothese (H 7.2): *Die Intensität der elterlichen Unterstützung in den vier Bereichen allgemeine Unterstützung, Kontrolle der HA, Nutzung des Lehrwerks und Einsatz von Zusatzmaterialien beeinflusst die Charakterisierung des Französischunterrichts.*

Zur Prüfung von H 7.1 sind t-Tests für unabhängige Stichproben erforderlich. Jene ermitteln für jedes Item des Fragenkomplexes „Wie unterstützen Sie Ihr/e Kind/er beim Französischlernen?“ jeweils, ob die Mittelwertunterschiede der beiden Gruppen – Eltern, die die entsprechende Form der Unterstützung betreiben und Eltern, die dies nicht tun – statistisch signifikant oder zufällig entstanden sind.

Wie der Tabelle zu entnehmen ist, liefern die t-Tests für unabhängige Stichproben für folgende Items signifikante Ergebnisse für die Mittelwertunterschiede der jeweiligen Dimension („FU positiv“ sowie „FU negativ“):

FU positiv	- Ich lasse/Wir lassen mir/uns die neuen Wörter laut vorsprechen und verbessere/verbessern die Aussprachefehler.
FU negativ	- Wir besprechen Probleme, die im Zuge des Frz.-Unterrichts hervortreten. - Ich/Wir lasse/n mir/uns einzelne Dinge aus dem Lehrstoff erklären. - Ich/Wir helfe/n bei den schriftlichen Hausaufgaben mit. - Ich frage/Wir fragen den Wortschatz ab, dabei sage ich/sagen wir das deutsche Wort und fordern die französische Übersetzung. - Ich lasse/Wir lassen Texte aus dem Lehrbuch ins Deutsche übersetzen. - Wir wiederholen zusammen bereits Besprochenes/alten Wortschatz. - Ich frage/Wir fragen die neuen Grammatikregeln ab. - Neben den Hausaufgaben machen wir auch zusätzliche Übungen aus dem Lehrbuch oder dem Arbeitsheft zusammen. - Neben den Hausaufgaben machen wir auch zusätzliche Übungen aus Büchern/Heften von anderen Verlagen zusammen. - Wir stellen notwendige Zusatzmaterialien bereit.

Abb. 99: Items, für die im Rahmen des t-Tests signifikante Ergebnisse ermittelt wurden.

Hinsichtlich der Dimension „FU negativ" lässt sich für sämtliche aufgelistete Items Folgendes feststellen: die Eltern, die sich auf die angegebene Art am Französischlernen ihrer Kinder beteiligen, charakterisieren den schulischen Französischunterricht im Mittel negativer als jene, die dies nicht tun. Die Effektstärken liegen dabei zwischen Werten für Cohen's *d* von *d*= .19 – hier liegt ein eher schwacher Zusammenhang vor – bis zu *d*= .43, was einen mäßig starken Zusammenhang belegt.

Das einzige Item für die Dimension „FU positiv", für das sich im Zuge eines t-Tests ein signifikantes Ergebnis ergibt bedeutet, dass die Eltern, welche sich die Wörter zur Prüfung der Aussprache vorlesen lassen, den Französischunterricht im Mittel positiver beschreiben als jene, die sich nicht auf diese Art am Französischlernen ihrer Kinder beteiligen. Der Effekt ist allerdings nur schwach (*d*= .25).

Nicht signifikante Ergebnisse für die Mittelwertsunterschiede für die jeweilige Dimension ergeben sich für die in nachfolgender Übersicht aufgelisteten Items.

Die Eltern unterscheiden sich nicht im Hinblick auf eine positive oder negative Charakterisierung des Französischunterrichts, sofern sie die jeweilige Art der Unterstützung der Französischlernprozesse im außerschulischen Bereich praktizieren.

FU positiv	- Wir besprechen Probleme, die im Zuge des Frz.-Unterrichts hervortreten. - Ich/Wir lasse/n mir/uns einzelne Dinge aus dem Lehrstoff erklären. - Ich/Wir helfe/n bei den schriftlichen Hausaufgaben mit. - Ich frage/Wir fragen den Wortschatz ab, dabei sage ich/sagen wir das deutsche Wort und fordern die französische Übersetzung. - Ich lasse/Wir lassen Texte aus dem Lehrbuch ins Deutsche übersetzen. - Wir wiederholen zusammen bereits Besprochenes/alten Wortschatz. - Ich frage/Wir fragen die neuen Grammatikregeln ab. - Neben den Hausaufgaben machen wir auch zusätzliche Übungen aus dem Lehrbuch oder dem Arbeitsheft zusammen. - Neben den Hausaufgaben machen wir auch zusätzliche Übungen aus Büchern/Heften von anderen Verlagen zusammen. - Wir stellen notwendige Zusatzmaterialien bereit.
FU negativ	- Ich lasse/Wir lassen mir/uns die neuen Wörter laut vorsprechen und verbessere/verbessern die Aussprachefehler.
FU positiv & FU negativ	- Wir sprechen über das Fach Französisch und den Unterricht. - Wir besprechen Fähigkeiten und Interessen des/der Kindes/Kinder. - Wir sprechen über die Schullaufbahn/berufliche Zukunft des/r Kindes/r. - Ich/Wir kontrolliere/n ob der schriftliche Teil der Hausaufgabe erledigt wurde. - Ich kontrolliere/Wir kontrollieren die Hausaufgaben auf Korrektheit. - Ich lasse/Wir lassen mir/uns Texte aus dem Lehrbuch laut vorlesen und verbessere/verbessern dann die Aussprachefehler. - Ich überlege mir/Wir überlegen uns selbst Übungen.

Abb. 100: Items, für die im Zuge der t-Test keine signifikanten Ergebnisse ermittelt wurden.

Der nachfolgenden Tabelle sind – neben der Häufigkeit der Zustimmung/Ablehnung eines Items – die einzelnen Mittelwerte mit der jeweiligen Standardabweichung, den t-Werten sowie Cohen's *d* für die beiden Indizes „FU positiv" und „FU negativ" zu entnehmen.

		FU positiv			FU negativ		
		M (*SD*)	t-Wert	d	M (*SD*)	t-Wert	d
Wir sprechen über das Fach Französisch und den Unterricht.	Ja (*N*=286)	2.88 (.83)	1.18	.11	2.61 (1.08)	0.77	.07
	Nein (*N*=155)	2.78 (.81)			2.52 (1.12)		
Wir besprechen Probleme, die im Zuge des Frz.-Unterrichts hervortreten.	Ja (*N*=266)	2.82 (.78)	0.81	-.08	2.74 (1.10)	3.82[1]***	.37
	Nein (*N*=175)	2.89 (.88)			2.34 (1.04)		
Ich/Wir lasse/n mir/uns einzelne Dinge aus dem Lehrstoff erklären.	Ja (*N*=181)	2.87 (.84)	0.48	.05	2.74 (1.08)	2.55*	.24
	Nein (*N*=265)	2.83 (.81)			2.47 (1.10)		
Wir besprechen Fähigkeiten und Interessen des/der Kindes/Kinder.	Ja (*N*=188)	2.84 (.81)	0.27	-.03	2.54 (1.12)	0.58	-.06
	Nein (*N*=258)	2.86 (.83)			2.60 (1.08)		
Wir sprechen über die Schullaufbahn/ berufliche Zukunft des/r Kindes/r.	Ja (*N*=193)	2.84 (.85)	0.17	-.02	2.54 (1.12)	0.57	-.05
	Nein (*N*=253)	2.85 (.80)			2.60 (1.08)		
Ich/Wir kontrolliere/n ob der schriftliche Teil der Hausaufgabe erledigt wurde.	Ja (*N*=105)	2.98 (.86)	1.88[1]	.29	2.74 (1.14)	1.79	.17
	Nein (*N*=341)	2.81 (.81)			2.53 (1.08)		
Ich kontrolliere/Wir kontrollieren die	Ja (*N*=53)	3.00 (.90)	1.49	.14	2.77 (1.17)	1.39	.13

Hausaufgaben auf Korrektheit.	Nein (*N*=393)	2.83 (.81)			2.55 (1.08)		
Ich/Wir helfe/n bei den schriftlichen Hausaufgaben mit.	Ja (*N*=47)	2.95 (.77)	0.87	.08	3.25 (1.15)	4.54***	.43
	Nein (*N*=399)	2.84 (.83)			2.50 (1.06)		
Ich frage/Wir fragen den Wortschatz ab, dabei sage ich/sagen wir das deutsche Wort und fordern die französische Überset-zung.	Ja (*N*=282)	2.90 (.82)	1.65	.16	2.67 (1.11)	2.37***	.23
	Nein (*N*=164)	2.76 (.82)			2.42 (1.06)		
Ich lasse/Wir lassen mir/uns die neuen Wörter laut vorspre-chen und verbessere/ verbessern die Aus-sprachefehler.	Ja (*N*=105)	3.03 (.80)	2.65***	.25	2.72 (1.09)	1.46	.14
	Nein (*N*=341)	2.79 (.82)			2.54 (1.09)		
Ich lasse/Wir lassen mir/uns Texte aus dem Lehrbuch laut vorlesen und verbes-sere/ verbessern dann die Aussprachefehler.	Ja (N=124)	2.87 (.85)	0.38	.04	2.69 (1.10)	1.28	.12
	Nein (*N*=322)	2.84 (.81)			2.54 (1.09)		
Ich lasse/Wir lassen Texte aus dem Lehr-buch ins Deutsche übersetzen.	Ja (*N*=65)	2.90 (.76)	0.53	.05	2.95 (1.11)	2.93**	.28
	Nein (*N*=381)	2.84 (.81)			2.52 (1.08)		
Wir wiederholen zu-sammen bereits Be-sprochenes/alten Wortschatz.	Ja (*N*=123)	2.94 (.81)	1.49	.14	2.75 (1.11)	2.03*	.19
	Nein (*N*=323)	2.81 (.82)			2.51 (1.08)		
Ich frage/Wir fragen die neuen Gramma-tikregeln ab.	Ja (*N*=156)	2.91 (.83)	1.25	.12	2.79 (1.11)	3.02**	.29
	Nein (*N*=290)	2.81 (.82)			2.46 (1.07)		
Neben den Hausauf-gaben machen wir auch zusätzliche	Ja (*N*=83)	2.99 (.83)	1.78	.17	2.88 (1.17)	2.77**	.26

Übungen aus dem Lehrbuch oder dem Arbeitsheft zusammen.	Nein (N=363)	2.81 (.82)			2.51 (1.07)		
Neben den Hausaufgaben machen wir auch zusätzliche Übungen aus Büchern/Heften von anderen Verlagen zusammen.	Ja (N=373)	2.91 (.90)	0.67	.06	3.00 (1.19)	3.68***	.35
	Nein (N=73)	2.84 (.81)			2.49 (1.06)		
Ich überlege mir/Wir überlegen uns selbst Übungen.	Ja (N=55)	2.91 (.90)	0.63	.06	2.66 (1.00)	0.59	.06
	Nein (N=391)	2.84 (.81)			2.57 (1.11)		
Wir stellen notwendige Zusatzmaterialien bereit.	Ja (N=183)	2.80 (.85)	1.04	-.10	2.79 (1.12)	3.40**	.32
	Nein (N=263)	2.88 (.80)			2.43 (1.05)		

[1]modifizierter t-Test, da Verstoß gegen Varianzhomogenität

***p<.001, **p<.01, *p<.05

Abb. 101: Mittelwerte (*M*) und Standardabweichungen (*SD*) der Indizes „FU positiv" und „FU negativ" für die einzelnen Items, t-Werte sowie Cohen's *d*.

Zur Prüfung der zweiten Unter-Hypothese *(H 7.2 = Die Intensität der elterlichen Unterstützung in den vier Bereichen allgemeine Unterstützung, Kontrolle der HA, Nutzung des Lehrwerks und Einsatz von Zusatzmaterialien beeinflusst die Charakterisierung des Französischunterrichts)* werden die Themenfelder „Unterstützung allgemein", „Unterstützung Kontrolle HA", „Unterstützung Lehrwerk" und „Unterstützung Zusatzmaterialien" nach der Bildung der vier entsprechenden Variablen (siehe Anhang 9.3) als unabhängige Variablen definiert; die beiden Skalen „positive Charakterisierung des FU" sowie „negative Charakterisierung des FU" sind die abhängigen Variablen. Es müssen demnach zwei multiple Regressionen durchgeführt werden.

Nachfolgende Tabelle zeigt zunächst deskriptiv die Mittelwerte, Standardabweichungen (*SD*) sowie – mit Hilfe des Wertes für Cronbach's Alpha – die Reliabilität der Skalen und die Korrelationen zwischen den Variablen für die Faktorenkomplexe „Kontakt zur Lehrkraft" und den beiden Skalen zur „Charakterisierung des Französischunterrichts".

	M	*SD*	(1)	(2)	(3)	(4)	(5)	(6)
(1) FU positiv	2.85	0.82	(.84)					
(2) FU negativ	2.58	1.09	-.34**	(.79)				
(3) Unterstützung allgemein	2.51	1.48	.01	.09*				
(4) Unterstützung Kontrolle HA	0.46	0.74	.10*	.17**	.20**			
(5) Unterstützung Lehrwerk	1.92	1.72	.10*	.16**	.30**	.47**		
(6) Unterstützung Zusatzmaterialien	0.88	0.97	.03	.21**	.20**	.43**	.51**	--

$^*p < .05$; $^{**}p < .01$; $^{***}p < .001$

Abb. 102: Mittelwert (*M*), Standardabweichung (*SD*), Reliabilität (Wert für Cronbach's Alpha) und Korrelationen zwischen den Variablen des Kontakts zur Lehrkraft und der Charakterisierung des Französischunterrichts ($441 \leq N \leq 446$).

Hinsichtlich der Skala „positive Charakterisierung des Französischunterrichts" kann über eine multiple Regressionsanalyse gezeigt werden, dass lediglich 2% an Varianz durch das Modell erklärt werden können ($R^2 = .02$). Die Hypothese, dass überhaupt kein Prädiktor einen relevanten Einfluss hat, kann nicht abgelehnt werden; das Modell erreicht keine statistische Signifikanz ($F(4,436) = 1.18, p > .1$).

Eine multiple Regressionsanalyse für die Skala „negative Charakterisierung des Französischunterrichts" zeigt, dass das Modell 5% der Varianz klärt ($R^2 = .05$). Die Hypothese, dass kein Prädiktor einen relevanten Einfluss auf die abhängige Variable hat, ist abzulehnen. Das Modell ist statistisch signifikant ($F(4,436) = 7.04; p < .001$).

Die Regressionskoeffizienten für die unabhängigen Variablen „Unterstützung allgemein", „Unterstützung Kontrolle HA" sowie „Unterstützung Lehrwerk" werden jeweils als nicht signifikant geschätzt, wodurch diese drei Variablen keinerlei Einfluss auf die abhängige Variable „negative Charakterisierung des Französischunterrichts" haben.

Der Regressionskoeffizient für die „Unterstützung Zusatzmaterialien" wird signifikant geschätzt und ist größer als Null ($B = 0.17$, $\beta = 0.06$, $t = 2.72$, $p < .01$). Die elterliche Unterstützung des Französischlernprozesses der Kinder wirkt sich demzufolge negativ aus auf die Charakterisierung des Französischunterrichts. D.h. je mehr die Eltern ihre Kinder mit Hilfe von Zusatzmaterialien beim Französischlernen unterstützen, desto negativer charakterisieren sie den schulischen Französischunterricht.

Zu den Voraussetzungen der Regressionsanalysen:
Die vier Prädiktoren korrelieren mit maximal $r = .51$, sodass im Rahmen der Regressionsschätzung keine Schwierigkeiten im Hinblick auf Multikollinearität zu erwarten sind. Die Histogramme und die P-P-Diagramme *(siehe Anhang 9.11)* der standardisierten Residuen geben keinen Hinweis auf problematische Ausreißer oder gravierende Verstöße gegen die Normalverteilungsannahme. In den partiellen Regressionsdiagrammen sind keine Anhaltspunkte für nicht-lineare Zusammenhänge erkennbar *(siehe Anhang 9.11)*. Mit Werten unter bzw. knapp über 2 für die Durbin-Watson-Statistik kann davon ausgegangen werden, dass die Residuen nicht korrelieren. Die Voraussetzung der Homoskedastizität ist ebenfalls erfüllt.

5.4.2.6 Hypothese 8

Zur Prüfung der achten Hypothese *(H8 = Eltern, deren Kinder Nachhilfe in Französisch in Anspruch nehmen, charakterisieren den schulischen Französischunterricht im Mittel negativer als Eltern, deren Kinder keine Französischnachhilfe in Anspruch nehmen)* wurde ein t-Test für unabhängige Stichproben durchgeführt.

Von 441 Befragungsteilnehmern gibt eine überaus deutliche Mehrheit (91,5%; N= 403) an, dass ihr Kind nicht mit einem Nachhilfelehrer Französisch lernt; nur 8,5% der Stichprobe (N=38) geben an, dass der Nachhilfelehrer ihre Kinder beim Französischlernen unterstützt.

Für den Index „positive Charakterisierung des FU“ liegt der Mittelwert der Eltern, deren Kinder mit einem Nachhilfelehrer Französisch lernen, bei M= 2.36 (SD= .82); für Eltern, die diese Form der allgemeinen Unterstützung nicht betreiben, liegt der Mittelwert bei M= 2.89 (SD= .81) und ist somit größer. Die Eltern, deren Kinder also keine Nachhilfelehrer als Lernpartner in Französischlernprozessen haben, charakterisieren den schulischen Französischunterricht folglich positiver (t-Test für unabhängige Stichproben: $t(439)= 3.93, p< .001$).

Für die Gruppe der Eltern, deren Kinder mit einem Nachhilfelehrer Französisch lernen, liegt der Mittelwert des Index „negative Charakterisierung des FU“ bei M= 3.79 (SD= .90); für die Gruppe der Eltern, deren Kinder dies nicht tun, liegt der Mittelwert bei M= 2.46 (SD= 1.04) und ist niedriger. Dementsprechend beschreiben die Eltern, deren Kinder mit einem Nachhilfelehrer Französisch lernen, den Unterricht negativer als diejenigen, deren Kindern dies nicht tun (t-Test für unabhängige Stichproben: $t(439)= -8.60$, p< .001).

Cohen's *d* liegt für den Index „positive Charakterisierung des FU" bei *d*= 1.18 und zeigt damit einen starken Effekt an. Gleiches gilt für den Index „negative Charakterisierung des FU", für den sich ein Wert von *d*= -2.51 für Cohen's *d* errechnet.

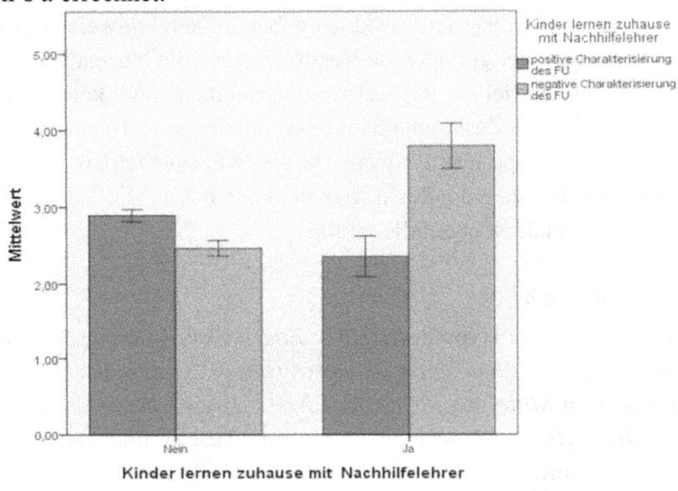

Abb. 103: Mittelwertsunterschiede für den t-Test „Charakterisierung des Französischunterrichts" – „Kinder lernen mit Nachhilfelehrer".

5.4.2.7 Hypothese 9

Ein t-Test für unabhängige Stichproben prüfte die neunte Hypothese *(H9 = Eltern, die zur Unterstützung ihrer Kinder im Fach Französisch Tipps von der Lehrkraft erhalten, unterscheiden sich von solchen Eltern, die keine Tipps erhalten, hinsichtlich ihres Wunsches nach Kontakt zur Fachlehrkraft).* Die abhängige Variable ist der Wunsch nach Kontakt; die unabhängige Variable gibt an, ob die Eltern Tipps erhalten oder nicht.

Von 446 Befragungsteilnehmern gibt eine Mehrheit von 55,8% (*N*=249) an, dass sie von der Französischlehrkraft ihrer Kinder Tipps erhalten hinsichtlich der Begleitung der außerschulischen Französischlernprozesse des Kindes. 44,2% (*N*=197) widersprechen dem.

Für den Index „Wunsch nach Kontakt" liegt der Mittelwert der Eltern, die Tipps von der Französischlehrkraft der Kinder erhalten, bei *M*= 2.73 (*SD*= 1.08); der Mittelwert derjenigen Eltern, die keine Tipps zur außerschulischen Unterstützung ihrer Kinder im Fach Französisch von der Fachlehrkraft erhalten, liegt der Mittelwert bei *M*= 3.05 (*SD*= 1.24) und ist somit größer. Somit haben letztgenannte Eltern einen größeren Wunsch nach Kontakt zur Französischlehrkraft ihrer Kinder.

Es liegt kein Verstoß gegen die Varianzhomogenität vor (Levene-Test: p >.05). Der t-Test liefert ein signifikantes Ergebnis für die Mittelwertsunterschiede („Wunsch nach Kontakt": $t\,(438) = 2.87, p < .01$). Demzufolge haben Eltern, die von der Fachlehrkraft keine Hinweise zur außerschulischen Begleitung der Französischlernprozesse ihrer Kinder erhalten, im Mittel einen größeren Wunsch nach Kontakt als die Eltern, die Tipps von der Französischlehrkraft hinsichtlich der außerschulischen Unterstützung der Kinder erhalten. Cohen's d mit einem Wert von d= .27 ist von geringer Stärke.

5.4.3 Hypothesen zur dritten Forschungsfrage

5.4.3.1 Hypothese 10

Zur Prüfung der zehnten Hypothese *(H10= Bei Eltern, die sich nicht am Französischlernen ihrer Kinder beteiligen, beeinflusst die Charakterisierung des Französischunterrichts die Gründe für ihre Nichtbeteiligung an den Französischlernprozessen ihrer Kinder)* werden die beiden Skalen „FU positiv" sowie „FU negativ" als unabhängige Variablen definiert; die zwei Skalen „fehlende fachliche Ressourcen" und „fehlende Rahmenbedingungen" sind die abhängigen Variablen. Es müssen demnach zwei multiple Regressionen durchgeführt werden.

Nachfolgende Tabelle zeigt zunächst deskriptiv die Mittelwerte, Standardabweichungen sowie – mit Hilfe des Wertes für Cronbach's Alpha – die Reliabilität und die Korrelationen zwischen den Variablen für die Faktorenkomplexe „Charakterisierung des Französischunterrichts" sowie die Gründe für die Nichtbeteiligung.

	M	*SD*	(1)	(2)	(3)	(4)
(1) fehlende fachliche Ressourcen	2.81	1.14	--			
(2) fehlende Rahmenbedingungen	1.76	0.81	.43**	--		
(3) FU positiv	2.78	0.81	-.02	-.11	(.84)	
(4) FU negativ	2.34	1.08	.20**	.20**	-.26**	(.79)

$^*p < .05$; $^{**}p < .01$

Abb. 104: Mittelwert (*M*), Standardabweichung (*SD*), Reliabilität (Wert für Cronbach's Alpha) und Korrelationen zwischen den Variablen Gründe für die Nichtbeteiligung und der Charakterisierung des Französischunterrichts (N = 180).

Hinsichtlich der Skala „fehlende fachliche Ressourcen“ können im Rahmen einer multiplen Regressionsanalyse lediglich 4% an Varianz durch das Modell erklärt werden ($R^2 = .04$). Die Hypothese, dass überhaupt kein Prädiktor einen relevanten Einfluss hat, ist allerdings abzulehnen; das Modell erreicht noch statistische Signifikanz ($F(2,179) = 3.78$, $p = .025$).

Der Regressionskoeffizient für „FU positiv“ wird nicht signifikant geschätzt (B= 0.06, β= 0.04, t= 0.52, p= .602). Für die Dimension „FU negativ“ liegt dagegen ein signifikantes Ergebnis vor: B= 0.22, β= 0.21, t= 2.74, p= .007. Eine negative Charakterisierung des Französischunterrichts geht demnach damit einher, dass als Grund für die Nichtbeteiligung ein Fehlen fachlicher Ressourcen genannt wird.

Auch eine Regressionsanalyse für die Skala „fehlende Rahmenbedingungen“ kann mit 5% nur wenig an Varianz aufklären-(R^2= .05). Allerdings erreicht das Modell noch statistische Signifikanz ($F(2,178) = 4.76$, p= .010).

Der Regressionskoeffizient für die Skala „FU positiv“ wird nicht signifikant geschätzt, sodass kein Einfluss der unabhängigen Variable „FU positiv“ auf die abhängige Variable „fehlende Rahmenbedingungen“ vorliegt (B= -0.05, β = -0.05, t = -0.68, p= .496). Für die unabhängige Variable „FU negativ“ liegt ein signifikantes Ergebnis vor (B= 0.16, β= 0.21, t= 2.74, p= .007). Somit beeinflusst die negative Charakterisierung des Französischunterrichts die Gründe für die elterliche Enthaltung aus den Französischlernprozessen in dem Sinne, dass eher fehlende Rahmenbedingungen als Grund für die Nichtbeteiligung genannt werden.

Zu den Voraussetzungen der Regressionsanalysen:
Die beiden Prädiktoren korrelieren zwar, aber nur in einem geringen Ausmaß (r = -.26), so dass im Rahmen der Regressionsschätzung keine Schwierigkeiten im Hinblick auf Multikollinerität zu erwarten sind. Mit Werten nahe 2 für die Durbin-Watson-Statistik kann von Unkorreliertheit der Residuen ausgegangen werden. Die Analyse der Residuen lassen insbesondere für die Skala „fehlende Rahmenbedingungen“ vermuten, dass die Voraussetzungen der Normalverteilung der Residuen und Varianzhomogenität nicht unbedingt erfüllt sind *(siehe Anhang 9.12)*. Deshalb werden für alle beiden Regressionen Bootstrap-Konfidenzintervalle (auf der Basis von 1000 Stichproben) berechnet. Die Bootstrap-Konfidenzintervalle unterscheiden sich nur geringfügig von den Konfidenzintervallen ohne Bootstrap, so dass die Ergebnisse der Regressionsanalysen als zuverlässig anzusehen sind.

		Ohne Bootstrap		Mit Bootstrap	
		Untere Grenze	Obere Grenze	Untere Grenze	Obere Grenze
FU positiv	fehlende fachliche Ressourcen	-.15	.26	-.13	.24
	fehlende Rahmenbedingungen	-.20	.10	-.21	.09
FU negativ	fehlende fachliche Ressourcen	.06	.38	.08	.36
	fehlende Rahmenbedingungen	.04	.27	.04	.29

Abb. 105: 95%-Konfidenzintervalle für Regressionskoeffizienten (*B*).

5.4.3.2 Hypothese 11

Zur Prüfung der elften Hypothese *(H11 = Bei den Eltern, die sich nicht am Französischlernen ihrer Kinder beteiligen, beeinflussen die Gründe für ihre Enthaltung aus den Französischlernprozessen den Wunsch nach Kontakt zur Lehrkraft)* wird eine multiple Regression durchgeführt. Die abhängige Variable bildet hierbei die Skala „Kontaktwunsch“; die Skalen „fehlende fachliche Ressourcen“, „fehlende Rahmenbedingungen“ und das Item „Kind braucht keine Hilfe, denn es lernt selbstständig“ bilden die unabhängigen Variablen.

Zunächst werden in nachfolgender Übersicht deskriptiv folgende Werte aufgelistet: die Mittelwerte, Standardabweichungen sowie – mit Hilfe des Wertes für Cronbach's Alpha – die Reliabilität und die Korrelationen zwischen den Variablen für die Faktorenkomplexe „Gründe für die Nichtbeteiligung“ und das Item sowie die Skala „Kontaktwunsch“.

	M	*SD*	(1)	(2)	(3)	(4)
(1) Kontaktwunsch	2.91	1.18	(.74)			
(2) fehlende fachliche Ressourcen	2.23	1.12	.01	(.73)		
(3) fehlende Rahmenbedingungen	1.56	0.69	-.13	.42**	(.67)	
(4) Kind lernt selbstständig	2.60	1.46	-.33**	-.21**	-.09	--

*$p < .05$; **$p < .01$

Abb. 106: Mittelwert (*M*), Standardabweichung (*SD*), Reliabilität (Wert für Cronbach's Alpha) und Korrelationen zwischen den der Variable „Kontaktwunsch“ und den Variablen für den Faktorenkomplex „Gründe für die Nichtbeteiligung“ (*N*=178).

Hinsichtlich der Skala „Kontaktwunsch" kann über eine multiple Regressionsanalyse gezeigt werden, dass 13% an Varianz durch das Modell erklärt werden können ($R^2 = .13$). Die Hypothese, dass überhaupt kein Prädiktor einen relevanten Einfluss hat, ist abzulehnen; das Modell erreicht statistische Signifikanz ($F(3,174) = 8.82$, $p < .001$).

Für „fehlende fachliche Ressourcen" kann kein signifikanter Einfluss auf die abhängige Variable nachgewiesen werden ($B = 0.01$, $\beta = 0.01$, $t = 0.16$, $p = .88$).

Im Gegensatz dazu hat die unabhängige Variable „fehlende Rahmenbedingungen" einen Einfluss auf die abhängige Variable „Kontaktwunsch", denn der Regressionskoeffizient – jener ist kleiner als Null – wird signifikant geschätzt ($B = -.24$, $\beta = -.17$, $t = -2.13$, $p = .03$). Der Einfluss ist negativ, d.h. je weniger fehlende Rahmenbedingungen ausschlaggebend sind für die Enthaltung der Eltern aus dem Französischlernen der Kinder, desto größer ist der elterliche Wunsch nach Kontakt zur Französischlehrkraft der Kinder.

Für die unabhängige Variable „Kind braucht keine Hilfe, denn es lernt selbstständig" wird mit Hilfe des Regressionskoeffizienten, der kleiner als Null ist, ein höchst signifikanter Einfluss auf die abhängige Variable „Kontaktwunsch" nachgewiesen ($B = -.32$, $\beta = -.34$, $t = -4.68$, $p < .001$). Weil der Einfluss negativ ist, sagt dieses Ergebnis Folgendes aus: je weniger die Enthaltung der Eltern aus den Französischlernprozessen ihrer Kinder dadurch bedingt ist, dass das Kind keine Hilfe braucht, desto größer ist der Wunsch der Eltern nach Kontakt zum Französischlehrer ihrer Kinder.

Zu den Voraussetzungen der Regressionsanalysen:
Es liegt keine Korrelation für die drei Prädikatoren vor. Demzufolge sind im Rahmen der Regressionsschätzung keine Schwierigkeiten im Hinblick auf Multikollinerität zu erwarten. Die Histogramme und die P-P-Diagramme *(siehe Anhang 9.13)* der standardisierten Residuen geben keinen Hinweis auf problematische Ausreißer oder gravierende Verstöße gegen die Normalverteilungsannahme. In den partiellen Regressionsdiagrammen sind keine Anhaltspunkte für nicht-lineare Zusammenhänge erkennbar *(siehe Anhang 9.13)*. Mit einem Wert nahe 2 für die Durbin-Watson-Statistik kann von Unkorreliertheit der Residuen ausgegangen werden. Die Voraussetzung der Homoskedastizität scheint allerdings nicht ganz unproblematisch zu sein. Im Streudiagramm der standardisierten geschätzten Werte gegen die standardisierten Residuen beispielsweise für die Regression für die Skala „Kontaktwunsch" könnte ein trichterförmiges Muster vorliegen *(siehe Anhang 9.13)*.

Unter Umständen liegt also ein Verstoß gegen die Homoskedastizität vor, so dass, wenngleich die Regressionskoeffizienten korrekt berechnet werden, die Konfidenzintervalle und die *p*-Werte unzuverlässig sein können. Deshalb werden für alle drei Regressionen Bootstrap-Konfidenzintervalle (auf der Basis von 1000 Stichproben) berechnet. Das Ergebnis sind Bootstrap-Konfidenzintervalle, die im Unterschied zu den „normalen" Konfidenzintervallen etwas größer sind. Die Standardfehler der Regressionskoeffizienten werden also geringfügig unterschätzt. Die Bootstrap-Konfidenzintervalle bestätigen aber im Hinblick auf die Signifikanz die Ergebnisse der vorangegangenen Analysen: Überdeckt das Konfidenzintervall ohne Bootstrap die Null, so gilt dies auch für das entsprechende Bootstrap-Intervall. Ebenso: Enthält das Konfidenzintervall ohne Bootstrap die Null nicht, so gilt dies auch für das entsprechende Bootstrap-Intervall.

		Ohne Bootstrap		**Mit Bootstrap**	
		Untere Grenze	Obere Grenze	Untere Grenze	Obere Grenze
Kontakt-wunsch	fehlende fachliche Ressourcen	-.15	.18	-.14	.18
	fehlende Rahmenbedingungen	-.47	-.02	-.48	-.00
	Kind lernt selbstständig	-.46	-.19	-.47	-.19

Abb. 107: 95%-Konfidenzintervalle für Regressionskoeffizienten (*B*).

5.4.3.3 Hypothese 12

Zur Prüfung der zwölften Hypothese *(H12 = Wenn Eltern keine Tipps zur Unterstützung ihrer Kinder erhalten, wünschen sie sich häufiger Angebote zur Unterstützung ihrer Kinder als Eltern, die Tipps erhalten (z.B. vom Französisch-Lehrer, dem Klassenleiter)),* wurden Chi-Quadrat-Tests nach Pearson gerechnet.

Die absoluten sowie prozentualen Werte für die einzelnen Items sind in nachfolgender Tabelle aufgelistet.

	Eltern, die Tipps von niemandem erhalten (*N* = 244)		Eltern, die Tipps erhalten (*N* = 202)	
Wunsch nach …	N	%	N	%
Sprachkurs für Eltern an der Schule der Kinder	49	20.1	42	20.8
Sprachkurs für Eltern an einer Volkshochschule	17	7.0	16	7.9
Literatur zum Erwerb von Grundkenntnissen in Französisch für Eltern	32	13.1	24	11.9
Nachhilfe für Eltern und Schüler zusammen	17	7.0	12	5.9
Arbeitsblätter zu besonders wichtigen Aspekten der frz. Sprache, die von der Schule angeboten werden	112	45.9	90	44.6
Geheft zum Lehrwerk, das den Eltern mitteilt, was ihre Kinder in den einzelnen Lektionen lernen und beachten sollen	107	43.9	87	40.6
Geheft mit Angaben zu Aspekten, die es bei der häuslichen Vor- und Nachbereitung des Französischunterrichts zu beachten gilt	84	34.4	65	32.2
Veranstaltungen, wo Eltern lernen, wie sie ihre Kinder beim Französischlernen unterstützen können	61	25.0	44	21.8
Hinweise zur Hausaufgabenkontrolle durch die Schule/Lehrkraft	59	24.2	50	24.8
Hinweise zu verschiedenen Lerntechniken	90	36.9	73	36.1
Hinweise zur optimalen Prüfungsvorbereitung durch die Schule/Lehrkraft	144	59.0	101	50.0
Hinweise zur optimalen Zeitnutzung bei Hausaufgaben und beim Lernen	71	29.1	42	20.8
Treffen mit anderen Eltern, um gemeinsam Ideen/Probleme zu besprechen	8	3.3	9	4.5
Regelmäßige Treffen mit der Lehrkraft, um über schulische Belange zu sprechen	48	19.7	33	16.3

Abb. 108: Häufigkeiten (absolut: N; prozentual: %) für die gewünschten Angebote zur (besseren) Integration in die Französischlernprozesse in Abhängigkeit davon, ob Eltern Tipps zur Unterstützung ihrer Kinder erhalten.

Nur für Hinweise zur optimalen Zeitnutzung als Angebot, das sich Eltern wünschen, die keine Tipps von Personen aus dem schulischen Kontext zur Unterstützung ihrer Kinder beim Französischlernen erhalten, liegt ein statistisch signifikantes Ergebnis ($p = .045$) vor. Für das Angebot der Hinweise zur optimalen Prüfungsvorbereitung ist das Ergebnis nur knapp nicht signifikant

(p = .057). Alle anderen Zusammenhänge, mit Werten zwischen p= .363 und p= .889 für das Signifikanzniveau, sind zufälliger Natur. Es kann also nicht bestätigt werden, dass sich Eltern, die keinerlei Tipps zur Unterstützung ihrer Kinder beim Französischlernen erhalten, häufiger Angebote wünschen für eine elterliche Lernbeteiligung als diejenigen Eltern, die tatsächlich Tipps erhalten.

6. Interpretation der Befunde

6.1 Grundlegendes

In diesem Kapitel erfolgt die Interpretation der Ergebnisse der einzelnen statistischen Berechnungen und Hypothesentests *(siehe Kapitel 5)*.

Bevor die unterschiedlichen Komponenten der Elternarbeit zum gymnasialen Französischunterricht dargestellt werden, welche mittels eines Fragebogens erhoben wurden, erfolgt zunächst die Interpretation der aus den drei Fragenkomplexen „Charakterisierung des Französischunterrichts", „Kontakt zur Französischlehrkraft" sowie „Gründe für die Nichtbeteiligung am Französischlernen" gebildeten Skalen bzw. Indizes *(siehe Kapitel 5.2)*.

In einem weiteren Schritt folgt die Interpretation der inferenzstatistischen Verfahren zur Interpretation der drei Teilfragen, die der übergeordneten Forschungsfrage zugeordnet wurden. Den Abschluss bildet schließlich die Beantwortung der zentralen Fragestellung dieser Studie in Form einer Beschreibung des gegenwärtigen Status und Umfangs der Elternarbeit zum Französischunterricht.

6.2 Indizes aus den PCAs

6.2.1 Charakterisierung des Französischunterrichts

Wie mit Hilfe der Faktorenanalyse für den Fragenkomplex „Charakterisierung des Französischunterrichts" deutlich wurde, setzt sich der Index „FU positiv" aus den nachfolgend aufgeführten Komponenten zusammen. Eltern bewerten den Französischunterricht ihrer Kinder dann als positiv, wenn Folgendes zutrifft:

- Die Lehrkraft ist humorvoll und enthusiastisch und begeistert die Schüler für das Fach bzw. die Sprache.
- Die Schüler bauen Vorurteile ab bzw. vermeiden sie durch Einblicke in frankophone Länder und Kulturen.
- Die Schüler erlernen situativ angemessenes Verhalten im Umgang mit frankophonen Muttersprachlern.
- Neben der Erweiterung ihrer Kenntnisse des Französischen wiederholen die Schüler ihre bereits erworbenen Fähigkeiten und Kompetenzen.

- Im Französischunterricht werden die Schüler individuell gefördert.
- Die Eltern fühlen sich als Partner (im Zuge der Lernprozesse).

Die in vorliegender Studie ermittelten Kriterien für die positive Charakterisierung des Französischunterrichts durch Eltern decken sich mit den zentralen Merkmalen von Unterrichtsqualität, welche Krechel im Zuge der Beschreibung der Anforderungen an Französischlehrkräfte anführt, z.B. „individuelle Förderung" (Krechel 2015, 101). Jener verweist dabei auch auf das Ergebnis der Hattie-Studie, welche die „Begeisterung [der Lehrkräfte] für ihr Fach" (Krechel 2015, 102) als Einflussfaktor auf die Schülerleistung ermittelt. Gleichermaßen sind die Fähigkeit zur Empathie sowie die „Toleranz für andere kulturspezifische Denk- und Handlungsweisen" (Krechel 2015, 103) von grundlegender Bedeutung im Kontext des Fremdsprachen- und Französischunterrichts. Darüber hinaus nennt Helmke die Phase der Sicherung und Konsolidierung als Kriterien von Unterrichtsqualität (cf. Helmke 2012, 204sq.).

Somit bestätigen sich die in der Forschungsliteratur vielfach genannten, allgemeinen – fach- und schulartübergreifenden – Kriterien guten Unterrichts in vorliegender Studie konkret für das Fach Französisch und stellen die Charakteristika, welche Eltern als essentiell für eine positive Bewertung des schulischen Französischunterrichts erachten, als Qualitätskriterien eines als gut bewerteten Französischunterrichts heraus. Weil in vorliegender Studie die Eltern als Akteure bzw. Komponente im Zuge des gymnasialen Französischunterrichts im Fokus stehen, wurde als weiteres Charakteristikum eines guten Französischunterrichts der Aspekt des Gefühls des Integriert-Seins der Eltern ergänzt.

Entsprechend wurden für die vorliegende Studie drei Kriterien eines von den Eltern als negativ bewerteten Französischunterrichts im Rahmen dieser Faktorenanalyse ermittelt:

- zu hohes Progressionstempo
- zu hoher Zeitaufwand zu Hause
- zu umfangreicher/komplexer Stoff, sodass zusätzliche Hilfe notwendig ist.

Diese drei Aspekte der Dimension „negative Charakterisierung des Französischunterrichts" gehen einher mit einem zentralen Ergebnis der Hattie-Studie – welches zugleich eine Forderung impliziert –, auf das Krechel verweist, und machen dieses Ergebnis konkret übertragbar auf den gymnasialen Französischunterricht: Lehrer sollen „den Unterricht aus der Schülerperspektive planen, um deren Bedürfnisse zu berücksichtigen“ (Krechel 2015, 102), damit ein individueller Lernfortschritt gewährleistet werden kann.

Gerade weil in der vorliegenden Studie zum Französischunterricht an bayerischen Gymnasien der Standpunkt der Eltern thematisiert wird, umfasst der Index „FU negativ“ zur Charakterisierung eines als negativ bewerteten Französischunterrichts die beiden Aspekte der Überforderung – sowohl zeitlich als auch wegen des Umfangs –, welche im häuslichen, außerschulischen Bereich sichtbar und für die Eltern somit konkret und unmittelbar erfahrbar werden und die sie auch indirekt – v.a. wenn es um die Bewältigung von Hausaufgaben geht – betreffen. Bereits Boßmann verweist auf die Überforderung von Eltern, wenn es um die Hausaufgaben ihrer Kinder geht:

> „Die Schüler kommen mit nur halb- und manchmal auch völlig unverstandenen Hausaufgaben nach Hause und bombardieren die Eltern mit Fragen, wie man das denn nun machen soll. Verständlicherweise sind viele Eltern einfach überfordert“ (Boßmann 1979, 73).

In den drei Charakteristika der Dimension „negative Charakterisierung des Französischunterrichts“ bestätigen sich somit allgemeine Probleme bzw. Schwierigkeiten in unterrichtlichen Kontexten konkret für den Französischunterricht an bayerischen Gymnasien.

Die beiden, für die vorliegende Studie errechneten, Indizes und die demzufolge dichotome Charakterisierung des Französischunterrichts findet sich in ähnlicher Form im Artikel „Fremdsprachendidaktik“ von Christ wieder, allerdings bezogen auf Fremdsprachen generell. Darin verweist er darauf, dass es – in dem institutionellen Rahmen, in dem Fremdsprachen erlernt werden – für das

> „Lehren und Lernen spezifische, teils fördernde, teils hemmende Eigenschaften [gibt], deren Analyse ein wichtiges Interessenzentrum der Fremdsprachendidaktik darstellt“ (Christ 1993, 1).

6.2.2 Kontakt zur Französischlehrkraft

Mit Hilfe von drei Indizes wurde in vorliegender Studie der Kontakt zwischen der Französischlehrkraft und den Eltern ihrer Schüler beschrieben.

In Anlehnung an Brenners Kategorisierung der Elternabende, Sprechstunden etc. als „formalisierte, teilweise auch ritualisierte und somit symbolische

Handlungen“ (Brenner 2009, 175) als Manifestationen von Elternarbeit, umfasst der Index „Kontakttraditionell“ vier übliche Anlässe einer direkten Eltern-Lehrer-Kommunikation: Elternabende, Elternsprechtage sowie Sprechstunden – die entweder regelmäßig oder ausschließlich aufgrund eines konkreten Anlasses aufgesucht werden. Die Beliebtheit dieser Kontaktformen besteht seit jeher fach- und schulformunabhängig. Hierauf verweist bereits Melzer, indem er die „üblichen vier Begegnungen auf Elternabenden und Elternsprechtagen pro Schuljahr“ (Melzer 1981, 36) hervorhebt. Somit bestätigt sich die Kontaktfrequenz zwischen Elternhaus und Schule auch in vorliegender Studie konkret für das Fach Französisch am Gymnasium.

Auch Sacher beschreibt „[r]itualisierte Kontakte“ (Sacher 2014, 52) als Kontaktformen zwischen Schule und Elternhaus fach- und schulartübergreifend und liefert somit eine Basis für die betreffende Dimension, die sich auf die traditionellen Kontaktformen bezieht:

> „Die Kommunikation zwischen Eltern und Lehrkräften findet in Deutschland größtenteils im Rahmen der vorgeschriebenen Sprechstunden, Elternabende und Elternsprechtage statt“ (Sacher 2014, 51).

Wie bereits angedeutet wurde, sind viele Elternkontakte zu Lehrern darauf zurückzuführen, dass die Eltern ein Informationsbedürfnis empfinden *(siehe Kapitel 2.1.2.2.4)* und die Kontakte nur dann als zufriedenstellend bzw. für sie nützlich erachten, wenn Lehrkräfte u.a. diesem Bedürfnis entsprechen *(siehe Kapitel 2.1.3.2)*. Bauer beschreibt das Gefühl des Informiertseins, das in dem entsprechenden Fragenkomplex für die Skala „Kontaktgut“ in der vorliegenden Studie erhoben wurde:

> „Wichtig für die positive Beschreibung des Kontaktes zwischen Schule und Eltern ist auch, dass sich Eltern über das Geschehen in Klasse und Schule gut informiert fühlen“ (Bauer 2006, 120).

Gerade die Nachvollziehbarkeit der Anforderungen stellt ein weiteres Kriterium guten Unterrichts dar, worauf u.a. Krechel konkret für den Französischunterricht verweist: „Klarheit in Zielen, Strukturen, Inhalten, Aufgabenstellungen, Leistungserwartungen“ (Krechel 2015, 101).

Auf dieser Grundlage wurden in vorliegender Studie zur Beschreibung des Kontakts der Eltern zur Fachlehrkraft Französisch folgende Komponenten veranschlagt, welche ein gutes Kontaktverhältnis aus Sicht der Eltern kennzeichnen:

- Erreichbarkeit der Lehrkraft,
- Wissen um Angelegenheiten des Französischunterrichts,
- Verstehen der Prüfungs- und Leistungsanforderungen.

Diese drei Kriterien, welche allgemein, fach- und schulartübergreifend als Charakteristika eines positiven Kontaktverhältnisses zwischen Schule und Elternhaus ausgewiesen werden, bestätigt die vorliegende Studie konkret für das Fach Französisch am Gymnasium und führte zur Bildung dieses Index.

Der dritte Index zur Beschreibung des Kontaktverhältnisses zwischen den Eltern und der Französischlehrkraft ihrer Kinder basiert auf dem bereits erwähnten Informationsbedürfnis, welches Eltern empfinden *(siehe Kapitel 2.1.2.2.4)* und was oftmals die Ausgangsbasis für die Kontaktaufnahme zu Lehrkräften bildet. Dabei wurde in der vorliegenden Studie der Fokus auf den Aspekt des elterlichen Wunsches nach Hinweisen für die Unterstützung der Kinder zuhause gelegt. Darüber hinaus sollte eruiert werden, ob und inwieweit Eltern sich vorstellen könnten, generell bzw. stärker mit der Französischlehrkraft zusammenzuarbeiten. Dieser Index repräsentiert insbesondere den Schulalltag, im Zuge dessen sich Eltern – vornehmlich anlässlich formeller Kontakte – an Lehrkräfte wenden, um Ratschläge zu erhalten für die Unterstützung ihrer Kinder im häuslichen Bereich. Somit umfasst dieser Index die beiden folgenden Aspekte:

- elterlicher Wunsch nach Tipps für die außerschulische Unterstützung der Kinder,
- Wunsch nach (mehr) Kooperation mit der Lehrkraft.

In der vorliegenden Studie wurden die unterschiedlichen Items zur Beschreibung des Kontakts zur Französischlehrkraft insgesamt mit Hilfe von drei Dimensionen bzw. Indizes zusammengefasst.

6.2.3 Gründe für die Nichtbeteiligung am Französischlernen

Zwei Indizes wurden gebildet, um die elterlichen Gründe für ihre Enthaltung aus den Französischlernprozessen ihrer Kinder zu beschreiben.

Französisch hat – weder im schulischen noch im außerschulischen Kontext hinsichtlich des Verkehrswerts der Sprache – nicht denselben Status wie Englisch inne *(siehe Kapitel 2.2.3)* und an vielen Stellen in der Forschungsliteratur wird der Rückgang der Zahlen der Französischlerner thematisiert (cf. Caspari 2014, 11sq.). Auf dieser Grundlage wurde der Index „fehlende fachliche Ressourcen“ gebildet. Jener umfasst nicht nur die fehlenden Kenntnisse der französischen Sprache, sondern auch zwei weitere Komponenten der elterlichen Voraussetzungen für eine mögliche Lernbegleitung der Kinder. Wie in Kapitel 2.1.2.3.2 erläutert wurde, besteht die elterliche Hilfestellung im

Zuge unterschiedlicher Lernprozesse darin, Lernvoraussetzungen – u.a. in Form von finanziellen Ausgaben für entsprechende Materialien – zu schaffen. Darüber hinaus sehen sich viele Eltern oft außer Stande, zu helfen. Diese Aspekte finden sich in vorliegender Studie zum Französischunterricht an bayerischen Gymnasien in der genannten Dimension der fehlenden fachlichen Ressourcen wieder, welche folgende Items umfasst:

- fehlende Sprachkenntnisse der Eltern,
- fehlende Lösungen zu den Aufgaben im Schulbuch/Arbeitsheft,
- fehlendes Wissen um geeignete Lernstrategien.

Wie bereits bei der Betrachtung der Kontakthindernisse bzw. -hürden für Eltern deutlich wurde, scheitert jene oft an den entsprechenden Rahmenbedingungen *(siehe Kapitel 2.1.3.3.2)*. Dies wurde in vorliegender Studie zur Elternarbeit zum gymnasialen Französischunterricht auf diesen Kontext übertragen und umfasst folgende Komponenten: Zeitmangel, Desinteresse, Ungeduld oder finanzielle Ressourcen. Diese Aspekte bildeten den Index „fehlende Rahmenbedingungen" und somit das zweite große Themenfeld der Gründe für die elterliche Enthaltung aus den Französischlernprozessen. Für die übrigen Items dieses Fragenkomplexes wurde kein weiterer Index gebildet *(siehe Kapitel 5.2.3)*.

6.3 Komponenten der Elternarbeit zum Französischunterricht

6.3.1 Eltern

Nur die wenigsten Eltern *(siehe Kapitel 5.3.1)* verfügen über Französischkenntnisse, welche, wie die vorliegende Studie gezeigt hat, in den meisten Fällen noch in der eigenen Schulzeit erworben wurden. Einige Eltern sprechen Französisch, weil sie mit ihren Kindern mitgelernt haben oder selbst Sprachkurse besucht haben; wenige führen ihre Französischkenntnisse auf unmittelbare Kontakte zu frankophonen Muttersprachlern zurück *(siehe Kapitel 5.3.1)*.

Die meisten Eltern der Stichprobe für die vorliegende Studie – sowohl Mütter als auch Väter – haben einen Hochschulabschluss, was es bei der Interpretation der Ergebnisse zu berücksichtigen gilt. Ebenso muss bedacht werden, dass sich die Söhne bzw. Töchter der befragten Familien in der Mehrzahl der Fälle zwischen dem ersten und dem fünften Lernjahr befinden, wobei insbesondere anfangs die Lernmotivation noch stark ausgeprägt sein dürfte. Caspari beschreibt als Teil des schwierigen Status des Französischen als Schulfremdsprache die Motivation der Schüler im Zuge des Fremdsprachenlernens in der Schule, welche vielen Einflussfaktoren unterliegt. Die Autorin beruft sich auf Lehreraussagen, wonach „die Anfangsmotivation relativ schnell nachlasse“ (Caspari 2008, 23). Somit ist die Zusammensetzung der Stichprobe für die vorliegende Erhebung hinsichtlich der Lernjahre der Kinder nachvollziehbar.

6.3.2 Französischunterricht

6.3.2.1 Gründe für die Wahl des Französischen

Hinsichtlich der Motive für die Wahl des Französischen in der Schule ist deutlich erkennbar: die elterliche Einflussnahme bzw. Beteiligung an dieser Entscheidung, welche ursprünglich impliziert worden war – in Anlehnung an Leupold und Caspari, welche darauf verweisen, dass die Eltern die Entscheidung zum Erlernen des Französischen mittragen (cf. Leupold 2007b, 23; cf. Leupold 2010, 23; cf. Caspari 2014, 13) –, kann in vorliegender Studie zum gymnasialen Französischunterricht nicht bestätigt werden: nach Angaben der Eltern haben sich die meisten Kinder selbst dazu entschieden, Französisch zu belegen *(siehe Kapitel 5.3.2)*.

In den Fällen, in denen die Eltern allerdings an dieser Entscheidung mitwirken, spielen ihre eigenen Sprachkenntnisse für etwa die Hälfte der Eltern – und eine dadurch mögliche Unterstützung ihrer Kinder im Zuge der Französischlernprozesse – eine Rolle im Entscheidungsprozess für die Belegung von Französisch. Somit bestätigen sich die Befunde von Weis und Biel, wonach das Elternmotiv für die Belegung eines Faches bzw. für das Erlernen einer Sprache grundsätzlich ausschlaggebend ist *(siehe Kapitel 4.5.2.1)*, für vorliegende Untersuchung nur zum Teil.

Caspari bewertet die pragmatische Dimension des Französischspracherwerbs in Bezug auf spätere berufliche Tätigkeiten der Lerner. Sie fasst jene Aspekte im Begriff des „Verkehrswert des Französischen“ (Caspari 2010, 13) zusammen und bewertet diese Überlegungen als bedeutenden Motivationsfaktor im Zuge der Wahl des Französischen.

Nützlichkeitsorientierte Überlegungen hinsichtlich der späteren beruflichen Tätigkeit der Kinder motivieren die Entscheidung für das Französische am Gymnasium nur begrenzt. Weis führt in ihrer Schülerbefragung zu Gründen, warum Französisch am Gymnasium belegt wurde, den Aspekt der späteren beruflichen Tätigkeit zwar ebenfalls als Entscheidungsgrundlage von

Schülern an, ermittelt zugleich aber auch, dass diesem Motiv keine allzu große Bedeutung zukommt (cf. Weis 2009, 110). Ein ähnlicher Stellenwert, allerdings bezogen auf die Eltern, ermittelt die vorliegende Studie. Somit ist die Impulswirkung des Motivs der späteren beruflichen Tätigkeit für die Entscheidung zur Wahl des Französischen in der Schule durch die Eltern ähnlich wie für die Schüler selbst. Obwohl u.a. im Fachprofil Französisch auf den hohen Stellenwert dieser Sprache auf einem weltweiten Arbeitsmarkt verwiesen wird *(siehe Kapitel 2.2.3)*, fällt es vielen Eltern offensichtlich (zu) schwer, abzuschätzen, inwieweit für ihre Kinder das Französische für deren spätere berufliche Laufbahn eine Rolle spielen wird. In ihrer Masterarbeit „Der Faktor Motivation im Fremdsprachenunterricht" weist Kafourou darauf hin, dass es im Zuge des Fremdsprachenerwerbs schwierig ist, sich langfristige Ziele zu setzen, denn hierbei „muss die Motivation über eine lange Zeit aufrechterhalten werden" (Kafourou 2005, 24), sodass der marginale Einfluss der zukünftigen beruflichen Orientierung der Kinder auf die Wahl des Französischen als Schulfach in den Augen der Eltern vor diesem motivationalen Aspekt als nachvollziehbar erscheint.

Bedeutend mehr Gewicht als der späteren beruflichen Tätigkeit der Kinder kommt, in den Augen der Eltern, der Sprachästhetik des Französischen im Zuge der Entscheidung für dieses Fach zu. Die Ergebnisse der vorliegenden Studie machen deutlich, dass dieser möglicherweise banal wirkende Teilaspekt der französischen Sprache, ihre besondere Wesensart, großen Einfluss auf die Entscheidung hinsichtlich der Wahlpflichtfachbelegung am Gymnasium hat. Nach dem Befund von Weis *(siehe Kapitel 4.5.2.1)* ist das prominenteste Motiv der Schüler für die Wahl des Französischen die besondere Ästhetik dieser Sprache. Dies bestätigt sich, den Ergebnissen der vorliegenden Untersuchung zufolge, gleichermaßen als wichtiger Einflussfaktor für die Eltern. Picht führt in seinem Beitrag „Kultur- und Landeswissenschaften" zum *Handbuch Fremdsprachenunterricht* an, dass hinter dem Motiv, „Schönheit der Sprache" (Picht 1995, 67) als Grund für das Erlernen des Französischen das Phänomen steckt, dass man hier „in meist unklarer Form Begegnung mit der Kultur [sucht], die sich in dieser Sprache ausdrückt" (Picht 1995, 67).

Im Verhältnis zum sprachästhetischen Aspekt des Französischen, scheinen insgesamt politisch-gesellschaftliche Faktoren, wie z.B. der Abbau bzw. die Vermeidung von Vorurteilen oder die geographische Nähe zum Nachbarland Frankreich die Wahl des Französischen als Schulfach aus Sicht der Eltern eher weniger zu beeinflussen. Es sprechen sich zwar über die Hälfte der

Eltern dafür aus, dass die Belegung des Wahlpflichtfaches Französisch am Gymnasium motiviert ist durch den Gedanken, mit Hilfe des Erlernens von Fremdsprachen Vorurteile abzubauen bzw. zu vermeiden und so das „Verstehen des Fremden“ (Nieweler 2006, 239) gefördert wird. Allerdings erachtet es nicht einmal die Hälfte der befragten Eltern als ausschlaggebend für die Belegung des Französischen, dass Frankreich Deutschlands „unmittelbarer Nachbar“ (Nieweler 2006, 33) ist. Somit wurde in vorliegender Studie gezeigt, dass die herausragende Stellung Frankreichs für Deutschland, welche auf dem Élyséevertrag basiert *(siehe Kapitel 4.5.2.1)*, nur begrenzt die Sprachenwahl in der Schule beeinflusst.

Obwohl mehrheitlich bejaht, ist die Tatsache, dass die meisten Eltern anführen, ihre Kinder lernen aufgrund ihrer Sprachbegabung Französisch, ebenfalls von weniger Bedeutung im Hinblick auf die Wahl des Französischen als Schulfach am Gymnasium als der sprachästhetische Aspekt dieser Sprache. Zusätzlich lässt die hohe Zahl an Enthaltungen hinsichtlich dieses Grundes für die Belegung des Französischen den Rückschluss zu, dass viele Eltern unsicher sind, inwieweit ein (größeres) Sprachtalent bei ihren Kindern vorliegt und sich dies auf ihre Entscheidung hinsichtlich des Wahlpflichtfachs Französisch ausgewirkt hat.

Dem Einflussfaktor etwaiger Urlaube in frankophonen Ländern und somit dem Freizeit- bzw. Urlaubsmotiv – welches der Charakterisierung Dörnyeis zufolge dahingehend instrumenteller Natur ist, dass aufgrund des Erlernens einer Fremdsprache die Verständigung in touristischen Kontexten gesichert ist (cf. Dörnyei 1990, 59) – kommt als Grund für die Wahl des Französischen in der Schule ebenfalls weniger Bedeutung zu als sprachästhetischen Überlegungen, und sogar noch weniger Gewicht als den genannten politisch-gesellschaftlichen Faktoren. Zwar gibt fast die Hälfte der Eltern an, diese Gedanken seien ausschlaggebend für die Belegung des Französischen als Wahlpflichtfach gewesen, doch lässt das Antwortverhalten der Eltern insgesamt wenig eindeutige Schlüsse im Hinblick auf die Bedeutung dieses Freizeit- oder Urlaubsmotivs für die Wahl des Französischen als Schulfach zu. So vielgestaltig Urlaube sein können, so unterschiedlich ausschlaggebend ist dieser Gesichtspunkt für die Wahl des Französischen aus Sicht der Eltern. Somit bestätigt sich der Einflussfaktor möglicher Reisen in frankophone Länder, den Weis in ihrer Schülerbefragung als Motivation für die Wahl des Französischen ermittelt hatte *(siehe Kapitel 4.5.2.1)*, in vorliegender Studie nur begrenzt als Grund für Eltern, warum ihre Kinder in der Schule Französisch lernen. Dies scheint nachvollziehbar vor dem Hintergrund der Beschreibung der gegenwärtigen Situation des Französischunterrichts in Deutschland von Caspari: „die Attraktivität Frankreichs als Reise- und Urlaubsland [scheint] die heutige Schüler- und Elterngeneration nicht mehr im gleichen Maße wie früher zu gelten“ (Caspari 2014, 13).

Sehr deutlich zeigt sich, dass für die meisten Eltern schulorganisatorische Gründe nicht die Belegung des Wahlpflichtfachs Französisch nach sich zogen *(siehe Kapitel 5.3.1)*. Angesichts der Befunde von Weis, dass Schüler die Wahl des Französischen durchaus auf schulorganisatorische Gründe zurückführen – z.B. dass sie die Alternative Latein umgehen wollen (cf. Weis 2009, 110) –, ist das Ergebnis der vorliegenden Studie für die Motive der Eltern zur Belegung von Französisch als positiv zu bewerten: nach Angaben der Eltern erfolgt die Wahl des Französischen als Schulfach in den meisten Fällen als eine bewusste Entscheidung, selbst wenn vereinzelt Eltern das Lateinische als zweite Fremdsprache umgehen wollen und ihren Kindern aus diesem Grund zum Französischen raten. In diesem Ergebnis bestätigt sich die Feststellung Casparis, dass sich Schüler und Eltern „aktiv für Französisch entscheiden“ (Caspari 2014, 13), in vorliegender Studie zur Elternarbeit zum Französischunterricht. Somit kann die Aussage von Christ, dass Französisch eine „‚Wunschsprache‘ vieler Schüler“ (Christ 2015, 38) ist, für die vorliegende Studie dahingehend bestätigt werden, dass es gleichermaßen eine Wunschsprache der Eltern ist.

Die Analyse der Gründe der Eltern, warum Französisch in der Schule belegt wurde, liefert eindeutige Ergebnisse.

Weniger bedeutende Faktoren, die die Belegung des Französischen in der Schule beeinflussen, sind – nach Angaben der Eltern: die geographische Nähe Deutschlands zu Frankreich; das Urlaubsmotiv; die spätere berufliche Laufbahn der Kinder; die eigenen Sprachkenntnisse der Eltern und die dadurch mögliche (aktive) Hilfestellung bei Lernprozessen.

Aspekte, die einen Einfluss haben auf die Belegung des Wahlpflichtfachs Französisch sind allerdings folgende:

- Nach Angaben der Eltern haben sich die Kinder in den meisten Fällen selbst dazu entscheiden, Französisch in der Schule zu belegen.
- Die Wahl des Französischen als Schulfach ist in den meisten Fällen eine bewusste und keine – auf Grundlage schulorganisatorischer Gegebenheiten – erzwungene Entscheidung.
- Die Sprachästhetik des Französischen ist für die meisten Eltern ausschlaggebend für die Wahl dieser Schulfremdsprache.
- Der Sprachbegabung der Kinder sowie dem Aspekt des Abbaus bzw. der Vermeidung von Vorurteilen messen die Eltern ebenfalls Bedeutung im Hinblick auf die Wahl des Französischen in der Schule bei.

6.3.2.2 Charakterisierung des Französischunterrichts

Die vielen Enthaltungen der Eltern im Zuge der Charakterisierung der einzelnen Aspekte des schulischen Französischunterrichts ihrer Kinder zeigen, dass die Beurteilung der einzelnen Teilbereiche des gymnasialen Französischunterrichts für die Eltern problematisch bzw. nur begrenzt möglich ist.

Die Tendenz der Antworten zur Kategorie der teilweisen Zustimmung innerhalb des betreffenden Fragenkomplexes „Charakterisierung des schulischen Französischunterrichts“ sowie zugleich die Vermeidung der Kategorien der vollständigen Zustimmung oder Ablehnung *(siehe Kapitel 5.3.2)* sind möglicherweise dadurch zu erklären, dass die Eltern nur marginale und indirekte Einblicke in den konkreten schulischen Französischunterricht sowie keine konkreten und unmittelbaren Informationen darüber haben und die einzelnen Aspekte somit nicht eindeutig zu beurteilen vermögen. Hierin bestätigt sich konkret für den gymnasialen Französischunterricht, was Kowalczyk bereits 1988 in seiner Analyse zum *Umgang zwischen Elternhaus und Schule* in Bezug auf die Schulart Grundschule anführt: „Das Bild und die Erfahrung, die Eltern mit der Schule verbinden, ist häufig nur ein über ihre Kinder vermitteltes Bild von Schule“ (Kowalczyk 1988, 23). Als Beurteilungsgrundlage der unterrichtlichen Aspekte dienen Eltern dabei die Arbeitsmaterialien der Kinder *(siehe Kapitel 2.1.2.3.3)* sowie die Informationen von Lehrkräften und Schülern. Somit kennen die Eltern – wie es sich in vorliegender Studie konkret für den gymnasialen Französischunterricht bestätigt – „den Unterricht, den ihre Kinder erfahren, gewöhnlich nur aus deren Erzählungen“ (Sacher 2008, 66). Auch Pekrun spricht von dieser Vermittlerrolle der Schüler bzw. Lehrer im Kontext der Interaktion zwischen Elternhaus und Schule: „Indirekte Interaktion findet durch die Schüler als Informationsträger und durch schriftliche Mitteilungen (...) statt" (Pekrun 1997, 60). Brühl und Knake bestätigen die Rolle der Schüler als Vermittler zwischen Schule und Elternhaus durch ein Umfrageergebnis an niedersächsischen Gymnasien: 59% der Eltern sagen im Zuge ihrer Erhebung aus, sie erhielten Informationen über die Schule in erster Linie durch ihre Kinder (cf. Brühl/Knake 1978, 62). Diese Resultate, genauer gesagt die breite Streuung der Antworten, müssen allerdings dahingehend relativiert werden, dass die Verschiedenartigkeit des Französischunterrichts möglicherweise auch auf die unterschiedlichen Klassenstufen bzw. der Anzahl der Lernjahre der Kinder zurückzuführen ist, welche sich insgesamt verstärkt zwischen dem ersten und fünften Lernjahr befinden *(siehe Kapitel 5.3.1)*, sowie den jeweiligen Französischlehrkräften an den verschiedenen Gymnasien.

Die landeskundliche bzw. interkulturelle Dimension des gymnasialen Französischunterrichts *(siehe Kapitel 4.5.2.2)* findet – nach Angaben der Eltern *(siehe Kapitel 5.3.2)* – im konkreten Unterrichtsalltag Realisierung. Dies kann dem Französischunterricht an bayerischen Gymnasien als positiv attestiert werden, insbesondere vor dem Hintergrund der erwähnten Stereotypenproblematik *(siehe Kapitel 4.5.2.1)*, von der die französische Sprache betroffen ist. Somit bestätigt sich die im Fachprofil Moderne Fremdsprachen als Besonderheit des Unterrichts in allen modernen Fremdsprachen veranschlagte Tatsache, dass Schüler durch das Erlernen einer solchen Sprache die „Voraussetzung für interkulturelle Handlungsfähigkeit" (Fachprofil Moderne Fremdsprachen 2015) erwerben, nach Angaben der Eltern konkret für den gymnasialen Französischunterricht.

Ähnlich ist im Fachprofil Französisch formuliert: „Im Bereich des interkulturellen Lernens werden vielfältige Brücken zu Frankreich und der Frankophonie geschlagen" (Fachprofil Französisch 2015). Beispiele hierfür sind z.B. das Erlernen fremder Umgangsformen und Verhaltenskonventionen (cf. Nieweler 2006, 238) sowie die bewusste Thematisierung von Missverständnissen, die in den unterschiedlichen Alltagskulturen begründet sind (cf. Nieweler 2006, 239).

Eine Brücke, die erst durch die Verwendung der Zielsprache geschlagen wird, ist die Begegnung mit dem Französischen im Kontext der direkten Kommunikation mit frankophonen Muttersprachlern, im Zuge derer die

Schüler die erwähnte interkulturelle Handlungskompetenz konkret unter Beweis stellen müssen *(siehe Kapitel 4.5.2.2)*. Nicht einmal die Hälfte der befragten Eltern (41%) gibt an, dass ihre Kinder durch den schulischen Französischunterricht z.B. im Rahmen von Rollenspielen als pseudo-authentische Kommunikationssituationen vorbereitet werden auf den Umgang mit frankophonen Muttersprachlern. Selbst wenn jene simulierten Sprachhandlungen keine reale Kommunikation mit Muttersprachlern ersetzen können *(siehe Kapitel 4.5.2.2)*, ermöglichen sie es den Schülern doch, unterschiedliche Redemittel situativ angemessen – eingedenk der kulturspezifischen Besonderheiten des frankophonen Muttersprachlers und Gesprächspartners – zu gebrauchen *(siehe Kapitel 4.5.2.2)*. Demzufolge ist das Ergebnis der vorliegenden Studie hinsichtlich dieses Aspekts des gymnasialen Französischunterrichts als verbesserungswürdig zu bezeichnen, auch weil Leupold explizit vermerkt: „Sprachenlernen ist Einübung sozialen gesellschaftlichen Handelns" (Leupold 2007b, 103).

Nicht einmal die Hälfte der Eltern ist der Ansicht, dass im Französischunterricht neben der Erweiterung der Kenntnisse in der Fremdsprache auch Rekapitulationsphasen stattfinden *(siehe Kapitel 5.3.2)*, wobei letzteren große Bedeutung zur Festigung der Sprachstrukturen zukommt *(siehe Kapitel 4.5.2.2)*. Leupold stellt angesichts der Bedeutung des schulischen Teils des Fremdsprachenunterrichts heraus, dass „die Lernzeit in der Schule als einen wichtigen, privilegierten Moment innerhalb des Sprachlehr- und -lernprozesses anzusehen und zu nutzen" (Leupold 2007b, 77) ist. Zum konkreten Stellenwert der Übungsphasen im Unterricht berichtet Nieweler: „Vermutlich (…) werden etwa zwei Drittel der Unterrichtszeit in der Spracherwerbsphase mit Üben, Festigen und Wiederholen verbracht" (Nieweler 2006, 253). In Anbetracht der vorliegenden Studie scheint diese Äußerung zweifelhaft, wenn es konkret um den gymnasialen Französischunterricht geht. Bei der Interpretation dieses Ergebnisses muss allerdings der bereits erwähnte Aspekt berücksichtigt werden, dass die Eltern in diese spezifischen Unterrichtsphasen keinen unmittelbaren Einblick haben.

In Bezug auf die Beschreibung der Französischlehrkraft ihrer Kinder als humorvoll und enthusiastisch in ihrer Art, die Schüler für die französische Sprache und frankophone Kulturen zu begeistern, sind die Eltern geteilter Meinung. Dies bestätigt sich auch beim Blick auf die Antworten im offenen Baustein dieser Frage. Hier führten die meisten Eltern an, dass der Enthusiasmus bzw. die Begeisterung, die Lehrkräfte ausstrahlen, zu individuell unterschiedlich seien, als dass man dies verallgemeinern könnte, was es bei der Interpretation der Ergebnisse zu berücksichtigen gilt. Dass allerdings keine klare Mehrheit den bayerischen Französischlehrern diese Eigenschaften zuschreibt und mehr als ein Viertel der Eltern angibt, die Lehrkraft ihrer Kinder würde ihre Kinder nicht mit Enthusiasmus und Humor für die französische Sprache begeistern, erscheint bedauerlich vor dem Hintergrund, dass die Lehrperson – Kafourou zufolge – „Motivationsfaktor Nr. 1" (Kafourou 2005, 26) zum Erwerb einer L2 ist. Hattie äußert sich ähnlich:

> „1.Lehrpersonen gehören zu den wirkungsvollsten Einflüssen beim Lernen. 2. Lehrpersonen müssen (...) aktiv in der Leidenschaft des Lehrens und Lernens engagiert sein" (Hattie 2013, 280).

Fitzek und Ley sowie Henry-Huthmacher berichten von den Ergebnissen ihrer Eltern-Studien, wonach die befragten Eltern viele Lehrer als „lustlos" (Fitzek/Ley 2005, 212) beschreiben oder über „überforderte und/oder wenig engagierte Lehrer" (Henry-Huthmacher 2008, 22) klagen. Ähnlich wurde in der vorliegenden Studie im offenen Teil des betreffenden Fragenkomplexes den Französischlehrkräften u.a. Motivationsmangel attestiert.

Allerdings kann resümiert werden, dass es an bayerischen Gymnasien – neben unenthusiastischen und wenig humorvollen Lehrkräften – in den Augen der Eltern doch auch solche gibt, die ihre Schüler für die französische Sprache und frankophonen Kulturen begeistern können und somit, um in der Terminologie von Hattie zu sprechen, „Lehren und Lernen sichtbar" (Hattie 2013, 31) werden in deren Unterricht.

Sass und Holzmüller ermittelten im Rahmen ihres Forschungsberichts zu *Bildungsverhalten und Belastungen in Familien mit schulpflichtigen Kindern* einen Anteil von 53% der befragten Eltern – in den Berufsgruppen „Arbeiter" und „Angestellte/Beamte", deren Kinder die Eingangsstufe des Gymnasiums besuchen –, welche angeben, dass die Lehrer ihrer Kinder nicht zu schnell mit dem Lehrstoff voranschreiten und die Familie dadurch belasten würden (cf. Sass 1982, 204). Ähnlich brachten die meisten Eltern in der vorliegenden Studie zum gymnasialen Französischunterricht zum Ausdruck, dass das Progressionstempo der Lehrkraft ihrer Kinder in ihrem Ermessen nicht zu hoch ist. Allerdings erachten viele Eltern das Progressionstempo der Französischlehrkraft ihrer Kinder (teilweise) als zu hoch. Dass die Eltern dabei u.U. keineswegs die Lehrkraft dafür verantwortlich machen, wurde bereits im Zuge des Pretests ersichtlich: hier wurden institutionalisierte Vorgaben, z.B. Lehrpläne und Stundenpläne, als Ursache erwähnt für ein entsprechendes Progressionstempo. Ein vergleichbares Resultat ermittelten Fitzek und Ley in ihren „Psychologische[n] Untersuchungen über das Interesse von Eltern an ganztägigen Schulformen": hier brachten die Eltern ebenfalls Verständnis für die Lehrkräfte zum Ausdruck und gaben an, dass „man die Lehrer weitgehend in den Zwängen des Curriculums oder abstrakter Verwaltungsvorschriften eingespannt sieht" (Fitzek/Ley 2005, 209).

Eindeutig charakterisieren die Eltern den Französischunterricht mit Blick auf die individuelle Förderung ihrer Kinder: die meisten Eltern sehen diesen Aspekt keineswegs im schulischen Französischunterricht verwirklicht *(siehe Kapitel 5.3.2)*, worin sich das Ergebnis der Eltern-Studie der Konrad-Adenauer-Stiftung (KAS) – ohne fachspezifischen Bezug – konkret für den Französischunterricht an bayerischen Gymnasien bestätigt. Der Studie der KAS zufolge bemängeln Eltern die „wenig individuelle Förderung des Kindes" (Henry-Huthmacher 2008, 22). Das Ergebnis der vorliegenden Studie macht die Feststellung von Rudolph am Anfang des 21.Jahrhunderts, welche sich auf den Grundschulbereich bezieht, im Ermessen der Verfasserin übertragbar auf den gymnasialen Kontext, und auch auf den Französischunterricht:

> „Die individuelle Förderung eines jeden einzelnen Kindes in allen seinen Lernmöglichkeiten ist das leitende Prinzip der Schularbeit in unserer Gesellschaft. Die Schule leistet dies jedoch nur unzulänglich oder gar nicht an einem Teil ihrer Kinder" (Rudolph 2001b, 97).

Allerdings muss an dieser Stelle auf die o.g. Aspekte des Progressionstempos verwiesen werden: vielfach ist eine individuelle Förderung im Französischunterricht aus organisatorischen bzw. institutionellen Gründen a priori nicht realisierbar.

Abgesehen von dem Aspekt der individuellen Förderung, welchen die Eltern im Französischunterricht ihrer Kinder nicht verwirklicht sehen, werden die übrigen, hier analysierten Teilbereiche des schulischen Französischunterrichts der Kinder von ihren Eltern sehr unterschiedlich bewertet. Nur knappe Mehrheiten der Eltern *(siehe Kapitel 5.3.2)* und somit begrenzt verallgemeinerbare Aussagen für die einzelnen thematisierten Aspekte zeigen, dass der Französischunterricht an bayerischen Gymnasien sehr unterschiedlich gestaltet ist. Die folgenden, einzelnen Teilbereiche der Unterrichtsgestaltung sowie der Lehrerpersönlichkeit finden im Französischunterricht an bayerischen

Gymnasien dabei in unterschiedlichem Umfang Beachtung bzw. Realisierung: die Erweiterung der Kenntnisse sowie die Wiederholung von bereits Gelerntem, das Erlernen des Verhaltens in unterschiedlichen Kommunikationssituationen mit frankophonen Muttersprachlern, das Progressionstempo der Lehrkraft sowie deren Fähigkeit, die Schüler mit Enthusiasmus und Humor für die Sprache und Kultur Frankreichs sowie anderer frankophoner Länder zu begeistern.

Was die außerschulische Komponente des schulischen Französischunterrichts betrifft, liegt ein klareres Meinungsbild – jenes findet Ausdruck in eindeutigen Analyseergebnissen – seitens der Eltern vor *(siehe Kapitel 5.3.2)*. Dies lässt sich darauf zurückführen, dass jene hier einen direkten Einblick in diese Teilaspekte des Französischunterrichts bzw. -lernprozesses haben, welcher nicht über die Lehrkraft oder die Kinder vermittelt wird.

Die meisten Eltern stufen den zeitlichen Aufwand ihrer Kinder für die außerschulische, häusliche Vor- und Nachbereitung des Französischunterrichts als nicht zu hoch bzw. als annehmbar ein, was dem gymnasialen Französischunterricht aus Sicht der Eltern als positiv attestiert werden kann und schulart- und fachspezifische Befunde konkret für den gymnasialen Französischunterricht bestätigt. U.a. Wittmann beschäftigte sich im Rahmen seiner Untersuchung zum *Sinn und Unsinn der Hausaufgaben* auch mit der Dimension, ob die Kinder im Ermessen der Eltern möglicherweise durch den Umfang der an sie gerichteten Anforderungen und Aufgaben überfordert würden, und fand heraus:

> „Die für die Hausaufgaben aufgewandte Zeit ist zwar oft gar nicht gering, wird aber indessen von den meisten Eltern und Schülern nicht als Überlastung empfunden" (Wittmann 1972, 80).

Ähnliche Ergebnisse finden sich in der Studie von Brühl und Knake an allgemeinbildenden Schulen in Niedersachsen: 65% der befragten Eltern beurteilen hier das Anspruchsniveau der Schulaufgaben für ihre Kinder als angemessen (cf. Brühl/Knake 1978, 33).

Die in Kapitel 3.4.2.2.1 erwähnten Äußerungen von Kamm, dass Schüler oftmals mit zu vielen bzw. zu schwierigen Hausaufgaben belastet würden (cf. Kamm/Müller 1975, 20) bestätigen sich nicht hinsichtlich des gymnasialen Französischunterrichts. Eine deutliche Mehrheit der Eltern gibt an, dass ihre Kinder den Stoff alleine bewältigen können und sich somit zusätzliche – meist elterliche – Unterstützungsleistungen erübrigen. Bereits im Zuge der

2.JAKO-O-Bildungsstudie wurde das Anspruchsniveau an unterschiedlichen Schulen von den Eltern als nicht zu hoch eingestuft, wie Nicht in seinem Ergebnisbericht beschreibt: „Schulformübergreifend meinen ca. 60% der befragten Eltern, dass ihr Kind die schulischen Anforderungen allein zu bewältigen vermag" (Nicht 2012, 164). Einige Jahre zuvor ermittelten Bärsch und seine Untersuchungsgruppe im Anschluss an eine Befragung von Eltern mit Kindern an unterschiedlichen Hamburger Schularten aus den Jahrgangsstufen 2, 4, 6 und 8: die wenigsten Eltern waren der Ansicht, ihre Kinder würden in der Schule überfordert (Bärsch 1976, 117).

In Anbetracht der Tatsache, dass Eltern prinzipiell an Schule bzw. Lernprozessen beteiligt werden möchten *(siehe Kapitel 4.5.2.2)*, ist das Ergebnis der vorliegenden Studie, dass sich nur die wenigsten Eltern (9,7%) in die Französischlernprozesse ihrer Kinder von Seiten der Schule integriert fühlen, wenig erfreulich. Möglicherweise deutet dies darauf hin, dass im Kontext des gymnasialen Französischunterrichts die traditionelle Rollenverteilung zwischen Eltern und Lehrkräften vorherrscht und erstere Hilfskräfte der Lehrer sind (cf. Hülshoff 1979, 21), sofern jene benötigt werden.

Fast die Hälfte der Eltern möchte nicht stärker bzw. grundsätzlich in den schulischen Französischunterricht ihrer Kinder integriert werden. Knapp ein Viertel der Eltern wäre jedoch teilweise, und über ein Viertel durchaus bereit, stärker bzw. generell in den schulischen Französischunterricht integriert zu werden *(siehe Kapitel 5.3.2)*. Ein ähnliches, schulart- und fachunspezifisches Ergebnis brachte die 3.JAKO-O-Bildungsstudie hervor: 24% der Eltern erklären sich hier bereit, dem konkreten Unterricht assistierend oder beobachtend beizuwohnen (cf. Paseka 2014, 117). Somit ist die in Kapitel 3.4.2.2.1 zitierte Äußerung von Neuenschwander hinsichtlich der positiven elterlichen Haltung gegenüber einer möglichen Mitarbeit an Schule (cf. Neuenschwander 2005, 205) konkret für das Fach Französisch bestätigt.

Die Charakterisierung des schulischen Französischunterrichts durch die Eltern ist nachfolgend zusammengefasst:

- Die meisten Eltern sehen den interkulturellen Aspekt der Vermeidung von Vorurteilen durch das Gewinnen von Eindrücken aus verschiedenen frankophonen Ländern mehrheitlich im Französischunterricht ihrer Kinder realisiert.
- Viele Eltern bestätigen, dass die jeweiligen Französischlehrkräfte ihrer Kinder über die Fähigkeit verfügen, die Schüler für das Fach und die Sprache Französisch zu begeistern; allerdings sind hierbei individuelle Unterschiede zu berücksichtigen.
- Nach Angaben der Eltern ist das Anforderungsniveau des Französischunterrichts angemessen: die Vor- und Nachbereitung des Unterrichts nimmt nicht zu viel Zeit in Anspruch; darüber hinaus können die meisten Kinder den Stoff ohne zusätzliche Hilfe bewältigen.
- Verbesserungswürdig am Französischunterricht ist, dass die Schüler stärker geschult werden sollten im Teilbereich der situativ angemessenen Verhaltens- und Gesprächsformen durch pseudo-authentische Kommunikationssituationen.
- Zu verbessern gilt es im Französischunterricht ebenfalls, dass – neben der Progression im Lehrstoff – noch mehr regelmäßige Wiederholungsphasen stattfinden sollten
- Das Progressionstempo der Lehrkräfte ist oftmals zu hoch.
- Die Lehrkräfte müssen sich – nach Angaben der Eltern – um eine stärkere individuelle Förderung der Schüler bemühen.
- Nur wenige Eltern fühlen sich von der Schule bzw. der Lehrkraft in die Französischlernprozesse ihrer Kinder integriert und somit als Akteure im Lernprozess wahrgenommen; dennoch bekunden viele Eltern ihre (teilweise) Bereitschaft zu einer prinzipiellen bzw. stärkeren Integration in den Französischunterricht.

6.3.2.3 Hinweise zum Lernen aus dem schulischen Kontext

Sacher äußerte in seinem Ergebnisbericht zur 2.JAKO-O-Bildungsstudie hinsichtlich wirkungsvoller Konzepte des elterlichen Engagements für die Lernprozesse ihrer Kinder allgemein:

> „Am effektivsten sind Konzepte, welche den Schwerpunkt auf die elterliche Unterstützung der häuslichen Lernprozesse der Kinder und Jugendlichen legen und die Eltern mit entsprechenden konkreten, wirklich handlungsanleitenden Informationen versorgen“ (Sacher 2012b, 240).

Ähnlich ermittelte Hughes im Rahmen seiner Untersuchung *Parents and their children's schools*:

> „while parents' knowledge in these areas [= Informationen über sämtliche Schulangelegenheiten] was severely limited, their desire for more information was not. Each time parents were asked if they wanted to know more, the great majority replied that they did. Typically, they wanted to find out more about what their children were doing at school so they could provide more effective help for them at home" (Hughes 1994, 170).

Mit konkretem Bezug auf Gespräche mit Lehrkräften konstatiert Wicht, dass sich Eltern anlässlich dieser Kontakte zu den Lehrkräften ihrer Kinder vornehmlich „für Anregungen zur Förderung des Leistungsstandes zu Hause" (Wicht/Melzer 1983, 22) interessieren. Vor diesem Hintergrund ist das Ergebnis der vorliegenden Studie hinsichtlich des Aspekts der Hinweise – durch die Lehrer – zu Hilfestellungen seitens Eltern im häuslichen Bereich bedauerlich: Weniger als die Hälfte der Eltern erhalten von der Französischlehrkraft Tipps, wie sie ihre Kinder zuhause beim Französischlernen unterstützen können.

6.3.2.4 Kontakt zur Französischlehrkraft

Auffallend wenige Enthaltungen in Form von „weiß nicht"-Antworten liegen für die Bewertung des Kontakts zur Französischlehrkraft durch die Eltern vor, woraus deutlich wird, dass dies einen für die Eltern gut zu beurteilenden Aspekt des schulischen Französischunterrichts darstellt.

Die meisten Eltern nehmen Elternabende regelmäßig als Gelegenheit wahr, um mit der Französischlehrkraft ihrer Kinder in Kontakt zu treten *(siehe Kapitel 5.3.2)*. Dieses Resultat reiht sich in die zahlreichen Befunde zu Formen der Kontaktaufnahmen zu Lehrkräften durch die Eltern ein und bestätigt jene in vorliegender Studie fach- und schulartspezifisch. Nachfolgend seien exemplarisch vergleichbare Befunde zur Beliebtheit von Elternabenden, fach- und schulartunspezifisch, erwähnt, die die Breite der Literaturbasis in diesem Forschungsgebiet erahnen lassen:

- Im Rahmen der Hamburger Untersuchung als Teil der Erhebungen für den 2.Familienbericht der Bundesregierung gab eine überaus deutliche Mehrheit der Eltern an, regelmäßig Klassenelternabende zu besuchen (cf. Bärsch 1976, 119) bzw. an Schul-Elternabenden teilzunehmen (cf. Bärsch 1976, 122).

- Melzer hält in seinem Artikel „Die Angst des Lehrers vor den Eltern" als Ergebnis von Lehrerbefragungen an unterschiedlichen Schularten fest, dass „Elternabende in der Regel von bis zu 50% der Elternschaft besucht werden“ (Melzer 1981, 33).

- Wild nennt Elternabende eines der „wesentlichen Instrumente der Eltern-Lehrer-Interaktion“ (Wild/Hofer 2002, 222) und spricht von einer Besucherfrequenz von „50% bis 80% der Elternschaft“ (Wild/Hofer 2002, 222) anlässlich dieser Möglichkeit der Kontaktpflege zwischen Schule und Elternhaus.

- Auch die 2.JAKO-O-Bildungsstudie ermittelt Elternabende als häufigste Kontaktform zwischen Eltern und Lehrkräften (cf. Killus 2012, 54).

Es gilt, die Beliebtheit der Elternabende im Zuge des Kontakts zwischen Eltern und den Französischlehrkräften ihrer Kinder – insbesondere vor dem Hintergrund der Feststellung von Kowalczyk *(siehe Kapitel 5.4.2.1)* –, vorsichtig zu interpretieren: Elternabende bieten den Eltern häufig die Möglichkeit, den Lehrern ihr Interesse zu signalisieren (cf. Kowalczyk 1988, 30; cf. Martin 1978, 81). Brenner teilt den Standpunkt Kowalczyks und begründet die Beliebtheit dieser institutionalisierten Kontakte damit, dass sie

> „ein symbolischer Ausdruck der tatsächlichen Bereitschaft [sind], Schule ernst zu nehmen und sich um das schulische Fortkommen der eigenen Kinder zu kümmern“ (Brenner 2009, 175).

Zusätzlich dazu erscheint die Kontaktaufnahme der Eltern zur Französischlehrkraft anlässlich von Elternabenden möglicherweise vielen als leichter und unproblematischer, weil sie im Kollektiv erfolgt – was u.U. die Artikulation von Kritik aufgrund der Anwesenheit Gleichgesinnter erleichtert –, wie Bois-Reymond anführt: „Hier kommen er [= der Lehrer] und die Eltern als Kollektiv zusammen“ (Bois-Reymond 1977, 251). Einzelne Elternpaare oder Elternteile treten anlässlich dieser Begegnungen nur selten in Erscheinung, was vor dem Hintergrund der Kontakthindernisse für Eltern *(siehe Kapitel 2.1.3.3.2)* für sie oftmals erleichternd wirkt, gerade wenn sie – wie Sacher konstatiert – „der Schule (…) mit emotionalen Vorbehalten gegenüberstehen“ (Sacher 2008, 93).

Hinsichtlich der Regelmäßigkeit der Kontaktanlässe zwischen Schule und Elternhaus resümiert Schleicher: vielen Eltern fällt

> „der regelmäßige Kontakt zur Schule und die Mitwirkung in den Schulen zweifellos schwer. Er aktualisiert sich vielfach erst bei unerfreulichen Anlässen oder nur bei Elternabenden“ (Schleicher/Fischer 1972, 37).

Hierin liegt der Anknüpfungspunkt zu einer zweiten Form der Kontaktpflege zwischen Elternhaus und Schule, welche, den vorliegenden Befunden zufolge, von den Eltern häufig in Anspruch genommen wird: Besuche der Sprechstunde der Lehrkraft, wenn ein konkreter Anlass diese motiviert. Dieses Ergebnis zeigt, dass für die Eltern der individuelle Kontakt zur Lehrkraft besonders in den Situationen bedeutend wird, in denen sich problematische Entwicklungen ihrer Kinder ergeben, und bestätigt damit die zahlreichen Quellen, die denselben Aspekt hervorheben konkret für den gymnasialen Französischunterricht. Nachfolgend seien exemplarisch vergleichbare Ergebnisse zur Beliebtheit probleminitiierter Sprechstundenbesuche bei Eltern allgemein – fach- und schulartunspezifisch – aufgeführt:

- Wild beschreibt – aus Sicht der Lehrer –, dass

> „[s]inguläre persönliche Gespräche mit Eltern, die um Probleme kreisen und häufig innerhalb von Sprechstunden stattfinden, (…) von 61,2% der Lehrer genannt" (Wild 2006, 391)

werden, als Form der praktizierten Kooperation zwischen Elternhaus und Schule.

- Ein Resultat der 2.JAKO-O-Bildungsstudie ist, dass die „Kommunikation zwischen Eltern und Lehrkräften (...) häufig problemveranlasst und defizitorientiert" (Sacher 2012a, 197) gestaltet ist.

- U.a. auch Heizmann verweist in seinem Praxisbericht „Eltern in der Schule" auf diese Tatsache:

> „Wenn einzelne Eltern von sich aus Kontakt zur Schule suchen, dann geht es hauptsächlich um das eigene Kind, dabei vor allem um Fragen, die sich auf den Unterricht beziehen und oft um solche Vorfälle und Situationen, die sich gerade erst ereignet haben" (Heizmann 1981, 60; cf. Frohn 1976, 111; cf. Melzer 1985, 9; cf. Neuenschwander 2005, 40).

- Gleichermaßen ermittelte die Hamburger Untersuchungsgruppe um Bärsch einige Jahre zuvor, im Rahmen der Erstellung des 2.Familienberichts der Bundesregierung durch eine Elternbefragung an Schulen aller Schularten, dass die Mehrheit der Eltern dann von sich aus ein Gespräch mit den Lehrern ihrer Kinder führen, wenn Schwierigkeiten in einzelnen Fächern auftreten (cf. Bärsch 1976, 124).

Die Interpretierbarkeit des vorliegenden Ergebnisses zum Sprechstundenbesuch der Eltern ist dahingehend begrenzt, dass nicht erhoben wurde, auf wessen Initiative jene probleminitiierten Besuche der Sprechstunde der Französischlehrkraft erfolgen: ob die Eltern von sich aus diese Kontaktgelegenheit wahrnehmen oder ob die Vorgehensweise jener entspricht, die Sacher anführt: „Sprechstundenkontakte kommen meist auf Initiative der Lehrkräfte zustande. Seltener besuchen Eltern spontan Sprechstunden“ (Sacher 2008, 92).

Mit einer vergleichbaren Häufigkeit wie Sprechstunden, die infolge eines konkreten Anlasses aufgesucht werden, nehmen Eltern die von der Schule meist zweimal pro Schuljahr angebotenen Elternsprechtage als individuelle Kontaktform zur Schule bzw. zur Französischlehrkraft wahr, sodass die Beliebtheit dieser Kontaktform im Zuge des gymnasialen Kontext und hinsichtlich des Unterrichtsfachs Französisch klar herausgestellt ist. Melzer veranschlagt in seinem Artikel „Die Angst des Lehrers vor den Eltern“ – allerdings nicht fach- und schulartspezifisch – aus Sicht der Lehrer eine Besuchsquote „zwischen 20% und 60%“ (Melzer 1981, 33) der Eltern anlässlich von Elternsprechtagen.

Dass die Sprechstunden der Französischlehrkraft auf regelmäßiger Basis besucht werden, um Kontakt zur Lehrkraft ihrer Kinder aufzubauen oder aufrechtzuerhalten, trifft nur auf die wenigsten Eltern zu *(siehe Kapitel 5.3.2)*. In diesem Ergebnis bestätigt sich die Feststellung von Huppertz konkret für den gymnasialen Französischunterricht in Bayern. Jener konstatiert: „Eltern zieht es nicht in die Sprechstunde der Schule“ (Huppertz 1990, 81). Ähnlich resümiert Sacher aus seiner Eltern-Befragung, die an allgemeinbildenden Schulen unterschiedlicher Schularten durchgeführt wurde, dass die Mehrheit der Eltern „(64,9%) (…) ein- bis zweimal jährlich eine Sprechstunde“ (Sacher 2004, 25) besucht und dieser Kontaktform somit keineswegs der Rang einer selbstverständlichen Kontaktsituation zukommt.

Bei der Interpretation dieses Analyseergebnisses gilt es allerdings folgende Überlegungen zu bedenken: zum einen können Sprechstunden von vielen Eltern aufgrund (schul-)organisatorischer Kontakthindernisse *(siehe Kapitel 2.1.3.3.2)* a priori nicht aufgesucht werden, weil sie

> „oft in Zeitfenstern des Unterrichtsvormittags oder doch jedenfalls in der regulären Arbeitszeit angeboten werden, so dass es berufstätigen Erziehungsberechtigten nahezu unmöglich ist, sie zu nutzen“ (Sacher 2008, 60).

Zum anderen wird das Unterlassen der Kontaktaufnahme zur Lehrkraft in den jeweiligen Sprechstunden von den Eltern bisweilen als „Zufriedenheit mit dem reibungslosen Betrieb in der Schule" (Sacher 2008, 93) gedeutet, was die Befunde zur probleminitiierten Kontaktaufnahme – in vorliegender Studie konkret des Sprechstundenbesuchs – stützt.

Ein erstes Zwischenfazit zu den Ergebnissen der vorliegenden Studie zeigt, dass sich der Kontakt der Eltern zur Französischlehrkraft ihrer Kinder an bayerischen Gymnasien so gestaltet, wie es von Kob spezifisch für die Schulart Gymnasium (cf. Kob 1963, 89) sowie vielfach in der Forschungsliteratur – mit allgemeinem Bezug auf die elterliche Kontaktaufnahme zur Schule – dargestellt wird: den formalisierten Kontakten, um in der Terminologie Brenners zu sprechen (cf. Brenner 2009, 175), kommt in den Augen der Eltern große Bedeutung für den Kontakt zwischen Schule und Elternhaus zu. Insbesondere Elternabende (als kollektive Form der Kontaktpflege) sind bei den Eltern sehr beliebt, obwohl oder möglicherweise gerade deswegen, weil die Basis dieser Kontaktform nicht die „jeweils individuellen Interessen der Eltern bzw. des Lehrers" (Melzer 1981, 36) bildet und somit individuelle Kontakthemmnisse der jeweiligen Eltern *(siehe Kapitel 2.1.3.3.2)* weniger zum Tragen kommen.

Auf der Ebene der individuellen Kontakte stellen neben den Elternsprechtagen v.a. die individuellen Sprechstunden der Französischlehrkraft die beliebtesten Kontaktformen dar, letztere allerdings quasi ausschließlich bei konkreten Anlässen bzw. Problemen. Dies bestätigt die Befunde der 2.JAKO-O-Bildungsstudie – jene ermittelte, dass die Mehrheit der befragten Eltern unterschiedlicher Schularten des allgemeinbildenden Schulwesens als Kontaktform zu den Lehrern ihrer Kinder die Elternsprechtage bzw. regelmäßig die Elternsprechstunden besuchen (cf. Killus 2012, 53), insbesondere um sich „über die Entwicklung und den Leistungsstand ihres Kindes zu informieren" (Killus 2012, 54) – für die vorliegende Untersuchung zum Französischunterricht an bayerischen Gymnasien.

Inwiefern sich Eltern im Zuge ihrer Kontakte zur Französischlehrkraft ihrer Kinder informiert fühlen über die unterschiedlichen Aspekte des Französischunterrichts zeigen die Analyseergebnisse deutlich.

Nicht einmal die Hälfte der Befragungsteilnehmer fühlt sich hinsichtlich des Lern- und Leistungsverhaltens ihrer Kinder im Zuge der Kontakte zur Französischlehrkraft ausreichend informiert. Das Antwortverhalten der Eltern insgesamt zeigt, dass die einzelnen Französischlehrkräfte die Information der Eltern über diesen Aspekt des Französischlernens in unterschiedlichem Umfang praktizieren. Dass sich die meisten Eltern – wenn überhaupt –

nur partiell gut informiert fühlen über das Lern- und Leistungsverhalten ihrer Kinder im Fach Französisch reiht sich als Ergebnis in die schulart- und fachübergreifende Forschungslage ein und bestätigt zahlreiche Befunde konkret für das Fach Französisch. So berichtet z.B. Epstein von dem Resultat der Erhebung *NELS:88*, welches auf ein klares Informationsdefizit der Eltern von Kindern an *Middle Grade Schools* verweist:

> „Although most families say that they discuss school with their children at home, most lack information from the schools about classwork, homework, and curriculum content“ (Epstein/Lee 1995, 122sq.).

Kowalczyk bemängelt, vom Standpunkt der Eltern aus gesehen, zur Informationspraxis von Schulen bzw. Lehrkräften: „Einen genauen Überblick über den Leistungsstand erhalten Schüler und Eltern normalerweise nur zweimal im Jahr, nämlich durch die Zeugnisse“ (Kowalczyk/Ottich 2002, 18). Diese Feststellung stützt die in der vorliegenden Untersuchung ermittelten Befunde hinsichtlich eines von den meisten Eltern empfundenen Informationsdefizits bzw. der zu geringen Informationen über Lernen und Leistungen ihrer Kinder. Aus diesem Ergebnis können zwei Rückschlüsse hinsichtlich der beiderseitigen Defizite bei den Kontakten zwischen Eltern und Lehrkräften gezogen werden:

Zum einen werden Kontaktanlässe von den Eltern möglicherweise zu wenig und zu wenig gewinnbringend genutzt. Die Plausibilität dieser Annahme scheint bestätigt vor dem Hintergrund, dass Sacher spezifisch für die Schulart Gymnasium ermittelte, dass nur 15% der Eltern beispielsweise Elternsprechtage besuchen (cf. Sacher 2008, 113). Darüber hinaus finden die Begegnungen von Eltern und Lehrkräften häufig unter großem Zeitdruck statt, was u.a. Doppke bestätigt:

> „Elternsprechtage bieten in konzentrierter Form die Gelegenheit, alle Lehrkräfte zu sehen und sich kurz und knapp nach den Entwicklungen und Leistungen des eigenen Kindes zu erkundigen“ (Doppke/Gisch 2005, 37).

Aufgrund des begrenzten Zeitfensters, das den Eltern bei Elternsprechtagen zur Verfügung steht, um mit der Fachlehrkraft über ihre Kinder zu sprechen, sind diese Anlässe der Kontaktaufnahme zur Französisch- bzw. generell zur Fachlehrkraft für viele Eltern allerdings oftmals unbefriedigend, was Ulich bestätigt durch seine Feststellung, „daß (sic) Eltern wie Lehrer mit ihrem Umgang und vor allem mit ihrer Kommunikation nicht zufrieden sind“ (Ulich 1989, 257).

Zum anderen wird im Informationsdefizit der Eltern Kritik an der Kontaktpraxis der Lehrkräfte impliziert, welche insbesondere am Gymnasium in den meisten Fällen Initiatoren der Begegnungen mit Eltern sind, wie Brühl und Knake konstatieren (cf. Brühl/Knake 1978, 67).

Es zeigt sich, dass z.B. die Zeitslots von 5 Minuten, die Eltern an vielen Gymnasien anlässlich der Elternsprechtage pro Fachlehrkraft zur Verfügung stehen, oder die probleminitiierten Sprechstundengespräche für viele nicht einmal ausreichend sind, um das Lernen und die Leistungen des Kindes im Fach Französisch grundlegend und eingängig zu besprechen. Fitzek und Ley führen als Crux von Elternsprechtagen an: die Praxis der Elternsprechtage an Schulen gestaltet sich größtenteils so, dass

> „zuerst umständlich eine lange Liste mit Tagesordnungspunkten abgearbeitet würde, während für Dinge, die den Eltern ‚wirklich unter den Nägeln brennen' würden, letztlich keine Zeit mehr bliebe" (Fitzek/Ley 2005, 209).

Somit bestätigen die Ergebnisse der vorliegenden Studie konkret für den Französischunterricht am Gymnasium, was Doppke zur leistungsbezogenen Information der Eltern – jene bezeichnet er als Konfliktfeld zwischen Elternhaus und Schule – festhält: u.a. „die unzureichende Information der Eltern über den Leistungsstand ihres Kindes führ[t] zu unnötigen Konflikten" (Doppke/Gisch 2005, 24).

Sehr unterschiedlich beurteilen die Eltern den Aspekt, dass sie die Französischlehrkraft verständlich informiert über Prüfungs- und Leistungsanforderungen im Fach Französisch. Eine geringe Mehrheit der Eltern (39%) gibt an, dass die Informationen, die sie von der Französischlehrkraft ihrer Kinder über Anforderungen an die Schüler erhalten, nicht verständlich sind. In diesem Resultat bestätigen sich die Befunde von Sacher im Ergebnisbericht der 2.JAKO-O-Bildungsstudie, dass insbesondere die Leistungsanforderungen der Lehrkräfte für Eltern von Realschülern und Gymnasiasten nicht nachvollziehbar sind (cf. Sacher 2012a, 196) konkret für den gymnasialen Französischunterricht:

> „Nur ein reichliches Drittel der Realschuleltern und der Eltern von Gymnasiast/inn/en erhalten von den Lehrkräften regelmäßig die gewünschten Auskünfte. Besonders unzufrieden sind Eltern mit den Informationen über die Leistungsanforderungen und die Prüfungspraxis der Lehrkräfte" (Sacher 2012a, 196).

Zudem ermittelt Sacher in seiner Erhebung aus dem Jahre 2006, dass „mehr als die Hälfte der Eltern von Sekundarschülern [angeben], nicht über die Leistungsanforderungen der Lehrkräfte Bescheid zu wissen“ (Sacher 2008, 168). Etwa ähnlich viele Eltern können die Leistungs- und Prüfungsanforderungen im Fach Französisch, den vorliegenden Ergebnissen zufolge, durchaus nachvollziehen. Um in der Terminologie Hatties zu sprechen, sind die Eltern möglicherweise unterschiedlich kompetent in der „Sprache der Schulausbildung“ (Hattie 2013, 84). Nicht nur Hattie, auch Doppke weist auf die mögliche Sprachbarriere zwischen Eltern und Lehrkräften hin (cf. Doppke/Gisch 2005, 26), wodurch u.a. die Nachvollziehbarkeit von Prüfungs- und Leistungsanforderungen eingeschränkt sein kann.

Darüber hinaus ist die unterschiedliche Ausprägung der Nachvollziehbarkeit der Anforderungen wohl auf die Informations- und Kommunikationspraxis der einzelnen Lehrkräfte zurückzuführen. Umso unerfreulicher und verbesserungsbedürftig ist das eben beschriebene Ergebnis der vorliegenden Studie zu bewerten, als Kirk zum Interessenfokus der Lehrer-Eltern-Kontakte auf der individuellen Ebene konstatiert: „Fragen zu den Schulleistungen ihrer Kinder nehmen einen Schwerpunkt bei individuellen Kontakten zwischen Schule und Elternhaus ein“ (Kirk 2012, 379; cf. Sacher 2004, 82).

Äußerst unterschiedlich sind die Ansichten der Eltern, ob sie sich mehr Tipps von der Französischlehrkraft in Bezug auf die Unterstützung ihrer Kinder zuhause wünschen und ebenfalls ob die Eltern gerne (intensiver) mit der Französischlehrkraft ihrer Kinder zusammenarbeiten würden.

Viele Eltern sind im Hinblick auf ihren Wunsch nach mehr Tipps von der Fachlehrkraft zur Unterstützung ihrer Kinder zuhause geteilter Meinung: 38% bekunden Interesse an mehr Tipps, 35,9% lehnen den Vorschlag ab. Dieses unklare Meinungsbild deutet darauf hin, dass die Eltern möglicherweise in unterschiedlichem Ausmaß das Bedürfnis empfinden, sich am Lernen für das Fach Französisch zu beteiligen und demzufolge kein Bedürfnis nach handlungsanleitenden Hinweisen von der Französischlehrkraft empfinden. Im Übrigen könnte es allerdings auch sein, dass die jeweilige Französischlehrkraft dem Bedürfnis der Eltern nach Hinweisen zur außerschulischen Unterstützung der Französischlernprozesse der Kinder ausreichend – und für die Eltern zufriedenstellend – entspricht.

Ein ähnlich geteiltes Meinungsbild ergeben die vorliegenden Befunde hinsichtlich einer (stärkeren) Kooperation der Eltern mit der Französischlehrkraft ihrer Kinder: 39,5% wollen nicht stärker kooperieren, 29,9% empfinden teilweise das Bedürfnis nach (mehr) Zusammenarbeit mit der Fachlehrkraft. Diese Ergebnisse ähneln den Befunden von Brühl und Knake zum elterlichen Interesse bzw. mehrheitlichen Desinteresse an einer aktiven Zusammenarbeit mit der Schule der Kinder sehr stark *(siehe Kapitel 4.1.6)*: Ihre Befragung von Hauptschul-, Realschul- und Gymnasialeltern ergab dabei Folgendes: „Fast 60% aller Eltern äußern nur ein geringes oder gar kein Interesse an einer aktiven Zusammenarbeit mit der Schule" (Brühl/Knake 1976, 574; cf. Kowalczyk 1988, 32).

Die 30,6% der Eltern, welche – der vorliegenden Studie zufolge – durchaus den Wunsch haben, (stärker) mit der Französischlehrkraft ihrer Kinder zusammenzuarbeiten können als positives Signal gewertet werden. Somit kann die Feststellung von Kob, dass Eltern gegenüber den Lehrkräften ein starkes Kooperationsbedürfnis empfinden (cf. Kob 1963, 63) zumindest ansatzweise für das Fach Französisch konkret bestätigt werden. Auch das Analyseergebnis für den Wunsch nach (mehr) Kooperation mit der Lehrkraft als Teilaspekt des Kontaktverhältnisses zur Französischlehrkraft zeugt von der Verschiedenartigkeit der elterlichen Grundeinstellungen diesbezüglich. Diese Verschiedenartigkeit ist zum einen vermutlich bedingt durch die jeweilige Französischlehrkraft selbst bzw. deren Praxis der Kontakte zu den Eltern ihrer Schüler, zum anderen auch durch die elterliche Beteiligung sowie Bereitschaft zur Beteiligung an den Französischlernprozessen der Kinder.

Das nur bei wenigen Eltern vorhandene Interesse an einer (stärkeren) Kooperation mit der Französischlehrkraft ihrer Kinder erscheint möglicherweise umso verständlicher vor dem Hintergrund, dass eine überaus deutliche Mehrheit der Eltern (92,5%) angibt, nicht durch die Lehrkraft in Entscheidungen, die den Französischunterricht betreffen, einbezogen zu werden. Dieses Ergebnis könnte man deuten als die im Zuge der Kontakte zu den Französischlehrkräften an bayerischen Gymnasien offenbar werdende Angst der Lehrer vor den Eltern *(siehe Kapitel 2.1.3.3.1)*, welche auf einer breiten Forschungsbasis basiert und u.a. auch von Busch erwähnt wird: „Viele Lehrer haben nicht gelernt, mit Eltern umzugehen. Das führt zu Unsicherheiten und Abwehr" (Busch/Scholz 2002, 258).

Diese Angst manifestiert sich u.a. in der nur begrenzt vorhandenen Möglichkeit der Kontaktaufnahme zur Lehrkraft außerhalb des Unterrichts – sei es auf dem schriftlichen Wege, telefonisch oder persönlich. Zwar sind nach Angaben der Eltern einige Französischlehrkräfte ihrer Kinder außerhalb des Unterrichts erreichbar, die meisten Lehrer allerdings können von den Eltern nicht außerhalb des Unterrichts erreicht werden. Dies widerspricht folgender

Forderung Sachers: „Lehrkräfte sollen erreichbar und ansprechbar sein" (Sacher 2008, 60). Folglich kann, in einen größeren Kontext gestellt, das für ein positives Schulklima von Hoover-Dempsey geforderte „consistently inviting environment" (Hoover-Dempsey/Sandler 1995, 316) bzw. das von Sacher geprägte Konzept der „Willkommenskultur" (Sacher 2014, 37), auf dieser Grundlage konkret für den Französischunterricht nicht entstehen. Die hohe Zahl der Enthaltungen für die Charakterisierung dieses Aspekts des Kontakts zur Französischlehrkraft weist zudem darauf hin, dass es viele Eltern offenbar nicht zu beurteilen vermögen, inwieweit die Französischlehrkraft ihrer Kinder außerhalb des Unterrichts erreichbar ist, weil sie es offenbar (noch) nicht versucht haben. Somit gilt es, die Interpretation dieses Ergebnisses dahingehend zu relativieren.

Die Erreichbarkeit der Französischlehrkräfte außerhalb des Unterrichts muss vor dem Hintergrund einer hohen Zahl an Enthaltungen interpretiert werden. Möglicherweise ist eine derartige Kontaktaufnahme vieler Eltern noch nicht erfolgt, sodass sie sich außer Stande sehen, diesen Aspekt des Kontaktverhältnisses zur Lehrkraft zu beurteilen. Neuenschwander führt als Ratschlag für eine positive Beziehung zwischen Elternhaus und Schule an, dass es Aufgabe der Lehrer ist, „eine Kontaktaufnahme zu ermöglichen" (Neuenschwander 2005, 190). Vor diesem Hintergrund kann das Ergebnis der vorliegenden Studie, dass viele Eltern die Erreichbarkeit der Französischlehrkräfte ihrer Kinder nicht bestätigen bzw. nicht beurteilen können, nicht als positiv beschrieben werden.

Die Tatsache, dass sich die Hälfte der befragten Eltern (50,6%) nicht gut informiert über sämtliche Angelegenheiten des Französischunterrichts fühlt, bestätigt die Befunde von Brühl und Knake für den gymnasialen Französischunterricht. Jene ermitteln eine allgemeine, defizitäre Informationspolitik an Haupt- und Realschulen sowie Gymnasien und konstatieren, dass sich „fast die Hälfte der befragten 340 Eltern (…) nicht ausreichend über die Schule informiert fühlen" (Brühl/Knake 1976, 571; cf. Kowalczyk 1988, 31).

Bereits Martin konstatiert im Jahr 1978: „Bis jetzt sind viele Eltern schlecht oder überhaupt nicht informiert über das, was in der Schule tatsächlich vor sich geht" (Martin 1978, 82); auch Sacher hält in Bezug auf das Informiertheitsgefühl der Eltern fest: sie „fühlen sich schlechter von diesen informiert, als es den Lehrkräften bewusst ist" (Sacher 2008, 161). Diese Aussagen könnten, mit konkretem Bezug auf vorliegende Studie und deren Befunde, folgendermaßen resümiert werden: Viele Eltern fühlen sich nicht ausreichend informiert über sämtliche Angelegenheiten des gymnasialen Französischunterrichts, insbesondere Prüfungs- und Leistungsanforderungen sowie das Lern- und Leistungsverhalten ihrer Kinder. Gerade letzterer Aspekt ist bedauerlich vor dem Hintergrund, dass – wie bereits angedeutet – Eltern durch ihr Engagement im Zuge der Lernprozesse ihrer Kinder jenen auf lange Sicht eine stabile Position zunächst in der Schule und später in der Gesellschaft sichern helfen wollen, was in der Empirie seit Jahren vielfach bestätigt wird: u.a. führt Schmälzle an,

> „daß (sic) das Interesse der Eltern sich zunächst auf die Ausbildung ihrer Söhne und Töchter richtet. Die Eltern wollen, daß (sic) ihre Kinder die Schullaufbahn so vollenden, daß (sic) sie mit ihrem Abschluß (sic) gute Chancen für eine berufliche Zukunft haben" (Schmälzle 1985, 45).

Demzufolge werden anlässlich der üblichen individuellen Kontakte zwischen Eltern und Lehrkräften insbesondere „Lernschwierigkeiten der Kinder" (Heizmann 1981, 61; cf. Killus 2012, 64) thematisiert, was die elterliche Beurteilung ihrer Informiertheit als zusätzlich bedenklich erscheinen lässt.

So wenig selbstverständlich für die Eltern ihre Beteiligung an Entscheidungen des schulischen Unterrichts und ihr Einbezug in die Lernprozesse durch die Französischlehrkraft ist, so selbstverständlich ist für eine überaus deutliche Mehrheit der Eltern ihre indirekte Beteiligung am schulischen Französischunterricht über die Unterstützung ihrer Kinder zuhause. Dieses fächerspezifische Ergebnis bestätigt die Befunde der 2.JAKO-O-Bildungsstudie konkret für das Fach Französisch. Jene deklarieren das elterliche Engagement insbesondere im Hinblick auf die Prüfungsvorbereitung allgemein – und nicht fächerspezifisch – als normal: 74% der Gymnasialeltern geben an, „ihre Kinder bei der Vorbereitung von Klassenarbeiten und Referaten zu unterstützen (…). Eine solche Hilfe scheint für die meisten Eltern normal zu sein" (Nicht 2012, 163).

Die Ergebnisse der vorliegenden Studie zeigen deutlich, dass Eltern mehrheitlich die traditionellen Kontaktformen mit den Französischlehrkräften ihrer Kinder pflegen, was den Ergebnissen der der 2.JAKO-O-Bildungsstudie entspricht, welche hinsichtlich unterschiedlicher Schularten der allgemeinbildenden Schulen hervorbrachte, dass „Eltern und Lehrkräfte gerade die klassischen, formellen Kontaktmöglichkeiten für sinnvoll erachten“ (Nicht 2012, 161).

Im Zuge der Kontaktpflege zu den Französischlehrkräften in Bayern wurden Elternabende als häufigste Begegnungsgelegenheit von Eltern und Lehrern ermittelt, wobei es hierbei zu berücksichtigen gilt, dass anlässlich dieser Veranstaltungen keine persönliche und direkte Kontaktpflege auf individueller Ebene stattfindet, sondern die Eltern als Kollektiv in Erscheinung treten. Neuenschwander stellt im Rahmen seines Projekts zum Einfluss der Eltern auf den Schulerfolg fest:

> „Die Eltern haben insbesondere dann den Eindruck, informiert zu sein, wenn sie in einem direkten Kontakt mit der Lehrperson stehen“ (Neuenschwander 2005, 203).

Dieser direkte Kontakt (auf der individuellen Ebene, die den einzelnen Schüler in den Fokus der Aufmerksamkeit stellt) kommt – den vorliegenden Untersuchungsergebnissen zufolge – nur anlässlich konkreter Probleme zustande, bleibt demnach zielgerichtet und punktuell.

Vor diesem Hintergrund erstaunt das Ergebnis der vorliegenden Studie nicht, dass auf Seiten der Eltern hinsichtlich der folgenden Aspekte ein Informationsdefizit vorliegt: sie fühlen sich nicht ausreichend in Kenntnis gesetzt über das Lern- und Leistungsverhalten ihrer Kinder; die Prüfungs- und Leistungsanforderungen der Französischlehrkraft sind für viele nicht transparent; nur wenige Eltern fühlen sich gut informiert über den Französischunterricht ihrer Kinder allgemein.

Und dennoch ist es für viele Eltern selbstverständlich, ihr Kind beim Lernen zu unterstützen. Ebenso wünschen einige Eltern einen (engeren) Kontakt zur Französischlehrkraft. Schönfeldt rät Eltern deswegen: „Bestehen Sie auf Ihrem Recht, informiert zu werden: von seiten (sic) der Schule, die Sie über alle wichtigen Schulangelegenheiten zu unterrichten hat“ (Schönfeldt 1973, 38).

Gleichermaßen verweisen Sacher und Dietrichs darauf, dass die Schule bzw. Lehrkräfte allgemein hinsichtlich des Aspekts der Informationsvermittlung eine „Bringschuld“ (Sacher 2008, 44; cf. Dietrichs 1989, 92) haben *(siehe Kapitel 2.1.4.6)*, wobei aber auch die Eltern angehalten sind, der Lehrkraft diesbezüglich entgegenzukommen (cf. Sacher 2008, 44).

Aufgrund der Defizite im Kontaktverhältnis zwischen den Eltern und den Französischlehrkräften ihrer Kinder kann das Prinzip des wechselseitigen Informationsaustausches *(siehe Kapitel 2.1.4.3)* – an Stelle des punktuellen, „unidirektionalen Informationsaustausches“ (Sacher 2012a, 197) – als Anforderung an eine partnerschaftlich gestaltete Elternarbeit nicht für den bayerischen Französischunterricht bzw. diesen Teilaspekt des Verhältnisses zwischen Eltern und Französischlehrkraft bestätigt werden.

Nachfolgend sind die bedeutendsten Ergebnisse der Analyse des Kontaktverhältnisses zwischen Eltern und Französischlehrkraft aufgelistet:

- Sprechstunden werden meist nur bei konkreten Anlässen aufgesucht und keineswegs auf regelmäßiger Basis.
- Die Erreichbarkeit der Französischlehrkraft außerhalb des Unterrichts ist unterschiedlich ausgeprägt, wobei sich viele Eltern außer Stande sehen, diesen Aspekt zu beurteilen.
- Die Lehrkräfte beziehen Eltern mehrheitlich nicht in Entscheidungen des Französischunterrichts ein.
- Die beliebtesten Kontaktanlässe zwischen den Eltern und den Französischlehrkräften sind Elternabende sowie Elternsprechtage.
- Die Eltern erachten die Unterstützung der Lernprozesse ihrer Kinder als Selbstverständlichkeit und wünschen sich z.T. mehr Tipps für diese Unterstützung von der Lehrkraft.
- Die Eltern wünschen sich mehr Informationen über das Lern- und Leistungsverhalten ihrer Kinder sowie über den Französischunterricht allgemein.
- Nach Angaben der Eltern erfolgt die Information über Prüfungs- und Leistungsanforderungen zu wenig nachvollziehbar.
- Trotz mehrheitlicher Ablehnung eines intensiveren Kontakts zur Französischlehrkraft sowie der Aussage, dass sich die meisten keine Integration in den konkreten Französischunterricht vorstellen könnten, gibt es einige Eltern, die beiden Aspekten aufgeschlossen gegenüber stehen.

6.3.3 Gestaltung des häuslichen Lernens

6.3.3.1 Lernpartner

Die meisten Kinder werden beim Französischlernen von ihren Müttern unterstützt *(siehe Kapitel 5.3.3)*, was die Befunde vieler fach- und schulartübergreifender Studien konkret für die elterliche Unterstützung im Fach Französisch bestätigt. Exemplarisch sei auf Diehls Aufsatz „Das Geschäft mit der Nachhilfe" verwiesen, in welchem sie Mütter als „Hilfslehrer der Nation" (Diehl 1976, 642) beschreibt. Ähnlich bezeichnete u.a. Sacher das Engagement für und im Zuge der kindlichen Lernprozesse als „Mütterarbeit" (Sacher 2014, 133; cf. Dauber/Weber 1976, 198; cf. Wild 2006, 380; cf. Wittmann 1972, 64 sq.; cf. Kraus 2013, 129; Sass 1982, 203).

Im Hinblick auf die Hausaufgabenunterstützung – als Teil des Engagements der Eltern für die Lernprozesse der Kinder – ermittelte Wild im Rahmen einer Befragung von Eltern von Schulkindern am Übergang zur Sekundarstufe I, dass „der überwiegende Teil der Hausaufgabenunterstützung durch die Eltern geleistet" (Wild 2006, 380) wird, insbesondere von Müttern. Horstkemper versucht, im Zuge der 2.JAKO-O-Bildungsstudie, einen allgemeinen Erklärungsversuch für die Tatsache, dass Mütter die vorrangigen Lernpartner der Schüler sind: jene würden die gemeinsamen Lernaktivitäten mit ihren Kindern als eine ihrer Aufgaben erachten, die sie im Alltag zu bewältigen haben (cf. Horstkemper 2012, 80).

Wittmann bestätigte im Rahmen seiner Untersuchung zum Hausaufgabenverhalten der Dritt- und Siebtklässler unterschiedlicher Schulen in Duisburg die große Bedeutung der Mütter für die Begleitung von Lernprozessen: „Die Hauptlast der Aufsicht oder Unterstützung liegt bei der Mutter mit 69,8%, es folgen der Vater und die Geschwister" (Wittmann 1972, 64 sq.). Diese Rangfolge bestätigt sich ebenfalls in vorliegender Studie für die elterliche Beteiligung an den Französischlernprozessen von Gymnasiasten: nach der Mutter folgen als Lernpartner, mit großem Abstand, Väter und Geschwister. Neben den Müttern und den Schülern, die ohne jegliche Unterstützung Französisch lernen, finden sich die weiteren Personen, die sich im Zuge der Lernprozesse an Lernaktivitäten ihrer Kinder beteiligen, hauptsächlich im Umkreis der Familie, was die Befunde von Wild und Wagner, dass v.a. Familienmitglieder in gemeinsame Lernaktivitäten involviert sind (cf. Wild/Lorenz 2010, 121; cf. Wagner 2005, 106), konkret für die Lernpartner im Zuge der Französischlernprozesse in der vorliegenden Studie bestätigt. Das Ergebnis, dass nur wenige Väter an Lernaktivitäten für das Fach Französisch sind, wurde gleichermaßen von Wild, allerdings fachunspezifisch ermittelt: „Weniger als die Hälfte (…) nennt zusätzlich den Vater, knapp ein Fünftel bekommt Hilfe von Geschwistern, Mitschülern oder Großeltern“ (Wild 2006, 380).

Zugleich zeigt sich die von Henry-Huthmacher erwähnte Tendenz der Väter, sich immer mehr in das Lernen sowie die Vor- und Nachbereitung des Unterrichts einzubringen (cf. Henry-Huthmacher 2008, 13) in vorliegender Studie nicht für die Lernprozesse im Rahmen des gymnasialen Französischunterrichts.

Nur selten erhalten Schüler Unterstützung von anderen Personen, wie Verwandten, Freunden, Lebenspartnern eines Elternteils, sodass jene als Beteiligte an den Französischlernprozessen vernachlässigt werden können.

Diese hohe Beteiligungsquote von über 50% der Mütter an den Französischlernprozessen, welche die vorliegende Studie hervorbrachte, ist vor dem Hintergrund der Angaben zu den Lernjahren der Kinder zu interpretieren: die meisten Befragungsteilnehmer haben Kinder, die sich zwischen dem ersten und fünften Lernjahr befinden, davon die Mehrheit im ersten Lernjahr.

Mehr als ein Drittel der Eltern gibt an, dass ihr Kind mit niemandem Französisch lernt, also selbstständig und ohne Beteiligung von anderen Personen aus dem (außer)schulischen Umfeld Französischlernprozesse erfolgen. Dies ist eindeutig als positiv zu bewerten im Hinblick auf die Funktion der Hausaufgaben *(siehe Kapitel 2.1.2.3.3)* sowie hinsichtlich der von Leuders aufgestellten Forderung an (Mathe-)Lehrkräfte, welche – im Ermessen der Verfasserin – gleichermaßen auf den Fremdsprachen- und insbesondere den Französischunterricht übertragbar ist: „Hausaufgaben sollten (…) so gestellt sein, dass die Schüler sie selbstständig und ohne Hilfe erledigen können“ (Leuders/Leuders 2012, 149). Allerdings muss dieses Teilergebnis in Anbetracht der Angaben zu den elterlichen Französischkenntnissen in der vorliegenden Studie vorsichtig interpretiert werden: vielen Eltern steht a priori nicht die Möglichkeit offen, sich am Französischlernen ihrer Kinder zu beteiligen, weil sie über keine bzw. zu geringe Französischkenntnisse verfügen.

Viele andere, fachunabhängige Studien brachten ähnliche Ergebnisse im Hinblick auf mögliche Lernpartner und -helfer im häuslichen Bereich hervor:

- Sass und Holzmüller führen in ihrem Forschungsbericht zur familiären Belastung durch den Schulbesuch der Kinder an, dass – nach Angaben der meisten befragten Eltern – die Kinder (in der Eingangsstufe am Gymnasium) die Hausaufgaben weitgehend selbstständig erledigen (cf. Sass 1982, 203).

- Wagner untersuchte verschiedene Lern- bzw. Unterstützungspartner von Hauptschülern und Gymnasiasten der 6. bis 10. Schulstufen (cf. Wagner 2005, 101) und fand heraus, dass die Schüler „den überwiegenden Teil ihrer häuslichen Arbeitszeit eigenständig" (Wagner 2005, 106) absolvieren.

Generell wird Nachhilfe in Französisch nach den Befunden von Eigler und Krumm weitaus weniger beansprucht als beispielsweise in Latein, allerdings ebenso häufig wie Englisch oder Mathematik (cf. Eigler/Krumm 1979, 62). Konkret bezogen auf das Unterrichtsfach Französisch resümiert Kowalczyk die Ergebnisse unterschiedlicher Studien und veranschlagt einen Anteil von 5% der Schüler, welche in diesem Fach Nachhilfeunterricht erhalten (cf. Kowalczyk/Ottich 2002, 30). In vorliegender Studie ist es nicht einmal ein Zehntel der Schüler, die – nach Angaben der Eltern – mit Nachhilfelehrern Französisch lernen, sodass sich der marginale Status der Nachhilfe als Lernbegleitung für das Fach Französisch im gymnasialen Kontext bestätigt.

Bei der Interpretation dieses Ergebnisses muss allerdings bedacht werden, dass für vorliegende Untersuchung nicht erhoben wurde, von wem – Eltern oder das Kind selbst – die Nachhilfe als Lernunterstützung erwünscht und initiiert wurde, und ob die Nachhilfe „präventiv, bevor es zu einem mangelhaft oder ungenügend im Zeugnis kommt" belegt wurde oder ob die Nachhilfe „eine bereits ausreichende oder befriedigende Note noch weiter verbessern" (Gießing 2006, 508) soll. Des Weiteren wurde nicht erhoben, ob es sich um kontinuierliche Nachhilfe handelt oder um eine diskontinuierliche Nachhilfe, die konzentriert vor Leistungserhebungen oder entscheidenden Notenfristen im Hinblick auf Zeugnisse stattfindet.

Die Ergebnisse der vorliegenden Studie bestätigen die Befunde vieler empirischer Untersuchungen zu Lernpartner der Kinder konkret für das Fach Französisch: viele Kinder lernen selbstständig. Dies mag u.a. auch daran liegen, dass sie eine entsprechende Klassenstufe besuchen und somit keine Hilfe mehr benötigen.

6.3.3.2 Zeitpunkt und Häufigkeit

Etwas weniger als ein Drittel der für die vorliegende Studie befragten Eltern gibt an, sich einmal pro Woche am Französischlernen ihrer Kinder zu beteiligen *(siehe Kapitel 5.3.3)*; regelmäßige bzw. häufigere gemeinsame Lernaktivitäten von Eltern und Kind für das Fach Französisch finden nur in wenigen Familien statt.

Im Hinblick auf die Frequenz gemeinsamer Lernaktivitäten wird deutlich, dass jene (in fast 60% der Fälle) verstärkt und konzentriert ausschließlich vor Leistungserhebungen stattfinden. Somit bestätigen sich u.a. die Ergebnisse der ersten und zweiten JAKO-O-Bildungsstudien hinsichtlich des vorrangigen Zeitpunkts gemeinsamer Lernaktivitäten von Eltern und Kinder konkret für die Französischlernprozesse am Gymnasium.

Kraus erwähnt die beiden genannten Studien in seinem Buch *Helikopter-Eltern*: laut deren Ergebnisse „geben von den jeweils 3000 befragten Eltern 74 bzw. 77 Prozent an, sie würden gezielt vor Klassenarbeiten und Referaten helfen“ (Kraus 2013, 76). Ähnlich konstatiert Wagner hinsichtlich der Hilfestellungen beim Französischlernen, dass Hilfestellungen generell „vorwiegend beim Lernen für Schularbeiten und Tests“ (Wagner 2005, 106) erfolgen.

Ähnliche Befunde sind bei Abele und Liebau hinsichtlich der Formen der elterlichen Nachhilfe zu finden, die Arnold auflistet: in den meisten Fällen besteht die elterliche Nachhilfe darin, dass die Eltern mit ihren Kindern zusammen Klassenarbeiten bzw. „Schulaufgaben“ vorbereiten (cf. Arnold/Pätzold 2002, 181; cf. Abele/Liebau 1998, 40).

Das zeigt deutlich, dass für die Eltern im Hinblick auf ihr Engagement im Rahmen der Französischlernprozesse ihrer Kinder das Leistungsmotiv im Vordergrund steht *(siehe Kapitel 2.1.2.3.3)*. Dieser Befund wird zusätzlich gestützt durch die Tatsache, dass – aus Sicht der Lehrer – „Eltern oftmals nur am messbaren Schulerfolg (…) interessiert sind“ (Kohler 2002, 242; cf. Hülshoff 1979, 23; cf. Sacher 2008, 66).

Im Hinblick auf den Zeitpunkt des gemeinsamen Französischlernens sind nach den Angaben der Eltern zwei Zeitabschnitte eines Tages am beliebtesten: im Anschluss an die Erledigung der Hausaufgaben sowie am Abend, was hinsichtlich des Zeitpunkts bzw. der Uhrzeit möglicherweise sogar identisch ist. Diese Ergebnisse lassen sich möglicherweise dadurch erklären, dass die meisten Eltern berufstätig sind – in der vorliegenden Erhebung üben in 73,8% der Fälle beide Elternteile ihren Beruf aus – und erst am Abend Zeit finden, sich der schulischen Belange ihrer Kinder anzunehmen. Denkbar als Erklärung für den Zeitpunkt der gemeinsamen Lernaktivitäten wäre zudem, dass die Eltern gleich nach der Erledigung der Hausaufgaben mit ihren Kindern lernen, um den Tagesordnungspunkt „Französischlernen" möglichst rasch abzuhandeln und dem Kind Freizeit zu gewähren. Letztere Mutmaßung scheint plausibel in Anbetracht der von Schönfeldt beschriebenen täglichen Belastung der Schüler durch Hausaufgaben:

> „Tag für Tag sitzen (...) Schulkinder zu Hause und büffeln. Was sie am Vormittag im Unterricht durchgenommen, gelernt oder auch versäumt haben, das ‚bereiten' sie am Nachmittag ‚nach', ‚verfestigen' oder ‚vertiefen' es" (Schönfeldt 1973, 23).

Die wichtigsten Ergebnisse zu den Lernpartnern sowie dem Zeitpunkt der gemeinsamen Französischlernprozesse, die die vorliegende Studie hervorbrachte, sind:

- Die meisten Kinder lernen zusammen mit ihren Müttern Französisch.
- Gut ein Drittel der Schüler bewältigt die Französischlernprozesse selbstständig.
- Nachhilfe in Französisch wird nur von wenigen Schülern in Anspruch genommen.
- Die gemeinsamen Lernaktivitäten von Eltern und Kindern finden konzentriert, insbesondere vor Leistungserhebungen statt.
- Die Eltern lernen mit ihren Kindern im Anschluss an die Hausaufgaben sowie am Abend Französisch.

6.3.3.3 Art der Unterstützung

Innerhalb der unterschiedlichen, im Fragebogen aufgelisteten Teilbereiche, die Formen der Unterstützung im Zuge der Französischlernprozesse der Kinder durch die Eltern thematisieren, kommt den allgemeinen Unterstützungsformen die größte Bedeutung zu. Die geringe Anzahl der Eltern, welche ihren Kindern im Zuge der Französischlernprozesse nicht auf eine der aufgeführten Arten der eher allgemeineren Unterstützung behilflich sind, belegt den großen Stellenwert dieser Beteiligungsformen der Eltern an den Französischlernprozessen der Kinder.

Insgesamt erfolgen am häufigsten Gespräche über das Fach Französisch und den Unterricht sowie jene, die auf unterrichtliche Probleme bezogen sind *(siehe Kapitel 5.3.3)*. Bereits mehrfach wurde – schulart- und fachübergreifend – auf die große Bedeutung der elterlichen Beteiligung an Lernprozessen bzw. der elterlichen Unterstützung des Lernens in Form von Gesprächen hingewiesen:

- Wiedner fordert hinsichtlich des motivationalen Effekts von Gesprächen und damit letztlich der Auswirkung auf die Schulleistung:

> „Alle Eltern sollten sich soviel (sic) wie möglich aus der Schule berichten lassen. Ihre Einstellung der Schule gegenüber beeinflußt (sic) den Lernerfolg nicht unwesentlich" (Wiedner 1964, 77).

- Der empirischen Studie von Abele und Liebau zufolge, auf welche Arnold verweist, besteht bei fast der Hälfte der von ihnen befragten Eltern – allerdings nicht fachspezifisch, sondern mit allgemeinem Bezug auf den schulischen Kontext – die Unterstützung für ihre Kinder darin, dass sie mit ihnen über den Schulstoff reden und schwierige Inhalte erklären (cf. Arnold/Pätzold 2002, 181; cf. Abele/Liebau 1998, 40).

- Auch Epstein und Lee ermittelten als Resultat der *National Educational Longitudinal Study of 1988 (NELS:88)*, dass die meisten Familien regelmäßig mit ihren Kindern über die „middle school" (Epstein/Lee 1995, 118) sprechen.

Somit bestätigt sich die Beliebtheit der Gespräche über den Unterricht in vorliegender Studie konkret für die elterliche Beteiligung an den Französischlernprozessen ihrer Kinder.

Weniger von den Eltern für sich beanspruchte Formen der allgemeinen Unterstützung, welche im Zuge der vorliegenden Erhebung mit Bezug auf das Fach Französisch abgefragt wurden, allerdings prinzipiell generalisierbar und übertragbar sind auf jedes Unterrichtsfach, sind die Gespräche über die Schullaufbahn und die berufliche Zukunft der Kinder, sowie das Besprechen von Fähigkeiten und Interessen der Kinder (43,3% bzw. 42,2%). Ähnlich hohe Werte ermittelten Epstein und Lee: 38% der Eltern ihrer Stichprobe sprechen über die Zukunft ihrer Kinder und 47% über die weitere Schullaufbahn bzw. die High School (cf. Epstein/Lee 1995, 118).

Dass zukunftsorientierte Gespräche weniger bedeutend sind im Zuge der elterlichen Unterstützung der Französischlernprozesse scheint verständlich aus zwei Gründen: zum einen finden, wie oben angedeutet, Gespräche vor allem in Bezug auf Probleme im Rahmen des Französischunterrichts statt und thematisieren somit unmittelbar bedeutende Aspekte des Französischlernens (und keine zukünftigen); zum anderen sehen möglicherweise viele Eltern keine Veranlassung, sich mit ihren Kindern mit Bezug auf das Fach Französisch über deren berufliche Zukunft zu unterhalten, denn bereits bei der Entscheidung für das Schulfach Französisch ist die spätere berufliche Laufbahn der Kinder – und ihr dadurch möglicher Bedarf an Französischkenntnissen – nur marginal ausschlaggebend *(siehe Kapitel 5.3.2)*.

Viele Eltern lassen sich, als Form der Unterstützung der Französischlernprozesse ihrer Kinder, den Lehrstoff von ihren Kindern erklären. Diese Form der allgemeinen Unterstützung lässt sich möglicherweise damit begründen, dass jene Eltern, die sie betreiben, entweder das Französischlernen ihrer Kinder aktiv begleiten möchten oder dass sie generell Interesse an den Unterrichtsinhalten bekunden, um einen Einblick zu erhalten in den schulischen Französischunterricht. Letzterer Erklärungsversuch erscheint insbesondere vor dem Ergebnis der vorliegenden Studie plausibel, dass sich der Großteil der Eltern nicht gut informiert fühlt über den Französischunterricht und v.a. die Prüfungs- und Leistungsanforderungen nur für die wenigsten transparent und nachvollziehbar sind *(siehe Kapitel 5.3.2.4)*.

Obwohl Ziegenspeck in den Hausaufgaben „einen wichtigen Berührungspunkt zwischen Elternhaus und Schule" (Ziegenspeck 1978, 142) sieht und Susteck Hausaufgaben als ein „Fenster, durch das Mütter und Väter sich einen Einblick verschaffen, was in der Klasse abläuft" (Susteck 1990, 106) charakterisiert *(siehe Kapitel 2.1.2.3.3)*, ermittelte die vorliegende Studie in Bezug auf die elterliche Beteiligung an den Französischhausaufgaben, dass sich der Großteil der Eltern in diesem Bereich nicht unterstützend an den Lernprozessen beteiligt.

Das Ergebnis der vorliegenden Studie widerspricht zwar der Feststellung von Kamm in seiner Abhandlung *Hausaufgaben – sinnvoll gestellt*: „Nur wenige Eltern kümmern sich nicht um sie [= die Hausaufgaben]" (Kamm/Müller 1975, 27). Allerdings bestätigt dieses Resultat unterschiedliche Befunde aus verschiedenen, fach- und schulartübergreifenden Studien zum allgemeinen Stellenwert von Hausaufgaben:

- Kob konstatierte konkret für das Fach Französisch bzw. den Französischunterricht an bayerischen Gymnasien, dass Eltern von Gymnasiasten allgemein sich weniger um die Beaufsichtigung der Hausaufgaben bemühen (cf. Kob 1963, 89).

- Auch Eigler brachte hervor, dass sich 8% der Eltern von Gymnasiasten nicht um die Hausaufgaben kümmern (cf. Eigler/Krumm 1979, 58).

- In der Untersuchung von Brühl und Knake gaben 66% der Eltern von Schülern allgemeinbildender Schulen in Niedersachsen an, dass ihre Kinder die Hausaufgaben selbstständig erledigen (cf. Brühl/Knake 1978, 33).

Weniger als ein Viertel der Eltern erbringt, der vorliegenden Studie zufolge, die formale Kontrolle auf Vollständigkeit der schriftlichen Hausaufgaben als ihren Beitrag dazu und nur die wenigsten Eltern überprüfen die Hausaufgaben auf Korrektheit oder helfen direkt mit. Somit können die allgemeinen (und nicht fachspezifischen) Befunde vieler Autoren konkret für das Fach Französisch und die elterliche Beteiligung an den Französischlernprozessen bestätigt werden. Einige Befunde zur konkreten elterlichen Hausaufgabenbeteiligung aus vorangegangenen Studien seien nachfolgend aufgelistet:

- Ziegenspeck eruierte, dass „das Nachsehen (...) im größeren Maße (...) vorgenommen [wird] als die Hausaufgabenhilfe“ (Ziegenspeck 1978, 145).

- Bei Brühl und Knake geben 29% der befragten Eltern von Schülern allgemeinbildender Schulen in Niedersachsen an, sie würden die Hausaufgaben der Kinder kontrollieren (cf. Brühl/Knake 1978, 33).

- Epstein listet in ihrem Ergebnisbericht über die *NELS:88*-Studie an Middle Grade Schools das Resultat einer Schülerbefragung auf: „Just under half of the students (44.5%) say that their parents often check whether they have done their homework“ (Epstein/Lee 1995, 141).

- Wittmann gibt Ähnliches an: „44% der Eltern beschränken sich darauf, sich von den Kindern nur vorzeigen zu lassen, ob die Hausaufgaben tatsächlich angefertigt werden“ (Wittmann 1972, 66).

- Arnold verweist in seinem Buch *Schulpädagogik komplett* auf die Studie von Abele und Liebau zur Praxis des Nachhilfeunterrichts, wonach 33% der Eltern die Kontrolle der Hausaufgabe als Form der elterlichen Nachhilfe bzw. Unterstützung betreiben (cf. Arnold/Pätzold 2002, 181; cf. Abele/Liebau 1998, 40).

- Eigler berichtet, dass nur 7% der Eltern indirekt angaben, sie würden die Hausaufgaben „nur kontrollieren bzw. überwachen (...), ob die Hausaufgaben gemacht und vielleicht noch, ob sie richtig gemacht wurden“ (Eigler/Krumm 1979, 67sq.).

- Auch Helmke berichtet, dass am Gymnasium die meisten Eltern nicht nachprüfen, ob die Lösungen korrekt sind (cf. Helmke 2002, 97).

- Im Anschluss an die 2.JAKO-O-Bildungsstudie berichtet Nicht, dass „nur 46% der Gymnasialeltern [angeben], die Hausaufgaben ihres Kindes zu kontrollieren“ (Nicht 2012, 163).

Erfreulich sind die vorliegenden Analyseergebnisse zur elterlichen Hausaufgabenbeteiligung bzw. -enthaltung im Rahmen der Französischlernprozesse vor dem Hintergrund der eigentlichen Funktion der Hausaufgaben generell: die Hausaufgaben sind für Schüler bestimmt (cf. Leuders/Leuders 2012, 257) *(siehe Kapitel 2.1.2.3.3)*.

Auch Ulich ermahnt:

> „Eltern sind keine Lehrer. Genauer: Eltern sollten (…) im Umgang mit den Hausaufgaben ihrer Kinder keine lehrertypischen Verhaltensweisen zeigen, also nicht kontrollieren, bewerten und vorschreiben“ (Ulich 1989, 253).

Umso positiver ist das Ergebnis der vorliegenden Studie zu bewerten, weil es durch die bisherigen Forschungen als gesichert gilt, „dass aktive inhaltliche Unterstützung der Eltern bei den Hausaufgaben nur bei Grundschülern mit Lernproblemen effektiv ist“ (Sacher 2008, 188).

Wie gezeigt wurde, erfolgt von elterlicher Seite kaum eine aktive und konkrete Mithilfe an den Französischhausaufgaben, sodass sich möglicherweise die Feststellung von Keck hinsichtlich des generellen Hausaufgabenengagements von Eltern – „Die Bereitschaft der Eltern zur Mithilfe bei der Hausaufgabenerledigung geht zurück“ (Keck 1979, 174sq.) – konkret für die Französischlernprozesse zu bestätigen scheint.

Innerhalb der in vorliegender Studie aufgelisteten Möglichkeiten der elterlichen Hilfestellungen bei den Französischlernprozessen, die auf dem an der Schule verwendeten Lehrwerk basieren, stellt die Wortschatzabfrage die häufigste Form der Unterstützung dar: hier erfolgt die Übertragung der Lexeme aus der Muttersprache in die Fremdsprache; dabei steht sicherlich das neu zu erlernende bzw. das neu erlernte Vokabular im Vordergrund der Lernprozesse. Die Beliebtheit dieser Möglichkeit der elterlichen Unterstützung der Lernaktivitäten der Kinder ermittelten u.a. auch Eigler und Krumm (cf. Eigler/Krumm 1979, 64), wobei dies nicht fachspezifisch näher bestimmt wird und sich das Ergebnis somit auf Abfragen als generelle Unterstützungsform bezieht.

Die Beliebtheit dieser Form des Engagements für die Französischlernprozesse lässt sich möglicherweise darauf zurückführen, dass die Kontrolle durch die Eltern – sowohl mit (begrenzten) Französischkenntnissen als auch ohne Französischkenntnisse – leicht durchgeführt werden kann: eine Textvorlage lässt nur die beiden Optionen „richtig“ oder „falsch“ zu.

Neben der Abfrage der Grammatikregeln sind die folgenden Möglichkeiten für Eltern, ihren Kindern beim Französischlernen zur Seite zu stehen, ähnlich beliebt, allerdings von untergeordneter Bedeutung: das Vorlesen-Lassen der Lektionstexte, um Aussprachefehler verbessern zu können oder die Wiederholung von bereits besprochenen Themeneinheiten sowie bereits erlernten Vokabulars. Nur die wenigsten Eltern lassen sich die neuen Vokabeln laut vorsprechen, um ggf. Aussprachefehler zu beseitigen, oder Lehrbuchtexte ins Deutsche übersetzen. Insbesondere letztere Hilfestellung ist wohl auch deswegen wenig beliebt, da nur die wenigsten Eltern Französischkenntnisse haben, welche für diese Art der Unterstützung der Lernprozesse vonnöten wären.

Weniger als die Hälfte der Eltern stellt ihren Kindern Zusatzmaterialien bereit und betreibt somit eine indirekte, materielle bzw. finanzielle Beteiligung an den Lernprozessen.

Dies ist vermutlich dann der Fall, wenn die Eltern über keine bzw. zu geringe Französischkenntnisse verfügen, um selbst helfen zu können, weil sie keine Notwendigkeit sehen, zu helfen oder auch weil sie sich schlichtweg nicht aktiv am Lernen beteiligen möchten. Letztere Vermutung wird durch einzelne Anmerkungen der Befragungsteilnehmer selbst bestätigt.

Etwas mehr als ein Drittel der Eltern verwendet keinerlei Zusatzmaterialien zur Unterstützung ihrer Kinder beim Französischlernen und nur wenige Eltern fordern von ihren Kindern, dass sie zusätzliche Übungen aus dem an der Schule verwendeten Lehrbuch oder Arbeitsheft, aus Materialangeboten anderer Verlage oder selbst entworfene Übungen absolvieren sollen. Auch Abele und Liebau sowie Eigler verweisen auf die untergeordnete Bedeutung zusätzlicher Übungen im Zuge der elterlichen Beteiligung an den Hausaufgaben bzw. Lernprozessen, allerdings nicht fachspezifisch (cf. Arnold/Pätzold 2002, 181; cf. Abele/Liebau 1998, 40; cf. Eigler/Krumm 1979, 64).

Bei der Interpretation der vorliegenden Ergebnisse muss allerdings bedacht werden, dass keines der genannten Items zur elterlichen Beteiligung an den Französischlernprozessen ihrer Kinder in Form der Bearbeitung bzw. Bereitstellung zusätzlicher Lern- und Übungsmaterialien mehrheitliche Zustimmung erhielt. Demnach sind diese Formen der elterlichen Unterstützung nur von untergeordneter Bedeutung für die Beteiligung der Eltern am Französischlernen. Dies mag u.U. auf die Haltung der Eltern zurückzuführen sein, welche bereits ein Pretest-Teilnehmer zum Ausdruck gebracht hatte: die Schule muss ausreichend Materialien zur Verfügung stellen bzw. die vorhandenen Materialien so nutzen, dass Eltern nicht mit ergänzenden Materialien der Schule zuarbeiten müssen und so zu Hilfslehrern werden bzw. das Elternhaus zu einer „‚Hilfsschule' der Nation" (Dauber/Weber 1976, 198).

Insgesamt ist zur Beteiligung der Eltern an den Französischlernprozessen ihrer Kinder zunächst festzuhalten, dass hauptsächlich Mütter an den Französischlernprozessen ihrer Kinder beteiligt sind und Unterstützungsleistungen erbringen. Äußerst deutlich zeigen die Befunde, dass die meisten Eltern allgemeine Unterstützungsformen, insbesondere Gespräche, z.B. über konkrete Probleme, bevorzugen.

Hinsichtlich der lehrwerksbezogenen Hilfe wird die Wortschatzabfrage – als Übertragung der Lexeme von der Mutter- in die Zielsprache – als häufigste elterliche Unterstützungsleistung der Französischlernprozesse realisiert, vermutlich weil jene Unterstützungsform allen Eltern, auch jenen ohne Französischkenntnisse, die Möglichkeit bietet, sich an Französischlernprozessen ihrer Kinder im außerschulischen Bereich zu beteiligen. Die Eltern übernehmen somit insbesondere die Kontrolle reproduktiver „Aufgaben" im Zuge des Französischlernprozesses ihrer Kinder. Die lehrwerksbezogene Unterstützung der Kinder im Rahmen der Französischlernprozesse bleibt also größtenteils auf die Abfrage des Wortschatzes beschränkt, im Zuge welcher die Bedeutungsübertragung in die Fremdsprache erfolgt und von den Eltern problemlos zu überprüfen ist.

Zusätzlich dazu geben sich weniger als die Hälfte der Eltern damit zufrieden, ihre Kinder mit den notwendigen Zusatzmaterialien, die sie zum Lernen benötigt, zu versorgen, damit sie möglichst selbstständig und ohne die Hilfe der Eltern arbeiten können.

Die wichtigsten Ergebnisse der unterschiedlichen Arten der elterlichen Unterstützung der Französischlernprozesse sind:

- Die meisten Eltern sprechen mit ihren Kindern über Französisch sowie den konkreten Französischunterricht, wobei auch problemzentrierte Gespräche von Bedeutung sind.
- Nur wenige Eltern engagieren sich im Zuge der Hausaufgaben für die Französischlernprozesse ihrer Kinder.
- Die häufigste, lehrwerksbasierte Unterstützungsform, die Eltern betreiben, ist die Wortschatzabfrage.
- Sofern die Kinder mit Zusatzmaterialien Französisch lernen, beteiligen sich die Eltern indirekt durch die Bereitstellung der notwendigen Materialien an den Lernprozessen.

6.3.4 Fehlende häusliche Lernbeteiligung

6.3.4.1 Gründe für die Enthaltung aus Französischlernprozessen

Die Analyseergebnisse zur Ermittlung der Gründe für die Enthaltung der Eltern aus den Französischlernprozessen der Kinder sind vor dem Hintergrund einer stark reduzierten Stichprobe von N=185 zu interpretieren *(siehe Kapitel 5.3.4)*. Das bedeutet, dass die Mehrheit der Mütter und Väter sich tatsächlich an den Lernprozessen für das Fach Französisch auf unterschiedliche Arten beteiligt.

Der von den Eltern am häufigsten genannte Grund für ihre Enthaltung aus den außerschulischen Französischlernprozessen ihrer Kinder ist die Tatsache, dass letztere keine Unterstützung mehr benötigen und selbstständig lernen. In der Untersuchung von Eigler und Krumm finden sich ähnliche Antworthäufigkeiten, allerdings nicht fächerspezifisch aufgespalten. So geben 40% der von ihnen befragten Eltern an, dass sie nicht beim Lernen helfen, weil das Kind keine Hilfe braucht (cf. Eigler/Krumm 1979, 66).

Dies mag daran liegen, dass sich die Kinder bereits in einem höheren Lernjahr befinden oder sie – im Zuge des Erlernens der 1.Fremdsprache – ausreichend Sprachlernkompetenz erworben haben, um das Französischlernen selbstständig bewältigen zu können. Die Plausibilität der letzten Annahme wird dadurch belegt, dass sich das Französische „in der Rolle der 2.Fremdsprache (…) fest etabliert" (Nieweler 2006, 89; cf. Weis 2009, 104) hat und somit das zutrifft, worauf das Fachprofil Französisch hinweist:

> „Ist Französisch zweite, dritte oder spätbeginnende Fremdsprache, so nutzen die Schüler gezielt ihre sprachlichen und methodischen Vorkenntnisse und können so rasche, motivierende Lernfortschritte erzielen" (Fachprofil Französisch 2015).

Nicht mit fachspezifischem Bezug, sondern allgemein auf die elterliche Beteiligung an den Lernprozessen der Kinder bezogen, fanden Eigler und Krumm in ihrer Befragung heraus, dass fehlende Kenntnisse für 18% der Eltern ein Grund ist, sich nicht an den Hausaufgaben der Kinder allgemein zu beteiligen (cf. Eigler/Krumm 1979, 66). Konkret für die vorliegende Studie bestätigt sich, dass es für die Hälfte der Befragten aufgrund fehlender bzw. zu rudimentärer Französischkenntnisse nicht möglich ist, sich in gemeinsame Lernaktivitäten für das Fach Französisch einzubringen, und somit Französisch für die Mehrheit der Eltern ein Fach ist, für das sie sich nicht kompetent fühlen *(siehe Kapitel 2.3)*.

Alle anderen möglichen Gründe für die elterliche Nichtbeteiligung – z.B. fehlende Lösungen zu Übungen, fehlendes Übungsmaterial, das Ablehnen der elterlichen Hilfe durch die Kinder selbst sowie die Unwissenheit der Eltern hinsichtlich ihrer Möglichkeiten der Lernbeteiligung/-unterstützung – sind von weit geringerer Bedeutung als Gründe, warum das elterliche Engagement im Zuge der Französischlernprozesse unterbleibt.

Wie bereits in Kapitel 5.3.3 festgestellt wurde, besteht die elterliche Beteiligung an den Französischlernprozessen ihrer Kinder bei vielen darin, Zusatzmaterialien zum Lernen bereitzustellen. Demzufolge erstaunt nicht, dass eine deutliche Mehrheit der Eltern (90,2%) es verneint, dass ihre fehlende Beteiligung an den Französischlernprozessen der Kinder auf fehlende finanzielle Ressourcen zum Erwerb von Zusatzmaterialien zurückzuführen ist.

Darüber hinaus sind, den Analyseergebnissen zufolge, weder Zeitmangel noch elterliches Desinteresse oder fehlende Geduld in über der Hälfte der Familien verantwortlich für die elterliche Enthaltung aus den Französischlernprozessen.

Wittmann fand in Bezug auf die elterliche Hausaufgabenhilfe heraus, dass 8,1% der Eltern keine Zeit haben, um ihren Kindern bei den Hausaufgaben behilflich zu sein oder sie zu überwachen; 13,4% hätten dies selten, „22,2% meistens und 54,65% immer“ (Wittmann 1972, 65). Auch Eigler und Krumm ermittelten, dass nur für 15% der Eltern Zeitmangel ein Grund ist, sich nicht an den Hausaufgaben der Kinder zu beteiligen (cf. Eigler/Krumm 1979, 66). Somit bestätigt die Studie zur Elternarbeit zum gymnasialen Französischunterricht jene Befunde konkret für das Fach Französisch: fehlende Zeit ist nur von untergeordneter Bedeutung im Hinblick auf die Enthaltung aus den Französischlernprozessen. Die Eltern sind demnach offensichtlich durchaus bereit, Zeit in gemeinsame Französischlernaktivitäten mit ihren Kindern zu investieren – und das obwohl in 73,8% der Fälle beide Elternteile berufstätig sind.

Nur wenige Eltern geben an, dass ihr Kind entweder den Französischförderunterricht an der Schule oder die Ganztagsschule besucht und infolgedessen im häuslichen Bereich keine Beteiligung an den gemeinsamen Lernaktivitäten für das Fach Französisch erfolgt. Die Eltern, deren Kinder eines der beiden als Antwortoptionen vorgegebenen schulischen Zusatzangebote – den Förderunterricht oder eine Form der Ganztagsschule – in Anspruch nehmen, erachten diese Art der Unterstützung möglicherweise als ausreichende Lernbegleitung im Rahmen der Französischlernprozesse für ihre Kinder und gehen davon aus, dass ihre Kinder in der Schule das vollständige Lern- und Arbeitspensum bewältigen und von ihnen keine zusätzliche Hilfestellung mehr erbracht werden muss. Nachvollziehbar erscheint dieses Resultat vor dem Hintergrund, dass Kowalczyk den schulischen Förderunterricht – unabhängig von einem konkreten Fach – als Möglichkeit bezeichnet, „Lernprobleme einzelner Schülerinnen und Schüler zu verringern“ (Kowalczyk/Ottich 2002, 40).

Die wichtigsten Gründe für Eltern, sich nicht am Französischlernen der Kinder zu beteiligen, sind:

- Der Großteil der Kinder lernt selbstständig.
- Viele Eltern sprechen kein oder zu wenig Französisch.

Folgende Aspekte sind weniger ausschlaggebend für Eltern, sich aus den Französischlernaktivitäten der Kinder zu enthalten: fehlende Übungsmaterialien bzw. Lösungen zu Übungen; fehlende Zeit, finanzielle Ressourcen oder Geduld; fehlendes Interesse; Ablehnung der Hilfe durch das Kind selbst; Besuch schulischer Förderangebote durch das Kind.

6.3.4.2 Wünsche für eine stärkere Beteiligung an den Französischlernprozessen

Der in der vorliegenden Studie ermittelte Wunsch der Eltern in Bezug auf Möglichkeiten, sie stärker in das Französischlernen ihrer Kinder zu integrieren, ist eindeutig. Für die Eltern steht an erster Stelle – und dies ist angesichts der gemeinsamen Lernaktivitäten insbesondere vor Leistungserhebungen nachvollziehbar *(siehe Kapitel 6.3.3.2)* –, dass sie von Seiten der Schule bzw. der Lehrkräfte erfahren möchten, wie sie ihr Kind optimal auf bevorstehende Prüfungen vorbereiten können. Dies bestätigt die Feststellung von Wild hinsichtlich des elterlichen Engagements für Schule und Unterricht konkret für den gymnasialen Französischunterricht in Bayern:

> „Auch wenn Lehrer primär für die Vermittlung und Einübung fachlicher Kompetenzen zuständig sind, können und wollen Eltern einen Beitrag zur schulischen Entwicklung ihres Kindes leisten“ (Wild/Lorenz 2010, 115).

Dementsprechend ist nicht überraschend, dass gleichermaßen viele Eltern eine von der Schule bzw. der Französischlehrkraft zur Verfügung gestellte

Sammlung von Arbeitsblättern, die besonders wichtige Aspekte der französischen Sprache thematisieren und für deutsche Muttersprachler schwer nachvollziehbar sind *(siehe Kapitel 4.5.4.2)*, als wünschenswertes Angebot kennzeichnen.

Dieses Hilfsmittel ist für Eltern möglicherweise deswegen von Bedeutung, weil es ihnen Einblicke in die französische Sprache ermöglicht und gerade auch denjenigen ohne Kenntnisse des Französischen, die die Lernprozesse ihrer Kinder allerdings nachvollziehen oder begleiten möchten, Hilfestellung bieten kann. Auch Sacher betont, dass die effektivsten Konzepte von Elternarbeit jene seien, die die Eltern „mit konkreten und wirklich handlungsanleitenden Informationen versorgen, die sich auf das Lernen des eigenen Kindes beziehen" (Sacher 2007, 13).

Darüber hinaus erachten die Eltern ein Begleitheft zum Lehrbuch, das ihnen Informationen darüber gibt, was ihre Kinder in den einzelnen Lektionen lernen und zugleich beachten sollen, als ein ähnlich hilfreiches Angebot. Hinter diesem elterlichen Wunsch verbirgt sich eine Anregung für Schulbuchverlage bzw. die Gestaltung der Schulbücher selbst. Bereits 1978 fordert Pöggeler:

> „Ein modernes Schulbuch muß (sic) so gemacht sein, daß (sic) es auch von aufgeschlossenen Eltern verstanden und sinnvoll benutzt werden kann, ja daß (sic) den Eltern Anregungen dafür gegeben werden, wie sie es bei der Betreuung der Hausaufgaben verwenden können" (Pöggeler 1978, 22sq.).

Zwar kein Schulbuch, das der Forderung Pöggelers entsprechend gestaltet ist, aber ein derart gestaltetes Zusatzbuch nur für Eltern existiert bereits: mit dem Elternheft zur neuen *À plus*-Reihe hat der Cornelsen-Verlag auf diese Forderung reagiert. Die Eltern erhalten in den einzelnen Lektionen u.a. Hinweise zur Aussprache oder zu den Lernzielen sowie Erklärungen (cf. Théry 2013,3) *(siehe Kapitel 4.5.4.2)*.

Alle anderen Angebote, welche eher organisatorische und den Rahmen außerschulischer Lernprozesse betreffende Aspekte in den Vordergrund stellen (und fächerübergreifend anwendbar sind) – u.a. Hinweise zu Lerntechniken, zur optimalen Gestaltung der häuslichen Vor-/Nachbereitung des Unterrichts, zur optimalen Zeitnutzung bei der Bearbeitung der Hausaufgaben oder zur Hausaufgabenkontrolle sowie Veranstaltungen, welche Anleitungen zur Unterstützung der Lernprozesse der Kinder geben – sind, nach den eigenen Angaben der Eltern, nur für wenige von Interesse. Dies lässt sich möglicherweise darauf zurückführen, dass vermutlich viele Kinder das Engagement ihrer Eltern für ihre Französischlernprozesse ablehnen. Letzteres erscheint plausibel aufgrund von zwei Aspekten: zum einen zeigte die vorliegende Studie, dass sich die meisten Eltern aus den Französischlernprozessen enthalten, weil ihre Kinder selbstständig lernen. Zum anderen findet sich bei Sacher ein Erklärungsversuch für die genannte Vermutung:

> „Schüler betrachten ihr häusliches und außerschulisches Leben einerseits und ihr Schülerdasein andererseits offensichtlich als zwei Segmente ihrer Privatsphäre: Während sie ihr häusliches Leben vor dem indiskreten Zugriff der Lehrkräfte geschützt wissen wollen, wünschen sie nur eine bedingte Transparenz ihres Schülerdaseins für die Eltern" (Sacher 2008, 263; cf. Sacher 2014, 177) *(siehe Kapitel 2.1.4.5)*.

Wie bereits der Befund zur fehlenden Regelmäßigkeit der Sprechstundenbesuche der Französischlehrkraft erahnen lässt, stellen regelmäßige Treffen mit dem Lehrer für die meisten Eltern kein erstrebenswertes Angebot dar zur stärkeren Integration in die Lernprozesse ihrer Kinder – an dieser Stelle sei auf die eingangs aufgeführten Kontakthindernisse für Eltern verwiesen *(siehe Kapitel 2.1.3.3.2)*. Das erscheint umso nachvollziehbarer vor dem Hintergrund, dass sich nur die wenigsten Eltern (bisher) von Seiten der Schule in das Französischlernen ihrer Kinder bzw. in den Französischunterricht generell integriert fühlen.

Sprachkurse an der Schule der Kinder, an einer Volkshochschule, spezielle Literatur zum autodidaktischen Erwerb von Grundkenntnissen der französischen Sprache sowie Nachhilfe für Eltern und Schüler zusammen erscheinen nur wenigen Eltern als attraktive Maßnahmen, ihre Integration in den schulischen Französischunterricht bzw. in die Französischlernprozesse ihrer Kinder voranzutreiben. Dies zeigt deutlich, dass die Mehrheit der Eltern nicht gewillt ist, selbst Französischkenntnisse zu erwerben mit dem einzigen Ziel, ihren Kindern damit beim Lernen helfen zu können. Dass es hier aber auch Ausnahmen gibt, beweist die Tatsache, dass beispielsweise an der Volkshochschule im Landkreis Cham ein Französischkurs speziell für Eltern angeboten wird, welcher als Grundlage das Lehrbuch der Kinder verwendet und das Ziel verfolgt, Eltern und Kinder auf einem ähnlichen Kenntnisstand zu halten, sodass gemeinsame Lernaktivitäten erfolgen können. Somit erwerben die Eltern nicht nur selbst grundlegende Sprachkenntnisse, sondern erhalten darüber hinaus einen Einblick in die konkreten Lerninhalte des Französischunterrichts ihrer Kinder.

Nur die wenigsten Eltern können sich Treffen mit anderen Eltern zum Ideenaustausch vorstellen als Maßnahme für eine verstärkte Beteiligung am kindlichen Französischlernen. Somit bleibt das Einzelkämpfertum der einzelnen Familien erhalten *(siehe Kapitel 4.5.2.4)*, weil das Fortkommen bzw. die Leistungsoptimierung und -aufrechterhaltung des eigenen Kindes den einzigen Interessensfokus der Eltern bildet. Busch bestätigt dies, allerdings unabhängig von Schulfächern oder -arten:

> „Ausgangs- und Bezugspunkt der Motivation der Eltern an der Mitwirkung in der Schule sind in aller erster Linie die Probleme des eigenen Kindes wie Schulleistungen, Verhaltensprobleme im Unterricht, Schullaufbahnfragen" (Busch/Scholz 2002, 266; cf. Pekrun 1997, 61).

Eigene Ideen der Eltern für eine stärkere Integration in die Französischlernprozesse bzw. den Französischunterricht sind gemeinsame Begegnungen mit der französischen Kultur, welche u.a. als kulturelle Angebote und Veranstaltungen z.B. von deutsch-französischen Gesellschaften organisiert werden.

Die häufigsten, von den Eltern gewünschten Angebote für eine bessere Integration in die Französischlernprozesse sind:

- Die meisten Eltern möchten Informationen von der Schule bzw. der Lehrkraft hinsichtlich einer optimalen Prüfungsvorbereitung.
- Viele Eltern wünschen sich Arbeitsblätter zu besonders wichtigen Aspekten der französischen Sprache.
- Ebenfalls viele Eltern wünschen sich ein Begleitheft zum Lehrwerk ihrer Kinder, damit sie einen Überblick erhalten, was ihre Kinder in welcher Lektion lernen und können müssen.

Die Eltern wollen bevorzugt selbstständig im außerschulischen Bereich bei der Begleitung der Französischlernprozesse ihrer Kinder tätig sein und streben dafür weder den Erwerb von Französischkenntnissen noch den Besuch von (handlungsanleitenden) Veranstaltungen an.

6.4 Beantwortung der Forschungsfragen

6.4.1 Forschungsfrage 1

Das erste Teilziel der vorliegenden Studie bestand darin, unterschiedliche Aspekte des gymnasialen Französischunterrichts durch die Eltern charakterisieren zu lassen: Gründe, die aus ihrer Sicht zur Wahl des Französischen geführt hatten, die Charakterisierung des Französischunterrichts an sich sowie das Kontaktverhältnis zur Französischlehrkraft ihrer Kinder.

Die ursprüngliche Implikation der elterlichen Einflussnahme auf die bzw. Beteiligung an der Wahl des Französischen kann nicht aufrecht erhalten werden, denn in den meisten Fällen entscheiden sich – nach Angaben der Eltern – prinzipiell die Kinder selbstständig für die Belegung des Französischen als Schulfach.

Die Sprachästhetik des Französischen ist der beliebteste Grund für Eltern, warum Französisch in der Schule gewählt wird. Dies trifft umso mehr zu, wenn beide Elternteile über Französischkenntnisse verfügen.

Des Weiteren sind für die Eltern u.a. die kindliche Sprachbegabung und politisch-gesellschaftliche Faktoren ausschlaggebend dafür, ihre Kinder in der Schule Französisch lernen zu lassen. Vor allem in Familien, in denen kein Elternteil – aber andere Verwandte – Französisch spricht, ist die Sprachbegabung der Kinder für die Eltern von Bedeutung im Hinblick auf die Wahlpflichtfachbelegung Französisch.

Die große Bedeutung, die dem sprachpolitischen Aspekt des Erlernens der jeweiligen Nachbar- bzw. Partnersprache im Élysée-Vertrag beigemessen wird, und welche das Französische auf wirtschaftlicher und internationaler politischer Ebene innehat, ist nur für einen Teil der Eltern wichtig angesichts der Wahl des Französischen in der Schule und somit scheint dieser Gedanke im subjektiven Empfinden der bayerischen Elternschaft allgemein zu wenig verankert. Die Belegung des Französischen in der Schule erfolgt insbesondere dann aufgrund der geographischen Nähe zu Frankreich, wenn nur die Mutter Französischkenntnisse hat.

Urlaube in Frankreich und anderen frankophonen Ländern geben Eltern dann als Einflussfaktoren auf die Entscheidung zur Belegung des Französischen an, wenn beide Elternteile über Französischkenntnisse verfügen.

Erfreulich ist, dass nur in geringem Umfang schulorganisatorische Zwänge die Entscheidung für das Französische herbeiführen, vor allem vor dem Hintergrund, dass das Französische – wie Nieweler festhält – immer mehr „mit anderen Fremdsprachen, vor allem mit Spanisch, in Konkurrenz treten“ (Nieweler 2006, 32) muss.

Nur vereinzelt sind die Sprachkenntnisse der Eltern – und die dadurch theoretische Möglichkeit, ihre Kinder beim Lernen zu unterstützen – ausschlaggebend für die Wahl des Französischen in der Schule. Dies trifft insbesondere dann zu, wenn entweder nur die Mutter oder beide Elternteile Französischkenntnisse haben.

Anzumerken gilt es an dieser Stelle, dass in den meisten Familien keinerlei elterliche Französischkenntnisse vorhanden sind; in den Fällen, in denen die Eltern Französisch sprechen, geben sie als Ursprung ihrer Sprachkenntnisse den eigenen Schulunterricht an, der u.U. einige Jahre zurückliegt.

Die Charakterisierung des gymnasialen Französischunterrichts durch die Eltern zeigt ein sehr heterogenes Bild des gegenwärtigen Unterrichts. Es muss aber auch bedacht werden, dass sie einzelne Aspekte des Französischunterrichts insgesamt mehr oder weniger gut zu beurteilen vermögen. Darüber hinaus gilt es auch zu berücksichtigen, dass dieses heterogene Bild der Unterrichtspraxis der jeweiligen Lehrkräfte sowie den unterschiedlichen Gegebenheiten des Sprachlernprozesses (z.B. Lernjahr) geschuldet ist.

Eindeutig als positiv bewerten die Eltern den außerschulischen Teil des Französischunterrichts: ihre Kinder können den Lehrstoff in den meisten Fällen selbstständig und ohne zu hohen zeitlichen Aufwand außerhalb der Schule bewältigen, nur in seltenen Fällen ist dazu zusätzliche Hilfe notwendig.

Darüber hinaus sehen viele Eltern im Französischunterricht ihrer Kinder am Gymnasium das verwirklicht, was das Fachprofil Moderne Fremdsprachen für alle Spracherwerbsprozesse fordert: die interkulturelle Dimension des Französisch-Spracherwerbs dient nicht nur dem Abbau von Vorurteilen, sondern auch dem Erwerb interkultureller Handlungskompetenz, darin eingeschlossen die Wahrnehmung der

> „Unterschiede zwischen der fremden und der eigenen Kultur, aber auch und insbesondere (…) der Bewusstmachung von Gemeinsamkeiten“ (Fachprofil Moderne Fremdsprachen 2015).

Weniger positiv zu bewerten ist das Ergebnis, dass die Schüler – nach Angaben der Eltern – sehr wenig individuell gefördert werden, sodass sich Sachers allgemeine Beschreibung von Unterricht konkret für den gymnasialen Französischunterricht bestätigt:

> „Eltern erwarten von der Schule und den Lehrkräften Förderung ihrer Kinder und beklagen zugleich das Fehlen ausreichender Förderung" (Sacher 2008, 61).

Darüber hinaus fühlen sich die meisten Eltern kaum in den Französischunterricht bzw. die Lernprozesse von Seiten der Schule integriert, wobei sie z.B. auch nicht in Entscheidungen des Unterrichts mit einbezogen werden.

Den Angaben der Eltern im Rahmen der vorliegenden Studie zufolge basiert das Kontaktverhältnis zwischen den Eltern und den Französischlehrkräften ihrer Kinder auf den traditionellen, von der Schule angebotenen Kontaktanlässen – Elternabenden, -sprechtagen oder den individuellen Elternsprechstunden, wenn konkrete Anlässe dies erfordern. Letzteres wurde bereits vielfach in Untersuchungen ermittelt (cf. Sacher 2014, 53) *(siehe Kapitel 2.1.3.2)* und bestätigt sich auch konkret für das Kontaktverhältnis von Eltern und Französischlehrkräften.

Dieses Resultat stützt einen weiteren Befund: nur ein Teil der Eltern bekundet einen Wunsch nach (mehr) Zusammenarbeit mit der Französischlehrkraft ihrer Kinder.

Einhergehend damit stellt der Elternabend, anlässlich dessen die Eltern als Kollektiv auftreten, die häufigste Kontaktform dar: Die meisten Eltern streben keine engere Kooperation mit der Französischlehrkraft ihrer Kinder an und begnügen sich mit den themenspezifischen Informationen, die sie anlässlich von Elternabenden erhalten. Bedauerlich ist, dass viele Eltern angeben, die Lehrkraft informiere sie nicht verständlich über Prüfungs- und Leistungsanforderungen sowie über das Lern- und Leistungsverhalten des Kindes und den Französischunterricht allgemein. Demzufolge erstaunt nicht, dass sich viele Eltern von der Lehrkraft Tipps wünschen für die Unterstützung ihrer Kinder, wie auch Sacher in seinem Buch *Elternarbeit* anführt:

> „Viele Eltern wünschen sich Beratung und Unterstützung von Lehrkräften, wie sie ihren Kindern beim Lernen besser helfen können, fühlen sich jedoch diesbezüglich von der Schule allein gelassen" (Sacher 2008, 61).

Deutlich wurde im Rahmen der vorliegenden Studie, dass die Eltern den Kontakt zur Französischlehrkraft als umso positiver beschreiben, je positiver sie den Französischunterricht charakterisieren. Im Hinblick auf die Items der einzelnen Indizes scheint dies nachvollziehbar, da sich Eltern beispielsweise dann informiert fühlen und den Unterricht positiv bewerten, wenn sie sich von Seiten der Schule integriert fühlen.

Ebenso nehmen die Eltern vornehmlich über die traditionellen Wege Kontakt zur Fachlehrkraft auf, sofern sie den Französischunterricht als positiv charakterisieren. Dieses Resultat zeigt, dass Eltern, die mit dem Französischunterricht ihrer Kinder zufrieden sind, jene Kontaktanlässe als ausreichend empfinden *(siehe Kapitel 6.3.2.4)*. Möglicherweise stellen für die Eltern, die den Französischunterricht als positiv empfinden, die traditionellen Kontaktanlässe eine Art der Gewissensberuhigung dar *(siehe Kapitel 2.1.2.2.4)*. Diese Vermutung erscheint plausibel in Anbetracht der Feststellung von Brenner: jener führt an, dass die institutionalisierten Kontakte bzw. Begegnungen von Eltern und Lehrern dazu dienen, „sich des wechselseitigen Interesses zu versichern“ (Brenner 2009, 176). Ähnlich hält Martin mit konkretem Bezug auf Elternabende als eine mögliche Form der traditionellen Kontakte fest, dass jene „in den meisten Fällen als Pflicht absolviert“(Martin 1978, 81) werden und prinzipiell aber kein Interesse an (mehr) Kontakt zur Fachlehrkraft besteht.

Dieser Befund stützt darüber hinaus das Ergebnis, dass Eltern insbesondere bei Problemen individuelle Kontakte zu den Französischlehrkräften ihrer Kinder suchen und umso mehr Kontakt anlässlich der üblichen Begegnungen suchen, je negativer sie den Französischunterricht beschreiben. Somit bestätigt sich das von Hösl-Kulike beschriebene, enge Kooperationsverständnis konkret in vorliegender Studie zu *Elternarbeit und Französischunterricht* an bayerischen Gymnasien (cf. Hösl-Kulike 1993, 96sq.; Sacher 2014, 113).

Darüber hinaus ist der Wunsch der Eltern nach Kontakt zur Französischlehrkraft ihrer Kinder umso größer, je negativer der Französischunterricht selbst bewertet wird. Fehlt beispielsweise individuelle Förderung im Französischunterricht, wollen Eltern u.a. mehr Hinweise von Lehrkräften, wie sie ihre Kinder zuhause beim Lernen unterstützen können. Dieses Resultat bestätigt die Befunde von Doppke für die vorliegende Studie zu *Elternarbeit und Französischunterricht*. Doppke konstatiert im Rahmen seines „ABC der Elternarbeit“ (Doppke/Gisch 2005, 33): „Die Kontakte zwischen Eltern und Schule sind in der Praxis häufig negativ oder fordernd geprägt“ (Doppke/Gisch 2005, 33). Auch Bauer beschreibt die Kontakte zwischen Schule und Elternhaus ähnlich:

> „Sowohl aus Sicht der Schule als auch der Eltern ist eine über die institutionalisierten Formen der Elternarbeit (Elternabende und -sprechtage) hinausgehende Kontaktaufnahme zu einzelnen LehrerInnen in erster Linie durch den Problemfall motiviert“ (Bauer 2006, 120) *(siehe Kapitel 2.1.3.2).*

6.4.2 Forschungsfrage 2

Das zweite Teilziel der vorliegenden Studie bestand darin, die Beteiligung der Eltern an den Französischlernprozessen ihrer Kinder zu analysieren.

Der Bereich, in dem die Eltern am meisten an den Französischlernprozessen ihrer Kinder beteiligt sind, ist klar umgrenzt und umfasst das außerschulische, häusliche Umfeld, wobei es für die meisten Eltern – genauer gesagt, für die meisten Mütter –eine Selbstverständlichkeit ist, sich hier für das Französischlernen ihrer Kinder zu engagieren. Die Vermutung, dass diese Selbstverständlichkeit für Eltern umso höher ist, je negativer der Französischunterricht durch die Eltern beschrieben wird – z.B. aufgrund fehlender individueller Förderung –, bestätigte sich nicht. Diese Selbstverständlichkeit der elterlichen Unterstützung bei den Lernaktivitäten für das Fach Französisch ist nicht abhängig von der Bewertung des Französischunterrichts als negativ und somit generell bei den meisten Eltern prinzipiell vorhanden.

Die gemeinsamen Lernaktivitäten von Eltern, bzw. in den meisten Fällen von Müttern, und Kindern für das Fach Französisch erfolgen keineswegs regelmäßig, sondern finden konzentriert, vor Leistungserhebungen statt und, vom Tageszeitpunkt aus betrachtet, im Anschluss an die Hausaufgaben bzw. am Abend. Wie sich in der vorliegenden Studie herausstellte, hat dabei die Art der Berufstätigkeit der Eltern keinerlei Einfluss auf die unterschiedlichen Maßnahmen der Unterstützung der kindlichen Lernaktivitäten für das Fach Französisch. Ebenso wenig beeinflusst die Berufstätigkeit der Eltern die Häufigkeit, mit der gemeinsame Französischlernaktivitäten von Eltern und Kindern stattfinden. Wenn beide Elternteile oder nur die Mütter Französischkenntnisse haben, sind letztere die häufigsten Lernpartner der Kinder. Spricht nur der Vater Französisch, lernen weniger als ein Fünftel der Kinder mit ihren Vätern Französisch. Ohne elterliche Unterstützung lernen Kinder dann Französisch, wenn kein Elternteil Französischkenntnisse hat.

Die Mehrheit der Elternschaft beschränkt sich auf allgemeine Unterstützungsformen, insbesondere in Form von Gesprächen über den Französischunterricht generell sowie über konkrete Probleme im Zuge des Französischunterrichts. Diese Form der Unterstützung ist möglicherweise aufgrund dessen so beliebt: Gespräche als Anteilnahme der Eltern an den Französischlernprozessen der Kinder sind auch dann möglich und eventuell von herausragender Bedeutung, wenn sich die Eltern nicht anderweitig an den Französischlernprozessen als Teil des Französischunterrichts beteiligen (wollen/können): so erhalten sie einen Einblick in die Unterrichts- und Lernabläufe.

Die großflächige Enthaltung der Eltern aus den Französischhausaufgaben der Kinder sowie die Tatsache, dass – wenn überhaupt – nur die formale Kontrolle der Hausaufgaben erfolgt, kommen den Forderungen aus der Empirie entgegen, weil die ursprüngliche Funktion der Hausaufgaben berücksichtigt wird: Hausaufgaben müssen vom Schüler selbst erledigt werden können (cf. Martin 1978, 53; cf. Kohler 2002, 96) *(siehe Kapitel 2.1.2.3.3; siehe Kapitel 6.3.3.3)*, denn sie erfüllen, wie Wild konstatiert, folgenden Zweck:

> „In ihrer didaktisch-methodischen Funktion dienen Hausaufgaben der Vorbereitung und Ergänzung des Unterrichts, der Unterstützung, Vertiefung und Anwendung von Kenntnissen, Fähigkeiten und Fertigkeiten“ (Wild/Lorenz 2010, 139).

Viele Eltern geben sich damit zufrieden, ihren Kindern als Beitrag zur Unterstützung der Französischlernprozesse zusätzliche Lernmaterialien zur Verfügung zu stellen. Die vorliegende Studie zeigte deutlich, dass die Eltern den schulischen Französischunterricht umso negativer bewerten, je mehr ihre Hilfe auf der Verwendung bzw. Bereitstellung von Zusatzmaterialien für das Französischlernen basiert. Hierin ist eine Kritik am gymnasialen Französischunterricht implizit: die Übungs-/Lerngelegenheiten im Französischunterricht reichen möglicherweise nicht aus, um dem Bedarf der Kinder an Übung und Wiederholung zu entsprechen, sodass Eltern zusätzliche Übungsgelegenheiten schaffen müssen und so Defizite des schulischen Französischunterrichts kompensieren *(siehe Kapitel 2.1.2.3.3)*. Die Plausibilität dieser Rückschlüsse bestätigt Derschau – allerdings begrenzt auf Hausaufgaben, aber im Ermessen der Verfasserin übertragbar auf die Ergebnisse zur elterlichen Beteiligung an den Französischlernprozessen der Kinder mit Zusatzmaterialien:

> „Angesichts von Stundenausfall und Stofffülle werden HA immer häufiger als Möglichkeit betrachtet, Stundendefizite auszugleichen und den Unterricht (…) von Wiederholung, Übung (…) zu entlasten. (…) Die HA sollen also offensichtlich Versäumnisse und Unzulänglichkeiten von Schule und Unterricht ausgleichen“ (Derschau 1979a, 13).

Auch Wippermann hält fest, dass Eltern oftmals im häuslichen Bereich beispielsweise die fehlende individuelle Förderung der Schüler kompensieren müssen (cf. Wippermann 2013, 38).

Erbringen die Eltern bestimmte Unterstützungsleistungen im Zuge der Französischlernprozesse ihrer Kinder, charakterisieren sie den schulischen Französischunterricht insgesamt negativer als jene Eltern, die sich nicht in Form der folgenden Hilfestellungen für die Lernprozesse der Kinder engagieren: das Besprechen von Problemen, das Erklären-Lassen des aktuellen Stoffgebiets, die aktive Hilfe sowohl bei den Hausaufgaben als auch im Zuge der lehrwerksbasierten Abfrage von Wortschatz und Grammatik oder der Wiederholung, und die Bearbeitung zusätzlicher Übungen sowie das Bereitstellen notwendiger Zusatzmaterialien (also die indirekte, finanzielle Unterstützung der Lernprozesse). Diese Ergebnisse sind nachvollziehbar vor dem Hintergrund, dass sich Eltern oftmals in der Situation wiederfinden, die Huppertz in seiner Studie „Die Wirklichkeit der Zusammenarbeit zwischen Schule und Elternhaus“ fachübergreifend beschreibt: er konstatiert,

> „daß (sic) Eltern in zahlreichen Fällen gleichsam den Unterricht der Schule gezielt fortsetzen oder verlängern, weil sie bei ihren Kindern Defizite in bestimmten Fächern feststellen oder für die Zukunft befürchten“ (Huppertz 1988, 35).

Dementsprechend beschreiben die Eltern den gymnasialen Französischunterricht als negativer, wenn sie in die Rolle der Hilfslehrer schlüpfen und sich aktiv in die Lernprozesse einbringen müssen und somit – wie Busch es formuliert – als „(unbezahlte) Hilfslehrer, die Aufgaben übernehmen, die genuin schulischer Art sind“ (Busch/Scholz 2002, 270) *(siehe Kapitel 2.1.2.3.3)*, tätig sind. Bereits im Pretest wurde von einem Teilnehmer angemerkt, dass Familien bzw. Eltern keine Defizite schulischen Unterrichts auszugleichen haben. Diese Anmerkung bestätigt die Plausibilität der Ergebnisse der vorliegenden Studie zum Französischunterricht hinsichtlich dieses Aspekts: die Eltern beschreiben den Französischunterricht dann negativer, wenn sie selbst als aktive Kräfte, als „Hilfslehrer“ im außerschulischen Bereich mit auf den Plan gerufen werden und sich an den Französischlernprozessen ihrer Kinder (aktiv bzw. indirekt) beteiligen, also Kompensationsleistungen für Defizite des schulischen Französischunterrichts aufbringen und so auftretende Unzulänglichkeiten entweder materiell oder immateriell ausgleichen müssen im

Hinblick auf das Ziel, ihren Kindern ein Vorankommen im Lernprozess zu sichern.

Zwar wird, den Angaben der Eltern in der vorliegenden Untersuchung zufolge, nur in sehr wenigen Fällen Nachhilfeunterricht als indirekte, finanzielle Form der Lernbegleitung in Anspruch genommen, doch liegt ein deutlicher Unterschied vor im Hinblick auf die Charakterisierung des schulischen Französischunterrichts durch Eltern, deren Kinder Französischnachhilfe in Anspruch nehmen und jenen, deren Kinder dies nicht tun *(siehe Kapitel 5.4.2.1)*: Sobald Nachhilfe notwendig ist, empfinden die Eltern den Französischunterricht als negativer. Die Kinder lernen dann mit Nachhilfelehrkräften Französisch, wenn kein Elternteil bzw. nur der Vater Französisch spricht oder andere Verwandte.

Gerade weil, wie in der vorliegenden Studie gezeigt werden konnte, die Unterstützung der Kinder beim Französischlernen für die meisten Eltern selbstverständlich ist, ist das Ergebnis der Analyse der Personen aus dem Schulumfeld, welche den Eltern Tipps hinsichtlich der außerschulischen Unterstützung ihrer Kinder im Fach Französisch geben, bedauerlich: von Seiten der Schule erfolgt in über 50 Prozent der Fälle keinerlei Angebot. Der Wunsch nach Kontakt zur Lehrkraft ist dabei verständlicherweise auf Seiten der Eltern, die keine Tipps von der Französischlehrkraft bekommen für die Unterstützung ihrer Kinder beim Französischlernen ausgeprägter als bei den Eltern, die von den Französischlehrern ihrer Kinder Hinweise dazu erhalten. Dieses Resultat erscheint umso nachvollziehbarer angesichts des oft „unzureichenden Informationsstand[s]“ (Marz/Zubke 1981, 8) der Eltern hinsichtlich der Angelegenheiten des Französischunterrichts – insbesondere der Leistungen der Kinder, die das zentrale Gesprächsthema bei Lehrer-Eltern-Kontakten auf der individuellen Ebene bilden (cf. Sacher 2004, 77).

6.4.3 Forschungsfrage 3

Das dritte Teilziel der vorliegenden Studie bestand darin, Gründe für die elterliche Enthaltung aus den Französischlernprozessen sowie von den Eltern gewünschte Angebote für eine (stärkere) Beteiligung am Französischunterricht zu ermitteln.

Die Elternbeteiligung scheitert zwar oft an den fehlenden bzw. zu rudimentären Sprachkenntnissen der Eltern, allerdings in den meisten Fällen – und dies ist als sehr positiv zu bewerten – an der Selbstständigkeit der Kinder.

Dieses Ergebnis wird gestützt durch die Tatsache, dass – nach Angaben der Eltern in der vorliegenden Studie – die Kinder den Stoff selbstständig und ohne zusätzliche Hilfe bewältigen können.

Beschreiben die Eltern den schulischen Französischunterricht als positiv, sind weder fehlende Rahmenbedingungen – z.B. fehlende Geduld oder Zeit – noch fehlende fachliche Ressourcen – z.B. nicht vorhandene Sprachkenntnisse, fehlendes Übungsmaterial – dafür verantwortlich, dass sich die Eltern aus den Französischlernprozessen der Kinder enthalten, was angesichts der genannten Resultate zusätzlich als positiv zu bewerten ist.

Materielle und immaterielle Aspekte, z.B. fehlende Zeit oder Geduld, fehlende finanzielle Ressourcen, fehlende Übungsmaterialien mit Lösungen, schulische Zusatzangebote oder fehlendes Interesse sind insgesamt nur für wenige Eltern ein Grund, sich aus den Französischlernaktivitäten ihrer Kinder zu enthalten. Letztgenannten Grund, welcher für die elterliche Enthaltung aus den Französischlernprozessen nach vorliegenden Ergebnissen kaum von Bedeutung ist, ermittelte bereits Sacher. Jener konstatierte, dass „ein ausgesprochenes Desinteresse der Eltern an Kontakt und Kooperation vergleichsweise selten vorkommt“ (Sacher 2014, 151) und – wie im Zuge der 3.JAKO-O-Bildungsstudie ermittelt wurde – auch sogenannte schwer erreichbare Eltern *(siehe Kapitel 2.1.3.3.2)* mehr am Schulgeschehen partizipieren als man üblicherweise glaubt (cf. Killus/Paseka 2014, 146). Diese Feststellungen bestätigen sich in der vorliegenden Studie zur Elternarbeit zum gymnasialen Französischunterricht: je weniger fehlende Rahmenbedingungen, z.B. das Interesse, ausschlaggebend dafür sind, dass sich Eltern nicht am Französischlernen beteiligen, umso größer ist ihr Wunsch nach Kontakt zur Lehrkraft. Dies zeigt, dass Eltern durchaus bereit sind, u.a. Zeit zu investieren, um mit der Lehrkraft in Kontakt zu treten und Kontakt zu ihr zu halten.

Die vorliegende Studie brachte hervor, dass die meisten Eltern keine Tipps zur Unterstützung ihrer Kinder beim Französischlernen erhalten, sowie dass sie sich insbesondere vor Leistungserhebungen für das Französischlernen ihrer Kinder engagieren. Demzufolge erstaunt nicht, dass sich die meisten Eltern Hinweise zur optimalen Prüfungsvorbereitung als Angebot für eine (bessere) Beteiligung an den Französischlernprozessen ihrer Kinder wünschen, ebenso wie Arbeitsblätter zu einzelnen, wichtigen Aspekten der französischen Sprache, die sie besonders auszeichnen und von anderen Fremdsprachen unterscheiden. Gleichermaßen sind lehrwerksbegleitende Informationen und Materialien, die den Eltern Aufschluss geben über die einzelnen Themen und Inhalte der Lektionen im Lehrbuch, für viele ein wünschenswertes Angebot im Hinblick auf eine (stärkere) Beteiligung an den Französischlernprozessen ihrer Kinder.

Die Ergebnisse der vorliegenden Studie, dass Eltern sich Hinweise wünschen, aber mehrheitlich kaum Tipps von der Lehrkraft erhalten, ermittelte bereits Wild hinsichtlich der allgemeinen elterlichen Anteilnahme am Unterricht und den Lernprozessen ihrer Kinder: „Obwohl Eltern an didaktischen Hilfen und Ratschlägen von Lehrern sehr interessiert sind, erhalten sie nur selten brauchbare Tipps" (Wild 2013, 515). Allerdings konnte die vorliegende Studie nicht bestätigen, dass sich Eltern, die von der Französischlehrkraft ihrer Kinder keine Tipps für die Begleitung der Lernprozesse ihrer Kinder in diesem Fach erhalten, mehr Angebote wünschen als die Eltern, die Tipps von den Französischlehrkräften ihrer Kinder erhalten.

7. Schlussfolgerungen

Dieses letzte Kapitel des Forschungsberichts zur Elternarbeit zum gymnasialen Französischunterricht in Bayern besteht aus folgenden Teilen: einer Zusammenfassung der wichtigsten Ergebnisse der Studie, der Reflexion der Forschungsmethode, der Beschreibung von Anknüpfungspunkten für Nachfolgestudien sowie dem Entwurf eines Elternarbeitskonzepts für den Französischunterricht.

7.1 Zusammenfassung

Die vorliegende quantitative Studie hält den Status quo der Elternarbeit im Zuge des gymnasialen Französischunterrichts fest und stellt insbesondere den Teilbereich der elterlichen Beteiligung an den Französischlernprozessen heraus. Die potentielle Bedeutung der Elternarbeit zur Stärkung des Französischunterrichts wurde im Rahmen der vorliegenden Untersuchung als Teilbereich der französischen Fachdidaktik behandelt – ausgehend von dem eingangs erwähnten weiten Verständnis von Unterricht *(siehe Kapitel 1.1)*. Dadurch kommt implizit zum Ausdruck, dass die Lehrkräfte im Kontext des Unterrichts die Fäden in der Hand halten und somit die Gesamtverantwortung tragen für den Französischunterricht (cf. Leupold 2007b, 45), welcher den außerschulischen Bereich, und somit die Eltern als Akteure, mit einschließt.

Die für diese Studie leitende Fragestellung, ob sich Eltern in schulische Französischlernprozesse einbringen können kann letztlich folgendermaßen beantwortet werden: Eltern können sich vornehmlich im außerschulischen Bereich an den Französischlernprozessen ihrer Kinder beteiligen – sofern dies notwendig ist und die Kinder nicht eigenständig lernen – und nehmen dies als selbstverständliche Gelegenheit wahr, um am gymnasialen Französischunterricht Anteil zu nehmen. Aufgrund und trotz der Tatsache, dass die meisten Eltern weder von den Französischlehrkräften ihrer Kinder ausreichend informiert noch als Akteure im Französischlernprozess wahrgenommen werden, wären einige Eltern bereit, mit der Lehrkraft ihrer Kinder stärker zu kooperieren und ggf. auch eine aktive Rolle im konkreten Französischunterricht zu übernehmen.

Nachfolgend werden zentrale der Ergebnisse der Studie resümiert.

Die erste Gelegenheit zur „Beteiligung“ steht den Eltern bei der Belegung des Wahlpflichtfachs Französisch offen. Die Auswertung der Fragebögen zur Elternarbeit im Zuge des Französischunterrichts an bayerischen Gymnasien zeigte zunächst, dass die meisten Eltern nach ihren eigenen Angaben diese erste Möglichkeit, sich im Zuge des Französischen als Schulfach zu beteiligen, nicht für sich in Anspruch nehmen, weil sich ihre Kinder eigenständig dafür entschieden hätten *(siehe Kapitel 5.3.2.1)*.

Beachtenswert ist allerdings – angesichts der unterschiedlichen Gründe für Eltern, Französisch zu wählen –, dass insbesondere der Sprachästhetik des Französischen große Bedeutung zukommt. Als positiv stellte sich heraus, dass die Entscheidung für das Französische bewusst erfolgt und nicht aufgrund schulorganisatorischer Gegebenheiten herbeigeführt wurde. Interpretiert man dieses Resultat im Hinblick auf die Tätigkeit der Französischlehrkräfte, so ist die Forderung Leupolds für den Französischunterricht – jener ist „so attraktiv zu gestalten, dass die Lerner (bzw. deren Eltern) sich bewusst für die Sprache entscheiden“ (Leupold 2007b, 23) – nach den Angaben der Eltern in der vorliegenden Studie bestätigt.

Die bedauerliche Tatsache, dass nur die wenigsten Französischlehrkräfte bemüht sind, Eltern als Akteure in den Französischunterricht bzw. in Entscheidungen im Zuge dessen zu integrieren, lässt die Vermutung zu, dass hier möglicherweise Kontakthindernisse auf Seiten der Lehrer zum Tragen kommen *(siehe Kapitel 2.1.3.3.1)*, u.a. die ohnehin hohe Arbeitsbelastung oder die Angst vor (zu großer) Einmischung der Eltern in ihre Fachangelegenheiten. Was Hülshoff zur Ausgestaltung der Elternarbeit generell bemängelt, lässt sich also vollständig auf die Elternarbeit im Zuge des gymnasialen Französischunterrichts übertragen:

> „Die bisherige schulische Elternarbeit krankt zumeist daran, daß (sic) Eltern das Gefühl haben, wegen ihres Informationsdefizits nur eine Statistenrolle spielen zu können“ (Hülshoff 1979, 23).

Folglich erstaunt nicht, dass nur ein Teil der Eltern an einer (verstärkten) Zusammenarbeit mit der Lehrkraft sowie an einer Integration in den konkreten Französischunterricht interessiert ist. Auch die Tatsache, dass die meisten Eltern nach eigenen Angaben keine Hinweise aus dem schulischen Umfeld zur Unterstützung der Französischlernprozesse ihrer Kinder erhalten, verstärkt den Eindruck einer weitgehenden Ausgrenzung der Eltern von Seiten der Schule.

Darüber hinaus verweisen die Eltern auf die defizitäre Informationslage hinsichtlich transparenter Leistungsanforderungen und hinsichtlich des aktuellen Lern- und Leistungsverhaltens der Kinder *(siehe Kapitel 5.3.2.4)* sowie des Französischunterrichts allgemein, was Kritik an der Kontaktpraxis der Lehrkräfte, die in den meisten Fällen die Initiatoren sämtlicher Kontakte zwischen Elternhaus und Schule sind (cf. Busch/Scholz 2002, 266; cf. Sacher 2014, 24) *(siehe Kapitel 2.1.4.6)*, impliziert.

Diese Ergebnisse ziehen zwei Konsequenzen nach sich, die ebenfalls in der Studie evident werden:

Erstens vermögen die Eltern nur begrenzt, den gymnasialen Französischunterricht und hierbei insbesondere den schulischen Teil eindeutig zu charakterisieren. Im Gegensatz dazu fällt den Eltern allerdings die Beschreibung der außerschulischen Teilbereiche des Französischunterrichts, die sich (größtenteils) im häuslichen Umfeld abspielen und worin sie einen direkten, nicht über die Kinder oder Lehrkräfte vermittelten, Einblick haben, leichter.

Zweitens spiegelt sich die rudimentäre Elternarbeit im Sinne der Information der Eltern über die Belange des Französischunterrichts gleichermaßen im Kontaktverhältnis zwischen Eltern und den Französischlehrkräften wider und beeinflusst jenes: Die schulische Seite – in Gestalt der Fachlehrkraft – wird oft erst dann für Eltern von Bedeutung und Eltern suchen erst dann von sich aus Kontakt, wenn konkrete Probleme zutage treten. Es fehlt folglich eine (stete) Kontaktbasis zwischen Lehrkraft und Eltern, welche es ermöglichen würde, profundere Informationen über das (Lern- und Leistungs-) Verhalten der Schüler, die über auftretende Probleme hinausgehen, auszutauschen. Becker unterstreicht diese Schlussfolgerung und prangert die fehlende Selbstverständlichkeit des Kontakts zwischen Lehrkräften und Eltern an, wofür sie auf beiden Seiten Verbesserungsbedarf sieht (cf. Becker 1970, 117). Hierin wird evident als Anforderung an eine Elternarbeit in Form einer Partnerschaft formuliert wurde *(siehe Kapitel 2.1.4.2)*: vonnöten ist eine veränderte Kommunikationspraxis zwischen Schule und Elternhaus, eine beiderseits aufsuchende Elternarbeit, um den Terminus von Sacher aufzugreifen *(siehe Kapitel 2.1.3.2)*. Denn, wie die Studie zeigen konnte, als Teil der Dimension „FU positiv" wirkt sich die Integration der Eltern auf die Beschreibung des Kontakts zur Lehrkraft positiv aus *(siehe Kapitel 5.2.1; siehe Kapitel 5.4.1.2)*, sodass hierin v.a. ein Appell an Lehrer gerichtet werden muss, diese Kontaktpflege entsprechend zu initiieren.

Die meisten Eltern nehmen Elternabende als kollektive Kontaktform wahr. Weil im Zuge des Französischunterrichts die Anzahl der fachspezifischen Elternabende eher überschaubar gestaltet sein dürfte – mögliche Themen sind z.B. die Information über die bevorstehende Schulzweigwahl, Austauschfahrten oder Projekte im Französischunterricht –, ergibt sich hier a priori eine widersprüchliche Situation: Eltern fühlen sich nicht ausreichend informiert, erhalten – wie vorliegende Studie zeigte – in den meisten Fällen keinerlei Hinweise aus dem schulischen Kontext zur Begleitung der Französischlernprozesse ihrer Kinder im häuslichen Umfeld. Dabei verfolgen sie – wie der Überblick über die Forschungslage zur Elternarbeit zeigte – das Ziel der bestmöglichen Förderung ihrer Kinder *(siehe Kapitel 2.1.4.5)*, sodass die Effektivität der Kontaktform des Elternabends im Hinblick auf das genannte Ziel der Eltern(arbeit) nicht zufriedenstellend sein kann. Dies stellt bereits Schmälzle mit allgemeinem Bezug auf Elternabende fest: „Er schafft nicht die Kontakte, die Eltern und Lehrer brauchen" (Schmälzle 1985, 48).

Beteiligt sind Eltern – genauer gesagt, hauptsächlich Mütter – fast ausschließlich an den außerschulischen Französischlernprozessen, und dies gehäuft in Form einer punktuellen Lernbeteiligung vor Leistungserhebungen. Die gemeinsamen Lernaktivitäten von Eltern und Kindern für das Fach Französisch finden dabei entweder im Anschluss an die Hausaufgaben oder am Abend statt *(siehe Kapitel 5.3.3)*. Möglicherweise weil die meisten Eltern angeben, dass ihre Kinder im Zuge des schulischen Französischunterrichts nicht bzw. zu wenig individuell gefördert werden, beteiligen sich in mehr als 50% der Familien die Mütter am Französischlernen ihrer Kinder (siehe Kapitel 5.3.3), und dies besonders dann, wenn beide Elternteile Französisch sprechen *(siehe Kapitel 5.4.2.3)*.

Die Berufstätigkeit der Eltern steht allerdings weder mit Häufigkeit noch der Art der Unterstützung in Zusammenhang *(siehe Kapitel 5.4.2.1 bzw. 5.4.2.2)*. hängt in ihrem Umfang dabei nicht ab von der Berufstätigkeit der Eltern. Allerdings ist dieses außerschulische Engagement der Eltern ist für die meisten selbstverständlich *(siehe Kapitel 5.3.2.4)*, wobei insbesondere allgemeine Formen der Unterstützung in Form von Gesprächen über den Unterricht und über konkrete Probleme im Vordergrund stehen *(siehe Kapitel 5.3.3.3)*. Zudem stellen auch viele Eltern ihren Kindern notwendige Zusatzmaterialien bereit, betätigen sich also durch die Schaffung der Lernumgebung an den Französischlernprozessen ihrer Kinder *(siehe Kapitel 2.1.2.3.2)*. Zudem wurde in vorliegender Studie deutlich, dass beispielsweise Eltern, die sich über die Finanzierung von Nachhilfe oder das Bereitstellen von Zusatzmaterialien indirekt für das Französischlernen ihrer Kinder engagieren, den Französischunterricht negativer beschreiben als jene, die das nicht tun *(siehe Kapitel 5.4.2.4)*.

Für die Eltern bilden Hausaufgaben nicht den zentralen Aspekt bei der Unterstützung ihrer Kinder im Rahmen von Französischlernprozessen *(siehe Kapitel 5.3.3)*, sodass sich z.B. Wittmanns Befunde zum allgemeinen elterlichen Hausaufgabenengagement, das in seiner Erhebung etwa die Hälfte der Eltern erbrachten (cf. Wittmann 1972, 66) – in der vorliegenden, fachspezifischen Studie nicht bestätigen. Möglicherweise ist dies u.a. auf die fehlenden oder unzureichenden Französischkenntnisse der Eltern zurückzuführen oder auf den folgenden Aspekt, welcher ebenfalls im Zuge des Pretests zum Vorschein kam: die Eltern wollen nicht in die Rolle der Hilfslehrer gedrängt werden und helfen ihren Kindern meist nur am Anfang des Sprachlernprozesses bereitwillig. Plausibel erscheinen diese Schlussfolgerungen vor dem Hintergrund, dass viele Eltern sich insbesondere im Zuge der Wortschatzabfrage als lehrwerksbasierte Unterstützungsform in die Französichlernprozesse ihrer Kinder einbringen.

Die Befunde, dass sich die meisten Eltern nicht konkret an den Lernprozessen der Kinder beteiligen und größtenteils nur Zusatzmaterialien bereitstellen – also die indirekte, materielle Form der Unterstützung betreiben –, werden durch die Tatsache gestützt, dass der häufigste Grund für die elterliche Enthaltung aus den Lernaktivitäten für das Fach Französisch ist, dass in 73,4% der Fälle die Kinder selbstständig lernen und keine Hilfestellung (mehr) benötigen *(siehe Kapitel 5.3.4.1)*. Bedacht werden muss an dieser Stelle auch das Ergebnis, dass Kinder insbesondere dann alleine Französisch lernen, wenn weder Vater noch Mutter Französischkenntnisse haben *(siehe Kapitel 5.4.2.3)*.

Angesichts zweier ermittelter Aspekte ist die mehrheitliche Enthaltung der Eltern aus den konkreten Französischlernprozessen eindeutig als positiv zu bewerten:

Zum einen geben die meisten Eltern an, dass die zeitliche Beanspruchung ihrer Kinder für die Vor- und Nachbereitung des Französischunterrichts angemessen ist und sie zur Bewältigung des Lernstoffs keine zusätzliche Hilfe benötigen *(siehe Kapitel 5.3.4.1)*.

Zum anderen berücksichtigen die Französischlehrkräfte – den vorliegenden Ergebnissen zufolge – die Funktion der Hausaufgaben *(siehe Kapitel 6.4.2)* sowie die leitende Idee für das Stellen von Hausaufgaben: dass jene „für die Schüler ohne Hilfe zu bewältigen" (Nieweler 2006, 309; cf. Sacher 2014, 120) sein müssen.

Gerade weil die meisten Eltern – wie bereits erwähnt – keine Hinweise zur Unterstützung ihres Kindes beim Lernen von Seiten der Schule erhalten, sind folgende Angebote bei den Eltern beliebt, um eine verstärkte bzw. generelle Beteiligung an den und Integration in die Französischlernprozesse(n) zu gewährleisten: themenzentrierte und lehrwerksbezogene/-begleitende, handlungsanleitende Informationsmaterialien, insbesondere Hinweise zur Prüfungsvorbereitung *(siehe Kapitel 5.3.4.2)*. Jene Materialien müssten bzw. sollten so gestaltet sein, dass die Eltern mit deren Hilfe befähigt werden, diese Prüfungsvorbereitung selbstständig zu gestalten, denn nur wenige sind – wie die Studie zeigte – an Treffen mit der Lehrkraft, anderen Eltern oder dem Besuch von Informationsveranstaltungen interessiert.

Dass Eltern generell bereit sind, sich für den Französischunterricht – im Sinne des erweiterten Unterrichtsbegriffs *(siehe Kapitel 1.1)* – zu engagieren, zeigt das folgende Ergebnis der Studie: sie empfinden einen umso größeren Wunsch nach Kontakt zur Lehrkraft, je weniger ihre Enthaltung aus den Französischlernprozessen ihrer Kinder auf fehlende Rahmenbedingungen, wie z.B. Geduld, Interesse, Zeit, zurückzuführen ist *(siehe Kapitel 5.4.3.2)*.

Zu bedenken gilt es hinsichtlich der Bewertung des schulischen Französischunterrichts durch die Eltern, dass sich jene auf die Beschreibung des Kontakts zur Lehrkraft auswirkt: empfinden die Eltern den Französischunterricht als positiv, beschreiben sie gleichermaßen den Kontakt zur Französischlehrkraft ihrer Kinder als positiv und nehmen insbesondere traditionelle Anlässe der Kontaktaufnahme in Anspruch. Charakterisieren sie den Französischunterricht als negativ, nehmen sie ebenfalls traditionelle Gelegenheiten des Kontakts wahr, haben aber auch einen verstärkten Wunsch nach Kontakt *(siehe Kapitel 5.4.1.2)*.

Deutlich zeigt sich in diesem Befund auch die Beliebtheit der ritualisierten Kontaktformen im Zuge des Verhältnisses zwischen den Eltern und den Französischlehrkräften ihrer Kinder. Dies ist möglicherweise darauf zurückzuführen, was Brenner in seinem Buch *Wie Schule funktioniert* im Hinblick auf Elternarbeit als ritualisierte Kontaktpflege konstatiert:

> „Durch ihre pure Existenz, unabhängig davon, in welchem Umfang sie wahrgenommen wird oder nicht, leistet sie ihren Beitrag zur pädagogischen Atmosphäre“ (Brenner 2009, 176).

Die Analyse des Kontaktverhältnisses zwischen der Elternschaft und den Französischlehrkräften in der vorliegenden Studie zeigt, dass sich hinsichtlich der Kontakte zwischen Elternhaus und Schule noch nichts geändert hat, keinerlei stete Kontaktbasis existiert und sich somit die Befunde bisheriger Forschungen zum Kontaktverhältnis zwischen Schule und Elternhaus konkret für den gymnasialen Französischunterricht bestätigen: die Eltern nehmen insbesondere die institutionalisierten Kontaktanlässe (cf. Sacher 2012a, 196) wahr *(siehe Kapitel 6.2.2)*. Für Eltern sind die Kontakte zur Französischlehrkraft ihrer Kinder bedauerlicherweise nur in den wenigsten Fällen gewinnbringend, betrachtet man z.B. das Informiertheitsgefühl der Eltern. Demzufolge ist das Ergebnis der schulartübergreifenden Elternbefragung von Sacher eins zu eins auf den Kontakt von Eltern und Lehrkräften im Zuge des gegenwärtigen gymnasialen Französischunterrichts übertragbar: „Handlungsbedarf besteht bei der Kooperation und beim Informationsfluss zwischen Schule und Elternhaus“ (Sacher 2004, 114). Folglich muss erneut die Forderung nach einer veränderten Kommunikationskultur sowie nach der Schaffung eines Informationsaustausches *(siehe Kapitel 2.1.4.2; siehe Kapitel 2.1.4.3)* für das Fach Französisch – im Hinblick auf eine Elternarbeit, die als Partnerschaft gestaltet sein soll – aufgestellt werden, damit in einem ersten Schritt die institutionalisierten Formen, die sich immer noch großer Beliebtheit erfreuen, nicht mehr als defizitär im Hinblick auf eine entsprechende Informationsarbeit durch die Lehrer empfunden werden.

Bedacht werden muss bei dieser Kritik an der Kontaktpraxis der Eltern und Französischlehrkräfte allerdings, dass eine solide Kontaktbasis aufgrund der Schulart Gymnasium und dem Fachlehrerprinzip quasi nicht zu realisieren ist. Dies geht einher mit der grundlegenden Feststellung von Sacher hinsichtlich der Kontaktpflege von Eltern und Lehrkräften an Sekundarschulen. Er hält fest, dass

> „sowohl das regelmäßige Informieren über den Leistungsstand als auch das Einholen von Informationen über die Kinder unter einem ausgeprägten Fachlehrersystem und unter der Schul- und Klassengröße leidet“ (Sacher 2008, 163).

Es kann deutlich gezeigt werden, dass Eltern – wie eingangs fach- und schulartunspezifisch konstatiert wurde – im gymnasialen Französischunterricht in

Bayern durchaus eine vernachlässigte Größe darstellen und somit nicht davon ausgegangen werden kann, dass das eingangs postulierte Viereck der Akteure im Schulalltag *(siehe Kapitel 1.2)* Realisierung findet. Die Eltern werden somit weiterhin als „‚unbezahlte Hilfskräfte' ausgenutzt" (Busch/Scholz 2002, 257). Diese Situation ergibt sich wohl auch infolge der Tatsache, dass von Seiten der Schule bzw. der Lehrkräfte offenbar kaum Bemühungen erfolgen, Eltern in den Französischunterricht – im Sinne des erweiterten Unterrichtsbegriffs *(siehe Kapitel 1.1)* – zu integrieren und Eltern sich quasi in den außerschulischen Bereich gedrängt fühlen.

Die Praxis der Lernbeteiligung der Eltern im häuslichen Bereich unterstreicht das Gefühl der elterlichen Nicht-Integration in die Französischlernprozesse, da sie nur derartige Helferdienste vollbringen. Somit ergibt sich eine gefährliche Spirale: mangelnde Integration führt zu peripheren Unterstützungstätigkeiten, die das fehlende Integrationsgefühl weiter amplifizieren. Doch darf nicht außer Acht gelassen werden, dass nach den Ergebnissen der vorliegenden Studie knapp 50% der Eltern wenigstens teilweise bereit wären, sich als Akteure aktiv im Zuge des Französischunterrichts zu engagieren.

Somit ist man von der vertrauensvollen Zusammenarbeit, die Doppke (cf. Doppke/Gisch 2005, 17) fordert und welche im BayEUG (cf. Art. 74 Abs. 1 (1)) gesetzlich verankert ist, weit entfernt: Elternarbeit im Zuge des Französischunterrichts bedeutet demnach keineswegs Partnerschaft – u.a. weil die in Kapitel 2.1.3 aufgelisteten Anforderungen an eine partnerschaftlich angelegte Elternarbeit größtenteils nicht realisiert werden, was z.B. die defizitäre Informationsgrundlage, welche für Transparenz hinsichtlich unterrichtlicher Belange sorgen würde, zeigt.

Wild bezeichnet das Verhältnis von Eltern und Lehrkräften in Deutschland generell als „suboptimal" (Wild/Gerber 2008, 85); in Anbetracht der vorliegenden Befunde und vor dem Hintergrund der Themenstellung der vorliegenden Studie kann letztlich konstatiert werden: die (wenige) Elternarbeit im Zuge des Französischunterrichts, die größtenteils auf den häuslichen Bereich beschränkte Rolle der Eltern als Teil von Schule und Unterricht lassen kein partnerschaftliches Verhältnis entstehen. Zudem suggeriert alleine der Oberbegriff „Elternarbeit", Sacher zufolge, bereits diese Schlussfolgerung: Er verweist auf die Bezeichnungen des Verhältnisses zwischen Elternhaus und Schule in den USA: „parental involvement", „family school partnership" oder „school family community partnership" (Sacher 2008, 48; cf. Sacher 2012a, 184).

Elternarbeit ist also (bisher) keine Komponente, die den gymnasialen Französischunterricht stärken bzw. dazu beitragen kann, Französisch und den Französischunterricht (wieder) attraktiv zu machen.

Wie die 3.JAKO-O-Bildungsstudie belegt, übernehmen mehr als die Hälfte der befragten Eltern bereitwillig Hilfsdienste bei Klassenfahrten oder sonstigen Veranstaltungen, sofern diese punktuell angelegt sind und auf wenige Termine beschränkt bleiben. Sobald die Aktivitäten, in die Eltern mit eingebunden werden sollen, über einen längeren Zeitraum andauern – und seien es nur zeitlich überschaubare Phasen – sinkt die Bereitwilligkeit der Eltern zur Teilnahme. Auch an Elterngremien oder Arbeitsgruppen mit Lehrkräften zur gemeinsamen Gestaltung von Unterricht und Schule würden nur knapp ein Drittel aller Befragten partizipieren (cf. Paseka 2014, 117). Ähnlich zeigte die vorliegende Studie zum Französischunterricht deutlich, dass die meisten Eltern weder Interesse daran haben, mit der Französischlehrkraft ihrer Kinder enger oder überhaupt generell zusammenzuarbeiten, noch in den Französischunterricht integriert zu werden. Doch dürfen die 29,9% der Eltern, die teilweise, sowie die 30,6% der Eltern, die durchaus den Wunsch nach (mehr) Kooperation mit der Französischlehrkraft nicht vergessen werden *(siehe Kapitel 5.2.3.4 bzw. Kapitel 6.3.2.4)*. Jene Zahlen belegen – konkret für das Fach Französisch –, was Bickmann hinsichtlich der Bildungsarbeit des Franziskanischen Bildungswerkes e.V. und im Kontext der gemeinsamen Erziehungsverantwortung von Schule und Elternhaus festhält:

> „Jugendliche, Eltern und LehrerInnen [sind] an der Verstärkung der Kooperation grundsätzlich interessiert (…). Was fehlt, sind Angebote, die die Beteiligten ‚an einen Tisch' bringen" (Bickmann 1998, 195; cf. Ulich 1989, 104).

Somit müssen dahingehend Bemühungen angestellt werden, entsprechende Angebote ins Leben zu rufen. Ein Beispiel hier sei an späterer Stelle erläutert *(siehe Kapitel 7.4)*.

7.2 Anknüpfungspunkte für weitere Forschungen

Insbesondere weil zur Elternarbeit zum gymnasialen Französischunterricht in Bayern nur Fragmente des Unterrichts- und Schulalltags betrachtet wurden, bietet die vorliegende Studie vielfältige Anknüpfungspunkte für weitere Nachfolgestudien.

Die begrenzten Angaben zur Familienstruktur zeigten, dass nur die wenigsten Eltern alleinerziehend sind bzw. in Patchworkfamilien leben. Interessant wäre demzufolge möglicherweise auch, zu ermitteln, inwiefern sich die Familienstruktur auswirkt auf die unterschiedlichen Arten der Unterstützung bzw. auf die Gründe der Enthaltung aus den Französischlernprozessen der Kinder sowie auf das Kontaktverhältnis zur Fachlehrkraft.

Im Zuge der Motive für die Belegung des Französischen als Schulfach am Gymnasium wurde deutlich, dass die Wahl des Französischen nach Angaben der Eltern zum Großteil durch die Schüler selbst erfolgt. Obwohl die große Bedeutung des Nachbarlands Frankreich für Deutschland u.a. auf dem Élyséevertrag basiert, der die beiden Länder zur Förderung der jeweiligen Nachbarsprache anhält, ist die geographische Nähe zu Frankreich nur für wenige Eltern ein Grund, das Wahlpflichtfach Französisch in der Schule zu belegen. Hier liegt die Vermutung nahe, dass das Bundesland Bayern möglicherweise zu weit entfernt von Frankreich ist, als dass viele Eltern diesem Aspekt im Hinblick auf das Erlernen der Nachbarsprache Bedeutung beimessen. Somit könnte eine vergleichend angelegte Nachfolgestudie in Bayern und beispielsweise Baden-Württemberg ermitteln, ob die Wahl des Französischen in der Schule in Folge der geographischen Nähe zu Frankreich in grenznäheren Regionen bedeutender ist, bzw. eine deutschlandweite Erhebung klären, inwieweit dieses Motiv insgesamt für Eltern wichtig ist.

Im Zuge der Charakterisierung des Französischunterrichts durch die Eltern wurde deutlich, dass vielfach das Fehlen pseudo-authentischer Kommunikationssituationen zur Einübung situativ angemessenen Verhaltens im Umgang mit französischen Muttersprachlern bemängelt wird. In einer qualitativ angelegten Nachfolgestudie könnte mit Hilfe von Unterrichtsbeobachtungen, ergänzt durch Interviews von Lehrkräften und Schülern, ein deutlicheres Bild des gymnasialen Französischunterrichts hinsichtlich dieses Aspekts gezeichnet werden.

Die Regressionsanalyse zur Hypothese 10 ermittelte ein nur knapp nicht signifikantes Ergebnis: die negative Charakterisierung des Französischunterrichts beeinflusst die Enthaltung der Eltern aus den Französischlernprozessen der Kinder aufgrund fehlender Rahmenbedingungen nicht. Hier könnte eine Nachfolgestudie bzw. eine Replikationsstudie Klarheit schaffen, ob hier möglicherweise doch ein signifikanter Zusammenhang besteht.

Die meisten Eltern können sich nicht vorstellen, mehr mit der Französischlehrkraft ihrer Kinder zusammenarbeiten oder (stärker) in den Französischunterricht konkret eingebunden zu werden. Allerdings gibt knapp die Hälfte der für die vorliegende Studie befragten Eltern an, dass sie durchaus dazu bereit wären. Eine Nachfolgestudie diesbezüglich müsste eruieren, in welchen Bereichen sich die Eltern gerne einbringen würden, sofern sie über die notwendigen Sprachkompetenzen verfügen und die organisatorischen Rahmenbedingungen geklärt sind.

Darüber hinaus zeigt die vorliegende Studie, dass weniger als die Hälfte der befragten Eltern angibt, dass im Französischunterricht ihrer Kinder neben der Erweiterung der Kenntnisse auch Rekapitulationsphasen enthalten sind. U.a. auch weil Nieweler zwei Drittel der Unterrichtszeit für die Bestandteile der Übung und Rekapitulation veranschlagt (cf. Nieweler 2006, 253), könnte eine Nachfolgestudie klären, welche Anteile tatsächlich den Unterrichtsphasen des Neuerwerbs von Kenntnissen sowie der Wiederholung zukommt.

Wie in vorliegender Studie aufgezeigt werden konnte, nehmen Eltern erst bei Problemen die individuelle Kontaktform der Sprechstunde wahr; darüber hinaus sind auch im Zuge des Französischunterrichts die traditionellen Kontaktanlässe bei den Eltern sehr beliebt. In einer anknüpfenden Studie könnte geklärt werden, warum jene Kontaktformen bei Eltern beliebt sind, obwohl sie offenbar nicht dem Informationsbedürfnis vieler Eltern entsprechen können (z.B. hinsichtlich des Lern- und Leistungsverhaltens ihrer Kinder oder der Transparenz der Prüfungs- und Leistungsanforderungen).

Zudem könnte näher untersucht werden, von wem die Initiative zur Kontaktaufnahme anlässlich welcher konkreter Probleme erfolgt.

Im Zuge der vorliegenden Studie wurde darüber hinaus nicht erhoben, welche Anlässe konkret zum Aufsuchen der Französischlehrkraft führen, allerdings liegt – aufgrund einer breiten Literaturbasis zu den Beweggründen der Kontaktaufnahme zu Lehrkräften – die Vermutung nahe, dass es sich hierbei um Leistungs- und Verhaltensauffälligkeiten der Schüler handelt. Darüber hinaus brachten einige Eltern in den offenen Bausteinen des Erhebungsinstruments für die vorliegende Studie zum Ausdruck, dass sie keinen Kontakt zur Lehrkraft suchen, weil sie der Lehrkraft ihr Vertrauen schenken. Eine anknüpfende Studie könnte gezielt eruieren, anlässlich welcher Situationen eine Kontaktaufnahme der Eltern zu den Französischlehrkräften ihrer Kinder erfolgt.

Die Mehrheit der Eltern bekundete in vorliegender Studie kein Interesse daran, (mehr) mit der Französischlehrkraft ihrer Kinder zu kooperieren. Aurin verweist Mitte der 90er Jahre auf das mehrheitliche elterliche Verständnis von Kooperation mit Lehrkräften als „Zusammenarbeit (…) [, um] konkrete Schulprobleme, vor allem bezogen auf den Unterricht, zu beheben“ (Aurin 1994, 92; cf. Schmälzle 1985, 16). Vor diesem Hintergrund könnte eine Nachfolgestudie klären, was sich die Eltern, die zu einer stärkeren bzw. generellen Kooperation mit den Französischlehrkräften ihrer Kinder bereit erklären, unter einer derartigen Zusammenarbeit vorstellen bzw. mit welcher Erwartungshaltung sie sie aufnehmen würden.

Bereits Wippermann hält fest: „Schule beschäftigt Eltern! Es ist für Eltern heute Normalität, in den Schulalltag ihrer Kinder eingespannt zu sein“ (Wippermann 2013, 65). Weil es für die meisten Eltern, ihren eigenen Angaben zufolge, selbstverständlich ist, sich für die Französischlernprozesse ihrer Kinder zu engagieren, und in vorangegangenen, fach- und schulartunspezifischen Studien vielfach auf die Tatsache verwiesen wurde, dass Eltern (wider Willen) als Hilfslehrer den Lehrkräften zuarbeiten, eröffnet sich hier eine weitere Forschungsperspektive. Diese könnte die Gründe ermitteln, warum sich Eltern an Französischlernprozessen ihrer Kinder beteiligen (wollen) trotz der Kritik an diesem Engagement, die sich auf eine breite Literaturbasis stützt: u.a. auch Kohler sieht in dieser (meist) selbstverständlichen Hilfe der Eltern politische Konsequenzen:

> „[S]olange mit der Ausdauer und der Bereitschaft der Eltern gerechnet werden kann, sich als unbezahlte Nachhilfelehrer zu betätigen und die am Vormittag entstandenen Lücken zu schließen, können bequeme Lehrer weiterhin bequem unterrichten und kann nach wie vor am Bildungsetat gespart werden“ (Kohler 2002, 98).

Die bedauernswerte Tatsache, dass sich die meisten Eltern nicht von Seiten der Schule in das Französischlernen ihrer Kinder integriert fühlen, böte Anlass für weitere Nachfolgestudien und Untersuchungen, um die Anhaltspunkte für dieses Nicht-integriert-Fühlens auf Seiten der Eltern zu eruieren. Dabei könnte die Kontaktpraxis und der jeweilige Umgang der Französischlehrkraft mit den Eltern näher beleuchtet werden, insbesondere vor dem Hintergrund der in der Forschungsliteratur aufgeführten Kontakthindernisse auf Eltern- sowie auf Lehrerseite *(siehe Kapitel 2.1.3.3.1)*.

Bereits mehrfach angeklungen sind die Forderungen nach einer veränderten Lehrerausbildung dahingehend, Eltern in die Fremdsprachendidaktik einzubeziehen und „Elternarbeit (…) zu einem notwendigen und integrierten Bestandteil der Lehrerausbildung" (Ulich 1989, 273sq.) zu machen. Gerade weil sich die Charakterisierung des Französischunterrichts auf die Beschreibung des Kontakts zur Französischlehrkraft auswirkt, ist es essentiell, sich Gedanken zu machen über die Thematik der Schule- bzw. Eltern-Lehrer-Kontakte als Teil des gymnasialen Französischunterrichts sowie über die Weiterentwicklung der Didaktik des Französischunterrichts – bzw. allgemein der Fremdsprachen – und jenem Thema einen Platz innerhalb der fachdidaktischen Ausbildung der Lehramtsstudenten einzuräumen. In weiteren Forschungen müsste ein Konzept für eine veränderte Lehrerausbildung erarbeitet werden, das folgende Aspekte beinhaltet:

- Lehrer müssen eine andere, gezieltere Informationspraxis entwickeln (lernen), sodass einerseits der Informationsfluss zu den Eltern verstärkt und andererseits ein Informationsaustausch mit Eltern ermöglicht wird. Wie die vorliegende Studie hervorbrachte, fühlen sich nur die wenigsten Eltern über Prüfungs- und Leistungsanforderungen im Fach Französisch gut informiert, sodass hier ein klares Signal an die Lehrer gesendet wird: es gilt, den Umgang mit den Eltern dahingehend transparenter und expliziter zu gestalten, dass diese Unzulänglichkeiten, welche Eltern bezüglich dieses für sie bedeutenden Aspekts des Französischunterrichts – und generell der Schullaufbahn – ihrer Kinder, behoben werden können. Würde die Kontaktpraxis zu Eltern anders gestaltet und ein selbstverständlicher Bestandteil des Schulalltags, könnten hierdurch auch die Vorbehalte der Schüler gegenüber diesen Kontakten ausgeräumt werden *(siehe Kapitel 2.1.4.5)*.
- Im Zuge einer umgestalteten Lehrerausbildung müsste allerdings nicht nur das Kontaktverhältnis zu den Eltern thematisiert, sondern möglicherweise auch eine veränderte Unterrichtspraxis in den fachdidaktischen Teil des Studiums integriert werden, in Anknüpfung an den EMU-Gedanken aus dem Grundschulbereich *(siehe Kapitel 2.1.4.4)*. Hierbei müsste insbesondere der Anforderung einer exakten Planung von Elternarbeit *(siehe Kapitel 2.1.4.7)* Rechnung getragen werden, um entsprechende Schritte einzuleiten bzw. zu ergreifen.

7.3 Reflexion der Forschungsmethode

7.3.1 Erhebungsinstrument

Die Elternbefragung in elektronischer Form funktionierte einwandfrei: sie konnte zügig und ohne größeren finanziellen Aufwand erfolgen und erscheint auch im Nachhinein als geeignete Form einer bayernweit angelegten Befragung, insbesondere aufgrund der „elimination of time and space boundaries, data entry, and postage and copying expenses. It is fast and inexpensive“ (Tuten 2002, 16).

Selbstverständlich musste hierbei das von Tracy L. Tuten erwähnte, folgende Problem im Zuge der Entscheidung für dieses Erhebungsverfahren mit in die Überlegungen einbezogen werden: „The sample is self-selected by those individuals visiting the Web site (sic)“ (Tuten 2002, 17). Allerdings konnte eine zufriedenstellend große Stichprobe erreicht werden.

Die Landeselternvereinigung der bayerischen Gymnasien (LEV), insbesondere die Kontaktperson Annette Batora, erwies sich sowohl im Vorfeld der Befragung als auch währenddessen sowie im Anschluss äußerst kooperativ und hilfsbereit, sodass ein reibungsloser Ablauf der Befragung – inklusive der Komponenten des Anschreibens an die Elternvertreter mit der Bitte um Weiterleitung, die zweimal erfolgte – garantiert war.

Die in dem Anschreiben bzw. auf der Homepage veranschlagte Bearbeitungszeit des Fragebogens von 25 Minuten, welche im Anschluss an den Pretest modifiziert bzw. nach oben korrigiert worden war, erwies sich nur in sehr wenigen Fällen als zu gering angesetzt.

Im Anschluss an den Pretest erfolgte keine statistische Prüfung der Reliabilität des Messinstruments, ebenso wenig eine Untersuchung der Trennschärfe der einzelnen Items, was für jede weitere bzw. erneute Durchführung einer derartigen Studie erforderlich wäre.

In der Phase der Auswertung der Antworten zeigten sich kleinere (Formulierungs) Schwächen innerhalb des Fragebogens, welche für eine erneute Untersuchung mit demselben Erhebungsinstrument zu bereinigen wären und nachfolgend kurz beschrieben werden.

- Die Frage nach der Familienstruktur (I.1) ist zwar für statistische Zwecke, zur Beschreibung der Stichprobe bedeutsam, jedoch müssten hierfür im

Falle einer erneuten Untersuchungsdurchführung weitere Familienkonstellationen explizit erhoben werden (z.B. Eltern leben getrennt).

- Die Angaben zu den Lernjahren der Kinder könnte in einer erneuten Befragung mit demselben Erhebungsinstrument als offene Fragestellung gestaltet werden. Zudem wäre zu überlegen, eine genauere Differenzierung dahingehend vorzunehmen, ob das Französische als erste, zweite, dritte oder spätbeginnende Fremdsprache belegt wurde.

- Die Teilfrage II.1 (Gründe für die Wahl des Französischen) könnte man für eine erneute Elternbefragung mit Hilfe des für die vorliegende Studie verwendeten Fragebogens derart umgestalten, dass daraus zwei Fragen entstehen. Dies würde dem Ergebnis Rechnung tragen, dass die meisten Eltern sich nicht an der Wahl des Französischen beteiligen. Demzufolge könnte eine erste Frage mit dichotomem Antwortformat (ja/nein) lauten: „Hatten Sie Einfluss auf die Wahl des Französischen als Schulfach?" Im zweiten Schritt könnte dann eine offene Fragestellung die Gründe eruieren, warum Eltern Französisch für bedeutend halten.

- Nach der Auswertung der Antworten zur Frage II.3, welche die Personen aus dem schulischen Kontext ermittelte, die den Eltern Hinweise zur Unterstützung der Kinder im Fach Französisch geben, wäre zu überlegen, bei einer erneuten Durchführung der Befragung diesen Teilaspekt ganz zu löschen. Die Mehrheit der Befragungsteilnehmer erhält Tipps von der Französischlehrkraft, somit könnte ein Item „Wir erhalten Tipps von der Französischlehrkraft hinsichtlich der Unterstützung der Lernprozesse zu Hause" als zusätzliches Charakteristikum des Kontakts zur Französischlehrkraft ergänzt werden. Allerdings könnte in diesem Fall nicht so deutlich herausgestellt werden, dass die Eltern in den meisten Fällen keinerlei Hinweise von schulischer Seite in Bezug auf das Lernen im häuslichen Bereich erhalten.

- Es wäre zu überlegen, das Item „Geschwister" der Frage III.1 mittels der Formulierung „ältere Geschwister" (cf. Kohler 2002, 103) zu präzisieren.

- Das Item „Wir besprechen Fähigkeiten/Interessen des Kindes" als Form der allgemeinen Unterstützung würde bei einer erneuten Befragung mit dem entworfenen Erhebungsinstrument gelöscht werden, weil diese Komponente implizit in dem Item „Wir besprechen die Schullaufbahn/berufliche Zukunft" enthalten ist.

- Es wäre zu überlegen, für die erneute Durchführung einer Erhebung mit dem für die vorliegende Studie entworfenen Erhebungsinstrument, die Frage III.3 insgesamt umzuskalieren in eine offene Fragestellung. Dies birgt allerdings die Gefahr, dass die unterschiedlichen Arten der Unterstützung von den

Eltern möglicherweise nicht umfassend aufgelistet und eventuell manche, wie z.B. Gespräche, gänzlich vergessen werden.

- Möglicherweise wäre eine Abänderung der Frage IV.1 zu den elterlichen Gründen der Enthaltung aus den Französischlernprozessen ihrer Kinder im Sinne eines dichotomen Antwortformats zu überlegen angesichts der Benutzerfreundlichkeit des Fragebogens.
- Innerhalb der möglichen Angebote für eine (stärkere) Integration in den Französischunterricht bzw. das Französischlernen der Kinder (IV.2), fehlte das Item „Keine der genannten Möglichkeiten“, welches für eine erneute Befragung ergänzt werden müsste, denn u.a. wurde in dem zur Teilfrage gehörenden offenen Baustein angemerkt, dass die Eltern nicht integriert werden wollen bzw. eine Integration nicht als notwendig erscheint, da das Kind selbstständig lernt. Zusätzlich dazu könnte man diese Fragestellung bei einer erneuten Befragungsdurchführung zur optionalen Frage deklarieren.
- Ebenfalls zu überlegen wäre das Hinzufügen weiterer zu beurteilender Aspekte des Französischunterrichts, wie beispielsweise die (vorhandene oder fehlende) Hinführung zu einer europäischen Mehrsprachigkeit oder die Umsetzung des Ansatzes der Transkulturalität.

Bei der Auswertung der Antworten der Befragungsteilnehmer in den offenen Bausteinen des Fragebogens ergaben sich verstärkt Redundanzen, da zusätzliche Anmerkungen gemacht wurden zu Aspekten, welche in den vorgegebenen Skalen ohnehin abgefragt wurden. Manche Eltern nutzten die Gelegenheit auch, ihrem Unmut über einzelne Aspekte des Französischunterrichts ihrer Kinder Ausdruck zu verleihen, z.B. Kritik an der Lehrkraft oder der Durchführung dieser Studie generell. Manche Eltern nutzten die offenen Bausteine innerhalb des Erhebungsinstruments auch, um sich dafür zu bedanken, dass sie um ihre Meinung gebeten werden. Bei einer erneuten Durchführung einer Elternbefragung mittels des verwendeten Erhebungsinstruments könnte im Anschreiben bzw. in der einleitenden Explikation des Forschungsprojekts explizit darauf verwiesen werden, derartige Anmerkungen zu unterlassen.

Eine weitere Überlegung wäre ein Wechsel des Erhebungsinstruments: an Stelle von Fragebögen könnte man bei einer derartigen Umfrage – sofern dies datenschutzrechtlich sowie organisatorisch zu bewältigen wäre – mit qualitativen Interviews arbeiten. Der Aufwand für die Erhebung und Auswertung – sowohl zeitlich als auch finanziell – würde dabei aber beträchtlich steigen. Darüber hinaus müssten bestimmte Verzerrungseffekte in Kauf genommen werden, denn fraglich ist beispielsweise, ob sich die Eltern vis-à-vis mit dem Interviewer – in dem Falle einer Lehrkraft – offen und ehrlich äußern würden. Zudem bestünde hier ebenfalls ein datenschutzrechtliches Problem. Es könnte allerdings möglicherweise eine noch höhere Beteiligungsquote als bei der Erhebung für die vorliegende Studie erzielt oder wenigstens die Abbruchquote verringert werden.

Eine Variante der qualitativen Interviewstudie wären Telefoninterview mit vorheriger Zusendung des Fragebogens. Dadurch wären die Erhebungsteilnehmer auf die Fragen vorbereitet und das Interview könnte von geschulten Helfern des Untersuchungsleiters durchgeführt werden, wodurch sich der Zeitaufwand erheblich verringern würde. Der Vorbereitungsaufwand wäre bei dieser Erhebungsart allerdings enorm, und die Erhebungssituation ebenso schwer kontrollierbar. Zusätzlich dazu bleibt weiterhin das Problem des Datenschutzes bestehen.

Insgesamt erwies sich das Erhebungsinstrument für die vorliegende Studie jedoch als geeignet, um fachspezifische Haltungen der Eltern und ihre Lernbeteiligung näher zu beleuchten, und kann demnach, unter Beachtung der angedeuteten Modifikationsvorschläge, für weitere fachspezifische Untersuchungen empfohlen werden.

Hinsichtlich der Überlegung, möglicherweise mehr Fragen zu Wahlfragen zu deklarieren als es in vorliegender Erhebung der Fall war, gilt es Folgendes zu bedenken: bei der Anlage der Fragen als Pflichtfragen wird die Wahrscheinlichkeit erhöht, einen möglichst vollständigen Datensatz pro Befragungsteilnehmer zu erhalten, sodass die Auswertung der Daten sowie die Prüfung der Hypothesen deutlichere Resultate hervorbringen. Darüber hinaus kann die Anzahl derjenigen Befragungsteilnehmer, die die Erhebung aus dem Neugiermotiv heraus bearbeiten und nach einigen wenigen Fragen abbrechen, gering gehalten werden, weil jene – sofern sämtliche Fragen zu Pflichtfragen deklariert werden – nur die erste Seite des Fragebogens einsehen können (bei Nichtbearbeitung) und somit die Bearbeitung insgesamt früher abbrechen. Darüber hinaus könnte man – zusätzlich zum visuellen Element des Progressionsbalkens bei der Bearbeitung des Fragebogens – im Anschreiben die Zahl der Fragen angeben, um die Abbruchquote noch zu verringern.

7.3.2 Statistische Verfahren

Die für vorliegende Studie veranschlagten statistischen Verfahren erwiesen sich insgesamt als zielführend und korrekt ausgewählt.

Schmelter gibt hinsichtlich Querschnittstudien innerhalb der Fremdsprachenforschung zu bedenken: auch hier ist es „nur schwer möglich, alle eventuell ergebnisverfälschenden Faktoren und damit Variablen auszuschließen" (Schmelter 2014, 38). Demzufolge sind die vorliegenden Ergebnisse stets vor dem Hintergrund zu interpretieren, dass das Untersuchungsdesign der vorliegenden Studie nur eine begrenzte Kontrolle von Störfaktoren ermöglichte: zwar war die Datenerhebung sowie die Auswertung standardisiert angelegt, allerdings war das Untersuchungsfeld nicht zu beeinflussen. Ebenso wenig konnte die Zusammenstellung der Stichprobe kontrolliert werden (cf. Riemer 2014, 21).

Angesichts der statistischen Verfahren muss bedacht werden, dass sowohl die Hauptkomponentenanalysen als auch Regressionen und t-Tests metrisches Skalenniveau voraussetzen. Die vorliegenden Daten erfüllen diese Bedingung allerdings meist nicht. Doch ist – wie bereits angemerkt – in der Forschungspraxis üblich, bei likertskalierten Antworten mit diesen Rechenoperationen zu arbeiten, obwohl das Datenniveau nicht metrisch ist *(siehe Kapitel 4.2.2).*

In Bezug auf das multivariate Verfahren der Hauptkomponentenanalyse finden sich auch in der Fachliteratur unterschiedliche Ansätze zur Behandlung von Likert-Skalen trotz ordinalen und somit metrischen Messniveaus als Intervallskalen. Kuckartz verweist u.a. darauf, dass auch bei großen, „professionell durchgeführten internationalen Studien wie etwa dem Eurobarometer für solche verbalisierten Skalen fast immer Mittelwerte berechnet werden" (Kuckartz 2013, 20).

Vergleicht man die in vorliegender Studie verwendeten Pearson-Korrelationen für metrisches Skalenniveau mit den Spearman-Korrelationen für ordinales Messniveau, so liegen nur minimale Abweichungen vor, sodass das Ignorieren des ordinalen Skalenniveaus nur geringe Unterschiede hervorbringt. Dies wird insbesondere deutlich bei der Betrachtung der Hauptkomponentenanalysen, welche auf Korrelationen basieren.

Exemplarisch seien nachfolgend nur die Korrelationen zwischen dem Item „Die Französischlehrkraft begeistert die Kinder für die Sprache/Kultur

Frankreichs und frz.sprachiger Länder mit Enthusiasmus und Humor“ und den weiteren Items dieses Fragenkomplexes aufgeführt:

Korrelationen zwischen dem Item „Lehrkraft begeistert die Schüler mit Enthusiasmus und Humor“ und dem Item...	Korrelation nach Pearson	Korrelation nach Spearman
... „Die Schüler/innen erhalten Einblicke in frz.sprachige Länder und Kulturen und können so Vorurteile vermeiden bzw. abbauen.“	.531**	.530**
... „Die Schüler/innen lernen in der Schule auch, wie sie sich in verschiedenen Lebenssituationen im Umgang mit frz. Muttersprachlern verhalten können (z.B. durch Rollenspiele.“	.462**	.453**
... „Die Schüler/innen erweitern stets ihre Kenntnisse der Fremdsprace, wiederholen aber auch regelmäßig.“	.482**	.474**
... „Ich/Wir empfinde/n das Tempo, mit welchem die Lehrkraft im Stoff voranschreitet, zu schnell.“	-.355	-.348**
... „Die Schüler/innen werden im Fach Frz. im Unterricht individuelle gefördert.“	.578**	.565**
... „Für das Vor-/Nachbereiten des Frz.-Unterrichts wird zuhause zu viel (Frei)Zeit in Anspruch genommen.“	-.227**	-.222*
... „Ich/Wir als Eltern(teil) fühle mich/fühlen uns in das Frz.-Lernen von Seiten der Schule integriert.“	-.365**	.337**
... „Das/Die Kind(er) kann/können den Stoff nicht alleine bewältigen und benötigen außerhalb der Schule Hilfe.“	-.336**	-.331**

Abb. 109: Vergleich von Pearson- und Spearman-Korrelationen für die Items des Fragenkomplexes II.2.

7.4 Vorschläge für die Praxis

Der Begriff *Elternarbeit* ist nicht klar definiert *(siehe Kapitel 2.1)*. Gerade weil – wie deutlich wurde – trotz der langjährigen und immer wiederkehrenden Forderungen nach einer Partnerschaft von Elternhaus und Schule, Elternarbeit im Kontext des gymnasialen Französischunterrichts auf außerschulische Lernprozesse beschränkt bleibt, drängt sich die Frage auf, ob Elternarbeit den Aufwand lohnt (cf. Sacher 2008, 47; cf. Sacher 2014, 22). Sacher bejaht dies eindeutig, knüpft jedoch die Bedingung einer effektiven Planung an sein Ja:

> „wenn ihr ein Konzept zu Grunde liegt, das die Forschungslage beachtet. (…) Das Bemühen um ein wirklich partnerschaftliches Verhältnis ist ein entscheidendes Erfolgskriterium effektiver Elternarbeit" (Sacher 2008, 56 sq.; cf. Sacher 2012b, 241).

Eine an aktuellen Forschungen orientierte Planung soll somit erreichen, was bereits seit längerem – nicht eingeschränkt auf ein Schulfach – gefordert wird: eine Partnerschaft zwischen Elternhaus und Schule. Gerade im Hinblick auf das Fach Französisch *(siehe Kapitel 2.2.3)* könnte dies zur Stärkung dieser Schulfremdsprache und zugleich zur Fixierung ihrer Position im Fächerkanon an Sekundarschulen, v.a. an Gymnasien, beitragen. Denn trotz des seit wenigen Jahren erfreulichen Anstiegs der Zahl der Französischlerner *(siehe Kapitel 2.2.3)* mahnt Christ,

> „die Entwicklungen zu beobachten. Generell gilt weiterhin, dass quantitativ die Stellung des Französischen im deutschen Schulsystem fragil ist und die Verantwortlichen sowie die Lehrkräfte sich um Stabilisierung bemühen müssen" (Christ 2015, 35).

Ein mögliches Konzept für eine Elternarbeit, die beide Komponenten – die Partnerschaft sowie die Stärkung des Französischunterrichts beinhaltet – soll fragmentarisch vorgestellt werden. Dabei gilt es zu bedenken, dass jene Idee nur einen Impuls für individuelle Konzepte darstellt.

EMU aus dem Primarbereich *(siehe Kapitel 2.1.4.4)* könnte dabei als Stimulus für Sekundarschulen wirken. Da sich seit der Forderung Wiaters Ende der 70er Jahre, Eltern in den Unterricht zu integrieren (cf. Wiater 1979a, 108sq.), bis heute nur wenig getan hat bzw. in Bayern keinerlei Entwicklung festzustellen ist, ist die Erweiterung des Kriterienkatalogs für einen modernen Französischunterricht, den Caspari anbietet – jener enthält u.a. die Unterrichtsprinzipien der „Lernerorientierung", „Handlungsorientierung", „Öffnung", „Autonomieförderung" sowie die „Aufgabenorientierung" (Caspari 2008, 25sq.) –, um die Komponente der Elternmitarbeit eine Überlegung wert, insbesondere in den ersten Lernjahren. Die Eltern werden somit zu Partnern der Lehrer sowie zu Partnern der Schüler im Lernprozess. In Anlehnung an die *parents-partenaires*, die ein Akteur im Französischunterricht werden, könnte das Konzept folgenden Namen tragen: *PaPaFu, **pa**rents-**pa**rtenaires im **F**ranzösisch**u**nterricht.*

Der Erarbeitung eines derartigen Konzepts muss die Umgestaltung des Kontaktverhältnisses und – im Zuge dessen – der Praxis des Informationsaustausches zwischen Schule und Eltern vorangehen. Gerade weil an Gymnasien aufgrund des Fachlehrerprinzips

> „sowohl Eltern als auch Lehrkräfte eine Vielzahl von Ansprechpartnern [haben], mit denen ein regelmäßiger Informationsaustausch kaum zu organisieren ist, von einer Kooperation mit ihnen ganz zu schweigen" (Sacher 2014, 134),

wären hier internetgestützte Kontaktformen ein geeigneter Ansatzpunkt. Als Austauschplattform zwischen Eltern und Lehrkräften verweist Sacher auf die Option der Schulhomepages und räumt zugleich mögliche Bedenken hinsichtlich der Sensibilität von Daten aus: „In mit Codewort geschützten Bereichen können sensiblere Informationen hinterlegt werden" (Sacher 2014, 90).

Zwar wird eine direkte Elternbeteiligung am Unterricht in Bayern (bisher) nicht gesetzlich ermöglicht, und angesichts der diffizilen organisatorischen Rahmenbedingungen, des Elternwillens *(siehe Kapitel 6.5)* sowie der erforderlichen Fachkompetenz wäre es schwierig, eine elterliche Beteiligung in Französisch flächendeckend zu organisieren. Doch birgt PaPaFu das Potenzial, den Französischunterricht zu stärken, insbesondere im Hinblick auf die in vorliegender Studie bemängelte, fehlende individuelle Förderung der Schüler *(siehe Kapitel 6.4.1)*. Im Zuge der Nennung einiger fachdidaktischer Forschungsansätze verweist Leupold beispielsweise darauf, dass insbesondere das Erarbeiten der fremdsprachlichen Grammatik individualisiert werden muss und „im Unterricht Zeit und Raum für die individuelle Lernaktivität des Lerners zu geben" (Leupold 2007b, 300) ist, sodass die Schüler von bedarfsorientierten Lernarrangements profitieren können.

Als schulorganisatorische Grundbedingung müsste ein entsprechender Stundenplan realisiert werden, welcher beispielsweise im zwei- oder vierwöchigen Turnus eine Doppelstunde PaPaFu im französischen Klassenzimmer beinhaltet. Möglicherweise könnte man zur Realisierung von PaPaFu dem amerikanischen Vorbild des „volunteering" (Sacher 2008, 175) folgen: so könnte auf freiwilliger Basis ein jahrgangsstufenübergreifender „Pool" an Eltern geschaffen werden, die zum einen über die erforderlichen Kompetenzen und Sprachkenntnisse verfügen und zum anderen bereitwillig am Französischunterricht mitarbeiten würden[63]. Sacher verweist auf das Potenzial der elterlichen Mitarbeit im Unterricht und konstatiert, dass dies ein „Schwerpunkt erfolgsträchtiger Konzepte" (Sacher 2007, 13) von Elternarbeit sein kann.

Legutke beschreibt das fremdsprachliche Klassenzimmer als räumlichen Ausgangspunkt jeglichen Sprachhandelns, da hier die Grundsteine für die Handlungsfähigkeit in der Fremdsprache außerhalb des abgeschlossenen Orts des Klassenzimmers gelegt werden (cf. Legutke 2013, 156). Dabei vergleicht der Autor das Klassenzimmer u.a. mit einem „Trainingsplatz", „Kommunikationszentrum", „Textatelier" oder einer „Lernwerkstatt" (Legutke 2013, 155sq.) und stellt somit dar, welche Möglichkeiten des Lernens dieser eine Raum bietet.

Angesichts der Heterogenität der Schüler sowie der Tatsache, dass sie gewissermaßen eine innere Differenzierung erfordert, um den individuellen Charakter des Lernvorgangs zu berücksichtigen (cf. Hoffmann 2013, 160sq.), erscheint der Verfasserin ein Unterrichtsarrangement aus „Lerninseln" als geeignet, sowohl den Funktionen eines Klassenzimmers als auch den unterschiedlichen Zugängen zu Lerngegenständen durch die Schüler gerecht zu werden. Bereits im Zuge des Projekts EMU *(siehe Kapitel 2.1.4.4)* wurde ein derartiges Unterrichtsarrangement umgesetzt: Schüler lernten in kleinen Lerngruppen und arbeiteten, mit Unterstützung der Eltern, gezielt an ihren jeweiligen Schwächen (cf. Wicht/Melzer 1983, 73). Sacher nennt einige Gefahren einer elterlichen Mitarbeit im schulischen Unterricht – z.B. „Cliquenbildung in der Elternschaft", Orientierungsverlust der Kinder, „Haftungs- und Versicherungsfragen" (Sacher 2014, 94sq.) – sieht allerdings zugleich das Potenzial dieser Form der elterlichen Mitarbeit an Schule bzw. konkret am

[63] Die Mitarbeit der Eltern sollte dabei – wenn möglich – nicht in der Klasse der eigenen Kinder erfolgen.

Unterricht: EMU bietet z.B. mehr Chancen, zu differenzieren (cf. Sacher 2014, 95). Die Anordnung dieser Inseln im Klassenraum könnte dabei wie folgt aussehen:

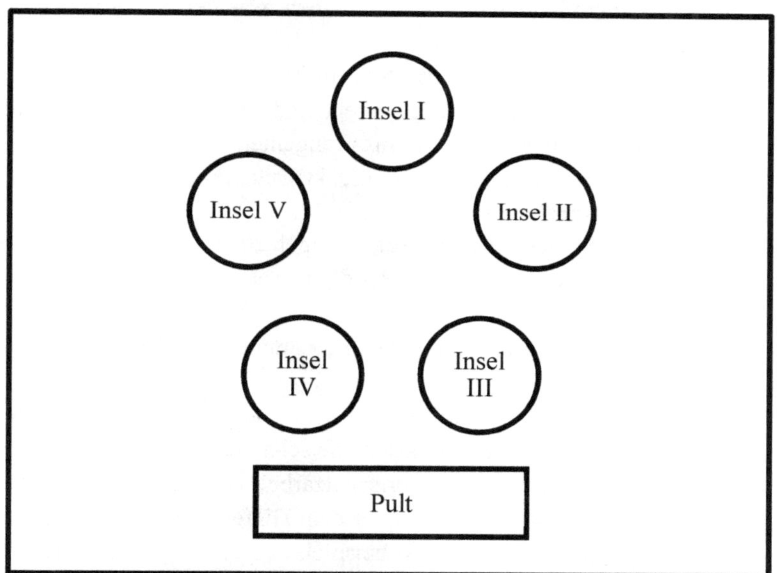

Abb. 110: Lerninseln innerhalb eines Klassenzimmers.

Dabei kann jede Insel – ähnlich wie beim Stationenlernen – anders gestaltet sein sowohl hinsichtlich der unterschiedlichen Kompetenzen im Zuge des Französischlernens als auch beispielsweise im Hinblick auf unterschiedliche Aufgabenformen. Ein derartiges Unterrichtsarrangement ermöglicht es der Lehrkraft, sich förderbedürftiger Schüler besonders anzunehmen und jene individuell zu betreuen.

Um die Eltern als Akteure in den Unterricht zu integrieren und sie zu einer Komponente des Französischunterrichts zu machen, wäre – nach der schulorganisatorischen Weichenstellung und der konkreten Planung und Vorbereitung von PaPaFu zusammen mit der Französischlehrkraft – eine schrittweise Integration der interessierten Eltern ratsam.

Wie bereits angedeutet, bietet sich zur Öffnung des Unterrichts für die Eltern ihr Einbezug als Experten für bestimmte Themenbereiche an *(siehe Kapitel 2.1.4.4)*. Insbesondere weil im Zuge der Weiterentwicklung der Fachdidaktik

„mündliche Leistungen stärker in den Mittelpunkt gerückt [werden]" (Fäcke 2010, 235) könnte dies die Grundlage für eine erste Stunde PaPaFu bilden. An den unterschiedlichen Inseln können Schüler mit den *parents-partenaires* auf Französisch echte Kommunikation betreiben, was den Forderungen der kommunikativen Didaktik entgegenkommt.

Weitere Möglichkeiten für Eltern, sich im Zuge von PaPaFu als Partner von Lehrkräften und Schülern zu engagieren, sind nachfolgend als Ideen für einzelne Lerninseln in diesem Unterrichtsarrangement angedeutet:

- Schüler könnten in gemeinsamen Leseaktivitäten mit den *parents-partenaires* ihre Lesekompetenz schulen.
- Gemeinsame Sprachlernspiele (cf. Klippel 2013, 187sq.) bieten die Chance, bereits Erlerntes zu wiederholen oder neu erworbene Kenntnisse anzuwenden und so zu sichern.
- Lernstrategien und -techniken können zusammen mit den Eltern-Lernpartnern eingeübt werden.
- Durch die Kommunikation in der Fremdsprache innerhalb einer kleinen Gruppe kann die Scheu vor der Fremdsprache schneller abgebaut werden.
- Insbesondere im Bereich der Wortschatzarbeit kann die Arbeit in kleinen Gruppen förderlich sein, u.a. auch vor dem Hintergrund eines Konzepts europäischer Mehrsprachigkeit, sodass beispielsweise „eine bewusste Einbeziehung anderer Sprachen zur Erleichterung des Französischlernens" (Fäcke 2010, 55) erfolgt.

Ein Französischunterricht, im Zuge dessen regelmäßig PaPaFu stattfindet, könnte den Forderungen Casparis im Hinblick auf die Prinzipien eines modernen Französischunterrichts gerecht werden:

- Schüler werden als „individuelle Lernende mit unterschiedlichen Vorkenntnissen, Interessen, Bedürfnissen, Kompetenzen und Lernpräferenzen" (Caspari 2008, 25) wahrgenommen.
- Schüler üben im Französischunterricht lebensnahes, (pseudo-) authentisches sprachliches Handeln (cf. Fäcke 2010, 82; cf. Caspari 2008, 26; cf. Fäcke 2010, 110) ein. Caspari verweist darauf, dass dies v.a. „durch die verschiedenen Formen eines kooperativen, kreativitätsfördernden und projektartigen Unterrichts realisiert werden" (Caspari 2008, 26) kann.
- Insbesondere die Einübung von Lernstrategien und -techniken ermöglicht es Schülern, „dass sie ihre Lernwege selbstständig wählen und auf ihre Angemessenheit überprüfen, dass sie ihren Lernerfolg selbst evaluieren" (Caspari 2008, 27).

Darüber hinaus könnte PaPaFu dazu beitragen, – zusätzlich zur produktorientierten Leistungsbewertung – eine prozessorientierte Bewertungspraxis zu realisieren, welche sich insbesondere in kooperativen Lernarrangements anbietet. Des Weiteren könnten die beiden Formen der Evaluation – summativ und formativ bzw. Noten zusammenfassend und leistungsstandvergleichend – als zusätzliche Bewertungsschemata in den Französischunterricht integriert werden.

Damit diese Unterrichtsprinzipien realisiert werden können, und möglicherweise Eltern darin eingebunden werden können, müssen zwei Grundbedingungen erfüllt werden.

Zunächst müssen Eltern ausreichend auf PaPaFu vorbereitet werden. Im Sinne einer Elternbildungsarbeit, welche Eltern auf eine aktiv(er)e Beteiligung an Schule vorbereiten soll, gilt es zu berücksichtigen, dass diese vorbereitenden Angebote derart differenziert sein müssen, dass Eltern Möglichkeiten vorfinden je nach welchem Umfang sie helfen können (cf. Sacher 2008, 185). Elternbildung muss um möglichst viele Eltern dafür zu gewinnen, das Gebot der Passung erfüllen oder, wie Bäuerle es in seinem Beitrag „Elternbildung: Aufgaben, historische Entwicklung und heutiger Stand“ formuliert „elternnah“ (Bäuerle 1973, 94) sein. Das bedeutet, dass jene Angebote für Eltern dort gemacht werden müssen, „wo die Eltern wohnen, zu einer Zeit und unter Bedingungen, die es den Eltern leicht machen, zu kommen“ (Bäuerle 1973, 94).

Eine Überlegung wert wäre sicherlich die Gestaltung einer Lerninsel als interaktive Insel, sodass die Eltern – sofern die entsprechende technische Ausstattung sowohl an der Schule als auch zuhause verfügbar ist – via Skype oder ähnlichen Programmen per Live-Schaltung für die Schüler als „Tutoren“ zur Verfügung stünden.

Die zweite Grundbedingung ist die Einstellung und Bereitwilligkeit der Lehrkräfte, sich auf PaPaFu einzulassen und berücksichtigen, dass Elternarbeit zu ihren Aufgaben gehört *(siehe Kapitel 2.1.3.3.1)*. Dazu ist der Grundstein in einer veränderten Lehrerausbildung zu legen *(siehe Kapitel 2.1.4.6)*, sodass – insbesondere vor dem Hintergrund des Gedankens der Lernerautonomie – Lehrer als „Lernbegleiter und Berater des Lernprozesses“ (Fäcke 2010, 57) tätig sind. Gerade weil das Französische als Schulfremdsprache die Öffnung nach außen bzw. den Lebensweltbezug sucht, müssen Lehrkräfte als Initiatoren der Kontakte zwischen Schule und Elternhaus diese Öffnung ermöglichen. Dabei kann sich die Öffnung auch darauf beziehen, Eltern als Akteure in den Schulalltag einzubinden und konkret als Chance nutzen, den Französischunterricht – insbesondere angesichts der erwähnten Prinzipien eines modernen Französischunterrichts – zu stärken. Bauer formuliert ihre Gedanken zu einer veränderten Lehrerausbildung, die die Komponente der Eltern bewusst beinhaltet folgendermaßen: es zeigt sich,

> „dass die Bedeutung, die LehrerInnen der Elternarbeit zumessen, wesentlich von ihrem professionellen Handlungsverständnis abhängt. Beide Aspekte müssen stärker als bisher in der Ausbildung als auch begleitend in der Praxis aufgegriffen werden" (Bauer 2006, 125).

Anstelle immer wieder auf bereits existierende Studien und der defizitären Ausgestaltung der Elternarbeit zu verweisen, könnte, im Sinne einer Weiterentwicklung der Elternarbeit – und somit einer Umgestaltung der Unterrichtspraxis – die Minderheit der Eltern als Ausgangspunkt dienen an Stelle der Mehrheit: die Minderheit an kooperationswilligen Eltern – und gleichermaßen die Minderheit der Lehrer, die Elternarbeit bereitwillig intensiver betreiben würden. Pöggeler konstatiert hierzu Folgendes:

> „Die Tatsache, daß (sic) ein Teil der Eltern an der Mitarbeit in der Schule ihrer Kinder nicht interessiert sind oder dazu nicht die erforderliche Zeit aufbringen wollen, darf nicht zum Nachteil derer ausschlagen, die in der Schule ernsthaft mitarbeiten wollen, weil sie dies für wichtig halten" (Pöggeler 1990, 139).

Bevor jedoch Überlegungen hinsichtlich dieses Aspekts konkret für Bayern angestellt werden können, müsste eine entsprechende gesetzliche Verankerung dieser Idee im bayerischen Schulrecht erfolgen, wenigstens in Form eines Hospitationsrechts *(siehe Kapitel 2.1.2.2.2)*. Dass allerdings die Eltern seit der Durchführung dieser vorliegenden Studie immer mehr in die Aufmerksamkeit der Bildungsforschung rücken und es als Notwendigkeit erkannt wurde, sie als Akteure in den Schulalltag einzubeziehen, zeigt – explizit für Bayern – die Änderung des BayEUG dahingehend, dass von den Schulen in Art. 74 Abs. 1 nunmehr gefordert wird, ein schulspezifisches Konzept zur Gestaltung der Kooperation mit den Eltern zu erarbeiten (cf. BayEUG[64]). Dieser Modellversuch heißt „KESCH" und soll zukunftsweisende Ansätze zur Gestaltung der Partnerschaft von Elternhaus und Schule hervorbringen.

---

64 BayEUG <http://www.gesetze-bayern.de/Content/Document/BayEUG-75>, 27.02.2017.

8. Bibliographie

ABELE, Andrea; LIEBAU, Eckart. 1998. „Nachhilfeunterricht. Eine empirische Studie an bayerischen Gymnasien“, in: Die Deutsche Schule 90, 37-49.

ABENDROTH-TIMMER, Dagmar. 2012. „Motivation im Bereich der Fremdsprachenforschung“, in: Hannelore Küpers; Marc Souchon (eds.): *Appropriation des Langues au Centre de la Recherche. Spracherwerb als Forschungsgegenstand.* Frankfurt a.Main; Berlin; Bern (etc.): Lang, 2002. (Verweise auf andere Untersuchungen: Solmecke: Motivation im Fremdsprachenunterricht 1983; Apelt 1982)

ALBERT, Ruth; MARX, Nicole. [2]2014. *Empirisches Arbeiten in Linguistik und Sprachlehrforschung.* Tübingen: Narr.

ALTUNTAŞ, Nurgül; KRÖLL, Dorothea; VIERTEL, Gundula (ed.). 2011. *Elternarbeit in der Förderschule. Ein Leitfaden mit Checklisten und Kopiervorlagen.* Buxtehude: Persen.

ANSORGE, Dietrich. 1973. „Elternerfahrungen mit der Schule und Schulerfahrungen mit den Eltern aus der Sicht der ‚Sekundarschule‘ (Gymnasium)“, in: Klaus Schleicher (ed.): *Elternmitsprache und Elternbildung.* Düsseldorf: Pädagogischer Verlag Schwan, 209-230.

ARNOLD, Rolf; PÄTZOLD, Henning. [1]2002. *Schulpädagogik kompakt – Prüfungswissen auf den Punkt gebracht.* Berlin: Cornelsen Scriptor.

AUER, Frank von. 1981. „Eltern und Lehrer: Gemeinsam Schule machen?“, in: Fritz Marz; Friedhelm Zubke (ed.): *Elternmitwirkung in der Schule.* Stuttgart: Metzlersche Verlagsbuchhandlung, 11-16.

AURIN, Kurt. 1990. „Eltern als Partner und Miterzieher in der Schule – Legitimation und Begründung“, in: Gerd Hepp (ed.): *Eltern als Partner und Mit-Erzieher in der Schule.* Stuttgart: Metzlersche Verlagsbuchhandlung, 8-17.

AURIN, Kurt. 1994. *Gemeinsam Schule machen. Schüler, Lehrer, Eltern – ist Konsens möglich?* Stuttgart: Klett-Cotta.

BANDILLA, Wolfgang. 2002. „Web Surveys – An Appripriate Mode of Data Collection for the Social Sciences?“, in: Bernad Batinic; Ulf-Dietrich Reips; Michael Bosnjak (eds.): *Online Social Sciences.* Göttingen: Hogrefe & Huber Publishers, 1-6.

BARGSTEN, Andrea. 2012. „Ziele von Erziehungs- und Bildungspartnerschaften“, in: Waldemar Stange; Rolf Krüger (ed.): *Erziehungs- und Bildungspartnerschaften.* Wiesbaden: Springer, 391-395.

BÄRSCH, Walter; GEHRKEN, Kurt Günther; JANOWSKI, Alexander. 1976. *Wechselwirkung zwischen Schule und Familie. Materialsammlung zur Hamburger Untersuchung.* München: DJI Verlag Deutschs Jugendinstitut.

BARTNITZKY, Horst (ed.). 1983. *Eltern helfen in der Schule – bei Festen, Feiern, Ausflügen; bei Projekten und im Unterricht.* Bielefeld: Cornelsen-Velhagen & Masing.

BAUER, Petra. 2006. „Schule und Familie – Reflexionen zur Gestaltung einer schwierigen Partnerschaft“, in: Petra Bauer; Ewald J. Brunner (ed.): *Elternpädagogik. Von der Elternarbeit zur Erziehungspartnerschaft*. Freiburg i. Breisgau: Lambertus, 107-128.

BÄUERLE, Wolfgang. 1970. *Jugendhilfe und Elternbildung. Rechtliche Grundlagen – Tatbestände – Probleme – Aufgaben.* Hamburg: Dissertationsdruck Lüdke bei der Uni.

BÄUERLE, Wolfgang. 1973. „Elternbildung: Aufgaben, historische Entwicklung und heutiger Stand“, in: Klaus Schleicher (ed.): *Elternmitsprache und Elternbildung.* Düsseldorf: Pädagogischer Verlag Schwan, 85-104.

BÄUERLE, Wolfgang. 1976. „Die Aufgabe der Elternbildungsarbeit“, in: Ludwig Kerstiens (ed.): *Elternbildung*. Bad Heilbrunn: Klinkhardt, 87-99.

BAYERISCHES LANDESAMT FÜR STATISTIK. 2016. *Strukturdaten über Familien und Familienmitglieder in Bayern 2014.* <https://www.statistik.bayern.de/medien/statistik/gebietbevoelkerung/ph_tab2-2014.pdf>. 01.03.2016. (im Fließtext zitiert als: Bayerisches Landesamt für Statistik).

BAYERISCHES STAATSMINISTERIUM FÜR BILDUNG UND KULTUS, WISSENSCHAFT UND KUNST. „Ganztagsschulen in Bayern“. <http://www.km.bayern.de/eltern/schule-und-familie/ganztagsschule.html>. 13.07.2015.

BAYERISCHE STAATSKANZLEI. 2016. *Ordnung der Ersten Prüfung für ein Lehramt an öffentlichen Schulen (Lehramtsprüfungsordnung I – LPO I) vom 13. März 2008*, <http://www.gesetze-bayern.de/Content/Document/BayLPO_I>; 01.02.2016 (im Fließtext zitiert als LPO I).

BAYERISCHE STAATSKANZLEI. 2016. *Schulordnung für schulartübergreifende Regelungen an Schulen in Bayern – Bayerische Schulordnung (BayScho) 2016*, <http://www.gesetze-bayern.de/Content/Document/BaySchO2016>. 27.02.2016 (im Fließtext zitiert als BayScho 2016).

BAYERISCHES STAATSMINISTERIUM FÜR UNTERRICHT UND KULTUS. 2014. *Schule und Familie. Verantwortung gemeinsam wahrnehmen – Rechte und Aufgaben der Eltern und Elternvertretung in der Schule (Band 2).* Darmstadt: apm. (im Fließtext zitiert als: Schule und Familie)

BAYERISCHE STAATSREGIERUNG. 2015. <http://www.gesetze-bayern.de/jportal/portal/page/bsbayprod.psml;jsessionid=274FF8A64081AEA23F20F83E0314922F.jp29?showdoccase=1&st=null&doc.id=jlr-EUGBY2000rahmen&doc.part=X&doc.origin=bs>. 15.02.2016 (im Fließtext zitiert als: BayEUG).

BAYERISCHE STAATSREGIERUNG. 2015. *Schulordnung für die Gymnasien in Bayern.* <http://www.gesetze-bayern.de/jportal/portal/page/bsbayprod.psml?showdoccase=1&st=null&doc.id=jlr-GymSchulOBY2007rahmen&doc.part=X&doc.origin=bs>. 05.02.2016 (im Fließtext zitiert als: GSO).

BECKER, Antoinette. 1970. „Der Lehrer und die Eltern“, in: Karl Seidelmann: *Schüler, Lehrer, Eltern. Der Mensch in der Schule*. Hannover: Schroedel, 116-120.

BEHR-HEINTZKE, Andrea; LIPINSKI, Jens. 2005. *Schulkooperationen (Forschungsbericht des DJI)*. Schwalbach/Ts.: Wochenschau Verlag.

BICKMANN, Bernward. 1998. „Seminare für Elternvertreter“, in: Laszlo Vaskovics, Heike Lipinski (ed.): *Familiale Lebenswelten und Bildungsarbeit. (Ehe und Familie im sozialen Wandel; Bd.3).* Opladen: Leske & Budrich, 191-196.

BIEL, Kerstin. 2007. *Motivation und Fremdsprachenunterricht.* Saarbrücken: Verlag Dr.Müller (VDM).

BOIS-REYMOND, Manuela du. 1977. *Verkehrsformen zwischen Elternhaus und Schule.* Frankfurt a.Main: Suhrkamp.

BONN, Peter; BELOW, Peter. 1973. „Elternmitbestimmung – aber wie? Anregungen und Hinweise zur Elternarbeit an der Schule“, in: *Westermanns Pädagogische Beiträge* 25/I, 53-55.

BORTZ, Jürgen. [4]1993. *Statistik für Sozialwissenschaftler.* Berlin; Heidelberg et al.: Springer.

BOSNJAK, Michael; BATINIC, Bernad. 2002. „Understanding the Willingness to Participate in Online-Surveys – The Case of E-Mail Questionnaires“, in: Bernad Batinic; Ulf-Dietrich Reips; Michael Bosnjak (eds.): *Online Social Sciences.* Göttingen: Hogrefe & Huber Publishers, 81-92.

BOßMANN, Dieter. 1979. *Die verdammten Hausaufgaben – Was können Eltern tun?* Frankfurt am Main: Fischer Taschenbuchverlag.

BREMISCHES SCHULGESETZ, vom 28.Juni 2005, zuletzt geändert durch das Gesetz vom 17.Juni 2009, <http://www.bildung.bremen.de/sixcms/media.php/13/ schulgesetze.pdf>, 26.03.2016

BRENNER, Peter. 2009. *Wie Schule funktioniert.* Stuttgart: Kohlhammer.

BRÜHL, Dieter; KNAKE, Heidi. 1976. „Wie groß ist das Interesse der Eltern an Schule wirklich?“, in: *Demokratische Erziehung*, 5, 564-577.

BRÜHL, Dieter; KNAKE, Heidi. 1978. *Eltern und Schule.* Oldenburg: M1.

BÜCHNER, Peter. 1976. „Elternmitwirkung in der Schule – Gesellschaftliche Bedingungen und Möglichkeiten“, in: Peter Büchner (ed.): *Die Eltern und die Schule.* München: Juventa, 11-84.

BUNDESMINISTERIUM DER JUSTIZ UND FÜR VERBRAUCHERSCHUTZ. *Grundgesetz für die Bundesrepublik Deutschland.* <http://www.gesetze-im-internet.de/bundesrecht /gg/gesamt.pdf>. 24.06.2015. (im Fließtext zitiert als: Grundgesetz).

BÜRGEL, Christoph; SIEPMANN, Dirk. 2010. „Was können Französischlerner und -lehrer? Wortschatz- und Hörverstehenskompetenz auf dem Prüfstand“, in: *Zeitschrift für Fremdsprachenforschung*, 21:2, 191-216.

BÜRGEL, Christoph. 2014. „Leseverstehenskompetenz von gymnasialen Französischlernern auf dem Prüfstand“, in: Christoph Bürgel; Dirk Siepman (eds.): *Sprachwissenschaft und Fremdsprachenunterricht – Spracherwerb und Sprachkompetenzen im Fokus.* Band 13. Baltmannsweiler: Schneider, 167-183.

BUSCH, Friedrich W.; SCHOLZ, Wolf-Dieter. 2002. „Wandel in den Beziehungen zwischen Familie und Schule“, in: Rosemarie Nave-Herz (ed.): *Kontinuität und Wandel der Familie in Deutschland.* Band 19. Stuttgart: Lucius und Lucius, 253-276.

BYRAM, Michael. 1997. *Teaching and Assessing Intercultural Communicative Competence.* Clevedon, Bristol (et al): Multilingual Matters Ltd.

CARL, Franziska. 2014. „‚Nichts ist so erlabend wie ein Elternabend…‘: Neue Perspektiven“, in: Dagmar Killus; Angelika Paseka (eds.): *Mit Eltern zusammenarbeiten.* Berlin: Cornelsen Scriptor, 71-91.

CASPARI, Daniela. 2008. „Zur Situation des Französischunterrichts“, in: Bernd Tesch; Eynar Leupold; Olaf Köller (eds.): *Bildungsstandards Französisch: konkret.* Berlin: Cornelsen, 18-34.

CHRIST, Herbert. 1983. „Zur Geschichte des Französischunterrichts und der Französischlehrer“, in: Anneliese Manzmann: *Geschichte der Unterrichtsfächer. Band 1.* München: Kösel, 95-115.

CHRIST, Herbert. [2]2013. „Geschichte der Fremdsprachendidaktik“, in: Wolfgang Hallet; Frank Königs (eds.): *Handbuch Fremdsprachendidaktik.* Stuttgart: Klett/Kallmeyer, 17-22.

CHRIST, Ingeborg. 2015. „Zur heutigen Situation des Französischunterrichts in Deutschland“, in: Hans-Ludwig Krechel (ed.): *Französischdidaktik. Praxishandbuch für die Sekundarstufe I und II.* Berlin: Cornelsen, 33-49.

CREAMER, Klaus Peter. 1981. „Eltern im Unterricht“, in: *betrifft: erziehung*, 12, 30-32.

DAASE, Andrea (et al.). 2014. „Befragung“, in: Julia Settinieri et al. (eds.): *Empirische Forschungsmethoden für Deutsch als Fremd- und Zweitsprache.* Paderborn: Schöningh, 103-122.

DANNHÄUSER, Albin. 2003. *Schule besser machen.* Bad Heilbrunn/Obb.: Klinkhardt.

DAUBER, Heinrich; WEBER, Heribert. 1976. *Eltern aktiv – Handbuch für eine humane Schule.* Reinbek bei Hamburg: Rowohlt Taschenbuch.

DER BUNDESMINISTER FÜR JUGEND, FAMILIE UND GESUNDHEIT: „Zweiter Familienbericht“ (Auszug). 1976, in: Ludwig Kerstiens (ed.): *Elternbildung.* Bad Heilbrunn: Klinkhardt, 68-86. (im Text zitiert als: Zweiter Familienbericht)

DERSCHAU, Dietrich von. 1979a. „Hausaufgaben – eine Lernchance? Einführung“, in: Dietrich von Derschau (ed.): *Hausaufgaben als Lernchance.* München, Wien, Baltimore: Urban & Schwarzenberg, 13-18.

DERSCHAU, Dietrich von. 1979b. „Überblick über den Forschungs- und Diskussionsstand und Überlegungen zur sinnvollen Gestaltung von Hausaufgaben“, in: Dietrich von Derschau (ed.): *Hausaufgaben als Lernchance.* München, Wien, Baltimore: Urban & Schwarzenberg, 20-59.

DEUTSCHES PISA-KONSORTIUM. 2002. *PISA 2000 – Die Länder der Bundesrepublik Deutschland im Vergleich.* Opladen: Leske&Budrich.

DIEDRICH, Kurt. 1961. *Elternhaus und Schule – Ein Beitrag zur inneren Schulreform.* Berlin: Luchterhand.

DIEHL, Ute. 1976. „Das Geschäft mit der Nachhilfe“, in: *Demokratische Erziehung*, 6, 641-646.

DIETRICHS, Ekkehard. 1989. *Partnerschaft in der Schule – Schule als Partner*. Heilbrunn; Obb.: Klinkhardt.

DIETZKE, Lutz. 1973. „Chancen und Grenzen des Elternrechts", in: Klaus Schleicher (ed.): *Elternmitsprache und Elternbildung*. Düsseldorf: Pädagogischer Verlag Schwan, 120-143.

DIETZKE, Lutz. 1976. „Elternrecht und staatliche Schulhoheit", in: *Demokratische Erziehung*, 5, 554-563.

DITTRICH, Karin. 1984. „Lehrerangst und Elternscheu. Schwierigkeiten und Chancen bei Hausbesuchen", in: *betrifft: erziehung*, 2, 22-27.

DOPPKE, Michael; Gisch, Holger (ed.). 2005. *Elternarbeit. Fakten, Gründe, Praxistipps*. München: Oldenbourg.

DÖRNYEI, Zoltán. 1990. „Conceptualizing Motivation in Foreign-Language Learning", in: *Language Learning*. 40 (1), 45-78.

DUDEN – *Die deutsche Rechtschreibung*, 2016. < http://www.duden.de/rechtschrei bung/Arbeit>, 23.03.2016.

DUSOLT, Hans. 1993. *Elternarbeit für Erzieher, Lehrer, Sozial- und Heilpädagogen*. München: Quintessenz.

EHLICH, Konrad. 2012. *Sprach(en)aneignung*. Universität Duisburg-Essen: Stiftung Mercator.

EIGLER, Gunter; KRUMM, Volker. 1972. „Die Problematik der Hausaufgaben", in: *betrifft: erziehung*, 10, 19-24.

EIGLER, Gunter; KRUMM, Volker. 1979. *Zur Problematik der Hausaufgaben*. Weinheim, Basel: Beltz.

ENGELHARDT, Michael von. 1982. *Die pädagogische Arbeit des Lehrers*. Paderborn, München, Wien: Schöningh.

EPSTEIN, Joyce; LEE, Seyong. 1995. „National Patterns of School and Family Connections in the Middle Grades", in: Bruce Ryan (et al.): *The family-school connection. Theory, research and practice*. Thousand Oaks, London: Sage Publications, 108-154.

FACHPROFIL FRANZÖSISCH. Lehrplan Gymnasium. Staatsinstitut für Schulqualität und Bildungsforschung. <http://www.isb-gym8-lehrplan.de/contentserv/3.1.neu /g8.de/index.php?StoryID=26370&PHP-SESSID=5c8e57fa7d6bdabf88acca71771e189b>. 08.07.2015. (im Text zitiert als: Fachprofil Französisch)

FACHPROFIL MODERNE FREMDSPRACHEN. Lehrplan Gymnasium. Staatsinstitut für Schulqualität und Bildungsforschung. <http://www.isb-gym8-lehrplan.de/contentserv/3.1.neu/g8.de/index.php?StoryID=26366>. 08.07.2015. (im Text zitiert als Fachprofil Moderne Fremdsprachen)

FÄCKE, Christiane. 2010. *Fachdidaktik Französisch*. Tübingen: Narr.

FEHNEMANN, Ursula. 1990. „Das elterliche Erziehungsrecht in der Schule – Reichweite und Abgrenzungsproblematik", in: Gerd Hepp (ed.): *Eltern als Partner und Mit-Erzieher in der Schule*. Stuttgart: Metzlersche Verlagsbuchhandlung, 20-35.

FEND, Helmut. 1989. „Was ist eine gute Schule?“, in: Klaus-Jürgen Tillmann (ed.): *Was ist eine gute Schule?* Hamburg: Bergmann & Helbig Verlag, 14-25.

FIELD, Andy ([4]2014). *Discovering Statistics Using IBM SPSS Statistics*. London: Sage Publications.

FITZEK, Herbert; Ley, Michael. 2005. „Psychologische Untersuchungen über das Interesse von Eltern an ganztägigen Schulformen“, in: Volker Ladenthin; Jürgen Rekus (ed.): *Die Ganztagsschule: Alltag, Reform, Geschichte, Theorie.* München, Weinheim: Juventa, 199-231.

DEUTSCHES AUSWÄRTIGES AMT; FRANZÖSISCHES MINISTÈRE DES AFFAIRES ÉTRANGÈRES. *„www.deutschland-frankreich.diplo.de“*. <http://www.deutschland-frankreich.diplo.de/Elysee-Vertrag-22-Januar 1963, 347.html>. 13.07.2015. (im Text zitiert als: Homepage Auswärtiges Amt)

FRANZÖSISCHE BOTSCHAFT – FRANKREICH IN DEUTSCHLAND. 2016. „Frankophonie“. <http://www.ambafrance-de.org/Frankophonie>. 05.02.20 16. (im Text zitiert als: Französische Botschaft)

FROHN, Helmut. 1974. „Eltern und Lehrer im Schulkampf“, in: *Pädagogik Extra*, 10, 19-20.

FROHN, Helmut. 1976. „Elternmitwirkung in der Schule – Gesellschaftliche Bedingungen und Möglichkeiten“, in: Peter Büchner (ed.): *Die Eltern und die Schule.* München: Juventa, 85-141.

FROMM, Sabine. [2]2012. *Datenanalyse mit SPSS für Fortgeschrittene 2: Multivariate Verfahren für Querschnittsdaten*. Wiesbaden: Springer VS Verlag für Sozialwissenschaften.

GASCHKE, Susanne. [4]2001. *Die Erziehungskatastrophe. Kinder brauchen starke Eltern*. Stuttgart, München: Deutsche Verlagsanstalt.

GAUDIG, Hugo. 1920. *Elternhaus und Schule*. Leipzig, Berlin: Teubner.

GEHMACHER, Ernst. [2]1980. *Die Schule im Spannungsfeld von Schülern, Eltern und Lehrern.* Wien: Österreichischer Bundesverlag.

GESETZ ÜBER DIE SCHULEN IM LAND BRANDENBURG (Brandenburgisches Schulgesetz), in der Fassung der Bekanntmachung vom 2.August 2002, zuletzt geändert durch Artikel 7 des Gesetzes vom 25.Januar 2016, <http://bravors.brandenburg.de/ gesetze/bbgschulg_2016>, 26.03.2016.

GESETZ ÜBER DIE MITBESTIMMUNG UND MITWIRKUNG IM SCHULWESEN – Schulmitbestimmungsgesetz – vom 27.März 1974 in der Fassung der Bekanntmachung vom 21.August 1996, zuletzt geändert durch das Gesetz vom 11. Dezember 2012, <http://sl.juris.de/cgi-bin/landesrecht.py?d=http://sl.juris.de/sl/gesamt/SchulMG _SL.htm#SchulMG_SL_rahmen>, 04.01.2017.

GIEßING, Jürgen. [4]2006. „Was hilft bei Nachhilfeunterricht?“, in: Udo Jung: *Praktische Handreichung für Fremdsprachenlehrer.* Band 2. Frankfurt a.Main: Lang, 507-511.

GIRGENSOHN, Jürgen. 1991. „Elternbeteiligung – eine Chance für die Schule", in: Fritz Marz; Friedhelm Zubke (ed.): *Elternmitwirkung in der Schule*. Stuttgart: Metzlersche Verlagsbuchhandlung, 43-52.

GÖLDNER, Hans-Dieter. 1978. *Elternmeinung, Elternwille und ihr Einfluß auf die Schule*. München: Minerva Publikation.

GROßE, Ernst Ulrich. 2008. *Frankreich verstehen*. Darmstadt: Wiss. Buchgesellschaft.

GRUM, Urška. 2012. „Anwendungsbeitrag: Anwendungsbeispiele statistischer Verfahren zur Analyse von Lernersprachdaten", in: Sabine Doff (ed.): *Fremdsprachenunterricht empirisch erforschen*. Tübingen: Narr, 271-282.

GÜLTEKIN-KARAKOÇ, Nazan; FELDMEIER, Alexis. 2014. „Analyse quantitativer Daten", in: Julia Settinieri et al. (eds.): *Empirische Forschungsmethoden für Deutsch als Fremd- und Zweitsprache*. Paderborn: Schöningh, 183-211.

HÄDER, Michael. 2006. *Empirische Sozialforschung. Eine Einführung*. Wiesbaden: VS Verlag für Sozialwissenschaften.

HATTIE, John. 2013. *Lernen sichtbar machen*. Hohengehren/Baltmannsweiler: Schneider.

HECKEL, Hans; AVENARIUS, Hermann. [7]2000. *Schulrechtskunde*. Neuwied, Kriftel: Luchterhand.

HEIZMANN, Günter. 1981. „Eltern in der Schule. Ein Praxisbericht zur Situation elterlicher Mitwirkung", in: Fritz Marz; Friedhelm Zubke (eds.): *Elternmitwirkung in der Schule. Zum aktuellen Stand elterlicher Beteiligung in der Schule*. Stuttgart: Metzler, 53-68.

HELMKE, Andreas (et al.). 2002. „Sozialer und sprachlicher Hintergrund", in: Andreas Helmke (et al.): *Das Projekt MARKUS*. Landau: Verlag Empirische Pädagogik, 71-153.

HELMKE, Andreas. [4]2012. *Unterrichtsqualität und Lehrerprofessionalität*. Seelze-Velber: Kallmeyer/Klett.

HENRY-HUTHMACHER, Christine. 2008. „Die wichtigsten Ergebnisse der Studie", in: Tanja Merkle, Carsten Wippermann: *Eltern unter Druck. Selbstverständnisse, Befindlichkeiten und Bedürfnisse von Eltern in verschiedenen Lebenswelten*. Stuttgart: Lucius & Lucius, 1-24.

HENRY-HUTHMACHER, Christine; Hoffmann, Elisabeth. 2013. „Vorwort", in: Katja Wippermann; Carsten Wippermann; Andreas Kirchner: *Eltern – Lehrer – Schulerfolg*. Stuttgart: Lucius & Lucius, XIII-XIV.

HEPP, Gerd. 1990. „Selbsthilfe durch Elterninitiative – Zur Rolle der Elternverbände in der Bundesrepublik Deutschland", in: Gerd Hepp (ed.): *Eltern als Partner und Mit-Erzieher in der Schule*. Stuttgart: Metzlersche Verlagsbuchhandlung, 63-74.

HERTEL, Silke; JUDE, Nina; NAUMANN, Jonannes. 2001. „Leseförderung im Elternhaus", in: Eckhard Klieme; Cordula Artelt; Johannes Hartig; Nina Jude (eds.): *PISA 2009 – Bilanz nach einem Jahrzehnt*. Münster: Waxmann, 255-275.

HOFFMANN, Sabine. [2]2013. „Heterogenität und Differenzierung“, in: Wolfgang Hallet; Frank Königs (eds.): *Handbuch Fremdsprachendidaktik.* Stuttgart: Klett/Kallmeyer, 160-164.

HOLZMÜLLER, Helmut. 1982. „Kritik der betroffenen Eltern: Belastung durch Hausaufgaben“, in: Gerhard Beisenherz; Christine Feil; Maria Furtner-Kallmünzer; Helmut Holzmüller (et al.): *Schule in der Kritik der Betroffenen.* Band 17. München: Juventa, 128-185.

HOOVER-DEMPSEY, Kathleen; SANDLER, Howard. 1995. „Parental Involvement in Children's Education: Why does it make a difference?“, in: *Teachers College Record,* . 97(2), 310-331.

HORSTKEMPER, MARIANNE. 2012. „Arbeit, Familie und Kinder“, in: Dagmar Killus (ed.): *Eltern ziehen Bilanz (2.Jako-O-Bildungsstudie).* Münster: Westermann, 69-87.

HUGHES, Martin (et al.). 1994. *Parents and their Children's Schools.* Blackwell: Oxford UP.

HÖSL-KULIKE, Cornelia. 1994. *Schule aus Elternsicht.* Frankfurt am Main: Peter Lang, Europ. Verlag der Wissenschaften.

HÜLSHOFF, Rudolf. 1979. *Eltern und Lehrer. Theorie und Praxis schulischer Elternarbeit.* Paderborn: Schöningh.

HUPPERTZ, Norbert. 1988. *Die Wirklichkeit der Zusammenarbeit zwischen Schule und Elternhaus (Beiträge zur Theorienbildung).* München: Bardtenschlager.

HUPPERTZ, Norbert. 1990. „Elternabend, Elternsprechstunde und Elternsprechtag – Eine kritisch-konstruktive Bestandsaufnahme“, in: Gerd Hepp (ed.): *Eltern als Partner und Mit-Erzieher in der Schule.* Stuttgart: Metzlersche Verlagsbuchhandlung, 76-84.

KAFOUROU, Efstathia. 2005. *Der Faktor Motivation im Fremdsprachenunterricht.* Felsberg: edition eins. (Motivationsstudie L2)

KAMM, Helmut; MÜLLER, Erich. 1975. *Hausaufgaben – sinnvoll gestellt.* Freiburg i.Breisgau: Herder.

KAMPMÜLLER, Otto. 1964. *Das Mißverständnis zwischen Eltern und Lehrern.* München, Basel: Ernst Reinhardt.

KECK, Rudolf. 1979. „Die Hausaufgaben – ein Ärgernis zwischen Elternhaus und Schule“, in: Rudolf Keck (ed.): *Kooperation Elternhaus – Schule.* Bad Heilbrunn: Klinkhardt, 165-176.

KECK, Rudolf. 1990. „Die Einbeziehung der Eltern bei der Planung von Unterricht – Möglichkeiten und Grenzen“, in: Gerd Hepp (ed.): *Eltern als Partner und Mit-Erzieher in der Schule.* Stuttgart: Metzlersche Verlagsbuchhandlung, 93-105.

KERSTIENS, Ludwig. 1976. „Nachwort des Herausgebers“, in: Ludwig Kerstiens (ed.): *Elternbildung.* Bad Heilbrunn: Klinkhardt, 201-204.

KILLUS, Dagmar. 2012. „Zusammenarbeit zwischen Elternhaus und Schule: Erfahrungen, Erwartungen und Enttäuschungen“, in: Dagmar Killus (ed.): *Eltern ziehen Bilanz (2.Jako-O-Bildungsstudie).* Münster: Waxmann, 49-68.

KILLUS, Dagmar; PASEKA, Angelika. 2014. „Elterliches Engagement für das schulische Lernen des eigenen Kindes“, in: Dagmar Killus; Klaus-Jürgen Tillmann (eds.): *Eltern zwischen Erwartungen, Kritik und Engagement.* Münster: Waxmann, 131-148.

KIRK, Sabine. 2012. „Schlüsselthemen der Elternarbeit in der Schule“, in: Waldemar Stange; Rolf Krüger (ed.): *Erziehungs- und Bildungspartnerschaften*. Wiesbaden: Springer, 379-383.

KLEIN, Horst; STEGMANN, Tilbert. [3]2000. *EuroComRom – Die sieben Siebe: Romanische Sprachen sofort lesen können.* Aachen: Shaker.

KLIPPEL, Friederike. [2]2013. „Activities und Sprachlernspiele“, in: Wolfgang Hallet; Frank Königs (eds.): *Handbuch Fremdsprachendidaktik.* Stuttgart: Klett/Kallmeyer, 186-190.

KLOPP, Eric. 2010. „Explorative Faktorenanalyse“. <http://www.eric-klopp.de/texte/methoden/14-explorative-faktorenanalyse>. 13.03.2016.

KNIFFKA, Gabriele. [6]2016. „Verfahren der Lernstandserhebung“, in: Eva Burwitz-Melzer; Grit Mehlhorn (eds.): *Handbuch Fremdsprachenunterricht.* Tübingen: Narr Francke Attempo, 403-407.

KOB, Janpeter. 1963. *Erziehung in Elternhaus und Schule*. Stuttgart: Enke.

KÖCK, Peter; OTT, Hanns. [7]2002. *Wörterbuch für Erziehung und Unterricht*. Donauwörth: Auer.

KOHLER, Britta. [6]2002. *Hausaufgaben – Helfen – aber wie?* Weinheim, Basel: Beltz.

KOLBOOM, Ingo. 2003. „Francophonie: Von der kulturellen zur politischen Frankophonie“, in: Ingo Kolboom; Thomas Kotschi; Edward Reichel (eds.): *Handbuch Französisch. Sprache, Literatur, Kultur, Gesellschaft.* Berlin: Schmidt, 462-468.

KORTE, Jochen. [1]2004. *Mit den Eltern an einem Strang ziehen.* Donauwörth: Auer.

KORTE, Martin. 2011. *Wie Kinder heute lernen.* München: Goldmann.

KOWALCZYK, Walter. 1988. *Umgang zwischen Elternhaus und Schule*. Regensburg: Roderer.

KOWALCZYK, Walter; OTTICH, Klaus. 2002. *Nachhilfe: wo sie hilft, was zu beachten ist.* Berlin: Cornelsen Scriptor.

KOWALCZYK, Walter. 2013. *Zusammenarbeit von Schule und Elternhaus erfolgreich gestalten. Leitfaden zur Elternarbeit für schulische Führungskräfte und Lehrkräfte.* Kronach: Carl Link.

KRAMER, Wolfgang; WERNER, Dirk. 1998. *Familiäre Nachhilfe und bezahlter Nachhilfeunterricht. Ergebnisse einer Elternbefragung in Nordrhein-Westfalen.* Köln: Deutscher Instituts-Verlag.

KRAUS, Josef. 2013. *Helikopter-Eltern.* Reinbek bei Hamburg: Rowohlt.

KRECHEL, Hans-Ludwig. 2015. „Anforderungen an Französischlehrkräfte“, in: Hans-Ludwig Krechel (ed.): *Französischdidaktik.* Berlin: Cornelsen, 101-103.

LACKSCHEWITZ, Immo. 1979. „Hausaufgaben im Englischunterricht der Sekundarstufe I", in: Dietrich von Derschau (ed.): *Hausaufgaben als Lernchance*. München, Wien, Baltimore: Urban & Schwarzenberg, 105-118.

LANDES-ELTERN-VEREINIGUNG DER GYMNASIEN IN BAYERN E.V. <www.lev-gym-bayern.de>. 24.06.2015.

LEGUTKE, Michael. [2]2013. „Merkmale des fremdsprachlichen Klassenzimmers", in: Wolfgang Hallet; Frank Königs (eds.): *Handbuch Fremdsprachendidaktik*. Stuttgart: Klett/Kallmeyer, 156-160.

LEMBERG, Eugen. 1970. „Elternlose Schule" in: Karl Seidelmann: *Schüler, Lehrer, Eltern. Der Mensch in der Schule*. Hannover: Schroedel, 139-157.

LEUDERS, Timo; LEUDERS, Juliane. 2012. *Mathe können*. Seelze: Klett / Kallmeyer.

LEUPOLD, Eynar. 2007a. *Französischunterricht als Lernort für Sprache und Kultur*. Seelze: Kallmeyer/Klett.

LEUPOLD, Eynar. [4]2007b. *Französisch unterrichten. Grundlagen, Methoden, Anregungen*. Seelze: Kallmeyer/Klett.

LEUPOLD, Eynar. 2010. *Französisch lehren und lernen*. Seelze: Klett/Kallmeyer.

MANZMANN, Anneliese. 1983a. „Zur Einführun", in: Anneliese Manzmann (ed.): *Geschichte der Unterrichtsfächer. Band 1*. München: Kösel, 7-19.

MANZMANN, Anneliese. 1983b. „Das sprachlich-literarisch-künstlerische Aufgabenfeld als Möglichkeit, Ausdruckskompetenz zu gewinnen", in: Anneliese Manzmann (ed.): *Geschichte der Unterrichtsfächer. Band 1*. München: Kösel, 21-34.

MARTIN, Ruth. [2]1978. *Sind Hausaufgaben familienfeindlich?* Stuttgart: Klett.

MARZ, Fritz; Zubke, Friedhelm (eds.) .1981. „Einleitung", in: Fritz Marz; Friedhelm Zubke (eds.): *Elternmitwirkung in der Schule. Zum aktuellen Stand elterlicher Beteiligung in der Schule*. Stuttgart: Metzler, 7-9.

MELZER, Wolfgang. 1981. „Die Angst des Lehrers vor den Eltern", in: *betrifft: erziehung*, 12, 32-39.

MELZER, Wolfgang. 1985. „Protegomena. Methodische und inhaltliche Reflexionen zum Problembereich Elternpartizipation an Schule", in: Wolfgang Melzer (ed.): *Eltern - Schüler - Lehrer – Zur Elternpartizipation an Schule*. Band 1. München / Weilheim: Juventa, 9-23.

NAVE-HERZ, Rosemarie. 2002. „Einführung", in: Rosemarie Nave-Herz (ed.): *Kontinuität und Wandel der Familie in Deutschland*. Band 19. Stuttgart: Lucius und Lucius, 1-6.

NEUENSCHWANDER, Markus; BALMER, Thomas (et al.). 2005. *Schule und Familie – was sie zum Schulerfolg beitragen*. Bern: Haupt.

NICHT, Jörg. 2012. „Haben Eltern einen schulformspezifischen Blick?", in: Dagmar Killus (ed.): *Eltern ziehen Bilanz (2.Jako-O-Bildungsstudie)*. Münster: Westermann, 143-168.

NIEWELER, Andreas (ed.). 2006. *Fachdidaktik Französisch. Tradition, Innovation, Praxis*. Stuttgart: Klett.

OTTE, Hans-Jürgen. 1992. „Zum Problem der Motivation im Russischunterricht des Gymnasiums und der Universität", in: Erwin Wedel (ed.): *Neueste Tendenzen in der Entwicklung der russischen Literatur und Sprache. Probleme in Forschung und Lehre.* Hamburg: Buske (Hamburger Beiträge für Russischlehrer, Band 39), 253-268.

PAKULLA, Rudolf. 1967. *Hausaufgaben.* Mylan, Netzschkau: VEB Buch- und Werkdruckerei.

PASEKA, Angelika. 2014. „Elternbeteiligung auf Klassen- und Schulebene", in: Dagmar Killus; Klaus-Jürgen Tillmann (eds.): *Eltern zwischen Erwartungen, Kritik und Engagement.* Münster: Waxmann, 111-130.

PEKRUN, Reinhard. 1997. „Kooperation zwischen Elternhaus und Schule", in: Laszlo Vaskovics, Heike Lipinski (ed.): *Familiale Lebenswelten und Bildungsarbeit. Band 2.* Opladen: Leske & Budrich, 51-79.

PÖGGELER, Franz. 1976. „Eltern als Zielgruppe von Fernsehen und Hörfunk", in: Ludwig Kerstiens (ed.): *Elternbildung.* Bad Heilbrunn: Klinkhardt, 148-157.

PÖGGELER, Franz. 1978. *Hausaufgaben.* Freiburg: Herder.

PÖGGELER, Franz. 1990. „Wie kompetent sind Eltern als Miterzieher in der Schule?", in: Gerd Hepp (ed.): *Eltern als Partner und Mit-Erzieher in der Schule.* Stuttgart: Metzlersche Verlagsbuchhandlung, 132-139.

PICHT, Robert. [3]1995. „Kultur- und Landeswissenschaften", in: Karl-Richard Bausch (et al.): *Handbuch Fremdsprachenunterricht.* Tübingen, Basel: Francke, 66-73.

PRÜFER, Katharina. 2012. „Anwendungsbeitrag: Fragebogenentwicklung und -pilotierung im Rahmen des Dissertationsprojekts ‚Bilinguale Module im Mathematikunterricht'", in: Sabine Doff (ed.): *Fremdsprachenunterricht empirisch erforschen.* Tübingen: Narr, 136-146.

QUETZ, Jürgen. [2]2013. „Gemeinsamer europäischer Referenzrahmen", in: Wolfgang Hallet; Frank Königs (eds.): *Handbuch Fremdsprachendidaktik.* Stuttgart: Klett/Kallmeyer, 45-49.

RAABE, Horst. [3]1995. „Französisch", in: Karl-Richard Bausch (et al.): *Handbuch Fremdsprachenunterricht.* Tübingen, Basel: Francke, 369-374.

RAAB-STEINER, Elisabeth; BENESCH, Michael. [3]2012. *Der Fragebogen.* Wien: facultas Verlag.

RAASCH, Albert. [3]1995. „Fremdsprachen in der Erwachsenenbildung", in: Karl-Richard Bausch (et al.): *Handbuch Fremdsprachenunterricht.* Tübingen, Basel: Francke, 124-129.

RAITHEL, Jürgen. [2]2008. *Quantitative Forschung. Ein Praxiskurs.* Wiesbaden: VS Verlag für Sozialwissenschaften.

RASCH, Björn; Friese, Malte; Hofmann, Wilhelm; Naumann, Ewald. [4]2014. *Quantitative Methoden 1. Einführung in die Statistik für Psychologen und Sozialwissenschaftler.* Berlin, Heidelberg: Springer.

RECK-HOG, Ursula. 1990. „Psychische und soziale Hemmnisse seitens der Elternschaft", in: Gerd Hepp (ed.): *Eltern als Partner und Mit-Erzieher in der Schule.* Stuttgart: Metzlersche Verlagsbuchhandlung, 167-175.

REIMANN, Daniel. 2014. „Transkulturelle kommunikative Kompetenz im Unterricht der romanischen Sprachen", in: Daniel Reimann (ed.): *Transkulturelle kommunikative Kompetenz in den romanischen Sprachen.* Stuttgart: ibidem, 11-95.

REINFRIED, Marcus. ^{2}2008. „Der Unterricht des Französischen in Deutschland", in: Ingo Kolboom; Thomas Kotschi; Edward Reichel (eds.): *Handbuch Französisch. Sprache, Literatur, Kultur, Gesellschaft.* Berlin: Schmidt, 148-162.

REINFRIED, Marcus. 2001. „Neokommunikativer Fremdsprachenunterricht: ein neues methodisches Paradigma", in: Franz-Joseph Meißner; Marcus Reinfried (eds.): *Bausteine für einen neokommunikativen Französischunterricht.* Tübingen: Narr, 1-20.

RIEMER, Claudia. 2014. „Forschungsmethodologie Deutsch als Fremd- und Zweitsprache", in: Julia Settinieri et al. (eds.): *Empirische Forschungsmethoden für Deutsch als Fremd- und Zweitsprache.* Paderborn: Schöningh, 15-31.

RUDOLPH, Margitta. 2001a. „Hausaufgaben als familiales und schulisches Problemfeld", in: Rudolf Keck; Sabine Kirk (ed.): *Erziehungspartnerschaft zwischen Elternhaus und Schule. Basiswissen Grundschule.* Band 5. Hohengehren: Schneider, 82-89.

RUDOLPH, Margitta. 2001b. „Nachhilfe – die Lösungsstrategie bei Lernproblemen?", in: Rudolf Keck; Sabine Kirk (ed.): *Erziehungspartnerschaft zwischen Elternhaus und Schule. Basiswissen Grundschule.* Band 5. Hohengehren: Schneider, 91-99.

RUSCHEL, Adalbert. 1981. „Elternarbeit – Arbeit der Eltern", in: Herbert Susteck (ed.): *Elternarbeit und Schulleben.* Bochum: Kamp, 144-163.

SACHER, Werner. 2004. *Elternarbeit in den bayerischen Schulen. Repräsentativ-Befragung zur Elternarbeit in den bayerischen Schulen im Sommer 2004. Erster Übersichtsbericht.* Nürnberg, (SUN Schulpädagogische Untersuchungen Nürnberg, Nr. 23).

SACHER, Werner. 2008. *Elternarbeit – Gestaltungsmöglichkeiten und Grundlagen für alle Schularten.* Bad Heilbrunn: Klinkhardt.

SACHER, Werner. 2012a. „Erziehungs- und Bildungspartnerschaft zwischen Schule und Elternhaus", in: Dagmar Killus (ed.): *Eltern ziehen Bilanz (2.Jako-O-Bildungsstudie).* Münster: Westermann, 193-216.

SACHER, Werner. 2012b. „Erziehungs- und Bildungspartnerschaften in der Schule: zum Forschungsstand", in: Waldemar Stange; Rolf Krüger (ed.): *Erziehungs- und Bildungspartnerschaften.* Wiesbaden: Springer, 232-243.

SACHER, Werner. ^{2}2014. *Elternarbeit als Erziehungs- und Bildungspartnerschaft.* Bad Heilbrunn: Klinkhardt.

SALDERN, Matthias von. 2012. „Das System Schule heute und der Stellenwert der Eltern", in: Waldemar Stange; Rolf Krüger (ed.): *Erziehungs- und Bildungspartnerschaften.* Wiesbaden: Springer, 68-75.

SASS, Jürgen; HOLZMÜLLER, Helmut. 1982. *Bildungsverhalten und Belastungen in Familien mit schulpflichtigen Kindern. Ergebnisse der empirischen Befragung Familie und Plazierung* (sic). München: Dt. Jugendinstitut.

SCHENDERA, Christian. 2009. *Clusteranalyse mit SPSS: Mit Faktorenanalyse.* München: Oldenbourg.

SCHINZEL, Sabine. Sabine.Schinzel@isb.bayern.de, 2016. *Schülerzahlen Französisch Schuljahr 2013/2014.* Nachricht an: Vera Knoll (vera87.mail@gmail.com). Gesendet am 26.01.2016, 10.21 Uhr.

SCHLEICHER, Klaus; FISCHER, Andreas. 1972. „Bundesrepublik Deutschland", in: Klaus Schleicher (ed.): *Elternhaus und Schule. Kooperation ohne Erfolg?* Düsseldorf: Pädagogischer Verlag Schwann, 21-55.

SCHMÄLZLE, Udo Friedrich. [1]1985. *Schüler. Eltern. Lehrer – Wie wirksam ist die Kooperation?* Opladen: Leske & Budrich. (v.a. Spannungen bzgl. Erziehungspartnerschaft)

SCHMELTER, Lars. 2014. „Gütekriterien", in: Julia Settinieri et al. (eds.): *Empirische Forschungsmethoden für Deutsch als Fremd- und Zweitsprache.* Paderborn: Schöningh, 33-45.

SCHMIDT-WENZEL, Alexandra. 2008. *Wie Eltern lernen.* Opladen & Farmington Hills: Barbara Budrich.

SCHÖNFELDT, Barbara (et al.). 1973. *Eltern als Hilfslehrer? Die Schule hört zu Haus nicht auf.* Köln: Verlagsgesellschaft Schulfernsehen/Verlagsgesellschaft Rudolf Müller.

SCHULGESETZ FÜR DAS LAND MECKLENBURG-VORPOMMERN in der Fassung der Bekanntmachung vom 10.September 2010, < http://www.landesrecht-mv.de/jportal/portal/page/bsmvprod.psml?showdoccase=1&doc.id=jlr-SchulGMV2010rahmen &doc. part=X&doc.origin=bs>, 26.03.2016.

SCHULGESETZ DES LANDES RHEINLAND-PFALZ vom 30.März 2004, <http://landesrecht.rlp.de/jportal/portal/t/n9a/page/bsrlpprod.psml?doc.hl=1&doc.id=jlr-SchulGRP2004rahmen%3Ajuris-lr00&documentnumber=1&numberofresults=146&showdoccase=1&doc.part=R¶mfromHL=true>, 26.03.2016.

SCHULGESETZ DES LANDES SACHSEN-ANHALT in der Fassung der Bekanntmachung vom 22.Februar 2013, <http://www.landesrecht.sachsen-anhalt.de/jportal/? quelle =jlink&query =SchulG+ ST& psml= bssah prod. psml&max=true>, 26.03.2016.

SCOTT-JONES, Diane. 1995. „Parent-School Interactions and School Achievement", in: Bruce Ryan (et al.): *The Family-School Connection. Theory, Research and Practice.* Thousand Oaks, London, New Delhi: Sage Publications, 75-107.

SEKRETARIAT DER STÄNDIGEN KONFERENZ DER KULTUSMINISTER DER LÄNDER IN DER BUNDESREPUBLIK DEUTSCHLAND. 2014. *Bildungsstandards für die fortgeführte Fremdsprache (Englisch/Französisch) für die Allgemeine Hochschulreife.* <https://www.kmk.org/fileadmin/Dateien/veroeffentlichungen_beschluesse/2012/2012_10_18-Bildungsstandards-Fortgef-FS-Abi.pdf>. 27.02.2016 (im Fließtext zitiert als: KMK 2012)

SEKRETARIAT DER STÄNDIGEN KONFERENZ DER KULTUSMINISTER DER LÄNDER IN DER BUNDESREPUBLIK DEUTSCHLAND. 2014. *Standards für die Lehrer-bildung: Bildungswissenschaften.* <http://www.kmk.org/fileadmin/veroeffentlichungen_beschluesse/2004/2004_12_16-Standards-Lehrerbildung.pdf>. 07.08.2016. (im Fließtext zitiert als: KMK, 2004)

SEKRETARIAT DER STÄNDIGEN KONFERENZ DER KULTUSMINISTER DER LÄNDER IN DER BUNDESREPUBLIK DEUTSCHLAND. 2013. *Zur Situation des Französischunterrichts an den allgemeinbildenden Schulen in der Bundesrepublik Deutschland. 8. aktualisierter Bericht.* <http://www.kmk.org/fileadmin/Dateien/veroeffentlichungen_beschluesse/2000/2000_03_20_Situation_Franzoesischunterricht.pdf>. 23.03.2013. (im Fließtext zitiert als: KMK, 2013).

SENNLAUB, Gerhard. 1978. „Zusammen + Arbeit = Zusammenarbeit", in: Gerhard Sennlaub (ed.): *Lehrer und Eltern.* Praxisberichte Band 2, Die neue Grundschule. Düsseldorf: August Bagel, 8-22.

SETTINIERI, Julia. 2012. „Grundlagenbeitrag: Statistische Verfahren", in: Sabine Doff (ed.): *Fremdsprachenunterricht empirisch erforschen.* Tübingen: Narr, 249-270.

SETTINIERI, Julia. 2014. „Planung einer empirischen Studie", in: Julia Settinieri et al. (eds.): *Empirische Forschungsmethoden für Deutsch als Fremd- und Zweitsprache.* Paderborn: Schöningh, 57-71.

STANGE, Waldemar. 2012. „Erziehungs- und Bildungspartnerschaften – Grundlagen, Strukturen, Begründungen", in: Waldemar Stange; Rolf Krüger (ed.): *Erziehungs- und Bildungspartnerschaften.* Wiesbaden: Springer, 12-39.

STATISTISCHES BUNDESAMT, *Pressemitteilung/Zahl der Woche vom 23.02.2016,* <https://www.destatis.de/DE/PresseService/Presse/Pressemitteilungen/zdw/2016/PD16_08_p002.html;jsessionid=5476EF1B8B62412FE76DBFD8A9DB1213.cae2, > 30.03.2016.

STIFTUNG BILDUNGSPAKT BAYERN (ed.). 2014. *Leitlinien zur Gestaltung der Bildungs- und Erziehungspartnerschaft von Schule und Elternhaus.* München: GG-media.

STRUNK, Gerhard. 1976. „Erziehung in einer Gesellschaft des Übergangs", in: Ludwig Kerstiens (ed.): *Elternbildung.* Bad Heilbrunn: Klinkhardt, 7-23.

SUSTECK, Herbert. [1]1981a. „Vorwort", in: Herbert Susteck (ed.): *Elternarbeit und Schulleben.* Bochum: Kamp, 6-8.

SUSTECK, Herbert. [1]1981b. „Zur Begründung der Zusammenarbeit von Lehrern und Eltern", in: Herbert Susteck (ed.): *Elternarbeit und Schulleben.* Bochum: Kamp, 9-30.

SUSTECK, Herbert. 1990. „Das Schulleben – Möglichkeiten einer Mitgestaltung durch die Eltern", in: Gerd Hepp (ed.): *Eltern als Partner und Mit-Erzieher in der Schule.* Stuttgart: Metzlersche Verlagsbuchhandlung, 106-114.

TEXTOR, Martin. 1996. *Elternmitarbeit. Auf dem Wege zur Erziehungspartnerschaft.* (ed.: Bayerisches Staatsministerium für Arbeit und Sozialordnung, Familie, Frauen und Gesundheit). Pfaffenhofen/Ilm: Humbach & Vernazal Offsetdruck.

TEXTOR, Martin 2013. *Elternarbeit in der Schule*. Norderstedt: Books on Demand.

THALER, Engelbert. 2013. *Englisch unterrichten.* Berlin: Cornelsen.

THÉRY, Anja (ed.). 2013. *À plus 1 – Das Elternheft.* Berlin: Cornelsen Schulverlage.

TRIM, John; NORTH, Brian; COSTE, Daniel 2013. *Gemeinsamer europäischer Referenzrahmen für Sprachen.* (ed.: Goethe-Institut, Ständige Konferenz der Kultusminister der Länder in der Bundesrepublik Deutschland et al.) München: Klett-Langenscheidt.

TSCHÖPE-SCHEFFLER, Sigrid. [2]2006a. „Einleitende Überlegungen der Herausgeberin", in: Sigrid Tschöpe-Scheffler: *Konzepte der Elternbildung – eine kritische Übersicht.* Opladen: Budrich, 9-21.

TSCHÖPE-SCHEFFLER, Sigrid. [2]2006b. „Ausblick", in: Sigrid Tschöpe-Scheffler: *Konzepte der Elternbildung – eine kritische Übersicht.* Opladen: Budrich, 329-334.

TUTEN, Tracy L. 2002. „Internet Surveys and Data Quality: A Review", in: Bernad Batinic; Ulf-Dietrich Reips; Michael Bosnjak (eds.): *Online Social Sciences*. Göttingen: Hogrefe & Huber Publishers, 7-26.

ULICH, Klaus. 1989. *Schule als Familienproblem.* Frankfurt: Fischer.

WAGNER, Petra; SCHOBER, Barbara; SPIEL, Christiane (ed.). 2005. „Wer hilft beim Lernen für die Schule? Soziales Lernumfeld in Hauptschule und Gymnasium", in: *Zeitschrift für Entwicklungspsychologie und Pädagogische Psychologie*, 37(2), 101-109.

WEIS, Martina. 2009. *Stereotyp – at alors?* Marburg: Der andere Verlag.

WIATER, Werner. 1979a. „Die didaktische Mitwirkung der Eltern in der Schule mit Hinsicht auf Schulstufen und -formen", in: Rudolf Keck (ed.): *Kooperation Elternhaus – Schule.* Bad Heilbrunn: Klinkhardt, 101-125.

WIATER, Werner. 1979b. „Intensivierung der pädagogischen und didaktischen Kooperation", in: Rudolf Keck (ed.): *Kooperation Elternhaus – Schule.* Bad Heilbrunn: Klinkhardt, 156-164.

WIATER, Werner. 2007. *Unterrichten und Lernen in der Schule. Eine Einführung in die Didaktik.* Donauwörth: Auer.

WICHT, Gertrud; MELZER, Wolfgang. 1983. „Eltern in der Schule – Eltern im Unterricht". Heft 1. Aurich: Gemeinnützige Gesellschaft Gesamtschule.

WIEDNER, Karl-Heinz. 1964. „Nachhilfeunterricht ist kein Allheilmittel", in: *Elternhaus und Schule*, 5, 76-77.

WILD, Elke; HOFER, Manfred. [2]2002. „Familien mit Schulkindern", in: Manfred Hofer (et al.): *Lehrbuch Familienbeziehungen.* Göttingen, Bern: Hogrefe, 216-240.

WILD, Elke. 2003. „Einbeziehung des Elternhauses durch Lehrer: Art, Ausmaß und Bedingungen der Elternpartizipation aus der Sicht von Gymnasiallehrern", in: *Zeitschrift für Pädagogik*, 4, 513-533.

WILD, Elke; RAMMERT, Monika; SIEGMUND, Anita. 2006. „Die Förderung selbstbestimmter Formen der Lernmotivation in Elternhaus und Schule", in: Manfred

Prenzel (ed.): *Untersuchungen zur Bildungsqualität von Schule*. Münster, München: Waxmann, 370-397.

WILD, Elke; GERBER, Judith. 2008. „Erzieherisches Handeln in Schule und Familie", in: Alexander Renkl: *Lehrbuch Pädagogische Psychologie*. Bern: Huber, 57-107.

WILD, Elke; LORENZ, Fiona. 2010. *Elternhaus und Schule*. Paderborn: Schöningh.

WITTMANN, Bernhard. [2]1972. *Vom Sinn und Unsinn der Hausaufgaben*. Neuwied, Berlin: Luchterhand.

WIPPERMANN, Katja; WIPPERMANN, Carsten; KIRCHNER, Andreas. 2013. „Eltern – Lehrer – Schulerfolg", in: Katja Wippermann; Carsten Wippermann; Andreas Kirchner: *Eltern – Lehrer – Schulerfolg*. Stuttgart: Lucius & Lucius, 31-416.

ZIEGENSPECK, Jörg. [1]1978. *Elternhaus und Schule*. Braunschweig: Westermann.

ZYDATIß, Wolfgang. 2012. „Grundlagenbeitrag: Fragebogenkonstruktion im Kontext des schulischen Fremdsprachenlernens", in: Sabine Doff (ed.): *Fremdsprachenunterricht empirisch erforschen*. Tübingen: Narr, 115-135.

ZYDATIß, Wolfgang. [2]2013. „Kompetenzen und Fremdsprachenlernen", in: Wolfgang Hallet; Frank Königs (eds.): *Handbuch Fremdsprachendidaktik*. Stuttgart: Klett/Kallmeyer, 59-63.

9. Anhang

9.1 Anschreiben bzw. Eröffnungsschreiben auf der Homepage

Sehr geehrte Eltern und Erziehungsberechtigte,

willkommen auf der Homepage zu meinem Dissertationsprojekt „Elternarbeit im Französischunterricht".
Im Zuge dessen versuche ich, die Rolle, die Eltern und Erziehungsberechtigte im Rahmen des schulischen Fremdsprachenlernens im Fach Französisch spielen, zu erfassen. Das Forschungsvorhaben zielt darauf ab, mit Hilfe Ihrer Informationen bzw. Rückmeldungen die Schule dabei zu unterstützen, Eltern aktiv als dritten Akteur – neben den Lehrern und den Schülern selbst – in den Französischlernprozess zu integrieren. Ich bitte Sie, mein Projekt zu unterstützen und hierzu den nachfolgenden Fragebogen zu bearbeiten.
Das Ausfüllen des Fragebogens wird ca. 25 Minuten Ihrer Zeit in Anspruch nehmen. Ihre Daten sind und bleiben anonym, werden absolut vertraulich behandelt – im Zuge dessen selbstverständlich nicht an Dritte weitergegeben – und nur für die Zwecke der Auswertung der Umfrage gespeichert.
Ich bitte Sie herzlichst um Ihre Unterstützung, damit dieses Forschungsvorhaben, das die Erziehungsberechtigten von SchülerInnen, die Französischunterricht erhalten, in den Mittelpunkt der Aufmerksamkeit rückt, gelingen kann.

Vielen herzlichen Dank für Ihre Unterstützung,
Vera Knoll
(Doktorandin an der Professur für Fachdidaktik der romanischen Schulsprachen in Duisburg-Essen)

9.2 Fragebogen

Bitte kreuzen Sie jeweils die auf Sie zutreffenden Punkte an bzw. streichen Sie Unzutreffendes. "Französisch" wird nachfolgend mit „Frz." abgekürzt.

I. Familiärer Hintergrund

I.1 Unsere Familie weist folgende Struktur auf:

O Beide Elternteile sind berufstätig.
O Nur der Vater ist berufstätig.
O Nur die Mutter ist berufstätig.
O Kein Elternteil ist berufstätig.
O Ich bin alleinerziehende Mutter.
O Ich bin alleinerziehender Vater.
O Wir sind eine Patchwork-Familie.

I.2 Wie viele Kinder erhalten Frz.-Unterricht und wie lange schon?
___Tochter/Töchter, seit … Jahren: 1te Tochter __ /2te Tochter __ /3te Tochter ___
___ Sohn/Söhne, seit … Jahren: 1ter Sohn ___ /2ter Sohn ____ / 3ter Sohn ___

I.3 Ich/Wir habe(n) folgenden Schulabschluss:

Vater:
O Qualifizierender Hauptschulabschluss
O Mittlere Reife
O Fachabitur
O Abitur
O Hochschulabschluss
O Kein Abschluss

Mutter:
O Qualifizierender Hauptschulabschluss
O Mittlere Reife
O Fachabitur
O Abitur
O Hochschulabschluss
O Kein Abschluss

I.4 Französisch kann in unserer Familie:

O Vater
O Lebenspartner/in
O Mutter
O andere Verwandte
O Beide
O Niemand.

Im Falle der Antwort „Niemand“ unter I.4 brauchen Sie folgende Frage nicht zu beantworten.
Ich/Wir kann/können selbst (ein bisschen) Französisch, weil ...
O der Französischunterricht in der Schule besucht wurde.
O ein Sprachkurs absolviert wurde (z.B. VHS, PC-Lehrgang, ...)
O französische Filme/Sendungen regelmäßig geschaut werden.
O französische Musik gehört wird.
O französischsprachige Zeitschriften/Bücher regelmäßig gelesen werden.
O mit den Kindern Französisch mitgelernt wurde.
O privat Kontakt zu französischsprachigen Muttersprachlern besteht.
O ein Selbstlernkurs absolviert wurde.
O Andere Gründe: ____

II. Die Französische Sprache und der Französischunterricht

II.1 Warum erhält/erhalten Ihr/e Kind/er in der Schule Französisch-Unterricht?

	stimme vollständig zu	stimme größtenteils zu	stimme teils/ teils zu	stimme größtenteils nicht zu	stimme überhaupt nicht zu	weiß nicht
1. Mein/e//Unser/e Kind/er ist/sind sprachbegabt.						
2. Frz. ist im späteren Berufsleben oft wichtig.						
3. Ich/Wir halte/n Frz. für bedeutend, weil Frankreich unser Nachbarland ist.						
4. Ich/Wir halte/n es für wichtig, durch das Lernen von Fremdsprachen Vorurteile zu vermindern bzw. abzubauen.						
5. Ich/wir mache/n gerne Urlaub in Frankreich und anderen frz.sprachigen Ländern, daher sollte man ein bisschen die Sprache verstehen.						
6. Ich/Wir finde/n, dass Französisch eine schöne Sprache ist.						
7. Es gab an der Schule keine andere Wahlmöglichkeit.						
8. Ich kann/Wir können selbst Französisch und daher bei Schulaufgaben etc. helfen.						
9. Mein/e//Unser/e Kind/er hat/haben sich selbst dazu entschieden, Französisch zu belegen.						

Eventuelle ergänzende Bemerkungen:

___

II.2 Charakterisieren Sie bitte den schulischen Frz.-Unterricht.

	stimme voll-ständig zu	stimme größ-ten-teils zu	stimme teils/ teils zu	stimme größ-ten-teils nicht zu	stimme über-haupt nicht zu	weiß nicht
1. Die Französischlehrkraft begeistert die Kinder für die Sprache/Kultur Frankreichs und frz.sprachiger Länder mit Enthusiasmus und Humor.						
2. Die Schüler(innen) erhalten Einblicke in frz.sprachige Länder und Kulturen und können so Vorurteile vermeiden bzw. abbauen.						
3. Die Schüler/innen lernen in der Schule auch, wie sie sich in verschiedenen Lebenssituationen im Umgang mit frz. Muttersprachlern verhalten können (z.B. durch Rollenspiele).						
4. Die Schüler/innen erweitern stets ihre Kenntnisse der Fremdsprache, wiederholen aber auch regelmäßig.						
5. Ich/Wir empfinde/n das Tempo, mit welchem die Lehrkraft im Stoff voranschreitet, zu schnell.						
6. Die Schüler/innen werden im Fach Frz. im Unterricht individuell gefördert.						
7. Für das Vor-/Nachbereiten des Frz.-Unterrichts wird zuhause zu viel (Frei)Zeit in Anspruch genommen.						
8. Ich/Wir als Eltern(teil) fühle mich/fühlen uns in das Frz.-Lernen der/s Kinder/s von Seiten der Schule integriert.						
9. Das/Die Kind(er) können den Stoff nicht alleine bewältigen und benötigen außerhalb der Schule Hilfe.						
10. Ich/Wir könnte(n) mir/uns vorstellen, (mehr) in den schulischen Frz.-Unterricht integriert zu werden (z.B. Hausaufgaben prüfen, gemeinsam Lesen).						

Eventuelle ergänzende Bemerkungen:

___

II.3 Wer aus dem schulischen Kontext gibt Ihnen Tipps, wie Sie Ihr(e) Kind(er) beim Frz.-Lernen unterstützen können? (Mehrfachnennungen möglich)

O Die Frz.-Lehrkraft.
O Der Schulleiter/Die Schulleiterin.
O Der Beratungslehrer/Die Beratungslehrerin.
O Der Klassleiter/Die Klassleiterin.
O Lerntutoren.
O Niemand.
O Sonstige: ____

II.4 Charakterisieren Sie bitte den Kontakt zur Französischlehrkraft.

	stimme vollständig zu	stimme größtenteils zu	stimme teils/teils zu	stimme größtenteils nicht zu	stimme überhaupt nicht zu	weiß nicht
1. Ich/Wir besuche/n regelmäßig die Sprechstunde der Lehrkraft, um über Probleme/Schullaufbahn zu sprechen.						
2. Ich/Wir besuche/n die Sprechstunde der Lehrkraft nur wenn ein konkreter Anlass dazu besteht.						
3. Ich/Wir besuche/n regelmäßig Elternabende.						
4. Ich/Wir gehe/n zu den Elternsprechtagen. und suche/n dort das Gespräch mit der Fachlehrkraft.						
5. Die Frz.-Lehrkraft informiert mich/uns ausreichend über das Lern- und Leistungsverhalten des/r Kindes/r.						
6. Ich/Wir wünschen uns mehr Tipps und von der Lehrkraft in Bezug auf die Unterstützung des/r Kindes/r zuhause.						
7. Es ist selbstverständlich, dass ich/wir das/die Kind(er) zuhause unterstützen.						
8. Ich/Wir würde(n) gerne (mehr) mit der Frz.-Lehrkraft zusammenarbeiten.						
9. Ich/Wir fühle/n mich/uns gut informiert über alle Angelegenheiten des Frz.-Unterrichts.						
10. Die Frz.-Lehrkraft bezieht uns Eltern(teile) mit in Entscheidungen des Unterrichts ein (z.B. Lektüreauswahl).						
11. Die Frz.-Lehrkraft ist außerhalb des Unterrichts gut erreichbar (persönlich, telefonisch, schriftlich).						
12. Die Frz.-Lehrkraft informiert verständlich über Prüfungs- und Leistungsanforderungen im Fach Frz.						

Ergänzende Bemerkungen: ______________________________

III.Häusliche Lernsituation

III.1 Mein(e)/Unser(e) Kind(er) lernt/lernen zu Hause Frz. mit ... *(Mehrfachnennungen möglich)*

O Mutter
O Vater
O Lebenspartner/in
O Geschwistern
O anderen Verwandten

O Freunden/Bekannten
O Nachhilfelehrer/in
O Klassenkameraden/-innen
O niemandem
O Sonstige:____

III.2 Wie oft beteiligen Sie sich am häuslichen Französischlernen Ihres Kindes ?
III.2a) Häufigkeit:
O Einmal pro Woche.
O Täglich.
O Täglich mehrmals.
O Nur am Wochenende.
O nur vor Leistungserhebungen

III.2b) Zeitpunkt:
O Gleich nach der Schule.
O Im Anschluss an die Erledigung der Hausaufgaben.
O Am Abend.
O am Morgen vor der Schule

Ergänzende Bemerkungen: ______________________________

III.3 Wie unterstützen Sie Ihr/e Kind/er außerhalb der Schule und auch in Bezug auf das Fach Frz.? *(Mehrfachnennungen möglich)*

III.3.1 Allgemeine Unterstützung
O Wir sprechen über das Fach Französisch und den Unterricht.
O Wir besprechen Probleme, die im Zuge des Frz.-Unterrichts hervortreten.
O Ich/Wir lasse/n mir/uns einzelne Dinge aus dem Lehrstoff erklären.
O Wir besprechen Fähigkeiten und Interessen des/der Kindes/Kinder.
O Wir sprechen über die Schullaufbahn/berufliche Zukunft des/r Kindes/r.
O Keine der genannten Möglichkeiten

III.3.2 Kontrolle der Hausaufgaben
O Ich/Wir kontrolliere/n ob der schriftlichen Teil der Hausaufgabe erledigt wurde.
O Ich kontrolliere/Wir kontrollieren die Hausaufgaben auf Korrektheit.
O Ich/Wir helfe/n bei den schriftlichen Hausaufgaben mit.
O Keine der genannten Möglichkeiten

III.3.3 Arbeit mit dem an der Schule verwendeten Lehrwerk
O Ich frage/Wir fragen den Wortschatz ab, dabei sage ich/sagen wir das deutsche Wort und fordern die französische Übersetzung.
O Ich lasse/Wir lassen mir/uns die neuen Wörter laut vorsprechen und verbessere/verbessern die Aussprachefehler.
O Ich lasse/Wir lassen mir/uns Texte aus dem Lehrbuch laut vorlesen und verbessere/verbessern dann die Aussprachefehler.
O Ich lasse/Wir lassen Texte aus dem Lehrbuch ins Deutsche übersetzen.
O Wir wiederholen zusammen bereits Besprochenes/alten Wortschatz.
O Ich frage/wir fragen die neuen Grammatikregeln ab.
O Ich frage/Wir fragen den Wortschatz ab, dabei sage ich/sagen wir das deutsche Wort und fordern die französische Übersetzung.
O Keine der genannten Möglichkeiten.

III.3.4 Arbeit mit Zusatzmaterialien
O Neben den Hausaufgaben machen wir auch zusätzliche Übungen aus dem Lehrbuch oder dem Arbeitsheft zusammen.
O Neben den Hausaufgaben machen wir auch zusätzliche Übungen aus Büchern/Heften von anderen Verlagen zusammen.
O Ich überlege mir/Wir überlegen uns selbst Übungen.
O Wir stellen notwendige Zusatzmaterialien bereit.
O Keine der genannten Möglichkeiten.

Ergänzende Bemerkungen:

____

IV. Fehlende häusliche Unterstützung beim Französischlernen und auftretende Probleme

IV.1 Warum erfolgt keine Unterstützung Ihres/Ihrer Kindes/Kinder beim Französischlernen?

	stimmt vollständig	stimmt größtenteils	stimmt teils/ teils	stimmt größtenteils nicht	stimmt überhaupt nicht	weiß nicht
1. Ich kann/Wir können selbst kein bzw. zu wenig Frz., um helfen zu können.						
2. Ich habe/Wir haben keine zusätzlichen Übungsmaterialien zuhause.						
3. Ich habe/Wir haben kein Interesse, beim Französischlernen zu helfen.						
4. Ich habe/Wir haben zu den Übungen im Buch/Arbeitsheft keine Lösungen und können diese daher nicht korrigieren.						
5. Ich weiß nicht/Wir wissen nicht wie man beim Französischlernen helfen könnte.						
6. Ich habe/Wir haben keine Geduld, um beim Französischlernen zu helfen und etwas mehrmals zu erklären.						
7. Ich habe/Wir haben keine Zeit, um beim Französischlernen zu helfen.						
8. Das Kind/die Kinder besucht/besuchen die Ganztagsschule. Dort werden alle Hausaufgaben erledigt und gelernt.						
9. Ich habe/Wir haben kein Geld, um Zusatzhefte usw. zum Üben zu kaufen.						
10. Das Kind/die Kinder besucht/besuchen Französisch-Förderunterricht an der Schule.						
11. Das Kind/Die Kinder würde/n Hilfe grundsätzlich ablehnen.						
12. Das Kind/Die Kinder braucht/brauchen keine Hilfe mehr, denn es/sie lernt/lernen selbstständig.						

Andere Gründe:

____

IV.2 Welche der folgenden Angebote wären für Sie interessant, um mehr in den Frz.-Unterricht integriert zu werden und Ihr(e) Kind(er) beim Lernen unterstützen zu können?

O Sprachkurs speziell für Eltern an der Schule der Kinder.
O Sprachkurs speziell für Eltern an einer Volkshochschule.
O Spezielle Literatur zum Erwerb von Grundkenntnissen in Frz. für Eltern.
O Nachhilfe für Eltern und Schüler zusammen.
O Arbeitsblätter zu besonders wichtigen Aspekten der frz. Sprache, z.B. der Aussprache, die von der Schule angeboten werden.
O Ein Geheft zum jeweiligen Lehrwerk, das den Eltern/Erziehungsberechtigten „mitteilt", was ihr(e) Kind(er) in den einzelnen Lektionen lernen und beachten sollen.
O Ein Geheft mit Angaben zu Aspekten, die es bei der häuslichen Vor- und Nachbereitung des Frz.-Unterrichts zu beachten gilt (unabhängig vom jeweiligen Lehrwerk).
O Veranstaltung(en), wo Eltern lernen, wie sie ihr/e Kind/er in Frz. unterstützen können.
O Hinweise zur Hausaufgaben-Kontrolle durch die Schule bzw. die Lehrkraft.
O Hinweise zu verschiedenen Lerntechniken.
O Hinweise zur optimalen Prüfungsvorbereitung durch die Schule bzw. die Lehrkraft.
O Hinweise zur optimalen Zeit-Nutzung bei Hausaufgaben und beim Lernen.
O Treffen mit anderen Eltern, um gemeinsam Ideen/Probleme zu besprechen.
O Regelmäßige Treffen mit der Lehrkraft, um über schulische Belange zu sprechen.
O Weitere Ideen: ____

9.3 Codeplan

Frage	Variable	Wert	Label
I.1			**Familienstruktur**
	vi1_01		Beide Elternteile sind berufstätig.
		0	nein
		1	ja
	vi1_02		Nur die Mutter ist berufstätig.
		0	nein
		1	ja
	vi1_03		Ich bin alleinerziehende Mutter.
		0	nein
		1	ja
	vi1_04		Wir sind eine Patchwork-Familie.
		0	nein
		1	ja
	vi1_05		Nur der Vater ist berufstätig.
		0	nein
		1	ja
	vi1_06		Kein Elternteil ist berufstätig.
		0	nein
		1	ja
	vi1_07		Ich bin alleinerziehender Vater.
		0	nein
		1	ja
I.2			**Wie viele Kinder erhalten wie lange schon Frz.-Unterricht?**
	vi2_01		Jahre Frz.-Unterricht: 1.Tochter
	vi2_02		Jahre Frz.-Unterricht: 2.Tochter
	vi2_03		Jahre Frz.-Unterricht: 3.Tochter
	vi2_04		Jahre Frz.-Unterricht: 1. Sohn
	vi2_05		Jahre Frz.-Unterricht: 2. Sohn
	vi2_06		Jahre Frz.-Unterricht: 3. Sohn
I.3			**Schulabschlüsse Eltern**
	vi3_01		Schulabschluss Vater
			Qualifizierender Hauptschulabschluss
		0	nein
		1	ja
			Mittlere Reife
		0	nein
		1	ja
			Fachabitur

		0	nein
		1	ja
			Abitur
		0	nein
		1	ja
			Hochschulabschluss
		0	nein
		1	ja
			Kein Abschluss
		0	nein
		1	ja
	vi3_02		Schulabschluss Mutter
			Qualifizierender Hauptschulabschluss
		0	nein
		1	ja
			Mittlere Reife
		0	nein
		1	ja
			Fachabitur
		0	nein
		1	ja
			Abitur
		0	nein
		1	ja
			Hochschulabschluss
		0	nein
		1	ja
			Kein Abschluss
		0	nein
		1	ja
I.4			**Französisch kann in unserer Familie**
	vi4_01		Vater
		0	nein
		1	ja
	vi4_02		Mutter
		0	nein
		1	ja
	vi4_03		Beide Elternteile
		0	nein
		1	ja
	vi4_04		Lebenspartner/in

		0	nein
		1	ja
	vi4_05		Andere Verwandte
		0	nein
		1	ja
	vi4_06		Niemand
		0	nein
		1	ja
			Eltern haben Frz.-Kenntnisse weil
	vi4_07		Frz.-Unterricht in der Schule
		0	nein
		1	ja
	vi4_08		Sprachkurs
		0	nein
		1	ja
	vi4_09		frz. Filme/Sendungen sehen
		0	nein
		1	ja
	vi4_10		frz. Musik hören
		0	nein
		1	ja
	vi4_11		frz. Zeitschriften/Zeitungen lesen
		0	nein
		1	ja
	vi4_12		mit den Kindern mitgelernt
		0	nein
		1	ja
	vi4_13		Kontakt zu frz. Muttersprachlern
		0	nein
		1	ja
	vi4_14		Selbstlernkurs
		0	nein
		1	ja
	vi4_15		andere Gründe (offene Frage)
II.1			**Warum erhält das Kind Frz.-Unterricht?**
	viil_01		Kind ist sprachbegabt
		0	weiß nicht
		1	stimme überhaupt nicht zu
		2	stimme größtenteils nicht zu
		3	stimme teils/teils zu
		4	stimme größtenteils zu

	5	stimme vollständig zu
viil_02		Frz. ist im Berufsleben wichtig
	0	weiß nicht
	1	stimme überhaupt nicht zu
	2	stimme größtenteils nicht zu
	3	stimme teils/teils zu
	4	stimme größtenteils zu
	5	stimme vollständig zu
viil_03		Frankreich ist Nachbarland
	0	weiß nicht
	1	stimme überhaupt nicht zu
	2	stimme größtenteils nicht zu
	3	stimme teils/teils zu
	4	stimme größtenteils zu
	5	stimme vollständig zu
viil_04		Vorurteile vermindern bzw. abbauen
	0	weiß nicht
	1	stimme überhaupt nicht zu
	2	stimme größtenteils nicht zu
	3	stimme teils/teils zu
	4	stimme größtenteils zu
	5	stimme vollständig zu
viil_05		Urlaub in frz.sprachigen Ländern
	0	weiß nicht
	1	stimme überhaupt nicht zu
	2	stimme größtenteils nicht zu
	3	stimme teils/teils zu
	4	stimme größtenteils zu
	5	stimme vollständig zu
viil_06		Frz. ist eine schöne Sprache
	0	weiß nicht
	1	stimme überhaupt nicht zu
	2	stimme größtenteils nicht zu
	3	stimme teils/teils zu
	4	stimme größtenteils zu
	5	stimme vollständig zu
viil_07		Keine andere Wahlmöglichkeit
	0	weiß nicht
	1	stimme überhaupt nicht zu
	2	stimme größtenteils nicht zu
	3	stimme teils/teils zu
	4	stimme größtenteils zu
	5	stimme vollständig zu
viil_08		Eltern können Frz. und daher helfen
	0	weiß nicht
	1	stimme überhaupt nicht zu
	2	stimme größtenteils nicht zu

		3	stimme teils/teils zu
		4	stimme größtenteils zu
		5	stimme vollständig zu
	vii1_09		Kind hat sich selbst dazu entschieden
		0	weiß nicht
		1	stimme überhaupt nicht zu
		2	stimme größtenteils nicht zu
		3	stimme teils/teils zu
		4	stimme größtenteils zu
		5	stimme vollständig zu
	vii1_10		ergänzende Bemerkungen (offene Frage)
II.2			**Charakterisierung des Frz.-Unterrichts**
	vii2_01		Lehrkraft begeistert Kinder mit Humor/Enthusiasmus
		0	weiß nicht
		1	stimme überhaupt nicht zu
		2	stimme größtenteils nicht zu
		3	stimme teils/teils zu
		4	stimme größtenteils zu
		5	stimme vollständig zu
	vii2_02		Einblicke in frz.sprachige Kulturen; Abbau von Vorurteilen
		0	weiß nicht
		1	stimme überhaupt nicht zu
		2	stimme größtenteils nicht zu
		3	stimme teils/teils zu
		4	stimme größtenteils zu
		5	stimme vollständig zu
	vii2_03		Umgang mit frz. Muttersprachlern wird gelernt
		0	weiß nicht
		1	stimme überhaupt nicht zu
		2	stimme größtenteils nicht zu
		3	stimme teils/teils zu
		4	stimme größtenteils zu
		5	stimme vollständig zu
	vii2_04		Kenntnisse erweitern und Wiederholung
		0	weiß nicht
		1	stimme überhaupt nicht zu
		2	stimme größtenteils nicht zu
		3	stimme teils/teils zu
		4	stimme größtenteils zu
		5	stimme vollständig zu
	vii2_05		Zu schnelles Tempo
		0	weiß nicht
		1	stimme überhaupt nicht zu
		2	stimme größtenteils nicht zu
		3	stimme teils/teils zu
		4	stimme größtenteils zu

		5	stimme vollständig zu
	vii2_06		individuelle Förderung
		0	weiß nicht
		1	stimme überhaupt nicht zu
		2	stimme größtenteils nicht zu
		3	stimme teils/teils zu
		4	stimme größtenteils zu
		5	stimme vollständig zu
	vii2_07		hoher Zeitaufwand für Vor-/Nachbereiten zuhause
		0	weiß nicht
		1	stimme überhaupt nicht zu
		2	stimme größtenteils nicht zu
		3	stimme teils/teils zu
		4	stimme größtenteils zu
		5	stimme vollständig zu
	vii2_08		Eltern fühlen sich in das Frz.-Lernen von Schule integriert
		0	weiß nicht
		1	stimme überhaupt nicht zu
		2	stimme größtenteils nicht zu
		3	stimme teils/teils zu
		4	stimme größtenteils zu
		5	stimme vollständig zu
	vii2_09		Hilfe von außerhalb nötig, weil Stoff zu umfangreich
		0	weiß nicht
		1	stimme überhaupt nicht zu
		2	stimme größtenteils nicht zu
		3	stimme teils/teils zu
		4	stimme größtenteils zu
		5	stimme vollständig zu
	vii2_10		Eltern können sich vorstellen, (mehr) integriert zu werden
		0	weiß nicht
		1	stimme überhaupt nicht zu
		2	stimme größtenteils nicht zu
		3	stimme teils/teils zu
		4	stimme größtenteils zu
		5	stimme vollständig zu
	vii2_11		ergänzende Bemerkungen (offene Frage)
II.3			**Wer aus dem schulischen Kontext gibt Tipps für die Unterstützung daheim?**
	vii3_01		Frz.-Lehrkraft
		0	nein
		1	ja
	vii3_02		Schulleiter/in
		0	nein

		1	ja
	vii3_03		Beratungslehrer/in
		0	nein
		1	ja
	vii3_04		Klassenleiter/in
		0	nein
		1	ja
	vii3_05		Lerntutoren
		0	nein
		1	ja
	vii3_06		Niemand
		0	nein
		1	ja
	vii3_07		Sonstige (offene Frage)
II.4			**Charakterisierung des Kontakts zur Frz.-Lehrkraft**
	vii4_01		Regelmäßiger Besuch der Sprechstunde
		0	weiß nicht
		1	stimme überhaupt nicht zu
		2	stimme größtenteils nicht zu
		3	stimme teils/teils zu
		4	stimme größtenteils zu
		5	stimme vollständig zu
	vii4_02		Besuch der Sprechstunde nur bei konkretem Anlass
		0	weiß nicht
		1	stimme überhaupt nicht zu
		2	stimme größtenteils nicht zu
		3	stimme teils/teils zu
		4	stimme größtenteils zu
		5	stimme vollständig zu
	vii4_03		Regelmäßiger Besuch der Elternabende
		0	weiß nicht
		1	stimme überhaupt nicht zu
		2	stimme größtenteils nicht zu
		3	stimme teils/teils zu
		4	stimme größtenteils zu
		5	stimme vollständig zu
	vii4_04		Elternsprechtag
		0	weiß nicht
		1	stimme überhaupt nicht zu
		2	stimme größtenteils nicht zu
		3	stimme teils/teils zu
		4	stimme größtenteils zu
		5	stimme vollständig zu

vii4_05		Lehrkraft informiert Eltern ausreichend
	0	weiß nicht
	1	stimme überhaupt nicht zu
	2	stimme größtenteils nicht zu
	3	stimme teils/teils zu
	4	stimme größtenteils zu
	5	stimme vollständig zu
vii4_06		Wunsch nach mehr Tipps für Unterstützung zuhause
	0	weiß nicht
	1	stimme überhaupt nicht zu
	2	stimme größtenteils nicht zu
	3	stimme teils/teils zu
	4	stimme größtenteils zu
	5	stimme vollständig zu
vii4_07		Unterstützung zuhause ist selbstverständlich
	0	weiß nicht
	1	stimme überhaupt nicht zu
	2	stimme größtenteils nicht zu
	3	stimme teils/teils zu
	4	stimme größtenteils zu
	5	stimme vollständig zu
vii4_08		Wunsch nach mehr Zusammenarbeit mit der Lehrkraft
	0	weiß nicht
	1	stimme überhaupt nicht zu
	2	stimme größtenteils nicht zu
	3	stimme teils/teils zu
	4	stimme größtenteils zu
	5	stimme vollständig zu
vii4_09		Eltern fühlen sich gut informiert
	0	weiß nicht
	1	stimme überhaupt nicht zu
	2	stimme größtenteils nicht zu
	3	stimme teils/teils zu
	4	stimme größtenteils zu
	5	stimme vollständig zu
vii4_10		Lehrkraft bezieht Eltern in Entscheidungen des Unterrichts mit ein
	0	weiß nicht
	1	stimme überhaupt nicht zu
	2	stimme größtenteils nicht zu
	3	stimme teils/teils zu
	4	stimme größtenteils zu
	5	stimme vollständig zu
vii4_11		Lehrkraft ist außerhalb des Unterrichts gut erreichbar
	0	weiß nicht
	1	stimme überhaupt nicht zu
	2	stimme größtenteils nicht zu

		3	stimme teils/teils zu
		4	stimme größtenteils zu
		5	stimme vollständig zu
	vii4_12		Lehrkraft informiert über Prüfungs- und Leistungsanforderungen
		0	weiß nicht
		1	stimme überhaupt nicht zu
		2	stimme größtenteils nicht zu
		3	stimme teils/teils zu
		4	stimme größtenteils zu
		5	stimme vollständig zu
	vii4_13		Ergänzende Bemerkungen (offene Frage)
III.1			**Mein Kind lernt zuhause Frz. mit ...**
	viii1_01		Mutter
		0	nein
		1	ja
	viii1_02		Vater
		0	nein
		1	ja
	viii1_03		Lebenspartner/in
		0	nein
		1	ja
	viii1_04		Geschwistern
		0	nein
		1	ja
	viii1_05		anderen Verwandten
		0	nein
		1	ja
	viii1_06		Freunden/Bekannten
		0	nein
		1	ja
	viii1_07		Nachhilfelehrer
		0	nein
		1	ja
	viii1_08		Klassenkameraden
		0	nein
		1	ja
	viii1_09		niemandem
		0	nein
		1	ja
	viii1_10		Sonstige (offene Frage)

III.2			**Wie oft beteiligen Sie sich am Frz.-Lernen? Wann?**
	viii2_01		Einmal pro Woche
		0	nein
		1	ja
	viii2_02		Täglich
		0	nein
		1	ja
	viii2_03		Täglich mehrmals
		0	nein
		1	ja
	viii2_04		Nur am Wochenende
		0	nein
		1	ja
	viii2_05		Nur vor Leistungserhebungen
		0	nein
		1	ja
	viii2_06		Gleich nach der Schule
		0	nein
		1	ja
	viii2_07		Im Anschluss an die Hausaufgaben
		0	nein
		1	ja
	viii2_08		Am Abend
		0	nein
		1	ja
	viii2_09		Am Morgen vor der Schule
		0	nein
		1	ja
	viii2_10		Ergänzende Bemerkungen (offene Frage)
III.3			**Wie unterstützen Sie Ihr Kind und auch in Französisch?**
III.3.1			**Allgemeine Unterstützung**
	viii3_01		Sprechen über das Fach Französisch
		0	nein
		1	ja
	viii3_02		Besprechen von Problemen im Zuge des Frz.-Unterrichts
		0	nein
		1	ja
	viii3_03		Eltern lassen sich Lernstoff erklären
		0	nein
		1	ja

	viii3_04		Eltern besprechen Fähigkeiten/Interessen des Kindes
		0	nein
		1	ja
	viii3_05		Eltern sprechen über Schullaufbahn/berufliche Zukunft
		0	nein
		1	ja
	viii3_06		Keine der genannten Möglichkeiten
		0	nein
		1	ja
III.3.2			**Kontrolle der Hausaufgaben**
	viii3_07		Kontrolle ob schriftlicher Teil erledigt
		0	nein
		1	ja
	viii3_08		Kontrolle der HA auf Korrektheit
		0	nein
		1	ja
	viii3_09		Mithilfe bei den schriftlichen Aufgaben
		0	nein
		1	ja
	viii3_10		Keine der genannten Möglichkeiten
		0	nein
		1	ja
III.3.3			**Arbeit mit dem an der Schule verwendeten Lehrwerk**
	viii3_11		Abfrage Wortschatz (dt.-frz.)
		0	nein
		1	ja
	viii3_12		Neue Wörter laut vorsprechen lassen
		0	nein
		1	ja
	viii3_13		Texte aus dem Lehrbuch ins Deutsche übersetzen
		0	nein
		1	ja
	viii3_14		Texte aus dem Lehrbuch vorlesen lassen
		0	nein
		1	ja
	viii3_15		Wiederholung von Besprochenem/altem Wortschatz
		0	nein
		1	ja
	viii3_16		Abfragen neuer Grammatikregeln

		0	nein
		1	ja
	viii3_17		Abfrage Wortschatz (dt.-frz.) (Fehler: doppelt abgefragt[65])
		0	nein
		1	ja
	viii3_18		Keine der genannten Möglichkeiten
		0	nein
		1	ja
III.3.4			**Arbeit mit Zusatzmaterialien**
	viii3_19		Zusatzübungen aus dem Lehrbuch/Arbeitsheft
		0	nein
		1	ja
	viii3_20		Zusatzübungen aus Heften anderer Verlage
		0	nein
		1	ja
	viii3_21		Eltern überlegen sich selbst Übungen
		0	nein
		1	ja
	viii3_22		Eltern stellen notwendige Zusatzmaterialien bereit
		0	nein
		1	ja
	viii3_23		Keine der genannten Möglichkeiten
		0	nein
		1	ja
	viii3_24		Unterstützung: ergänzende Bemerkungen (offene Frage)
	viii3_25		Zusatzmaterialien: ergänzende Bemerkungen (offene Frage)
IV.1			**Warum erfolgt keine Unterstützung beim Frz.-Lernen?**
	viv1_01		Eltern können kein Frz.
		0	weiß nicht
		1	stimme überhaupt nicht zu
		2	stimme größtenteils nicht zu
		3	stimme teils/teils zu
		4	stimme größtenteils zu
		5	stimme vollständig zu

65 Aus Versehen wurde hier die Richtung der Wortschatzabfrage vertauscht, sodass sich dasselbe Item („Wortschatzabfrage in der Richtung Deutsch → Französisch“) doppelt in der Auflistung befand, an Stelle des Items „Wir fragen den Wortschatz ab in der Richtung Französisch → Deutsch“.

viv1_02		Keine Übungsmaterialien zuhause
	0	weiß nicht
	1	stimme überhaupt nicht zu
	2	stimme größtenteils nicht zu
	3	stimme teils/teils zu
	4	stimme größtenteils zu
	5	stimme vollständig zu
viv1_03		Kein Interesse zu helfen
	0	weiß nicht
	1	stimme überhaupt nicht zu
	2	stimme größtenteils nicht zu
	3	stimme teils/teils zu
	4	stimme größtenteils zu
	5	stimme vollständig zu
viv1_04		Keine Lösungen zu den Übungen
	0	weiß nicht
	1	stimme überhaupt nicht zu
	2	stimme größtenteils nicht zu
	3	stimme teils/teils zu
	4	stimme größtenteils zu
	5	stimme vollständig zu
viv1_05		Eltern wissen nicht wie man helfen könnte
	0	weiß nicht
	1	stimme überhaupt nicht zu
	2	stimme größtenteils nicht zu
	3	stimme teils/teils zu
	4	stimme größtenteils zu
	5	stimme vollständig zu
viv1_06		Eltern haben keine Geduld
	0	weiß nicht
	1	stimme überhaupt nicht zu
	2	stimme größtenteils nicht zu
	3	stimme teils/teils zu
	4	stimme größtenteils zu
	5	stimme vollständig zu
viv1_07		Eltern haben keine Zeit
	0	weiß nicht
	1	stimme überhaupt nicht zu
	2	stimme größtenteils nicht zu
	3	stimme teils/teils zu
	4	stimme größtenteils zu
	5	stimme vollständig zu
viv1_08		Kind besucht die Ganztagsschule
	0	weiß nicht
	1	stimme überhaupt nicht zu
	2	stimme größtenteils nicht zu
	3	stimme teils/teils zu

		4	stimme größtenteils zu
		5	stimme vollständig zu
	viv1_09		Kein Geld für Zusatzhefte
		0	weiß nicht
		1	stimme überhaupt nicht zu
		2	stimme größtenteils nicht zu
		3	stimme teils/teils zu
		4	stimme größtenteils zu
		5	stimme vollständig zu
	viv1_10		Kind besucht Frz.-Förderunterricht
		0	weiß nicht
		1	stimme überhaupt nicht zu
		2	stimme größtenteils nicht zu
		3	stimme teils/teils zu
		4	stimme größtenteils zu
		5	stimme vollständig zu
	viv1_11		Kind lehnt Hilfe grundsätzlich ab
		0	weiß nicht
		1	stimme überhaupt nicht zu
		2	stimme größtenteils nicht zu
		3	stimme teils/teils zu
		4	stimme größtenteils zu
		5	stimme vollständig zu
	viv1_12		Kind braucht keine Hilfe mehr, lernt selbstständig
		0	weiß nicht
		1	stimme überhaupt nicht zu
		2	stimme größtenteils nicht zu
		3	stimme teils/teils zu
		4	stimme größtenteils zu
		5	stimme vollständig zu
	viv1_13		Ergänzende Bemerkungen (offene Frage)
IV.2			**Welche Angebote wären interessant, um mehr in den Frz.-Unterricht integriert zu werden und die Kinder beim Lernen unterstützen zu können?**
	viv2_01		Sprachkurs für Eltern an der Schule
		0	nein
		1	ja
	viv2_02		Sprachkurs für Eltern an einer VHS
		0	nein
		1	ja
	viv2_03		Literatur zum Erwerb von Grundkenntnissen
		0	nein
		1	ja
	viv2_04		Nachhilfe für Eltern und Schüler zusammen
		0	nein

	1	ja
viv2_05		Arbeitsblätter zu besonders wichtigen Aspekten
	0	nein
	1	ja
viv2_06		Geheft zur häuslichen Vor-/Nachbereitung
	0	nein
	1	ja
viv2_07		Geheft zum jeweiligen Lehrwerk
	0	nein
	1	ja
viv2_08		Veranstaltungen mit Infos zur Unterstützung
	0	nein
	1	ja
viv2_09		Hinweise zur HA-Kontrolle
	0	nein
	1	ja
viv2_10		Hinweise zu Lerntechniken
	0	nein
	1	ja
viv2_11		Hinweise zur optimalen Prüfungsvorbereitung
	0	nein
	1	ja
viv2_12		Hinweise zur optimalen Zeitnutzung
	0	nein
	1	ja
viv2_13		Treffen mit anderen Eltern
	0	nein
	1	ja
viv2_14		Regelmäßige Treffen mit der Lehrkraft
	0	nein
	1	ja
viv2_15		Textfeld (offene Frage)
für die Berechnungen gebildete Variablen		
FU positiv		positive Charakterisierung des FU
FU negativ		negative Charakterisierung des FU
Unterstützung allgemein		allgemeine Formen der Unterstützung
Unterstützung Kontrolle HA		Unterstützung im Zuge der Hausaufgaben(kontrolle)

Unterstützung Lehrwerk		Lehrwerksbasierte Formen der elterlichen Unterstützung
Unterstützung Zusatzmaterialien		Unterstützung durch zusätzliche Materialien
Berufstätigkeit	0	weder Vater noch Mutter berufstätig
	1	beide Elternteile berufstätig
	2	nur Vater berufstätig
	3	nur Mutter berufstätig
Französischkenntnisse	0	weder Vater noch Mutter
	1	nur Vater
	2	nur Mutter
	3	Vater und Mutter
	4	weder Vater noch Mutter; aber andere Verwandte
fehlende fachliche Ressourcen		Gründe für Enthaltung: fachliche Ressourcen fehlen
fehlende Rahmenbedingungen		Gründe für Enthaltung: fehlende Rahmenbedingungen
recodierte Variablen		
viil_01r		Kind ist sprachbegabt
	1	stimme eher/überhaupt nicht zu
	2	stimme teils/teils zu
	3	stimme größtenteils/vollständig zu
viil_02r		Frz. ist im Berufsleben wichtig
	1	stimme eher/überhaupt nicht zu
	2	stimme teils/teils zu
	3	stimme größtenteils/vollständig zu
viil_03r		Frankreich ist Nachbarland
	1	stimme eher/überhaupt nicht zu
	2	stimme teils/teils zu
	3	stimme größtenteils/vollständig zu
viil_04r		Vorurteile vermindern bzw. abbauen
	1	stimme eher/überhaupt nicht zu
	2	stimme teils/teils zu
	3	stimme größtenteils/vollständig zu
viil_05r		Urlaub in frz.sprachigen Ländern
	1	stimme eher/überhaupt nicht zu
	2	stimme teils/teils zu
	3	stimme größtenteils/vollständig zu
viil_06r		Frz. ist eine schöne Sprache
	1	stimme eher/überhaupt nicht zu
	2	stimme teils/teils zu
	3	stimme größtenteils/vollständig zu

vii1_07r		Keine andere Wahlmöglichkeit
	1	stimme eher/überhaupt nicht zu
	2	stimme teils/teils zu
	3	stimme größtenteils/vollständig zu
vii1_08r		Eltern können Frz. und daher helfen
	1	stimme eher/überhaupt nicht zu
	2	stimme teils/teils zu
	3	stimme größtenteils/vollständig zu
vii1_09r		Kind hat sich selbst dazu entschieden
	1	stimme eher/überhaupt nicht zu
	2	stimme teils/teils zu
	3	stimme größtenteils/vollständig zu
viv1_12r		Grund Nichthilfe: Kind braucht keine Hilfe mehr
	0	weiß nicht
	1	stimme vollständig zu
	2	stimme größtenteils zu
	3	stimme teils/teils zu
	4	stimme größtenteils nicht zu
	5	stimme überhaupt nicht zu
vii4_02r		Besuch der Sprechstunde nur bei konkretem Anlass
	0	weiß nicht
	1	stimme vollständig zu
	2	stimme größtenteils zu
	3	stimme teils/teils zu
	4	stimme größtenteils nicht zu
	5	stimme überhaupt nicht zu

9.4 Anschreiben an die Pretest-Teilnehmer

Sehr geehrte Eltern und Erziehungsberechtigte,

mein Name ist Vera Knoll und ich bin Doktorandin an der Professur für Fachdidaktik der romanischen Sprachen an der Universität Regensburg[66].

Im Rahmen meines Dissertationsprojektes zum Thema „Eltern-Arbeit“ versuche ich, die wichtige Rolle, die Eltern und Erziehungsberechtigte im Prozess des schulischen Fremdsprachenlernens – und v.a. im Fach Französisch – spielen, zu erfassen. Das Forschungsvorhaben zielt darauf ab, Eltern aktiv als dritten Akteur – neben den Lehrern und den Schülern selbst – in den Lernprozess ihrer Kinder zu integrieren. Ich bitte Sie, mein Projekt zu unterstützen und hierzu den nachfolgenden Fragebogen zu bearbeiten, was ca. 15 Minuten Ihrer Zeit in Anspruch nehmen wird.
Ihre Teilnahme an diesem Probe-Erhebungsverfahren ist freiwillig, anonym, und dient allein der Überprüfung und gegebenenfalls der Optimierung des Fragebogens. Im Anschluss an die Beantwortung der Fragen bitte ich Sie darüber hinaus um ein kurzes Feedback zum Fragebogen selbst („Evaluation des Fragebogens“), damit ich eventuelle Änderungen vornehmen kann. Sie dürfen selbstverständlich ebenfalls im Fragebogen selbst Anmerkungen jeglicher Art ergänzen.

Ich würde mich sehr über Ihre Unterstützung bei meinem Dissertationsprojekt freuen und bedanke mich im Voraus ganz herzlich für Ihre Teilnahme.

Vera Knoll

---

66 Der Pretest wurde durchgeführt, als der betreuende Prof. Dr. Daniel Reimann noch an der Universität Regensburg tätig war.

9.5 Evaluationsblatt (Teil des Pretests)

Evaluation des Fragebogens

Bitte bewerten Sie den Fragebogen zur Elternarbeit im Französischunterricht nach folgenden Aspekten.

1. Verständlichkeit der Fragen
Gab es Unklarheiten bei Begriffen oder/und Fragestellungen?
o nein
o ja

Wenn ja, welche?
____
____
____

2. Dauer der Bearbeitung
a) Wie lange dauerte das Bearbeiten des Fragebogens?
o 10-15 Minuten o 15-20 Minuten
o 20-25 Minuten o länger als 25 Minuten

b) Beurteilen Sie bitte den Umfang des Fragebogens:
o angemessene Länge
o zu lang
o zu kurz
o im Fragebogen wird nicht alles erfasst, folgende Aspekte fehlen meiner Meinung nach:
____
____
____

3. Weitere Anmerkungen zum Fragebogen
(z.B. Probleme bei der Bearbeitung, Kommentare zu einzelnen Fragen etc.)
____
____
____

9.6 Ladungen der Items auf die Faktoren zur Charakterisierung des Französischunterrichts

9.6.1 Ladungen aller Items auf die zwei Faktoren (inklusive des Items 10)

	Rotierte Ladungen		
Item	**Faktor 1**	**Faktor 2**	**Kommunalität**
1: Die Französischlehrkraft begeistert die Kinder für die Sprache/Kultur Frankreichs und frz.sprachiger Länder mit Enthusiasmus und Humor.	.76		.63
2: Die Schüler erhalten Einblicke in frz.sprachige Länder und Kulturen und können so Vorurteile vermeiden bzw. abbauen.	.74		.57
3: Die Schüler lernen in der Schule auch, wie sie sich in verschiedenen Lebenssituationen im Umgang mit frz. Muttersprachlern verhalten können (z.B. durch Rollenspiele).	.75		.56
4: Die Schüler erweitern stets ihre Kenntnisse der Fremdsprache, wiederholen aber auch regelmäßig.	.75		.59
6: Die Schüler werden im Fach Frz. im Unterricht individuell gefördert.	.75		.62
8: Ich/Wir als Eltern(teil) fühle mich/fühlen uns in das Frz.-Lernen der/s Kinder/s von Seiten der Schule integriert.	.66		.58
5: Ich/Wir empfinde/n das Tempo, mit welchem die Lehrkraft im Stoff voranschreitet, zu schnell.		.72	.71
7: Für das Vor-/Nachbereiten des Frz.-Unterrichts wird zuhause zu viel (Frei)Zeit in Anspruch genommen.		.84	.46
9: Das/Die Kind(er) können den Stoff nicht alleine bewältigen und benötigen außerhalb der Schule Hilfe.		.80	.70
10: Ich/Wir könnte(n) mir/uns vorstellen, (mehr) in den schulischen Frz.-Unterricht integriert zu werden (z.B. Hausaufgaben prüfen, gemeinsam Lesen).			.18
Aufgeklärte Varianz	39%	17%	

Anmerkung: Ladungen kleiner als .40 werden nicht notiert.

Abb. 111: Ladungen der einzelnen Items auf die beiden Faktoren „FU positiv" und „FU negativ".

Das „Eigenwertediagramm" (Bortz 1993, 503) zeigt die „Anzahl der bedeutsamen Faktoren" (Bortz 1993, 503) im Rahmen einer Hauptkomponentenanalyse an. Die Eigenwerte der Faktoren stellen eine abfallende Kurve dar, wobei ein Knick zu erkennen ist. Jener markiert die Grenze zwischen den bedeutenden und nicht bedeutenden Faktoren: nach den Faktoren links des Knicks in der Kurve wird die Extraktion abgebrochen, denn nur die Faktoren vor dem Knick sind bedeutend (cf. Bortz 1993, 504).

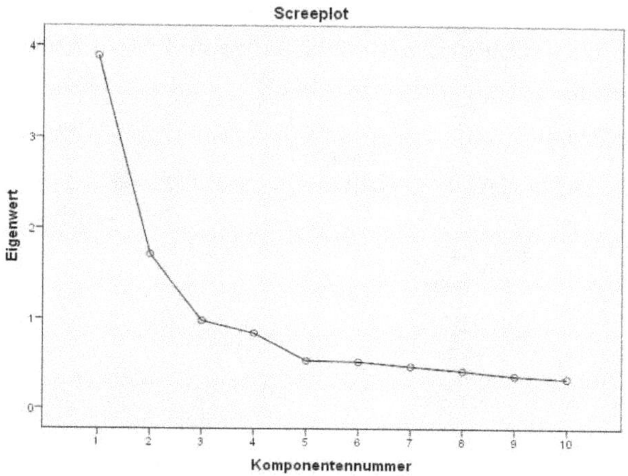

Abb. 112: Screeplot für die PCA „Charakterisierung des Französischunterrichts“ incl. Item 10.

9.6.2 Scree-Test für „Charakterisierung des Französischunterrichts“ ohne das Item 10

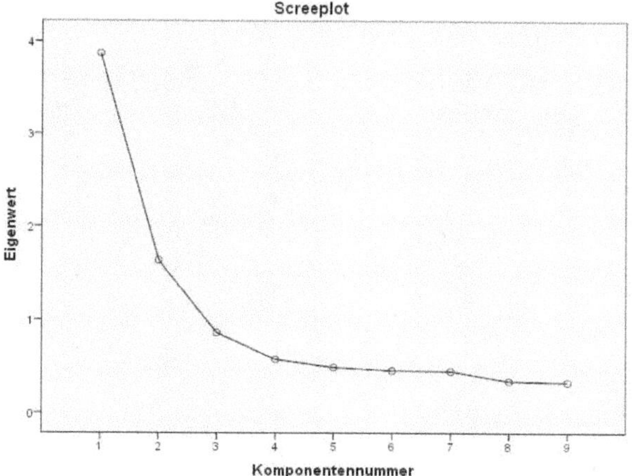

Abb. 113: Screeplot für die PCA „Charakterisierung des Französischunterrichts“ exkl. Item 10.

9.7 Ladungen der Items des Kontakts zur Französischlehrkraft auf die ursprünglichen vier Dimensionen

Item	Rotierte Ladungen				
	Faktor 1	**Faktor 2**	**Faktor 3**	**Faktor 4**	**Kommunalität**
1: Ich/Wir besuche/n regelmäßig die Sprechstunde der Lehrkraft, um über Probleme/ Schullaufbahn zu sprechen.	.52	.49			.73
2: Ich/Wir besuche/n die Sprechstunde der Lehrkraft nur wenn ein konkreter Anlass dazu besteht.		-.42	.59		.70
3: Ich/Wir besuche/n regelmäßig Elternabende.	.42	.43		-.61	.74
4: Ich/Wir gehe/n zu den Elternsprechtagen. und suche/n dort das Gespräch mit der Fachlehrkraft.	.50	.55			.74
5: Die Frz.-Lehrkraft informiert mich/uns ausreichend über das Lern- und Leistungsverhalten des/r Kindes/r.	.77				.65
6: Ich/Wir wünschen uns mehr Tipps und von der Lehrkraft in Bezug auf die Unterstützung des/r Kindes/r zuhause.		.74			.70
7: Es ist selbstverständlich, dass ich/wir das/die Kind(er) zuhause unterstützen.			.61		.49
8: Ich/Wir würde(n) gerne (mehr) mit der Frz.-Lehrkraft zusammenarbeiten.		.72	.40		.75
9: Ich/Wir fühle/n mich/uns gut informiert über alle Angelegenheiten des Frz.-Unterrichts.	.79				.73
10: Die Frz.-Lehrkraft bezieht uns Eltern(teile) mit in Entscheidungen des Unterrichts ein (z.B. Lektürenauswahl).	.58			-.41	.55
11: Die Frz.-Lehrkraft ist außerhalb des Unterrichts gut erreichbar (persönlich, telefonisch, schriftlich).	.63				.49
12: Die Frz.-Lehrkraft informiert verständlich über Prüfungs- und Leistungsanforderungen im Fach Frz.	.73				.70
Aufgeklärte Varianz	28%	19%	10%	9%	

Anmerkung: Ladungen kleiner als .40 werden nicht notiert.

Abb. 114: Ladungen der einzelnen Items auf die drei Faktoren „Kontakt gut", „Kontakt traditionell" und „Kontaktwunsch".

Anhand des Screetests *(Beschreibung siehe Anhang 9.6.1)* wird ersichtlich, dass sich hier eine dreifaktorielle Lösung – an Stelle einer vierfaktoriellen – anbietet, da die Kurve beim 3.Faktor den Knick aufweist.

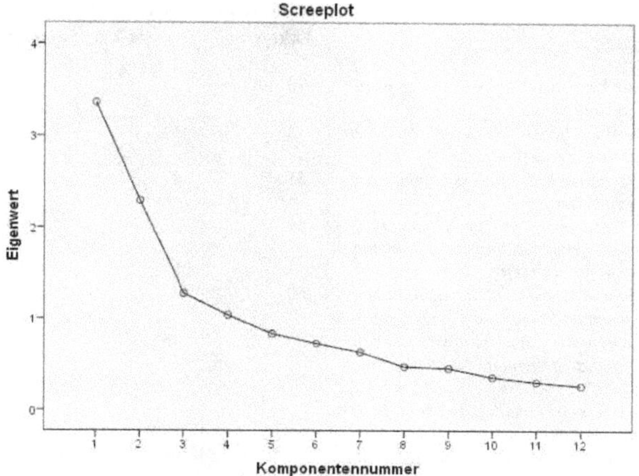

Abb. 115: Screeplot für die PCA „Kontakt zur Französischlehrkraft".

9.8 Ladungen der Items der Gründe für die Nichtbeteiligung am Lernen auf die drei Dimensionen

Item	Rotierte Ladungen			
	Faktor 1	**Faktor 2**	**Faktor 3**	**Kommunalität**
1: Ich kann/Wir können selbst kein bzw. zu wenig Frz., um helfen zu können.	.78			.66
2: Ich habe/Wir haben keine zusätzlichen Übungsmaterialien zuhause.	.60			.37
3: Ich habe/Wir haben kein Interesse, beim Französischlernen zu helfen.	.51	.47		.53
4: Ich habe/Wir haben zu den Übungen im Buch/Arbeitsheft keine Lösungen und können diese daher nicht korrigieren.	.62			.54
5: Ich weiß nicht/Wir wissen nicht wie man beim Französischlernen helfen könnte.	.80			.69
6: Ich habe/Wir haben keine Geduld, um beim Französischlernen zu helfen und etwas mehrmals zu erklären.		.75		.63
7: Ich habe/Wir haben keine Zeit, um beim Französischlernen zu helfen.		.61		.44
8: Das Kind/die Kinder besucht/besuchen die Ganztagsschule. Dort werden alle Hausaufgaben erledigt und gelernt.			.66	.44
9: Ich habe/Wir haben kein Geld, um Zusatzhefte usw. zum Üben zu kaufen.		.63		.46
10: Das Kind/die Kinder besucht/besuchen Französisch-Förderunterricht an der Schule.			.71	.51
11: Das Kind/Die Kinder würde/n Hilfe grundsätzlich ablehnen.		.52		.39
12: Das Kind/Die Kinder braucht/brauchen keine Hilfe mehr, denn es/sie lernt/lernen selbstständig.			-.50	.31
Aufgeklärte Varianz	21%	17%	12%	

Anmerkung: Ladungen kleiner als .40 werden nicht notiert.

Abb. 116: Ladungen der einzelnen Items auf die drei Faktoren „Fehlende fachliche Ressourcen“, „Fehlende Rahmenbedingungen“ und „Keine Notwendigkeit elterlicher Unterstützung“.

Der Screeplot *(Beschreibung siehe Anhang 9.6.1)* für die „Gründe der Nichbeteiligung der Eltern“ am Französischlernen der Kinder zeigt einen Knick nach dem zweiten Faktor: es ist demnach sinnvoll, hier nur zwei Indizes zu bilden.

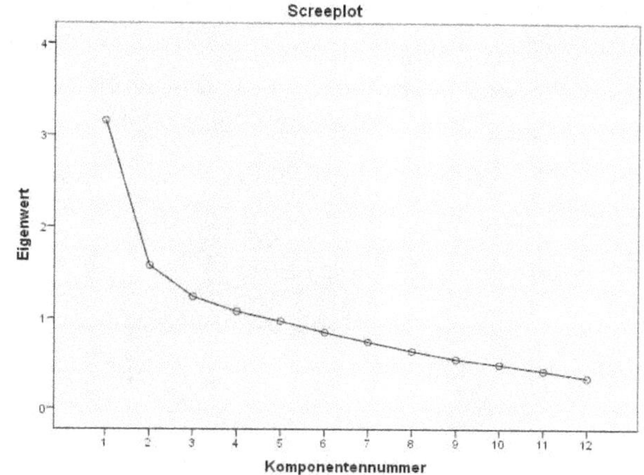

Abb. 117: Screeplot für die PCA „Gründe für die Nichtbeteiligung".

9.9 Hypothese 1: Tabellen – Häufigkeiten (absolut: N; prozentual: %) für die Gründe der Wahl des Französischen in Abhängigkeit von den Französischkenntnissen der Eltern

9.9.1 Motiv: Sprachbegabung des Kindes

	Französischkenntnisse der Familie									
	weder Vater noch Mutter (N=155)		nur Vater (N=52)		nur Mutter (N=129)		Vater und Mutter (N=70)		weder Vater noch Mutter, aber andere Verwandte (N=29)	
	N	%	N	%	N	%	N	%	N	%
Mein(e)/Unser(e) Kind(er) ist/sind sprachbegabt.										
stimme zu	94	60.6	25	48.1	72	55.8	51	72.9	20	69.0
stimme teils/teils zu	37	23.9	15	28.8	45	34.9	17	24.3	7	24.1
stimme nicht zu	24	15.5	12	23.1	12	9.3	2	2.9	2	6.5

9.9.2 Motiv: Bedeutung des Französischen für den späteren Beruf

	Französischkenntnisse der Familie									
	weder Vater noch Mutter (N=154)		nur Vater (N=52)		nur Mutter (N=131)		Vater und Mutter (N=71)		weder Vater noch Mutter, aber andere Verwandte (N=32)	
	N	%	N	%	N	%	N	%	N	%
Französisch ist im späteren Berufsleben oft wichtig.										
stimme zu	39	25.3	8	15.4	32	24.4	20	28.2	6	18.8
stimme teils/teils zu	72	46.8	27	51.9	66	50.4	30	42.3	17	53.1
stimme nicht zu	43	27.9	17	32.7	33	24.2	21	29.6	9	28.1

9.9.3 Motiv: Französisch ist wichtig, weil Frankreich Nachbarland ist

	Französischkenntnisse der Familie									
	weder Vater noch Mutter (N=153)		nur Vater (N=50)		nur Mutter (N=131)		Vater und Mutter (N=70)		weder Vater noch Mutter, aber andere Verwandte (N=32)	
	N	%	N	%	N	%	N	%	N	%
Ich/Wir halte(n) Französisch für bedeutend, weil Frankreich unser Nachbarland ist.										
stimme zu	54	35.3	24	48.0	58	44.3	44	62.9	10	31.3
stimme teils/teils zu	61	39.9	16	32.0	50	38.2	14	20.0	14	43.8
stimme nicht zu	38	24.8	10	20.0	23	17.6	12	17.1	8	25.0

9.9.4 Motiv: Abbau von Vorurteilen durch Fremdsprachen

	Französischkenntnisse der Familie									
	weder Vater noch Mutter (N=157)		nur Vater (N=51)		nur Mutter (N=128)		Vater und Mutter (N=71)		weder Vater noch Mutter, aber andere Verwandte (N=31)	
	N	%	N	%	N	%	N	%	N	%
Ich/Wir halte(n) es für wichtig, durch das Lernen von Fremdsprachen Vorurteile zu vermindern bzw. abzubauen.										
stimme zu	92	58.6	25	49.0	78	60.9	49	69.0	17	54.8
stimme teils/teils zu	34	21.7	12	23.5	36	28.1	16	22.5	9	29.0
stimme nicht zu	31	19.7	14	27.5	14	10.9	6	8.5	5	16.1

9.9.5 Motiv: Urlaub in frankophonen Ländern

	Französischkenntnisse der Familie									
	weder Vater noch Mutter (N=154)		nur Vater (N=50)		nur Mutter (N=131)		Vater und Mutter (N=71)		weder Vater noch Mutter, aber andere Verwandte (N=32)	
	N	%	N	%	N	%	N	%	N	%
Ich/Wir mache(n) gerne Urlaub in Frankreich und anderen französischsprachigen Ländern, daher sollte man ein bisschen die Sprache verstehen.										
stimme zu	50	32.5	22	44.0	62	47.3	49	69.0	16	50.0
stimme teils/teils zu	35	22.7	13	26.0	39	29.8	15	21.1	7	21.9
stimme nicht zu	69	44.8	15	30.0	30	22.9	7	9.9	9	28.1

9.9.6 Motiv: Sprachästhetik

	Französischkenntnisse der Familie									
	weder Vater noch Mutter (N=153)		nur Vater (N=52)		nur Mutter (N=129)		Vater und Mutter (N=71)		weder Vater noch Mutter, aber andere Verwandte (N=32)	
	N	%	N	%	N	%	N	%	N	%
Ich/Wir finde(n), dass Französisch eine schöne Sprache ist.										
stimme zu	90	58.8	38	73.1	104	80.6	60	84.5	23	71.9
stimme teils/teils zu	45	29.4	9	17.3	18	14.0	9	12.7	8	25.0
stimme nicht zu	18	11.8	5	9.6	7	5.4	2	2.8	1	3.1

9.9.7 Motiv: Keine andere Wahlmöglichkeit

	Französischkenntnisse der Familie									
	weder Vater noch Mutter (N=154)		nur Vater (N=52)		nur Mutter (N=129)		Vater und Mutter (N=70)		weder Vater noch Mutter, aber andere Verwandte (N=31)	
	N	%	N	%	N	%	N	%	N	%
Es gab an der Schule keine andere Wahlmöglichkeit.										
stimme zu	32	20.8	6	11.5	17	13.2	12	17.1	4	12.9
stimme teils/teils zu	19	12.3	3	5.8	11	8.5	5	7.1	4	12.9
stimme nicht zu	103	66.9	43	82.7	101	78.3	53	75.7	23	74.2

9.9.8 Motiv: Eigene Sprachkenntnisse der Eltern

	Französischkenntnisse der Familie									
	weder Vater noch Mutter (N=152)		nur Vater (N=52)		nur Mutter (N=131)		Vater und Mutter (N=71)		weder Vater noch Mutter, aber andere Verwandte (N=32)	
	N	%	N	%	N	%	N	%	N	%
Ich kann/Wir können selbst Französisch und daher bei Schulaufgaben etc. helfen.										
stimme zu	13	8.6	13	25.0	62	47.3	34	47.9	7	21.9
stimme teils/teils zu	9	5.9	13	25.0	38	29.0	24	33.8	5	15.6
stimme nicht zu	130	85.5	26	50.0	31	23.7	13	18.3	20	62.5

9.9.9 Motiv: Kind hat sich selbst dazu entschieden

	Französischkenntnisse der Familie									
	weder Vater noch Mutter (N=157)		nur Vater (N=52)		nur Mutter (N=129)		Vater und Mutter (N=71)		weder Vater noch Mutter, aber andere Verwandte (N=32)	
	N	%	N	%	N	%	N	%	N	%
Kind hat sich selbst dazu entschieden, Frz. zu belegen.										
stimme zu	128	81.5	42	80.8	114	88.4	60	84.5	27	84.4
stimme teils/teils zu	17	10.8	8	15.4	11	8.5	5	7.0	5	15.6
stimme nicht zu	12	7.6	2	3.8	4	3.1	6	8.5	-	-

9.10 Hypothese 2: Histogramme, P-P-Plots der standardisierten Residuen, Streudiagramm der standardisierten vorhergesagten Werte gegen die standardisierten Residuen, partielle Regressionsdiagramme

- „Kontakt gut“[67]

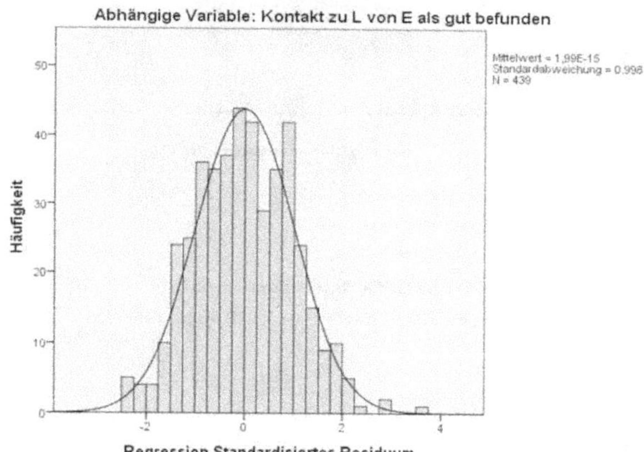

[67] Für den Index „Kontakt gut“ ist im Anhang kein Streudiagramm enthalten. Jenes ist in Kapitel 5.4.1.2 einzusehen, da hier eine Besonderheit vorliegt.

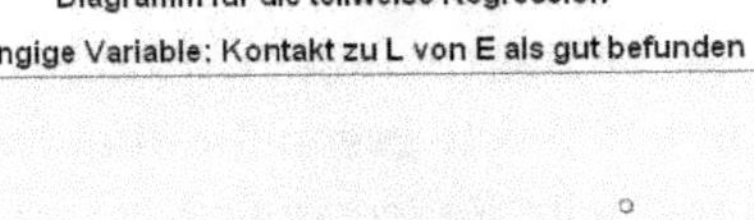
Diagramm für die teilweise Regression
Abhängige Variable: Kontakt zu L von E als gut befunden

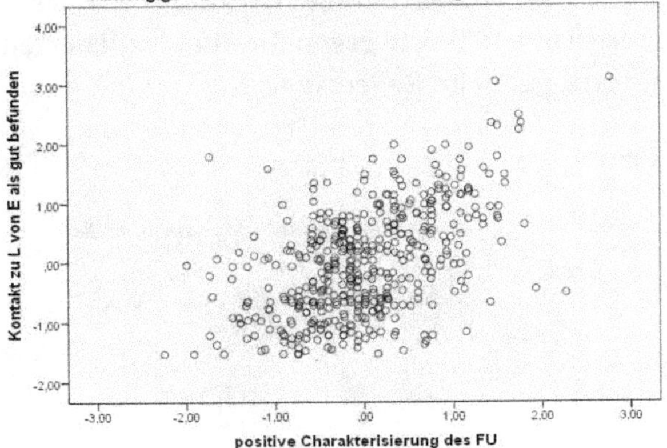
Kontakt zu L von E als gut befunden
4,00
3,00
2,00
1,00
,00
-1,00
-2,00
-3,00
-2,00
-1,00
,00
1,00
2,00
3,00
positive Charakterisierung des FU

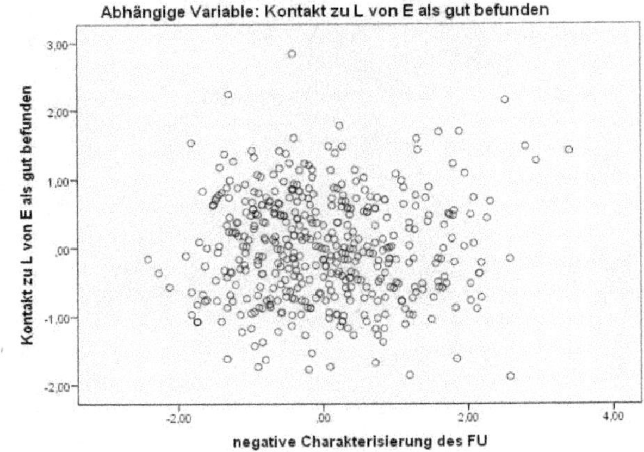
Diagramm für die teilweise Regression
Abhängige Variable: Kontakt zu L von E als gut befunden
Kontakt zu L von E als gut befunden
3,00
2,00
1,00
,00
-1,00
-2,00
-2,00
,00
2,00
4,00
negative Charakterisierung des FU

„Kontakt traditionell“

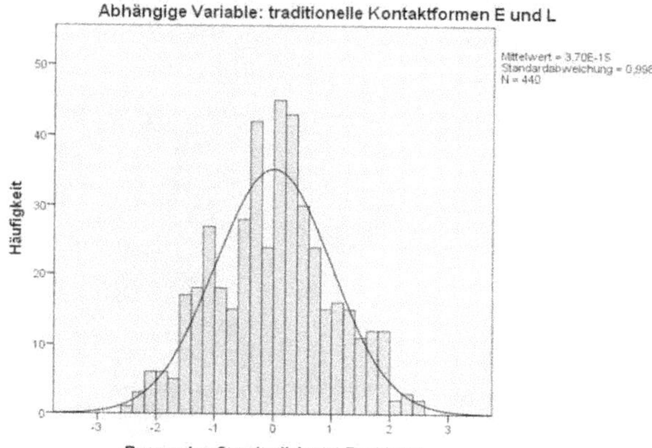
Histogramm
Abhängige Variable: traditionelle Kontaktformen E und L
Mittelwert = 3,70E-15
Standardabweichung = 0,998
N = 440
Häufigkeit
0
10
20
30
40
50
-3
-2
-1
0
1
2
3
Regression Standardisiertes Residuum

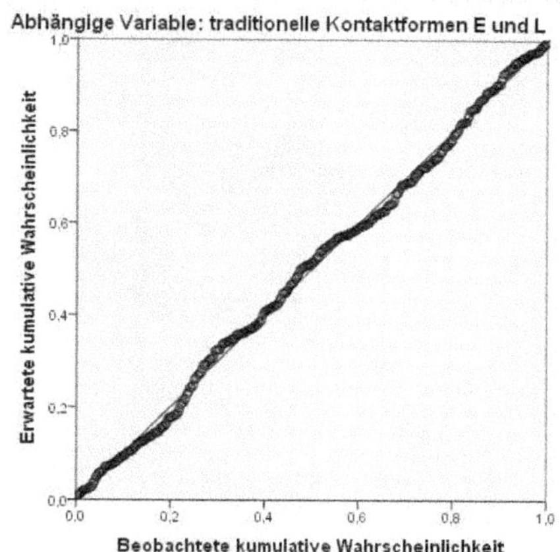
Normalverteilungsdiagramm der Regression von Standardisiertes Residuum
Abhängige Variable: traditionelle Kontaktformen E und L
Erwartete kumulative Wahrscheinlichkeit
0,0
0,2
0,4
0,6
0,8
1,0
Beobachtete kumulative Wahrscheinlichkeit

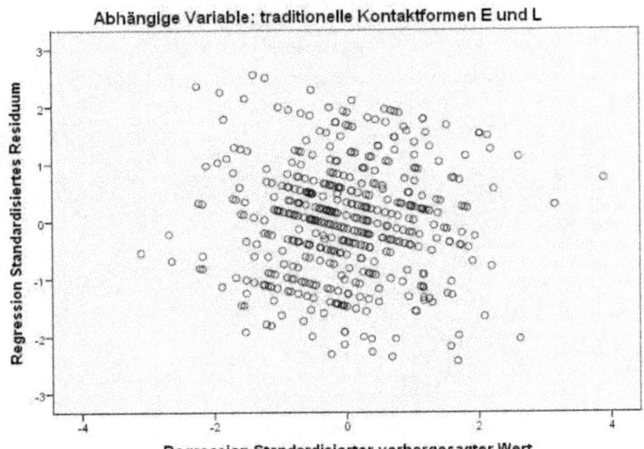
Streudiagramm
Abhängige Variable: traditionelle Kontaktformen E und L
Regression Standardisiertes Residuum
Regression Standardisierter vorhergesagter Wert
3
2
1
0
-1
-2
-3
-4
-2
0
2
4

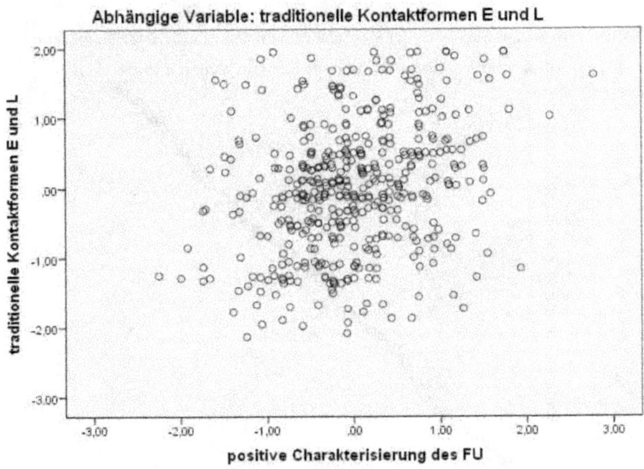
Diagramm für die teilweise Regression
Abhängige Variable: traditionelle Kontaktformen E und L
traditionelle Kontaktformen E und L
positive Charakterisierung des FU
2,00
1,00
,00
-1,00
-2,00
-3,00
-3,00
-2,00
-1,00
,00
1,00
2,00
3,00

Diagramm für die teilweise Regression

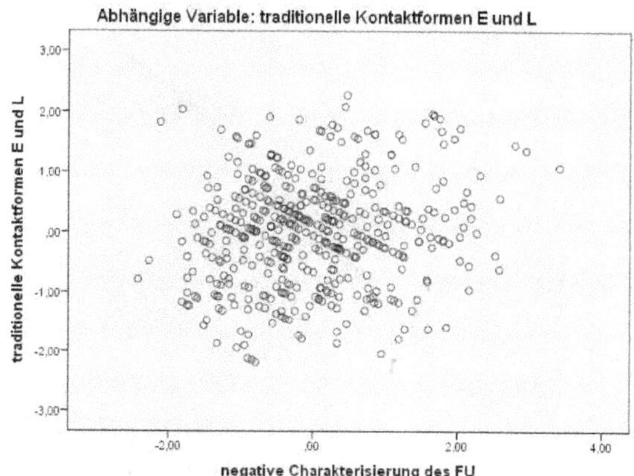
Abhängige Variable: traditionelle Kontaktformen E und L
traditionelle Kontaktformen E und L
3,00
2,00
1,00
,00
-1,00
-2,00
-3,00
-2,00
,00
2,00
4,00
negative Charakterisierung des FU

- „Kontaktwunsch“

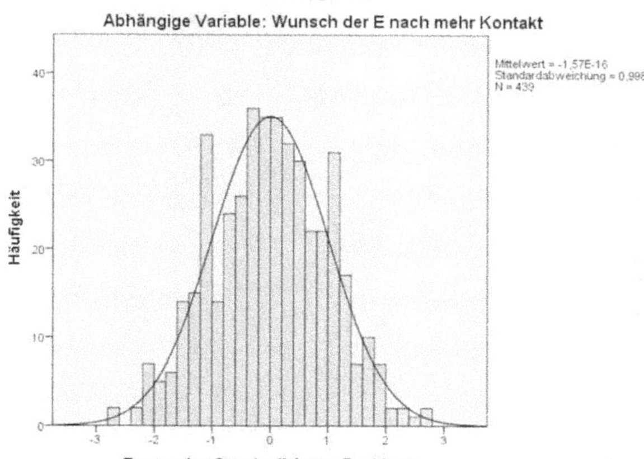
Histogramm
Abhängige Variable: Wunsch der E nach mehr Kontakt
Mittelwert = -1,57E-16
Standardabweichung = 0,998
N = 439
Häufigkeit
40
30
20
10
0
-3
-2
-1
0
1
2
3
Regression Standardisiertes Residuum

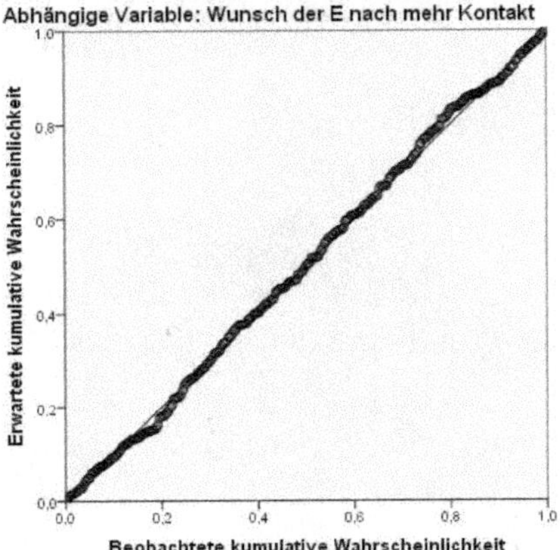
Normalverteilungsdiagramm der Regression von Standardisiertes Residuum
Abhängige Variable: Wunsch der E nach mehr Kontakt
Erwartete kumulative Wahrscheinlichkeit
Beobachtete kumulative Wahrscheinlichkeit
0,0
0,2
0,4
0,6
0,8
1,0

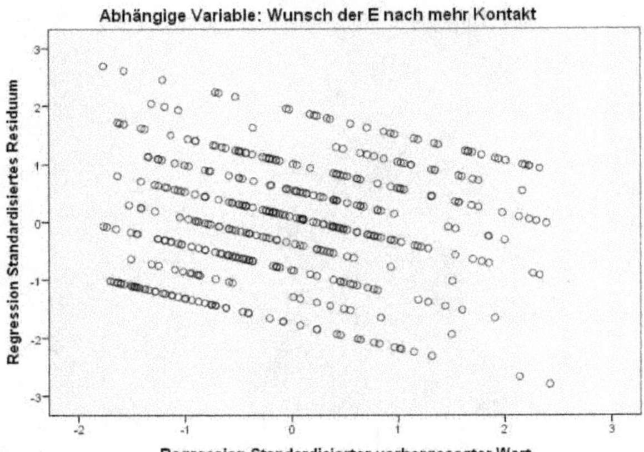
Streudiagramm
Abhängige Variable: Wunsch der E nach mehr Kontakt
Regression Standardisiertes Residuum
Regression Standardisierter vorhergesagter Wert
-3
-2
-1
0
1
2
3

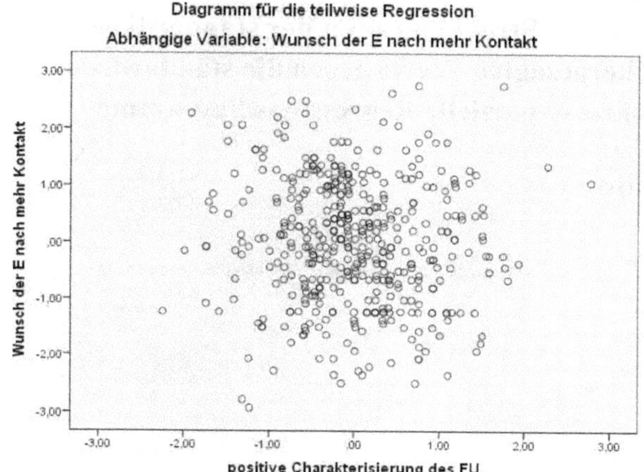
Diagramm für die teilweise Regression
Abhängige Variable: Wunsch der E nach mehr Kontakt
3,00
2,00
1,00
,00
-1,00
-2,00
-3,00
Wunsch der E nach mehr Kontakt
-3,00
-2,00
-1,00
,00
1,00
2,00
3,00
positive Charakterisierung des FU

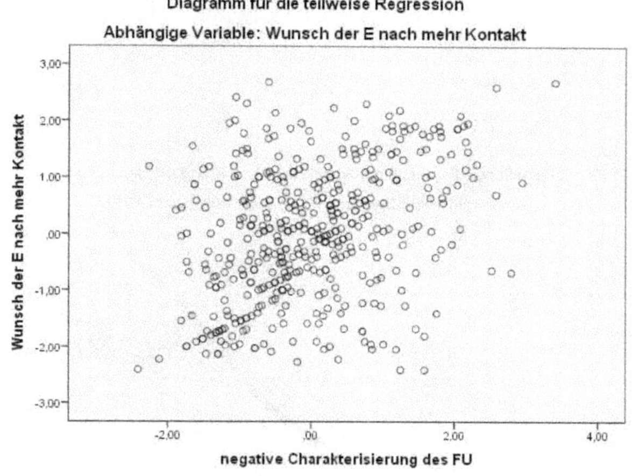
Diagramm für die teilweise Regression
Abhängige Variable: Wunsch der E nach mehr Kontakt
3,00
2,00
1,00
,00
-1,00
-2,00
-3,00
Wunsch der E nach mehr Kontakt
-2,00
,00
2,00
4,00
negative Charakterisierung des FU

9.11 Hypothese 7: Histogramme, P-P-Plots der standardisierten Residuen, Streudiagramm der standardisierten vorhergesagten Werte gegen die standardisierten Residuen, partielle Regressionsdiagramme

- „FU positiv“

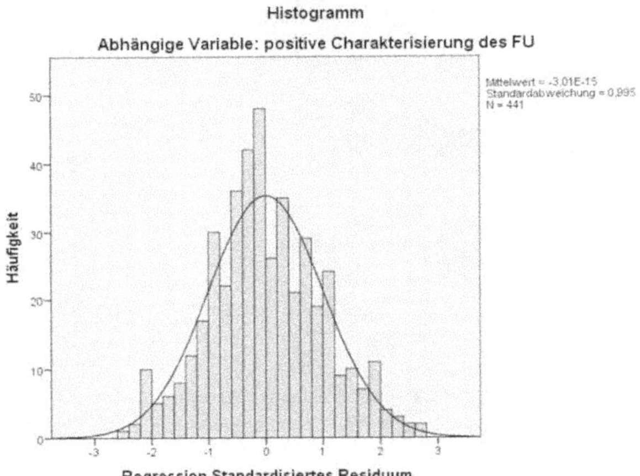

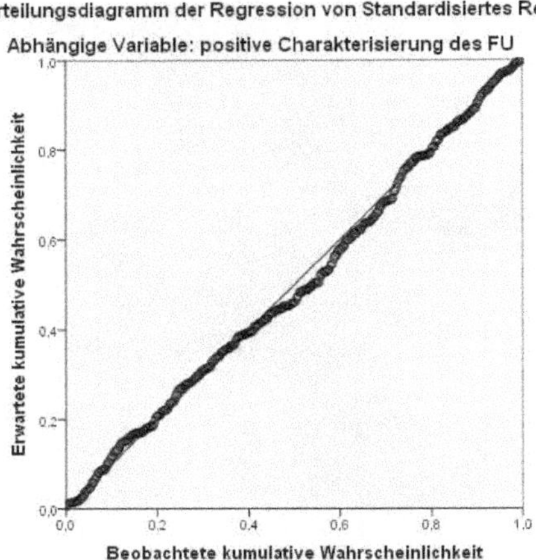

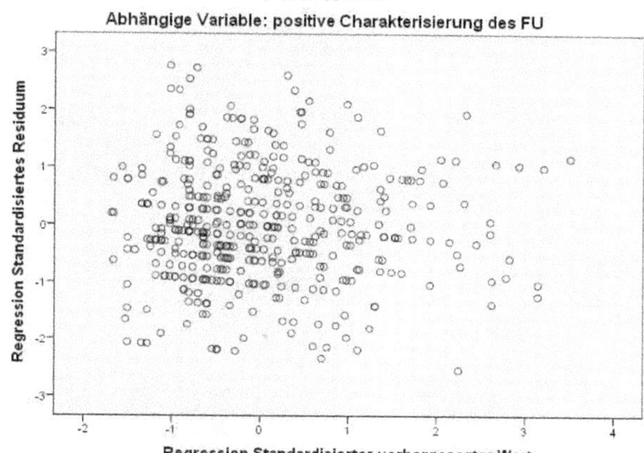
Streudiagramm
Abhängige Variable: positive Charakterisierung des FU
Regression Standardisiertes Residuum
Regression Standardisierter vorhergesagter Wert

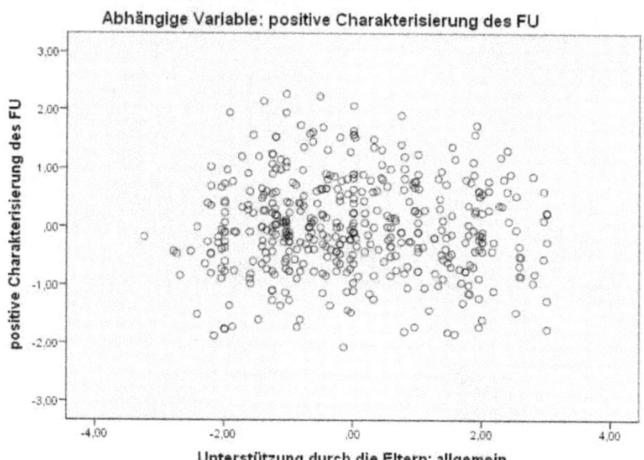
Diagramm für die teilweise Regression
Abhängige Variable: positive Charakterisierung des FU
positive Charakterisierung des FU
Unterstützung durch die Eltern: allgemein

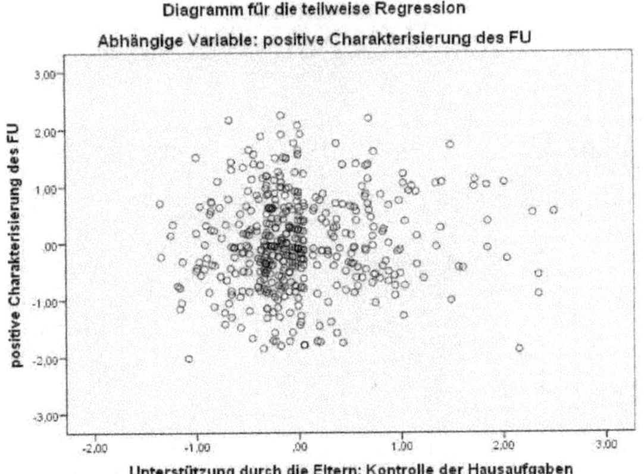
Diagramm für die teilweise Regression
Abhängige Variable: positive Charakterisierung des FU
positive Charakterisierung des FU
3,00
2,00
1,00
,00
-1,00
-2,00
-3,00
-2,00
-1,00
,00
1,00
2,00
3,00
Unterstützung durch die Eltern: Kontrolle der Hausaufgaben

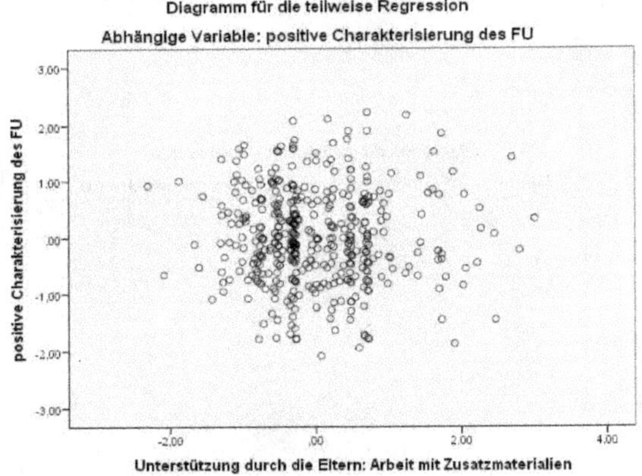
Diagramm für die teilweise Regression
Abhängige Variable: positive Charakterisierung des FU
positive Charakterisierung des FU
3,00
2,00
1,00
,00
-1,00
-2,00
-3,00
-2,00
,00
2,00
4,00
Unterstützung durch die Eltern: Arbeit mit Zusatzmaterialien

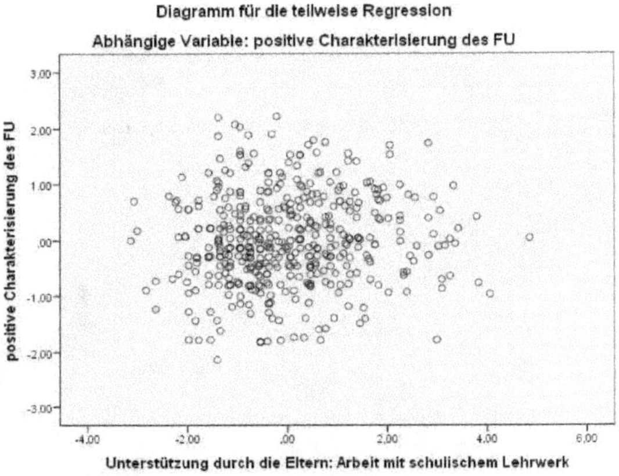
Diagramm für die teilweise Regression
Abhängige Variable: positive Charakterisierung des FU
positive Charakterisierung des FU
3,00
2,00
1,00
,00
-1,00
-2,00
-3,00
-4,00
-2,00
,00
2,00
4,00
6,00
Unterstützung durch die Eltern: Arbeit mit schulischem Lehrwerk

- „FU negativ“

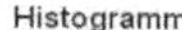

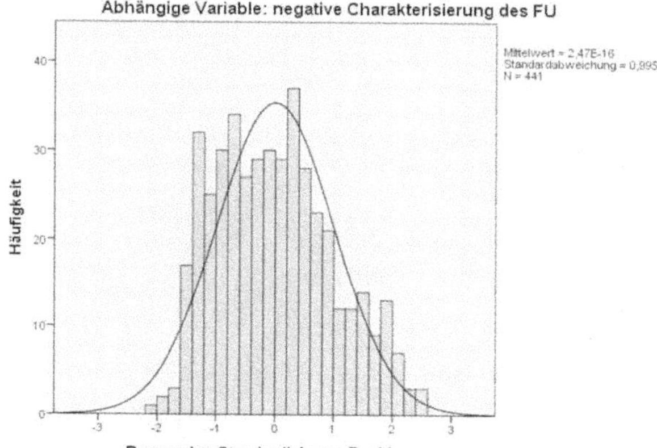

Normalverteilungsdiagramm der Regression von Standardisiertes Residuum

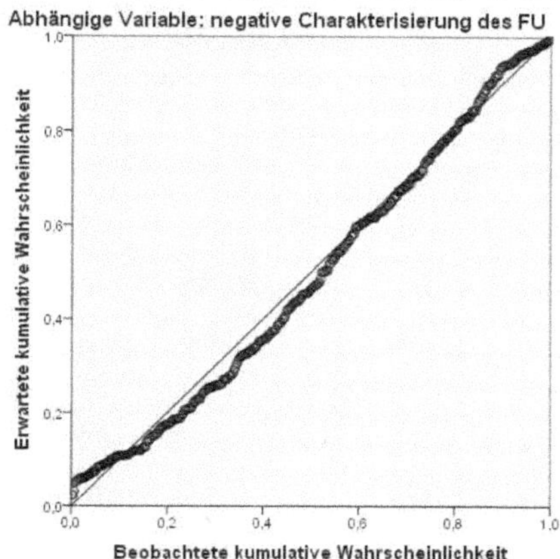

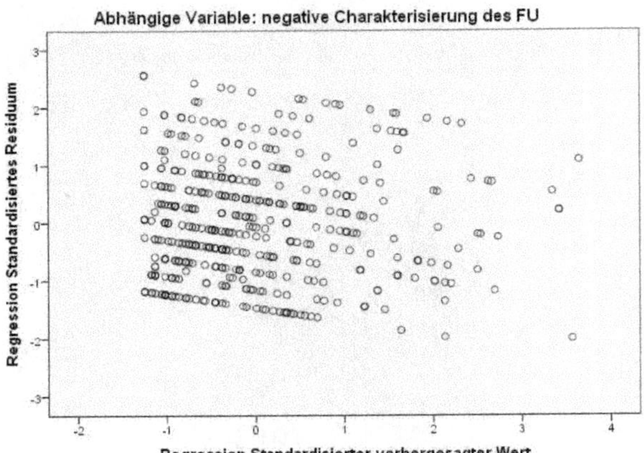
Streudiagramm
Abhängige Variable: negative Charakterisierung des FU
Regression Standardisiertes Residuum
Regression Standardisierter vorhergesagter Wert
3
2
1
0
-1
-2
-3
-2
-1
0
1
2
3
4

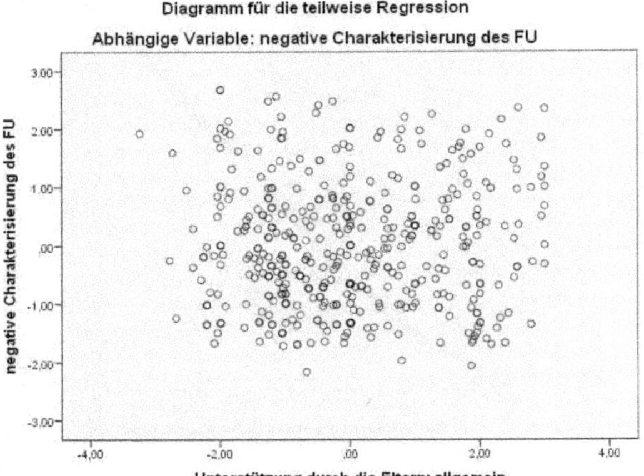
Diagramm für die teilweise Regression
Abhängige Variable: negative Charakterisierung des FU
negative Charakterisierung des FU
Unterstützung durch die Eltern: allgemein
3,00
2,00
1,00
,00
-1,00
-2,00
-3,00
-4,00
-2,00
,00
2,00
4,00

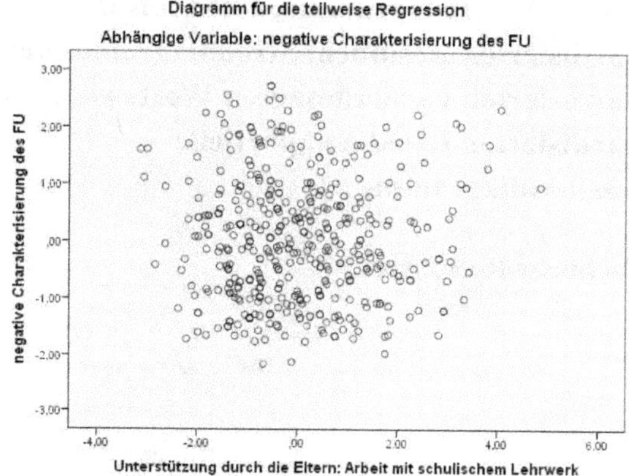
Diagramm für die teilweise Regression
Abhängige Variable: negative Charakterisierung des FU
negative Charakterisierung des FU
Unterstützung durch die Eltern: Arbeit mit schulischem Lehrwerk

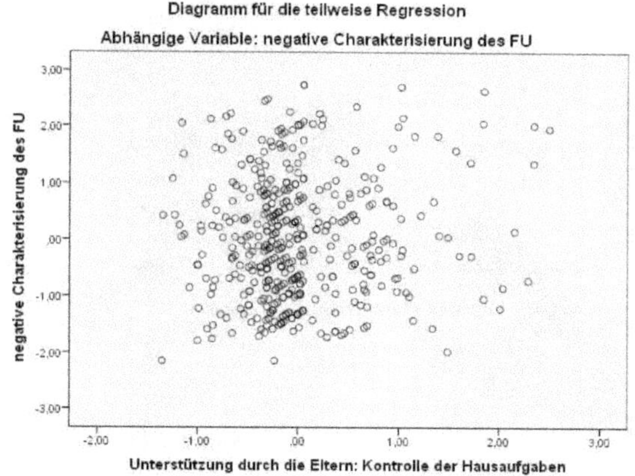
Diagramm für die teilweise Regression
Abhängige Variable: negative Charakterisierung des FU
negative Charakterisierung des FU
Unterstützung durch die Eltern: Kontrolle der Hausaufgaben

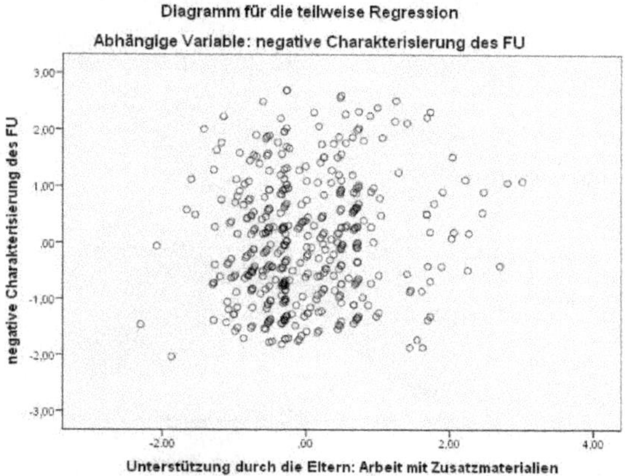
Diagramm für die teilweise Regression
Abhängige Variable: negative Charakterisierung des FU
negative Charakterisierung des FU
Unterstützung durch die Eltern: Arbeit mit Zusatzmaterialien

9.12 Hypothese 10: Histogramme, P-P-Plots der standardisierten Residuen, Streudiagramm der standardisierten vorhergesagten Werte gegen die standardisierten Residuen, partielle Regressionsdiagramme

- „fehlende fachliche Ressourcen"

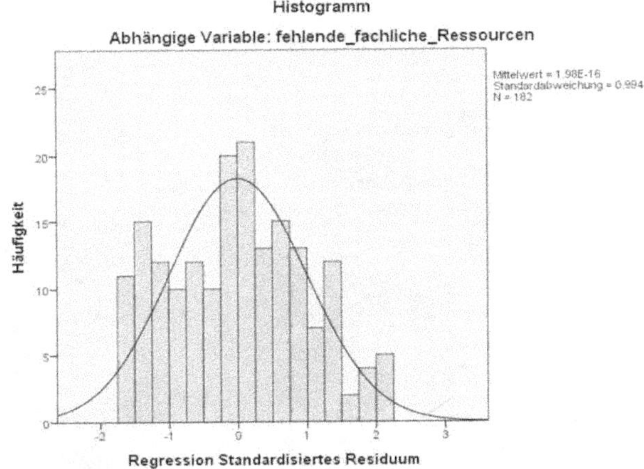

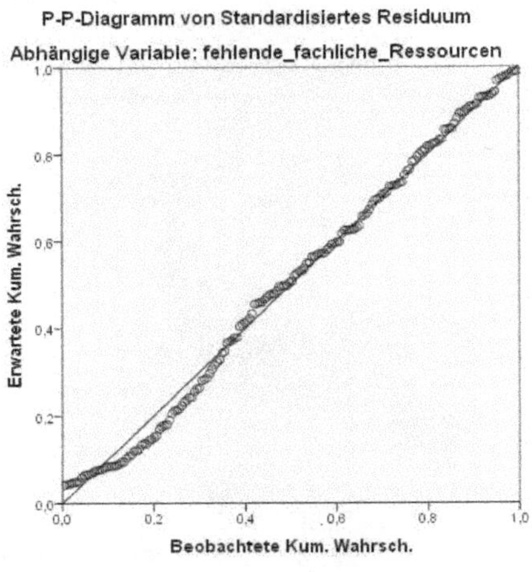

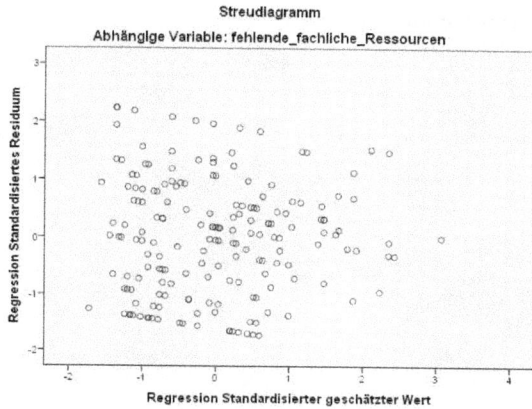

Streudiagramm

Abhängige Variable: fehlende_fachliche_Ressourcen

Regression Standardisiertes Residuum

-2 -1 0 1 2 3 4

Regression Standardisierter geschätzter Wert

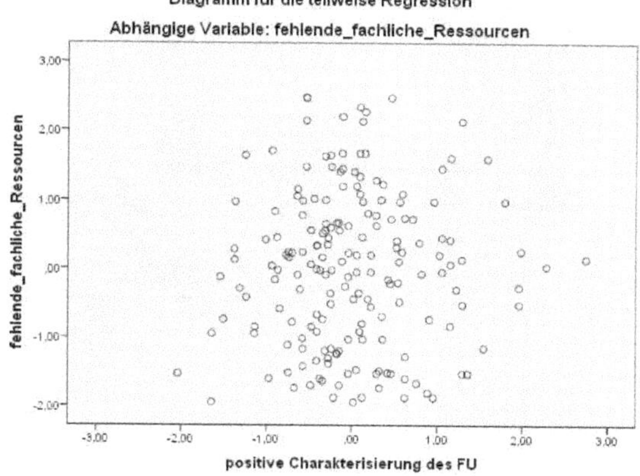

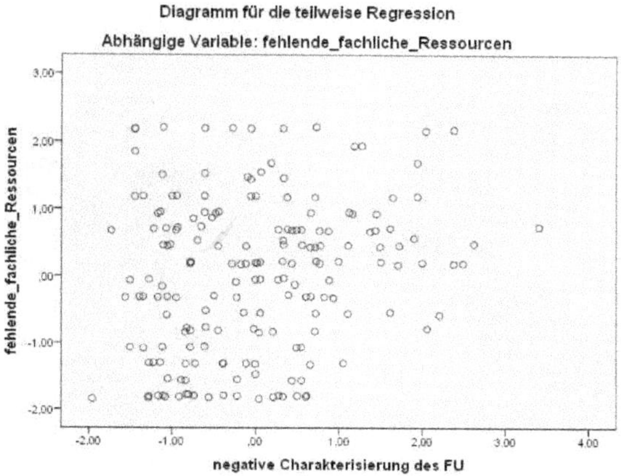

- „fehlende Rahmenbedingungen“

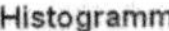

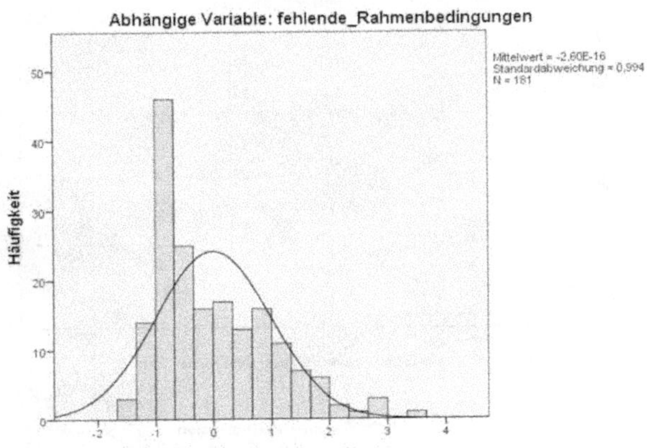

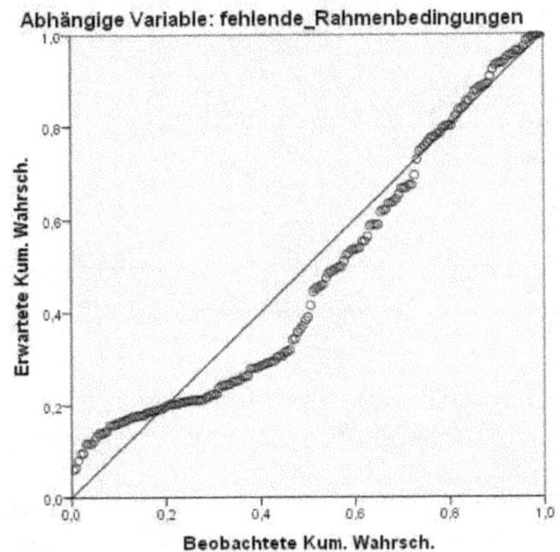

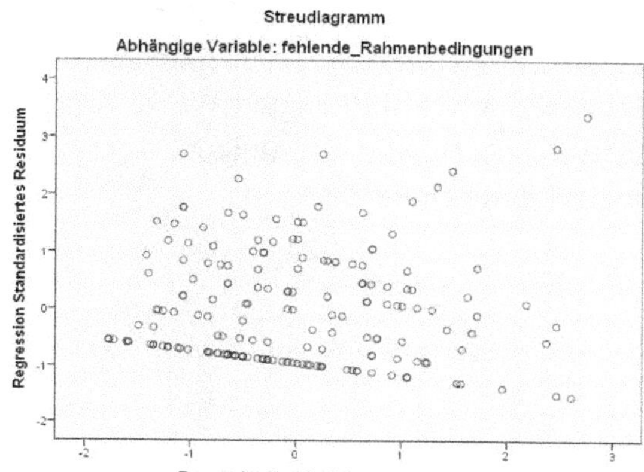
Streudiagramm
Abhängige Variable: fehlende_Rahmenbedingungen
Regression Standardisiertes Residuum
Regression Standardisierter geschätzter Wert

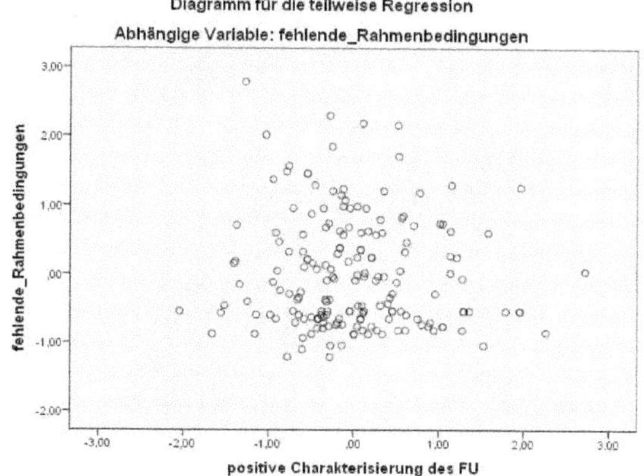
Diagramm für die teilweise Regression
Abhängige Variable: fehlende_Rahmenbedingungen
fehlende_Rahmenbedingungen
positive Charakterisierung des FU

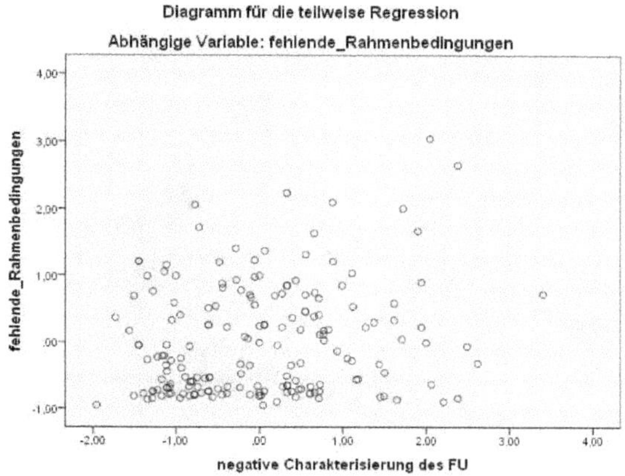
Diagramm für die teilweise Regression
Abhängige Variable: fehlende_Rahmenbedingungen
fehlende_Rahmenbedingungen
negative Charakterisierung des FU

9.13 Hypothese 11: Histogramme, P-P-Plots der standardisierten Residuen, Streudiagramm der standardisierten vorhergesagten Werte gegen die standardisierten Residuen, partielle Regressionsdiagramme

„Wunsch nach Kontakt zur Lehrkraft“

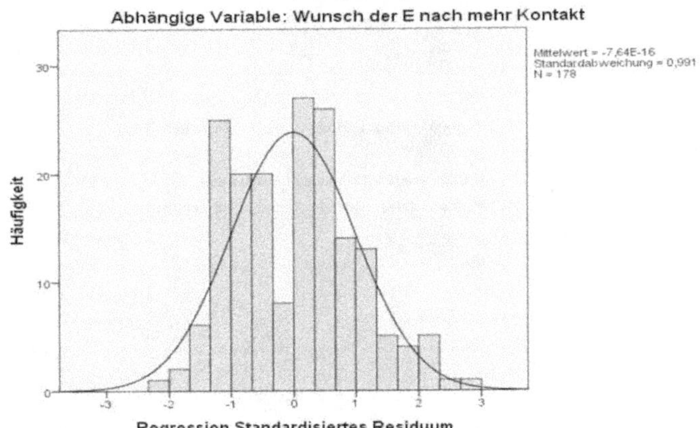

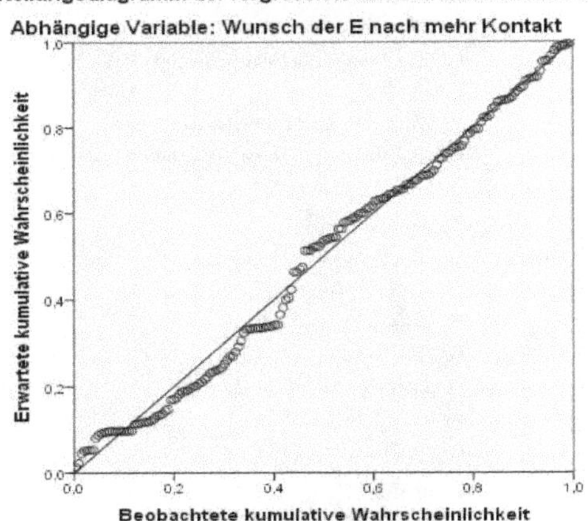

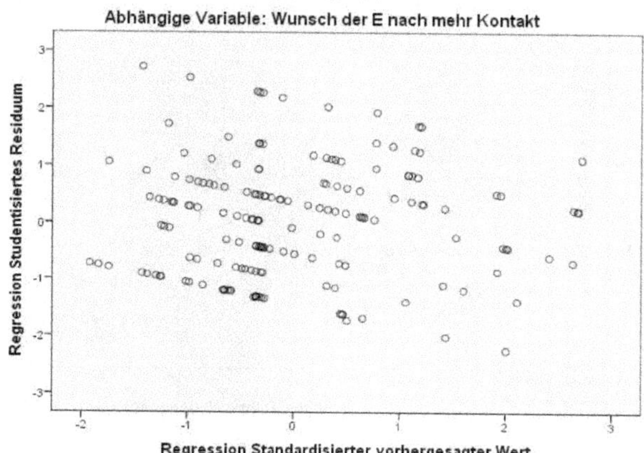
Streudiagramm
Abhängige Variable: Wunsch der E nach mehr Kontakt
Regression Studentisiertes Residuum
Regression Standardisierter vorhergesagter Wert
3
2
1
0
-1
-2
-3

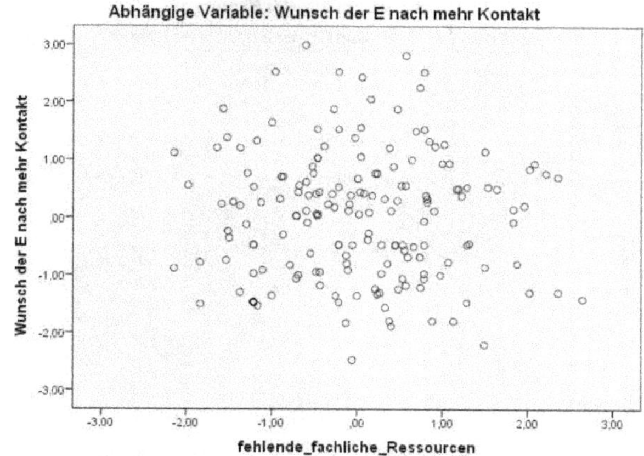
Diagramm für die teilweise Regression
Abhängige Variable: Wunsch der E nach mehr Kontakt
Wunsch der E nach mehr Kontakt
fehlende_fachliche_Ressourcen
3,00
2,00
1,00
,00
-1,00
-2,00
-3,00

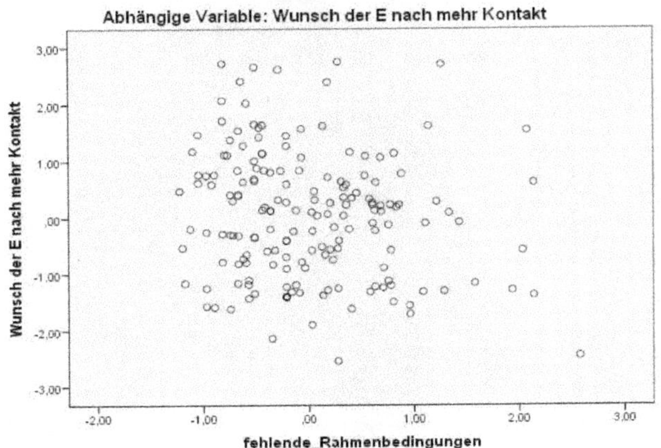
Diagramm für die teilweise Regression
Abhängige Variable: Wunsch der E nach mehr Kontakt
Wunsch der E nach mehr Kontakt
3,00
2,00
1,00
,00
-1,00
-2,00
-3,00
-2,00
-1,00
,00
1,00
2,00
3,00
fehlende_Rahmenbedingungen

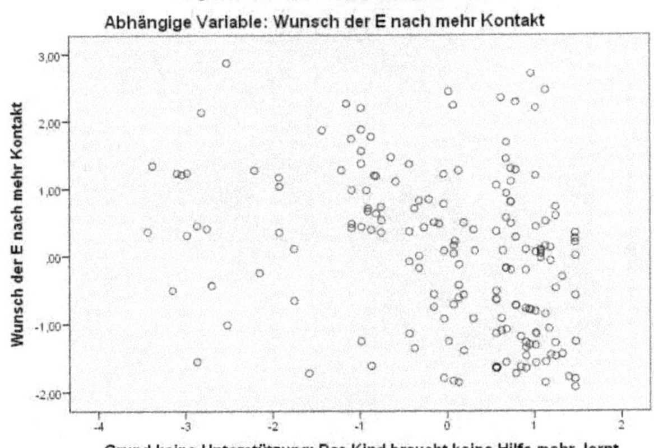
Diagramm für die teilweise Regression
Abhängige Variable: Wunsch der E nach mehr Kontakt
Wunsch der E nach mehr Kontakt
3,00
2,00
1,00
,00
-1,00
-2,00
-4
-3
-2
-1
0
1
2
Grund keine Unterstützung: Das Kind braucht keine Hilfe mehr, lernt selbstständig.

Romanische Sprachen und ihre Didaktik (RomSD)

Herausgegeben von Michael Frings, Andre Klump & Sylvia Thiele

ISSN 1862-2909

1 *Michael Frings und Andre Klump (edd.)*
Romanische Sprachen in Europa. Eine Tradition mit Zukunft?
ISBN 978-3-89821-618-0

2 *Michael Frings*
Mehrsprachigkeit und Romanische Sprachwissenschaft an Gymnasien?
Eine Studie zum modernen Französisch-, Italienisch- und Spanischunterricht
ISBN 978-3-89821-652-4

3 *Jochen Willwer*
Die europäische Charta der Regional- und Minderheitensprachen in der Sprachpolitik Frankreichs und der Schweiz
ISBN 978-3-89821-667-8

4 *Michael Frings (ed.)*
Sprachwissenschaftliche Projekte für den Französisch- und Spanischunterricht
ISBN 978-3-89821-651-7

5 *Johannes Kramer*
Lateinisch-romanische Wortgeschichten
Herausgegeben von Michael Frings als Festgabe für Johannes Kramer zum 60. Geburtstag
ISBN 978-3-89821-660-9

6 *Judith Dauster*
Früher Fremdsprachenunterricht Französisch
Möglichkeiten und Grenzen der Analyse von Lerneräußerungen und Lehr-Lern-Interaktion
ISBN 978-3-89821-744-6

7 *Heide Schrader*
Medien im Französisch- und Spanischunterricht
ISBN 978-3-89821-772-9

8 *Andre Klump*
„Trajectoires du changement linguistique“
Zum Phänomen der Grammatikalisierung im Französischen
ISBN 978-3-89821-771-2

9 *Alfred Toth*
Historische Lautlehre der Mundarten von La Plié da Fodom (Pieve di Livinallongo, Buchenstein) und Col (Colle Santa Lucia), Provincia di Belluno unter Berücksichtigung der Mundarten von Laste, Rocca Piétore, Selva di Cadore und Alleghe
ISBN 978-3-89821-767-5

10 *Bettina Bosold-DasGupta und Andre Klump (edd.)*
Romanistik in Schule und Universität
Akten des Diskussionsforums „Romanistik und Lehrerausbildung: Zur Ausrichtung und Gewichtung von Didaktik und Fachwissenschaften in den Lehramtsstudiengängen Französisch, Italienisch und Spanisch“ an der Johannes Gutenberg-Universität Mainz (28. Oktober 2006)
ISBN 978-3-89821-802-3

11 *Dante Alighieri*
De vulgari eloquentia
mit der italienischen Übersetzung von Gian Giorgio Trissino (1529)
Deutsche Übersetzung von Michael Frings und Johannes Kramer
ISBN 978-3-89821-710-1

12 *Stefanie Goldschmitt*
Französische Modalverben in deontischem und epistemischem Gebrauch
ISBN 978-3-89821-826-9

13 *Maria Iliescu*
Pan- und Raetoromanica
Von Lissabon bis Bukarest, von Disentis bis Udine
ISBN 978-3-89821-765-1

14 *Christiane Fäcke, Walburga Hülk und Franz-Josef Klein (edd.)*
Multiethnizität, Migration und Mehrsprachigkeit
Festschrift zum 65. Geburtstag von Adelheid Schumann
ISBN 978-3-89821-848-1

15 *Dan Munteanu Colán*
La posición del catalán en la Romania según su léxico latino patrimonial
ISBN 978-3-89821-854-2

16 *Johannes Kramer*
Italienische Ortsnamen in Südtirol. La toponomastica italiana dell'Alto Adige
Geschichte – Sprache – Namenpolitik. Storia – lingua – onomastica politica
ISBN 978-3-89821-858-0

17 *Michael Frings und Eva Vetter (edd.)*
Mehrsprachigkeit als Schlüsselkompetenz: Theorie und Praxis in Lehr- und Lernkontexten
Akten zur gleichnamigen Sektion des XXX. Deutschen Romanistentages an der Universität Wien (23.-27. September 2007)
ISBN 978-3-89821-856-6

18 *Dieter Gerstmann*
Bibliographie Französisch
Autoren
ISBN 978-3-89821-872-6

19 *Serge Vanvolsem e Laura Lepschy*
Nell'Officina del Dizionario
Atti del Convegno Internazionale organizzato dall'Istituto Italiano di Cultura
Lussemburgo, 10 giugno 2006
ISBN 978-3-89821-921-1

20 *Sandra Maria Meier*
„È bella, la vita!"
Pragmatische Funktionen segmentierter Sätze im *italiano parlato*
ISBN 978-3-89821-935-8

21 *Daniel Reimann*
Italienischunterricht im 21. Jahrhundert
Aspekte der Fachdidaktik Italienisch
ISBN 978-3-89821-942-6

22 *Manfred Overmann*
Histoire et abécédaire pédagogique du Québec avec des modules multimédia prêts à l'emploi
Préface de Ingo Kolboom
ISBN 978-3-89821-966-2 (Paperback)
ISBN 978-3-89821-968-6 (Hardcover)

23 *Constanze Weth*
Mehrsprachige Schriftpraktiken in Frankreich
Eine ethnographische und linguistische Untersuchung zum Umgang mehrsprachiger Grundschüler mit Schrift
ISBN 978-3-89821-969-3

24 *Sabine Klaeger und Britta Thörle (edd.)*
Sprache(n), Identität, Gesellschaft
Eine Festschrift für Christine Bierbach
ISBN 978-3-89821-904-4

25 *Eva Leitzke-Ungerer (ed.)*
Film im Fremdsprachenunterricht
Literarische Stoffe, interkulturelle Ziele, mediale Wirkung
ISBN 978-3-89821-925-9

26 *Raúl Sánchez Prieto*
El presente y futuro en español y alemán
ISBN 978-3-8382-0068-2

27 *Dagmar Abendroth-Timmer, Christiane Fäcke, Lutz Küster und Christian Minuth (edd.)*
Normen und Normverletzungen
Aktuelle Diskurse der Fachdidaktik Französisch
ISBN 978-3-8382-0084-2

28 *Georgia Veldre-Gerner und Sylvia Thiele (edd.)*
Sprachvergleich und Sprachdidaktik
ISBN 978-3-8382-0031-6

29 *Michael Frings und Eva Leitzke-Ungerer (edd.)*
Authentizität im Unterricht romanischer Sprachen
ISBN 978-3-8382-0095-8

30 *Gerda Videsott*
Mehrsprachigkeit aus neurolinguistischer Sicht
Eine empirische Untersuchung zur Sprachverarbeitung viersprachiger Probanden
ISBN 978-3-8382-0165-8 (Paperback)
ISBN 978-3-8382-0166-5 (Hardcover)

31 *Jürgen Storost*
Nicolas Hyacinthe Paradis (de Tavannes)
(1733 - 1785)
Professeur en Langue et Belles-Lettres Françoises, Journalist und Aufklärer
Ein französisch-deutsches Lebensbild im 18. Jahrhundert
ISBN 978-3-8382-0249-5

32 *Christina Reissner (ed.)*
Romanische Mehrsprachigkeit und Interkomprehension in Europa
ISBN 978-3-8382-0072-9

33 *Johannes Klare*
Französische Sprachgeschichte
ISBN 978-3-8382-0272-3

34 *Daniel Reimann (ed.)*
Kulturwissenschaften und Fachdidaktik Französisch
ISBN 978-3-8382-0282-2

35 *Claudia Frevel, Franz-Josef Klein und Carolin Patzelt (edd.)*
Gli uomini si legano per la lingua
Festschrift für Werner Forner zum 65. Geburtstag
ISBN 978-3-8382-0097-2

36 *Andrea Seilheimer*
Das grammatikographische Werk Jean Saulniers
Französischsprachige Terminologie und Sprachbetrachtung in der *Introduction en la langue espagnolle* (1608) und der *Nouvelle Grammaire italienne et espagnole* (1624)
ISBN 978-3-8382-0364-5

37 *Angela Wipperfürth*
Modeterminologie des 19. Jahrhunderts in den romanischen Sprachen
Eine Auswertung französischer, italienischer, spanischer und portugiesischer Zeitschriften
ISBN 978-3-8382-0371-3

38 *Raúl Sánchez Prieto und M.ª Mar Soliño Pazó (edd.)*
Contrastivica I
Aktuelle Studien zur Kontrastiven Linguistik Deutsch-Spanisch-Portugiesisch I
ISBN 978-3-8382-0328-7

39 *Nely Iglesias Iglesias (ed.)*
Contrastivica II
Aktuelle Studien zur Kontrastiven Linguistik Deutsch-Spanisch-Portugiesisch II
ISBN 978-3-8382-0398-0

40 *Eva Leitzke-Ungerer, Gabriele Blell und Ursula Vences (edd.)*
English-Español: Vernetzung im kompetenzorientierten Spanischunterricht
ISBN 978-3-8382-0305-8

41 *Marie-Luise Volgger*
Das multilinguale Selbst im Fremdsprachenunterricht
Zur Mehrsprachigkeitsbewusstheit lebensweltlich mehrsprachiger Französischlerner(innen)
ISBN 978-3-8382-0449-9

42 *Jens Metz*
Morphologie und Semantik des Konjunktivs im Lateinischen und Spanischen
Eine vergleichende Analyse auf der Grundlage eines Literaturberichts
ISBN 978-3-8382-0484-0

43 *Manuela Franke und Frank Schöpp (edd.)*
Auf dem Weg zu kompetenten Schülerinnen und Schülern
Theorie und Praxis eines kompetenzorientierten Fremdsprachenunterrichts im Dialog
ISBN 978-3-8382-0487-1

44 *Bianca Hillen, Silke Jansen und Andre Klump (edd.)*
Variatio verborum: Strukturen, Innovationen und Entwicklungen
im Wortschatz romanischer Sprachen
Festschrift für Bruno Staib zum 65. Geburtstag
ISBN 978-3-8382-0509-0

45 *Sandra Herling und Carolin Patzelt (edd.)*
Weltsprache Spanisch
Variation, Soziolinguistik und geographische Verbreitung des Spanischen
Handbuch für das Studium der Hispanistik
ISBN 978-3-89821-972-3

46 *Aline Willems*
Französischlehrwerke im Deutschland des 19. Jahrhunderts
Eine Analyse aus sprachwissenschaftlicher, fachdidaktischer
und kulturhistorischer Perspektive
ISBN 978-3-8382-0501-4 (Paperback)
ISBN 978-3-8382-0561-8 (Hardcover)

47 *Eva Leitzke-Ungerer und Christiane Neveling (edd.)*
Intermedialität im Französischunterricht
Grundlagen und Anwendungsvielfalt
ISBN 978-3-8382-0445-1

48 *Manfred Prinz (ed.)*
Rap RoMania: Jugendkulturen und Fremdsprachenunterricht
Band 1: Spanisch/Französisch
ISBN 978-3-8382-0431-4

49 *Karoline Henriette Heyder*
Varietale Mehrsprachigkeit
Konzeptionelle Grundlagen, empirische Ergebnisse aus der Suisse romande und didaktische Implikationen
ISBN 978-3-8382-0618-9

50 *Daniel Reimann*
Transkulturelle kommunikative Kompetenz in den romanischen Sprachen
Theorie und Praxis eines neokommunikativen und kulturell bildenden Französisch-, Spanisch-, Italienisch- und Portugiesischunterrichts
ISBN 978-3-8382-0362-1 (Paperback)
ISBN 978-3-8382-0363-8 (Hardcover)

51 *Beate Valadez Vazquez*
Ausprägung beruflicher Identitätsprozesse von Fremdsprachenlehrenden am Beispiel der beruflichen Entwicklung von (angehenden) Spanischlehrerinnen und Spanischlehrern
Eine qualitative Untersuchung
ISBN 978-3-8382-0635-6

52 *Georgia Veldre-Gerner und Sylvia Thiele (edd.)*
Sprachen und Normen im Wandel
ISBN 978-3-8382-0461-1

53 *Stefan Barme*
Einführung in das Altspanische
ISBN 978-3-8382-0683-7

54 *María José García Folgado und Carsten Sinner (edd.)*
Lingüística y cuestiones gramaticales en la didáctica de las lenguas iberorrománicas
ISBN 978-3-8382-0761-2

55 *Claudia Schlaak*
Fremdsprachendidaktik und Inklusionspädagogik
Herausforderungen im Kontext von Migration und Mehrsprachigkeit
ISBN 978-3-8382-0896-1

56 *Christiane Fäcke (ed.)*
Selbstständiges Lernen im lehrwerkbasierten Französischunterricht
ISBN 978-3-8382-0918-0

57 *Christina Ossenkop und Georgia Veldre-Gerner (edd.)*
Zwischen den Texten
Die Übersetzung an der Schnittstelle von Sprach- und Kulturwissenschaft
ISBN 978-3-8382-0931-9

58 *Stéphane Hardy, Sandra Herling und Sonja Sälzer (edd.)*
Innovatio et traditio – Renaissance(n) in der Romania
Festschrift für Franz-Josef Klein zum 65. Geburtstag
ISBN 978-3-8382-0841-1

59 *Victoria del Valle und Corinna Koch (edd.)*
Romanistische Grenzgänge: Gender, Didaktik, Literatur, Sprache
Festschrift zur Emeritierung von Lieselotte Steinbrügge
ISBN 978-3-8382-1040-7

60 *Corinna Koch*
Texte und Medien in Fremdsprachenunterricht und Alltag
Eine empirische Bestandsaufnahme per Fragebogen mit einem Schwerpunkt auf Comics
ISBN 978-3-8382-0873-2

61 *Eva Leitzke-Ungerer und Claudia Polzin-Haumann (edd.)*
Varietäten des Spanischen im Fremdsprachenunterricht
Ihre Rolle in Schule, Hochschule, Lehrerbildung und Sprachenzertifikaten
ISBN 978-3-8382-0865-7

62 *Claudia Schlaak und Sylvia Thiele (edd.)*
Migration, Mehrsprachigkeit und Inklusion
Strategien für den schulischen Unterricht und die Hochschullehre
ISBN 978-3-8382-1119-0

63 *Vera Knoll*
Elternarbeit und Französischunterricht - eine quantitative Untersuchung zu Elternarbeit und Fremdsprachenunterricht an Gymnasien
ISBN 978-3-8382-1129-9

Sie haben die Wahl:

Bestellen Sie die Schriftenreihe
Romanische Sprachen und ihre Didaktik
einzeln oder im **Abonnement**

per E-Mail: vertrieb@ibidem-verlag.de | per Fax (0511/262 2201)
als Brief (***ibidem***-Verlag | Leuschnerstr. 40 | 30457 Hannover)

Bestellformular

❒ Ich abonniere die Schriftenreihe *Romanische Sprachen und ihre Didaktik* ab Band # ____

❒ Ich bestelle die folgenden Bände der Schriftenreihe *Romanische Sprachen und ihre Didaktik*
____; ____; ____; ____; ____; ____; ____; ____; ____; ____

Lieferanschrift:

Vorname, Name ....

Anschrift ....

E-Mail.. | Tel.: ....

Datum .... | Unterschrift ....

Ihre Abonnement-Vorteile im Überblick:

- Sie erhalten jedes Buch der Schriftenreihe pünktlich zum Erscheinungstermin – immer aktuell, ohne weitere Bestellung durch Sie.
- Das Abonnement ist jederzeit kündbar.
- Die Lieferung ist innerhalb Deutschlands versandkostenfrei.
- Bei Nichtgefallen können Sie jedes Buch innerhalb von 14 Tagen an uns zurücksenden.

***ibidem*-Verlag**
Melchiorstr. 15
D-70439 Stuttgart
info@ibidem-verlag.de

www.ibidem-verlag.de
www.ibidem.eu
www.edition-noema.de
www.autorenbetreuung.de

www.ingramcontent.com/pod-product-compliance
Lightning Source LLC
Chambersburg PA
CBHW072040020426
42334CB00017B/1340

* 9 7 8 3 8 3 8 2 1 1 2 9 9 *